Neural
Network
Design

2nd edition

신경망
설계 *2/e*

Neural
Network
Design

2nd edition

신경망
설계 2/e

마틴 헤이건,
하워드 데무스,
마크 허드슨 빌,
올랜도 헤수스 지음
윤성진 옮김

i!i
에이콘

| 지은이 소개 |

마틴 헤이건^{Martin T. Hagan}(캔자스 대학교, 전기 공학 박사)

제어 시스템과 신호 처리 분야에서 35년간 연구와 강의를 해왔으며, 최근 25년간은 신경망을 사용한 제어와 필터링, 예측 분야의 연구에 집중해왔다. 오클라호마 주립대학교 전기 및 컴퓨터 공학과 학부의 교수이자 'Neural Network Toolbox for MATLAB'의 공동 저자이기도 하다.

하워드 데무스^{Howard B. Demuth}(스탠퍼드 대학교, 전기 공학 박사)

23년간 주로 로스 알라모스 국립 연구소에서 세계 최초의 전자 컴퓨터 '매니악^{MANIAC}'의 설계와 개발에 관여하는 등의 업계 경험을 쌓아왔으며, 15년간의 강의 경력도 갖추고 있다. 'Neural Network Toolbox for MATLAB'의 공동 저자이면서, 현재는 볼더의 콜로라도 대학교에서 신경망을 강의하고 있다.

마크 허드슨 빌^{Mark Hudson Beale}(아이다호 대학교, 컴퓨터 과학 학사)

인공지능 알고리즘과 소프트웨어 개발 기술에 집중하고 있는 소프트웨어 공학자다. 'Neural Network Toolbox for MATLAB'의 공동 저자이며, 아이다호 헤이든에 있는 자신의 회사 MHB를 통해 관련 컨설팅을 하고 있다.

올랜도 헤수스^{Orlando De Jesús}(오클라호마 주립대학교, 전기 공학 박사)

24년간 업계 경험을 통해 베네수엘라 카라카스에 있는 AETI와 텍사스 캐롤턴에 있는 핼리버튼 사를 거쳐 현재는 텍사스 프리스코에서 공학 컨설팅을 하고 있다. 그의 논문은 'Neural Network Toolbox for MATLAB'에서 동적 신경망 훈련 알고리즘의 기초가 됐다.

| 옮긴이 소개 |

윤성진(sjyoon@gmail.com)

KAIST 전산학과에서 석사학위를 취득하고 약 22년 동안 LG전자, 보험넷, 엑센츄어, 티맥스소프트, LUXROBO에서 연구개발, 컨설팅, 제품기획, 전략기획 분야에서 일을 해왔다. 최근 5년 동안 티맥스소프트에서 연구기획 실장 및 수석 제품기획자로 다양한 데이터 및 미들웨어 관련 소프트웨어 제품기획을 했으며, LUXROBO에서 모듈형 로봇 플랫폼 제품기획과 CSO로서 사업전략을 수립했다.

| 옮긴이의 말 |

대부분의 머신 러닝 입문자들은 현재 머신 러닝 기법 중 가장 성능이 좋고 광범위하게 적용할 수 있는 딥러닝으로 입문할 것이다. 딥러닝을 공부하다 보면 DNN, CNN, RNN 같은 신경망이 어떤 배경으로 탄생하고 발전해왔는지 궁금해지는데, 이 책은 그런 궁금증을 해소해줄 뿐만 아니라 신경망의 이론적 기반을 더욱 탄탄히 하는 데 도움을 줄 수 있다.

인간이 자신의 뇌와 신경망을 직접 들여다보고 이해하기 시작한 것은 불과 100년 전이다. 19세기 말에 생체 신경망의 연구가 본격적으로 시작됐고, 그 후 얼마 지나지 않아 사람들은 기계로 생체 신경망을 모방하면 인간 수준의 추론을 할 수 있으리란 믿음으로 인공 신경망을 연구하기 시작했다. 1940년대에 인공 신경망의 역사가 시작됐으니, 그 역사는 컴퓨터의 역사와 비교해봐도 결코 짧다고 할 수 없다.

지난 70여 년 동안 인간 수준의 인공 신경망을 만들기 위해 수많은 노력이 있었으며, 그 안에서 다양한 형태의 신경망이 나타나고 발전해왔다. 이 책에서는 인공 신경망의 역사에 변곡점을 만든 주요 신경망의 개념과 구조, 훈련 방식을 체계적이고 상세하게 소개하고 있다.

이 책은 신경망 이론 입문서로서 전 세계 독자들에게 많은 사랑을 받고 있으며, 대학원 교재로 채택될 정도로 그 효용성을 인정받고 있다. 이는 다음과 같은 차별화된 특징들 때문이다.

1. 신경망 이론의 수학적 이해를 돕기 위해 선형대수 이론을 주요하게 다루고 있다.
2. 예제와 문제 풀이를 통해 개념을 아주 쉽게 설명하고 있어서 누구나 흥미롭게 이해하고 따라갈 수 있다.

3. 신경망 이론의 수학적 증명을 포함하고 있어서 수학적 타당성을 깊이 있게 이해하게 해준다.

모쪼록 이 책이 신경망의 이론적 기반을 더욱 탄탄히 다질 수 있는 기회를 독자들에게 제공할 수 있기를 바란다.

| 차례 |

| 들어가며 |

이 책에서는 기본 신경망 구조와 학습 규칙을 소개한다. 신경망의 수학적 분석과 훈련 방법, (비선형 회귀 분석, 패턴 인식, 신호 처리, 데이터 마이닝, 제어 시스템 같은) 실용적 엔지니어링 문제로의 응용을 강조하고 있다.

책의 내용을 명확하고 일관된 방식으로 제시해 쉽게 읽고 적용할 수 있도록 심혈을 기울였다. 각 장의 논의 주제를 충분히 설명하기 위해 가능한 한 많은 문제 풀이를 포함시켰다. 또한 마지막 5개 장에서는 신경망을 실제 문제에 적용했을 때 발생할 수 있는 실질적인 이슈를 설명하기 위해 몇 가지 사례 연구를 제시했다.

이 책은 신경망에 관한 책이기 때문에 다음 두 가지 원칙에 따라 주제를 선정했다. 첫째, 가장 유용하고 실용적인 신경망의 구조와 학습 규칙, 훈련 기법을 제시한다. 둘째, 이 책은 자체로 완전해야 하며 각 장에서 다음 장으로 쉽게 흘러가야 한다. 이런 원칙에 따라 특정 주제에 필요한 수학을 소개하는 내용이 같이 포함되어 있으며, 앞부분의 몇몇 장은 수학을 위한 장으로 별도로 구성되어 있다. 따라서 이 책은 신경망의 응용에서 실용적으로 중요하기 때문에 선정된 주제와 신경망의 작동 방식을 설명하기 위해 중요한 주제로 이뤄져 있다.

이 책에 포함될 수도 있었겠지만 생략된 여러 내용이 있다. 예를 들어, 이 책에서는 모든 신경망 구조와 학습 규칙을 요약해서 설명하기보다는 기본 개념을 집중적으로 설명하고 있다. 둘째, VLSI, 광학기기, 병렬 컴퓨터 같은 신경망 구현 기술은 논의하지 않는다. 마지막으로, 신경망의 생물학적/심리학적 근거는 깊이 있게 제시하지 않는다. 이런 내용은 모두 중요한 주제지만, 이 책은 신경망 설계에 가장 유용한 주제에 집중하고 이를 깊이 있게 다룸으로써 독자에게 도움을 주고자 한다.

이 책의 대상 독자

이 책은 대학교 졸업반이나 대학원 1년 차를 위한 한 학기 신경망 입문 과정으로 구성됐다(물론 단기 과정이나 독학, 참고용으로도 적합하다). 독자는 선형대수, 확률, 미분 방정식에 관한 배경지식이 어느 정도 있어야 한다.

이 책의 구성

이 책의 각 장은 이론과 예제, 결과 요약, 문제 풀이, 맺음말, 참고 문헌, 연습문제로 이뤄진 6개의 절로 나뉘어 있다. '이론과 예제' 절은 각 장의 본문으로 기본 아이디어 개발 과정과 (여기 왼쪽의 아이콘으로 표시되는) 예제를 포함한다. '결과 요약' 절은 주요 방정식과 개념을 쉽게 참고할 수 있게 했다. 각 장의 1/3 정도는 '문제 풀이' 절에 할애되어 있으며 여기서는 주요 개념에 대한 자세한 예제를 제공한다.

24페이지의 그림은 각 장의 의존 관계를 보여준다.

1장부터 6장까지는 뒷부분에 필요한 기본 개념을 다룬다. 1장은 이 책에 대한 소개와 함께 간단한 역사적 배경과 기초 생물학에 관한 내용으로 구성되어 있다. 2장은 기본 신경망 구조를 설명하고, 이 책에서 사용하는 표기법을 정의한다. 3장은 세 종류의 신경망을 사용해 간단한 패턴 인식 문제의 해결 방법을 보여준다. 이들은 이 책에서 제시하는 모든 종류의 네트워크를 대표하는 네트워크다. 또한 이 책에서는 3장에서 제시한 패턴 인식 문제를 공통의 경험적 맥락으로 제공한다.

이 책은 대부분의 다양한 작업을 수행하기 위한 신경망 훈련 방법에 초점이 맞춰져 있다. 4장에서는 학습 알고리즘이 무엇인지 소개하며, 최초의 실용적 학습 알고리즘인 퍼셉트론 학습을 제시한다. 퍼셉트론 네트워크는 근본적인 한계가 있지만 역사적으로 매우 중요하며, 이후에 제시되는 좀 더 강력한 네트워크에 적용되는 주요 개념을 소개할 때 매우 유용하게 사용된다.

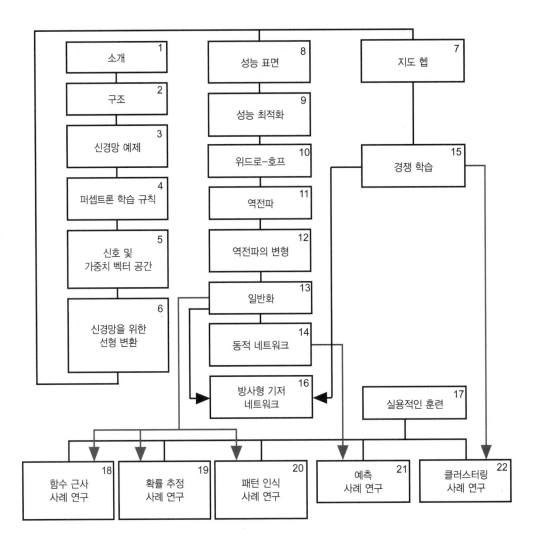

이 책의 주요 목표 중 하나는 신경망의 작동 방식을 설명하는 것이다. 따라서 신경망 주제와 관련된 주요 내용을 함께 엮어서 소개할 것이다. 예를 들어, 신경망 이해를 위한 핵심 수학이라고 할 수 있는 선형대수는 5장과 6장에서 복습한다. 여기서 논의되는 개념은 이 책에서 광범위하게 사용된다.

7장, 15장은 생물학과 심리학에서 많은 영감을 받은 네트워크에 대해 설명하며, 이에 대한 학습 규칙도 설명한다. 이 네트워크는 연상 네트워크associative network와 경쟁 네트워크competitive network 범주에 속한다. 연상 네트워크는 7장, 경쟁 네트워크는 15장에서 다룰 것이다.

8~14장, 16장은 성능을 최적화하기 위해 네트워크를 훈련시키는 성능 학습performance learning을 다룬다. 8장, 9장은 성능 학습의 기본 개념을 소개한다. 10~13장은 점점 강력해지고 복잡해지는 피드포워드 신경망feedforward neural network에 성능 학습의 개념을 적용하며, 14장은 동적 네트워크dynamic network에, 16장에서는 경쟁 학습 개념을 사용하는 방사형 기저 네트워크radial basis network에 성능 학습의 개념을 적용한다.

네트워크 종류별 기초와 학습 규칙에 집중해 핵심 개념을 이해하는 데 중점을 둔 이전 장들과는 달리, 17~22장은 신경망을 실제 문제에 적용하면서 발생하는 실질적인 이슈에 대해 논의한다. 17장은 여러 가지 실용적인 훈련 팁을 설명하며, 18~22장은 사례 연구를 제시한다. 사례 연구에서는 신경망을 함수 근사, 확률 추정, 패턴 인식, 클러스터링, 예측에 관한 실제 문제에 적용한다.

소프트웨어

이 책을 학습할 때 반드시 MATLAB을 사용해야 하는 것은 아니다. 어떤 프로그래밍 언어로든 컴퓨터 실습을 할 수 있으며, 신경망 설계 데모가 도움이 되지만 이 책의 내용을 이해하기 위해 결정적으로 중요하지는 않다.

하지만 이 책을 보완하기 위해 MATLAB 소프트웨어 패키지를 이용하고 있다. MATLAB은 행렬/벡터 표기와 그래프를 통해 신경망을 실험하기 위한 편리한 환경을 제공하기 때문에 널리 사용된다. 이 책은 MATLAB을 두 가지 방법으로 활용한다. 첫째, MATLAB으로 실행할 수 있는 많은 예제를 포함한다. 신경망의 대다수 주요 특징은 연산 집약적이고 손으로 계산할 수 없는 대규모의 문제일 경우에만 명확해진다는 것이다. MATLAB을 이용해 신경망 알고리즘을 빠르게 구현하고 대규모 문제에서도 편리하게 테스트할 수 있다. MATLAB 실습은 왼쪽에 보이는 아이콘으로 표시된다 (MATLAB이 없다면 다른 프로그래밍 언어를 사용해 연습문제를 풀 수 있다).

MATLAB을 활용하는 또 다른 방법은 신경망 설계 데모^{Neural Network Design Demonstrations}를 이용하는 것으로, 웹사이트 hagan.okstate.edu/nnd.html에서 내려받을 수 있다. 이 대화형 데모는 각 장의 중요한 개념을 보여준다. 컴퓨터에(또는 MATLAB 경로에 있는) MATLAB 디렉토리로 신경망 설계 데모 소프트웨어를 로드한 후, MATLAB 프롬프트에서 **nnd**를 입력하면 소프트웨어가 호출된다. 모든 데모는 마스터 메뉴에서 쉽게 접근할 수 있다. 여기 왼쪽에 보이는 아이콘은 책에서 데모를 참조한다는 것을 나타낸다.

이 데모를 실행하려면 MATLAB 또는 MATALB 학생용 에디션 2010a 이후 버전이 필요하다. 데모 소프트웨어 이용 방법에 관한 세부사항은 부록 C를 참조하라.

발표 자료

이 책을 활용할 강사들을 위해 발표 자료를 제공하고 있다. (MS 파워포인트 포맷 또는 PDF로 된) 각 장의 발표 자료 마스터는 웹페이지 hagan.okstate.edu/nnd.html에 있다.

감사의 글

이 책의 초안을 모두 읽거나 일부를 읽고 여러 버전의 소프트웨어를 테스트하기 위해 시간을 내준 리뷰어들에게 깊은 감사를 드린다. 특히, 캔터베리 대학교의 존 안드레에 교수, AT&T의 댄 포시, 오클라호마 주립대학교의 칼 라티노 박사, MCI의 잭 하간, SRI의 게리 안딘 박사, 아이다호 대학교의 조안 밀러와 마지 젠크스에게 가장 감사를 드린다. 또한 오클라호마 주립대학교의 ECEN 5733, 캔터베리 대학교의 ENEL 621, 국립 응용 과학 연구소의 INSA 0506, 콜로라도 대학교의 ECE 5120 대학원생들에게 적극적인 의견을 수렴했다. 이들은 여러 해 동안 초안을 여러 권 읽고 소프트웨어를 테스트하고 책을 개선할 수 있도록 유용한 제안을 했다. 또한 유용한 충고를 해준 익명의 검토자 분들께도 고마움을 전한다.

뉴질랜드 크라이스트처치에 있는 캔터베리 대학교 전기전자공학과에 스태프로 참여할 수 있게 초대해준 피터 고프 박사와 프랑스 툴루즈에 있는 국립과학연구센터 시스템 분석 및 구조 연구실에 스태프로 참여할 수 있게 초대해준 앙드레 티틀리 박사에게 감사를 드린다. 오클라호마 주립대학교에서의 안식 기간과 아이다호 대학교에서의 1년 휴가를 통해 이 책을 쓸 수 있었다. 신경망 연구를 지원해준 텍사스 인스트루먼트, 핼리버튼, 커민스, 암젠, NSF에도 감사한다. 신경망 툴박스$^{\text{Neural Network Toolbox}}$ 자료를 사용할 수 있게 승인해준 매스웍스^{Mathworks}에도 감사한다.

오탈자

내용을 정확하게 전달하려고 최선을 다했지만, 실수가 있을 수 있다. 책에서 텍스트나 코드상의 문제를 발견해서 알려준다면, 매우 감사하게 생각할 것이다. 그러한 참여를 통해 다른 독자에게 도움을 주고, 다음 버전에서 책을 더 완성도 있게 만들 수 있다. 오자를 발견한다면 http://www.acornpub.co.kr/contact/errata에서 구체적인 내용을 알려주기 바란다. 보내준 내용이 확인되면 해당 서적의 정오표에 그 내용이 추가될 것이다. 정오표는 에이콘출판사의 도서정보 페이지 http://www.acornpub.co.kr/book/neural-network-design-2e에서 찾아볼 수 있다.

질문

이 책에 관한 질문은 옮긴이나 에이콘출판사 편집 팀(editor@acornpub.co.kr)으로 문의할 수 있다.

1
소개

목표

이 글을 읽으면서 여러분은 복잡한 생체 신경망biological neural network을 사용하고 있다. 사람은 고도로 상호 연결된 10^{11}개의 뉴런neuron을 갖고 있어서, 읽고 숨쉬고 운동하고 생각할 수 있다. 생체 뉴런은 세포 조직과 화학 작용의 집적체로, 속도를 제외하고 마이크로프로세서의 복잡성을 갖는다. 사람의 신경망 구조 일부분은 태어날 때부터 이미 존재하며, 나머지는 경험을 통해 생성된다.

과학자들은 생체 신경망이 어떻게 작동하는지 이제 막 이해하기 시작했다. 일반적으로 기억을 포함한 모든 생체 신경 기능은 뉴런이나 뉴런 사이 연결 부분에 저장되는 것으로 알려져 있다. 학습은 뉴런 사이에 새로운 연결을 만들거나 기존 연결을 변형하는 것으로 관찰된다. 이런 이해는 다음 질문으로 이어진다. 생체 신경망을 기초적으로 이해하고 있지만, 간단한 인공 '뉴런'으로 집합을 작게 구성하고 유용한 기능을 수행하도록 훈련할 수 있지 않을까? 대답은 "가능하다"이다. 이에 따라 이 책은 인공 신경망^{artificial} neural network에 관해 다룬다.

이 책에서 고려하는 뉴런은 생체적인 것은 아니다. 인공 뉴런은 생체 뉴런을 극단적으로 단순하게 추상화한 것으로, 프로그램 구성요소나 실리콘으로 만들어진 회로로 실현된다. 인공 뉴런 네트워크는 인간의 뇌가 보유한 능력의 극히 일부조차 갖고 있지 않지만, 유용한 기능을 수행하도록 훈련될 수 있다. 이 책은 인공 뉴런과 인공 뉴런 네트워크, 인공 뉴런 네트워크의 훈련에 관한 내용을 담고 있다.

역사

인공 신경망의 역사는 다양한 분야의 다채롭고 창의적인 사람들로 가득 차 있으며, 수많은 사람들이 수십 년간 노력해 지금은 당연하게 생각되는 개념들을 개발해왔다. 많은 저자가 인공 신경망의 역사를 문서로 만들었는데, 그중 특히 흥미로운 책은 존 앤더슨^{John Anderson}과 에드워드 로젠펠드^{Edward Rosenfeld}가 쓴 『Neurocomputing』(Bradford Books, 1998)이다. 특별히 역사적으로 흥미로운 논문 43개의 모음집으로, 각 논문을 역사적 관점에서 의의와 함께 소개하고 있다.

이 책에서는 각 장의 도입부에서 신경망에 공헌한 사람들을 소개하고 있다. 따라서 이 장에서는 신경망 분야의 주요 개발 사례를 소개하고자 한다.

기술의 발전에는 '개념^{concept}'과 '구현^{implementation}'이 반드시 필요하다. 기술이 발전하려면 먼저 개념이 있어야 한다. 개념이란 주제에 대한 사고방식 또는 이전에 없던 명확성을 제공하는 기술의 관점을 말한다. 개념은 간단한 아이디어일 수도 있고, 좀 더 구체적이고 수학적인 설명으로 표현될 수도 있다. 예를 들어, 심장의 역사를 보자. 다양한 시대에서 심장은 영혼의 중심 혹은 열의 원천으로 간주됐다. 17세기에 들어서면서 의학계에서는 마침내 심장을 펌프로 보기 시작했고, 심장의 펌프 작용을 연구하기 위해 실험을 설계했으며, 이 실험은 순환계의 관점에 대변혁을 일으켰다. 펌프라는 개념 없이는 심장을 이해하기 어려웠다.

시스템 구현 방법 없이 개념에 수반되는 수학만으로는 기술을 성숙시킬 수 없다. 예를 들어, CAT^{computer-aided tomography} 스캔에서 얻은 이미지의 재구성에 필요한 수학은 여러 해 동안 알려져 있었지만, 고속 컴퓨터와 효율적인 알고리즘을 이용할 수 있게 되고 나서야 비로소 수학도 실용화되고 유용한 CAT 시스템을 구현할 수 있게 됐다.

신경망의 역사는 개념의 혁신과 구현의 발전을 통해 진행됐다. 하지만 이런 진보는 꾸준히 진화한다기보다는 간헐적으로 일어난다.

19세기 후반에서 20세기 초반에 신경망 분야의 기반이 되는 연구가 일부 진행됐다. 주로 헤르만 폰 헬름홀츠^{Hermann von Helmholtz}, 에른스트 마흐^{Ernst Mach}, 이반 파블로프^{Ivan Pavlov} 같은 과학자에 의해 물리학, 심리학, 신경 생리학 분야의 학제 간 연구로 이뤄졌다. 초기 연구에서는 학습, 시각, 조건 반사 등의 일반적인 이론을 강조했고 뉴런 작동에 관한 구체적인 수학 모델은 포함하지 않았다.

현대적 관점의 신경망은 1940년대에 워런 맥컬록^{Warren McCulloch}과 월터 피츠^{Walter Pitts}의 연구로 시작됐다[McPi43]. 이들은 인공 뉴런 네트워크가 어떤 산술 함수나 논리 함수도 계산할 수 있음을 이론적으로 보여줬다. 이 연구를 신경망 분야의 기원이라고 할 수 있다.

맥컬록과 피츠에 이어 도널드 헵^{Donald Hebb}은 (파블로프^{Pavlov}가 발견한) 전형적인 조건 반사가 개별 뉴런의 특성으로 인해 생성된다는 사실을 제시했다[Hebb49]. 그는 생체 뉴런의 학습 메커니즘을 제시했다(7장 참조).

1950년대 후반에 프랭크 로젠블랫^{Frank Rosenblatt}이 퍼셉트론 네트워크^{perceptron network}와 관련 학습 규칙을 발명하면서 인공 신경망의 실용적인 응용이 처음 나오게 됐다[Rose58]. 로젠블랫과 동료들은 퍼셉트론 네트워크를 만들어서 패턴 인식이 수행되는 것을 보였는데, 이 연구가 초기에 성공하면서 신경망 연구에 많은 관심을 불러일으켰다. 안타깝게도 기본 퍼셉트론 네트워크는 제한된 부류의 문제만을 풀 수 있다는 사실이 이후에 밝혀졌다(로젠블랫과 퍼셉트론 학습 규칙에 대한 자세한 사항은 4장을 참조하라).

버나드 위드로Bernard Widrow와 테드 호프Ted Hoff는 거의 동시에 새로운 학습 알고리즘을 소개해 이를 로젠블랫의 퍼셉트론과 구조 및 기능이 비슷한 적응형 선형 신경망adaptive linear neural network을 훈련시키는 데 사용했다[WiHo60]. 위드로-호프 학습 규칙은 오늘날에도 여전히 사용되고 있다(위드로-호프 학습에 대한 자세한 사항은 10장을 참조하라).

안타깝게도 로젠블랫과 위드로의 네트워크는 모두 같은 근본적인 한계가 있었으며, 마빈 민스키Marvin Minsky와 시모어 페퍼트Seymour Papert는 자신들이 쓴 책에서 이와 같은 한계를 널리 알렸다[MiPa69]. 로젠블랫과 위드로는 이 점을 인식하고 이를 극복하기 위해 새로운 네트워크를 제안했다. 하지만 더 복잡해진 네트워크를 훈련할 수 있는 학습 알고리즘을 만들지는 못했다.

민스키와 페퍼트에 영향을 받은 많은 사람은 더 이상 신경망을 연구하기 어려운 막다른 길에 이르렀다고 믿었다. 이런 분위기는 실험을 할 수 있는 강력한 디지털 컴퓨터가 없다는 사실과 함께 많은 연구자들이 신경망 연구 분야에서 떠나게 만들었다. 수십 년 동안 신경망 연구는 대부분 중단됐다.

하지만 일부 중요한 연구는 1970년대에도 지속됐다. 1972년 튜보 코호넨Teuvo Kohonen [Koho72]과 제임스 앤더슨James Anderson[Ande72]은 메모리처럼 작동하는 새로운 신경망을 각자 독립적으로 개발했다. 스티븐 그로스버그Stephen Grossberg[Gros76]는 이 기간 동안 자기 조직 네트워크self-organizing network에 대한 연구를 매우 활발히 했다.

1960년대 후반에는 새로운 아이디어와, 실험을 할 수 있는 강력한 컴퓨터가 없었기 때문에 신경망에 대한 관심이 주춤했었다. 1980년대에 이 두 가지 장애물이 극복되자 신경망 연구가 극적으로 증가했다. 새로운 개인용 컴퓨터와 워크스테이션은 성능이 빠르게 증가하고 널리 보급되기 시작했다. 또한 새로운 주요 개념들이 소개됐다.

두 가지 새로운 개념이 신경망을 부활시키는 데 큰 기여를 했다. 첫 번째는 특정 부류의 순환망recurrent network 작동 방식을 설명하기 위해 통계 역학을 사용했다. 순환망은 연상 메모리^{associative memory}로 사용될 수 있다. 이 내용은 물리학자 존 홉필드^{John Hopfield}가 쓴 독창적인 논문에 제시되어 있다[Hopf82].

1980년대의 두 번째 핵심적인 발전은 다층 퍼셉트론 네트워크를 훈련시키기 위한 역전파 알고리즘^{backpropagation algorithm}이다. 역전파 알고리즘은 몇몇 연구자들에 의해 독립적으로 발견됐다. 가장 영향력 있는 역전파 알고리즘은 데이비드 루멜하트^{David Rumelhart}와 제임스 맥클레랜드^{James McClelland}가 발표한 것이다[RuMc86]. 이 알고리즘은 1960년대에 민스키와 페퍼트가 비판했던 내용에 대한 답변이라고 할 수 있다(역전파 알고리즘의 개발에 대해서는 11장을 참조하라).

이 새로운 개념의 개발은 신경망 분야에 새롭게 활기를 불어넣었다. 1980년대 이후 수천 건의 논문이 작성됐고, 수많은 신경망의 응용이 발견됐으며, 신경망 분야는 새로운 이론과 실용적인 연구로 활기가 넘치고 있다.

지금까지 역사적 설명을 간략하게 한 이유는 신경망 분야에서 공헌한 사람들을 알아보기 위해서라기보다는 신경망 분야의 지식이 어떻게 발전해왔는지 감을 전달하기 위해서다. 이미 느낌을 받았겠지만 발전은 늘 '느리지만 확실하지'는 않다. 극적으로 진보되는 시기와 상대적으로 정체되는 시기가 있다.

신경망의 진보는 대부분 새로운 개념과 관련되어 있으며, 혁신적인 신경망 구조와 훈련 규칙 같은 것들이 이에 해당된다. 중요한 것은 새로운 개념을 테스트할 수 있는 강력하고 새로운 컴퓨터가 존재하는지 여부다.

자, 지금까지 신경망의 역사에는 아주 많은 일이 있었다. "미래에는 어떤 일이 일어날까?" 신경망은 중요한 수학적/공학적 도구로서 확실히 자리를 잡았다. 신경망이 모든 문제에 대한 답을 주진 않지만 적절한 상황에서는 필수적인 도구로 사용되고 있다. 또한 우리는 아직까지 뇌가 어떻게 작동하는지 거의 알지 못한다는 사실을 기억하자. 신경망에서 가장 중요한 진전은 대부분 미래에 일어날 것이다.

신경망 기술의 응용은 폭넓고 다양하며 매우 유망하다. 다음 절에서는 신경망 기술의 응용에 대해 설명할 것이다.

응용

신경망이 사용된 애스턴 대학교Aston University의 문헌 연구를 소개하는 신문 기사에서는 "신경망을 학습시켜서 개별 문체를 인식하게 한 뒤 셰익스피어의 작품과 동시대 작가들의 작품을 비교했다."고 밝히고 있다. 유명한 과학 TV 프로그램은 이탈리아 연구 기관에서 올리브 오일의 순도를 테스트하기 위해 신경망을 사용한 내용을 소개했다. 구글은 (이미지를 자동으로 인식해서 키워드를 할당하는) 이미지 태깅에 신경망을 사용하고 있으며, 마이크로소프트는 영어에서 중국어로 음성 변환을 하는 신경망을 개발하고 있다. 스웨덴의 룬드 대학교Lund University와 스코네 대학 병원Skåne University Hospital의 연구원들은 심장 이식 수여자의 장기 생존율을 높이기 위해 신경망을 이용해 최적의 수여자와 기부자 상대를 찾아냈다. 이런 사례들은 신경망의 응용 범위가 넓다는 사실을 보여주고 있다. 신경망은 공학, 과학, 수학뿐만 아니라 의학, 사업, 금융, 문학에서도 문제 해결 능력이 뛰어나기 때문에 응용 범위가 점차 확대되고 있다. 여러 분야의 폭넓고 다양한 문제에 응용하면서 신경망은 더욱 매력적인 기술이 됐다. 또한 더욱 빨라진 컴퓨터와 알고리즘으로 이전에는 계산이 너무 많이 필요했던 복잡한 산업계의 문제들을 이제는 신경망을 이용해 풀 수 있게 됐다.

다음의 내용과 신경망 응용 표는 매스웍스MathWorks, Inc의 승인하에 MATALB '신경망 툴박스Neural Network Toolbox'에서 가져온 것이다.

1988 DARPA 신경망 연구1988 DARPA Neural Network Study에서는 다양한 신경망 응용을 목록으로 만들었다[DARP88]. 이 목록은 1984년경 적응형 채널 등화기adaptive channel equalizer로 시작한다. 상업적으로 큰 성공을 거둔 이 장비는 장거리 전화 시스템에서 음성 신호를 안정화하기 위해 사용된 단일 뉴런 네트워크다. DARPA 보고서에는 소형 단어 인식기, 프로세스 모니터, 수중 음파 탐지 분류기, 위험 분석 시스템을 비롯한 여러 상업적 응용이 열거되어 있다.

DARPA 보고서가 작성된 이후 오랜 시간 동안 수천 개의 신경망이 수백여 분야에 적용돼왔다. 그중 일부를 나열하면 다음과 같다.

- **항공우주:** 고성능 항공 자동 조종 장치, 비행 경로 시뮬레이션, 항공기 제어 시스템, 자동 조종 장치 개선, 항공기 부품 시뮬레이션, 항공기 부품 장애 탐지기

- **자동차:** 자동차 자동 유도 시스템AGS, automatic guidance systems, 연료 분사 장치 제어, 자동 제동 시스템ABS, automatic braking systems, 비점화 탐지, 가상 배기 센서, 보증 활동 분석기

- **은행:** 수표 및 문서 판독기, 대출 신청 평가, 현금 흐름 예측, 회사 분류, 환율 예측, 채무 회복률 예측, 신용 리스크 측정

- **방위:** 무기 조종, 목표 추적, 물체 식별, 얼굴 인식, 새로운 종류의 센서, 수중 음파 탐지기, (데이터 압축, 특징 추출 및 잡음 억제를 포함한) 레이더 및 이미지 신호 처리, 신호/이미지 식별

- **전자:** 코드 시퀀스 예측, 집적 회로 칩 배치, 공정 제어, 칩 장애 분석, 머신 비전, 음성 합성, 비선형 모델링

- **엔터테인먼트:** 애니메이션, 특수 효과, 마켓 예측

- **금융:** 부동산 평가, 대출 상담, 모기지 심사, 회사채 평가, 신용한도 사용 분석, 포트폴리오 거래 프로그램, 기업 재무 분석, 통화 가격 예측

- **보험:** 보험 청약 심사, 상품 최적화

- **제조:** 제조 공정 제어, 제품 설계 및 분석, 공정 및 기계 진단, 실시간 입자 식별, 외관 품질 검사 시스템, 맥주 검사, 용접 품질 검사, 종이 품질 예측, 컴퓨터 칩 품질 분석, 연삭 작업 분석, 화학 제품 설계 분석, 기계 유지보수 분석, 프로젝트 입찰, 계획, 관리, 화학 공정 시스템 동적 모델링

- **의학:** 유방암 세포 분석, EEG 및 ECG 분석, 인공 기관 설계, 이식 시간 최적화, 병원 비용 절감, 병원 품질 개선, 응급실 테스트 상담

- **석유 및 가스:** 탐사, 스마트 센서, 저장소 모델링, 유정 및 가스정 처리 결정, 지진 해석

- **로봇:** 경로 제어, 지게차 로봇, 매니퓰레이터 제어기, 비전 시스템, 자율주행 자동차

- **음성:** 음성 인식, 음성 압축, 모음 분류, 음성 합성(텍스트 음성 변환)

- **증권:** 시장 분석, 자동 채권 평가, 주식 거래 자문 시스템

- **통신:** 이미지 데이터 압축, 자동 정보 서비스, 음성 언어 실시간 번역, 고객 지불 처리 시스템

- **운송:** 트럭 브레이크 진단 시스템, 차량 스케줄링, 경로지정 서비스 시스템

신경망 응용의 수와 신경망 소프트웨어 및 하드웨어에 투자된 자금, 신경망 장비에 대한 관심의 깊이와 폭은 엄청나다.

생체 영감

이 책에서 논의되는 인공 신경망은 생체 신경망과 간접적으로 연관되어 있다. 이 절에서는 인공 신경망의 개발에 영감을 준 뇌 기능의 특징을 간략하게 설명할 것이다.

뇌는 뉴런이라고 하는 요소들로 구성되어 있으며, 상당히 많은 수의 뉴런이 고도로 연결되어 있다(약 10^{11}개 뉴런과 뉴런별 약 10^4개 연결로 구성). 뉴런은 세 가지 주요 구성요소인 수상돌기dendrites, 세포체cell body, 축삭axon으로 이뤄져 있다. 수상돌기는 전기적 신호를 세포체로 운반하는 신경 섬유 수용 네트워크로 나뭇가지 모양을 하고 있다. 세포체

는 들어오는 신호를 효과적으로 합산하고 임계치에 도달하면 발화한다. 축삭은 세포체에서 다른 뉴런으로 신호를 운반하는 기다란 섬유다. 뉴런의 축삭과 다른 뉴런의 수상돌기 사이의 접점을 시냅스^{synapse}라고 한다. 뉴런의 배열과 시냅스의 강도는 신경망의 기능을 결정하는 복잡한 화학적 과정에 의해 결정된다. 그림 1.1은 2개의 생체 뉴런을 간소화한 도식이다.

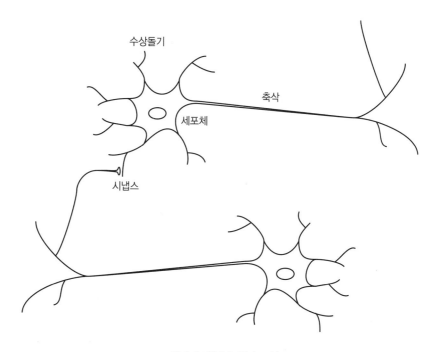

그림 1.1 생체 뉴런의 도식

뉴런 구조의 일부는 태어날 때부터 정해져 있다. 나머지 뉴런 구조는 학습을 통해 발달하며, 그 과정에서 새로운 연결이 만들어지기도 하고 기존 연결이 약화되기도 한다. 뉴런 구조는 생애 초반에 가장 현저히 발달한다. 예를 들어, 매우 중요한 기간 동안 어린 고양이의 한쪽 눈을 사용하지 못하게 하면 그 눈의 시력은 정상적으로 발달하지 못하는 것으로 밝혀졌다. 언어학자들은 생애 초반에 언어의 소리에 노출되지 않으면 생후 6개월 이상의 유아는 특정 언어의 소리를 구별하지 못한다는 사실을 알아냈다[WeTe84].

뉴런 구조는 평생 동안 지속적으로 변화한다. 후반부의 변화는 주로 시냅스 연결을 강화하거나 약화하는 경향을 띤다. 예를 들어, 새로운 기억은 시냅스의 강도를 변화시켜서 형성되는 것으로 알려져 있다. 따라서 새로운 친구의 얼굴을 학습하는 과정은 다양한 시냅스들을 변화시키는 과정이다. 신경과학자들은 런던 택시 운전사의 해마가 평균보다 매우 크다는 사실을 발견했다[MaGa2000]. 런던의 택시 운전사들은 아주 많은 양의 운행 정보를 암기해야만 하기 때문이다(2년 이상의 시간이 걸리는 과정이다).

인공 신경망은 뇌의 복잡도에 근접하지 못한다. 하지만 생체 신경망과 인공 신경망 사이에 핵심적인 두 가지 유사성이 있다. 첫째, (비록 인공 뉴런은 생체 뉴런보다 매우 단순하긴 하지만) 두 네트워크의 빌딩 블록은 고도로 연결된 간단한 계산 장치라는 점이다. 둘째, 뉴런 사이의 연결이 네트워크의 기능을 결정한다. 이 책의 주목적은 특정 문제를 해결하기 위한 적절한 연결을 결정하는 것이다.

전자회로와 비교하면 생체 뉴런은 매우 느리지만(10^{-10}초 vs. 10^{-3}초) 뇌는 기존의 어떤 컴퓨터보다 많은 작업을 매우 빠르게 수행할 수 있다는 점에 주목할 필요가 있다. 이는 생체 신경망의 대규모 병렬 구조 때문으로 모든 뉴런은 동시에 작동된다. 인공 신경망은 병렬 구조를 공통적으로 갖고 있다. 현재 대부분의 인공 신경망은 기존의 디지털 컴퓨터로 구현되고 있지만, 인공 신경망의 병렬 구조는 VLSI, 광학 장치, 병렬 프로세서를 이용한 구현에 이상적이다.

다음 장에서는 기본 인공 뉴런을 소개하고, 네트워크를 구성하기 위해 인공 뉴런을 어떻게 결합하는지 설명할 것이다. 3장에서 작동하는 신경망을 처음으로 살펴볼 예정이며, 2장은 이를 위한 배경지식을 제공할 것이다.

참고 문헌

[Ande72] J. A. Anderson, "A simple neural network generating an interactive memory," *Mathematical Biosciences*, Vol. 14, pp. 197-220, 1972.

앤더슨Anderson은 연상 메모리associative memory를 위한 '선형 연상 메모리linear associator' 모델을 제안했다. 이 모델은 입력과 출력 벡터 사이에 연관성을 학습하기 위해 일반화된 헵 가설Hebb postulate을 사용해 훈련됐다. 또한 네트워크의 생리학적 타당성이 강조됐다. 코호넨Kohonen은 앤더슨과 독립적으로 연구를 진행했음에도 불구하고 긴밀하게 연관된 논문을 동시에 발표했다[Koho72].

[AnRo88] J. A. Anderson and E. Rosenfeld, *Neurocomputing: Foundations of Research*, Cambridge, MA: MIT Press, 1989.

기본적인 참고서적으로, 가장 중요한 뉴로 컴퓨팅 논문 43개가 포함되어 있다. 각 논문의 서론에는 논문 결과에 대한 요약과, 뉴로 컴퓨팅 분야의 역사에서 해당 논문의 위치에 대한 관점이 제공된다.

[DARP88] *DARPA Neural Network Study*, Lexington, MA: MIT Lincoln Laboratory, 1988.

이 연구는 1988년에 알려진 신경망 지식을 요약하고 있다. 신경망의 이론적인 토대를 제시하고 그 응용을 논의한다. 연상 메모리, 순환망, 비전, 음성 인식, 로봇에 관한 내용이 포함되어 있다. 또한 시뮬레이션 툴과 구현 기술도 다루고 있다.

[Gros76] S. Grossberg, "Adaptive pattern classification and universal recoding: I. Parallel development and coding of neural feature detectors," *Biological Cybernetics*, Vol. 23, pp. 121-134, 1976.

그로스버그Grossberg는 시각 시스템을 기반으로 한 자가 조직 신경망을 설명한다. 단기 메모리와 장기 메모리 메커니즘을 구성하는 네트워크는 연속 시간 경쟁 네트워크continuous-time competitive network다. 이 네트워크는 적응 공명 이론 네트워크ART(adaptive resonance theory) network의 기반이 된다.

[Gros80] S. Grossberg, "How does the brain build a cognitive code?" *Psychological Review*, Vol. 88, pp. 375-407, 1980.

그로스버그의 1980년 논문은 공간 주파수 적응spatial frequency adaptation, 양안 경합binocular rivalry을 포함하는 여러 생리학적 행동을 설명할 수 있는 뉴런 구조와 메커니즘을 제안한다. 그의 시스템은 외부의 도움 없이 스스로 오류를 교정한다.

[Hebb 49] D. O. Hebb, *The Organization of Behavior*. New York: Wiley, 1949.

이 독창적인 책의 주요 전제는 '행동은 뉴런의 작용으로 설명할 수 있다'는 것이다. 이 책에서 헵Hebb은 세포 수준의 학습 메커니즘을 가정하는 최초의 학습 규칙을 제시했다. 헵은 생물학에서 전형적인 조건 반사가 개별 뉴런의 특성 때문에 생성된다고 주장했다.

[Hopf82] J. J. Hopfield, "Neural networks and physical systems with emergent collective computational abilities," *Proceedings of the National Academy of Sciences*, Vol. 79, pp. 2554–2558, 1982.

홉필드Hopfield는 내용 주소화 신경망content-addressable neural network을 설명하고, 신경망의 작동 방식과 능력에 대한 명확한 그림을 제시한다.

[Koho72] T. Kohonen, "Correlation matrix memories," *IEEE Transactions on Computers*, vol. 21, pp. 353–359, 1972.

코호넨Kohonen은 연상 메모리를 위한 상관 관계 행렬 모델을 제안했다. 이 모델은 입력과 출력 벡터 사이에 연관성을 학습하기 위해 외적 규칙outer product rule(헵의 규칙Hebb rule으로도 알려져 있음)을 이용해 훈련된다. 네트워크의 수학적 구조가 강조됐다. 앤더슨Anderson은 코호넨과 독립적으로 연구했음에도 불구하고 긴밀히 연관된 논문을 동시에 발표했다[Ande72].

[MaGa00] E. A. Maguire, D. G. Gadian, I. S. Johnsrude, C. D. Good, J. Ashburner, R. S. J. Frackowiak, and C. D. Frith, "Navigation-related structural change in the hippocampi of taxi drivers," *Proceedings of the National Academy of Sciences*, Vol. 97, No. 8, pp. 4398–4403, 2000.

런던의 택시 운전사는 도시 수천 군데 간의 운행법을 배우는 광범위한 훈련을 받아야만 한다. 이 훈련은 흔히 '지식에 관한 것being on The Knowledge'으로 알려져 있으며, 훈련을 받는 데 평균적으로 약 2년이 걸린다. 이 연구는 런던 택시 운전사의 후위 해마가 대조군 대상의 사람들에 비해 매우 크다는 사실을 보여준다.

[McPi43] W. McCulloch and W. Pitts, "A logical calculus of the ideas immanent in nervous activity," *Bulletin of Mathematical Biophysics*, Vol. 5, pp. 115−133, 1943.

이 논문은 최초의 뉴런 수학 모델을 소개하고 있다. 이 모델에서는 뉴런 입력 신호의 가중 합산을 임계치와 비교해 발화 여부를 결정한다. 당시에 알려진 연산 요소들을 기반으로 뇌가 무엇을 하는지를 최초로 설명하고자 했다. 이 논문에서는 단순한 신경망이 임의의 산술이나 논리 함수를 계산할 수 있음을 보여줬다.

[MiPa69]　M. Minsky and S. Papert, *Perceptrons*, Cambridge, MA: MIT Press, 1969.

퍼셉트론 네트워크가 학습할 수 있는 것을 판단하는 데 주력했던 최초의 엄격한 연구가 포함된 역사적인 책이다. 퍼셉트론의 한계를 설명하고 그 한계를 극복하기 위한 방향을 제시하기 위해 퍼셉트론을 공식적으로 논의할 필요가 있었다. 안타깝게도 이 책에서는 퍼셉트론의 한계가 신경망 분야의 막다른 길을 가리키고 있음을 비관적으로 예측했다. 이런 예측은 사실이 아니었지만 이 책은 한동안 연구와 연구 투자를 동결시켰다.

[Rose58]　F. Rosenblatt, "The perceptron: A probabilistic model for information storage and organization in the brain," *Psychological Review*, Vol. 65, pp. 386−408, 1958.

로젠블랫Rosenblatt은 최초의 실용적인 인공 신경망인 퍼셉트론을 제안한다.

[RuMc86]　D. E. Rumelhart and J. L. McClelland, eds., *Parallel Distributed Processing: Explorations in the Microstructure of Cognition*, Vol. 1, Cambridge, MA: MIT Press, 1986.

이 논문은 1980년대 신경망 분야의 관심을 부활시키는 데 주요 영향을 미친 두 연구 중 하나다. 이 논문은 다층 네트워크를 훈련시키기 위한 역전파 알고리즘을 제시하고 있다.

[WeTe84]　J. F. Werker and R. C. Tees, "Cross-language speech perception: Evidence for perceptual reorganization during the first year of life," *Infant Behavior and Development*, Vol. 7, pp. 49−63, 1984.

이 연구는 브리티시컬럼비아British Columbia에서 내륙 살리시Interior Salish 인종 그룹의 유아와 그룹 외부의 유아에게 내륙 살리시 인종이 사용하는 톰슨 언어Thompson language의 두 가지 다른 소리를 구분하는 능력을 테스트한 실험에 관해 설명하고 있다. 연구원들은 유아가 내륙 살리시 인종인지 여부에 상관없이 출생 후 6개월 또는 8개월 미만인 유아의 경우 소리를 구별할 수 있다는 사실을 발견했다. 하지만 출생 후 10~12개월이 되면 오직 내부 살리시 어린이만이 소리를 구별할 수 있었다.

[WiHo60]   B. Widrow and M. E. Hoff, "Adaptive switching circuits," *1960 IRE WESCON Convention Record*, New York: IRE Part 4, pp. 96–104, 1960.

이 독창적인 논문에서는 빠르고 정확하게 학습할 수 있는 적응형 퍼셉트론과 유사한 네트워크를 설명한다. 시스템이 입력과 각 입력별로 희망 출력 분류를 가지며, 실제 출력과 희망 출력 간에 오류를 계산할 수 있다고 가정했다. 가중치는 평균 제곱 오차를 최소화하도록 내리막 경사법을 이용해 조정될 수 있다(최소평균 제곱 오차Least Mean Square error 혹은 LMS 알고리즘).

이 논문은 [AnRo88]에서 재인쇄됐다.

2
뉴런 모델과 네트워크 구조

목표

1장에서는 생체 신경망과 인공 신경망에 대해 간략하게 설명했다. 이제 뉴런의 단순화된 수학 모델을 소개하고, 다양한 네트워크 구조를 구성하기 위해 인공 뉴런의 연결 방법을 설명할 것이다. 또한 간단한 예제를 통해 네트워크의 기본 작동을 설명한다. 이장에서 소개할 개념과 표기법은 책 전체에서 사용할 것이다.

이 장에서는 이 책에서 사용하는 모든 네트워크 구조를 다루기보다는 기본적인 빌딩블록을 제시한다. 좀 더 복잡한 구조는 필요한 부분에서 소개하고 논의할 것이다. 그럼에도 불구하고 이 장에는 자세한 내용이 많이 제시되고 있다. 처음 읽을 때 모든 내용을 암기할 필요는 없다. 시작을 위한 예제, 또는 다시 찾아보는 리소스 정도로 생각하자.

이론과 예제

표기법

안타깝게도 보편적으로 인정되는 단일 신경망 표기법은 없다. 신경망에 관한 논문과 책은 공학, 물리학, 심리학, 수학을 포함한 다양한 분야에서 나오고 있으며, 많은 저자가 자신의 전문 분야에서 사용하는 고유한 용어를 사용하는 경향이 있다. 결과적으로 이 분야의 책과 논문은 대다수가 읽기 어렵고, 개념은 실제보다 훨씬 복잡해 보인다. 이로 인해 중요하고 새로운 아이디어가 확산되지 못하는 것은 안타까운 일이다. 그뿐 아니라, 많은 '수레바퀴의 재발명reinvention of the wheel'이 일어나곤 한다.[1]

이 책에서는 가능한 한 표준 표기법을 사용해 내용을 엄격하면서도 명확하고 단순하게 표현했다. 특히, 실용적인 규범을 정의해 일관성 있게 사용하고자 노력했다.

그림, 수식, 그리고 그림과 수식을 설명하는 글에는 다음 표기법을 사용할 것이다.

- 스칼라scalar: 이탤릭체 소문자. 예: a, b, c

- 벡터vector: (이탤릭체가 아닌) 볼드체 소문자. 예: **a**, **b**, **c**

- 행렬matrix: (이탤릭체가 아닌) 볼드체 대문자. 예: **A**, **B**, **C**

네트워크 구조에 관한 표기법도 이 장에서 소개될 것이다. 이 책에서 사용하는 전체 표기법 목록은 부록 B에 있으므로 궁금할 때마다 참조하라.

---

1 수레바퀴를 다시 발명한다는 것은 쓸데없이 시간을 낭비하는 것을 의미한다. – 옮긴이

뉴런 모델

단일 입력 뉴런

가중치 단일 입력 뉴런single-input neuron은 그림 2.1에서 볼 수 있다. 스칼라 입력 p는 스칼라 가중치weight w와 곱해져서 합산기summer로 전달되는 항 중 하나인 wp를 만든다. 다른 입력

편향 1은 편향bias b와 곱해져서 합산기로 전달된다. (종종 네트 입력net input으로 언급되는) 합산기

네트 입력 출력 n은 스칼라 뉴런 출력 a를 생성하는 전달 함수transfer function f로 들어간다(전달 함수 대

전달 함수 신 '활성 함수activation function'를, 편향 대신 '오프셋offset'이란 용어를 사용하기도 한다).

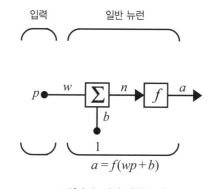

그림 2.1 단일 입력 뉴런

이 단순한 모델과 1장에서 설명했던 생체 뉴런을 다시 연관시키면, 가중치 w는 시냅스 강도에 해당하고, 세포체는 합산 함수와 전달 함수로 표현되며, 뉴런 출력 a는 축삭 신호를 나타낸다.

뉴런 출력은 다음과 같이 계산된다.

$$a = f(wp + b)$$

예를 들어 $w = 3$, $p = 2$, $b = -1.5$일 때는 다음과 같다.

$$a = f(3(2) - 1.5) = f(4.5)$$

실제 출력은 선택된 특정 전달 함수에 따라 달라진다. 전달 함수는 다음 절에서 논의할 것이다.

편향은 상수 입력 1을 갖는 것을 제외하면 가중치와 매우 비슷하다. 단, 특정 뉴런에서 편향을 원치 않는다면 생략할 수 있다. 3장, 7장, 15장에서 해당 예제를 확인하게 될 것이다.

w와 b는 모두 조정 가능한adjustable 뉴런의 스칼라 파라미터라는 점을 주목하라. 일반적으로 전달 함수는 뉴런의 입력/출력 관계가 특정 목표를 충족하도록 설계자가 선택하며, 파라미터 w와 b는 학습 규칙에 의해 조정된다(학습 규칙에 대한 소개는 4장을 참조하라). 다양한 목적에 맞는 여러 종류의 전달 함수가 있으며, 다음 절에서 이 함수들을 설명할 것이다.

전달 함수

그림 2.1의 전달 함수는 n의 선형 함수 또는 비선형 함수가 될 수 있다. 전달 함수는 뉴런이 해결하려고 하는 문제의 명세specification를 만족하도록 선택한다.

이 책에는 다양한 전달 함수가 포함되어 있다. 가장 일반적으로 사용되는 함수 중 세 가지가 아래에 설명되어 있다.

하드 리밋 전달 함수 그림 2.2의 왼쪽에 보이는 하드 리밋 전달 함수hard limit transfer function는 함수 인자가 0보다 작으면 뉴런의 출력을 0으로, 0보다 크거나 같으면 1로 설정한다. 입력을 다른 두 범주로 분류하는 뉴런을 만들 때 이 함수를 사용한다. 이 함수는 4장에서 매우 광범위하게 사용된다.

그림 2.2에서 오른쪽 그래프는 하드 리밋 전달 함수를 사용하는 단일 입력 뉴런의 입출력 특성을 보여준다. 이 그래프에서 가중치와 편향의 영향을 볼 수 있다. 두 그림 사이에는 하드 리밋 전달 함수의 아이콘이 있다. 네트워크 다이어그램에서 사용 중인 전달 함수를 표현하기 위해 일반적인 f 대신 이 아이콘을 표시한다.

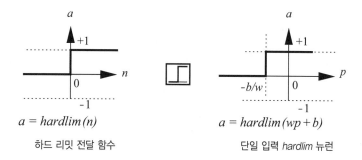

$$a = hardlim(n)$$

하드 리밋 전달 함수

$$a = hardlim(wp + b)$$

단일 입력 *hardlim* 뉴런

그림 2.2 하드 리밋 전달 함수

선형 전달 함수 그림 2.3에서와 같이 선형 전달 함수^{linear transfer function}의 출력은 입력과 동일하다.

$$a = n \tag{2.1}$$

선형 전달 함수를 갖는 뉴런은 10장에서 논의할 ADALINE 네트워크에서 사용된다.

그림 2.3에서 오른쪽 그래프는 편향을 갖는 단일 입력 선형 뉴런의 출력(a) 대비 입력(p) 특성을 보여준다.

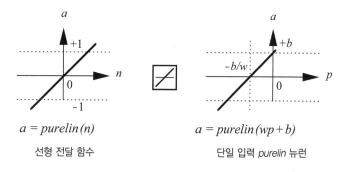

$$a = purelin(n)$$

선형 전달 함수

$$a = purelin(wp + b)$$

단일 입력 *purelin* 뉴런

그림 2.3 선형 전달 함수

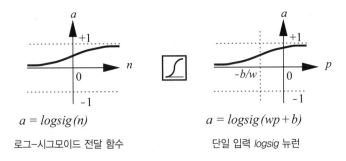

$$a = logsig(n)$$

로그–시그모이드 전달 함수

$$a = logsig(wp + b)$$

단일 입력 *logsig* 뉴런

그림 2.4 로그-시그모이드 전달 함수

로그-시그모이드
전달 함수

그림 2.4에는 로그–시그모이드 전달 함수^{log-sigmoid transfer function}가 있다.

이 전달 함수는 + 무한대와 − 무한대 사이의 임의의 실수를 입력으로 취해서 다음 식에 따라 0에서 1까지의 범위로 출력을 압축한다.

$$a = \frac{1}{1 + e^{-n}} \tag{2.2}$$

로그–시그모이드 전달 함수는 미분이 되기 때문에 일반적으로 역전파 알고리즘으로 훈련을 하는 다층 네트워크에서 사용한다(11장 참조).

이 책에서 사용하는 전달 함수는 표 2.1에 요약되어 있다. 필요하다면 표 2.1에 있는 함수 외의 전달 함수도 얼마든지 정의할 수 있다.

단일 입력 뉴런으로 실험을 하려면, 신경망 설계 데모 '단일 입력 뉴런^{One-Input Neuron'} **nnd2n1** 을 사용하라.

다중 입력 뉴런

일반적으로 뉴런은 입력을 하나 이상 갖는다. 입력이 R개인 뉴런은 그림 2.5에서 볼 수 있다.

이름	입출력 관계	아이콘	MATLAB 함수
하드 리밋 (Hard Limit)	$a = 0 \quad n < 0$ $a = 1 \quad n \geq 0$		hardlim
대칭 하드 리밋 (Symmetrical Hard Limit)	$a = -1 \quad n < 0$ $a = +1 \quad n \geq 0$		hardlims
선형 (Linear)	$a = n$		purelin
포화 선형 (Saturating Linear)	$a = 0 \quad n < 0$ $a = n \quad 0 \leq n \leq 1$ $a = 1 \quad n > 1$		satlin
대칭 포화 선형 (Symmetric Saturating Linear)	$a = -1 \quad n < -1$ $a = n \quad -1 \leq n \leq 1$ $a = 1 \quad n > 1$		satlins
로그−시그모이드 (Log−Sigmoid)	$a = \dfrac{1}{1 + e^{-n}}$		logsig
하이퍼볼릭 탄젠트 시그모이드 (Hyperbolic Tangent Sigmoid)	$a = \dfrac{e^{n} - e^{-n}}{e^{n} + e^{-n}}$		tansig
양의 선형 (Positive Linear)	$a = 0 \quad n < 0$ $a = n \quad 0 \leq n$		poslin
경쟁 (Competitive)	$a = 1 \quad \max n$을 갖는 뉴런 $a = 0 \quad$ 다른 모든 뉴런	C	compet

표 2.1 전달 함수

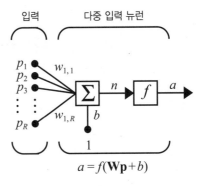

$$a = f(\mathbf{W}p + b)$$

그림 2.5 다중 입력 뉴런

가중치 행렬 개별 입력 $p_1, p_2, \ldots, p_R$에는 가중치 행렬$^{\text{weight matrix}}$ $\mathbf{W}$의 대응되는 요소 $w_{1,1}, w_{1,2}, \ldots,$ $w_{1,R}$로 가중치가 적용된다.

뉴런은 편향 b를 가지며, 가중치가 적용된 입력과 더해서 네트 입력 n을 만든다.

$$n = w_{1,1}p_1 + w_{1,2}p_2 + \cdots + w_{1,R}p_R + b \tag{2.3}$$

이 식을 행렬 형식으로 작성하면 다음과 같다.

$$n = \mathbf{W}p + b \tag{2.4}$$

여기서 행렬 $\mathbf{W}$는 단일 뉴런일 경우 하나의 행을 갖는다.

이제 뉴런의 출력은 다음과 같이 작성할 수 있다.

$$a = f(\mathbf{W}p + b) \tag{2.5}$$

신경망은 대부분 행렬로 설명될 수 있기 때문에, 이 책에서는 전체적으로 이와 같은 행렬 표현을 사용할 것이다. 행렬과 벡터 연산 실력이 녹슬었다 하더라도 걱정할 필요는 없다. 5장과 6장에서는 이 주제로 복습을 할 예정이며, 방법을 설명하는 예제와 문제 풀이를 많이 제공할 것이다.

가중치 인덱스 이 책에서는 가중치 행렬 요소에 인덱스를 할당하는 특정 규범을 도입했다. 첫 번째 인덱스는 가중치의 뉴런 목적지^{destination}를 나타낸다. 두 번째 인덱스는 뉴런으로 들어가는 신호의 출발지^{source}를 나타낸다. 따라서 $w_{1,2}$의 인덱스는 두 번째 출발지에서 첫 번째 뉴런으로 가는 연결을 나타낸다. 물론 이 규범은 뉴런이 여러 개일 때 더욱 유용하며, 이 장의 후반부에서 그런 경우를 설명할 것이다.

여러 개의 입력과 뉴런을 갖는 네트워크를 그리려고 한다. 또한 뉴런 계층도 1개 이상 만들려고 한다. 모든 선을 다 그리면 네트워크가 얼마나 복잡해질지 상상할 수 있을 것이다. 그려진 내용이 너무 많아서, 거의 읽을 수 없으며, 상세한 내용 때문에 주요 특징을 이해하기 힘들 것이다. 그래서 이 책에서는 **축약 표기법**^{abbreviated notation}을 사용한다. **축약 표기법** 그림 2.6에는 축약 표기법을 사용한 다중 입력 뉴런이 있다.

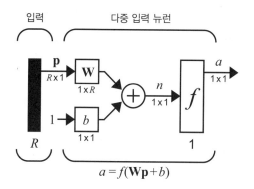

그림 2.6 R개의 입력을 갖는 뉴런(축약 표기법)

그림 2.6에서 보이는 것처럼 입력 벡터 **p**는 왼쪽에 검은색 세로 막대로 표시된다. **p**의 차원은 변수 아래에 $R \times 1$로 표시되며, 입력이 R개 요소로 된 단일 벡터임을 나타낸다. 이때 입력은 가중치 행렬 **W**로 들어간다. 단일 뉴런의 경우 **W**는 R개의 열을 갖지만 행은 1개만 갖는다. 상수 1은 뉴런에 입력으로 들어가서 스칼라 편향 b와 곱해진다. 전달 함수 f의 네트 입력은 n으로 편향 b와 곱 **Wp**가 더해진 값이다. 이 경우 뉴런 출력 a는 스칼라다. 뉴런이 하나 이상인 경우, 네트워크 출력은 벡터가 된다.

이 축약 표기법 그림에는 변수의 차원이 같이 표시되기 때문에 스칼라, 벡터, 행렬을 바로 구별할 수 있다. 따라서 변수의 종류나 차원을 추측할 필요가 없다.

네트워크의 입력 개수는 문제의 외부 명세^{specification}에 의해 정해진다. 예를 들어 연 날리기 조건을 예측하는 신경망을 설계한다면, 예측에 사용할 입력이 대기 온도, 풍속, 습도일 경우 네트워크 입력은 3개다.

 2입력 뉴런으로 실험을 하려면, 신경망 설계 데모 '2입력 뉴런$^{Two-Input\ Neuron}$' **nnd2n2**를 이용하라.

네트워크 구조

일반적으로 입력이 여러 개라도 하나의 뉴런으로는 충분치 않다. '계층^{layer}'에서 병렬로 작동하는 뉴런이 5~10개 정도 필요할 수 있다. 계층의 개념은 다음 절에서 설명할 것이다.

뉴런 계층

그림 2.7에 S개 뉴런 단층 네트워크$^{single-layer\ network}$가 있다. R개 입력은 각 뉴런에 연결되며, 이제 가중치 행렬은 S개 행을 갖는다.

계층에는 가중치 행렬, 합산기, 편향 벡터 **b**, 전달 함수 상자와 출력 벡터 **a**가 포함되어 있다. 어떤 책에서는 입력을 별도 계층으로 언급하기도 하지만, 여기서는 그렇게 하지 않을 것이다.

입력 벡터 **p**의 요소들은 가중치 벡터 **W**를 통해 각 뉴런과 연결된다. 뉴런은 편향 b_i, 합산기, 전달 함수 f와 출력 a_i를 갖는다. 뉴런의 출력 a_i를 하나로 합치면 벡터 **a**가 된다.

일반적으로 계층의 입력 개수는 뉴런 개수와 다르다(즉, $R \neq S$).

하나의 계층에 있는 모든 뉴런이 같은 전달 함수를 가져야만 하는지 궁금할 수 있다. 대답은 "아니요"다. 그림 2.7에 보이는 네트워크 2개를 병렬로 결합해서 다른 종류의

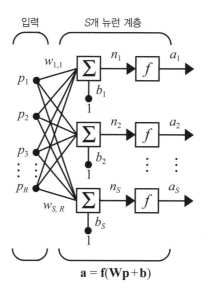

그림 2.7 S개 뉴런 계층

전달 함수를 갖는 하나의 뉴런 계층을 정의할 수 있다. 결합된 두 네트워크는 입력은 동일하며, 각기 출력을 생성할 것이다.

입력 벡터 요소는 가중치 행렬 **W**를 통해 네트워크로 입력된다.

$$\mathbf{W} = \begin{bmatrix} w_{1,1} & w_{1,2} & \cdots & w_{1,R} \\ w_{2,1} & w_{2,2} & \cdots & w_{2,R} \\ \vdots & \vdots & & \vdots \\ w_{S,1} & w_{S,2} & \cdots & w_{S,R} \end{bmatrix} \tag{2.6}$$

행렬 **W** 요소의 행 인덱스는 가중치와 연관된 목적지 뉴런을, 열 인덱스는 출발지 입력을 표시한다. 따라서 $w_{3,2}$의 인덱스는 두 번째 출발지에서 세 번째 뉴런으로 가는 연결의 가중치를 나타낸다.

다행히 S 뉴런 R 입력 단층 네트워크도 그림 2.8과 같이 축약 표기법으로 그릴 수 있다.

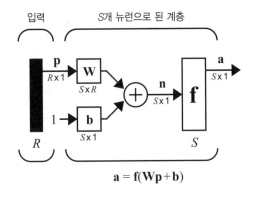

입력 　　　　　　 S개 뉴런으로 된 계층

$$\mathbf{a} = \mathbf{f}(\mathbf{Wp}+\mathbf{b})$$

그림 2.8 S개 뉴런의 계층(축약 표기법)

변수 아래 기호는 이 계층에서 **p**는 길이가 R인 벡터, **W**는 $S \times R$ 행렬, **a**와 **b**는 길이가 S인 벡터임을 말해주고 있다. 계층은 가중치 행렬, 더하기와 곱하기 연산, 편향 벡터 **b**, 전달 함수 상자와 출력 벡터를 포함한다.

다층 뉴런

이제 계층이 여러 개인 네트워크를 살펴보자. 각 계층은 자기만의 가중치 행렬 **W**와 편향 벡터 **b**, 네트 입력 벡터 **n**과 출력 벡터를 **a**를 갖는다. 계층을 구분하기 위한 표기 **계층 위첨자** 법을 추가로 도입할 필요가 있다. 이 책에서는 계층을 구분하기 위해 위첨자superscript를 사용할 것이다. 구체적으로 변수 이름에 계층 번호를 위첨자로 추가한다. 따라서 첫 번째 계층의 가중치 행렬은 $\mathbf{W}^1$처럼 작성되며, 두 번째 계층의 가중치 행렬은 $\mathbf{W}^2$처럼 작성된다. 그림 2.9에 이 표기법을 사용한 3계층 네트워크가 있다.

이 네트워크에는 R개 입력과 첫 번째 계층에 S^1개 뉴런, 두 번째 계층에 S^2개 뉴런이 있다. 계층별로는 다른 개수의 뉴런을 가질 수 있다.

계층 1의 출력은 계층 2의 입력이며, 계층 2의 출력은 계층 3의 입력이다. 따라서 계층 2는 $R = S^1$ 입력, $S = S^2$ 뉴런, $S^2 \times S^1$ 가중치 행렬 $\mathbf{W}^2$를 갖는 단일 계층 네트워크로 볼 수 있다. 계층 2의 입력은 $\mathbf{a}^1$이고 출력은 $\mathbf{a}^2$이다.

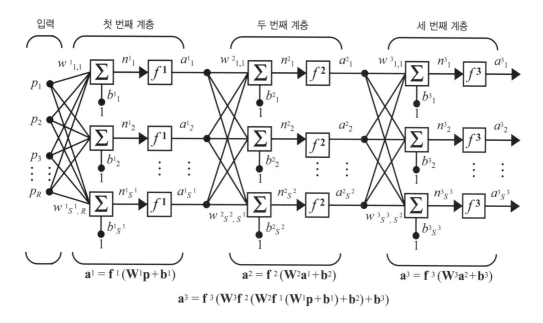

$$\mathbf{a}^3 = \mathbf{f}^3(\mathbf{W}^3\mathbf{f}^2(\mathbf{W}^2\mathbf{f}^1(\mathbf{W}^1\mathbf{p}+\mathbf{b}^1)+\mathbf{b}^2)+\mathbf{b}^3)$$

그림 2.9 3계층 네트워크

출력 계층
은닉 계층
계층의 출력이 네트워크의 출력이라면 출력 계층$^{output\ layer}$이라고 부르며, 나머지는 은닉 계층$^{hidden\ layer}$이라고 부른다. 위의 네트워크는 출력 계층 하나(계층 3)와 은닉 계층 2개 (계층 1과 계층 2)로 구성되어 있다.

앞에서 설명한 3계층 네트워크는 그림 2.10과 같이 축약 표기법으로 그릴 수도 있다.

다층 네트워크는 단층 네트워크보다 강력하다. 예를 들어, 첫 번째 시그모이드 계층과 두 번째 선형 계층을 갖는 2계층 네트워크는 대부분의 함수를 임의로 잘 근사하도록 훈련될 수 있다. 단층 네트워크만으로는 임의의 함수를 근사할 수 없다.

이 시점에서 네트워크를 명시할 때 선택해야 할 항목 수가 굉장히 많아 보일 수 있으므로 이 주제에 대해 생각해보자. 이 문제는 보기보다 까다롭지 않다. 먼저 네트워크의 입력과 출력 개수는 문제 명세$^{problem\ specification}$에 따라 정의된다. 따라서 입력으로 사용될 변수가 4개라면 네트워크 입력은 4개다. 마찬가지로, 네트워크의 출력이 7개라

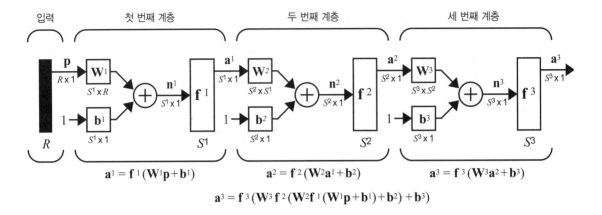

$$\mathbf{a}^1 = \mathbf{f}^1(\mathbf{W}^1\mathbf{p} + \mathbf{b}^1) \qquad \mathbf{a}^2 = \mathbf{f}^2(\mathbf{W}^2\mathbf{a}^1 + \mathbf{b}^2) \qquad \mathbf{a}^3 = \mathbf{f}^3(\mathbf{W}^3\mathbf{a}^2 + \mathbf{b}^3)$$

$$\mathbf{a}^3 = \mathbf{f}^3(\mathbf{W}^3\mathbf{f}^2(\mathbf{W}^2\mathbf{f}^1(\mathbf{W}^1\mathbf{p} + \mathbf{b}^1) + \mathbf{b}^2) + \mathbf{b}^3)$$

그림 2.10 3계층 네트워크(축약 표기법)

면 출력 층에 뉴런이 7개 있어야 한다. 출력이 −1이거나 1이라면 대칭 하드 리밋 전달 함수가 사용돼야 한다. 따라서 단층 네트워크의 구조는 거의 전적으로 문제 명세에 의해 결정되며, 입력 개수와 출력 개수, 출력 신호의 특성은 문제 명세에 기술되어 있다.

이제 계층이 여러 개라면 어떻게 될 것인가? 문제 명세에는 은닉 계층에 필요한 뉴런 수가 기술되어 있지는 않다. 실제 은닉 계층에 필요한 최적의 뉴런 수를 예측할 수 있는 문제는 거의 없다. 이 문제는 활발한 연구 영역으로, 11장에서 역전파를 진행하면서 이 문제에 대한 감이 생길 것이다.

계층 개수의 경우 실제 신경망은 대부분 2개 또는 3개 정도의 계층을 갖는다. 4개 이상의 계층은 거의 사용되지 않는다.

편향의 사용에 대해 이야기해보자. 뉴런은 편향을 선택적으로 사용할 수 있다. 편향은 네트워크에 추가 변수를 제공하므로 편향이 있는 네트워크는 편향이 없는 네트워크보다 강력할 것으로 기대할 수 있으며, 실제 그렇기도 하다. 예를 들어, 편향이 없는 뉴런은 네트워크 입력 $\mathbf{p}$가 0일 때 항상 0으로 된 네트 입력 n을 갖는다. 이런 상황은 바람직하지 않으며, 편향을 사용해 회피할 수 있다. 편향의 영향은 3장, 4장, 5장에서 좀 더 충분히 논의할 것이다.

이후 장들의 일부 예제나 데모에서는 편향을 제외시킬 것이다. 어떤 경우에는 단순히 네트워크 파라미터 수를 줄이기 위해 편향을 제외시킨다. 예를 들어, 2차원 평면에서 2개의 변수로는 시스템의 수렴을 표현할 수 있지만 변수가 3개 이상일 경우 표현하기가 어렵기 때문이다.

순환망

지연 순환망을 살펴보기 전에 간단한 빌딩 블록을 몇 가지 살펴보자. 첫 번째는 지연^{delay} 블록으로, 그림 2.11에 있다.

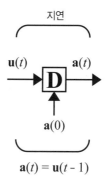

그림 2.11 지연 블록

지연 출력 $\mathbf{a}(t)$는 입력 $\mathbf{u}(t)$로부터 다음과 같이 계산된다.

$$\mathbf{a}(t) = \mathbf{u}(t-1) \tag{2.7}$$

따라서 출력은 한 단계 지연된 입력이다(단, 시간은 정수이고 단계마다 바뀐다고 가정한다). 식 (2.7)은 시간 $t = 0$에서 출력을 초기화해야 한다. 그림 2.11에서 초기 조건은 지연 블록의 아래로 들어가는 화살표로 표시된다.

적분기 연속 시간 순환망$^{continuous\text{-}time\ recurrent\ network}$에서 사용하는 또 다른 빌딩 블록으로는 적분기^{integrator}가 있으며, 그림 2.12에서 볼 수 있다.

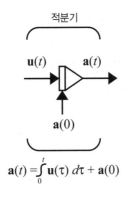

적분기

$$\mathbf{a}(t) = \int_0^t \mathbf{u}(\tau)\, d\tau + \mathbf{a}(0)$$

그림 2.12 적분기 블록

적분기 출력 $\mathbf{a}(t)$는 입력 $\mathbf{u}(t)$로부터 다음과 같이 계산된다.

$$\mathbf{a}(t) = \int_0^t \mathbf{u}(\tau)d\tau + \mathbf{a}(0) \tag{2.8}$$

초기 조건 $\mathbf{a}(0)$은 적분기 블록의 아래로 들어가는 화살표로 표시된다.

순환망 이제 순환망을 소개할 준비가 됐다. 순환망recurrent network은 피드백feedback이 있는 네트워크다. 출력의 일부가 입력으로 연결된다. 순환망은 지금까지 공부했던 역방향 연결이 없는 오로지 순방향인 네트워크와는 매우 다르다. 그림 2.13에는 이산 시간discrete-time 순환망이 있다.

이 네트워크에서 벡터 $\mathbf{p}$는 초기 조건(즉, $\mathbf{a}(0) = \mathbf{p}$)을 제공한다. 네트워크 출력은 과거의 출력으로 계산된다.

$$\mathbf{a}(1) = \mathbf{satlins}(\mathbf{Wa}(0) + \mathbf{b}),\ \mathbf{a}(2) = \mathbf{satlins}(\mathbf{Wa}(1) + \mathbf{b}),\ .\ .\ .$$

순환망은 피드포워드feedforward 네트워크보다 잠재적으로 매우 강력하며, 시간적 행동을 보여줄 수 있다. 순환망 네트워크는 3장과 14장에서 논의할 예정이다.

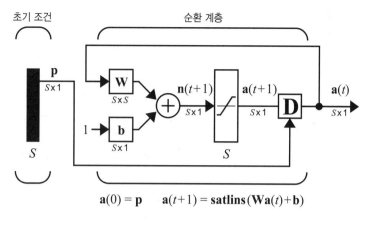

$$\mathbf{a}(0) = \mathbf{p} \qquad \mathbf{a}(t+1) = \mathbf{satlins}(\mathbf{Wa}(t)+\mathbf{b})$$

그림 2.13 순환망

결과 요약

단일 입력 뉴런

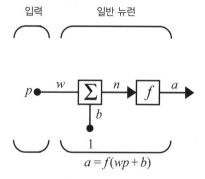

$$a = f(wp + b)$$

다중 입력 뉴런

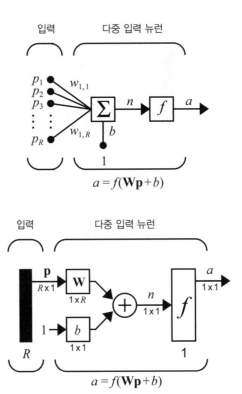

$$a = f(\mathbf{W}\mathbf{p} + b)$$

$$a = f(\mathbf{W}\mathbf{p} + b)$$

전달 함수

이름	입출력 관계	아이콘	MATLAB 함수
하드 리밋 (Hard Limit)	$a = 0 \quad n < 0$ $a = 1 \quad n \geq 0$		hardlim
대칭 하드 리밋 (Symmetrical Hard Limit)	$a = -1 \quad n < 0$ $a = +1 \quad n \geq 0$		hardlims
선형 (Linear)	$a = n$		purelin
포화 선형 (Saturating Linear)	$a = 0 \quad n < 0$ $a = n \quad 0 \leq n \leq 1$ $a = 1 \quad n > 1$		satlin
대칭 포화 선형 (Symmetric Saturating Linear)	$a = -1 \quad n < -1$ $a = n \quad -1 \leq n \leq 1$ $a = 1 \quad n > 1$		satlins
로그–시그모이드 (Log–Sigmoid)	$a = \dfrac{1}{1 + e^{-n}}$		logsig
하이퍼볼릭 탄젠트 시그모이드 (Hyperbolic Tangent Sigmoid)	$a = \dfrac{e^n - e^{-n}}{e^n + e^{-n}}$		tansig
양의 선형 (Positive Linear)	$a = 0 \quad n < 0$ $a = n \quad 0 \leq n$		poslin
경쟁 (Competitive)	$a = 1 \quad \max n$을 갖는 뉴런 $a = 0 \quad$ 다른 모든 뉴런	C	compet

뉴런 계층

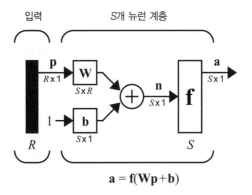

$$\mathbf{a} = \mathbf{f}(\mathbf{Wp} + \mathbf{b})$$

3개의 뉴런 계층

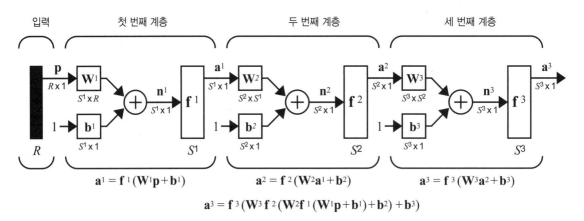

$$\mathbf{a}^1 = \mathbf{f}^1(\mathbf{W}^1\mathbf{p} + \mathbf{b}^1) \qquad \mathbf{a}^2 = \mathbf{f}^2(\mathbf{W}^2\mathbf{a}^1 + \mathbf{b}^2) \qquad \mathbf{a}^3 = \mathbf{f}^3(\mathbf{W}^3\mathbf{a}^2 + \mathbf{b}^3)$$

$$\mathbf{a}^3 = \mathbf{f}^3(\mathbf{W}^3\mathbf{f}^2(\mathbf{W}^2\mathbf{f}^1(\mathbf{W}^1\mathbf{p} + \mathbf{b}^1) + \mathbf{b}^2) + \mathbf{b}^3)$$

지연

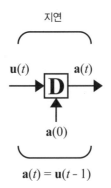

$$\mathbf{a}(t) = \mathbf{u}(t - 1)$$

적분기

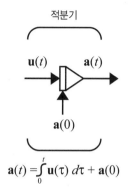

적분기

$$\mathbf{a}(t) = \int\limits_0^t \mathbf{u}(\tau)\, d\tau + \mathbf{a}(0)$$

순환망

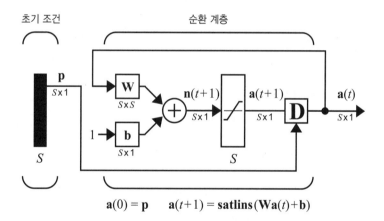

$$\mathbf{a}(0) = \mathbf{p} \qquad \mathbf{a}(t+1) = \mathbf{satlins}(\mathbf{Wa}(t)+\mathbf{b})$$

구조의 선택 방법

문제 명세는 다음의 방식으로 네트워크를 정의하도록 도와준다.

1. 네트워크의 입력 개수 = 문제의 입력 개수

2. 출력 계층의 뉴런 개수 = 문제의 출력 개수

3. 출력 계층의 전달 함수 선택은 출력에 관한 문제 명세에 따라 어느 정도는 결정된다.

문제 풀이

P2.1 **단일 입력 뉴런의 입력이 2.0, 가중치가 2.3, 편향이 −3이다.**

(1) 전달 함수의 네트 입력은?

(2) 뉴런의 출력은?

(1) 네트 입력은 다음과 같다.

$$n = wp + b = (2.3)(2) + (-3) = 1.6$$

(2) 전달 함수가 지정되지 않아서 출력을 결정할 수 없다.

P2.2 **P2.1의 뉴런이 다음의 전달 함수를 갖는다면 출력은 무엇인가?**

(1) 하드 리밋

(2) 선형

(3) 로그−시그모이드

(1) 하드 리밋 전달 함수의 경우

$$a = hardlim(1.6) = 1.0$$

(2) 선형 전달 함수의 경우

$$a = purelin(1.6) = 1.6$$

(3) 로그−시그모이드 전달 함수의 경우

$$a = logsig(1.6) = \frac{1}{1 + e^{-1.6}} = 0.8320$$

MATLAB과 MININNET 디렉토리에 있는 **logsig** 함수를 이용해 결과를 검증하라 (부록 B 참조).

P2.3 2입력 뉴런의 파라미터가 $b = 1.2$, $\mathbf{W} = \begin{bmatrix} 3 & 2 \end{bmatrix}$, $\mathbf{p} = \begin{bmatrix} -5 & 6 \end{bmatrix}^T$인 경우 다음 전달 함수에 대한 뉴런 출력을 계산하라.

(1) 대칭 하드 리밋 전달 함수

(2) 포화 선형 전달 함수

(3) 하이퍼볼릭 탄젠트 시그모이드(tagsig) 전달 함수

먼저 네트 입력 n을 계산하라.

$$n = \mathbf{W}\mathbf{p} + b = \begin{bmatrix} 3 & 2 \end{bmatrix} \begin{bmatrix} -5 \\ 6 \end{bmatrix} + (1.2) = -1.8$$

이제 각 전달 함수에 대해 출력을 구하라.

(1) $a = hardlims(-1.8) = -1$

(2) $a = satlin(-1.8) = 0$

(3) $a = tansig(-1.8) = -0.9468$

P2.4 어떤 단일 계층 신경망이 **6**개의 입력과 **2**개의 출력을 갖는다. 출력은 0에서 1의 범위에 있고 연속이다. 네트워크 구조를 구체적으로 설명하라.

(1) 얼마나 많은 뉴런이 필요한가?

(2) 가중치 행렬의 차원은 무엇인가?

(3) 어떤 종류의 전달 함수가 사용될 수 있는가?

(4) 편향이 필요한가?

문제 명세에 따라 네트워크에 대해 다음과 같이 이야기할 수 있다.

(1) 출력별로 1개씩, 2개의 뉴런이 필요하다.

(2) 가중치 행렬은 2개 뉴런에 해당하는 2개 행과, 6개 입력에 해당하는 6개 열을 갖

는다(곱 **Wp**는 2요소 벡터다).

(3) 논의했던 전달 함수 중에 *logsig* 전달 함수가 가장 적절하다.

(4) 정보가 충분하지 않아서 편향이 필요한지 여부를 결정할 수 없다.

맺음말

이 장에서는 단순한 인공 뉴런을 소개하고 다양한 방식으로 뉴런 그룹을 연결해 여러 종류의 신경망을 만드는 방법을 설명했다. 이 장의 주요 목표 중 하나는 기본 표기법을 소개하는 것이다. 앞으로 네트워크를 자세히 논의할 때마다 2장으로 돌아와서 적절한 표기법을 다시 확인하길 바란다.

이 장에서 네트워크를 완벽하게 소개하지는 않았다. 네트워크에 대한 자세한 소개는 뒷부분에서 할 것이다. 3장에서는 이 장에서 소개한 네트워크를 사용해 간단한 예제를 제시하고 네트워크가 어떻게 작동하는지 확인할 것이다. 3장에서 보여줄 네트워크는 이 책에서 다룰 네트워크의 대표적인 유형이다.

연습문제

E2.1   단일 입력 뉴런이 가중치 1.3과 편향 3.0을 갖는다. 뉴런의 출력이 다음과 같다면 뉴런은 표 2.1의 어떤 전달 함수를 갖겠는가? 각 경우에 출력을 생성하는 입력값을 제시하라.

(1) 1.6

(2) 1.0

(3) 0.9963

(4) −1.0

E2.2 편향을 갖는 단일 입력 뉴런을 고려하라. 입력이 3 미만인 경우 출력은 −1이고, 3 이상인 경우 +1로 만들려고 한다.

(1) 어떤 종류의 전달 함수가 필요한가?

(2) 어떤 편향을 제안할 것인가? 제안한 편향이 입력 가중치와 관련되어 있는가? 그렇다면 어떻게 관련되어 있는가?

(3) 전달 함수 이름을 밝히고 편향과 가중치를 기술해 네트워크를 요약하라. 네트워크 다이어그램을 그려라. MATLAB을 이용해 네트워크의 성능을 검증하라.

E2.3 가중치 행렬과 입력 벡터가 $\mathbf{W} = [3\ 2]$와 $\mathbf{p} = [5\ 7]^T$인 2입력 뉴런의 출력을 0.5로 만들려고 한다. 그럴 수 있는 편향과 전달 함수의 조합이 있는가?

(1) 편향이 0이라면 이 작업을 수행할 표 2.1의 전달 함수가 있는가?

(2) 선형 전달 함수를 사용할 경우 이 작업을 수행할 편향이 있는가? 있다면 무엇인가?

(3) 로그−시그모이드 전달 함수를 사용할 경우 이 작업을 수행할 편향이 있는가? 있다면 무엇인가?

(4) 대칭 하드 리밋 전달 함수를 사용할 경우 이 작업을 수행할 편향이 있는가? 있다면 무엇인가?

E2.4 입력 4개와 출력 6개를 갖는 2계층 신경망이 있다. 출력은 0과 1 사이에서 연속이다. 네트워크 구조에 대해 구체적으로 무엇을 말할 수 있는가?

(1) 계층별로 뉴런이 몇 개 필요한가?

(2) 첫 번째 계층과 두 번째 계층 가중치 행렬의 차원은 무엇인가?

(3) 각 계층에 어떤 종류의 전달 함수를 사용할 수 있는가?

(4) 각 계층에 편향이 필요한가?

E2.5   다음 뉴런을 고려하라.

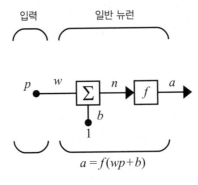

그림 E2.1 일반 뉴런

다음 경우에 대해 뉴런의 반응을 그려라(−2 < p < 2인 경우 a에 대해 p를 그려라).

(1) $w = 1$, $b = 1$, $f = hardlims$

(2) $w = -1$, $b = 1$, $f = hardlims$

(3) $w = 2$, $b = 3$, $f = purelin$

(4) $w = 2$, $b = 3$, $f = satlins$

(5) $w = -2$, $b = -1$, $f = poslin$

E2.6 다음 신경망을 고려하라.

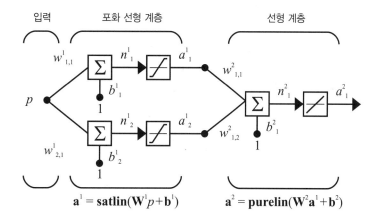

$$\mathbf{a}^1 = \mathbf{satlin}(\mathbf{W}^1 p + \mathbf{b}^1) \qquad \mathbf{a}^2 = \mathbf{purelin}(\mathbf{W}^2 \mathbf{a}^1 + \mathbf{b}^2)$$

$$w^1_{1,1} = 2 , \ w^1_{2,1} = 1 , \ b^1_1 = 2 , \ b^1_2 = -1 , \ w^2_{1,1} = 1 , \ w^2_{1,2} = -1 , \ b^2_1 = 0$$

다음 반응을 그래프로 그려라(−3 < p < 3인 경우 아래 표시된 변수 대 p의 그래프를 그려라).

(1) n^1_1

(2) a^1_1

(3) n^1_2

(4) a^1_2

(5) n^2_1

(6) a^2_1

3

신경망 예제

목표

3장은 앞으로 나올 내용의 예고편으로 생각하라. 단순한 패턴 인식 문제를 세 종류의 신경망 구조를 이용해서 해결하는 방법을 보여줄 것이다. (극도로 단순화됐지만) 실용적인 문제를 해결하기 위해 앞 장에서 설명했던 네트워크 구조의 사용법을 확인할 수 있는 기회가 될 것이다. 이 장을 읽은 후에 세 종류의 네트워크를 완전히 이해하게 되리란 기대는 하지 마라. 단지 신경망으로 할 수 있는 일이 무엇인지 알려주고, 어떤 문제를 풀기 위해 사용할 수 있는 다양한 종류의 네트워크가 많이 있다는 사실을 보여주기 위해 세 종류의 네트워크를 제시한 것이다.

(퍼셉트론perceptron으로 제시된) 피드포워드 네트워크feedforward network, (해밍 네트워크Hamming network로 제시된) 경쟁 네트워크competitive network, (홉필드 네트워크Hopfield network로 제시된) 순

환 연상 기억 네트워크recurrent associative memory network라는 세 종류의 네트워크는 이 책에서 논의할 네트워크 종류를 대표한다.

이론과 예제

문제 정의

농작물 중개자는 여러 가지 과일과 채소를 저장하는 창고를 갖고 있다. 과일을 창고로 옮길 때 여러 종류의 과일이 함께 섞여 있다. 중개인은 과일을 종류별로 분류하는 기계를 원한다. 창고에는 과일을 적재하는 컨베이어 벨트가 있다. 이 컨베이어 벨트에서 여러 센서를 통과해 과일의 세 가지 속성인 모양, 질감, 무게를 측정한다. 이 센서들은 다소 원시적이다. 모양 센서는 과일이 둥글면 1을 출력하고, 타원형이면 −1을 출력한다. 질감 센서는 과일의 표면이 부드러우면 1을 출력하고, 거칠면 −1을 출력한다. 무게 센서는 과일이 1파운드 이상이면 1을 출력하고, 1파운드 미만이면 −1을 출력한다.

세 가지 센서의 출력은 신경망의 입력이 된다. 이 신경망의 목적은 컨베이어 벨트 위에 있는 과일의 종류를 판단해서 과일이 정확한 저장소로 갈 수 있게 만드는 것이다. 문제를 간단히 하기 위해, 컨베이어 벨트 위에 사과와 오렌지 두 종류의 과일만 있다고 가정하자.

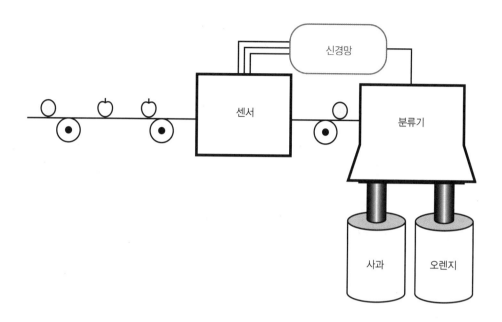

각 과일은 센서를 통과하면 3차원 벡터로 표현될 수 있다. 벡터의 요소는 모양, 질감, 무게를 나타낸다.

$$\mathbf{p} = \begin{bmatrix} 모양 \\ 질감 \\ 무게 \end{bmatrix} \tag{3.1}$$

따라서 프로토타입 오렌지는 다음과 같이 표시된다.

$$\mathbf{p}_1 = \begin{bmatrix} 1 \\ -1 \\ -1 \end{bmatrix} \tag{3.2}$$

그리고 프로토타입 사과는 다음과 같다.

$$\mathbf{p}_2 = \begin{bmatrix} 1 \\ 1 \\ -1 \end{bmatrix} \tag{3.3}$$

신경망은 컨베이어 벨트 위에 놓여 있는 과일에 대한 3차원 입력 벡터를 받아서 이 과일이 오렌지 $\mathbf{p}_1$인지 사과 $\mathbf{p}_2$인지 결정해야만 한다.

간단한 패턴 인식 문제를 정의했으므로, 이제 이 문제를 풀기 위한 세 가지 신경망을 살펴보자. 문제가 단순하기 때문에 네트워크의 작동을 이해하기 쉬울 것이다.

퍼셉트론

첫 번째로 논의할 네트워크는 퍼셉트론이다. 그림 3.1은 대칭 하드 리밋 전달 함수 *hardlims*를 갖는 단층 퍼셉트론을 보여준다.

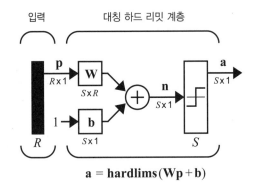

$$\mathbf{a} = \mathbf{hardlims}(\mathbf{Wp} + \mathbf{b})$$

그림 3.1 단층 퍼셉트론

2입력 케이스

퍼셉트론을 이용해 오렌지와 사과 인식 문제를 풀기 전에(3차원 입력 퍼셉트론이 필요한 문제로 $R = 3$), 그래프로 쉽게 분석할 수 있는 2입력/1뉴런 퍼셉트론($R = 2$)의 능력을 조사해보자. 2입력 퍼셉트론은 그림 3.2에서 볼 수 있다.

1뉴런 퍼셉트론은 입력 벡터를 두 범주로 분류할 수 있다. 예를 들어, 2입력 퍼셉트론에서 $w_{1,1} = -1$이고 $w_{1,2} = 1$라면 a는 다음과 같다.

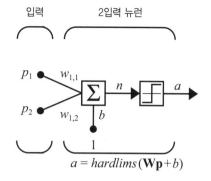

입력   2입력 뉴런

$$a = hardlims(\mathbf{W}\mathbf{p}+b)$$

그림 3.2 2입력/1뉴런 퍼셉트론

$$a \;=\; hardlims(n) \;=\; hardlims(\begin{bmatrix} -1 & 1 \end{bmatrix}\mathbf{p} + b) \tag{3.4}$$

그러므로 가중치 행렬(이 경우 단일 행)과 입력 벡터의 내적이 $-b$와 크거나 같으면 출력은 1이 될 것이다. 가중치 벡터와 입력의 내적이 $-b$보다 작다면 출력은 -1이 될 것이다. 이것은 입력 공간을 두 부분으로 나눈다. 그림 3.3은 $b = -1$인 경우에 대해 입력 공간이 분할된 모습을 보여준다. 그림에 보이는 회색 직선(①)은 네트 입력 n이 0인 모든 점을 나타낸다.

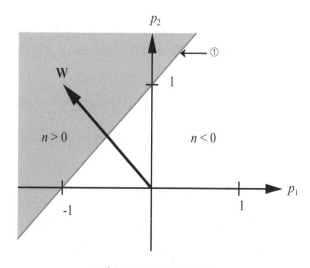

그림 3.3 퍼셉트론 결정 경계

$$n = \begin{bmatrix} -1 & 1 \end{bmatrix} \mathbf{p} - 1 = 0 \tag{3.5}$$

이 결정 경계는 가중치 행렬에 항상 직교하며, 경계의 위치는 b가 바뀌면 이동될 수 있다(일반적으로 $\mathbf{W}$는 여러 행 벡터로 이뤄진 행렬로, 각 행 벡터는 식 (3.5)에서와 같이 사용될 수 있다. W의 행별로 경계가 하나씩 존재한다. 이 주제에 대한 자세한 내용은 4장을 참조하라). 어두운 영역은 네트워크 출력이 1이 되는 모든 입력 벡터를 포함한다. 다른 모든 입력 벡터에 대한 출력은 −1이 될 것이다.

따라서 1뉴런 퍼셉트론의 주요 속성은 입력 벡터를 두 범주로 나눌 수 있다는 것이다. 두 범주 사이의 결정 경계는 다음 식으로 정해진다.

$$\mathbf{W}\mathbf{p} + b = 0 \tag{3.6}$$

경계가 선형이기 때문에, 단층 퍼셉트론은 선형적으로 분리 가능한(선형 경계에 의해 분리될 수 있는) 패턴을 인식하는 데에만 사용될 수 있다. 이 개념은 4장에서 좀 더 자세히 논의할 것이다.

패턴 인식 예제

이제 사과와 오렌지 패턴 인식 문제를 고려해보자. 단지 두 범주만 있기 때문에 1뉴런 퍼셉트론을 사용할 수 있다. 벡터 입력은 3차원($R = 3$)이므로 퍼셉트론 식은 다음과 같다.

$$a = hardlims\left(\begin{bmatrix} w_{1,1} & w_{1,2} & w_{1,3} \end{bmatrix} \begin{bmatrix} p_1 \\ p_2 \\ p_3 \end{bmatrix} + b \right) \tag{3.7}$$

퍼셉트론이 사과와 오렌지를 구분할 수 있도록 편향 b와 가중치 행렬의 요소를 정하려고 한다. 예를 들어 사과가 입력되면 퍼셉트론의 출력이 1이 되고, 오렌지가 입력되면 −1이 되게 하려고 한다. 그림 3.3에 보이는 개념을 이용해 오렌지와 사과를 분리하는 결정 경계를 찾아보자. 그림 3.4에 두 프로토타입 벡터가 있다(식 (3.2)와 식 (3.3)을 기억해보라). 이 그림에서 두 벡터를 대칭적으로 나누는 결정 경계가 p_1, p_3 평면임을 알 수 있다.

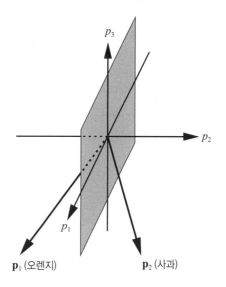

그림 3.4 프로토타입 벡터

결정 경계가 될 p_1, p_3 평면은 다음 식으로 표현된다.

$$p_2 = 0 \qquad\qquad (3.8)$$

또는

$$\begin{bmatrix} 0 & 1 & 0 \end{bmatrix} \begin{bmatrix} p_1 \\ p_2 \\ p_3 \end{bmatrix} + 0 = 0 \qquad\qquad (3.9)$$

따라서 가중치 행렬과 편향은 다음과 같이 될 것이다.

$$\mathbf{W} = \begin{bmatrix} 0 & 1 & 0 \end{bmatrix}, b = 0 \qquad\qquad (3.10)$$

가중치 행렬은 결정 경계와 직교하며, 퍼셉트론의 출력이 1인 프로토타입 패턴 $\mathbf{p}_2$(사과)의 영역을 가리킨다. 결정 경계가 원점을 통과하기 때문에 편향은 0이다.

이제 퍼셉트론 패턴 분류기의 작동을 테스트해보자. 이 분류기는 아래의 식에 따라 사과와 오렌지를 정확하게 분류한다.

오렌지:

$$a = hardlims\left(\begin{bmatrix} 0 & 1 & 0 \end{bmatrix}\begin{bmatrix} 1 \\ -1 \\ -1 \end{bmatrix} + 0\right) = -1\,(오렌지) \tag{3.11}$$

사과:

$$a = hardlims\left(\begin{bmatrix} 0 & 1 & 0 \end{bmatrix}\begin{bmatrix} 1 \\ 1 \\ -1 \end{bmatrix} + 0\right) = 1\,(사과) \tag{3.12}$$

그런데 모양이 그다지 완벽하지 않은 오렌지를 분류기에 넣으면 무슨 일이 일어날까? 타원형 오렌지가 센서를 통과한다고 해보자. 그때는 입력 벡터가 다음과 같이 될 것이다.

$$\mathbf{p} = \begin{bmatrix} -1 \\ -1 \\ -1 \end{bmatrix} \tag{3.13}$$

네트워크의 응답은 다음과 같이 된다.

$$a = hardlims\left(\begin{bmatrix} 0 & 1 & 0 \end{bmatrix}\begin{bmatrix} -1 \\ -1 \\ -1 \end{bmatrix} + 0\right) = -1\,(오렌지) \tag{3.14}$$

실제 (유클리드 거리^Euclidean distance로) 사과 프로토타입 벡터보다 오렌지 프로토타입 벡터에 좀 더 가까운 어떤 입력 벡터도 오렌지로 분류될 것이다(반대로도 그렇다).

 퍼셉트론 네트워크와 사과/오렌지 분류 문제를 실험하려면, 신경망 설계 데모 '퍼셉트론 분류 Perceptron Classification' **nnd3pc**를 이용하라.

이 예제로 퍼셉트론 네트워크의 특징을 조금은 볼 수 있었지만 퍼셉트론을 자세히 살펴보지는 못했다. 4장부터 13장까지 퍼셉트론 네트워크와 변형에 대해 살펴볼 것이다. 향후 주제를 몇 가지 살펴보자.

사과/오렌지 예제에서는 그래프를 통해 패턴을 분리하는 결정 경계를 정의하는 방식으로 네트워크를 설계할 수 있었다. 실제 높은 차원의 입력 공간을 갖는 문제의 경우엔 어떻게 결정 경계를 정의할까? 4, 7, 10, 11장에서는 적절한 네트워크 작동 예제를 통해 복잡한 문제를 풀기 위한 네트워크를 훈련시키는 학습 알고리즘을 소개할 예정이다.

단층 퍼셉트론의 주요 특징은 입력 벡터의 범주를 분류하는 선형 결정 경계를 만든다는 것이다. 선형 경계로 분리할 수 없는 범주를 갖는다면 어떻게 할 것인가? 이 질문은 다층 퍼셉트론을 소개하는 11장에서 다룰 것이다. 다층 네트워크는 임의의 복잡성을 갖는 분류 문제를 해결할 수 있다.

해밍 네트워크

다음으로 살펴볼 네트워크는 해밍 네트워크^Hamming network다[Lipp87]. 해밍 네트워크는 이진 패턴 인식 문제를 해결하기 위해 설계됐다(해밍 네트워크의 입력 벡터 요소는 두 가지 값만 갖는다. 이전 예의 경우 1이나 −1). 해밍 네트워크는 2장에서 설명했던 피드포워드 계층과 순환(피드백) 계층을 모두 이용하는 흥미로운 네트워크다. 그림 3.5에는 표준 해밍 네트워크가 있다. 첫 번째 계층의 뉴런 수가 두 번째 계층의 뉴런 수와 같다는 사실을 알아두자.

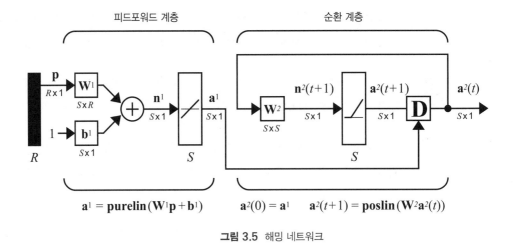

피드포워드 계층   순환 계층

$$\mathbf{a}^1 = \mathbf{purelin}(\mathbf{W}^1\mathbf{p} + \mathbf{b}^1) \qquad \mathbf{a}^2(0) = \mathbf{a}^1 \qquad \mathbf{a}^2(t+1) = \mathbf{poslin}(\mathbf{W}^2\mathbf{a}^2(t))$$

그림 3.5 해밍 네트워크

해밍 네트워크의 목적은 어떤 프로토타입 벡터가 입력 벡터와 가장 가까운지를 결정하는 것이다. 이 결정은 순환 계층의 출력으로 표시된다. 순환 계층에는 프로토타입 패턴별로 뉴런이 하나씩 존재하며, 순환 계층이 수렴하게 되면 오직 하나의 뉴런만이 0이 아닌 값을 출력한다. 그리고 이 뉴런이 입력 벡터에 가장 가까운 프로토타입 패턴을 나타낸다. 이제 해밍 네트워크의 두 계층을 자세히 살펴보자.

피드포워드 네트워크

피드포워드 계층은 프로토타입 패턴과 입력 패턴 간의 상관 관계 또는 내적을 구한다 (식 (3.17)에서 확인). 피드포워드 계층에서 상관 관계를 구하기 위해, $\mathbf{W}^1$으로 표시된 가중치 행렬은 프로토타입 패턴으로 행을 설정한다. 사과와 오렌지 예제에서 가중치 행렬은 다음과 같다.

$$\mathbf{W}^1 = \begin{bmatrix} \mathbf{p}_1^T \\ \mathbf{p}_2^T \end{bmatrix} = \begin{bmatrix} 1 & -1 & -1 \\ 1 & 1 & -1 \end{bmatrix} \tag{3.15}$$

피드포워드 계층은 선형 전달 함수를 사용하며, 편향 벡터의 요소들은 R로 설정한다.

R은 입력 벡터 요소의 개수다. 이 예제에서 편향 벡터는 다음과 같다.

$$\mathbf{b}^1 = \begin{bmatrix} 3 \\ 3 \end{bmatrix} \tag{3.16}$$

가중치 행렬과 편향 벡터를 설정하고 나면 피드포워드 계층의 출력은 다음과 같다.

$$\mathbf{a}^1 = \mathbf{W}^1\mathbf{p} + \mathbf{b}^1 = \begin{bmatrix} \mathbf{p}_1^T \\ \mathbf{p}_2^T \end{bmatrix}\mathbf{p} + \begin{bmatrix} 3 \\ 3 \end{bmatrix} = \begin{bmatrix} \mathbf{p}_1^T\mathbf{p} + 3 \\ \mathbf{p}_2^T\mathbf{p} + 3 \end{bmatrix} \tag{3.17}$$

피드포워드 계층의 출력은 프로토타입 패턴과 입력의 내적에 R을 더한 값이라는 점을 기억해두자. 길이(놈^{norm})가 같은 두 벡터가 같은 방향을 가리키면 내적은 최대가 되고, 반대 방향이면 최소가 된다. 내적 개념은 5장, 8장, 9장에서 좀 더 깊이 있게 살펴볼 것이다. 내적에 R을 더하면 피드포워드 계층의 출력은 절대 음수가 되지 않는다. 이 조건은 순환 계층이 적절히 작동하기 위해 필요하다.

이 네트워크를 해밍 네트워크라고 부르는 이유는 출력이 가장 큰 뉴런이 입력 패턴과 해밍 거리$^{\text{Hamming distance}}$가 가장 가까운 프로토타입 패턴에 해당되기 때문이다(두 벡터 간의 해밍 거리는 각기 다른 요소의 개수와 같다. 해밍 거리는 이진 벡터에 대해서만 정의된다). 피드포워드 계층의 출력이 $2R$ 빼기 프로토타입 패턴과 입력 패턴의 해밍 거리의 두 배와 같음을 보이는 것은 독자들의 몫으로 남겨둔다.

순환 계층

해밍 네트워크의 순환 계층은 '경쟁^{competitive}' 계층으로 알려져 있다. 이 계층에서 뉴런은 프로토타입 패턴과 입력 벡터의 상관 관계를 나타내는 피드포워드 계층의 출력으로 초기화된다. 그런 다음 뉴런들은 서로 경쟁해 승자를 결정한다. 경쟁 후에 오직 한 뉴런만 0이 아닌 출력을 가질 것이다. 승리한 뉴런은 어떤 입력 범주가 네트워크에 제시됐는지를 나타낸다(이 예에서 2개의 범주는 사과와 오렌지다). 경쟁을 설명하는 식은 다음과 같다.

$$\mathbf{a}^2(0) = \mathbf{a}^1 \quad \text{(초기 조건)} \tag{3.18}$$

그리고

$$\mathbf{a}^2(t+1) = \mathbf{poslin}(\mathbf{W}^2\mathbf{a}^2(t)) \tag{3.19}$$

(여기서 위첨자는 2의 거듭제곱이 아닌 계층 번호를 나타낸다는 점을 잊지 마라.) *poslin* 전달 함수는 입력이 양수의 경우 선형이며, 음수의 경우 0이다. 가중 행렬 $\mathbf{W}^2$는 다음과 같은 형태를 갖는다.

$$\mathbf{W}^2 = \begin{bmatrix} 1 & -\varepsilon \\ -\varepsilon & 1 \end{bmatrix} \tag{3.20}$$

ε은 $1/(S-1)$보다 작은 숫자이며, S는 순환 계층에서 뉴런의 수다(ε이 $1/(S-1)$보다 작아야 하는 이유를 보일 수 있는가?).

순환 계층의 반복은 다음과 같이 진행된다.

$$\mathbf{a}^2(t+1) = \mathbf{poslin}\left(\begin{bmatrix} 1 & -\varepsilon \\ -\varepsilon & 1 \end{bmatrix}\mathbf{a}^2(t)\right) = \mathbf{poslin}\left(\begin{bmatrix} a_1^2(t) - \varepsilon a_2^2(t) \\ a_2^2(t) - \varepsilon a_1^2(t) \end{bmatrix}\right) \tag{3.21}$$

각 요소는 다른 요소의 동일 비율만큼 감소된다. 큰 요소는 작게 감소하고 작은 요소는 크게 감소해, 큰 요소와 작은 요소 간의 차이가 커질 것이다. 순환 계층의 효과는 (입력과 해밍 거리가 가장 가까운 프로토타입 패턴에 해당하는) 가장 큰 초깃값을 갖는 뉴런을 제외하고 모든 뉴런은 0을 출력한다.

해밍 네트워크의 작동을 설명하기 위해 퍼셉트론을 테스트하는 데 사용한 타원형 오렌지를 다시 고려해보자.

$$\mathbf{p} = \begin{bmatrix} -1 \\ -1 \\ -1 \end{bmatrix} \tag{3.22}$$

피드포워드 계층의 출력은 다음과 같이 될 것이다.

$$\mathbf{a}^1 = \begin{bmatrix} 1 & -1 & -1 \\ 1 & 1 & -1 \end{bmatrix} \begin{bmatrix} -1 \\ -1 \\ -1 \end{bmatrix} + \begin{bmatrix} 3 \\ 3 \end{bmatrix} = \begin{bmatrix} (1+3) \\ (-1+3) \end{bmatrix} = \begin{bmatrix} 4 \\ 2 \end{bmatrix} \tag{3.23}$$

이 출력은 순환 계층의 초기 조건이 될 것이다.

순환 계층의 가중치 행렬은 $\varepsilon = 1/2$(1 미만의 숫자는 모두 작동할 것이다)인 식 (3.20)으로 정의된다. 순환 계층의 첫 번째 반복은 다음 출력을 생성한다.

$$\mathbf{a}^2(1) = \mathbf{poslin}(\mathbf{W}^2\mathbf{a}^2(0)) = \begin{cases} \mathbf{poslin}\left(\begin{bmatrix} 1 & -0.5 \\ -0.5 & 1 \end{bmatrix} \begin{bmatrix} 4 \\ 2 \end{bmatrix} \right) \\ \mathbf{poslin}\left(\begin{bmatrix} 3 \\ 0 \end{bmatrix} \right) = \begin{bmatrix} 3 \\ 0 \end{bmatrix} \end{cases} \tag{3.24}$$

두 번째 반복은 다음 출력을 생성한다.

$$\mathbf{a}^2(2) = \mathbf{poslin}(\mathbf{W}^2\mathbf{a}^2(1)) = \begin{cases} \mathbf{poslin}\left(\begin{bmatrix} 1 & -0.5 \\ -0.5 & 1 \end{bmatrix} \begin{bmatrix} 3 \\ 0 \end{bmatrix} \right) \\ \mathbf{poslin}\left(\begin{bmatrix} 3 \\ -1.5 \end{bmatrix} \right) = \begin{bmatrix} 3 \\ 0 \end{bmatrix} \end{cases} \tag{3.25}$$

연속적인 반복에서 동일한 출력을 생성했기 때문에 네트워크는 수렴됐다. 첫 번째 뉴런만이 0이 아닌 출력을 갖기 때문에 첫 번째 프로토타입 패턴인 오렌지는 정확한 일치로 선택됐다($\mathbf{a}^1$의 첫 번째 요소는 $\mathbf{p}^T_i\mathbf{p}$ + 3이었음을 기억해보라). 오렌지 프로토타입과 입력 패턴의 해밍 거리는 1이고 사과 프로토타입과 입력 패턴의 해밍 거리는 2이기 때문에, 이 결과는 정확하다.

해밍 네트워크와 사과/오렌지 분류 문제를 실험하려면, 신경망 설계 데모 '해밍 분류^{Hamming} Classification' **nnd3hamc**를 이용하라.

해밍 네트워크와 동일한 원리에 기반해 작동하는 네트워크들이 많이 있다. 즉, 피드포워드 계층의 내적 연산 다음에 경쟁 동적 계층이 온다. 15장에서 이런 경쟁 네트워크를 살펴볼 예정이며 이들을 자가 조직 네트워크^{self-organizing network}라고 부르는데, 제시된 입력을 기반으로 프로토타입 벡터를 조정하도록 학습하기 때문이다.

홉필드 네트워크

이 장의 간략한 예고편에서 논의할 마지막 네트워크는 홉필드 네트워크^{Hopfield network}다. 이 네트워크는 어떤 점에서는 해밍 네트워크의 순환 계층과 비슷하지만, 해밍 네트워크의 두 계층의 작동을 효과적으로 수행할 수 있는 순환망이다. 홉필드 네트워크 다이어그램은 그림 3.6에서 볼 수 있다(이 그림은 표준 홉필드 네트워크를 조금 변형한 것이다. 간단한 설명으로 기본 개념을 잘 보여주기 위해 약간 변형했다).

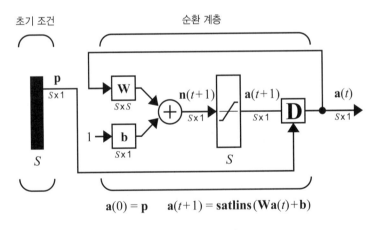

$$\mathbf{a}(0) = \mathbf{p} \qquad \mathbf{a}(t+1) = \mathbf{satlins}(\mathbf{Wa}(t) + \mathbf{b})$$

그림 3.6 홉필드 네트워크

홉필드 네트워크는 입력 벡터로 뉴런을 초기화하며 출력이 수렴될 때까지 반복한다. 네트워크가 정확히 작동한다면 출력은 프로토타입 벡터 중 하나가 돼야 한다. 따라서 해밍 네트워크는 선택한 프로토타입 패턴을 출력이 0이 아닌 뉴런으로 나타내는 반면, 홉필드 네트워크는 선택한 프로토타입 패턴을 출력한다.

네트워크 작동을 설명하는 식은 다음과 같다.

$$\mathbf{a}(0) = \mathbf{p} \qquad (3.26)$$

그리고

$$\mathbf{a}(t+1) = \mathbf{satlins}(\mathbf{Wa}(t) + \mathbf{b}) \qquad (3.27)$$

*satlins*는 구간 $[-1, 1]$에서 선형인 전달 함수로, 입력이 1보다 크면 1로 포화되며 입력이 −1보다 작으면 −1로 포화된다.

홉필드 네트워크의 가중치 행렬과 편향 벡터의 설계는 해밍 네트워크보다 좀 더 복잡하다(해밍 네트워크의 경우 피드포워드 계층의 가중치가 프로토타입 패턴이다).

홉필드 네트워크의 작동을 설명하기 위해 오렌지와 사과의 패턴 인식 문제를 풀 수 있는 가중치 행렬과 편향 벡터를 선정했으며, 식 (3.28)에 이들이 있다.

$$\mathbf{W} = \begin{bmatrix} 0.2 & 0 & 0 \\ 0 & 1.2 & 0 \\ 0 & 0 & 0.2 \end{bmatrix}, \mathbf{b} = \begin{bmatrix} 0.9 \\ 0 \\ -0.9 \end{bmatrix} \qquad (3.28)$$

홉필드 네트워크의 가중치와 편향을 계산하는 과정은 이 장의 범위를 넘어서더라도, 식 (3.28)의 파라미터들이 사과와 오렌지 예제에 작동하는 이유를 몇 가지로 이야기할 수 있다.

먼저 네트워크 출력이 오렌지 패턴 $\mathbf{p}_1$이나 사과 패턴 $\mathbf{p}_2$로 수렴하길 원한다. 두 패턴 모두 첫 번째 요소는 1이고, 세 번째 요소는 −1이다. 패턴 간의 차이는 두 번째 요소에서 발생한다. 따라서 네트워크에 어떤 패턴이 입력되든 상관없이 출력 패턴의 첫 번째 요소는 1로 수렴하고, 세 번째 요소는 −1로 수렴하며, 두 번째 요소는 입력 벡터의 두 번째 요소에 더 가까운 1 또는 −1로 가기를 원한다.

식 (3.28)의 파라미터를 사용한 홉필드 네트워크의 작동 식은 다음과 같다.

$$a_1(t+1) = satlins(0.2a_1(t) + 0.9)$$

$$a_2(t+1) = satlins(1.2a_2(t)) \qquad (3.29)$$

$$a_3(t+1) = satlins(0.2a_3(t) - 0.9)$$

초깃값 $a_i(0)$에 상관없이 첫 번째 요소는 1에서 포화될 때까지 증가하게 되고, 세 번째 요소는 −1에서 포화될 때까지 감소한다. 두 번째 요소는 1보다 큰 숫자로 곱해진다. 따라서 초깃값이 음수라면 결국 −1로 포화될 것이다. 초깃값이 양수라면 1로 포화될 것이다.

(사용할 수 있는 쌍이 이 (**W**, **b**)만 있는 것이 아니라는 점을 주목해야 한다. 아마 다른 쌍들을 시도해보고 싶을 것이다. 이렇게 되는 쌍을 찾을 수 있는지 확인해보라.)

홉필드 네트워크를 테스트하기 위해 타원형 오렌지를 다시 가져와 보자. 처음 3회 반복에서 홉필드 네트워크의 출력은 다음과 같이 될 것이다.

$$\mathbf{a}(0) = \begin{bmatrix} -1 \\ -1 \\ -1 \end{bmatrix}, \ \mathbf{a}(1) = \begin{bmatrix} 0.7 \\ -1 \\ -1 \end{bmatrix}, \ \mathbf{a}(2) = \begin{bmatrix} 1 \\ -1 \\ -1 \end{bmatrix}, \ \mathbf{a}(3) = \begin{bmatrix} 1 \\ -1 \\ -1 \end{bmatrix} \qquad (3.30)$$

해밍 네트워크와 퍼셉트론처럼 홉필드 네트워크도 오렌지 패턴으로 수렴했다. 각 네트워크는 다른 방식으로 작동하지만 동일한 결과를 얻었다. 퍼셉트론은 하나의 출력을 가지며, −1(오렌지) 또는 1(사과) 값을 가질 수 있다. 해밍 네트워크는 가장 가깝게 일치하는 프로토타입 패턴을 0이 아닌 뉴런이 나타낸다. 첫 번째 뉴런이 0이 아닌 경우 오렌지를 나타내며, 두 번째 뉴런이 0이 아닌 경우 사과를 나타낸다. 홉필드 네트워크에서는 프로토타입 패턴 자체가 네트워크 출력으로 표시된다.

홉필드 네트워크로 사과/오렌지 분류 문제를 실험하려면, 신경망 설계 데모 '홉필드 분류^{Hopfield} Classification' **nnd3hopc**를 이용하라.

이 장에서 설명한 여타 네트워크와 마찬가지로 이 시점에서 홉필드 네트워크에 완전히 익숙해지기는 어렵다. 아직 논의되지 않은 질문들이 많다. 예를 들면, "네트워크가 결국 수렴하게 될 것을 어떻게 알 수 있는가?" 순환망은 진동하거나 혼돈스러운 행동을 할 수 있다. 또한 가중치 행렬과 편향 벡터를 설계하기 위한 일반적인 방법을 아직 논의하지 않았다.

맺음말

이 장에서 소개했던 세 종류의 네트워크는 이 책에서 논의할 네트워크들의 구조가 갖는 여러 특성들을 보여준다.

퍼셉트론은 피드포워드 네트워크의 한 예제다. 피드포워드 네트워크는 4장, 7장, 11장, 12장, 13장, 16장에서 설명할 것이다. 피드포워드 네트워크는 피드백 없이 입력을 한 번 통과시키면서 출력을 계산한다. 그리고 사과와 오렌지 예제 같은 패턴 인식과, 함수 근사^{function approximation}(11장 참조)에 사용된다. 함수 근사의 응용은 적응형 필터링^{adaptive filtering}(10장 참조)과 자동 제어^{automatic control} 같은 분야에서 찾을 수 있다.

여기서 해밍 네트워크로 표현된 경쟁 네트워크는 두 가지 속성으로 특성화된다.

첫째, 저장된 프로토타입 패턴과 입력 패턴 사이에 거리를 계산한다.

둘째, 어떤 뉴런이 입력에 가장 가까운 프로토타입 패턴을 나타내는지 결정하는 경쟁을 수행한다.

15장에서 논의할 경쟁 네트워크는 새로운 입력이 네트워크에 적용될 때마다 프로토타입 패턴을 조정한다. 이 적응형 네트워크는 입력을 여러 범주로 군집화하는 방법을 학습한다.

홉필드 네트워크와 같은 순환망은 원래 통계 기법에서 영감을 받은 네트워크다. 이 네트워크는 저장된 데이터를 주소로 기억하기보다는 입력 데이터와의 연관에 의해 기억하는 연상 메모리로 사용된다. 다양한 최적화 문제를 풀기 위해 사용되기도 한다.

이 장을 통해 신경망의 능력에 대한 호기심도 생기고 약간의 의문도 제기했기를 바란다. 앞으로 나올 장에서는 다음과 같은 질문에 대해 답을 하게 될 것이다.

1. 퍼셉트론 네트워크의 입력이 결정 경계를 시각화할 수 없는 다중 입력일 때 가중치 행렬과 편향은 어떻게 결정하는가?(4장, 10장)

2. 인식해야 할 범주가 선형적으로 분리되지 않는다면, 이 문제를 풀기 위해 표준 퍼셉트론을 확장할 수 있는가?(11장, 12장, 13장)

3. 프로토타입 패턴을 알지 못할 때 해밍 네트워크의 가중치와 편향을 학습할 수 있는가?(15장)

연습문제

E3.1   이 장에서는 세 가지 센서 측정치(모양, 질감, 무게)를 사용해 사과와 오렌지를 구분하는 세 종류의 신경망을 설계했다. 바나나와 파인애플을 구분하려 한다고 가정하자.

$$\mathbf{p}_1 = \begin{bmatrix} -1 \\ 1 \\ -1 \end{bmatrix} \text{ (바나나)}$$

$$\mathbf{p}_2 = \begin{bmatrix} -1 \\ -1 \\ 1 \end{bmatrix} \text{ (파인애플)}$$

(1) 이 패턴을 인식하도록 퍼셉트론을 설계하라.

(2) 이 패턴을 인식하도록 해밍 네트워크를 설계하라.

(3) 이 패턴을 인식하도록 홉필드 네트워크를 설계하라.

(4) 몇 가지 입력 패턴을 적용해 네트워크의 작동을 테스트하라. 네트워크별로 장단점을 논의하라.

E3.2 다음 프로토타입 패턴을 고려하라.

$$\mathbf{p}_1 = \begin{bmatrix} 1 \\ 0.5 \end{bmatrix}, \ \mathbf{p}_2 = \begin{bmatrix} 2 \\ 1 \end{bmatrix}$$

(1) 두 벡터를 인식할 수 있는 퍼셉트론 네트워크의 결정 경계를 찾아서 그래프로 그려라.

(2) (1)에서 찾은 결정 경계를 만드는 가중치와 편향을 구하고 네트워크 다이어그램을 그려라.

(3) 다음의 입력에 대한 네트워크 출력을 계산하라. 네트워크 응답(결정)이 합리적인가? 설명하라.

$$\mathbf{p} = \begin{bmatrix} 1 \\ 0 \end{bmatrix}$$

(4) 위의 두 프로토타입 벡터를 인식할 수 있는 해밍 네트워크를 설계하라.

(5) (3)에 주어진 입력 벡터를 갖는 해밍 네트워크의 출력을 계산하고 모든 단계를 보여라. 해밍 네트워크가 퍼셉트론과 동일한 결정을 만드는가? 왜 그런지 혹은 왜 그렇지 않은지 설명하라. 어떤 네트워크가 이 문제에 더 적합한가? 설명하라.

E3.3 다음 가중치와 편향을 갖는 홉필드 네트워크를 고려하라.

$$\mathbf{W} = \begin{bmatrix} 1 & -1 \\ -1 & 1 \end{bmatrix}, \ \mathbf{b} = \begin{bmatrix} 0 \\ 0 \end{bmatrix}$$

(1) 다음 입력(초기 조건)을 네트워크에 적용할 때, 네트워크 응답을 찾아라(네트워크가 수렴할 때까지 반복별로 네트워크 출력을 보여라).

$$\mathbf{p} = \begin{bmatrix} 0.9 \\ 1 \end{bmatrix}$$

(2) 입력 공간의 어떤 영역이 (1)에서 찾았던 최종 출력과 동일한 출력으로 수렴하는 지를 표시하는 그림을 그려라(즉, '다른 **p** 벡터가 동일한 최종 출력으로 수렴하게 될 것인가?'에 대한 그림). 답을 어떻게 구했는지 설명하라.

(3) 네트워크가 어떤 프로토타입으로 수렴되고 입력 공간의 어떤 영역이 각 프로토타입에 대응되는가? 영역을 그리고 답을 어떻게 구했는지 설명하라.

E3.4 다음 퍼셉트론 네트워크를 고려하라.

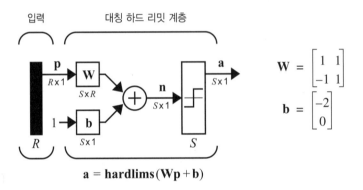

$$\mathbf{a} = \mathbf{hardlims}(\mathbf{Wp} + \mathbf{b})$$

(1) 이 네트워크가 분류할 수 있는 클래스는 몇 개인가?

(2) 클래스별로 대응되는 영역을 보여주는 다이어그램을 그려라. 네트워크 출력에 대응되는 영역별로 레이블을 붙여라.

(3) 다음 입력에 대한 네트워크 출력을 계산하라.

$$\mathbf{p} = \begin{bmatrix} 1 \\ -1 \end{bmatrix}$$

(4) (2)의 다이어그램에 (3)의 입력을 그리고, 정확히 레이블된 영역에 위치하는지 검증하라.

E3.5 다음 두 벡터 중 하나가 네트워크의 입력이 될 때, **a**가 1을 출력하고,

$$\left\{ \begin{bmatrix} -1 \\ 0 \end{bmatrix}, \begin{bmatrix} 1 \\ 2 \end{bmatrix} \right\}$$

다음 벡터 중 하나가 네트워크의 입력일 때, **a**가 −1을 출력하는 퍼셉트론 네트워크를 설계하려고 한다.

$$\left\{ \begin{bmatrix} -1 \\ 1 \end{bmatrix}, \begin{bmatrix} 0 \\ 2 \end{bmatrix} \right\}$$

(1) 이 문제를 풀 수 있는 네트워크의 결정 경계를 찾아서 그려라.

(2) (1)에서 찾은 결정 경계를 생성할 가중치와 편향을 찾아라. 모든 작업을 보여라.

(3) 축약 표기법을 이용해 네트워크 다이어그램을 그려라.

(4) 위에 주어진 네 벡터 각각에 대해 자신이 설계한 네트워크의 네트 입력 **n**, 네트워크 출력 **a**를 계산하라. 네트워크가 이 문제를 푸는지 검증하라.

(5) 이 문제를 풀 수 있는 다른 가중치와 편향이 있는가? 그렇다면 자신의 가중치가 최적이라고 할 수 있는가? 설명하라.

E3.6 다음과 같은 두 프로토타입 벡터가 있다.

$$\left\{ \begin{bmatrix} -1 \\ 1 \end{bmatrix}, \begin{bmatrix} 1 \\ 1 \end{bmatrix} \right\}$$

(1) 두 벡터를 인식할 수 있는 퍼셉트론 네트워크의 결정 경계를 찾아서 그려라.

(2) (1)에서 찾은 결정 경계를 생성하게 될 가중치와 편향을 찾아라.

(3) 축약 표기법을 이용해 네트워크 다이어그램을 그려라.

(4) 아래에 주어진 벡터에 대해 자신이 설계한 네트워크의 네트 입력 n, 네트워크 출력 a를 계산하라. 네트워크가 좋은 출력을 만드는가? 설명하라.

$$\begin{bmatrix} 0.5 \\ -0.5 \end{bmatrix}$$

(5) (1)에서 사용된 두 벡터를 인식하기 위한 해밍 네트워크를 설계하라.

(6) (4)에 주어진 입력 벡터에 대해 해밍 네트워크의 출력을 계산하라. 이 네트워크가 우수한 출력을 만드는가? 설명하라.

(7) (1)에서 사용된 두 벡터를 인식할 수 있는 홉필드 네트워크를 설계하라.

(8) (4)에서 주어진 입력 벡터에 대해 홉필드 네트워크의 출력을 계산하라. 네트워크가 우수한 출력을 만드는가? 설명하라.

E3.7 다음 프로토타입 벡터를 인식하기 위한 해밍 네트워크를 설계하려고 한다.

$$\left\{ \begin{bmatrix} 1 \\ 1 \end{bmatrix}, \begin{bmatrix} -1 \\ -1 \end{bmatrix}, \begin{bmatrix} -1 \\ 1 \end{bmatrix} \right\}$$

(1) 해밍 네트워크의 가중치 행렬과 편향 벡터를 찾아라.

(2) 네트워크 다이어그램을 그려라.

(3) 다음 입력을 적용하고, (두 번째 계층이 수렴하도록 반복하면서) 전체 네트워크의 응답을 계산하라. 최종 네트워크 출력의 의미를 설명하라.

$$\mathbf{p} = \begin{bmatrix} 1 \\ 0 \end{bmatrix}$$

(4) 이 네트워크의 결정 경계를 그려라. 이 경계를 어떻게 정했는지 설명하라.

4

퍼셉트론 학습 규칙

목표

3장에서 제기된 질문 중 하나는 "퍼셉트론 네트워크의 입력이 결정 경계를 시각화할 수 없는 다중 입력일 때 가중치 행렬과 편향은 어떻게 결정하는가?"였다. 4장에서는 퍼셉트론 네트워크를 학습시켜 분류 문제를 풀도록 도와주는 퍼셉트론 네트워크 훈련 알고리즘을 설명한다. 학습 규칙이 무엇인지 설명한 후 퍼셉트론 학습 규칙을 개발할 것이다. 그리고 단층 퍼셉트론 네트워크의 장점과 한계를 논의하고 결론을 맺을 것이다. 이 논의는 앞으로 소개될 여러 장에서 이어서 논의할 것이다.

이론과 예제

1943년에 워런 맥컬록Warren McCulloch과 월터 피츠Walter Pitts가 최초의 인공 뉴런을 소개했다[McPi43]. 이 뉴런 모델의 주요 특징은 입력 신호의 가중 합산과 임계치를 비교해 출력을 결정하는 것이다. 입력 신호의 가중 합산이 임계치보다 크거나 같으면 출력은 1이 되며, 작으면 0이 된다. 맥컬록과 피츠는 이론적으로 신경망이 어떤 산술 함수나 논리 함수도 계산할 수 있음을 보여주려고 했다. 생체 뉴런과 달리 신경망은 훈련 방법이 없었기 때문에 네트워크 파라미터를 직접 설계해야만 했다. 그럼에도 불구하고 생물학과 디지털 컴퓨터 사이의 연관성은 많은 관심을 불러일으켰다.

1950년대 말 프랭크 로젠블랫Frank Rosenblatt과 몇몇 연구원들은 퍼셉트론이라는 신경망을 개발했다. 이 네트워크의 뉴런은 맥클록과 피츠의 뉴런과 유사하다. 로젠블랫의 주요 공헌은 패턴 인식 문제를 풀도록 퍼셉트론 네트워크를 훈련시키는 학습 규칙을 도입했다는 것이다[Rose58]. 로젠블랫은 문제를 풀 수 있는 네트워크 가중치가 존재한다면 학습 규칙은 항상 정확한 가중치로 수렴한다는 사실을 증명했다. 학습은 단순하고 자동적이었다. 적절한 행동의 예시example가 네트워크에 제시되면 네트워크는 자신의 실수로부터 학습을 했다. 퍼셉트론은 가중치와 편향을 임의의 값으로 초기화했을 때조차 학습이 가능했다.

안타깝게도 퍼셉트론 네트워크는 근본적인 한계가 있었다. 이런 한계는 마빈 민스키Marvin Minsky와 시모어 페퍼트Seymour Papert가 쓴 책 『Perceptrons』(The MIT Press, 1987)[MiPa69]를 통해 널리 알려졌다. 그들은 퍼셉트론 네트워크가 특정 함수를 구현할 수 없음을 보였다. 이런 한계는 1980년대가 돼서야 비로소 개선된 (다층) 퍼셉트론 네트워크와 관련 학습 규칙에 의해 극복됐다. 퍼셉트론 네트워크의 개선은 11장과 12장에서 논의할 것이다.

오늘날 퍼셉트론은 여전히 중요한 네트워크로 간주된다. 퍼셉트론은 자신이 풀 수 있는 문제 부류에는 빠르고 안정적인 네트워크다. 또한 퍼셉트론의 작동을 이해해두면 좀 더 복잡한 네트워크를 이해할 수 있는 좋은 기반이 된다. 따라서 퍼셉트론 네트워크와 그와 관련된 학습 규칙은 논의할 만한 가치가 충분하다.

이 장의 나머지 부분에서 학습 규칙이 의미하는 바를 정의하고, 퍼셉트론 네트워크와 학습 규칙을 설명하며, 퍼셉트론 네트워크의 한계를 논의할 것이다.

학습 규칙

학습 규칙

퍼셉트론 학습 규칙에 대한 설명을 시작하기 전에, 먼저 일반적인 학습 규칙에 대해 이야기하려고 한다. 학습 규칙learning rule이란 네트워크의 가중치와 편향을 변경하는 방법을 의미한다(이 방법을 훈련 알고리즘training algorithm이라고도 한다). 학습 규칙의 목적은 어떤 작업을 수행하기 위해 네트워크를 훈련시키는 것이다. 신경망 학습 규칙에는 여러 종류가 있다. 학습 규칙은 크게 지도 학습, 비지도 학습, 강화 학습으로 분류할 수 있다.

지도 학습
훈련 집합

지도 학습supervised learning은 적절한 네트워크 행동에 대한 예시 집합(훈련 집합training set)을 학습 규칙에 제공한다.

$$\{\mathbf{p}_1, \mathbf{t}_1\}, \{\mathbf{p}_2, \mathbf{t}_2\}, \dots, \{\mathbf{p}_Q, \mathbf{t}_Q\} \qquad (4.1)$$

목표

여기서 $\mathbf{p}_q$는 네트워크 입력이며, $\mathbf{t}_q$는 대응되는 정확한 (목표target) 출력이다. 각 입력을 네트워크에 적용해서 네트워크 출력과 목표를 비교한다. 그런 다음 네트워크 출력이 목표에 가까워지도록 학습 규칙을 사용해 네트워크의 가중치와 편향을 조정한다. 퍼셉트론 학습 규칙은 지도 학습 범주에 속한다. 7장에서 14장까지 지도 학습 알고리즘에 대해 조사할 것이다.

강화 학습

강화 학습reinforcement learning은 지도 학습과 유사하지만, 알고리즘에 네트워크 입력에 대한 목표를 제공하는 대신 등급을 부여한다는 점이 다르다. 등급(또는 점수)은 연속적인 입력에 대한 네트워크 성능 척도다. 강화 학습은 지도 학습보다 일반적이지는 않지만, 시스템 애플리케이션의 제어에 가장 적합한 것으로 알려져 있다([BaSu83], [WhSo92] 참조).

비지도 학습　비지도 학습^{unsupervised learning}은 네트워크 입력에 대한 반응만으로 가중치와 편향을 변경한다. 사용 가능한 목표 출력은 없다. 언뜻 보기에 비지도 학습은 실용적이지 않아 보인다. 비지도 학습이 무엇을 하는지 모른다면 네트워크를 어떻게 훈련할 수 있는가? 대부분의 비지도 학습 알고리즘은 군집화 연산을 수행한다. 따라서 입력 패턴을 한정된 수의 클래스로 범주화하도록 학습한다. 이것은 특히 벡터 양자화^{vector quantization} 같은 응용에 유용하다. 15장에서 여러 가지 비지도 학습 알고리즘이 있다는 것을 보게 될 것이다.

퍼셉트론 구조

퍼셉트론 학습 규칙을 제시하기 전에, 3장에서 살펴봤던 퍼셉트론 네트워크를 좀 더 조사해보자. 그림 4.1에 일반적인 퍼셉트론 네트워크가 있다. 네트워크의 출력은 다음 식으로 구한다.

$$\mathbf{a} = \mathbf{hardlim}(\mathbf{Wp} + \mathbf{b}) \tag{4.2}$$

(3장에서는 *hardlim*이 아닌 *hardlims*를 사용했다는 점을 주의하라. 전달 함수가 *hardlims*로 바뀌어도 네트워크의 성능에는 영향이 없다. 연습문제 E4.10을 참조하라.)

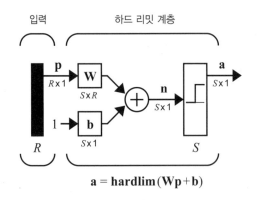

$$\mathbf{a} = \mathbf{hardlim}(\mathbf{Wp} + \mathbf{b})$$

그림 4.1 퍼셉트론 네트워크

퍼셉트론 학습 규칙을 개발할 때, 네트워크 출력 요소를 쉽게 참조할 수 있어야 한다. 참조 방법을 살펴보자. 먼저, 네트워크 가중치 행렬을 고려해보자.

$$\mathbf{W} = \begin{bmatrix} w_{1,1} & w_{1,2} & \cdots & w_{1,R} \\ w_{2,1} & w_{2,2} & \cdots & w_{2,R} \\ \vdots & \vdots & & \vdots \\ w_{S,1} & w_{S,2} & \cdots & w_{S,R} \end{bmatrix} \tag{4.3}$$

$\mathbf{W}$의 i번째 행 요소로 이뤄진 벡터를 정의할 것이다.

$$_i\mathbf{w} = \begin{bmatrix} w_{i,1} \\ w_{i,2} \\ \vdots \\ w_{i,R} \end{bmatrix} \tag{4.4}$$

이제 가중치 행렬을 분리할 수 있다.

$$\mathbf{W} = \begin{bmatrix} _1\mathbf{w}^T \\ _2\mathbf{w}^T \\ \vdots \\ _S\mathbf{w}^T \end{bmatrix} \tag{4.5}$$

이렇게 하면 네트워크 출력 벡터의 i번째 요소를 다음과 같이 작성할 수 있다.

$$a_i = hardlim(n_i) = hardlim(_i\mathbf{w}^T\mathbf{p} + b_i) \tag{4.6}$$

$a = hardlim(n)$

$n = \mathbf{W}\mathbf{p} + b$

(위에 보이는) *hardlim* 전달 함수는 다음과 같이 정의된다.

$$a = hardlim(n) = \begin{cases} 1 & n \geq 0 \text{인 경우} \\ 0 & \text{그 외} \end{cases} \tag{4.7}$$

따라서 가중치 행렬의 i번째 행과 입력 벡터의 내적이 $-b_i$보다 크거나 같으면 출력은 1이 되고, 그렇지 않으면 0이 될 것이다. 결과적으로 네트워크의 각 뉴런은 입력 공간을 두 영역으로 나눈다. 두 영역 사이의 경계를 조사해보는 것이 좋다. 먼저 가장 간단한 2개의 입력을 갖는 단층 퍼셉트론의 경우를 조사해보자.

단일 뉴런 퍼셉트론

그림 4.2와 같이 뉴런이 하나인 2입력 퍼셉트론을 고려해보자.

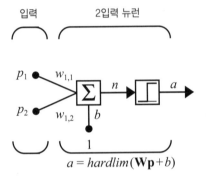

그림 4.2 2입력/단층 퍼셉트론

네트워크의 출력은 다음과 같이 정해진다.

$$a = hardlim(n) = hardlim(\mathbf{Wp} + b)$$
$$= hardlim({}_1\mathbf{w}^T\mathbf{p} + b) = hardlim(w_{1,1}p_1 + w_{1,2}p_2 + b) \tag{4.8}$$

결정 경계　결정 경계$^{\text{decision boundary}}$는 네트 입력 n을 0으로 만드는 입력 벡터로 정해진다.

$$n = {}_1\mathbf{w}^T\mathbf{p} + b = w_{1,1}p_1 + w_{1,2}p_2 + b = 0 \tag{4.9}$$

예제를 좀 더 구체적으로 만들기 위해 다음 값을 가중치와 편향에 할당해보자.

$$w_{1,1} = 1 \ , \ w_{1,2} = 1 \ , \ b = -1 \qquad (4.10)$$

이때 결정 경계는 다음 식이 된다.

$$n = {}_1\mathbf{w}^T\mathbf{p} + b = w_{1,1}p_1 + w_{1,2}p_2 + b = p_1 + p_2 - 1 = 0 \qquad (4.11)$$

결정 경계는 입력 공간에서 직선을 정의한다. 직선의 한쪽에서 네트워크 출력은 0이 된다. 직선 위와 다른 쪽에서 네트워크 출력은 1이 된다. 직선을 그리기 위해 직선과 p_1축, p_2축과의 교차점을 찾을 수 있다. p_2의 절편을 찾으려면 $p_1 = 0$으로 설정하라.

$$p_2 = -\frac{b}{w_{1,2}} = -\frac{-1}{1} = 1 \quad p_1 = 0 \text{인 경우} \qquad (4.12)$$

p_1의 절편을 찾으려면 $p_2 = 0$으로 설정하라.

$$p_1 = -\frac{b}{w_{1,1}} = -\frac{-1}{1} = 1 \quad p_2 = 0 \text{인 경우} \qquad (4.13)$$

생성된 결정 경계는 그림 4.3에 그려져 있다.

경계의 어느 쪽이 출력 1에 해당하는지 찾으려면 한 점만 테스트하면 된다. 입력 $\mathbf{p} = \begin{bmatrix} 2 & 0 \end{bmatrix}^T$의 경우 네트워크 출력은 다음과 같다.

$$a = hardlim({}_1\mathbf{w}^T\mathbf{p} + b) = hardlim\left(\begin{bmatrix} 1 & 1 \end{bmatrix}\begin{bmatrix} 2 \\ 0 \end{bmatrix} - 1\right) = 1 \qquad (4.14)$$

따라서 네트워크 출력은 결정 경계의 오른쪽 위 영역에서 1이 될 것이다. 그림 4.3에서 이 영역은 어두운 영역으로 표시된다.

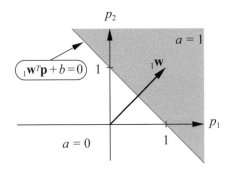

그림 4.3 2입력 퍼셉트론의 결정 경계

결정 경계를 그래프로 찾을 수도 있다. 첫 단계는 다음 그림에 그려진 것처럼 결정 경계는 항상 $_1\mathbf{w}$에 직교한다는 사실을 알아두는 것이다.

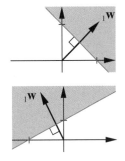

결정 경계는 다음과 같이 정의된다.

$$_1\mathbf{w}^T\mathbf{p} + b = 0 \tag{4.15}$$

결정 경계상의 모든 점에 대해, 입력 벡터와 가중치 벡터의 내적은 동일하다. 이 말은 모든 입력 벡터가 가중치 벡터 위로 동일한 투영을 갖는다는 뜻이다. 따라서 입력 벡터는 가중치 벡터에 직교하는 직선 위에 있어야만 한다(이 개념은 5장에서 좀 더 자세히 다룰 예정이다). 또한 그림 4.3의 어두운 영역에서 모든 벡터는 $-b$보다 큰 내적을 갖고, 밝은 영역에서 벡터는 $-b$보다 작은 내적을 갖는다. 따라서 가중치 벡터 $_1\mathbf{w}$는 항상 뉴런 출력이 1이 되는 영역을 향한 점이 될 것이다.

정확한 각도 방향의 가중치 벡터를 선택하고 경계상의 한 점을 선택한 후 식 (4.15)를 만족하는 편향값을 계산할 수 있다.

간단한 논리 함수 AND 게이트 구현에 이 개념을 적용해 퍼셉트론 네트워크를 설계해 보자. AND 게이트의 입력/출력 쌍은 다음과 같다.

$$\left\{ \mathbf{p}_1 = \begin{bmatrix} 0 \\ 0 \end{bmatrix}, t_1 = 0 \right\} \left\{ \mathbf{p}_2 = \begin{bmatrix} 0 \\ 1 \end{bmatrix}, t_2 = 0 \right\} \left\{ \mathbf{p}_3 = \begin{bmatrix} 1 \\ 0 \end{bmatrix}, t_3 = 0 \right\} \left\{ \mathbf{p}_4 = \begin{bmatrix} 1 \\ 1 \end{bmatrix}, t_4 = 1 \right\}$$

다음 그림은 문제를 그래프로 보여준다. 이 그래프는 입력 공간을 보여주고 있으며, 입력 벡터는 자신의 목표로 레이블되어 있다. 검은색 원 ●은 목표 1을, 흰색 원 ○은 목표 0을 나타낸다.

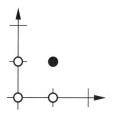

설계의 첫 번째 단계로 결정 경계를 선택한다. 검은색 원과 흰색 원을 분리하는 직선을 구하려고 한다. 이 문제에는 무한개의 해가 있다. 다음 그림에 보이는 것처럼 두 입력 범주 사이의 '중간에' 있는 직선을 선택하는 것이 합리적으로 보인다.

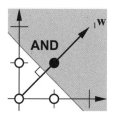

다음 단계로 결정 경계에 직교하는 가중치 벡터를 선택한다. 가중치 벡터는 임의의 길

이가 될 수 있으므로 무한개의 선택이 존재한다. 한 가지 선택은 다음과 같다.

$$_1\mathbf{w} = \begin{bmatrix} 2 \\ 2 \end{bmatrix} \tag{4.16}$$

마지막 단계에서는 편향 b를 찾는다. 결정 경계 위의 점을 선택해서 식 (4.15)를 만족시키는 편향을 찾을 수 있다. 만일 $\mathbf{p} = \begin{bmatrix} 1.5 & 0 \end{bmatrix}^T$를 사용하면 다음 편향을 찾을 수 있다.

$$_1\mathbf{w}^T\mathbf{p} + b = \begin{bmatrix} 2 & 2 \end{bmatrix} \begin{bmatrix} 1.5 \\ 0 \end{bmatrix} + b = 3 + b = 0 \quad \Rightarrow \quad b = -3 \tag{4.17}$$

이제 입력/출력 쌍 중 하나로 네트워크를 테스트할 수 있다. 만일 $\mathbf{p}_2$를 네트워크에 적용한다면 출력은 다음과 같이 될 것이다.

$$a = hardlim(_1\mathbf{w}^T\mathbf{p}_2 + b) = hardlim\left(\begin{bmatrix} 2 & 2 \end{bmatrix} \begin{bmatrix} 0 \\ 1 \end{bmatrix} - 3\right)$$
$$a = hardlim(-1) = 0, \tag{4.18}$$

이 값은 목표 출력 t_2와 동일하다. 모든 입력이 정확히 분류되는지 검증해보라.

 결정 경계를 실험하려면, 신경망 디자인 데모 '결정 경계^{Decision Boundaries} **nnd4db**를 이용하라.

다중 뉴런 퍼셉트론

다중 뉴런을 갖는 퍼셉트론의 경우 그림 4.1과 같이 뉴런별로 하나의 결정 경계가 존재한다. 뉴런 i에 대한 결정 경계는 다음과 같이 정의된다.

$$_i\mathbf{w}^T\mathbf{p} + b_i = 0 \tag{4.19}$$

단일 뉴런 퍼셉트론은 출력이 0 또는 1이기 때문에 입력 벡터를 두 범주로 분류할 수 있다. 다중 뉴런 퍼셉트론은 입력을 여러 범주로 분류할 수 있다. 각 범주는 다른 출력 벡터로 표시된다. 출력 벡터의 요소는 0 또는 1이기 때문에, S가 뉴런 수일 때 총 2^S개의 범주가 존재할 수 있다.

퍼셉트론 학습 규칙

퍼셉트론 네트워크의 성능을 조사했으므로 이제 퍼셉트론 학습 규칙을 소개할 지점에 왔다. 퍼셉트론 학습 규칙은 학습 규칙에 적절한 네트워크 행동의 예시 집합을 제공하는 지도 훈련의 한 가지 예다.

$$\{\mathbf{p}_1, \mathbf{t}_1\}, \{\mathbf{p}_2, \mathbf{t}_2\}, ..., \{\mathbf{p}_Q, \mathbf{t}_Q\} \tag{4.20}$$

여기서 $\mathbf{p}_q$는 네트워크의 입력이고, $\mathbf{t}_q$는 대응되는 목표 출력이다. 입력별로 네트워크에 적용하면서 네트워크 출력과 목표를 비교한다. 그런 다음 네트워크 출력이 목표에 좀 더 가까워지도록 학습 규칙을 사용해 네트워크의 가중치와 편향을 조정한다.

테스트 문제

퍼셉트론 학습 규칙을 설명할 때, 간단한 테스트 문제로 시작해서 가능한 규칙들을 실험하고 그 규칙이 어떻게 작동하는지에 대한 직관을 개발할 것이다. 테스트 문제에 대한 입력/출력은 다음과 같다.

$$\left\{ \mathbf{p}_1 = \begin{bmatrix} 1 \\ 2 \end{bmatrix}, t_1 = 1 \right\} \left\{ \mathbf{p}_2 = \begin{bmatrix} -1 \\ 2 \end{bmatrix}, t_2 = 0 \right\} \left\{ \mathbf{p}_3 = \begin{bmatrix} 0 \\ -1 \end{bmatrix}, t_3 = 0 \right\}$$

이 문제는 다음 그림에서 그래프로 표시된다. 그래프에서 목표가 0인 두 입력 벡터는 흰색 원 ○으로 표시되고, 목표가 1인 입력 벡터는 검은색 원 ●으로 표시된다. 이 문제는 매우 단순하기 때문에 눈으로 확인해서 해를 구할 수 있다. 문제의 단순함은 퍼셉트론 학습 규칙의 기본 개념을 직관적으로 이해할 수 있게 도와준다.

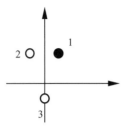

이 문제에서 네트워크는 2입력과 1출력을 가져야 한다. 학습 규칙을 간단히 개발하기 위해 편향은 고려하지 않는다. 그림 4.4와 같이 네트워크는 2개의 파라미터 $w_{1,1}$과 $w_{1,2}$만 갖게 된다.

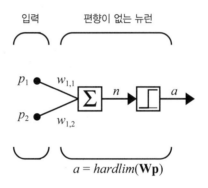

그림 4.4 테스트 문제 네트워크

편향을 없애서 결정 경계가 원점을 지나는 네트워크가 됐다. 이 네트워크가 여전히 테스트 문제를 풀 수 있는지 확신할 수 있어야 한다. 벡터 $\mathbf{p}_1$과 벡터 $\mathbf{p}_2$, $\mathbf{p}_3$를 분리할 수 있는 결정 경계가 존재해야 한다. 다음 그림은 실제로 그런 경계가 무한히 있음을 보여주고 있다.

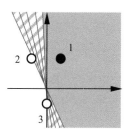

다음 그림은 결정 경계에 대응되는 가중치 벡터를 보여준다(가중치 벡터는 결정 경계와 직교한다). 이 방향 중 하나를 가리키는 가중치 벡터를 찾는 학습 규칙이 필요하다. 가중치 벡터의 길이는 중요하지 않으며 오직 방향만이 중요하다.

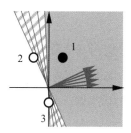

학습 규칙 구성

훈련은 일부 네트워크 파라미터에 초깃값을 할당하면서 시작된다. 이 경우 편향이 없는 2입력/1출력 네트워크를 훈련시키는 중이므로 두 가중치만 초기화하면 된다. 따라서 가중치 벡터 ${}_1\mathbf{w}$의 요소는 다음과 같이 임의로 생성한 값으로 설정한다.

$$ {}_1\mathbf{w}^T = \begin{bmatrix} 1.0 & -0.8 \end{bmatrix} \tag{4.21} $$

이제 입력 벡터를 네트워크에 제시할 것이다. 먼저 $\mathbf{p}_1$으로 시작한다.

$$ a = hardlim({}_1\mathbf{w}^T\mathbf{p}_1) = hardlim\left(\begin{bmatrix} 1.0 & -0.8 \end{bmatrix} \begin{bmatrix} 1 \\ 2 \end{bmatrix} \right) $$

$$ a = hardlim(-0.6) = 0 \tag{4.22} $$

네트워크는 정확한 값을 돌려받지 못했다. 목표 반응 t_1은 1인 반면, 네트워크 출력은

0이다.

다음 다이어그램을 보면 어떤 일이 일어났는지 알 수 있다. 초기 가중치 벡터는 벡터 $\mathbf{p}_1$을 부정확하게 분류하는 결정 경계를 만들었다. 앞으로 $\mathbf{p}_1$을 좀 더 정확히 분류할 수 있도록 가중치 벡터를 조정해서 $\mathbf{p}_1$ 방향을 더 많이 가리키게 할 필요가 있다.

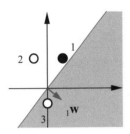

한 가지 방식은 $_1\mathbf{w}$를 $\mathbf{p}_1$과 같게 설정하는 것이다. 이 방법은 단순하며, 앞으로 $\mathbf{p}_1$이 적절히 분류되도록 보장한다. 그런데 이 규칙으로 해를 찾지 못하는 문제를 쉽게 만들 수 있다. 다음 다이어그램은 가중치 벡터가 2개의 클래스 1 벡터 중 하나를 직접 가리킬 경우 풀 수 없는 문제를 보여주고 있다. 두 벡터 중 하나가 잘못 분류될 때마다 규칙 $_1\mathbf{w} = \mathbf{p}$를 적용하면, 네트워크 가중치는 진동만 하고 결코 해를 찾지 못할 것이다.

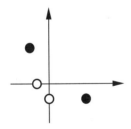

또 다른 방식은 $_1\mathbf{w}$에 $\mathbf{p}_1$을 더하는 것이다. $_1\mathbf{w}$에 $\mathbf{p}_1$을 더하면 $_1\mathbf{w}$가 $\mathbf{p}_1$ 방향을 더 많이 가리키게 할 수 있다. $\mathbf{p}_1$을 반복해서 제시하면 $_1\mathbf{w}$의 방향은 점근적으로 $\mathbf{p}_1$의 방향에 접근하게 된다. 이 규칙은 다음과 같이 서술될 수 있다.

$$t = 1이고 \ a = 0일 때, \quad _1\mathbf{w}^{new} = {}_1\mathbf{w}^{old} + \mathbf{p} \tag{4.23}$$

이 규칙을 테스트 문제에 적용하면 새로운 $_1\mathbf{w}$ 값이 만들어진다.

$$_1\mathbf{w}^{new} = {}_1\mathbf{w}^{old} + \mathbf{p}_1 = \begin{bmatrix} 1.0 \\ -0.8 \end{bmatrix} + \begin{bmatrix} 1 \\ 2 \end{bmatrix} = \begin{bmatrix} 2.0 \\ 1.2 \end{bmatrix} \tag{4.24}$$

이 연산은 다음 그림에 설명되어 있다.

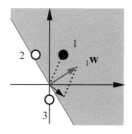

이제 다음 입력 벡터로 이동해서 모든 입력이 정확하게 분류될 때까지 계속해서 가중치를 바꾸고 입력을 반복할 것이다.

다음 입력 벡터는 $\mathbf{p}_2$이다. $\mathbf{p}_2$가 네트워크에 제시되면 다음 출력을 찾게 된다.

$$a = hardlim({}_1\mathbf{w}^T\mathbf{p}_2) = hardlim\left(\begin{bmatrix} 2.0 & 1.2 \end{bmatrix} \begin{bmatrix} -1 \\ 2 \end{bmatrix} \right)$$
$$= hardlim(0.4) = 1 \tag{4.25}$$

$\mathbf{p}_2$와 연관된 목표 t_2는 0이고, 출력 a는 1이다. 클래스 0 벡터가 1로 잘못 분류됐다.

이제 가중치 벡터 $_1\mathbf{w}$를 입력에서 멀리 옮기고 싶기 때문에, 간단히 식 (4.23)의 덧셈을 뺄셈으로 바꿀 수 있다.

$$t = 0\text{이고 } a = 1\text{일 때, } {}_1\mathbf{w}^{new} = {}_1\mathbf{w}^{old} - \mathbf{p} \tag{4.26}$$

이 식을 테스트 문제에 적용하면 다음 그림에서 설명하는 것처럼 식 (4.27)의 가중치를 찾게 된다.

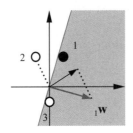

$$_1\mathbf{w}^{new} = {}_1\mathbf{w}^{old} - \mathbf{p}_2 = \begin{bmatrix} 2.0 \\ 1.2 \end{bmatrix} - \begin{bmatrix} -1 \\ 2 \end{bmatrix} = \begin{bmatrix} 3.0 \\ -0.8 \end{bmatrix} \qquad (4.27)$$

이제 세 번째 벡터 $\mathbf{p}_3$를 제시한다.

$$a = hardlim({}_1\mathbf{w}^T\mathbf{p}_3) = hardlim\left(\begin{bmatrix} 3.0 & -0.8 \end{bmatrix} \begin{bmatrix} 0 \\ -1 \end{bmatrix} \right)$$
$$= hardlim(0.8) = 1 \qquad (4.28)$$

현재 $_1\mathbf{w}$는 $\mathbf{p}_3$를 잘못 분류하는 결정 경계를 생성했다. 이미 규칙이 있는 상황이므로 $_1\mathbf{w}$는 식 (4.26)에 따라 다시 갱신될 것이다.

$$_1\mathbf{w}^{new} = {}_1\mathbf{w}^{old} - \mathbf{p}_3 = \begin{bmatrix} 3.0 \\ -0.8 \end{bmatrix} - \begin{bmatrix} 0 \\ -1 \end{bmatrix} = \begin{bmatrix} 3.0 \\ 0.2 \end{bmatrix} \qquad (4.29)$$

다음 다이어그램은 퍼셉트론이 마침내 세 벡터를 적절히 분류하도록 학습됐음을 보여 준다. 어떤 입력 벡터가 뉴런에 제시되더라도 정확한 클래스를 출력할 것이다.

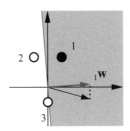

이로써 세 번째이자 마지막 규칙인 '효과가 있다면 고치지 마라'가 정의됐다.

$$t = a일 때, {}_1\mathbf{w}^{new} = {}_1\mathbf{w}^{old} \tag{4.30}$$

다음 세 가지 규칙으로 가능한 모든 출력과 목푯값의 조합을 다루게 된다.

$$t = 1이고 \; a = 0일 때, {}_1\mathbf{w}^{new} = {}_1\mathbf{w}^{old} + \mathbf{p}$$
$$t = 0이고 \; a = 1일 때, {}_1\mathbf{w}^{new} = {}_1\mathbf{w}^{old} - \mathbf{p} \tag{4.31}$$
$$t = a일 때, {}_1\mathbf{w}^{new} = {}_1\mathbf{w}^{old}$$

통합 학습 규칙

식 (4.31)의 세 규칙은 하나의 식으로 다시 작성할 수 있다. 먼저 새로운 변수인 퍼셉트론 오차 e를 정의할 것이다.

$$e = t - a \tag{4.32}$$

이제 식 (4.31)의 세 가지 규칙은 다음과 같이 다시 작성할 수 있다.

$$e = 1일 때, {}_1\mathbf{w}^{new} = {}_1\mathbf{w}^{old} + \mathbf{p}$$
$$e = -1일 때, {}_1\mathbf{w}^{new} = {}_1\mathbf{w}^{old} - \mathbf{p} \tag{4.33}$$
$$e = 0일 때, {}_1\mathbf{w}^{new} = {}_1\mathbf{w}^{old}$$

식 (4.33)의 처음 두 규칙을 자세히 살펴보면, $\mathbf{p}$의 부호가 오차 e의 부호와 같음을 알 수 있다. 또한 세 번째 규칙에서 $\mathbf{p}$가 없다는 것은 e가 0인 것에 해당한다. 따라서 세 규칙을 하나의 식으로 통합할 수 있다.

$${}_1\mathbf{w}^{new} = {}_1\mathbf{w}^{old} + e\mathbf{p} = {}_1\mathbf{w}^{old} + (t - a)\mathbf{p} \tag{4.34}$$

'편향은 입력이 항상 1인 가중치'이므로 편향을 훈련시키는 규칙으로도 확장할 수 있다. 따라서 식 (4.34)에서 입력 $\mathbf{p}$를 값이 1인 편향의 입력으로 대체할 수 있다. 결과는 편향에 대한 퍼셉트론 규칙이다.

$$b^{new} = b^{old} + e \tag{4.35}$$

다중 뉴런 퍼셉트론 훈련

식 (4.34)와 식 (4.35)의 퍼셉트론 규칙은 단일 뉴런 퍼셉트론의 가중치 벡터를 갱신한다. 그림 4.1의 다중 뉴런 퍼셉트론에 대해 퍼셉트론 규칙은 다음과 같이 일반화될 수 있다. 가중치 행렬의 i번째 행을 변경하기 위해 다음 규칙을 사용한다.

$$_i\mathbf{w}^{new} = {}_i\mathbf{w}^{old} + e_i\mathbf{p} \tag{4.36}$$

편향 벡터의 i번째 요소를 변경하기 위해서는 다음 규칙을 사용한다.

$$b_i{}^{new} = b_i{}^{old} + e_i \tag{4.37}$$

퍼셉트론 규칙 퍼셉트론 규칙$^{perceptron\ rule}$은 편의상 행렬 표기법으로 작성될 수 있다.

$$\mathbf{W}^{new} = \mathbf{W}^{old} + \mathbf{e}\mathbf{p}^T \tag{4.38}$$

그리고

$$\mathbf{b}^{new} = \mathbf{b}^{old} + \mathbf{e} \tag{4.39}$$

퍼셉트론 학습 규칙을 테스트하기 위해 3장의 사과/오렌지 인식 문제를 다시 고려해보자. 입력/출력 프로토타입 벡터는 다음과 같을 것이다.

$$\left\{ \mathbf{p}_1 = \begin{bmatrix} 1 \\ -1 \\ -1 \end{bmatrix}, t_1 = \begin{bmatrix} 0 \end{bmatrix} \right\} \qquad \left\{ \mathbf{p}_2 = \begin{bmatrix} 1 \\ 1 \\ -1 \end{bmatrix}, t_2 = \begin{bmatrix} 1 \end{bmatrix} \right\} \tag{4.40}$$

(오렌지 패턴 $\mathbf{p}_1$의 목표 출력으로 이전 장에서 사용했던 −1 대신 0을 사용하고 있음을 주의하라. 이것은 *hardlims* 대신 *hardlim* 전달 함수를 이용하고 있기 때문이다.)

일반적으로 가중치와 편향은 임의의 작은 숫자로 초기화된다. 이제 다음의 초기 가중치 행렬과 편향으로 시작한다고 가정해보자.

$$\mathbf{W} = \begin{bmatrix} 0.5 & -1 & -0.5 \end{bmatrix}, b = 0.5 \tag{4.41}$$

첫 단계는 첫 번째 입력 벡터 $\mathbf{p}_1$을 네트워크에 적용하는 것이다.

$$a = hardlim(\mathbf{W}\mathbf{p}_1 + b) = hardlim\left(\begin{bmatrix} 0.5 & -1 & -0.5 \end{bmatrix}\begin{bmatrix} 1 \\ -1 \\ -1 \end{bmatrix} + 0.5\right)$$

$$= hardlim(2.5) = 1 \tag{4.42}$$

이때 오차는 다음과 같이 계산한다.

$$e = t_1 - a = 0 - 1 = -1 \tag{4.43}$$

가중치는 다음과 같이 변경된다.

$$\mathbf{W}^{new} = \mathbf{W}^{old} + e\mathbf{p}^T = \begin{bmatrix} 0.5 & -1 & -0.5 \end{bmatrix} + (-1)\begin{bmatrix} 1 & -1 & -1 \end{bmatrix}$$

$$= \begin{bmatrix} -0.5 & 0 & 0.5 \end{bmatrix} \tag{4.44}$$

편향은 다음과 같이 변경된다.

$$b^{new} = b^{old} + e = 0.5 + (-1) = -0.5 \tag{4.45}$$

첫 번째 반복이 완료됐다.

퍼셉트론 규칙의 두 번째 반복은 다음과 같다.

$$a = hardlim(\mathbf{W}\mathbf{p}_2 + b) = hardlim\left(\begin{bmatrix} -0.5 & 0 & 0.5 \end{bmatrix}\begin{bmatrix} 1 \\ 1 \\ -1 \end{bmatrix} + (-0.5)\right)$$

$$= hardlim(-0.5) = 0 \tag{4.46}$$

$$e = t_2 - a = 1 - 0 = 1 \tag{4.47}$$

$$\mathbf{W}^{new} = \mathbf{W}^{old} + e\mathbf{p}^T = \begin{bmatrix} -0.5 & 0 & 0.5 \end{bmatrix} + 1\begin{bmatrix} 1 & 1 & -1 \end{bmatrix} = \begin{bmatrix} 0.5 & 1 & -0.5 \end{bmatrix} \tag{4.48}$$

$$b^{new} = b^{old} + e = -0.5 + 1 = 0.5 \tag{4.49}$$

세 번째 반복은 첫 번째 입력 벡터로 다시 시작한다.

$$a = hardlim\,(\mathbf{Wp}_1 + b) = hardlim\,(\begin{bmatrix} 0.5 & 1 & -0.5 \end{bmatrix}\begin{bmatrix} 1 \\ -1 \\ -1 \end{bmatrix} + 0.5)$$

$$= hardlim\,(0.5) = 1 \tag{4.50}$$

$$e = t_1 - a = 0 - 1 = -1 \tag{4.51}$$

$$\mathbf{W}^{new} = \mathbf{W}^{old} + e\mathbf{p}^T = \begin{bmatrix} 0.5 & 1 & -0.5 \end{bmatrix} + (-1)\begin{bmatrix} 1 & -1 & -1 \end{bmatrix}$$
$$= \begin{bmatrix} -0.5 & 2 & 0.5 \end{bmatrix} \tag{4.52}$$

$$b^{new} = b^{old} + e = 0.5 + (-1) = -0.5 \tag{4.53}$$

이와 같이 계속해서 반복하면 두 입력 벡터가 모두 정확히 분류될 것이다. 알고리즘은 해로 수렴한다. 단, 두 경계가 정확히 두 입력 벡터를 분류했더라도 최종 결정 경계는 3장의 결과와 동일하지 않다는 점을 주의하라.

 퍼셉트론 학습 규칙을 실험하려면, 신경망 설계 데모 '퍼셉트론 규칙$^{\text{Perceptron Rule}}$' **nnd4pr**을 이용하라.

수렴의 증명

퍼셉트론 학습 규칙은 단순하지만 매우 강력하다. 실제 규칙이 원하는 분류를 수행하는 가중치로 항상 수렴한다는 사실을(그런 가중치가 있다고 가정할 때) 보일 수 있다. 이 절에서는 그림 4.5에 있는 단일 뉴런 퍼셉트론의 퍼셉트론 학습 규칙이 수렴한다는 것을 증명할 것이다.

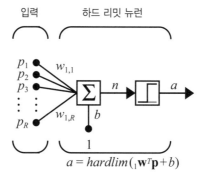

입력　　　　하드 리밋 뉴런

$$a = hardlim(_1\mathbf{w}^T\mathbf{p} + b)$$

그림 4.5 단일 뉴런 퍼셉트론

퍼셉트론의 출력은 다음 식으로 구할 수 있다.

$$a = hardlim(_1\mathbf{w}^T\mathbf{p} + b) \tag{4.54}$$

네트워크에는 다음과 같은 적절한 네트워크 행동의 예시가 제공된다.

$$\{\mathbf{p}_1, t_1\}, \{\mathbf{p}_2, t_2\}, ..., \{\mathbf{p}_Q, t_Q\} \tag{4.55}$$

각 목표 출력 t_q는 0 또는 1이다.

표기법

증명을 편리하게 하기 위해 새로운 표기법을 도입하려고 한다. 먼저 가중치 행렬과 편향을 단일 벡터로 결합한다.

$$\mathbf{x} = \begin{bmatrix} _1\mathbf{w} \\ b \end{bmatrix} \tag{4.56}$$

그리고 입력 벡터를 편향의 입력인 1을 갖도록 확장한다.

$$\mathbf{z}_q = \begin{bmatrix} \mathbf{p}_q \\ 1 \end{bmatrix} \tag{4.57}$$

이제 뉴런의 네트 입력은 다음과 같이 표현될 수 있다.

$$n = {}_1\mathbf{w}^T\mathbf{p} + b = \mathbf{x}^T\mathbf{z} \tag{4.58}$$

그리고 단일 뉴런 퍼셉트론의 퍼셉트론 학습 규칙(식 (4.34)와 식 (4.35))도 다음과 같이 하나의 식으로 작성될 수 있다.

$$\mathbf{x}^{new} = \mathbf{x}^{old} + e\mathbf{z} \tag{4.59}$$

오차 e는 1, −1 또는 0이 될 수 있다. 만일 $e = 0$이면 가중치는 변하지 않는다. 만일 $e = 1$이면 입력 벡터가 가중치 벡터에 더해진다. 만일 $e = -1$이면 입력 벡터의 음수가 가중치 벡터에 더해진다. 가중치 벡터가 될 때만 고려한다면 학습 규칙은 다음과 같은 식이 될 것이다.

$$\mathbf{x}(k) = \mathbf{x}(k-1) + \mathbf{z}'(k-1) \tag{4.60}$$

여기서 $\mathbf{z}'(k-1)$은 아래 집합의 구성원 중 하나다.

$$\{\mathbf{z}_1, \mathbf{z}_2, ..., \mathbf{z}_Q, -\mathbf{z}_1, -\mathbf{z}_2, ..., -\mathbf{z}_Q\} \tag{4.61}$$

Q개 입력 벡터를 모두 정확히 분류할 수 있는 가중치 벡터가 있다고 가정하자. 이 해는 $\mathbf{x}^*$로 표시되며 다음 식을 만족한다고 가정하자.

$$t_q = 1일 \text{ 때}, \quad \mathbf{x}^{*T}\mathbf{z}_q > \delta > 0 \tag{4.62}$$

그리고

$$t_q = 0일 \text{ 때}, \quad \mathbf{x}^{*T}\mathbf{z}_q < -\delta < 0 \tag{4.63}$$

증명

이제 퍼셉트론 수렴 이론을 증명할 준비가 됐다. 증명의 목적은 알고리즘의 각 단계에서 가중치 벡터 크기의 상한과 하한을 찾는 것이다.

알고리즘에서 가중치 벡터는 0으로 초기화됐다고 가정하자($\mathbf{x}(0) = \mathbf{0}$. 이 가정이 주장의 보편성에는 영향을 주지 않는다). 그런 다음 k회 반복(가중치 벡터의 변경) 후에 식 (4.60)으로 부터 다음 식을 구한다.

$$\mathbf{x}(k) = \mathbf{z}'(0) + \mathbf{z}'(1) + \cdots + \mathbf{z}'(k-1) \tag{4.64}$$

해 가중치 벡터와 반복 k에서 얻은 가중치 벡터의 내적을 취하면 다음 식을 구할 수 있다.

$$\mathbf{x*}^T\mathbf{x}(k) = \mathbf{x*}^T\mathbf{z}'(0) + \mathbf{x*}^T\mathbf{z}'(1) + \cdots + \mathbf{x*}^T\mathbf{z}'(k-1) \tag{4.65}$$

식 (4.61)부터 식 (4.63)까지로부터 다음 식을 보여줄 수 있다.

$$\mathbf{x*}^T\mathbf{z}'(i) > \delta \tag{4.66}$$

이므로

$$\mathbf{x*}^T\mathbf{x}(k) > k\delta \tag{4.67}$$

코시−슈워츠 부등식Cauchy-Schwartz inequality([Brog91] 참조)을 적용하면 다음과 같이 된다.

$$\left(\mathbf{x*}^T\mathbf{x}(k)\right)^2 \leq \|\mathbf{x*}\|^2\|\mathbf{x}(k)\|^2 \tag{4.68}$$

여기서

$$\|\mathbf{x}\|^2 = \mathbf{x}^T\mathbf{x} \tag{4.69}$$

식 (4.67)과 식 (4.68)을 합치면, 반복 k에서 가중치 벡터 크기 제곱의 하한을 정할 수 있다.

$$\|\mathbf{x}(k)\|^2 \geq \frac{\left(\mathbf{x*}^T\mathbf{x}(k)\right)^2}{\|\mathbf{x*}\|^2} > \frac{(k\delta)^2}{\|\mathbf{x*}\|^2} \tag{4.70}$$

이제 가중치 벡터 크기의 상한을 찾아보자. 반복 k에서 가중치 벡터 크기의 변화를 찾으면서 시작한다.

$$\|\mathbf{x}(k)\|^2 = \mathbf{x}^T(k)\mathbf{x}(k)$$

$$= [\mathbf{x}(k-1) + \mathbf{z}'(k-1)]^T[\mathbf{x}(k-1) + \mathbf{z}'(k-1)] \tag{4.71}$$

$$= \mathbf{x}^T(k-1)\mathbf{x}(k-1) + 2\mathbf{x}^T(k-1)\mathbf{z}'(k-1)$$

$$+ \mathbf{z}'^T(k-1)\mathbf{z}'(k-1)$$

아래 식을 주의해서 보자.

$$\mathbf{x}^T(k-1)\mathbf{z}'(k-1) \leq 0 \tag{4.72}$$

이전 입력 벡터가 잘못 분류되지 않았다면 가중치가 바뀌지 않을 것이기 때문에 식이 이와 같이 도출된다. 이제 식 (4.71)은 다음 식처럼 단순화된다.

$$\|\mathbf{x}(k)\|^2 \leq \|\mathbf{x}(k-1)\|^2 + \|\mathbf{z}'(k-1)\|^2 \tag{4.73}$$

이 과정을 $\|\mathbf{x}(k-1)\|^2$, $\|\mathbf{x}(k-2)\|^2$에 대해 반복하면 다음과 같이 정리된다.

$$\|\mathbf{x}(k)\|^2 \leq \|\mathbf{z}'(0)\|^2 + \cdots + \|\mathbf{z}'(k-1)\|^2 \tag{4.74}$$

이때 $\Pi = max\{\|\mathbf{z}'(i)\|^2\}$이라고 하면, 상한은 다음과 같다.

$$\|\mathbf{x}(k)\|^2 \leq k\Pi \tag{4.75}$$

이제 반복 k에서 가중치 벡터 크기의 제곱에 상한(식 (4.75))과 하한(식 (4.70))을 찾았다. 찾은 두 부등식을 합치면 다음과 같다.

$$k\Pi \geq \|\mathbf{x}(k)\|^2 > \frac{(k\delta)^2}{\|\mathbf{x}*\|^2} \quad \text{또는} \quad k < \frac{\Pi\|\mathbf{x}*\|^2}{\delta^2} \tag{4.76}$$

k의 상한이 있다는 말은 가중치가 유한 번 변경된다는 것을 의미한다. 따라서 퍼셉트론 학습 규칙은 유한 번 반복해서 수렴할 것이다.

최대 반복(가중치 벡터의 변화) 횟수는 δ의 제곱과 반비례 관계가 있다. 이 파라미터는 결정 경계의 해가 입력 패턴에 얼마나 가까운지를 측정한 값이다. 이 말은 입력 클래스를 분리하기 어렵다면(입력 벡터가 결정 경계에 가깝다면), 알고리즘이 수렴하기 위해 많은 반복이 필요하다는 것을 의미한다.

증명에 필요한 핵심 가정은 세 가지뿐이라는 점을 알아두자.

1. 문제의 해가 존재한다. 따라서 식 (4.66)을 만족한다.
2. 가중치는 입력 벡터가 잘못 분류될 때만 변경된다. 따라서 식 (4.72)를 만족한다.
3. 입력 벡터 길이의 상한(Π)이 존재한다.

증명의 일반성 때문에 수렴을 증명할 수 있는 퍼셉트론 학습 규칙의 변형이 많이 있다(연습문제 E4.13 참조).

한계

퍼셉트론 학습 규칙은 해가 존재한다면 유한한 단계로 해가 수렴함을 보장한다. 이때 중요한 의문이 들 수 있다. 퍼셉트론이 풀 수 있는 문제는 어떤 것인가? 단일 뉴런 퍼셉트론은 입력 공간을 두 영역으로 나눌 수 있다. 영역 사이의 경계는 다음 식으로 정의된다.

$$_1\mathbf{w}^T\mathbf{p} + b = 0 \tag{4.77}$$

이 식은 선형 경계(초평면hyperplane)를 표현한다. 퍼셉트론은 선형 경계로 분리 가능한 입력 벡터들을 분류하는 데 사용할 수 있다. 그런 입력 벡터를 선형적으로 분리 가능linearly separable하다고 한다. 101페이지의 논리 AND 게이트 예제는 선형적으로 분리 가능한 문제의 2차원 예제를 설명한다. 3장의 사과/오렌지 인식 문제는 3차원 예제였다.

선형 분리성

안타깝게도 많은 문제들은 선형적으로 분리할 수 없다. 전형적인 예가 XOR 게이트다. XOR 게이트의 입력/목표 쌍은 다음과 같다.

$$\left\{\mathbf{p}_1 = \begin{bmatrix} 0 \\ 0 \end{bmatrix}, t_1 = 0\right\} \left\{\mathbf{p}_2 = \begin{bmatrix} 0 \\ 1 \end{bmatrix}, t_2 = 1\right\} \left\{\mathbf{p}_3 = \begin{bmatrix} 1 \\ 0 \end{bmatrix}, t_3 = 1\right\} \left\{\mathbf{p}_4 = \begin{bmatrix} 1 \\ 1 \end{bmatrix}, t_4 = 0\right\}$$

이 문제는 그림 4.6의 왼쪽에 그려져 있으며, 선형적으로 분리할 수 없는 다른 두 가지 문제가 오른쪽에 그려져 있다. 그림 4.6의 그래프를 하나 선택해서 목표가 1인 벡터와 목표가 0인 벡터 사이에 직선을 그려보라.

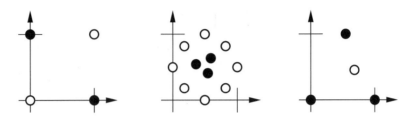

그림 4.6 선형적으로 분리할 수 없는 문제

기본 퍼셉트론은 이처럼 단순한 문제조차 풀 수 있는 능력이 없었으며, 이로 인해 1970년대에 신경망 연구에 대한 관심은 다소 축소됐다. 로젠블랫은 기본 퍼셉트론의 한계를 극복할 수 있는 좀 더 복잡한 네트워크를 연구했지만, 퍼셉트론 규칙을 효과적으로 확장하지 못했다. 11장에서는 임의의 분류 문제를 풀 수 있는 다층 퍼셉트론을 소개하고, 네트워크 훈련에 사용할 수 있는 역전파 알고리즘을 설명할 것이다.

결과 요약

퍼셉트론 구조

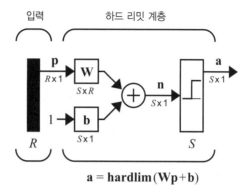

입력　　하드 리밋 계층

$$\mathbf{a} = \mathbf{hardlim}(\mathbf{Wp} + \mathbf{b})$$

$$\mathbf{W} = \begin{bmatrix} {}_1\mathbf{w}^T \\ {}_2\mathbf{w}^T \\ \vdots \\ {}_S\mathbf{w}^T \end{bmatrix}$$

$$\mathbf{a} = \mathbf{hardlim}(\mathbf{Wp} + \mathbf{b})$$

$$a_i = hardlim(n_i) = hardlim({}_i\mathbf{w}^T\mathbf{p} + b_i)$$

결정 경계

$${}_i\mathbf{w}^T\mathbf{p} + b_i = 0$$

결정 경계는 항상 가중치 벡터와 직교한다.

단층 퍼셉트론은 선형적으로 분리 가능한 벡터만 분리한다.

퍼셉트론 학습 규칙

$$\mathbf{W}^{new} = \mathbf{W}^{old} + \mathbf{e}\mathbf{p}^T$$

$$\mathbf{b}^{new} = \mathbf{b}^{old} + \mathbf{e}$$

$$여기서 \ \mathbf{e} = \mathbf{t} - \mathbf{a}$$

문제 풀이

P4.1   그림 **P4.1**에 보이는 간단한 세 가지 분류 문제를 결정 경계를 그려서 풀어라. 선택된
결정 경계를 갖는 단일 뉴런 퍼셉트론이 만들어지도록 가중치와 편향을 찾아라.

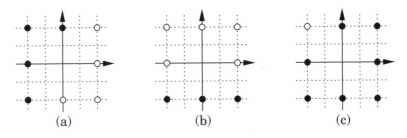

(a)   (b)   (c)

그림 P4.1 간단한 분류 문제

먼저 검은색 데이터 점 집합과 흰색 데이터 점 집합 사이에 직선을 그려라.

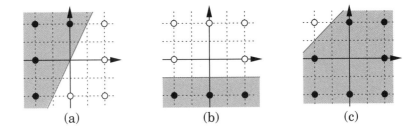

(a)   (b)   (c)

다음 단계는 가중치와 편향을 찾는 것이다. 가중치 벡터는 결정 경계와 직교해야만 하

며, 1(검은색 점)로 분류된 데이터 방향을 가리킨다. 가중치 벡터의 길이는 어떤 길이든 상관없다.

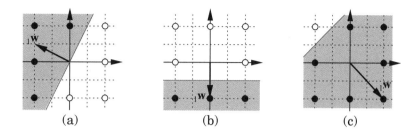

(a)　　　　　　　(b)　　　　　　　(c)

선택한 가중치 벡터 집합은 다음과 같다.

$$\text{(a) } _1\mathbf{w}^T = \begin{bmatrix} -2 & 1 \end{bmatrix}, \quad \text{(b) } _1\mathbf{w}^T = \begin{bmatrix} 0 & -2 \end{bmatrix}, \quad \text{(c) } _1\mathbf{w}^T = \begin{bmatrix} 2 & -2 \end{bmatrix}$$

이제 결정 경계상에 한 점을 선택해서 식 (4.15)를 만족하도록 각 퍼셉트론의 편향값을 구한다.

$$_1\mathbf{w}^T\mathbf{p} + b = 0$$
$$b = -_1\mathbf{w}^T\mathbf{p}$$

다음 세 편향이 구해졌다.

$$\text{(a) } b = -\begin{bmatrix} -2 & 1 \end{bmatrix}\begin{bmatrix} 0 \\ 0 \end{bmatrix} = 0, \text{ (b) } b = -\begin{bmatrix} 0 & -2 \end{bmatrix}\begin{bmatrix} 0 \\ -1 \end{bmatrix} = -2, \text{ (c) } b = -\begin{bmatrix} 2 & -2 \end{bmatrix}\begin{bmatrix} -2 \\ 1 \end{bmatrix} = 6$$

이제 원래 점들의 해를 확인해볼 수 있다. 입력 벡터 $\mathbf{p} = \begin{bmatrix} -2 & 2 \end{bmatrix}^T$에 대해 첫 번째 네트워크를 테스트해보자.

$$a = hardlim(_1\mathbf{w}^T\mathbf{p} + b)$$

$$= hardlim\left(\begin{bmatrix} -2 & 1 \end{bmatrix}\begin{bmatrix} -2 \\ 2 \end{bmatrix} + 0\right)$$

$$= hardlim(6)$$

$$= 1$$

MATLAB을 사용해 테스트 과정을 자동화하고 새로운 점들을 분류해볼 수 있다. 다음은 원래 문제에 없었던 점을 첫 번째 네트워크로 분류해본 결과다.

```
w = [-2 1]; b = 0;
a = hardlim(w*[1;1]+b)
a = 0
```

P4.2 아래 정의된 분류 문제를 가중치와 편향을 포함하는 부등식으로 이뤄진 동일한 문제로 정의를 변환하라.

$$\left\{ \mathbf{p}_1 = \begin{bmatrix} 0 \\ 2 \end{bmatrix}, t_1 = 1 \right\} \left\{ \mathbf{p}_2 = \begin{bmatrix} 1 \\ 0 \end{bmatrix}, t_2 = 1 \right\} \left\{ \mathbf{p}_3 = \begin{bmatrix} 0 \\ -2 \end{bmatrix}, t_3 = 0 \right\} \left\{ \mathbf{p}_4 = \begin{bmatrix} 2 \\ 0 \end{bmatrix}, t_4 = 0 \right\}$$

각 목표 t_i는 $\mathbf{p}_i$에 대한 반응으로 네트 입력이 0보다 작아야 하는지, 크거나 같아야 하는지를 나타낸다. 예를 들어, t_1이 1이므로 $\mathbf{p}_1$에 해당하는 네트 입력은 0보다 크거나 같아야 한다는 것을 알고 있다. 따라서 다음의 부등식을 얻을 수 있다.

$$\mathbf{W}\mathbf{p}_1 + b \ge 0$$
$$0w_{1,1} + 2w_{1,2} + b \ge 0$$
$$2w_{1,2} + b \ge 0$$

$\{\mathbf{p}_2, t_2\}$, $\{\mathbf{p}_3, t_3\}$, $\{\mathbf{p}_4, t_4\}$의 입력/목표 쌍에 같은 방법을 적용하면 다음 부등식 집합이 만들어진다.

$$2w_{1,2} + b \ge 0 \quad (i)$$
$$w_{1,1} + b \ge 0 \quad (ii)$$
$$-2w_{1,2} + b < 0 \ (iii)$$
$$2w_{1,1} + b < 0 \quad (iv)$$

122

여러 부등식을 푸는 것은 여러 등식을 푸는 것보다 어렵다. 보통 무한개의 해가 존재하기 때문에 어렵다고도 볼 수 있다(선형적으로 분리 가능한 분류 문제를 풀 수 있는 선형 결정 경계가 보통 무한개가 있는 것과 같다).

이 경우 문제가 단순하기 때문에 부등식으로 정의된 해 공간을 그래프로 그려서 풀 수 있다. $w_{1,1}$은 부등식 (*ii*)와 (*iv*)에서만 나타나고 $w_{1,2}$는 부등식 (*i*)과 (*iii*)에서만 나타났다. 따라서 부등식 쌍을 2개의 그래프로 그릴 수 있다.

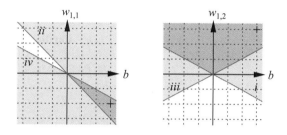

어떤 가중치와 편향이든 두 짙은 회색 영역에 속하기만 하면 분류 문제를 풀 수 있다. 다음은 그런 해 중 하나다.

$$\mathbf{W} = \begin{bmatrix} -2 & 3 \end{bmatrix} \qquad b = 3$$

P4.3 입력 벡터 클래스가 **4개**인 분류 문제가 있다. **4개의 클래스는 다음과 같다.**

$$\text{클래스 1: } \left\{ \mathbf{p}_1 = \begin{bmatrix} 1 \\ 1 \end{bmatrix}, \mathbf{p}_2 = \begin{bmatrix} 1 \\ 2 \end{bmatrix} \right\}, \quad \text{클래스 2: } \left\{ \mathbf{p}_3 = \begin{bmatrix} 2 \\ -1 \end{bmatrix}, \mathbf{p}_4 = \begin{bmatrix} 2 \\ 0 \end{bmatrix} \right\},$$

$$\text{클래스 3: } \left\{ \mathbf{p}_5 = \begin{bmatrix} -1 \\ 2 \end{bmatrix}, \mathbf{p}_6 = \begin{bmatrix} -2 \\ 1 \end{bmatrix} \right\}, \quad \text{클래스 4: } \left\{ \mathbf{p}_7 = \begin{bmatrix} -1 \\ -1 \end{bmatrix}, \mathbf{p}_8 = \begin{bmatrix} -2 \\ -2 \end{bmatrix} \right\}$$

이 문제를 풀 수 있는 퍼셉트론 네트워크를 설계하라.

입력 벡터 클래스가 4개인 문제를 풀려면 최소 2개의 뉴런을 갖는 퍼셉트론이 필요하다. 왜냐하면 S뉴런 퍼셉트론은 2^S개의 클래스를 범주화할 수 있기 때문이다. 그림

P4.2에 2뉴런 퍼셉트론이 있다.

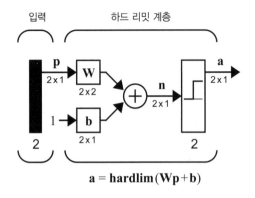

$$a = hardlim(Wp+b)$$

그림 P4.2 2뉴런 퍼셉트론

그림 P4.3과 같이 입력 벡터를 표시해보자. 흰색 원 ○은 클래스 1 벡터를 나타내고, 흰색 정사각형 □은 클래스 2 벡터를 나타내며, 검은색 원 ●은 클래스 3 벡터를 나타내고, 검은색 정사각형 ■은 클래스 4 벡터를 나타낸다. 2뉴런 퍼셉트론은 2개의 결정 경계를 생성한다. 따라서 입력 공간을 네 범주로 나누려면 하나의 결정 경계로 두 클래스씩 묶어서 분리해야 한다. 그런 다음 다른 경계로 클래스별로 고립시켜야 한다. 2개의 경계를 이용해 클래스별로 분리한 모습이 그림 P4.4에 있다. 이제 패턴이 선형적으로 분리 가능하다는 사실을 알게 되었다.

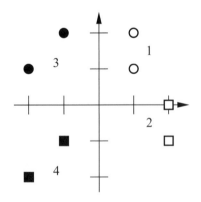

그림 P4.3 문제 P4.3의 입력 벡터

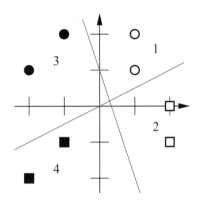

그림 P4.4 문제 P4.3의 잠정적 결정 경계

가중치 벡터는 결정 경계와 직교하고, 방향은 뉴런 출력이 1인 영역을 가리켜야 한다. 다음은 경계의 어떤 쪽이 1을 생성할지 정한다. 그림 P4.5에 한 가지 선택이 있으며, 어두운 영역은 출력 1을 나타낸다. 가장 어두운 영역은 두 뉴런의 출력이 모두 1이다. 이 해는 다음 입력 벡터의 목푯값에 대응된다.

$$\text{클래스 } 1: \left\{ \mathbf{t}_1 = \begin{bmatrix} 0 \\ 0 \end{bmatrix}, \mathbf{t}_2 = \begin{bmatrix} 0 \\ 0 \end{bmatrix} \right\}, \quad \text{클래스 } 2: \left\{ \mathbf{t}_3 = \begin{bmatrix} 0 \\ 1 \end{bmatrix}, \mathbf{t}_4 = \begin{bmatrix} 0 \\ 1 \end{bmatrix} \right\},$$

$$\text{클래스 } 3: \left\{ \mathbf{t}_5 = \begin{bmatrix} 1 \\ 0 \end{bmatrix}, \mathbf{t}_6 = \begin{bmatrix} 1 \\ 0 \end{bmatrix} \right\}, \quad \text{클래스 } 4: \left\{ \mathbf{t}_7 = \begin{bmatrix} 1 \\ 1 \end{bmatrix}, \mathbf{t}_8 = \begin{bmatrix} 1 \\ 1 \end{bmatrix} \right\}$$

이제 가중치 벡터를 선택할 수 있다.

$$_1\mathbf{w} = \begin{bmatrix} -3 \\ -1 \end{bmatrix}, \quad _2\mathbf{w} = \begin{bmatrix} 1 \\ -2 \end{bmatrix}$$

가중치 벡터의 크기는 중요하지 않으며, 오직 방향만이 중요하다는 사실을 알아두자. 가중치 벡터는 결정 경계와 직교해야만 한다. 이제 경계에서 한 점을 선택해서 식 (4.15)를 만족시킴으로써 편향을 계산할 수 있다.

$$b_1 = -_1\mathbf{w}^T\mathbf{p} = -\begin{bmatrix} -3 & -1 \end{bmatrix}\begin{bmatrix} 0 \\ 1 \end{bmatrix} = 1$$

$$b_2 = -_2\mathbf{w}^T\mathbf{p} = -\begin{bmatrix} 1 & -2 \end{bmatrix}\begin{bmatrix} 0 \\ 0 \end{bmatrix} = 0$$

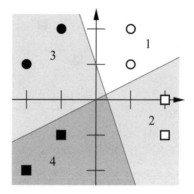

그림 P4.5 문제 P4.3의 결정 영역

행렬 형식으로 가중치와 편향은 다음과 같다.

$$\mathbf{W} = \begin{bmatrix} _1\mathbf{w}^T \\ _2\mathbf{w}^T \end{bmatrix} = \begin{bmatrix} -3 & -1 \\ 1 & -2 \end{bmatrix}, \quad \mathbf{b} = \begin{bmatrix} 1 \\ 0 \end{bmatrix}$$

설계가 완료됐다.

P4.4 다음 분류 문제를 퍼셉트론 규칙을 이용해 풀어라. 입력 벡터를 순서대로 적용하고 문제가 풀릴 때까지 반복하라. 해를 찾은 후에 문제를 그래프로 그려라.

$$\left\{ \mathbf{p}_1 = \begin{bmatrix} 2 \\ 2 \end{bmatrix}, t_1 = 0 \right\} \left\{ \mathbf{p}_2 = \begin{bmatrix} 1 \\ -2 \end{bmatrix}, t_2 = 1 \right\} \left\{ \mathbf{p}_3 = \begin{bmatrix} -2 \\ 2 \end{bmatrix}, t_3 = 0 \right\} \left\{ \mathbf{p}_4 = \begin{bmatrix} -1 \\ 1 \end{bmatrix}, t_4 = 1 \right\}$$

다음 초기 가중치와 편향을 이용하라.

$$\mathbf{W}(0) = \begin{bmatrix} 0 & 0 \end{bmatrix} \qquad b(0) = 0$$

초기 가중치와 편향을 이용해 첫 번째 입력 벡터 $\mathbf{p}_1$의 퍼셉트론 출력 a를 계산한다.

$$a = hardlim(\mathbf{W}(0)\mathbf{p}_1 + b(0))$$

$$= hardlim\left(\begin{bmatrix} 0 & 0 \end{bmatrix}\begin{bmatrix} 2 \\ 2 \end{bmatrix} + 0\right) = hardlim(0) = 1$$

출력 a는 목푯값 t_1과 같지 않으므로 퍼셉트론 규칙을 이용해 오차로 새로운 가중치와 편향을 찾는다.

$$e = t_1 - a = 0 - 1 = -1$$
$$\mathbf{W}(1) = \mathbf{W}(0) + e\mathbf{p}_1^T = \begin{bmatrix} 0 & 0 \end{bmatrix} + (-1)\begin{bmatrix} 2 & 2 \end{bmatrix} = \begin{bmatrix} -2 & -2 \end{bmatrix}$$
$$b(1) = b(0) + e = 0 + (-1) = -1$$

이제 변경된 가중치와 편향을 이용해 두 번째 입력 벡터 $\mathbf{p}_2$를 적용한다.

$$a = hardlim(\mathbf{W}(1)\mathbf{p}_2 + b(1))$$

$$= hardlim\left(\begin{bmatrix} -2 & -2 \end{bmatrix}\begin{bmatrix} 1 \\ -2 \end{bmatrix} - 1\right) = hardlim(1) = 1$$

이번에는 출력 a가 목표 t_2와 같다. 퍼셉트론 규칙을 적용해도 가중치와 편향은 변경되지 않는다.

$$\mathbf{W}(2) = \mathbf{W}(1)$$
$$b(2) = b(1)$$

이제 세 번째 입력 벡터를 적용한다.

$$a = hardlim(\mathbf{W}(2)\mathbf{p}_3 + b(2))$$

$$= hardlim\left(\begin{bmatrix} -2 & -2 \end{bmatrix}\begin{bmatrix} -2 \\ 2 \end{bmatrix} - 1\right) = hardlim(-1) = 0$$

입력 벡터 $\mathbf{p}_3$에 반응한 출력은 목표 t_3와 같으며 가중치와 편향은 변경되지 않는다.

$$\mathbf{W}(3) = \mathbf{W}(2)$$
$$b(3) = b(2)$$

이제 최종 입력 벡터 $\mathbf{p}_4$로 이동하자.

$$a = hardlim(\mathbf{W}(3)\mathbf{p}_4 + b(3))$$

$$= hardlim\left(\begin{bmatrix} -2 & -2 \end{bmatrix}\begin{bmatrix} -1 \\ 1 \end{bmatrix} - 1\right) = hardlim(-1) = 0$$

이번에는 출력 a가 목표 t_4와 같지 않다. 퍼셉트론 규칙으로 새로운 $\mathbf{W}$와 b 값을 만든다.

$$e = t_4 - a = 1 - 0 = 1$$
$$\mathbf{W}(4) = \mathbf{W}(3) + e\mathbf{p}_4^T = \begin{bmatrix} -2 & -2 \end{bmatrix} + (1)\begin{bmatrix} -1 & 1 \end{bmatrix} = \begin{bmatrix} -3 & -1 \end{bmatrix}$$
$$b(4) = b(3) + e = -1 + 1 = 0$$

이제 첫 번째 벡터 $\mathbf{p}_1$을 다시 확인한다. 이번에는 출력 a가 연관된 목표 t_1과 같다.

$$a = hardlim(\mathbf{W}(4)\mathbf{p}_1 + b(4))$$

$$= hardlim\left(\begin{bmatrix} -3 & -1 \end{bmatrix}\begin{bmatrix} 2 \\ 2 \end{bmatrix} + 0\right) = hardlim(-8) = 0$$

따라서 변경은 없다.

$$\mathbf{W}(5) = \mathbf{W}(4)$$
$$b(5) = b(4)$$

$\mathbf{p}_2$를 두 번째 제시하면 오차가 생기고 그에 따라 새로운 가중치와 편향값이 만들어진다.

$$a = hardlim(\mathbf{W}(5)\mathbf{p}_2 + b(5))$$

$$= hardlim\left(\begin{bmatrix} -3 & -1 \end{bmatrix}\begin{bmatrix} 1 \\ -2 \end{bmatrix} + 0\right) = hardlim(-1) = 0$$

다음은 새로운 값이다.

$$e = t_2 - a = 1 - 0 = 1$$
$$\mathbf{W}(6) = \mathbf{W}(5) + e\mathbf{p}_2^T = \begin{bmatrix} -3 & -1 \end{bmatrix} + (1)\begin{bmatrix} 1 & -2 \end{bmatrix} = \begin{bmatrix} -2 & -3 \end{bmatrix}$$
$$b(6) = b(5) + e = 0 + 1 = 1$$

입력 벡터를 한 번 더 반복하면 더 이상 오차가 만들어지지 않는다.

$$a = hardlim(\mathbf{W}(6)\mathbf{p}_3 + b(6)) = hardlim\left(\begin{bmatrix} -2 & -3 \end{bmatrix}\begin{bmatrix} -2 \\ 2 \end{bmatrix} + 1\right) = 0 = t_3$$

$$a = hardlim(\mathbf{W}(6)\mathbf{p}_4 + b(6)) = hardlim\left(\begin{bmatrix} -2 & -3 \end{bmatrix}\begin{bmatrix} -1 \\ 1 \end{bmatrix} + 1\right) = 1 = t_4$$

$$a = hardlim(\mathbf{W}(6)\mathbf{p}_1 + b(6)) = hardlim\left(\begin{bmatrix} -2 & -3 \end{bmatrix}\begin{bmatrix} 2 \\ 2 \end{bmatrix} + 1\right) = 0 = t_1$$

$$a = hardlim(\mathbf{W}(6)\mathbf{p}_2 + b(6)) = hardlim\left(\begin{bmatrix} -2 & -3 \end{bmatrix}\begin{bmatrix} 1 \\ -2 \end{bmatrix} + 1\right) = 1 = t_2$$

알고리즘은 수렴됐고 최종 해는 다음과 같다.

$$\mathbf{W} = \begin{bmatrix} -2 & -3 \end{bmatrix} \qquad b = 1$$

이제 훈련 데이터와 해의 결정 경계를 그릴 수 있다. 결정 경계는 다음과 같다.

$$n = \mathbf{W}\mathbf{p} + b = w_{1,1}p_1 + w_{1,2}p_2 + b = -2p_1 - 3p_2 + 1 = 0$$

결정 경계의 p_2 절편을 찾기 위해 경계를 정하고 $p_1 = 0$으로 설정하라.

$$p_1 = 0일 때, \qquad p_2 = -\frac{b}{w_{1,2}} = -\frac{1}{-3} = \frac{1}{3}$$

p_1 절편을 찾기 위해 $p_2 = 0$을 설정하라.

$$p_2 = 0일 때, \qquad p_1 = -\frac{b}{w_{1,1}} = -\frac{1}{-2} = \frac{1}{2}$$

생성된 결정 경계는 그림 P4.6에 그려져 있다.

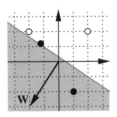

그림 P4.6 문제 P4.4의 결정 경계

결정 경계가 한 훈련 벡터를 지나가고 있다. 하드 리밋 함수는 0을 입력하면 1을 반환하며, 문제의 벡터도 목표가 1이기 때문에 문제 정의에서 허용 가능하다.

P4.5 **문제 P4.3에서 소개했던 4 클래스 분류 문제를 다시 고려해보자. 이 문제를 풀도록 퍼셉트론 학습 규칙으로 퍼셉트론 네트워크를 훈련시켜라.**

문제 P4.3에서 소개했던 동일 목표 벡터를 사용한다면 훈련 집합은 다음과 같이 될 것이다.

$$\left\{ \mathbf{p}_1 = \begin{bmatrix} 1 \\ 1 \end{bmatrix}, \mathbf{t}_1 = \begin{bmatrix} 0 \\ 0 \end{bmatrix} \right\} \left\{ \mathbf{p}_2 = \begin{bmatrix} 1 \\ 2 \end{bmatrix}, \mathbf{t}_2 = \begin{bmatrix} 0 \\ 0 \end{bmatrix} \right\} \left\{ \mathbf{p}_3 = \begin{bmatrix} 2 \\ -1 \end{bmatrix}, \mathbf{t}_3 = \begin{bmatrix} 0 \\ 1 \end{bmatrix} \right\}$$

$$\left\{ \mathbf{p}_4 = \begin{bmatrix} 2 \\ 0 \end{bmatrix}, \mathbf{t}_4 = \begin{bmatrix} 0 \\ 1 \end{bmatrix} \right\} \left\{ \mathbf{p}_5 = \begin{bmatrix} -1 \\ 2 \end{bmatrix}, \mathbf{t}_5 = \begin{bmatrix} 1 \\ 0 \end{bmatrix} \right\} \left\{ \mathbf{p}_6 = \begin{bmatrix} -2 \\ 1 \end{bmatrix}, \mathbf{t}_6 = \begin{bmatrix} 1 \\ 0 \end{bmatrix} \right\}$$

$$\left\{ \mathbf{p}_7 = \begin{bmatrix} -1 \\ -1 \end{bmatrix}, \mathbf{t}_7 = \begin{bmatrix} 1 \\ 1 \end{bmatrix} \right\} \left\{ \mathbf{p}_8 = \begin{bmatrix} -2 \\ -2 \end{bmatrix}, \mathbf{t}_8 = \begin{bmatrix} 1 \\ 1 \end{bmatrix} \right\}$$

다음의 초기 가중치와 편향으로 알고리즘을 시작해보자.

$$\mathbf{W}(0) = \begin{bmatrix} 1 & 0 \\ 0 & 1 \end{bmatrix}, \mathbf{b}(0) = \begin{bmatrix} 1 \\ 1 \end{bmatrix}$$

첫 번째 반복은 다음과 같다.

$$\mathbf{a} = hardlim\,(\mathbf{W}(0)\mathbf{p}_1 + \mathbf{b}(0)) = hardlim\,(\begin{bmatrix} 1 & 0 \\ 0 & 1 \end{bmatrix}\begin{bmatrix} 1 \\ 1 \end{bmatrix} + \begin{bmatrix} 1 \\ 1 \end{bmatrix}) = \begin{bmatrix} 1 \\ 1 \end{bmatrix},$$

$$\mathbf{e} = \mathbf{t}_1 - \mathbf{a} = \begin{bmatrix} 0 \\ 0 \end{bmatrix} - \begin{bmatrix} 1 \\ 1 \end{bmatrix} = \begin{bmatrix} -1 \\ -1 \end{bmatrix},$$

$$\mathbf{W}(1) = \mathbf{W}(0) + \mathbf{e}\mathbf{p}_1^T = \begin{bmatrix} 1 & 0 \\ 0 & 1 \end{bmatrix} + \begin{bmatrix} -1 \\ -1 \end{bmatrix}\begin{bmatrix} 1 & 1 \end{bmatrix} = \begin{bmatrix} 0 & -1 \\ -1 & 0 \end{bmatrix},$$

$$\mathbf{b}(1) = \mathbf{b}(0) + \mathbf{e} = \begin{bmatrix} 1 \\ 1 \end{bmatrix} + \begin{bmatrix} -1 \\ -1 \end{bmatrix} = \begin{bmatrix} 0 \\ 0 \end{bmatrix}$$

두 번째 반복은 다음과 같다.

$$\mathbf{a} = hardlim\,(\mathbf{W}(1)\mathbf{p}_2 + \mathbf{b}(1)) = hardlim\,(\begin{bmatrix} 0 & -1 \\ -1 & 0 \end{bmatrix}\begin{bmatrix} 1 \\ 2 \end{bmatrix} + \begin{bmatrix} 0 \\ 0 \end{bmatrix}) = \begin{bmatrix} 0 \\ 0 \end{bmatrix},$$

$$\mathbf{e} = \mathbf{t}_2 - \mathbf{a} = \begin{bmatrix} 0 \\ 0 \end{bmatrix} - \begin{bmatrix} 0 \\ 0 \end{bmatrix} = \begin{bmatrix} 0 \\ 0 \end{bmatrix},$$

$$\mathbf{W}(2) = \mathbf{W}(1) + \mathbf{e}\mathbf{p}_2^T = \begin{bmatrix} 0 & -1 \\ -1 & 0 \end{bmatrix} + \begin{bmatrix} 0 \\ 0 \end{bmatrix}\begin{bmatrix} 1 & 2 \end{bmatrix} = \begin{bmatrix} 0 & -1 \\ -1 & 0 \end{bmatrix},$$

$$\mathbf{b}(2) = \mathbf{b}(1) + \mathbf{e} = \begin{bmatrix} 0 \\ 0 \end{bmatrix} + \begin{bmatrix} 0 \\ 0 \end{bmatrix} = \begin{bmatrix} 0 \\ 0 \end{bmatrix}$$

세 번째 반복은 다음과 같다.

$$\mathbf{a} = hardlim\,(\mathbf{W}(2)\mathbf{p}_3 + \mathbf{b}(2)) = hardlim\,(\begin{bmatrix} 0 & -1 \\ -1 & 0 \end{bmatrix}\begin{bmatrix} 2 \\ -1 \end{bmatrix} + \begin{bmatrix} 0 \\ 0 \end{bmatrix}) = \begin{bmatrix} 1 \\ 0 \end{bmatrix},$$

$$\mathbf{e} = \mathbf{t}_3 - \mathbf{a} = \begin{bmatrix} 0 \\ 1 \end{bmatrix} - \begin{bmatrix} 1 \\ 0 \end{bmatrix} = \begin{bmatrix} -1 \\ 1 \end{bmatrix},$$

$$\mathbf{W}(3) = \mathbf{W}(2) + \mathbf{e}\mathbf{p}_3^T = \begin{bmatrix} 0 & -1 \\ -1 & 0 \end{bmatrix} + \begin{bmatrix} -1 \\ 1 \end{bmatrix}\begin{bmatrix} 2 & -1 \end{bmatrix} = \begin{bmatrix} -2 & 0 \\ 1 & -1 \end{bmatrix},$$

$$\mathbf{b}(3) = \mathbf{b}(2) + \mathbf{e} = \begin{bmatrix} 0 \\ 0 \end{bmatrix} + \begin{bmatrix} -1 \\ 1 \end{bmatrix} = \begin{bmatrix} -1 \\ 1 \end{bmatrix}$$

네 번째에서 여덟 번째 반복까지는 가중치 변경이 없다.

$$\mathbf{W}(8) = \mathbf{W}(7) = \mathbf{W}(6) = \mathbf{W}(5) = \mathbf{W}(4) = \mathbf{W}(3)$$

$$\mathbf{b}(8) = \mathbf{b}(7) = \mathbf{b}(6) = \mathbf{b}(5) = \mathbf{b}(4) = \mathbf{b}(3)$$

아홉 번째 반복에서는 다음 결과를 생성한다.

$$\mathbf{a} \;=\; hardlim\,(\mathbf{W}(8)\mathbf{p}_1 + \mathbf{b}(8)) \;=\; hardlim\,(\begin{bmatrix} -2 & 0 \\ 1 & -1 \end{bmatrix}\begin{bmatrix} 1 \\ 1 \end{bmatrix} + \begin{bmatrix} -1 \\ 1 \end{bmatrix}) \;=\; \begin{bmatrix} 0 \\ 1 \end{bmatrix},$$

$$\mathbf{e} \;=\; \mathbf{t}_1 - \mathbf{a} \;=\; \begin{bmatrix} 0 \\ 0 \end{bmatrix} - \begin{bmatrix} 0 \\ 1 \end{bmatrix} \;=\; \begin{bmatrix} 0 \\ -1 \end{bmatrix},$$

$$\mathbf{W}(9) \;=\; \mathbf{W}(8) + \mathbf{e}\mathbf{p}_1^T \;=\; \begin{bmatrix} -2 & 0 \\ 1 & -1 \end{bmatrix} + \begin{bmatrix} 0 \\ -1 \end{bmatrix}\begin{bmatrix} 1 & 1 \end{bmatrix} \;=\; \begin{bmatrix} -2 & 0 \\ 0 & -2 \end{bmatrix},$$

$$\mathbf{b}(9) \;=\; \mathbf{b}(8) + \mathbf{e} \;=\; \begin{bmatrix} -1 \\ 1 \end{bmatrix} + \begin{bmatrix} 0 \\ -1 \end{bmatrix} \;=\; \begin{bmatrix} -1 \\ 0 \end{bmatrix}$$

이 시점에서 모든 입력 패턴이 정확하게 분류됐기 때문에 알고리즘은 수렴됐다. 최종 결정 경계는 그림 P4.7에 그려져 있다. 이 결과를 문제 P4.3에서 설계했던 네트워크와 비교하라.

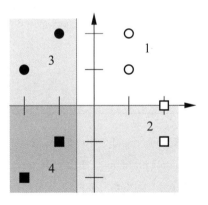

그림 P4.7 문제 P4.5의 최종 결정 경계

맺음말

이 장에서는 첫 번째 학습 규칙인 퍼셉트론 학습 규칙을 소개했다. 퍼셉트론 학습 규칙은 적절한 네트워크 행동의 예시 집합을 학습 규칙에 제공하는 지도 학습^{supervised learning} 종류다. 입력을 네트워크에 적용하면서 네트워크 출력이 목표에 좀 더 가까워지도록 학습 규칙을 이용해 네트워크 파라미터를 조정한다. 퍼셉트론 학습 규칙은 아주 단순하지만 매우 강력하다. 해가 존재한다면 항상 정확한 해로 수렴한다.

퍼셉트론 네트워크의 약점은 학습 규칙이 아닌 네트워크 구조에 있다. 표준 퍼셉트론은 선형적으로 분리 가능한 벡터만 분류할 수 있다. 11장에서는 임의의 분류 문제를 풀 수 있는 다층 퍼셉트론으로 퍼셉트론 구조를 일반화할 수 있음을 볼 것이다. 그리고 퍼셉트론 네트워크를 훈련시키기 위한 역전파 학습 규칙을 소개할 것이다.

3장과 4장에서 내적, 투영, 크기(놈^{norm}) 같은 선형 대수 분야의 개념들을 이용했다. 앞으로 소개될 신경망을 이해하려면 선형 대수의 탄탄한 기초가 필수적이다. 5장과 6장에서는 신경망 연구에서 가장 중요한 선형 대수의 주요 개념을 복습할 것이다. 선형 대수를 복습하는 이유는 신경망 작동 방식을 근본적으로 이해하기 위해서다.

참고 문헌

[BaSu83]   A. Barto, R. Sutton and C. Anderson, "Neuron-like adaptive elements can solve difficult learning control problems," *IEEE Transactions on Systems, Man and Cybernetics*, Vol. 13, No. 5, pp. 834–846, 1983.

뒤집힌 추의 균형을 맞추도록 신경망을 훈련시키기 위해 강화 학습 알고리즘이 사용된 고전적인 논문이다.

[Brog91]   W. L. Brogan, *Modern Control Theory*, 3rd Ed., Englewood Cliffs, NJ: Prentice-Hall, 1991.

이 책에서는 선형 시스템의 주제들을 잘 다루고 있다. 이 책의 전반부는 선형 대수에 할애되어 있다. 또한 선형 미분 방정식의 해법과 선형 및 비선형 시스템의 안정성에 대한 내용과 다수의 문제 풀이도 포함되어 있다.

[McPi43]   W. McCulloch and W. Pitts, "A logical calculus of the ideas immanent in nervous activity," *Bulletin of Mathematical Biophysics*, Vol. 5, pp. 115−133, 1943.

이 글은 뉴런의 첫 번째 수학 모델을 소개하고 있다. 입력 신호의 가중 합산과 임계치를 비교해서 뉴런의 발화 여부를 결정한다.

[MiPa69]   M. Minsky and S. Papert, *Perceptrons*, Cambridge, MA: MIT Press, 1969.

퍼셉트론 네트워크가 학습할 수 있는 것을 판단하는 데 주력했던 최초의 엄격한 연구가 포함된 역사적인 책이다. 퍼셉트론의 한계를 설명하고 그 한계를 극복하기 위한 방향을 제시하기 위해 퍼셉트론을 공식적으로 논의할 필요가 있었다. 안타깝게도 이 책에서는 퍼셉트론의 한계가 신경망 분야의 막다른 길을 가리키고 있음을 비관적으로 예측했다. 이런 예측은 사실이 아니었지만 이 책은 한동안 연구와 연구 투자를 동결시켰다.

[Rose58]   F. Rosenblatt, "The perceptron: A probabilistic model for information storage and organization in the brain," *Psycho-logical Review*, Vol. 65, pp. 386−408, 1958.

이 논문은 최초의 실용적인 인공 신경망인 퍼셉트론을 제시했다.

[Rose61]   F. Rosenblatt, *Principles of Neurodynamics*, Washington DC: Spartan Press, 1961.

뉴로 컴퓨팅에 관한 최초의 책 중 하나다.

[WhSo92]   D. White and D. Sofge (Eds.), *Handbook of Intelligent Control*, New York: Van Nostrand Reinhold, 1992.

시스템을 제어하기 위한 신경망과 퍼지 로직의 현재 연구와 응용을 설명하는 글들의 모음이다.

연습문제

E4.1 다음과 같이 정의된 분류 문제를 고려하라.

$$\left\{\mathbf{p}_1 = \begin{bmatrix} -1 \\ 1 \end{bmatrix}, t_1 = 1\right\} \left\{\mathbf{p}_2 = \begin{bmatrix} 0 \\ 0 \end{bmatrix}, t_2 = 1\right\} \left\{\mathbf{p}_3 = \begin{bmatrix} 1 \\ -1 \end{bmatrix}, t_3 = 1\right\} \left\{\mathbf{p}_4 = \begin{bmatrix} 1 \\ 0 \end{bmatrix}, t_4 = 0\right\}$$

$$\left\{\mathbf{p}_5 = \begin{bmatrix} 0 \\ 1 \end{bmatrix}, t_5 = 0\right\}$$

(1) 이 문제를 풀기 위한 단일 뉴런 퍼셉트론 다이어그램을 그려라. 몇 개의 입력이 필요한가?

(2) 그래프에 목표에 따라 레이블된 데이터 점들을 그려라. (1)에서 정의한 네트워크로 이 문제를 풀 수 있는가? 그 이유는 무엇인가?

E4.2 다음과 같이 정의된 분류 문제를 고려하라.

$$\left\{\mathbf{p}_1 = \begin{bmatrix} -1 \\ 1 \end{bmatrix}, t_1 = 1\right\} \left\{\mathbf{p}_2 = \begin{bmatrix} -1 \\ -1 \end{bmatrix}, t_2 = 1\right\} \left\{\mathbf{p}_3 = \begin{bmatrix} 0 \\ 0 \end{bmatrix}, t_3 = 0\right\} \left\{\mathbf{p}_4 = \begin{bmatrix} 1 \\ 0 \end{bmatrix}, t_4 = 0\right\}$$

(1) 이 문제를 풀기 위한 단일 뉴런 퍼셉트론을 설계하라. 그래프에서 결정 경계에 직교하는 가중치 벡터를 선택해 네트워크를 설계하라.

(2) 4개의 입력 벡터를 모두 사용해 해를 테스트하라.

(3) 자신의 해를 이용해 다음 입력 벡터를 분류하라. 손으로 계산하거나 MATLAB으로 계산하라.

$$\mathbf{p}_5 = \begin{bmatrix} -2 \\ 0 \end{bmatrix} \qquad \mathbf{p}_6 = \begin{bmatrix} 1 \\ 1 \end{bmatrix} \qquad \mathbf{p}_7 = \begin{bmatrix} 0 \\ 1 \end{bmatrix} \qquad \mathbf{p}_8 = \begin{bmatrix} -1 \\ -2 \end{bmatrix}$$

(4) (3)의 어떤 벡터가 $\mathbf{W}$와 b의 해에 상관없이 항상 같은 방식으로 분류되는가? 어떤 벡터가 해에 따라 변하는가? 그 이유는 무엇인가?

E4.3 (문제 P4.2에서와 같이) 부등식을 풀어서 연습문제 E4.2의 분류 문제를 풀고 새로운 해를 이용해 (2)와 (3)을 반복하라(이 해는 문제 P4.2보다 좀 더 복잡한데, 가중치와 편향을 쌍으로 구분할 수 없기 때문이다).

E4.4 퍼셉트론 규칙을 다음 초기 파라미터에 적용해 연습문제 E4.2의 분류 문제를 풀고, 새로운 해를 이용해 (2)와 (3)을 반복하라.

$$\mathbf{W}(0) = \begin{bmatrix} 0 & 0 \end{bmatrix} \qquad b(0) = 0$$

E4.5 2입력/단일 뉴런 퍼셉트론으로 다음 문제를 풀 수 없다는 사실을 (그래프가 아닌) 수학적으로 증명하라.

$$\left\{ \mathbf{p}_1 = \begin{bmatrix} -1 \\ 1 \end{bmatrix}, t_1 = 1 \right\} \left\{ \mathbf{p}_2 = \begin{bmatrix} -1 \\ -1 \end{bmatrix}, t_2 = 0 \right\} \left\{ \mathbf{p}_3 = \begin{bmatrix} 1 \\ -1 \end{bmatrix}, t_3 = 1 \right\} \left\{ \mathbf{p}_4 = \begin{bmatrix} 1 \\ 1 \end{bmatrix}, t_4 = 0 \right\}$$

(힌트: 가중치와 편향값을 포함하는 부등식으로 입력/출력 요구사항을 작성하면서 시작하라.)

E4.6 네 가지 범주의 벡터들이 있다.

$$\text{범주 I:} \left\{ \begin{bmatrix} -1 \\ 1 \end{bmatrix}, \begin{bmatrix} -1 \\ 0 \end{bmatrix} \right\}, \quad \text{범주 II:} \left\{ \begin{bmatrix} 0 \\ 2 \end{bmatrix}, \begin{bmatrix} 1 \\ 2 \end{bmatrix} \right\}$$

$$\text{범주 III:} \left\{ \begin{bmatrix} 2 \\ 0 \end{bmatrix}, \begin{bmatrix} 2 \\ 1 \end{bmatrix} \right\}, \quad \text{범주 IV:} \left\{ \begin{bmatrix} 1 \\ -1 \end{bmatrix}, \begin{bmatrix} 0 \\ -1 \end{bmatrix} \right\}$$

(1) 네 가지 범주의 벡터들을 인식할 수 있는 (단층) 2뉴런 퍼셉트론 네트워크를 설계하라. 결정 경계를 그려라.

(2) 네트워크 다이어그램을 그려라.

(3) 다음 벡터가 범주 I에 추가된다고 가정하라.

$$\begin{bmatrix} -1 \\ -3 \end{bmatrix}$$

이 벡터에 퍼셉트론 학습 규칙을 한 번 반복하라((1)에서 정했던 가중치로 시작하라). 새로운 결정 경계를 그려라.

E4.7 두 가지 범주의 벡터가 있다. 범주 I은 다음과 같이 구성되어 있다.

$$\left\{ \begin{bmatrix} 0 \\ 0 \end{bmatrix}, \begin{bmatrix} -1 \\ 0 \end{bmatrix}, \begin{bmatrix} 0 \\ 1 \end{bmatrix} \right\}$$

범주 II는 다음과 같이 구성되어 있다.

$$\left\{ \begin{bmatrix} -1 \\ 1 \end{bmatrix}, \begin{bmatrix} 0 \\ 2 \end{bmatrix}, \begin{bmatrix} -2 \\ 0 \end{bmatrix} \right\}$$

(1) 두 가지 범주의 벡터를 인식하도록 단일 뉴런 퍼셉트론 네트워크를 설계하라.

(2) 네트워크 다이어그램을 그려라.

(3) 결정 경계를 그려라.

(4) 범주 I에 다음 벡터를 추가한다면 설계한 네트워크는 이 벡터를 정확하게 분류할 수 있는가? 네트워크의 반응을 계산해서 보여라.

$$\begin{bmatrix} -3 \\ 0 \end{bmatrix}$$

(5) 설계한 네트워크가 (다른 벡터를 정확히 분류하면서) 새로운 벡터를 정확히 분류할 수 있도록 가중치 행렬과 편향을 변경할 수 있는가? 설명하라.

E4.8 다음 훈련 집합으로 퍼셉트론 네트워크를 훈련시키려고 한다.

$$\left\{ \mathbf{p}_1 = \begin{bmatrix} -1 \\ -1 \end{bmatrix}, t_1 = 0 \right\} \left\{ \mathbf{p}_2 = \begin{bmatrix} 0 \\ 0 \end{bmatrix}, t_2 = 0 \right\} \left\{ \mathbf{p}_3 = \begin{bmatrix} -1 \\ 1 \end{bmatrix}, t_3 = 1 \right\}$$

초기 가중치 벡터와 편향은 다음과 같다.

$$\mathbf{W}(0) = \begin{bmatrix} 1 & 0 \end{bmatrix}, b(0) = 0.5$$

(1) 초기 결정 경계, 가중치 벡터, 입력 패턴을 그려라. 초기 가중치와 편향을 이용해 어떤 패턴이 정확히 분류됐는가?

(2) 퍼셉트론 규칙을 이용해 네트워크를 훈련시켜라. 보이는 순서대로 각 입력 벡터를 한 번씩 제시하라.

(3) 최종 결정 경계를 그리고 어떤 패턴이 정확히 분류됐는지 그래프로 보여라.

(4) (충분한 반복한다는 가정하에) 퍼셉트론 규칙은 이 훈련 집합에서 사용되는 초기 가중치에 상관없이 정확히 패턴을 분류하도록 항상 학습할 수 있는가? 설명하라.

E4.9 다음 훈련 집합을 이용해 퍼셉트론 네트워크를 훈련시키려고 한다.

$$\left\{ \mathbf{p}_1 = \begin{bmatrix} 1 \\ 0 \end{bmatrix}, t_1 = 0 \right\} \left\{ \mathbf{p}_2 = \begin{bmatrix} -1 \\ 2 \end{bmatrix}, t_2 = 0 \right\} \left\{ \mathbf{p}_3 = \begin{bmatrix} 1 \\ 2 \end{bmatrix}, t_3 = 1 \right\}$$

다음의 초기 조건에서 시작한다.

$$\mathbf{W}(0) = \begin{bmatrix} 0 & 1 \end{bmatrix}, b(0) = \begin{bmatrix} 1 \end{bmatrix}$$

(1) 초기 결정 경계를 그리고 가중치 벡터와 세 훈련 입력 벡터 $\mathbf{p}_1$, $\mathbf{p}_2$, $\mathbf{p}_3$를 표시하라. 입력 벡터별로 클래스를 표시하고, 초기 결정 경계로 어떤 것이 정확히 분류됐는지 보여라.

(2) 네트워크에 입력 $\mathbf{p}_1$을 제시하고 퍼셉트론 학습 규칙을 한 번 반복하라.

(3) 새로운 결정 경계와 가중치 벡터를 그리고, 세 입력 벡터 중 어떤 것이 정확히 분류됐는지 다시 표시하라.

(4) 네트워크에 입력 $\mathbf{p}_2$를 제시하고 퍼셉트론 입력 규칙을 한 번 더 반복하라.

(5) 새로운 결정 경계와 가중치 벡터를 그리고, 세 입력 벡터 중 어떤 것이 정확히 분류됐는지 다시 표시하라.

(6) 퍼셉트론 학습 규칙을 계속 사용하고 전체 패턴을 여러 번 제시했다면, 결국 네트워크가 모든 패턴을 정확히 분류하도록 학습됐는가? 자신의 답변을 설명하라(이 부분은 계산이 필요 없다).

E4.10 가끔씩 퍼셉트론 네트워크에서 하드 리밋 함수 대신 대칭 하드 리밋 함수가 사용된다. 이때 목푯값은 [0, 1] 대신 [−1, 1]에서 가져온다.

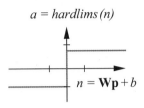

$$a = hardlims\,(n)$$

$$n = \mathbf{W}\mathbf{p} + b$$

(1) 순서 집합 [0, 1]의 숫자를 순서 집합 [−1, 1]로 매핑하는 간단한 식을 작성하라. 역매핑을 수행하는 식을 작성하라.

(2) 동일한 가중치와 편향값을 갖는 단일 뉴런 퍼셉트론 2개를 고려하라. 첫 번째 네트워크는 하드 리밋 함수([0, 1] 값)를 이용하고 두 번째 네트워크는 대칭 하드 리밋 함수를 사용한다. 만일 두 네트워크에 같은 입력 **p**를 제시해서 퍼셉트론 학습 규칙으로 가중치를 변경한다면 계속 같은 가중치를 갖는가?

(3) 두 뉴런의 가중치 변경이 다르다면 어떻게 다른가? 그 이유는 무엇인가?

(4) 표준 하드 리밋 퍼셉트론에 대한 초기 가중치와 편향값이 있다면, 두 뉴런이 동일 데이터에 대해 훈련될 때 항상 동일하게 반응하도록 대칭 하드 리밋 퍼셉트론의 초기화 방법을 정의하라.

E4.11 아래 정의된 순서 집합의 벡터들은 퍼지 워지 동물 공장Fuzzy Wuzzy Animal Factory에서 장난감 토끼와 곰의 무게와 귀의 길이를 측정해서 얻은 것이다. 목푯값은 각 입력 벡터가 토끼(0) 또는 곰(1)의 값인지 나타낸다. 입력 벡터의 첫 번째 요소는 장난감의 무게이고, 두 번째 요소는 귀의 길이다.

$$\left\{\mathbf{p}_1 = \begin{bmatrix} 1 \\ 4 \end{bmatrix}, t_1 = 0\right\} \left\{\mathbf{p}_2 = \begin{bmatrix} 1 \\ 5 \end{bmatrix}, t_2 = 0\right\} \left\{\mathbf{p}_3 = \begin{bmatrix} 2 \\ 4 \end{bmatrix}, t_3 = 0\right\} \left\{\mathbf{p}_4 = \begin{bmatrix} 2 \\ 5 \end{bmatrix}, t_4 = 0\right\}$$

$$\left\{\mathbf{p}_5 = \begin{bmatrix} 3 \\ 1 \end{bmatrix}, t_5 = 1\right\} \left\{\mathbf{p}_6 = \begin{bmatrix} 3 \\ 2 \end{bmatrix}, t_6 = 1\right\} \left\{\mathbf{p}_7 = \begin{bmatrix} 4 \\ 1 \end{bmatrix}, t_7 = 1\right\} \left\{\mathbf{p}_8 = \begin{bmatrix} 4 \\ 2 \end{bmatrix}, t_8 = 1\right\}$$

(1) 이 '실용적인' 문제를 푸는 네트워크를 초기화하고 훈련시키는 데 MATLAB을 사용하라.

(2) 입력 벡터에 대해 생성된 가중치와 편향값을 테스트하는 데 MATLAB을 사용하라.

(3) 모든 해의 결정 경계가 입력 벡터와 교차하지 않게 입력 벡터를 훈련 집합에 추가하라(즉, 오직 강건한 해만 찾도록 보장하라). 그런 다음 네트워크를 재교육하라. 입력 벡터를 추가하는 방법은 (이 문제를 위해 특별히 설계되지 않고) 범용적이어야 한다.

E4.12 문제 P4.3과 P4.5에서 설명된 4 범주 분류 문제를 다시 고려해보자. 입력 벡터 $\mathbf{p}_3$를 다음과 같이 변환한다고 가정하자.

$$\mathbf{p}_3 = \begin{bmatrix} 2 \\ 2 \end{bmatrix}$$

(1) 이 문제는 여전히 선형적으로 분리 가능한가? 그래프로 설명하라.

(2) 이 문제를 풀기 위해 네트워크 초기화와 훈련에 MATLAB을 사용하라. 결과를 설명하라.

(3) $\mathbf{p}_3$를 다음과 같이 바꾼다면 문제가 선형적으로 분리 가능한가?

$$\mathbf{p}_3 = \begin{bmatrix} 2 \\ 1.5 \end{bmatrix}$$

(4) (3)의 $\mathbf{p}_3$로 이 문제를 풀기 위해 네트워크 초기화와 훈련에 MATLAB을 사용하라. 결과를 설명하라.

E4.13 퍼셉트론 학습 규칙의 한 가지 변형은 다음과 같다.

$$\mathbf{W}^{new} = \mathbf{W}^{old} + \alpha \mathbf{e} \mathbf{p}^T$$

$$\mathbf{b}^{new} = \mathbf{b}^{old} + \alpha \mathbf{e}$$

여기서 α는 학습률이다. 이 알고리즘의 수렴을 증명하라. 이 증명에서 학습률의 한계가 필요한가? 설명하라.

5

신호 및 가중치 벡터 공간

목표

3장과 4장에서 신경망의 입력과 출력, 가중치 행렬의 행을 벡터로 생각하는 것이 매우 도움이 되었다. 이 장에서는 벡터 공간을 자세히 살펴보고 신경망을 분석할 때 가장 유용한 벡터 공간의 성질을 검토하려고 한다. 일반적인 정의로 시작해서 특정 신경망 문제에 이들 정의를 적용할 것이다. 5장과 6장에서 논의하는 개념은 이 책에서 전반적으로 사용된다. 이 개념들은 신경망이 왜 작동하는지를 이해하는 데 매우 중요하다.

이론과 예제

선형 대수는 신경망을 이해하는 데 필요한 핵심적인 수학이다. 3장과 4장에서 신경망의 입력과 출력을 벡터로 표현했을 때의 유용성을 확인했다. 또한 가중치 행렬의 행을 입력 벡터와 동일한 벡터 공간의 벡터로 생각하는 것이 유용하다는 것을 확인했다.

3장에서 해밍 네트워크의 피드포워드 계층에서 가중치 행렬의 행이 프로토타입 벡터와 같았음을 기억해보라. 실제 피드포워드 계층의 목적은 프로토타입 벡터와 입력 벡터 간에 내적을 계산하는 것이다.

단일 뉴런 퍼셉트론 네트워크의 결정 경계는 항상 가중치 벡터(행 벡터)와 직교한다는 사실을 알았다.

이 장에서는 신경망의 맥락에서 벡터 공간의 기본 개념(예: 내적, 직교성)을 살펴볼 것이다. 벡터 공간의 일반적인 정의로 시작해서 신경망 응용에 가장 유용한 기본적인 벡터의 성질을 제시할 것이다.

시작하기 전에 표기법에 대해 한 가지 언급할 사항이 있다. 지금까지 논의한 모든 벡터는 실수의 순서 n튜플(열)이고 굵은 소문자로 표시된다. 예를 들면, 다음과 같다.

$$\mathbf{x} = \begin{bmatrix} x_1 \ x_2 \ \dots \ x_n \end{bmatrix}^T \tag{5.1}$$

이 벡터는 $\Re^n$ 표준 n차원 유클리드 공간의 벡터다. 이 장에서는 $\Re^n$보다 더 일반적인 벡터 공간에 대해서도 이야기할 것이다. 일반 벡터는 $\mathcal{X}$와 같이 스크립트^{script} 서체로 표시된다. 이 장에서는 일반 벡터를 숫자 열로 표현하는 방법을 제시한다.

선형 벡터 공간

벡터 공간이란 무엇을 의미하는가? 아주 일반적인 정의로 시작할 것이다. 정의가 추상적으로 보이겠지만, 구체적인 예시를 다양하게 제공할 것이다. 정의를 일반화하면 더 큰 부류의 문제를 풀 수 있고 개념을 깊이 있게 이해할 수 있다.

벡터 공간 **정의.** 선형 벡터 공간^{vector space} X는 다음 조건을 만족하며 스칼라장^{scalar field} F에 대해 정의되는 원소(벡터)의 집합이다.

1. **벡터 덧셈 연산:** $\mathcal{X} \in X$($\mathcal{X}$는 X의 원소)이고 $\mathcal{Y} \in X$이면, $\mathcal{X} + \mathcal{Y} \in X$

2. **벡터 덧셈의 교환 법칙:** $x + y = y + x$

3. **벡터 덧셈의 결합 법칙:** $(x + y) + z = x + (y + z)$

4. **벡터 덧셈의 항등원:** 임의의 $x \in X$에 대해 $x + 0 = x$인 유일한 벡터 $0 \in X$가 존재한다(영 벡터$^{zero\ vector}$라고 한다).

5. **벡터 덧셈의 역원:** 각 벡터 $x \in X$에 대해, $x + (-x) = 0$인 유일한 벡터 $-x$가 X에 존재한다.

6. **스칼라 곱셈 연산:** 임의의 스칼라 $a \in F$와 임의의 벡터 $x \in X$에 대해, $ax \in X$

7. **벡터 곱셈의 항등원:** 임의의 $x \in X$와 스칼라 1에 대해, $1x = x$

8. 임의의 두 스칼라 $a \in F$, $b \in F$와 임의의 $x \in X$에 대해, $a(bx) = (ab)x$.

9. **벡터의 분배 법칙:** $(a + b)x = ax + bx$

10. **벡터의 분배 법칙:** $a(x + y) = ax + ay$

이 조건들을 설명하기 위해 몇 가지 샘플 집합을 조사해서 벡터 공간인지 여부를 밝혀보자. 먼저 다음 그림에 보이는 표준 2차원 유클리드 공간 $\Re^2$을 고려해보자. 이 공간은 분명히 벡터 공간이며 열 가지 조건 모두 벡터 덧셈과 스칼라 곱셈의 표준 정의를 만족한다.

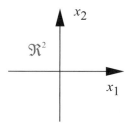

$\Re^2$의 부분집합은 어떠한가? 어떤 $\Re^2$의 부분집합이 벡터 공간(벡터 부분공간)인가? 다음 그림에서 네모 영역(X)을 자세히 보라. 열 가지 조건을 모두 만족하는가? 그렇지 않다. 명백하게 조건 1조차 만족되지 않는다. 그림에 보이는 벡터 x와 y는 X에 있지만 $x + y$는 X에 없다. 이 예제에서 경계가 없는 집합만이 벡터 공간이 될 수 있다는 사실이 명확해졌다.

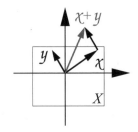

벡터 공간인 $\Re^2$의 부분집합이 존재하는가? 다음 그림에 보이는 직선(X)을 살펴보자 (직선은 양방향으로 무한대로 확장된다고 가정하자). 이 직선은 벡터 공간인가? 실제 열 가지 조건을 모두 만족하는지 보이는 것은 독자들의 몫으로 남기겠다. 임의의 무한한 직선 은 열 가지 조건을 만족하는가? 원점을 통과하는 직선은 그럴 것이다. 원점을 통과하 지 않는다면, 예를 들어 조건 4는 만족되지 않는다.

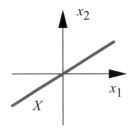

표준 유클리드 공간 외에도 열 가지 벡터 공간의 조건을 만족하는 다른 집합은 존재한 다. 예를 들어, 2차 미만의 모든 다항식 집합을 P^2라고 해보자. 그리고 집합의 두 원소 가 다음과 같다고 해보자.

$$\chi = 2 + t + 4t^2$$
$$y = 1 + 5t \tag{5.2}$$

벡터를 숫자 열로 생각하는 것이 익숙하다면, 이들은 실제 이상한 벡터로 보일 수 있 다. 벡터 공간이 되려면 집합은 앞에서 제시된 열 가지 조건을 만족해야 한다. 집합 P^2 는 이 조건들을 만족하는가? 2차 미만의 두 다항식을 더한다면, 결과도 2차 미만의 다 항식이 될 것이다. 따라서 조건 1은 만족된다. 또한 다항식의 차수를 변경하지 않고 다항식에 스칼라를 곱할 수 있다. 따라서 조건 6이 만족된다. 열 가지 조건을 모두 만족해서 P^2가 벡터 공간임을 보이는 것은 어렵지 않다.

[0, 1] 구간에서 정의되는 모든 연속 함수의 집합 $C_{[0, 1]}$을 고려하라. 이 집합의 두 원소가 다음과 같다고 해보자.

$$\chi = \sin(t)$$

$$y = e^{-2t} \tag{5.3}$$

이 집합의 원소를 그려보면 다음과 같은 [0, 1] 구간에서의 연속 함수가 될 것이다.

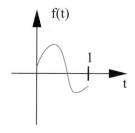

두 연속 함수의 합도 연속 함수이며, 스칼라 곱하기 연속 함수는 연속 함수다. 집합 $C_{[0, 1]}$도 벡터 공간이다. 이 집합은 지금까지 논의했던 여타 벡터 공간과는 다르다. 무한 차원이다. 차원이 무엇인지는 이 장의 후반부에서 정의할 것이다.

선형 독립

벡터 공간이 무엇을 의미하는지를 정의했으므로 벡터의 몇 가지 성질에 대해 조사해보자. 첫 번째 성질은 선형 종속과 선형 독립이다.

n개 벡터 $\{\chi_1, \chi_2, \ldots, \chi_n\}$이 있다고 해보자. 다음과 같이 n개 스칼라 $a_1, a_2, \ldots, a_n$이 있고 이들 중 최소 하나가 0이 아니라면, $\{\chi_i\}$는 선형 종속linearly dependent이다.

$$a_1\chi_1 + a_2\chi_2 + \cdots + a_n\chi_n = 0 \tag{5.4}$$

반대로 다음과 같이 표현할 수도 있다. $a_1 \chi_1 + a_2 \chi_2 + \cdots + a_n \chi_n = 0$이 $a_i = 0$이라면,

선형 독립 $\{\chi_i\}$는 선형 독립$^{\text{linearly independent}}$ 벡터 집합이다.

이 정의는 벡터 집합이 독립이면 집합의 어떤 벡터도 다른 벡터들의 선형 결합으로 만들 수 없다고 말하는 것과 같다.

선형 독립의 예로 3장의 패턴 인식 문제를 고려해보자. 두 프로토타입 패턴(오렌지와 사과)은 다음과 같다.

$$\mathbf{p}_1 = \begin{bmatrix} 1 \\ -1 \\ -1 \end{bmatrix}, \ \mathbf{p}_2 = \begin{bmatrix} 1 \\ 1 \\ -1 \end{bmatrix} \tag{5.5}$$

$a_1 \mathbf{p}_1 + a_2 \mathbf{p}_2 = \mathbf{0}$이면, 다음 식과 같이 표현할 수 있다.

$$\begin{bmatrix} a_1 + a_2 \\ -a_1 + a_2 \\ -a_1 + (-a_2) \end{bmatrix} = \begin{bmatrix} 0 \\ 0 \\ 0 \end{bmatrix} \tag{5.6}$$

이 식은 $a_1 = a_2 = 0$일 경우에만 참이 된다. 따라서 $\mathbf{p}_1$과 $\mathbf{p}_2$는 선형 독립이다.

2차원 미만의 다항식 공간 P^2의 벡터를 고려해보자. 이 공간에서 세 벡터는 다음과 같다고 하자.

$$\chi_1 = 1 + t + t^2, \ \chi_2 = 2 + 2t + t^2, \ \chi_3 = 1 + t \tag{5.7}$$

$a_1 = 1$, $a_2 = -1$, $a_3 = 1$인 경우 다음 식은 0이 된다.

$$a_1 \chi_1 + a_2 \chi_2 + a_3 \chi_3 = 0 \tag{5.8}$$

따라서 이 세 벡터는 선형 종속이다.

공간 생성

다음은 벡터 공간의 차원의 의미를 정의하고자 한다. 그러려면 먼저 생성 집합spanning set을 정의해야 한다.

X를 선형 벡터 공간이라고 하고, $\{u_1, u_2, \ldots, u_m\}$을 X의 일반 벡터의 부분집합이라고 하자. 모든 벡터 $\chi \in X$에 대해 $\chi = x_1 u_1 + x_2 u_2 + \cdots + x_m u_m$과 같은 스칼라 x_1, x_2, $\ldots$, x_n이 존재하면 이 부분집합은 X를 생성span한다. 다시 말해, 벡터 공간의 모든 벡터가 부분집합에 있는 벡터들의 선형 결합linear combination으로 만들어질 수 있다면 부분집합은 공간을 생성span a space한다.

기저 집합 벡터 공간의 차원은 공간을 생성하는 데 필요한 최소 벡터 개수로 결정된다. 여기서 기저 집합이 정의될 수 있다. X의 기저 집합basis set은 X를 생성하는 선형 독립 벡터 집합이다. 임의의 기저 집합은 공간을 생성하는 데 필요한 최소 개수의 벡터를 포함한다. 따라서 X의 차원은 기저 집합의 원소 개수와 동일하다. 어떤 벡터 공간이든 기저 집합을 여러 개 가질 수 있지만, 각각은 같은 수의 원소를 포함해야 한다(이 사실에 대한 증명은 [Stra80] 참조).

선형 벡터 공간 P^2를 예로 들어보자. 이 공간의 기저 중 하나는 다음과 같다.

$$u_1 = 1, \ u_2 = t, \ u_3 = t^2 \tag{5.9}$$

2차원 미만의 다항식은 이 세 벡터를 선형 결합해서 생성할 수 있다. 실제 P^2의 임의의 세 독립 벡터는 이 공간의 기저를 형성할 수 있다. 그런 대체 기저 중 하나는 다음과 같다.

$$u_1 = 1, \ u_2 = 1 + t, \ u_3 = 1 + t + t^2 \tag{5.10}$$

내적

3장과 4장에서 신경망을 짧게 접하면서 내적이 여러 신경망 연산의 기본 연산이라는 것을 확실히 알게 되었다. 내적의 일반적인 정의와 함께 몇 가지 예제를 살펴보자.

내적 다음의 성질을 만족한다면 x와 y의 임의의 스칼라 함수는 내적^{inner product} (x,y)로 정의될 수 있다.

1. $(x,y) = (y,x)$
2. $(x, ay_1 + by_2) = a(x,y_1) + b(x,y_2)$
3. $(x,x) \geq 0$. 단, x가 영 벡터인 경우 등식이 성립

R^n 벡터에 대한 표준 내적은 다음과 같다.

$$\mathbf{x}^T \mathbf{y} = x_1 y_1 + x_2 y_2 + \cdots + x_n y_n \tag{5.11}$$

하지만 이것이 유일한 내적은 아니다. 구간 [0, 1]에 정의된 모든 연속 함수의 집합 $C_{[0,1]}$을 다시 고려해보자. 다음의 스칼라 함수가 내적임을 보여라(문제 P5.6 참조).

$$(x,y) = \int_0^1 x(t)y(t)dt \tag{5.12}$$

놈

정의해야 할 다음 연산은 벡터 크기의 개념을 기반으로 하는 놈이다.

놈 스칼라 함수 $\|x\|$가 다음 성질을 만족하면 놈^{norm}이라고 한다.

1. $\|x\| \geq 0$
2. $x = 0$인 경우 $\|x\| = 0$
3. 스칼라 a에 대해 $\|ax\| = |a|\|x\|$
4. $\|x + y\| \leq \|x\| + \|y\|$

이 조건을 만족하는 함수들이 많이 있다. 가장 대표적인 놈은 내적을 기반으로 한다.

$$\|x\| = (x,x)^{1/2} \tag{5.13}$$

이 함수는 유클리드 공간 $\Re^n$에서 놈을 정의한다.

$$\|\mathbf{x}\| = (\mathbf{x}^T\mathbf{x})^{1/2} = \sqrt{x_1^2 + x_2^2 + \cdots + x_n^2} \tag{5.14}$$

이 놈은 신경망 응용에서 입력 벡터를 정규화할 때 종종 유용하다. 정규화는 각 입력 벡터의 놈이 $\|\mathbf{p}_i\| = 1$임을 의미한다.

각도 놈과 내적을 이용해 2차원 이상의 벡터 공간의 각도 개념을 일반화할 수 있다. 두 벡터 x와 y 사이의 각도angle θ는 다음과 같이 정의된다.

$$\cos\theta = \frac{(x,y)}{\|x\|\|y\|} \tag{5.15}$$

직교성

내적 연산을 정의했으므로 중요한 개념인 직교성을 소개할 수 있다.

직교성 두 벡터 $x, y \in X$가 $(x,y) = 0$이면 직교orthogonal한다고 한다.

직교성은 신경망에서 중요한 개념이다. 패턴 인식 문제에서 프로토타입 벡터들이 직교하고 정규화될 때, 선형 연상 신경망linear associator neural network은 헵 규칙Hebb rule으로 훈련되어 완벽한 인식을 할 수 있게 된다. 이 내용은 7장에서 보게 될 것이다.

직교 벡터 외에 직교 공간도 존재한다. 벡터 $x \in X$가 부분공간 X_1의 모든 벡터에 대해 직교한다면 x는 X_1에 직교한다. 이를 일반적으로 $x \perp X_1$과 같이 표시한다. X_1의 모든 벡터가 X_2의 모든 벡터에 직교하면 부분공간 X_1은 부분공간 X_2에 직교한다. 이것은 $X_1 \perp X_2$로 표시한다.

다음 그림은 3장의 퍼셉트론 예제에서 사용됐던 두 직교 공간을 보여준다. p_1, p_3 평면은 $\Re^3$의 부분공간으로 ($\Re^3$의 또 다른 부분공간인) p_2축에 직교한다. p_1, p_3 평면은 퍼셉트론 네트워크의 결정 경계다. 문제 P5.1에서는 퍼셉트론 결정 경계가 편향값이 0일 때 벡터 공간이 됨을 보일 것이다.

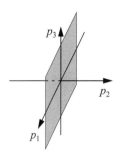

그람-슈미트 직교성

직교성과 독립은 서로 관련되어 있다. 독립 벡터 집합을 동일 벡터 공간을 생성하는 직교 벡터 집합으로 변환할 수 있다. 이런 변환을 위한 표준 절차를 그람-슈미트 직교화$^{Gram-Schmidt\ orthogonalization}$라고 한다.

n개의 독립 벡터 $y_1, y_2, \dots, y_n$이 있다고 하자. 이들 벡터로부터 n개의 직교 벡터 $v_1, v_2, \dots, v_n$을 구하려고 한다. 첫 번째 직교 벡터는 첫 번째 독립 벡터가 되도록 선택한다.

$$v_1 = y_1 \tag{5.16}$$

두 번째 직교 벡터를 구하기 위해 y_2를 사용한다. 그러나 v_1 방향으로 y_2의 일부를 뺀다. 이로 인해 다음 식이 만들어지며, 이때 v_2가 v_1에 직교하도록 a를 선택한다.

$$v_2 = y_2 - a v_1 \tag{5.17}$$

따라서 다음 식이 만족돼야 한다.

$$(v_1, v_2) = (v_1, y_2 - a v_1) = (v_1, y_2) - a(v_1, v_1) = 0 \tag{5.18}$$

또는

$$a = \frac{(v_1, y_2)}{(v_1, v_1)} \qquad (5.19)$$

투영 따라서 v_1의 방향에서 y_2의 구성요소인 av_1을 구하려면 두 벡터 사이의 내적을 구할 필요가 있다. av_1을 벡터 v_1에 대한 y_2의 **투영**projection이라고 한다.

이 과정을 계속하면 k번째 단계는 다음과 같이 될 것이다.

$$v_k = y_k - \sum_{i=1}^{k-1} \frac{(v_i, y_k)}{(v_i, v_i)} v_i \qquad (5.20)$$

이 과정을 설명하기 위해, $\Re^2$에서 다음 독립 벡터를 고려해보자.

$$\mathbf{y}_1 = \begin{bmatrix} 2 \\ 1 \end{bmatrix}, \ \mathbf{y}_2 = \begin{bmatrix} 1 \\ 2 \end{bmatrix} \qquad (5.21)$$

첫 번째 직교 벡터는 다음과 같이 지정한다.

$$\mathbf{v}_1 = \mathbf{y}_1 = \begin{bmatrix} 2 \\ 1 \end{bmatrix} \qquad (5.22)$$

두 번째 직교 벡터는 다음과 같이 계산한다.

$$\mathbf{v}_2 = \mathbf{y}_2 - \frac{\mathbf{v}_1^T \mathbf{y}_2}{\mathbf{v}_1^T \mathbf{v}_1} \mathbf{v}_1 = \begin{bmatrix} 1 \\ 2 \end{bmatrix} - \frac{\begin{bmatrix} 2 & 1 \end{bmatrix} \begin{bmatrix} 1 \\ 2 \end{bmatrix}}{\begin{bmatrix} 2 & 1 \end{bmatrix} \begin{bmatrix} 2 \\ 1 \end{bmatrix}} \begin{bmatrix} 2 \\ 1 \end{bmatrix} = \begin{bmatrix} 1 \\ 2 \end{bmatrix} - \begin{bmatrix} 1.6 \\ 0.8 \end{bmatrix} = \begin{bmatrix} -0.6 \\ 1.2 \end{bmatrix} \qquad (5.23)$$

그림 5.1은 이 과정을 그래프로 표현했다.

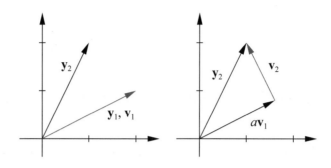

그림 5.1 그람-슈미트 직교화 예제

정규직교 $\mathbf{v}_1$과 $\mathbf{v}_2$를 자신의 놈으로 나누어서 정규직교^{orthonormal}(직교하고 정규화된) 벡터 집합으로 변환할 수 있다.

 직교화 과정을 실험하려면, 신경망 설계 데모 '그람-슈미트^{Gram-Schmidt'} **nnd5gs**를 이용하라.

벡터 전개

일반 벡터는 스크립트 서체(χ)로 표시하고, 숫자 열 $\mathfrak{R}^n$ 벡터는 굵은 서체($\mathbf{x}$)로 표시했다는 점을 유의하자. 이 절에서는 유한 차원 벡터 공간의 일반 벡터도 숫자 열로 작성될 수 있으며, 어떤 점에서는 $\mathfrak{R}^n$ 벡터와 동등하다는 것을 보일 것이다.

벡터 전개   벡터 공간 X가 기저 집합 $\{ v_1, v_2, \dots, v_n \}$을 갖는다면 임의의 $\chi \in X$는 유일한 벡터 전개^{vector expansion}를 갖는다.

$$\chi = \sum_{i=1}^{n} x_i v_i = x_1 v_1 + x_2 v_2 + \cdots + x_n v_n \tag{5.24}$$

따라서 유한 차원 벡터 공간의 임의의 벡터는 숫자 열로 표시될 수 있다.

$$\mathbf{x} = \begin{bmatrix} x_1 & x_2 & \dots & x_n \end{bmatrix}^T \tag{5.25}$$

이 $\mathbf{x}$는 일반 벡터 χ를 나타낸다. 물론 $\mathbf{x}$의 의미를 해석하기 위해 기저 집합을 알아야만 한다. 기저 집합이 바뀌면 여전히 같은 일반 벡터 χ를 나타내더라도 $\mathbf{x}$는 바뀔 것이다. 다음 절에서 이 내용을 좀 더 자세히 논의할 것이다.

기저 집합의 벡터들이 직교한다면$((v_i, v_j) = 0, i \neq j)$ 전개에서 계수를 계산하는 것은 매우 쉽다. 단순히 식 (5.24)의 양변에 v_j의 내적을 취한다.

$$(v_j, \chi) = (v_j, \sum_{i=1}^{n} x_i v_i) = \sum_{i=1}^{n} x_i (v_j, v_i) = x_j (v_j, v_j) \tag{5.26}$$

따라서 전개의 계수는 다음 식과 같아진다.

$$x_j = \frac{(v_j, \chi)}{(v_j, v_j)} \tag{5.27}$$

기저 집합의 벡터가 직교하지 않을 때 벡터 전개에서 계수를 계산하는 방법은 좀 더 복잡하다. 이 경우에 대해서는 다음 절에서 다룬다.

쌍대 기저 벡터

벡터 전개가 필요하고 기저 집합이 직교하지 않을 때 쌍대 기저 벡터를 사용한다. 쌍대 기저 벡터는 다음 식으로 정의된다.

$$\begin{aligned} (r_i, v_j) &= 0 & i \neq j \\ &= 1 & i = j \end{aligned} \tag{5.28}$$

쌍대 기저 벡터   기저 벡터는 $\{ v_1, v_2, \dots, v_n \}$이고, 쌍대 기저 벡터^{reciprocal basis vectors}는 $\{ r_1, r_2, \dots, r_n \}$이다.[1]

---

1 Reciprocal Basis는 Dual Basis라고도 하며, 이 책에서는 Dual Basis의 한국어인 쌍대 기저로 번역했다. – 옮긴이

만일 이 벡터들이 (벡터 전개를 통해) 숫자 열로 표시되고 표준 내적을 사용한다면 다음과 같이 된다.

$$(r_i, v_j) = \mathbf{r}_i^T \mathbf{v}_j \tag{5.29}$$

그러면 식 (5.28)은 행렬 형식으로 표시할 수 있다.

$$\mathbf{R}^T \mathbf{B} = \mathbf{I} \tag{5.30}$$

여기서

$$\mathbf{B} = \begin{bmatrix} \mathbf{v}_1 & \mathbf{v}_2 & \cdots & \mathbf{v}_n \end{bmatrix} \tag{5.31}$$

$$\mathbf{R} = \begin{bmatrix} \mathbf{r}_1 & \mathbf{r}_2 & \cdots & \mathbf{r}_n \end{bmatrix} \tag{5.32}$$

따라서 $\mathbf{R}$은 다음 식으로 구할 수 있다. 그리고 쌍대 기저 벡터는 $\mathbf{R}$의 열에서 구할 수 있다.

$$\mathbf{R}^T = \mathbf{B}^{-1} \tag{5.33}$$

이제 다시 벡터 전개를 고려해보자.

$$\chi = x_1 v_1 + x_2 v_2 + \cdots + x_n v_n \tag{5.34}$$

식 (5.34)의 양변에 r_1의 내적을 취하면, 다음 식을 얻을 수 있다.

$$(r_1, \chi) = x_1(r_1, v_1) + x_2(r_1, v_2) + \cdots + x_n(r_1, v_n) \tag{5.35}$$

정의에 따라 다음 식을 얻을 수 있다.

$$(r_1, v_2) = (r_1, v_3) = \cdots = (r_1, v_n) = 0$$

$$(r_1, v_1) = 1 \tag{5.36}$$

따라서 전개의 첫 번째 계수는 다음과 같다.

$$x_1 = (r_1, x) \tag{5.37}$$

그리고 일반적으로 계수는 다음과 같다.

$$x_j = (r_j, x) \tag{5.38}$$

예를 들어, 두 기저 벡터를 고려해보자.

$$\mathbf{v}_1^s = \begin{bmatrix} 2 \\ 1 \end{bmatrix}, \ \mathbf{v}_2^s = \begin{bmatrix} 1 \\ 2 \end{bmatrix} \tag{5.39}$$

두 기저 벡터로 다음 벡터를 전개한다면 어떻게 해야 할까?

$$\mathbf{x}^s = \begin{bmatrix} 0 \\ 3 \\ 2 \end{bmatrix} \tag{5.40}$$

(위첨자 s를 이용해 숫자 열이 $\Re^2$의 표준 기저로 벡터를 전개한다는 것을 표시한다. 표준 기저의 원소는 다음 그림의 벡터 s_1 및 s_2와 같이 표시한다. 이 예제에서는 서로 다른 두 기저 집합으로 벡터를 전개할 예정이기 때문에 명시적인 표기법을 사용할 필요가 있다.)

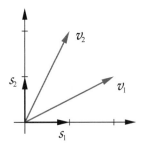

첫 번째 단계는 쌍대 기저 벡터를 찾는 것이다.

$$\mathbf{R}^T = \begin{bmatrix} 2 & 1 \\ 1 & 2 \end{bmatrix}^{-1} = \begin{bmatrix} \dfrac{2}{3} & -\dfrac{1}{3} \\ -\dfrac{1}{3} & \dfrac{2}{3} \end{bmatrix} \qquad \mathbf{r}_1 = \begin{bmatrix} \dfrac{2}{3} \\ -\dfrac{1}{3} \end{bmatrix} \qquad \mathbf{r}_2 = \begin{bmatrix} -\dfrac{1}{3} \\ \dfrac{2}{3} \end{bmatrix} \tag{5.41}$$

그런 다음 전개에서 계수를 구한다.

$$x_1^v = \mathbf{r}_1^T \mathbf{x}^s = \begin{bmatrix} \dfrac{2}{3} & -\dfrac{1}{3} \end{bmatrix} \begin{bmatrix} 0 \\ \dfrac{3}{2} \end{bmatrix} = -\dfrac{1}{2}$$

$$x_2^v = \mathbf{r}_2^T \mathbf{x}^s = \begin{bmatrix} -\dfrac{1}{3} & \dfrac{2}{3} \end{bmatrix} \begin{bmatrix} 0 \\ \dfrac{3}{2} \end{bmatrix} = 1 \tag{5.42}$$

행렬 형식으로 다음과 같이 표시할 수도 있다.

$$\mathbf{x}^v = \mathbf{R}^T \mathbf{x}^s = \mathbf{B}^{-1} \mathbf{x}^s = \begin{bmatrix} \dfrac{2}{3} & -\dfrac{1}{3} \\ -\dfrac{1}{3} & \dfrac{2}{3} \end{bmatrix} \begin{bmatrix} 0 \\ \dfrac{3}{2} \end{bmatrix} = \begin{bmatrix} -\dfrac{1}{2} \\ 1 \end{bmatrix} \tag{5.43}$$

그림 5.2에 그려진 것처럼, 다음과 같이 벡터를 전개한다.

$$\mathcal{X} = -\dfrac{1}{2}v_1 + 1\,v_2 \tag{5.44}$$

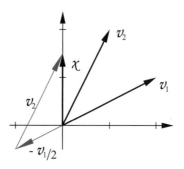

그림 5.2 벡터 전개

이제 $\mathbf{x}^s$와 $\mathbf{x}^v$에 대해 2개의 다른 벡터 전개를 갖는다는 점을 주목하라. 다시 말해, 다음과 같다.

$$\chi = 0s_1 + \frac{3}{2}s_2 = -\frac{1}{2}v_1 + 1v_2 \tag{5.45}$$

일반 벡터를 숫자 열로 나타낼 때, 어떤 기저 집합이 전개에 사용됐음을 알 필요가 있다. 이 책에서는 달리 언급되지 않는 한 표준 기저 집합이 사용됐다고 가정하라.

식 (5.43)은 두 가지 다른 χ 표현 간의 관계 $\mathbf{x}^v = \mathbf{B}^{-1}\mathbf{x}^s$를 보여준다. 기저 변환^{change of} ^{basis}이라고 하는 이 연산은 특정 신경망의 성능 분석을 다룰 때 매우 중요하다.

 벡터 전개 과정을 실험하려면, 신경망 설계 데모 '상호 기저^{Reciprocal Basis} **nnd5rb**를 이용하라.

결과 요약

선형 벡터 공간

정의. 선형 벡터 공간^{vector space} X는 다음 조건을 만족하며 스칼라장 F에 대해 정의되는 원소(벡터)의 집합이다.

1. **벡터 덧셈 연산:** $\chi \in X$(χ는 X의 원소)이고 $y \in X$이면, $\chi + y \in X$
2. **벡터 덧셈의 교환 법칙:** $\chi + y = y + \chi$
3. **벡터 덧셈의 결합 법칙:** $(\chi + y) + z = \chi + (y + z)$
4. **벡터 덧셈의 항등원:** 임의의 $\chi \in X$에 대해 $\chi + 0 = \chi$인 유일한 벡터 $0 \in X$가 존재한다(영 벡터^{zero vector}라고 한다).
5. **벡터 덧셈의 역원:** 각 벡터 $\chi \in X$에 대해, $\chi + (-\chi) = 0$인 유일한 벡터 $-\chi$가 X에 존재한다.
6. **스칼라 곱셈 연산:** 임의의 스칼라 $a \in F$와 임의의 벡터 $\chi \in X$에 대해, $a\chi \in X$
7. **벡터 곱셈의 항등원:** 임의의 $\chi \in X$와 스칼라 1에 대해, $1\chi = \chi$

8. 임의의 두 스칼라 $a \in F$, $b \in F$와 임의의 $x \in X$에 대해, $a(bx) = (ab)x$

9. **벡터의 분배 법칙:** $(a+b)x = ax + bx$

10. **벡터의 분배 법칙:** $a(x+y) = ax + ay$

선형 독립

n개의 벡터 $\{x_1, x_2, \ldots, x_n\}$이 있다고 해보자. 다음과 같이 n개의 스칼라 $a_1, a_2, \ldots, a_n$이 있고 이들 중 최소 하나가 0이 아니라면 $\{x_i\}$는 선형 종속$^{\text{linearly dependent}}$이다.

$$a_1 x_1 + a_2 x_2 + \cdots + a_n x_n = 0$$

공간 생성

X를 선형 벡터 공간이라고 하고, $\{u_1, u_2, \ldots, u_m\}$을 X의 일반 벡터의 부분집합이라고 하자. 모든 벡터 $x \in X$에 대해 $x = x_1 u_1 + x_2 u_2 + \cdots + x_m u_m$ 같은 스칼라 $x_1, x_2, \ldots, x_n$이 존재하면 이 부분집합은 X를 생성^{span}한다.

내적

임의의 x와 y의 스칼라 함수가 다음 성질을 만족한다면 내적$^{\text{inner product}}$ (x,y)로 정의될 수 있다.

1. $(x,y) = (y,x)$

2. $(x, ay_1 + by_2) = a(x,y_1) + b(x,y_2)$

3. $(x,x) \geq 0$. 단, x가 영 벡터인 경우 등식이 성립

놈

스칼라 함수 $\|x\|$가 다음 성질을 만족하면 놈^{norm}이라고 한다.

1. $\|x\| \geq 0$
2. $\|x\| = 0$인 경우 $x = 0$
3. 스칼라 a에 대해 $\|ax\| = |a|\|x\|$
4. $\|x+y\| \leq \|x\| + \|y\|$

각도

두 벡터 x와 y 사이의 각도^{angle} θ는 다음과 같이 정의된다.

$$\cos\theta = \frac{(x,y)}{\|x\|\|y\|}$$

직교성

두 벡터 $x, y \in X$가 $(x,y) = 0$이면 직교^{orthogonal}한다고 한다.

그람-슈미트 직교화

n개의 독립 벡터 $y_1, y_2, \ldots, y_n$이 있다고 하자. 이들 벡터로부터 n개의 직교 벡터 $v_1, v_2, \ldots, v_n$을 구하려고 한다.

$$v_1 = y_1$$

$$v_k = y_k - \sum_{i=1}^{k-1} \frac{(v_i, y_k)}{(v_i, v_i)} v_i$$

여기서 $\frac{(v_i, y_k)}{(v_i, v_i)} v_i$는 v_i에 대한 y_k의 투영이다.

벡터 전개

$$\chi = \sum_{i=1}^{n} x_i v_i = x_1 v_1 + x_2 v_2 + \cdots + x_n v_n$$

직교 벡터의 계수는 다음과 같이 계산한다.

$$x_j = \frac{(v_j, \chi)}{(v_j, v_j)}$$

쌍대 기저 벡터

$$(r_i, v_j) = 0 \qquad i \neq j$$
$$= 1 \qquad i = j$$

$$x_j = (r_j, \chi)$$

쌍대 기저 벡터를 계산하려면 다음 식을 이용한다.

$$\mathbf{B} = \begin{bmatrix} \mathbf{v}_1 & \mathbf{v}_2 & \dots & \mathbf{v}_n \end{bmatrix},$$

$$\mathbf{R} = \begin{bmatrix} \mathbf{r}_1 & \mathbf{r}_2 & \dots & \mathbf{r}_n \end{bmatrix},$$

$$\mathbf{R}^T = \mathbf{B}^{-1}$$

행렬 형식으로 계수는 다음과 같이 계산한다.

$$\mathbf{x}^v = \mathbf{B}^{-1} \mathbf{x}^s$$

문제 풀이

P5.1 그림 **P5.1**에 보이는 단일 뉴런 퍼셉트론 네트워크를 살펴보자. **3**장(식 **(3.6)** 참조)에서 네트워크의 결정 경계가 $\mathbf{Wp} + b = 0$이었음을 기억해보라. $b = 0$인 경우 결정 경계가 벡터 공간임을 보여라.

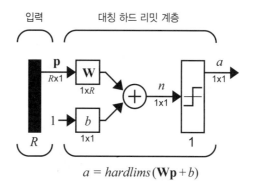

$$a = hardlims(\mathbf{Wp} + b)$$

그림 P5.1 단일 뉴런 퍼셉트론

경계가 벡터 공간이 되려면 이 장의 시작 부분에서 제시한 열 가지 조건을 만족해야만 한다. 조건 1은 두 벡터를 함께 더했을 때 합이 벡터 공간 안에 있어야 한다는 것이다. $\mathbf{p}_1$과 $\mathbf{p}_2$를 결정 경계에 있는 두 벡터라고 하자. 경계에 있으려면 두 벡터는 다음 식을 만족해야만 한다.

$$\mathbf{Wp}_1 = 0 \qquad \mathbf{Wp}_2 = 0$$

두 식을 함께 더하면 다음 식이 된다.

$$\mathbf{W}(\mathbf{p}_1 + \mathbf{p}_2) = 0$$

따라서 합도 결정 경계에 존재한다.

조건 2와 3은 명확하게 만족된다. 조건 4는 영 벡터가 경계에 존재해야만 한다. $\mathbf{W0} = 0$이기 때문에 영 벡터는 결정 경계에 있다. 조건 5는 $\mathbf{p}$가 경계에 존재한다면 $-\mathbf{p}$도 경계에 존재해야 한다는 것을 의미한다. **p**가 경계에 존재한다면, 다음과 같이 된다.

$$\mathbf{Wp} = 0$$

이 식의 양변에 모두 −1을 곱하면 다음 식이 된다.

$$\mathbf{W}(-\mathbf{p}) = 0$$

따라서 조건 5는 만족된다. 조건 6도 경계에 있는 임의의 **p**에 대해 $a\mathbf{p}$도 존재한다면 만족될 것이다. 이것도 조건 5와 같은 방식으로 보여줄 수 있다. 식의 양변에 −1 대신 a를 곱하라.

$$\mathbf{W}(a\mathbf{p}) = 0$$

조건 7에서 10까지는 명확히 만족된다. 따라서 퍼셉트론 결정 경계는 벡터 공간이다.

P5.2 음수가 아닌 연속 함수($f(t) \geq 0$)의 집합 Y는 벡터 공간이 아님을 보여라.

이 집합은 벡터 공간에 필요한 몇 가지 조건에 위배된다. 예를 들어, 음수 벡터가 없으므로 조건 5를 만족할 수 없다. 또한 조건 6을 생각해보라. 함수 $f(t) = |t|$은 Y의 원소다. $a = -2$라고 하자. 그러면 다음의 결과를 얻을 수 있다.

$$af(2) = -2|2| = -4 < 0$$

따라서 $af(t)$는 Y의 원소가 아니며, 조건 6은 만족되지 않는다.

P5.3 다음 벡터 집합 중 하나가 독립인가? 각 집합에 의해 생성되는 벡터 공간의 차원을 구하라.

(1) $\begin{bmatrix} 1 \\ 1 \\ 1 \end{bmatrix}$ $\begin{bmatrix} 1 \\ 0 \\ 1 \end{bmatrix}$ $\begin{bmatrix} 1 \\ 2 \\ 1 \end{bmatrix}$

(2) $\sin t$ $\quad$ $\cos t$ $\quad$ $2\cos\left(t + \dfrac{\pi}{4}\right)$

(3) $\begin{bmatrix} 1 \\ 1 \\ 1 \\ 1 \end{bmatrix}$ $\begin{bmatrix} 1 \\ 0 \\ 1 \\ 1 \end{bmatrix}$ $\begin{bmatrix} 1 \\ 2 \\ 1 \\ 1 \end{bmatrix}$

(1) 이 문제는 몇 가지 방법으로 풀 수 있다. 먼저, 벡터가 종속이라고 가정하자. 그러면 다음과 같이 작성할 수 있다.

$$a_1 \begin{bmatrix} 1 \\ 1 \\ 1 \end{bmatrix} + a_2 \begin{bmatrix} 1 \\ 0 \\ 1 \end{bmatrix} + a_3 \begin{bmatrix} 1 \\ 2 \\ 1 \end{bmatrix} = \begin{bmatrix} 0 \\ 0 \\ 0 \end{bmatrix}$$

이 계수를 풀 수 있고 이들이 모두 0이 아니라면 벡터는 종속이다. $a_1 = 2$, $a_2 = -1$, $a_3 = -1$이라면 식이 만족된다는 사실을 검산으로 확인할 수 있다. 따라서 벡터는 종속이다.

또 다른 방식은 $\Re^n$에 n개의 벡터가 있을 때, 위의 식을 행렬 형식으로 작성하는 것이다.

$$\begin{bmatrix} 1 & 1 & 1 \\ 1 & 0 & 2 \\ 1 & 1 & 1 \end{bmatrix} \begin{bmatrix} a_1 \\ a_2 \\ a_3 \end{bmatrix} = \begin{bmatrix} 0 \\ 0 \\ 0 \end{bmatrix}$$

이 식에서 행렬이 역행렬을 갖는다면 해의 모든 계수는 0이어야 한다. 따라서 벡터는 모두 독립이다. 만일 행렬이 (역을 갖지 않는) 특이 행렬이라면, 0이 아닌 계수 집합이 만들어지고 벡터는 종속이다. 이때 이 테스트는 벡터를 열로 사용한 행렬을 생성하는 것이다. 만일 이 행렬의 행렬식이 0이면 (특이 행렬) 벡터는 종속이다. 0이 아니면 독립이다. 첫 번째 열에 대한 라플라스 전개^{Laplace expansion}[Brog91]를 이용하면 행렬의 행렬식은 다음과 같다.

$$\begin{vmatrix} 1 & 1 & 1 \\ 1 & 0 & 2 \\ 1 & 1 & 1 \end{vmatrix} = 1\begin{vmatrix} 0 & 2 \\ 1 & 1 \end{vmatrix} + (-1)\begin{vmatrix} 1 & 1 \\ 1 & 1 \end{vmatrix} + 1\begin{vmatrix} 1 & 1 \\ 0 & 2 \end{vmatrix} = -2 + 0 + 2 = 0$$

따라서 벡터는 종속이다.

어떤 두 벡터도 독립임을 보일 수 있기 때문에, 이 벡터들이 생성하는 공간의 차원은 2차원이다.

(2) 삼각함수 항등식을 이용하면 다음 식이 성립한다.

$$\cos\left(t + \frac{\pi}{4}\right) = \frac{-1}{\sqrt{2}}\sin t + \frac{1}{\sqrt{2}}\cos t$$

따라서 벡터는 종속이다. $\sin(t)$와 $\cos(t)$의 선형 결합은 0이 될 수 없기 때문에 이 벡터로 생성되는 공간의 차원은 2이다.

(3) 이것은 벡터 수가 $\Re^4$의 세 벡터에서 도출된 벡터 공간의 크기보다 작다는 점을 제외하고는 (1)과 비슷하다. 이 경우 이 벡터들로 구성된 행렬이 정방형이 아니므로 행렬식을 계산할 수 없다. 하지만 그래미언Gramian[Brog91]을 사용할 수 있다. 이 것은 행렬의 행렬식으로 i, j 요소가 벡터 i와 벡터 j의 내적이다. 벡터는 그래미언이 영인 경우에만 종속이다.

이 문제에서 그래미언은 다음과 같이 될 것이다.

$$G = \begin{vmatrix} (\mathbf{x}_1, \mathbf{x}_1) & (\mathbf{x}_1, \mathbf{x}_2) & (\mathbf{x}_1, \mathbf{x}_3) \\ (\mathbf{x}_2, \mathbf{x}_1) & (\mathbf{x}_2, \mathbf{x}_2) & (\mathbf{x}_2, \mathbf{x}_3) \\ (\mathbf{x}_3, \mathbf{x}_1) & (\mathbf{x}_3, \mathbf{x}_2) & (\mathbf{x}_3, \mathbf{x}_3) \end{vmatrix}$$

여기서

$$\mathbf{x}_1 = \begin{bmatrix} 1 \\ 1 \\ 1 \\ 1 \end{bmatrix} \qquad \mathbf{x}_2 = \begin{bmatrix} 1 \\ 0 \\ 1 \\ 1 \end{bmatrix} \qquad \mathbf{x}_3 = \begin{bmatrix} 1 \\ 2 \\ 1 \\ 1 \end{bmatrix}$$

따라서

$$G = \begin{vmatrix} 4 & 3 & 5 \\ 3 & 3 & 3 \\ 5 & 3 & 7 \end{vmatrix} = 4 \begin{vmatrix} 3 & 3 \\ 3 & 7 \end{vmatrix} + (-3) \begin{vmatrix} 3 & 5 \\ 3 & 7 \end{vmatrix} + 5 \begin{vmatrix} 3 & 5 \\ 3 & 3 \end{vmatrix} = 48 - 18 - 30 = 0$$

또한 다음과 같이 표기함으로써 이 벡터가 종속임을 보일 수 있다.

$$2 \begin{bmatrix} 1 \\ 1 \\ 1 \\ 1 \end{bmatrix} - 1 \begin{bmatrix} 1 \\ 0 \\ 1 \\ 1 \end{bmatrix} - 1 \begin{bmatrix} 1 \\ 2 \\ 1 \\ 1 \end{bmatrix} = \begin{bmatrix} 0 \\ 0 \\ 0 \\ 0 \end{bmatrix}$$

따라서 이 공간의 차원은 3 미만이다. $\mathbf{x}_1$과 $\mathbf{x}_2$의 그래미언 행렬이 다음과 같기 때문에, $\mathbf{x}_1$과 $\mathbf{x}_2$는 독립임을 보일 수 있다.

$$G = \begin{vmatrix} 4 & 3 \\ 3 & 3 \end{vmatrix} = 4 \neq 0$$

따라서 공간의 차원은 2차원이다.

P5.4 단층 퍼셉트론은 선형적으로 분리할 수 있는(선형 경계로 분리할 수 있는, 그림 3.3 참조) 패턴을 인식하는 데만 사용될 수 있다는 사실을 3장과 4장에서 기억해보라. 만일 두 패턴이 선형적으로 분리된다면 항상 선형 독립인가?

아니다. 이들은 연관되지 않은 두 개념이다. 다음의 간단한 예를 들어보자. 그림 P5.2에 보이는 두 입력 퍼셉트론을 고려하라.

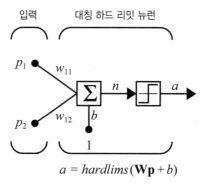

$$a = hardlims(\mathbf{W}\mathbf{p} + b)$$

그림 P5.2 2입력 퍼셉트론

두 벡터를 분리하려 한다고 해보자.

$$\mathbf{p}_1 = \begin{bmatrix} 0.5 \\ 0.5 \end{bmatrix} \qquad \mathbf{p}_2 = \begin{bmatrix} 1.5 \\ 1.5 \end{bmatrix}$$

가중치와 오프셋을 $w_{11} = 1$, $w_{12} = 1$과 $b = -2$로 선택한다면, 결정 경계($\mathbf{W}\mathbf{p} + b = 0$)는 다음 그림에 보이는 것과 같다. 확실히 이 두 벡터는 선형적으로 분리될 수 있다. 하지만 $\mathbf{p}_2 = 3\mathbf{p}_1$이기 때문에 선형적으로 독립은 아니다.

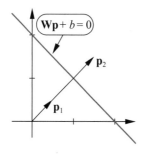

P5.5   그람-슈미트 직교화를 이용해 다음 기저 벡터의 직교 집합을 찾아라.

$$\mathbf{y}_1 = \begin{bmatrix} 1 \\ 1 \\ 1 \end{bmatrix} \qquad \mathbf{y}_2 = \begin{bmatrix} 1 \\ 0 \\ 0 \end{bmatrix} \qquad \mathbf{y}_3 = \begin{bmatrix} 0 \\ 1 \\ 0 \end{bmatrix}$$

168

1단계

$$\mathbf{v}_1 = \mathbf{y}_1 = \begin{bmatrix} 1 \\ 1 \\ 1 \end{bmatrix}$$

2단계

$$\mathbf{v}_2 = \mathbf{y}_2 - \frac{\mathbf{v}_1^T \mathbf{y}_2}{\mathbf{v}_1^T \mathbf{v}_1}\mathbf{v}_1 = \begin{bmatrix} 1 \\ 0 \\ 0 \end{bmatrix} - \frac{\begin{bmatrix} 1 & 1 & 1 \end{bmatrix}\begin{bmatrix} 1 \\ 0 \\ 0 \end{bmatrix}}{\begin{bmatrix} 1 & 1 & 1 \end{bmatrix}\begin{bmatrix} 1 \\ 1 \\ 1 \end{bmatrix}}\begin{bmatrix} 1 \\ 1 \\ 1 \end{bmatrix} = \begin{bmatrix} 1 \\ 0 \\ 0 \end{bmatrix} - \begin{bmatrix} 1/3 \\ 1/3 \\ 1/3 \end{bmatrix} = \begin{bmatrix} 2/3 \\ -1/3 \\ -1/3 \end{bmatrix}$$

3단계

$$\mathbf{v}_3 = \mathbf{y}_3 - \frac{\mathbf{v}_1^T \mathbf{y}_3}{\mathbf{v}_1^T \mathbf{v}_1}\mathbf{v}_1 - \frac{\mathbf{v}_2^T \mathbf{y}_3}{\mathbf{v}_2^T \mathbf{v}_2}\mathbf{v}_2$$

$$\mathbf{v}_3 = \begin{bmatrix} 0 \\ 1 \\ 0 \end{bmatrix} - \frac{\begin{bmatrix} 1 & 1 & 1 \end{bmatrix}\begin{bmatrix} 0 \\ 1 \\ 0 \end{bmatrix}}{\begin{bmatrix} 1 & 1 & 1 \end{bmatrix}\begin{bmatrix} 1 \\ 1 \\ 1 \end{bmatrix}}\begin{bmatrix} 1 \\ 1 \\ 1 \end{bmatrix} - \frac{\begin{bmatrix} 2/3 & -1/3 & -1/3 \end{bmatrix}\begin{bmatrix} 0 \\ 1 \\ 0 \end{bmatrix}}{\begin{bmatrix} 2/3 & -1/3 & -1/3 \end{bmatrix}\begin{bmatrix} 2/3 \\ -1/3 \\ -1/3 \end{bmatrix}}\begin{bmatrix} 2/3 \\ -1/3 \\ -1/3 \end{bmatrix}$$

$$\mathbf{v}_3 = \begin{bmatrix} 0 \\ 1 \\ 0 \end{bmatrix} - \begin{bmatrix} 1/3 \\ 1/3 \\ 1/3 \end{bmatrix} - \begin{bmatrix} -1/3 \\ 1/6 \\ 1/6 \end{bmatrix} = \begin{bmatrix} 0 \\ 1/2 \\ -1/2 \end{bmatrix}$$

P5.6 구간 [−1, 1]에서 정의되는 모든 다항식의 벡터 공간을 고려하라. $(x,y) = \int_{-1}^{1} x(t)y(t)dt$ 가 유효한 내적임을 보여라.

내적은 다음 성질을 만족해야만 한다.

1. $(x,y) = (y,x)$

$$(x,y) = \int_{-1}^{1} x(t)y(t)dt = \int_{-1}^{1} y(t)x(t)dt = (y,x)$$

2. $(x, ay_1 + by_2) = a(x,y_1) + b(x,y_2)$

$$(x, ay_1 + by_2) = \int_{-1}^{1} x(t)(ay_1(t) + by_2(t))dt = a\int_{-1}^{1} x(t)y_1(t)dt + b\int_{-1}^{1} x(t)y_2(t)dt$$
$$= a(x,y_1) + b(x,y_2)$$

3. $(x,x) \geq 0$. 단, x가 영 벡터인 경우에만 등식 성립

$$(x,x) = \int_{-1}^{1} x(t)x(t)dt = \int_{-1}^{1} x^2(t)\,dt \geq 0$$

여기서 등식은 영 벡터인 $x(t) = 0$, $-1 \leq t \leq 1$인 경우에만 성립한다.

P5.7 문제 **P5.6**에서 설명된 (구간 [−1, 1]에서 정의된 다항식) 벡터 공간의 두 벡터는 $1 + t$와 $1 - t$이다. 이 두 벡터를 기반으로 하는 직교 벡터 집합을 찾아라.

1단계

$$v_1 = y_1 = 1 + t$$

2단계

$$v_2 = y_2 - \frac{(v_1, y_2)}{(v_1, v_1)} v_1$$

여기서

$$(v_1, y_2) = \int\limits_{-1}^{1}(1+t)(1-t)dt = \left(t - \frac{t^3}{3}\right)\Bigg|_{-1}^{1} = \left(\frac{2}{3}\right) - \left(-\frac{2}{3}\right) = \frac{4}{3}$$

$$(v_1, v_1) = \int\limits_{-1}^{1}(1+t)^2 dt = \frac{(1+t)^3}{3}\Bigg|_{-1}^{1} = \left(\frac{8}{3}\right) - (0) = \frac{8}{3}$$

그러므로

$$v_2 = (1-t) - \frac{4/3}{8/3}(1+t) = \frac{1}{2} - \frac{3}{2}t$$

P5.8 다음 기저 집합으로 $\mathbf{x} = \begin{bmatrix} 6 & 9 & 9 \end{bmatrix}^T$를 전개하라.

$$\mathbf{v}_1 = \begin{bmatrix} 1 \\ 1 \\ 1 \end{bmatrix} \qquad \mathbf{v}_2 = \begin{bmatrix} 1 \\ 2 \\ 3 \end{bmatrix} \qquad \mathbf{v}_3 = \begin{bmatrix} 1 \\ 3 \\ 2 \end{bmatrix}$$

첫 단계는 쌍대 기저 벡터를 계산하는 것이다.

$$\mathbf{B} = \begin{bmatrix} 1 & 1 & 1 \\ 1 & 2 & 3 \\ 1 & 3 & 2 \end{bmatrix} \qquad \mathbf{B}^{-1} = \begin{bmatrix} \frac{5}{3} & -\frac{1}{3} & -\frac{1}{3} \\ -\frac{1}{3} & -\frac{1}{3} & \frac{2}{3} \\ -\frac{1}{3} & \frac{2}{3} & -\frac{1}{3} \end{bmatrix}$$

따라서 $\mathbf{B}^{-1}$의 행을 취하면 쌍대 기저 벡터를 구할 수 있다.

$$\mathbf{r}_1 = \begin{bmatrix} 5/3 \\ -1/3 \\ -1/3 \end{bmatrix} \qquad \mathbf{r}_2 = \begin{bmatrix} -1/3 \\ -1/3 \\ 2/3 \end{bmatrix} \qquad \mathbf{r}_3 = \begin{bmatrix} -1/3 \\ 2/3 \\ -1/3 \end{bmatrix}$$

이 전개의 계수를 계산한다.

$$x_1^v = \mathbf{r}_1^T \mathbf{x} = \begin{bmatrix} \dfrac{5}{3} & \dfrac{-1}{3} & \dfrac{-1}{3} \end{bmatrix} \begin{bmatrix} 6 \\ 9 \\ 9 \end{bmatrix} = 4$$

$$x_2^v = \mathbf{r}_2^T \mathbf{x} = \begin{bmatrix} \dfrac{-1}{3} & \dfrac{-1}{3} & \dfrac{2}{3} \end{bmatrix} \begin{bmatrix} 6 \\ 9 \\ 9 \end{bmatrix} = 1$$

$$x_3^v = \mathbf{r}_3^T \mathbf{x} = \begin{bmatrix} \dfrac{-1}{3} & \dfrac{2}{3} & \dfrac{-1}{3} \end{bmatrix} \begin{bmatrix} 6 \\ 9 \\ 9 \end{bmatrix} = 1$$

그리고 전개는 다음과 같이 작성된다.

$$\mathbf{x} = x_1^v \mathbf{v}_1 + x_2^v \mathbf{v}_2 + x_3^v \mathbf{v}_3 = 4 \begin{bmatrix} 1 \\ 1 \\ 1 \end{bmatrix} + 1 \begin{bmatrix} 1 \\ 2 \\ 3 \end{bmatrix} + 1 \begin{bmatrix} 1 \\ 3 \\ 2 \end{bmatrix}$$

이 과정을 행렬 형식으로 표현할 수 있다.

$$\mathbf{x}^v = \mathbf{B}^{-1}\mathbf{x} = \begin{bmatrix} \dfrac{5}{3} & -\dfrac{1}{3} & -\dfrac{1}{3} \\ -\dfrac{1}{3} & -\dfrac{1}{3} & \dfrac{2}{3} \\ -\dfrac{1}{3} & \dfrac{2}{3} & -\dfrac{1}{3} \end{bmatrix} \begin{bmatrix} 6 \\ 9 \\ 9 \end{bmatrix} = \begin{bmatrix} 4 \\ 1 \\ 1 \end{bmatrix}$$

$\mathbf{x}^v$와 $\mathbf{x}$는 모두 같은 벡터의 표현이지만 다른 기저 집합에 대한 전개임을 상기하라(달리 명시되지 않는 한 $\mathbf{x}$는 표준 기저 벡터를 사용하는 것으로 가정된다).

맺음말

이 장에서는 신경망의 작동 방식을 이해하는 데 매우 중요한 내용인 벡터 공간의 기본 개념을 제시했다. 벡터 공간의 주제는 매우 광범위하기 때문에 모든 측면을 다루려고 하지는 않았다. 대신 신경망에 가장 적합한 벡터 공간의 개념들을 제시했다. 여기서 다뤘던 주제들은 앞으로 계속해서 다뤄질 것이다.

다음 장에서는 신경망과 가장 연관된 선형 대수 주제들을 계속 검토할 것이다. 선형 변환과 행렬에 집중할 예정이다.

참고 문헌

[Brog91]   W. L. Brogan, *Modern Control Theory*, 3rd Ed., Englewood Cliffs, NJ: Prentice-Hall, 1991.

이 책에서는 선형 시스템의 주제들을 잘 다루고 있다. 이 책의 전반부는 선형 대수에 할애되어 있다. 또한 선형 미분 방정식의 해법과 선형 및 비선형 시스템의 안정성에 대한 내용과 다수의 문제 풀이도 포함되어 있다.

[Stra76]   G. Strang, *Linear Algebra and Its Applications*, New York: Academic Press, 1980.

스트랭Strang은 선형 대수에 관한 기본 교재를 멋지게 집필했다. 선형 대수의 많은 응용이 이 책에 통합되어 있다.

연습문제

E5.1   문제 P5.1에 설명된 퍼셉트론을 다시 고려하라. 만일 $b \neq 0$라면 결정 경계는 벡터 공간이 아님을 보여라.

E5.2   문제 P5.1에 설명된 벡터 공간의 차원은 무엇인가?

E5.3 $f(0) = 0$ 조건을 만족하는 모든 연속 함수 집합을 고려하라. 이 집합이 벡터 공간임을 보여라.

E5.4 2×2 행렬 집합이 벡터 공간임을 보여라.

E5.5 다음 가중치와 편향을 갖는 퍼셉트론 네트워크를 고려하라.

$$\mathbf{W} = \begin{bmatrix} 1 & 0 & -1 \end{bmatrix}, \ b = 0$$

(1) 결정 경계 식을 작성하라.

(2) 결정 경계가 벡터 공간임을 보여라(경계의 임의의 점에서 열 가지 조건을 만족함을 보여라).

(3) 벡터 공간의 차원은 무엇인가?

(4) 벡터 공간의 기저 집합을 찾아라.

E5.6 다음 세 가지 질문은 구간 [0, 1]에서 정의된 실수 연속 함수 집합의 부분집합을 나타낸다. 이 부분집합 중 어떤 것이 벡터 공간인지 말하라. 부분집합이 벡터 공간이 아니라면 열 가지 조건 중 만족하지 않는 것을 식별하라.

(1) $f(0.5) = 2$와 같은 모든 함수

(2) $f(0.75) = 0$과 같은 모든 함수

(3) $f(0.5) = -f(0.75) - 3$과 같은 모든 함수

E5.7 다음 세 가지 질문은 실수 직선에 대해 정의된 실수 다항식 집합의 부분집합(예: $3 + 2t + 6t^2$)을 나타낸다. 이 부분집합 중 어떤 것이 벡터 공간인지 말하라. 부분집합이 벡터 공간이 아니라면 열 가지 조건 중 만족하지 않는 것을 식별하라.

(1) 5차 미만 다항식

(2) 양수 t에 대해 양수인 다항식

(3) t가 0이 되면 0이 되는 다항식

E5.8 다음 벡터 집합 중 어떤 것이 독립인가? 각 집합에 의해 생성되는 벡터 공간의 차원을 찾아라((1)과 (4)에 대한 답변을 MATLAB 함수 **rank**를 사용해 검증하라).

(1) $\begin{bmatrix} 1 \\ 2 \\ 3 \end{bmatrix}$ $\qquad$ $\begin{bmatrix} 1 \\ 0 \\ 1 \end{bmatrix}$ $\qquad$ $\begin{bmatrix} 1 \\ 2 \\ 1 \end{bmatrix}$

(2) $\sin t$ $\qquad$ $\cos t$ $\qquad$ $\cos(2t)$

(3) $1 + t$ $\qquad$ $1 - t$

(4) $\begin{bmatrix} 1 \\ 2 \\ 2 \\ 1 \end{bmatrix}$ $\qquad$ $\begin{bmatrix} 1 \\ 0 \\ 0 \\ 1 \end{bmatrix}$ $\qquad$ $\begin{bmatrix} 3 \\ 4 \\ 4 \\ 3 \end{bmatrix}$

E5.9 3장의 사과와 오렌지 패턴 인식 문제를 기억해보라. 각 프로토타입 패턴(오렌지와 사과)과 테스트 입력 패턴(타원형 오렌지) 사이에 각도를 찾아라. 각도가 직관적인지 확인하라.

$$\mathbf{p}_1 = \begin{bmatrix} 1 \\ -1 \\ -1 \end{bmatrix} \text{(오렌지)} \qquad \mathbf{p}_2 = \begin{bmatrix} 1 \\ 1 \\ -1 \end{bmatrix} \text{(사과)} \qquad \mathbf{p} = \begin{bmatrix} -1 \\ -1 \\ -1 \end{bmatrix}$$

E5.10 다음 기저 벡터에서 그람-슈미트 직교화를 이용한 직교 집합을 찾아라(MATLAB을 이용해 답을 확인하라).

$$\mathbf{y}_1 = \begin{bmatrix} 1 \\ 0 \\ 0 \end{bmatrix} \qquad \mathbf{y}_2 = \begin{bmatrix} 1 \\ 1 \\ 0 \end{bmatrix} \qquad \mathbf{y}_3 = \begin{bmatrix} 1 \\ 1 \\ 1 \end{bmatrix}$$

E5.11 구간 $[0, 1]$에서 구간 연속 함수piecewise continuous function의 벡터 공간을 고려하라. 그림 E5.1에 정의된 집합 $\{f_1, f_2, f_3\}$는 이 벡터 공간의 세 벡터다.

(1) 이 집합이 선형 독립임을 보여라.

(2) 그람-슈미트 방법을 이용해 직교 집합을 생성하라. 내적은 다음과 같이 정의된다.

$$(f,g) = \int_0^1 f(t)g(t)dt$$

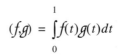

그림 E5.1 연습문제 E5.11의 기본 집합

E5.12 구간 [0, 1]에서 구간 연속 함수의 벡터 공간을 고려하라. 그림 E5.2에 정의된 집합 $\{f_1, f_2\}$는 이 벡터 공간의 두 벡터를 포함한다.

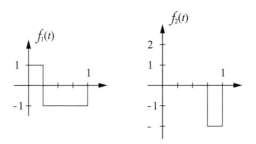

그림 E5.2 연습문제 E5.12의 기본 집합

(1) 그람–슈미트 방법을 이용해 직교 집합을 구하라. 내적은 다음과 같이 정의된다.

$$(f,g) = \int_0^1 f(t)g(t)dt$$

(2) 그림 E5.3에 벡터 g와 h를 (1)에서 구한 직교 집합으로 전개하라. 찾은 문제가 있다면 설명하라.

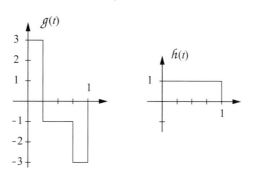

그림 E5.3 연습문제 E5.12(2)의 벡터 g와 h

E5.13 1차원 이하의 다항식 집합을 고려하라. 이 집합은 선형 벡터 공간이다. 이 공간에 대한 한 기저 집합은 다음과 같다.

$$\{ u_1 = 1, u_2 = t \}$$

이 기저 집합을 이용하면 다항식 $y = 2 + 4t$는 다음과 같이 표시될 수 있다.

$$\mathbf{y}^u = \begin{bmatrix} 2 \\ 4 \end{bmatrix}$$

새로운 기저 집합을 고려하라.

$$\{ v_1 = 1 + t, v_2 = 1 - t \}$$

쌍대 기저 벡터를 사용해 이 새로운 기저 집합에 대한 y의 표현을 찾아라.

E5.14 벡터 x는 기저 벡터 $\{ v_1, v_2 \}$로 다음과 같이 전개될 수 있다.

$$x = 1 v_1 + 1 v_2$$

벡터 v_1과 v_2는 기저 벡터 $\{ s_1, s_2 \}$로 다음과 같이 전개될 수 있다.

$$v_1 = 1 s_1 - 1 s_2$$
$$v_2 = 1 s_1 + 1 s_2$$

(1) 기저 벡터 x에 대해 $\{s_1, s_2\}$의 전개를 찾아라.

(2) 기저 벡터 y에 대해 벡터 $\{s_1, s_2\}$가 다음과 같이 전개될 수 있다.

$$y = 1s_1 + 1s_2$$

기저 벡터 y에 대해 벡터 $\{v_1, v_2\}$의 전개를 찾아라.

E5.15 구간 [0, 1]에서 연속 함수의 벡터 공간을 고려하라. 다음 그림에서 정의된 집합 $\{f_1, f_2\}$는 이 벡터 공간의 두 벡터를 포함한다.

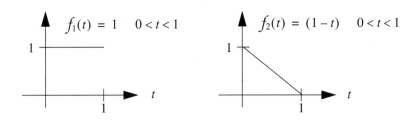

그림 E5.4 연습문제 E5.15의 독립 벡터

(1) 이 두 벡터에서 그람–슈미트 방법을 이용해 직교 집합 $\{g_1, g_2\}$를 만들어라. 내적은 다음과 같이 정의된다.

$$(f, g) = \int_0^1 f(t)g(t)dt$$

직교 벡터 g_1과 g_2를 시간의 함수로 그려라.

(2) 다음 벡터 h를 식 (5.27)을 이용해 (1)에서 만든 직교 집합에 대해 전개하라. g_1과 g_1의 조합으로 h를 다시 만들어 전개가 옳은지 보여라.

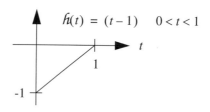

$$h(t) = (t-1) \quad 0 < t < 1$$

그림 E5.5 연습문제 E5.15의 벡터 h

E5.16 모든 복소수의 집합을 고려하라. 이 집합은 정의된 열 가지 성질을 만족하기 때문에 벡터 공간으로 간주될 수 있다. 또한 이 벡터 공간에 대한 내적 $(x, y) = Re(x)Re(y) + Im(x)Im(y)$를 정의할 수 있다. $Re(x)$는 x의 실수부이고, $Im(x)$는 x의 허수부다. 이로부터 놈 정의 $\|x\| = \sqrt{(x, y)}$가 도출된다.

(1) 위에 설명된 벡터 공간의 다음 기저 집합을 고려하라. $v_1 = 1 + 2j$, $v_2 = 2 + j$. 그람–슈미트 방법을 이용해 직교 기저 집합을 찾아라.

(2) (1)의 직교 기저 집합을 이용해 $u_1 = 1 - j$, $u_2 = 1 + j$, $x = 3 + j$에 대한 벡터 전개를 찾아라. 이렇게 하면 x, u_1, u_2를 숫자 열 **x**, **u**₁, **u**₂로 작성할 수 있을 것이다.

(3) 이제 기저 집합 $\{u_1, u_2\}$를 이용해 벡터 x를 나타내고자 한다. 쌍대 기저 벡터를 이용해 기저 벡터 $\{u_1, u_2\}$에 대해 x의 전개를 찾아라. 이 기저 벡터를 이용해 x를 새로운 숫자 열 **x**"로 표시할 수 있다.

(4) (2)와 (3)에서 찾았던 x의 표현이 대등함을 보여라(두 숫자 열 **x**와 **x**" 모두 x를 나타낸다).

E5.17 그림 E5.6에 정의된 벡터를 고려하라. 집합 $\{s_1, s_2\}$는 표준 기저 집합이다. 집합 $\{u_1, u_2\}$는 다른 기저 집합이다. 벡터 x는 두 기저 집합에 대해 표현하려는 벡터다.

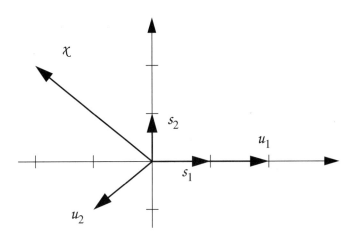

그림 E5.6 연습문제 E5.17의 벡터 정의

(1) 표준 기저 $\{s_1,\ s_2\}$로 χ의 전개를 작성하라.

(2) 표준 기저 $\{s_1,\ s_2\}$로 u_1과 u_2의 전개를 작성하라.

(3) 쌍대 기저 벡터를 이용해 기저 $\{u_1,\ u_2\}$로 χ의 전개를 작성하라.

(4) (1)과 (3)의 전개가 대등함을 보여주는 그림을 그림 5.2와 유사하게 그려라.

E5.18 $A\sin(t+\theta)$ 형태로 작성될 수 있는 모든 함수의 집합을 고려하라. 이 집합은 정의된 열 가지 성질을 만족하기 때문에 벡터 공간으로 간주될 수 있다.

(1) 위에 설명된 벡터 공간에 대한 기저 집합 $v_1 = \sin(t)$, $v_2 = \cos(t)$를 고려하라. 이 기저 집합을 이용해 벡터 $\chi = 2\sin(t) + 4\cos(t)$를 숫자 열 $\mathbf{x}^v$로 표현하라(벡터 전개를 찾아라).

(2) (1)에서 기저 집합을 이용해 $u_1 = 2\sin(t) + \cos(t)$, $u_2 = 3\sin(t)$에 대한 벡터 전개를 찾아라.

(3) 이제 기저 집합 $\{u_1,\ u_2\}$를 이용해 (1)의 벡터 χ를 나타내려고 한다. 쌍대 기저 벡터를 이용해 기저 집합 $\{u_1,\ u_2\}$에 대한 χ의 전개를 찾아라. χ를 새로운 숫자 열 $\mathbf{x}^u$로 작성하게 할 것이다.

(4) (1)과 (3)에서 찾은 χ의 표현이 대등함을 보여라(두 숫자 열 $\mathbf{x}^v$와 $\mathbf{x}^u$ 모두 동일한 벡터

x를 나타낸다).

E5.19 세 벡터 x, y, $z \in X$가 있다고 가정하자. y의 배수를 x에 더해서 생성된 벡터가 z에 직교하게 만들려고 한다.

(1) x에 더할 적절한 y의 배수를 어떻게 결정할 것인가?

(2) 다음 벡터를 이용해 (1)의 결과를 검증하라.

$$\mathbf{x} = \begin{bmatrix} 1 \\ 0 \end{bmatrix} \qquad \mathbf{y} = \begin{bmatrix} 1 \\ 0.5 \end{bmatrix} \qquad \mathbf{z} = \begin{bmatrix} 0.5 \\ 1 \end{bmatrix}$$

(3) (2)의 결과를 보여주는 그림을 그려라.

E5.20 다음 기저 집합으로 $\mathbf{x} = \begin{bmatrix} 1 & 2 & 2 \end{bmatrix}^T$를 전개하라(답변을 MATLAB으로 검증하라).

$$\mathbf{v}_1 = \begin{bmatrix} -1 \\ 1 \\ 0 \end{bmatrix} \qquad \mathbf{v}_2 = \begin{bmatrix} 1 \\ 1 \\ -2 \end{bmatrix} \qquad \mathbf{v}_3 = \begin{bmatrix} 1 \\ 1 \\ 0 \end{bmatrix}$$

E5.21 $\|x - ay\|$를 최솟값으로 만드는 a의 값을 찾아라($\|x\| = (x \cdot x)^{1/2}$를 이용하라). a의 값에 대해 벡터 $z = x - ay$가 y에 직교하고 다음과 같음을 보여라.

$$\|x - ay\|^2 + \|ay\|^2 = \|x\|^2$$

(벡터 ay는 y에 x를 투영한 것이다.) x와 y가 2차원인 경우의 다이어그램을 그려라. 이 개념이 그람-슈미트 직교화와 어떻게 연관되는지 설명하라.

6

신경망을 위한 선형 변환

목표

6장에서는 5장에 이어 신경망을 분석하기 위해 수학적 기초를 마련하는 작업을 진행할 예정이다. 5장에서 벡터 공간을 살펴봤다. 6장에서는 신경망에 적용할 선형 변환을 조사한다.

앞 장에서 봤듯이, 입력 벡터를 가중치 행렬로 곱하는 것은 신경망이 수행하는 핵심 연산 중 하나다. 이 연산은 선형 변환의 종류다. 일반적인 선형 변환을 살펴보고 선형 변환의 기본 성질을 살펴볼 것이다. 이 장에서 다루는 고윳값, 고유벡터, 기저 변환 같은 개념들은 (위드로-호프 규칙과 역전파를 포함하는) 성능 학습과 홉필드 네트워크 수렴 같은 주요 신경망의 주제를 이해하는 데 매우 중요하다.

이론과 예제

3장에서 논의했던 홉필드 네트워크를 기억해보라(그림 6.1 참조). 네트워크 출력은 다음 수식에 따라 동기적으로 바뀐다.

$$\mathbf{a}(t+1) \ = \ satlin(\mathbf{W}\mathbf{a}(t) + \mathbf{b}) \tag{6.1}$$

반복할 때마다 네트워크 출력에 가중치 행렬 $\mathbf{W}$를 다시 곱한다는 사실을 알아두자. 반복 연산의 효과는 무엇인가? 네트워크 출력이 안정적인 상탯값으로 수렴할지, 무한대로 발산할지 또는 진동할지 알아낼 수 있는가? 이 장에서는 이 책에서 논의하는 신경망에 대한 다른 많은 질문과 함께, 이 질문에 대답을 하기 위한 기초를 마련한다.

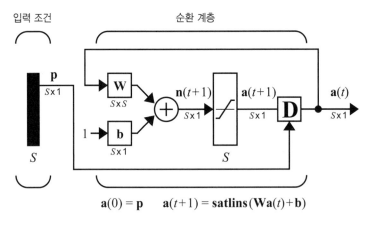

그림 6.1 홉필드 네트워크

선형 변환

몇 가지 일반적인 정의로 시작하겠다.

변환   변환transformation은 세 부분으로 구성된다.

1. 정의역domain이라고 하는 원소들의 집합 $X = \{\chi_i\}$

2. 치역range이라고 하는 원소들의 집합 $Y = \{y_i\}$

3. 각 $\chi_i \in X$를 원소 $y_i \in Y$에 연관시키는 규칙

선형 변환   다음 조건을 만족하면 변환 $\mathcal{A}$는 선형linear이다.

1. 모든 $\chi_1, \chi_2 \in X$에 대해, $\mathcal{A}(\chi_1 + \chi_2) = \mathcal{A}(\chi_1) + \mathcal{A}(\chi_2)$

2. 모든 $\chi \in X$, $a \in R$에 대해, $\mathcal{A}(a\chi) = a\mathcal{A}(\chi)$

예를 들어, 다음 그림에서 보이는 것처럼 $\mathfrak{R}^2$ 벡터를 각도 θ만큼 회전해서 얻은 변환을 고려해보자.

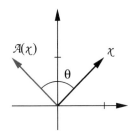

다음 두 그림은 회전이 속성 1을 만족한다는 것을 보여준다. 그림에서는 두 벡터의 합을 회전하려면 먼저 각 벡터를 회전한 후 더하면 된다는 사실을 보여준다.

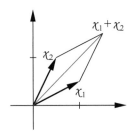 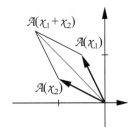

다음 그림은 속성 2를 보여준다. 확대된 벡터를 회전하려면 먼저 벡터를 회전한 후에 확대할 수 있다. 따라서 회전은 선형 연산이다.

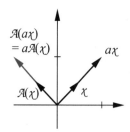

행렬 표현

이 장의 도입부에서 언급했듯이 행렬 곱셈은 선형 변환의 한 종류다. (이전 장에서 유한 차원 벡터 공간의 임의의 일반 벡터를 숫자 열로 표시할 수 있음을 보였던 것처럼) 유한 차원 벡터 공간 사이의 선형 변환도 행렬로 표시할 수 있다. 이를 위해 이전 장에서 다뤘던 대부분의 개념들을 이용할 것이다.

$\{v_1, v_2, \ldots, v_n\}$을 벡터 공간 X의 기저라고 하고, $\{u_1, u_2, \ldots, u_m\}$을 벡터 공간 Y의 기저라고 하자. 임의의 두 벡터 $\chi \in X$와 $y \in Y$는 다음과 같이 표현된다.

$$\chi = \sum_{i=1}^{n} x_i v_i \quad \text{그리고} \quad y = \sum_{i=1}^{m} y_i u_i \tag{6.2}$$

$\mathcal{A}$를 정의역 X와 치역 Y의 선형 변환이라고 하자($\mathcal{A}:X \to Y$).

$$\mathcal{A}(\chi) = y \tag{6.3}$$

그러면 위 식은 다음과 같이 작성될 수 있다.

$$\mathcal{A}\left(\sum_{j=1}^{n} x_j v_j\right) = \sum_{i=1}^{m} y_i u_i \tag{6.4}$$

$\mathcal{A}$는 선형 연산자이기 때문에 식 (6.4)는 이렇게 작성될 수 있다.

$$\sum_{j=1}^{n} x_j \mathcal{A}(v_j) = \sum_{i=1}^{m} y_i u_i \tag{6.5}$$

벡터 $\mathcal{A}(v_j)$는 Y의 원소이기 때문에, Y에 대한 기저 벡터의 선형 결합으로 작성될 수 있다.

$$\mathcal{A}(v_j) = \sum_{i=1}^{m} a_{ij} u_i \tag{6.6}$$

(이 전개의 계수에 사용된 표기법은 우연히 선택된 것이 아님을 주목하라.) 식 (6.6)을 식 (6.5)에 대체하면 다음 식을 얻을 수 있다.

$$\sum_{j=1}^{n} x_j \sum_{i=1}^{m} a_{ij} u_i = \sum_{i=1}^{m} y_i u_i \tag{6.7}$$

좌변에서 합산 순서를 뒤집는다.

$$\sum_{i=1}^{m} u_i \sum_{j=1}^{n} a_{ij} x_j = \sum_{i=1}^{m} y_i u_i \tag{6.8}$$

우변을 좌변으로 재정렬해 다음과 같은 식을 구한다.

$$\sum_{i=1}^{m} u_i \left(\sum_{j=1}^{n} a_{ij} x_j - y_i \right) = 0 \tag{6.9}$$

u_i는 기저 집합을 이루기 때문에 독립이어야 한다. 이 말은 식 (6.9)에서 u_i에 곱해진 계수가 0이어야 함을 의미하므로(식 (5.4) 참조) 다음 식이 성립하게 된다.

$$\sum_{j=1}^{n} a_{ij} x_j = y_i \tag{6.10}$$

이 식은 행렬 곱으로 다음과 같은 형태다.

$$\begin{bmatrix} a_{11} & a_{12} & \dots & a_{1n} \\ a_{21} & a_{22} & \dots & a_{2n} \\ \vdots & \vdots & & \vdots \\ a_{m1} & a_{m2} & \dots & a_{mn} \end{bmatrix} \begin{bmatrix} x_1 \\ x_2 \\ \vdots \\ x_n \end{bmatrix} = \begin{bmatrix} y_1 \\ y_2 \\ \vdots \\ y_m \end{bmatrix} \tag{6.11}$$

이 결과를 다음과 같이 요약할 수 있다. 두 유한 차원 벡터 공간 사이의 선형 변환에 대한 행렬 표현이 존재한다. 이 행렬을 정의역 벡터 x의 벡터 전개와 곱했을 때, 변환된 벡터 y의 벡터 전개를 얻는다.

(숫자 열로 일반 벡터를 표현하는 것이 유일하지 않은 것처럼(5장 참조)) 행렬 표현은 유일하지 않다는 사실을 잘 알아두자. 정의역 또는 치역의 기저 집합이 바뀌면 행렬 표현도 바뀔 수 있다. 이후 장들에서는 이런 점을 장점으로 활용할 것이다.

행렬 표현의 예제로 회전 변환을 생각해보라. 회전 변환에 대한 행렬 표현을 찾아보자. 핵심 단계는 식 (6.6)에 있다. 정의역의 각 기저 벡터를 변환한 후 치역의 기저 벡터로 전개해야 한다. 이 예제에서 정의역과 치역은 동일하므로($X = Y = \Re^2$), 문제가 간단해지도록 다음 그림과 같이 정의역과 치역에 모두 표준 기저를 사용할 것이다 ($u_i = v_i = s_i$).

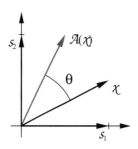

첫 단계는 첫 번째 기저 벡터를 변환하고 변환된 결과 벡터를 기저 벡터로 전개하는 것이다. s_1을 각도 θ만큼 반시계 방향으로 회전한다면 다음 그림에 보이는 것처럼 식 (6.12)를 얻을 수 있다.

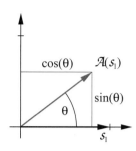

$$\mathcal{A}(s_1) = \cos(\theta)s_1 + \sin(\theta)s_2 = \sum_{i=1}^{2} a_{i1}s_i = a_{11}s_1 + a_{21}s_2 \qquad (6.12)$$

이 전개에서 두 계수는 행렬 표현의 첫 번째 열을 구성할 수 있다. 다음 단계는 두 번째 기저 벡터를 변환하는 것이다. s_2를 각도 θ만큼 반시계 방향으로 회전한다면, 다음 그림에 보이는 것처럼 식 (6.13)을 얻을 수 있다.

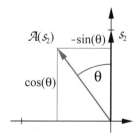

$$\mathcal{A}(s_2) = -\sin(\theta)s_1 + \cos(\theta)s_2 = \sum_{i=1}^{2} a_{i2}s_i = a_{12}s_1 + a_{22}s_2 \qquad (6.13)$$

이 전개에서 행렬 표현의 두 번째 열을 얻는다. 따라서 전체 행렬 표현은 다음과 같다.

$$\mathbf{A} = \begin{bmatrix} \cos(\theta) & -\sin(\theta) \\ \sin(\theta) & \cos(\theta) \end{bmatrix} \qquad (6.14)$$

벡터를 식 (6.14)의 행렬로 곱했을 때 벡터는 각도 θ만큼 회전한다는 사실을 직접 검증하라.

요약하면, 변환의 행렬 표현을 얻기 위해서는 식 (6.6)을 사용하라. 정의역의 각 기저 벡터를 변환하고 이것을 치역의 기저 벡터로 전개하라. 각 전개에서 계수는 변환 행렬의 열이 된다.

 행렬 표현을 만드는 과정을 그래프로 살펴보려면, 신경망 설계 데모 '선형 변환Linear Transformations' **nnd6lt**를 이용하라.

기저 변환

앞 절에서 선형 변환의 행렬 표현이 유일하지 않다는 사실을 알았다. 행렬 표현은 변환의 정의역과 치역에 어떤 기저 집합이 사용되는지에 따라 달라진다. 이 절에서 기저 집합이 달라지면 행렬 표현이 어떻게 달라지는지 설명할 것이다.

선형 변환 $\mathcal{A}:X \rightarrow Y$를 고려하자. $\{v_1, v_2, \ldots, v_n\}$을 벡터 공간 X의 기저라고 하고 $\{u_1, u_2, \ldots, u_m\}$을 벡터 공간 Y의 기저라고 하자. 따라서 임의의 벡터 $\chi \in X$는 다음과 같이 작성될 수 있다.

$$\chi = \sum_{i=1}^{n} x_i v_i \tag{6.15}$$

그리고 임의의 벡터 $y \in Y$는 다음과 같이 작성될 수 있다.

$$y = \sum_{i=1}^{m} y_i u_i \tag{6.16}$$

따라서, 만일 아래 식이 성립한다면

$$\mathcal{A}(\chi) = y \tag{6.17}$$

행렬 변환은 이렇게 될 것이다.

$$\begin{bmatrix} a_{11} & a_{12} & \dots & a_{1n} \\ a_{21} & a_{22} & \dots & a_{2n} \\ \vdots & \vdots & & \vdots \\ a_{m1} & a_{m2} & \dots & a_{mn} \end{bmatrix} \begin{bmatrix} x_1 \\ x_2 \\ \vdots \\ x_n \end{bmatrix} = \begin{bmatrix} y_1 \\ y_2 \\ \vdots \\ y_m \end{bmatrix} \tag{6.18}$$

또는

$$\mathbf{A}\mathbf{x} = \mathbf{y} \tag{6.19}$$

이제 X와 Y에 대해 다른 기저 집합을 사용한다고 가정하자. $\{ t_1, t_2, \dots, t_n \}$은 X의 새로운 기저이며, $\{ w_1, w_2, \dots, w_m \}$은 Y의 새로운 기저다. 벡터 $\chi \in X$는 새로운 기저 집합으로 다음과 같이 작성된다.

$$\chi = \sum_{i=1}^{n} x'_i t_i \tag{6.20}$$

그리고 벡터 $y \in Y$는 다음과 같이 작성된다.

$$y = \sum_{i=1}^{m} y'_i w_i \tag{6.21}$$

이로 인해 새로운 행렬 표현이 만들어졌다.

$$\begin{bmatrix} a'_{11} & a'_{12} & \dots & a'_{1n} \\ a'_{21} & a'_{22} & \dots & a'_{2n} \\ \vdots & \vdots & & \vdots \\ a'_{m1} & a'_{m2} & \dots & a'_{mn} \end{bmatrix} \begin{bmatrix} x'_1 \\ x'_2 \\ \vdots \\ x'_n \end{bmatrix} = \begin{bmatrix} y'_1 \\ y'_2 \\ \vdots \\ y'_m \end{bmatrix} \tag{6.22}$$

또는

$$\mathbf{A}'\mathbf{x}' = \mathbf{y}' \tag{6.23}$$

$\mathbf{A}$와 $\mathbf{A}'$ 사이에 어떤 관계가 있는가? 관계를 찾으려면 두 기저 벡터 사이에 관계를 찾을 필요가 있다. 우선 각 t_i는 X의 원소이므로 X의 원래 기저로 전개할 수 있다.

$$t_i = \sum_{j=1}^{n} t_{ji} v_j \tag{6.24}$$

각 w_i는 Y의 원소이므로 Y의 원래 기저로 전개할 수 있다.

$$w_i = \sum_{j=1}^{m} w_{ji} u_j \tag{6.25}$$

따라서 기저 벡터는 숫자 열로 표시될 수 있다.

$$\mathbf{t}_i = \begin{bmatrix} t_{1i} \\ t_{2i} \\ \vdots \\ t_{ni} \end{bmatrix} \qquad \mathbf{w}_i = \begin{bmatrix} w_{1i} \\ w_{2i} \\ \vdots \\ w_{mi} \end{bmatrix} \tag{6.26}$$

열이 $\mathbf{t}_i$인 행렬을 정의하라.

$$\mathbf{B}_t = \begin{bmatrix} \mathbf{t}_1 & \mathbf{t}_2 & \cdots & \mathbf{t}_n \end{bmatrix} \tag{6.27}$$

그런 다음 행렬 형식으로 식 (6.20)을 작성할 수 있다.

$$\mathbf{x} = x'_1 \mathbf{t}_1 + x'_2 \mathbf{t}_2 + \cdots + x'_n \mathbf{t}_n = \mathbf{B}_t \mathbf{x}' \tag{6.28}$$

이 식은 벡터 χ에 대한 두 표현 사이의 관계를 보여준다(이 식이 식 (5.43)과 실질적으로 동일하다는 점을 주목하라. 5장의 쌍대 기저 벡터에 대한 설명을 재확인해보라).

이제 열이 $\mathbf{w}_i$인 행렬을 정의하라.

$$\mathbf{B}_w = \begin{bmatrix} \mathbf{w}_1 & \mathbf{w}_2 & \cdots & \mathbf{w}_m \end{bmatrix} \tag{6.29}$$

이 행렬은 식 (6.21)을 행렬 형식으로 작성할 수 있게 해준다.

$$\mathbf{y} = \mathbf{B}_w \mathbf{y}' \tag{6.30}$$

이 식은 y 벡터의 두 표현 사이의 관계를 보여주고 있다.

이제 식 (6.28)과 식 (6.30)을 식 (6.19)에 대입하라.

$$\mathbf{A}\mathbf{B}_t \mathbf{x}' = \mathbf{B}_w \mathbf{y}' \tag{6.31}$$

이 식의 양변에 $\mathbf{B}_w^{-1}$를 곱하면 다음과 같다.

$$[\mathbf{B}_w^{-1} \mathbf{A}\mathbf{B}_t]\mathbf{x}' = \mathbf{y}' \tag{6.32}$$

기저 변경 식 (6.32)와 식 (6.23)을 비교하면 다음의 기저 변경^{change of basis} 연산이 정의된다.

식 (6.32)와 식 (6.23)을 비교하면 다음의 기저 **변경**^{change of basis} 연산이 정의된다.

$$\mathbf{A}' = [\mathbf{B}_w^{-1} \mathbf{A}\mathbf{B}_t] \tag{6.33}$$

특정 선형 변환에 대한 임의의 두 행렬 표현 사이의 관계를 설명하는 이 주요 결과를

닮음 변환 닮음 **변환**^{similarity transform}이라고 한다[Brog91]. 닮음 변환은 이후의 장들에서 아주 유용할 것이다. 기저 벡터를 올바르게 선택하면 기저 벡터가 표현하는 선형 변환의 주요 특징을 보여주는 행렬 표현을 구할 수 있는 것으로 밝혀졌다. 이 내용은 다음 절에서 논의할 것이다.

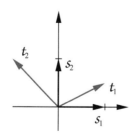 기저 집합의 변환 예로서 앞 절의 벡터 회전 예제를 다시 들어보자. 앞 절에서 행렬 표현은 표준 기저 집합 $\{s_1, s_2\}$로 개발됐다. 이제 다음 그림에 나타나는 기저 $\{t_1, t_2\}$를 이용해 새로운 표현을 찾아보자(이 예제에서 같은 기저 집합이 정의역과 치역 모두에 사용된다는 점을 주목하라).

첫 단계는 식 (6.24)와 식 (6.25)에서와 같이 표준 기저 집합으로 t_1과 t_2를 전개하는 것이다. 앞의 그림을 검토해서 다음 식을 찾는다.

$$t_1 = s_1 + 0.5 s_2 \tag{6.34}$$

$$t_2 = -s_1 + s_2 \tag{6.35}$$

따라서 다음과 같이 작성할 수 있다.

$$\mathbf{t}_1 = \begin{bmatrix} 1 \\ 0.5 \end{bmatrix} \qquad \mathbf{t}_2 = \begin{bmatrix} -1 \\ 1 \end{bmatrix} \tag{6.36}$$

이제 다음 행렬을 구성한다.

$$\mathbf{B}_t = \begin{bmatrix} \mathbf{t}_1 & \mathbf{t}_2 \end{bmatrix} = \begin{bmatrix} 1 & -1 \\ 0.5 & 1 \end{bmatrix} \tag{6.37}$$

그리고 변환의 정의역과 치역 모두에 같은 기저 집합을 사용하고 있기 때문에 다음과 같이 된다.

$$\mathbf{B}_w = \mathbf{B}_t = \begin{bmatrix} 1 & -1 \\ 0.5 & 1 \end{bmatrix} \tag{6.38}$$

이제 식 (6.33)으로 새로운 행렬 표현을 계산할 수 있다.

$$\begin{aligned} \mathbf{A}' = [\mathbf{B}_w^{-1} \mathbf{A} \mathbf{B}_t] &= \begin{bmatrix} 2/3 & 2/3 \\ -1/3 & 2/3 \end{bmatrix} \begin{bmatrix} \cos\theta & -\sin\theta \\ \sin\theta & \cos\theta \end{bmatrix} \begin{bmatrix} 1 & -1 \\ 0.5 & 1 \end{bmatrix} \\ &= \begin{bmatrix} 1/3\sin\theta + \cos\theta & -4/3\sin\theta \\ \dfrac{5}{6}\sin\theta & -1/3\sin\theta + \cos\theta \end{bmatrix} \end{aligned} \tag{6.39}$$

예를 들어, $\theta = 30°$인 경우를 취하라.

$$\mathbf{A}' = \begin{bmatrix} 1.033 & -0.667 \\ 0.417 & 0.699 \end{bmatrix} \tag{6.40}$$

그리고

$$\mathbf{A} = \begin{bmatrix} 0.866 & -0.5 \\ 0.5 & 0.866 \end{bmatrix} \tag{6.41}$$

이 행렬이 맞는지 확인하려면 테스트 벡터를 시도해보자.

$$\mathbf{x'} = \begin{bmatrix} 1 \\ 0 \end{bmatrix} \text{에 대응하는} \quad \mathbf{x} = \begin{bmatrix} 1 \\ 0.5 \end{bmatrix} \tag{6.42}$$

($\mathbf{x}$와 $\mathbf{x'}$로 표현되는 벡터는 t_1으로, 두 번째 기저 집합의 원소라는 점을 주목하라.) 변환된 테스트 벡터는 다음과 같이 될 것이다.

$$\mathbf{y} = \mathbf{Ax} = \begin{bmatrix} 0.866 & -0.5 \\ 0.5 & 0.866 \end{bmatrix} \begin{bmatrix} 1 \\ 0.5 \end{bmatrix} = \begin{bmatrix} 0.616 \\ 0.933 \end{bmatrix} \tag{6.43}$$

이 결과는 다음 결과에 대응돼야 한다.

$$\mathbf{y'} = \mathbf{A'x'} = \begin{bmatrix} 1.033 & -0.667 \\ 0.416 & 0.699 \end{bmatrix} \begin{bmatrix} 1 \\ 0 \end{bmatrix} = \begin{bmatrix} 1.033 \\ 0.416 \end{bmatrix} \tag{6.44}$$

$\mathbf{y'}$가 $\mathbf{y}$에 대응되는지 어떻게 테스트할 수 있을까? 둘은 2개의 다른 기저 집합으로 같은 벡터인 y를 표현해야 한다. $\mathbf{y}$는 기저 $\{s_1, s_2\}$를 사용하고 $\mathbf{y'}$는 $\{t_1, t_2\}$를 사용한다. 5장에서는 한 표현을 다른 표현으로 변환하기 위해 쌍대 기저 벡터를 사용했었다. 그 개념을 이용해 이전 결과를 검증한다.

$$\mathbf{y'} = \mathbf{B}^{-1}\mathbf{y} = \begin{bmatrix} 1 & -1 \\ 0.5 & 1 \end{bmatrix}^{-1} \begin{bmatrix} 0.616 \\ 0.933 \end{bmatrix} = \begin{bmatrix} 2/3 & 2/3 \\ -1/3 & 2/3 \end{bmatrix} \begin{bmatrix} 0.616 \\ 0.933 \end{bmatrix} = \begin{bmatrix} 1.033 \\ 0.416 \end{bmatrix} \tag{6.45}$$

이 벡터는 다음 그림에 나타난다. 식 (6.43)과 식 (6.44)로 주어진 두 표현 $\mathbf{y}$와 $\mathbf{y'}$가 합리적이라는 사실을 그래프로 검증하라.

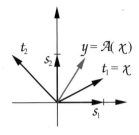

고윳값과 고유벡터

이번 마지막 절에서는 선형 변환의 두 가지 핵심적인 성질을 살펴보려고 한다. 이들을 알게 되면 이 장의 시작 부분에서 제기했던 홉필드 네트워크의 안정성과 관련된 질문 같은 신경망 성능에 대한 주요 질문에 대답할 수 있다.

고윳값 먼저 고윳값^{eigenvalues}과 고유벡터^{eigenvectors}를 정의해보자. 선형 변환 $\mathcal{A}:X \rightarrow X$를 고려하 **고유벡터** 자(정의역은 치역과 같다). 다음 식을 만족하는 0이 아닌 벡터 $z \in X$와 스칼라 λ를 각각 고유벡터(z)와 고윳값(λ)이라고 한다.

$$\mathcal{A}(z) = \lambda z \tag{6.46}$$

고유벡터라는 용어는 약간 오해의 소지가 있다. 왜냐하면 z가 식 (6.46)을 만족하면 az도 만족하므로 고유벡터는 실제 벡터가 아니라 벡터 공간이기 때문이다.

이런 이유로 특정 변환의 고유벡터는 방향을 나타낸다. 즉, 고유벡터 방향의 모든 벡터는 변환 후에도 계속 같은 방향을 가리키지만 고윳값만큼 확대될 것이다. 예를 들어, 앞 절에서 사용된 회전 예제를 다시 생각해보자. 30°만큼 회전될 때 계속 같은 방향을 가리키는 벡터가 존재하는가? 없다. 이 예제는 실수 고윳값이 없는 경우다(만일 복소수 스칼라가 허용된다면 2개의 고윳값이 존재하게 되는데, 이는 나중에 확인할 것이다).

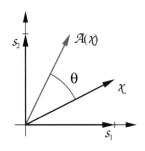

고윳값과 고유벡터는 어떻게 계산하는가? n차원 벡터 공간 X에서 선택된 기저가 있다고 가정해보자. 식 (6.46)의 행렬 표현은 다음과 같이 작성될 수 있다.

$$\mathbf{A}\mathbf{z} = \lambda\mathbf{z} \tag{6.47}$$

또는

$$[\mathbf{A} - \lambda\mathbf{I}]\mathbf{z} = \mathbf{0} \tag{6.48}$$

이것은 $[\mathbf{A} - \lambda\mathbf{I}]$의 열이 종속이고 그에 따라 행렬의 행렬식이 0이어야 한다는 뜻이다.

$$|[\mathbf{A} - \lambda\mathbf{I}]| = 0 \tag{6.49}$$

이 행렬식은 n차 다항식이다. 따라서 식 (6.49)는 항상 n개의 근을 가지며, 그중 일부는 복소수가 될 수도 있고 일부는 중복될 수도 있다.

회전 예제를 다시 고려해보자. 표준 기저 집합을 사용한다면 변환 행렬은 다음과 같다.

$$\mathbf{A} = \begin{bmatrix} \cos\theta & -\sin\theta \\ \sin\theta & \cos\theta \end{bmatrix} \tag{6.50}$$

식 (6.49)는 다음과 같이 작성될 수 있다.

$$\left| \begin{bmatrix} \cos\theta - \lambda & -\sin\theta \\ \sin\theta & \cos\theta - \lambda \end{bmatrix} \right| = 0 \tag{6.51}$$

또는

$$\lambda^2 - 2\lambda\cos\theta + ((\cos\theta)^2 + (\sin\theta)^2) = \lambda^2 - 2\lambda\cos\theta + 1 = 0 \qquad (6.52)$$

이 식의 근은 다음과 같다.

$$\lambda_1 = \cos\theta + j\sin\theta \qquad \lambda_2 = \cos\theta - j\sin\theta \qquad (6.53)$$

예상대로 회전 변환에는 실수 고윳값이 없다($\sin\theta \neq 0$인 경우). 따라서 실수 벡터가 변환될 때는 늘 새로운 방향을 가리키게 된다.

또 다른 행렬을 고려해보자.

$$\mathbf{A} = \begin{bmatrix} -1 & 1 \\ 0 & -2 \end{bmatrix} \qquad (6.54)$$

고윳값을 찾기 위해 다음 식을 풀어야 한다.

$$\left| \begin{bmatrix} -1-\lambda & 1 \\ 0 & -2-\lambda \end{bmatrix} \right| = 0 \qquad (6.55)$$

또는

$$\lambda^2 + 3\lambda + 2 = (\lambda+1)(\lambda+2) = 0 \qquad (6.56)$$

그리고 고윳값은 다음과 같다.

$$\lambda_1 = -1 \qquad \lambda_2 = -2 \qquad (6.57)$$

고유벡터를 찾으려면 식 (6.48)을 풀어야 하며, 이 예제의 경우 다음 식과 같다.

$$\begin{bmatrix} -1-\lambda & 1 \\ 0 & -2-\lambda \end{bmatrix} \mathbf{z} = \begin{bmatrix} 0 \\ 0 \end{bmatrix} \qquad (6.58)$$

이 식을 한 번은 λ_1을 사용해, 또 한 번은 λ_2를 사용해 두 번 풀 것이다. λ_1으로 시작하면 다음 식을 얻는다.

$$\begin{bmatrix} 0 & 1 \\ 0 & -1 \end{bmatrix} \mathbf{z}_1 = \begin{bmatrix} 0 & 1 \\ 0 & -1 \end{bmatrix} \begin{bmatrix} z_{11} \\ z_{21} \end{bmatrix} = \begin{bmatrix} 0 \\ 0 \end{bmatrix} \qquad (6.59)$$

또는

$$z_{21} = 0, \qquad z_{11}\text{에 대한 제약 없음} \tag{6.60}$$

따라서 첫 번째 고유벡터는 다음과 같거나, 임의의 스칼라 배수가 될 것이다.

$$\mathbf{z}_1 = \begin{bmatrix} 1 \\ 0 \end{bmatrix} \tag{6.61}$$

두 번째 고유벡터에 대해서는 λ_2를 사용한다.

$$\begin{bmatrix} 1 & 1 \\ 0 & 0 \end{bmatrix}\mathbf{z}_2 = \begin{bmatrix} 1 & 1 \\ 0 & 0 \end{bmatrix}\begin{bmatrix} z_{12} \\ z_{22} \end{bmatrix} = \begin{bmatrix} 0 \\ 0 \end{bmatrix} \tag{6.62}$$

또는

$$z_{22} = -z_{12} \tag{6.63}$$

따라서 두 번째 고유벡터는 다음과 같거나, 임의의 스칼라 배수가 될 것이다.

$$\mathbf{z}_2 = \begin{bmatrix} 1 \\ -1 \end{bmatrix} \tag{6.64}$$

결과는 다음과 같은 방식으로 검증한다.

$$\mathbf{A}\mathbf{z}_1 = \begin{bmatrix} -1 & 1 \\ 0 & -2 \end{bmatrix}\begin{bmatrix} 1 \\ 0 \end{bmatrix} = \begin{bmatrix} -1 \\ 0 \end{bmatrix} = (-1)\begin{bmatrix} 1 \\ 0 \end{bmatrix} = \lambda_1\mathbf{z}_1 \tag{6.65}$$

$$\mathbf{A}\mathbf{z}_2 = \begin{bmatrix} -1 & 1 \\ 0 & -2 \end{bmatrix}\begin{bmatrix} 1 \\ -1 \end{bmatrix} = \begin{bmatrix} -2 \\ 2 \end{bmatrix} = (-2)\begin{bmatrix} 1 \\ -1 \end{bmatrix} = \lambda_2\mathbf{z}_2 \tag{6.66}$$

고유벡터에 대한 이해를 테스트하려면, 신경망 설계 데모 '고유벡터 게임$^{\text{Eigenvector Game}}$' **nnd6eg**를 이용하라.

대각화

각기 다른 고윳값이 n개 있다면, 독립적인 n개의 고유벡터를 항상 찾을 수 있다 [Brog91]. 따라서 고유벡터는 변환 벡터 공간에 대한 기저 집합을 구성한다. 고유벡터를 기저 벡터로 활용해 앞의 변환 행렬(식 (6.54))을 찾아보자. 식 (6.33)으로 다음 행렬을 구한다.

$$\mathbf{A'} = [\mathbf{B}^{-1}\mathbf{A}\mathbf{B}] = \begin{bmatrix} 1 & 1 \\ 0 & -1 \end{bmatrix} \begin{bmatrix} -1 & 1 \\ 0 & -2 \end{bmatrix} \begin{bmatrix} 1 & 1 \\ 0 & -1 \end{bmatrix} = \begin{bmatrix} -1 & 0 \\ 0 & -2 \end{bmatrix} \tag{6.67}$$

이 행렬은 대각에 고윳값을 갖는 대각 행렬이라는 점을 주목하라. 이것은 우연이 아니다. 각기 다른 고윳값을 가질 때 고유벡터를 기저 벡터로 사용해 행렬 표현을 대각화할 수 있다. 이 대각화diagonalization 과정은 다음과 같이 요약된다.

대각화

$\{\mathbf{z}_1, \mathbf{z}_2, \dots, \mathbf{z}_n\}$이 행렬 $\mathbf{A}$의 고유벡터일 때, 이를 $\mathbf{B}$라고 정의하자.

$$\mathbf{B} = \begin{bmatrix} \mathbf{z}_1 & \mathbf{z}_2 & \dots & \mathbf{z}_n \end{bmatrix} \tag{6.68}$$

그러면 다음과 같이 행렬 $\mathbf{A}$를 대각화할 수 있다. $\{\lambda_1, \lambda_2, \dots, \lambda_n\}$은 행렬 $\mathbf{A}$의 고윳값이다.

$$[\mathbf{B}^{-1}\mathbf{A}\mathbf{B}] = \begin{bmatrix} \lambda_1 & 0 & \dots & 0 \\ 0 & \lambda_2 & \dots & 0 \\ \vdots & \vdots & & \vdots \\ 0 & 0 & \dots & \lambda_n \end{bmatrix} \tag{6.69}$$

이 결과는 이후의 장들에서 신경망 성능을 분석할 때 매우 도움이 될 것이다.

결과 요약

변환

변환transformation은 세 부분으로 구성된다.

1. 정의역domain이라고 하는 원소들의 집합 $X = \{\chi_i\}$
2. 치역range이라고 하는 원소들의 집합 $Y = \{y_i\}$
3. 각 $\chi_i \in X$를 원소 $y_i \in Y$에 연관시키는 규칙

선형 변환

다음 조건을 만족하면 변환 $\mathcal{A}$는 선형linear이다.

1. 모든 $\chi_1, \chi_2 \in X$에 대해, $\mathcal{A}(\chi_1 + \chi_2) = \mathcal{A}(\chi_1) + \mathcal{A}(\chi_2)$
2. 모든 $\chi \in X$, $a \in R$에 대해, $\mathcal{A}(a\chi) = a\mathcal{A}(\chi)$

행렬 표현

$\{v_1, v_2, \ldots, v_n\}$을 벡터 공간 X의 기저라고 하고 $\{u_1, u_2, \ldots, u_m\}$을 벡터 공간 Y의 기저라고 하자. $\mathcal{A}$를 정의역 X와 치역 Y의 선형 변환이라고 하자.

$$\mathcal{A}(\chi) = y$$

행렬 표현의 계수는 다음 식에서 얻을 수 있다.

$$\mathcal{A}(v_j) = \sum_{i=1}^{m} a_{ij} u_i$$

기저 변환

$$\mathbf{B}_t = \begin{bmatrix} \mathbf{t}_1 & \mathbf{t}_2 & \dots & \mathbf{t}_n \end{bmatrix}$$

$$\mathbf{B}_w = \begin{bmatrix} \mathbf{w}_1 & \mathbf{w}_2 & \dots & \mathbf{w}_m \end{bmatrix}$$

$$\mathbf{A'} = [\mathbf{B}_w^{-1} \mathbf{A} \mathbf{B}_t]$$

고윳값과 고유벡터

$$\mathbf{A}\mathbf{z} = \lambda \mathbf{z}$$

$$|[\mathbf{A} - \lambda \mathbf{I}]| = 0$$

대각화

$$\mathbf{B} = \begin{bmatrix} \mathbf{z}_1 & \mathbf{z}_2 & \dots & \mathbf{z}_n \end{bmatrix}$$

여기서 $\{\mathbf{z}_1, \mathbf{z}_2, \dots, \mathbf{z}_n\}$은 정사각 행렬 $\mathbf{A}$의 고유벡터다.

$$[\mathbf{B}^{-1} \mathbf{A} \mathbf{B}] = \begin{bmatrix} \lambda_1 & 0 & \dots & 0 \\ 0 & \lambda_2 & \dots & 0 \\ \vdots & \vdots & & \vdots \\ 0 & 0 & \dots & \lambda_n \end{bmatrix}$$

문제 풀이

P6.1 그림 **P6.1**에 나타나는 선형 전달 함수를 갖는 단층 네트워크를 고려하라. 네트워크에서 입력 벡터에서 출력 벡터로의 변환이 선형 변환인가?

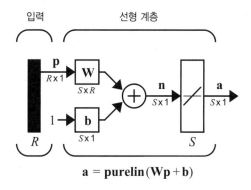

$$\mathbf{a} = \mathbf{purelin}(\mathbf{Wp} + \mathbf{b})$$

그림 P6.1 단일 뉴런 퍼셉트론

네트워크의 식은 다음과 같다.

$$\mathbf{a} = \mathcal{A}(\mathbf{p}) = \mathbf{Wp} + \mathbf{b}$$

이 변환이 선형이 되려면 다음을 만족해야만 한다.

1. $\mathcal{A}(\mathbf{p}_1 + \mathbf{p}_2) = \mathcal{A}(\mathbf{p}_1) + \mathcal{A}(\mathbf{p}_2)$
2. $\mathcal{A}(a\mathbf{p}) = a\mathcal{A}(\mathbf{p})$

우선 조건 1을 테스트해보자.

$$\mathcal{A}(\mathbf{p}_1 + \mathbf{p}_2) = \mathbf{W}(\mathbf{p}_1 + \mathbf{p}_2) + \mathbf{b} = \mathbf{Wp}_1 + \mathbf{Wp}_2 + \mathbf{b}$$

이 결과를 다음의 결과와 비교하라.

$$\mathcal{A}(\mathbf{p}_1) + \mathcal{A}(\mathbf{p}_2) = \mathbf{Wp}_1 + \mathbf{b} + \mathbf{Wp}_2 + \mathbf{b} = \mathbf{Wp}_1 + \mathbf{Wp}_2 + 2\mathbf{b}$$

분명히 이 두 표현은 $\mathbf{b} = \mathbf{0}$인 경우에만 같을 것이다. 따라서 이 네트워크는 선형 전달 함수를 갖더라도 비선형 변환을 수행한다. 이와 같은 특정 종류의 비선형성을 어파인 변환affine transformation이라고 한다.

P6.2 **5장에서 투영을 살펴봤다. 투영은 선형 변환인가?**

벡터 χ의 벡터 v로의 투영은 다음과 같이 계산된다.

$$y = \mathcal{A}(\chi) = \frac{(\chi, v)}{(v, v)} v$$

이때 (χ, v)는 χ와 v의 내적이다.

이 변환이 선형성의 두 조건을 만족하는지 확인해보자. 조건 1로 시작해보자.

$$\mathcal{A}(\chi_1 + \chi_2) = \frac{(\chi_1 + \chi_2, v)}{(v, v)} v = \frac{(\chi_1, v) + (\chi_2, v)}{(v, v)} v = \frac{(\chi_1, v)}{(v, v)} v + \frac{(\chi_2, v)}{(v, v)} v$$
$$= \mathcal{A}(\chi_1) + \mathcal{A}(\chi_2)$$

(여기서 내적의 선형성 성질을 사용했다.) 조건 2를 확인하면 다음과 같다.

$$\mathcal{A}(a\chi) = \frac{(a\chi, v)}{(v, v)} v = \frac{a(\chi, v)}{(v, v)} v = a\mathcal{A}(\chi)$$

따라서 투영은 선형 연산이다.

P6.3 그림 **P6.2**에 그려진 것 같이 $\Re^2$ 벡터 χ를 직선 $x_1 + x_2 = 0$에 반사시키는 변환 $\mathcal{A}$를 고려하라. $\Re^2$ 표준 기저에 대한 변환 행렬을 구하라.

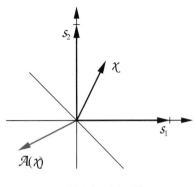

그림 P6.2 반사 변환

변환 행렬을 찾기 위한 열쇠는 식 (6.6)에 있다.

$$\mathcal{A}(v_j) = \sum_{i=1}^{m} a_{ij} u_i$$

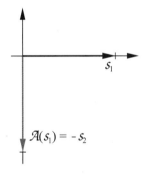

정의역의 기저 벡터를 변환하고, 그 결과를 치역의 기저 벡터로 다시 전개해야 한다. 기저 벡터를 하나씩 전개할 때마다 행렬 표현의 열을 하나씩 얻는다. 이 경우 정의역 과 치역의 기저 집합은 모두 $\{s_1, s_2\}$이다. 따라서 먼저 s_1을 변환해보자. s_1을 직선 $x_1 + x_2 = 0$에 대해 반사시키면 (위의 그림에 표시된 것처럼) 다음 식과 같으며, 이는 행렬의 첫 번째 열을 제공한다.

$$\mathcal{A}(s_1) = -s_2 = \sum_{i=1}^{2} a_{i1}s_i = a_{11}s_1 + a_{21}s_2 = 0s_1 + (-1)s_2$$

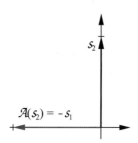

다음은 s_2를 변환하면 (위의 그림에 보이는 것처럼) 아래와 같으며, 이는 행렬의 두 번째 열을 제공한다.

$$\mathcal{A}(s_2) = -s_1 = \sum_{i=1}^{2} a_{i2}s_i = a_{12}s_1 + a_{22}s_2 = (-1)s_1 + 0s_2$$

최종 결과는 다음과 같다.

$$\begin{bmatrix} 0 & -1 \\ -1 & 0 \end{bmatrix}$$

벡터 $\mathbf{x} = \begin{bmatrix} 1 & 1 \end{bmatrix}^T$를 변환해서 행렬 표현 결과를 테스트해보자.

$$\mathbf{Ax} = \begin{bmatrix} 0 & -1 \\ -1 & 0 \end{bmatrix} \begin{bmatrix} 1 \\ 1 \end{bmatrix} = \begin{bmatrix} -1 \\ -1 \end{bmatrix}$$

이것은 직선 $x_1 + x_2 = 0$에 대한 $\mathbf{x}$의 반사로, 그림 P6.3에서 볼 수 있다.

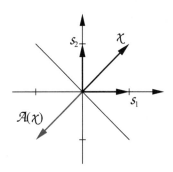

그림 P6.3 반사 연산 테스트

 이 변환의 고윳값과 고유벡터를 추측할 수 있는가? 이것을 그래프로 조사하려면, 신경망 설계 데모 '선형 변환Linear Transformations' **nnd6lt**를 이용하라. 고윳값과 고유벡터는 MATLAB **eig** 함수를 이용해 계산하고 추측을 확인하라.

P6.4 복소수 공간을 고려하라. 복소수 공간을 벡터 공간 X라고 하고 X의 기저를 $\{1 + j,$ $1 - j\}$라고 하자. $\mathcal{A}:X \rightarrow X$는 켤레 연산자(즉, $\mathcal{A}(x) = x^*$)라고 하자.

(1) 주어진 기저 집합에 대한 변환 행렬 $\mathcal{A}$를 구하라.

(2) 변환의 고윳값과 고유벡터를 구하라.

(3) 고유벡터가 기저 벡터일 때 $\mathcal{A}$의 행렬 표현을 구하라.

(1) 변환 행렬을 찾기 위해 각각의 기저 벡터를 (켤레 복소수를 찾아서) 변환하라.

$$\mathcal{A}(v_1) = \mathcal{A}(1 + j) = 1 - j = v_2 = a_{11}v_1 + a_{21}v_2 = 0v_1 + 1v_2$$

$$\mathcal{A}(v_2) = \mathcal{A}(1 - j) = 1 + j = v_1 = a_{12}v_1 + a_{22}v_2 = 1v_1 + 0v_2$$

이것은 행렬 표현을 제공한다.

$$\mathbf{A} = \begin{bmatrix} 0 & 1 \\ 1 & 0 \end{bmatrix}$$

(2) 고윳값을 찾으려면 식 (6.49)를 이용할 필요가 있다.

$$|[\mathbf{A} - \lambda\mathbf{I}]| = \left\|\begin{bmatrix} -\lambda & 1 \\ 1 & -\lambda \end{bmatrix}\right\| = \lambda^2 - 1 = (\lambda - 1)(\lambda + 1) = 0$$

따라서 고윳값은 $\lambda_1 = 1$, $\lambda_2 = -1$이다. 고유벡터를 찾으려면 식 (6.48)을 이용하라.

$$[\mathbf{A} - \lambda\mathbf{I}]\mathbf{z} = \begin{bmatrix} -\lambda & 1 \\ 1 & -\lambda \end{bmatrix}\mathbf{z} = \begin{bmatrix} 0 \\ 0 \end{bmatrix}$$

$\lambda = \lambda_1 = 1$에 대해, 이 식은 다음과 같다.

$$\begin{bmatrix} -1 & 1 \\ 1 & -1 \end{bmatrix}\mathbf{z}_1 = \begin{bmatrix} -1 & 1 \\ 1 & -1 \end{bmatrix}\begin{bmatrix} z_{11} \\ z_{21} \end{bmatrix} = \begin{bmatrix} 0 \\ 0 \end{bmatrix}$$

또는

$$z_{11} = z_{21}$$

따라서 첫 번째 고유벡터는 다음과 같거나, 이 벡터의 임의의 스칼라 배수일 것이다.

$$\mathbf{z}_1 = \begin{bmatrix} 1 \\ 1 \end{bmatrix}$$

두 번째 고유벡터는 $\lambda = \lambda_2 = -1$을 사용한다.

$$\begin{bmatrix} 1 & 1 \\ 1 & 1 \end{bmatrix}\mathbf{z}_1 = \begin{bmatrix} 1 & 1 \\ 1 & 1 \end{bmatrix}\begin{bmatrix} z_{12} \\ z_{22} \end{bmatrix} = \begin{bmatrix} 0 \\ 0 \end{bmatrix}$$

또는

$$z_{12} = -z_{22}$$

따라서 두 번째 고유벡터는 다음과 같거나, 이 벡터의 임의의 스칼라 배수다.

$$\mathbf{z}_2 = \begin{bmatrix} 1 \\ -1 \end{bmatrix}$$

이들 고유벡터는 숫자 열로 표현될 수 있지만 실제는 복소수라는 점을 주목하라. 예를 들어, 다음과 같이 복소수 표현을 계산할 수 있다.

$$z_1 = 1\,\mathcal{v}_1 + 1\,\mathcal{v}_2 = (1+j) + (1-j) = 2$$

$$z_2 = 1\,\mathcal{v}_1 + (-1)\,\mathcal{v}_2 = (1+j) - (1-j) = 2j$$

이들의 실제 고유벡터는 다음과 같음을 확인하라.

$$\mathcal{A}(z_1) = (2)^* = 2 = \lambda_1 z_1$$

$$\mathcal{A}(z_2) = (2j)^* = -2j = \lambda_2 z_2$$

(3) 기저 변경을 하기 위해 식 (6.33)을 이용할 필요가 있다.

$$\mathbf{A'} = [\mathbf{B}_w^{-1} \mathbf{A} \mathbf{B}_t] = [\mathbf{B}^{-1} \mathbf{A} \mathbf{B}]$$

여기서

$$\mathbf{B} = \begin{bmatrix} \mathbf{z}_1 & \mathbf{z}_2 \end{bmatrix} = \begin{bmatrix} 1 & 1 \\ 1 & -1 \end{bmatrix}$$

(치역과 정의역에 같은 기저 집합을 사용한다.) 따라서 다음과 같은 새로운 행렬 표현을 얻는다.

$$\mathbf{A'} = \begin{bmatrix} 0.5 & 0.5 \\ 0.5 & -0.5 \end{bmatrix} \begin{bmatrix} 0 & 1 \\ 1 & 0 \end{bmatrix} \begin{bmatrix} 1 & 1 \\ 1 & -1 \end{bmatrix} = \begin{bmatrix} 1 & 0 \\ 0 & -1 \end{bmatrix} = \begin{bmatrix} \lambda_1 & 0 \\ 0 & \lambda_2 \end{bmatrix}$$

식 (6.69)에서 기대했던 것처럼 행렬 표현을 대각화했다.

P6.5 다음 행렬을 대각화하라.

$$\mathbf{A} = \begin{bmatrix} 2 & -2 \\ -1 & 3 \end{bmatrix}$$

첫 번째 단계는 고윳값을 찾는 것이다.

$$|[\mathbf{A} - \lambda\mathbf{I}]| = \left\| \begin{bmatrix} 2-\lambda & -2 \\ -1 & 3-\lambda \end{bmatrix} \right\| = \lambda^2 - 5\lambda + 4 = (\lambda - 1)(\lambda - 4) = 0$$

따라서 고윳값은 $\lambda_1 = 1$, $\lambda_2 = 4$이다. 고유벡터를 찾으려면 다음 식에 고윳값을 대입하라.

$$[\mathbf{A} - \lambda\mathbf{I}]\mathbf{z} = \begin{bmatrix} 2-\lambda & -2 \\ -1 & 3-\lambda \end{bmatrix} \mathbf{z} = \begin{bmatrix} 0 \\ 0 \end{bmatrix}$$

$\lambda = \lambda_1 = 1$에 대해 다음과 같이 고유벡터를 구할 수 있다.

$$\begin{bmatrix} 1 & -2 \\ -1 & 2 \end{bmatrix} \mathbf{z}_1 = \begin{bmatrix} 1 & -2 \\ -1 & 2 \end{bmatrix} \begin{bmatrix} z_{11} \\ z_{21} \end{bmatrix} = \begin{bmatrix} 0 \\ 0 \end{bmatrix}$$

또는

$$z_{11} = 2z_{21}$$

따라서 첫 번째 고유벡터는 다음과 같거나, 이 벡터의 임의의 스칼라 배수가 될 것이다.

$$\mathbf{z}_1 = \begin{bmatrix} 2 \\ 1 \end{bmatrix}$$

$\lambda = \lambda_2 = 4$에 대해 다음과 같이 고유벡터를 구할 수 있다.

$$\begin{bmatrix} -2 & -2 \\ -1 & -1 \end{bmatrix} \mathbf{z}_1 = \begin{bmatrix} -2 & -2 \\ -1 & -1 \end{bmatrix} \begin{bmatrix} z_{12} \\ z_{22} \end{bmatrix} = \begin{bmatrix} 0 \\ 0 \end{bmatrix}$$

또는

$$z_{12} = -z_{22}$$

따라서 두 번째 고유벡터는 다음과 같거나, 이 벡터의 임의의 스칼라 배수가 될 것이다.

$$\mathbf{z}_2 = \begin{bmatrix} 1 \\ -1 \end{bmatrix}$$

행렬을 대각화하려면 식 (6.69)를 이용한다.

$$\mathbf{A}' = [\mathbf{B}^{-1}\mathbf{A}\mathbf{B}]$$

여기서

$$\mathbf{B} = \begin{bmatrix} \mathbf{z}_1 & \mathbf{z}_2 \end{bmatrix} = \begin{bmatrix} 2 & 1 \\ 1 & -1 \end{bmatrix}$$

따라서 다음 행렬을 얻는다.

$$\mathbf{A}' = \begin{bmatrix} \frac{1}{3} & \frac{1}{3} \\ \frac{1}{3} & -\frac{2}{3} \end{bmatrix} \begin{bmatrix} 2 & -2 \\ -1 & 3 \end{bmatrix} \begin{bmatrix} 2 & 1 \\ 1 & -1 \end{bmatrix} = \begin{bmatrix} 1 & 0 \\ 0 & 4 \end{bmatrix} = \begin{bmatrix} \lambda_1 & 0 \\ 0 & \lambda_2 \end{bmatrix}$$

P6.6   표준 기저에 대한 행렬 표현이 다음과 같은 변환 $\mathcal{A}:R^3 \rightarrow R^2$를 고려하라.

$$\mathbf{A} = \begin{bmatrix} 3 & -1 & 0 \\ 0 & 0 & 1 \end{bmatrix}$$

다음 기저 집합에 대한 변환의 행렬을 구하라.

$$T = \left\{ \begin{bmatrix} 2 \\ 0 \\ 1 \end{bmatrix}, \begin{bmatrix} 0 \\ -1 \\ 0 \end{bmatrix}, \begin{bmatrix} 0 \\ -2 \\ 3 \end{bmatrix} \right\} \qquad W = \left\{ \begin{bmatrix} 1 \\ 0 \end{bmatrix}, \begin{bmatrix} 0 \\ -2 \end{bmatrix} \right\}$$

첫 번째 단계는 행렬을 구성하는 것이다.

$$\mathbf{B}_t = \begin{bmatrix} 2 & 0 & 0 \\ 0 & -1 & -2 \\ 1 & 0 & 3 \end{bmatrix} \qquad \mathbf{B}_w = \begin{bmatrix} 1 & 0 \\ 0 & -2 \end{bmatrix}$$

이제 새로운 행렬 표현을 구성하기 위해 식 (6.33)을 사용한다.

$$\mathbf{A'} = [\mathbf{B}_w^{-1} \mathbf{A} \mathbf{B}_t]$$

$$\mathbf{A'} = \begin{bmatrix} 1 & 0 \\ 0 & -\dfrac{1}{2} \end{bmatrix} \begin{bmatrix} 3 & -1 & 0 \\ 0 & 0 & 1 \end{bmatrix} \begin{bmatrix} 2 & 0 & 0 \\ 0 & -1 & -2 \\ 1 & 0 & 3 \end{bmatrix} = \begin{bmatrix} 6 & 1 & 2 \\ -\dfrac{1}{2} & 0 & -\dfrac{3}{2} \end{bmatrix}$$

따라서 이것은 기저 집합 T와 W에 대한 변환 행렬이다.

P6.7 변환 $\mathcal{A}:\Re^2 \rightarrow \Re^2$를 고려하라. $\Re^2$의 기저 집합 중 하나는 $V = \{v_1, v_2\}$와 같다.

(1) 다음 식이 주어졌을 때 기저 집합 V에 대한 변환 $\mathcal{A}$의 행렬 표현을 구하라.

$$\mathcal{A}(v_1) = v_1 + 2v_2$$
$$\mathcal{A}(v_2) = v_1 + v_2$$

(2) 새로운 기저 집합 $W = \{w_1, w_2\}$를 고려하라. 다음 식이 주어졌을 때 기저 집합 W에 대한 변환 $\mathcal{A}$의 행렬 표현을 구하라.

$$w_1 = v_1 + v_2$$
$$w_2 = v_1 - v_2$$

(1) 식 (6.6)에 정의된 것처럼 두 식은 각각 행렬의 열을 제공한다. 따라서 행렬은 다음과 같다.

$$\mathbf{A} = \begin{bmatrix} 1 & 1 \\ 2 & 1 \end{bmatrix}$$

(2) W 기저 벡터를 V 기저 벡터에 대한 숫자 열로 표현할 수 있다.

$$\mathbf{w}_1 = \begin{bmatrix} 1 \\ 1 \end{bmatrix} \qquad \mathbf{w}_2 = \begin{bmatrix} 1 \\ -1 \end{bmatrix}$$

이제 닮음 변환을 수행하는 데 필요한 기저 행렬을 구성할 수 있다.

$$\mathbf{B}_w = \begin{bmatrix} 1 & 1 \\ 1 & -1 \end{bmatrix}$$

새로운 행렬 표현은 식 (6.33)에서 얻을 수 있다.

$$\mathbf{A}' = [\mathbf{B}_w^{-1} \mathbf{A} \mathbf{B}_w]$$

$$\mathbf{A}' = \begin{bmatrix} \frac{1}{2} & \frac{1}{2} \\ \frac{1}{2} & -\frac{1}{2} \end{bmatrix} \begin{bmatrix} 1 & 1 \\ 2 & 1 \end{bmatrix} \begin{bmatrix} 1 & 1 \\ 1 & -1 \end{bmatrix} = \begin{bmatrix} \frac{5}{2} & \frac{1}{2} \\ -\frac{1}{2} & -\frac{1}{2} \end{bmatrix}$$

P6.8   **2차 이하의 모든 다항식의 벡터 공간 P^2를 고려하라. 이 벡터 공간의 기저 중 하나는 $V = \{1, t, t^2\}$이다. 미분 변환 $\mathcal{D}$를 고려하라.**

(1) 기저 집합 V에 대한 변환 행렬을 구하라.

(2) 변환의 고윳값과 고유벡터를 구하라.

(1) 첫 번째 단계는 각각의 기저 벡터를 변환하는 것이다.

$$\mathcal{D}(1) = 0 = (0)1 + (0)t + (0)t^2$$

$$\mathcal{D}(t) = 1 = (1)1 + (0)t + (0)t^2$$

$$\mathcal{D}(t^2) = 2t = (0)1 + (2)t + (0)t^2$$

그러면 변환 행렬은 다음과 같이 주어진다.

$$\mathbf{D} = \begin{bmatrix} 0 & 1 & 0 \\ 0 & 0 & 2 \\ 0 & 0 & 0 \end{bmatrix}$$

(2) 고윳값을 찾기 위해 다음 식을 풀어야 한다.

$$|[\mathbf{D} - \lambda \mathbf{I}]| = \begin{vmatrix} -\lambda & 1 & 0 \\ 0 & -\lambda & 2 \\ 0 & 0 & -\lambda \end{vmatrix} = -\lambda^3 = 0$$

따라서 3개의 고윳값은 모두 0이다. 고유벡터를 찾으려면 다음 식을 풀어야 한다.

$$[\mathbf{D} - \lambda \mathbf{I}]\mathbf{z} = \begin{bmatrix} -\lambda & 1 & 0 \\ 0 & -\lambda & 2 \\ 0 & 0 & -\lambda \end{bmatrix} \mathbf{z} = \begin{bmatrix} 0 \\ 0 \\ 0 \end{bmatrix}$$

$\lambda = 0$에 대해 다음 식이 된다.

$$\begin{bmatrix} 0 & 1 & 0 \\ 0 & 0 & 2 \\ 0 & 0 & 0 \end{bmatrix} \begin{bmatrix} z_1 \\ z_2 \\ z_3 \end{bmatrix} = \begin{bmatrix} 0 \\ 0 \\ 0 \end{bmatrix}$$

이 식은 다음을 의미한다.

$$z_2 = z_3 = 0$$

그러므로 하나의 고유벡터를 갖는다.

$$\mathbf{z} = \begin{bmatrix} 1 \\ 0 \\ 0 \end{bmatrix}$$

따라서 미분이 자기 자신을 확대하는 형태의 다항식은 오직 상수뿐이다(0차 다항식).

P6.9 변환 $\mathcal{A}: R^2 \to R^2$를 고려하라. 변환된 벡터의 두 예시가 그림 **P6.4**에 있다. 표준 기저 집합에 대한 변환의 행렬 표현을 구하라.

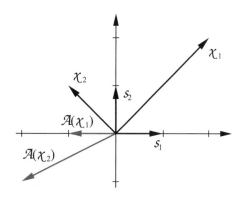

그림 P6.4 문제 P6.9의 변환

이 문제에 대해 기저 벡터가 어떻게 변환되는지 모르므로 행렬 표현을 찾기 위해 식 (6.6)을 사용할 수 없다. 그러나 두 벡터가 어떻게 변환되는지 알고 이 벡터가 표준 기저 집합에 대해 어떻게 표현되는지 알고 있다. 그림 P6.4에서 다음 식을 작성할 수 있다.

$$\mathbf{A}\begin{bmatrix} 2 \\ 2 \end{bmatrix} = \begin{bmatrix} -1 \\ 0 \end{bmatrix}, \mathbf{A}\begin{bmatrix} -1 \\ 1 \end{bmatrix} = \begin{bmatrix} -2 \\ -1 \end{bmatrix}$$

그런 다음 두 식을 합쳐서 다음과 같이 구성한다.

$$\mathbf{A}\begin{bmatrix} 2 & -1 \\ 2 & 1 \end{bmatrix} = \begin{bmatrix} -1 & -2 \\ 0 & -1 \end{bmatrix}$$

따라서 **A**는 다음과 같다.

$$\mathbf{A} = \begin{bmatrix} -1 & -2 \\ 0 & -1 \end{bmatrix} \begin{bmatrix} 2 & -1 \\ 2 & 1 \end{bmatrix}^{-1} = \begin{bmatrix} -1 & -2 \\ 0 & -1 \end{bmatrix} \begin{bmatrix} \dfrac{1}{4} & \dfrac{1}{4} \\ -\dfrac{1}{2} & \dfrac{1}{2} \end{bmatrix} = \begin{bmatrix} \dfrac{3}{4} & -\dfrac{5}{4} \\ \dfrac{1}{2} & -\dfrac{1}{2} \end{bmatrix}$$

이것이 표준 기저 집합에 대한 변환의 행렬 표현이다.

 이 방법은 신경망 설계 데모 '선형 변환Linear Transformations' **nnd6lt**에서 사용된다.

맺음말

이 장에서는 신경망 학습에서 가장 중요한 선형 변환과 행렬의 성질을 검토했다. 고 윳값, 고유벡터, 기저 변경(닮음 변환)과 대각화의 개념은 이 책에서 반복적으로 사용 될 것이다. 이런 선형 대수에 대한 예비 지식이 없다면 신경망 학습은 피상적일 수밖 에 없다.

다음 장에서는 선형 대수를 이용해 최초 신경망 훈련 알고리즘 중 하나인 헵 규칙의 작 동을 분석할 것이다.

참고 문헌

[Brog91]   W. L. Brogan, *Modern Control Theory*, 3rd Ed., Englewood Cliffs, NJ: Prentice-Hall, 1991.

이 책에서는 선형 시스템의 주제들을 잘 다루고 있다. 이 책의 전반부는 선형 대수에 할애되 어 있다. 또한 선형 미분 방정식의 해법과 선형 및 비선형 시스템의 안정성에 대한 내용과 다 수의 문제 풀이도 포함되어 있다.

[Stra76]   G. Strang, *Linear Algebra and Its Applications*, New York: Academic Press, 1980.

스트랭^{Strang}은 선형 대수에 관한 기본 교재를 멋지게 집필했다. 선형 대수의 많은 응용이 이 책에 통합되어 있다.

연습문제

E6.1 행렬 전치^{transpose} 연산은 선형 변환인가?

E6.2 그림 P6.1의 신경망을 다시 고려하라. 편향 벡터 $\mathbf{b}$가 0이라면 네트워크가 선형 연산을 하는지 보여라.

E6.3 그림 E6.1에 보이는 선형 변환을 고려하라.
  (1) 표준 기저에 대해 변환 행렬을 구하라.
  (2) 기저 집합 $\{v_1, v_2\}$에 대해 변환 행렬을 구하라.

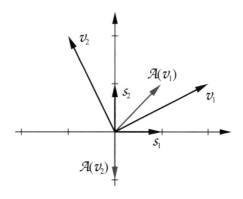

그림 E6.1 연습문제 E6.3의 예제 변환

E6.4 복소수 공간을 고려하라. 복소수 공간을 벡터 공간 X라고 하고, X의 기저를 $\{1 + j, 1 - j\}$라고 하자. $\mathcal{A}\!:\!X \to X$를 $1 + j$와의 곱셈 연산(즉, $\mathcal{A}(\chi) = (1+j)\chi$)이라고 하자.
  (1) 주어진 기저 집합에 대한 변환 $\mathcal{A}$의 행렬 표현을 구하라.
  (2) 변환의 고윳값과 고유벡터를 구하라.

(3) 고유벡터가 기저 벡터일 때 변환 $\mathcal{A}$의 행렬 표현을 구하라.

(4) MATLAB을 이용해 (2)와 (3)의 답변을 확인하라.

E6.5 다음과 같이 정의되는 2차 다항식 공간에서 3차 다항식 공간으로의 변환 $\mathcal{A}:P^2 \to P^3$ 를 고려하라.

$$\chi = a_0 + a_1 t + a_2 t^2$$

$$\mathcal{A}(\chi) = a_0(t+1) + a_1(t+1)^2 + a_2(t+1)^3$$

기저 집합 $V^2 = \{1, t, t^2\}$, $V^3 = \{1, t, t^2, t^3\}$에 대한 변환 행렬을 구하라.

E6.6 2차 이하의 다항식 벡터 공간을 고려하라. 이 다항식은 $f(t) = a_0 + a_1 t + a_2 t^2$ 형식을 갖는다. 이제 변수 t가 $t + 1$로 대체되는 변환을 고려하라(예를 들어, $t^2 + 2t + 3 \Rightarrow (t+1)^2 + 2(t+1) + 3 = t^2 + 4t + 6$).

(1) 기저 집합 $\{1, t-1, t^2\}$에 대해 변환 행렬을 구하라.

(2) 변환의 고윳값과 고유벡터를 구하라. 고유벡터를 숫자 열과 시간의 함수(다항식)로 보여라.

E6.7 $\alpha \sin(t + \phi)$ 형식의 함수 공간을 고려하라. 이 공간의 기저 집합 중 하나는 $V = \{\sin t, \cos t\}$이다. 미분 변환 $\mathcal{D}$를 고려하라.

(1) 기저 집합 V에 대한 변환 $\mathcal{D}$의 행렬을 구하라.

(2) 변환의 고윳값과 고유벡터를 구하라. 고유벡터를 숫자 열과 t의 함수로 보여라.

(3) 고유벡터가 기저 벡터일 때 변환 행렬을 구하라.

E6.8 $\alpha + \beta e^{2t}$ 형식의 함수 벡터 공간을 고려하라. 이 벡터 공간의 기저 중 하나는 $V = \{1 + e^{2t}, 1 - e^{2t}\}$이다. 미분 변환 $\mathcal{D}$를 고려하라.

(1) 식 (6.6)을 이용해 기저 집합 V에 대한 변환 $\mathcal{D}$의 행렬을 구하라.

(2) 함수 $2e^{2t}$에 대해 행렬 연산을 검증하라.

(3) 변환의 고윳값과 고유벡터를 구하라. 고유벡터를 (기저 집합 V에 대한) 숫자 열과 t의 함수로 보여라.

(4) 고유벡터가 기저 벡터일 때 변환 행렬을 구하라.

E6.9 모든 2×2 행렬 집합을 고려하라. 이 집합을 벡터 공간 X라고 할 것이다(행렬은 벡터가 될 수 있다). 만일 $\mathbf{M}$이 벡터 공간의 원소라면, $\mathcal{A}(\mathbf{M}) = \mathbf{M} + \mathbf{M}^T$와 같은 변환 $\mathcal{A}{:}X \to X$를 정의하라. 벡터 공간 X에 대한 다음 기저 집합을 고려하라.

$$v_1 = \begin{bmatrix} 1 & 0 \\ 0 & 0 \end{bmatrix}, \; v_2 = \begin{bmatrix} 0 & 1 \\ 0 & 0 \end{bmatrix}, \; v_3 = \begin{bmatrix} 0 & 0 \\ 1 & 0 \end{bmatrix}, \; v_4 = \begin{bmatrix} 0 & 0 \\ 0 & 1 \end{bmatrix}$$

(1) (식 (6.6)을 이용해, 정의역과 치역 모두에 대해) 기저 집합 $\{v_1, v_2, v_3, v_4\}$에 대한 변환 $\mathcal{A}$의 행렬 표현을 구하라.

(2) 다음과 같이 주어진 X의 원소에 대해 (1)의 행렬 표현 연산을 검증하라(이 행렬 곱셈이 변환과 동일한 결과를 만든다는 사실을 검증하라).

$$\begin{bmatrix} 1 & 2 \\ 0 & 1 \end{bmatrix}$$

(3) 변환의 고윳값과 고유벡터를 구하라. (1)에서 찾았던 행렬 표현을 이용할 필요 없이 변환의 정의로부터 고윳값과 고유벡터를 직접 구할 수 있다. 구한 고유벡터는 2×2 행렬이어야만 한다(벡터 공간 X의 원소). 많은 계산이 필요하지는 않다. 식 (6.46)의 고유벡터 정의를 이용하라.

E6.10 1차 다항식 공간에서 2차 다항식 공간으로의 변환 $\mathcal{A}{:}P^1 \to P^2$를 고려하라. 변환은 다음과 같이 정의된다.

$$\mathcal{A}(a + bt) = at + \frac{b}{2}t^2$$

(예를 들어, $\mathcal{A}(2 + 6t) = 2t + 3t^2$) P^1의 한 기저 집합은 $U = \{1, t\}$이다. P^2의 한 기저 집합은 $V = \{1, t, t^2\}$이다.

(1) 식 (6.6)을 이용해 기저 집합 U와 V에 대한 변환 $\mathcal{A}$의 행렬 표현을 구하라.

(2) 다항식 $6 + 8t$에 대해 행렬 연산을 검증하라(행렬 곱셈이 변환과 동일한 결과를 만든다

는 사실을 검증하라).

(3) 닮음 변환을 이용해 기저 집합 $S = \{1 + t,\ 1 - t\}$와 V에 대한 변환 행렬을 구하라.

E6.11 $\mathcal{D}$를 미분 연산자($\mathcal{D}(f) = df/dt$)라고 하고, 변환 $\mathcal{D}$의 정의역과 치역에서 다음 기저 집합을 사용하라.

$$\{u_1,\ u_2\} = \{e^{5t},\ te^{5t}\}$$

(1) 변환 $\mathcal{D}$가 선형임을 보여라.

(2) 위에 보이는 기저에 대한 변환 행렬을 구하라.

(3) 변환 $\mathcal{D}$의 고윳값과 고유벡터를 구하라.

E6.12 특정 선형 변환이 (표준 기저 집합에 대해 표현되는) 다음의 고윳값과 고유벡터를 갖는다.

$$\left\{ \mathbf{z}_1 = \begin{bmatrix} 1 \\ 2 \end{bmatrix}, \lambda_1 = 1 \right\},\ \left\{ \mathbf{z}_2 = \begin{bmatrix} -1 \\ 2 \end{bmatrix}, \lambda_2 = 2 \right\}$$

(1) 표준 기저 집합에 대한 변환의 행렬 표현을 구하라.

(2) 고유벡터가 기저 벡터일 때 변환의 행렬 표현을 구하라.

E6.13 변환 $\mathcal{A}:\Re^2 \to \Re^2$를 고려하라. 다음 그림에서는 기저 벡터 집합 $V = \{v_1,\ v_2\}$와 변환된 기저 벡터를 보여준다.

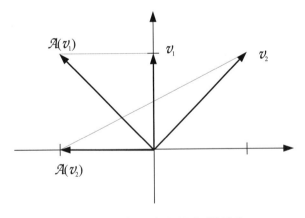

그림 E6.2 연습문제 E6.13의 변환 정의

(1) 기저 벡터 $V = \{\, v_1,\, v_2\,\}$에 대한 변환의 행렬 표현을 구하라.

(2) 표준 기저 벡터에 대한 변환의 행렬 표현을 구하라.

(3) 변환의 고윳값과 고유벡터를 구하라. 고유벡터와 그들의 변환을 그려라.

(4) 고유벡터가 기저 벡터일 때 변환의 행렬 표현을 구하라.

E6.14 2차 및 3차 다항식의 벡터 공간 P^2와 P^3를 고려하라. 기저 집합 $V^2 = \{1,\, t,\, t^2\}$, $V^3 = \{1,\, t,\, t^2,\, t^3\}$에 대해 적분 변환 $I{:}P^2 \to P^3$의 행렬 표현을 구하라.

E6.15 특정 선형 변환 $\mathcal{A}{:}\Re^2 \to \Re^2$는 표준 기저 집합에 대해 다음의 행렬 표현을 갖는다.

$$\mathbf{A} = \begin{bmatrix} 1 & 2 \\ 3 & 4 \end{bmatrix}$$

다음의 새로운 기저 집합에 대한 변환의 행렬 표현을 구하라.

$$V = \left\{ \begin{bmatrix} 1 \\ 3 \end{bmatrix},\ \begin{bmatrix} 2 \\ 5 \end{bmatrix} \right\}$$

E6.16 특정 선형 변환 $\mathcal{A}{:}R^2 \to R^2$가 다음 고윳값과 고유벡터를 갖는다는 것을 알고 있다.

$$\lambda_1 = 1 \qquad \mathbf{z}_1 = \begin{bmatrix} 1 \\ 1 \end{bmatrix} \qquad \lambda_2 = 2 \qquad \mathbf{z}_2 = \begin{bmatrix} 1 \\ 2 \end{bmatrix}$$

(이 고유벡터는 표준 기저 집합에 대해 표현됐다.)

(1) 표준 기저 집합에 대해 변환 $\mathcal{A}$의 행렬 표현을 구하라.

(2) 다음의 새로운 기저에 대해 행렬 표현을 구하라.

$$V = \left\{ \begin{bmatrix} 1 \\ 1 \end{bmatrix},\ \begin{bmatrix} -1 \\ 1 \end{bmatrix} \right\}$$

E6.17 그림 E6.3에 나타나는 직선 위로 벡터 x를 투영해 만들어진 변환 $\mathcal{A}$를 고려하라. 변환의 예제는 그림에 나타난다.

(1) 식 (6.6)을 이용해, 표준 기저 집합 $\{s_1, s_2\}$에 대한 변환의 행렬 표현을 구하라.

(2) (1)의 답변을 이용해, 그림 E6.3에 나타나는 기저 집합 $\{v_1, v_2\}$에 대한 변환의 행렬 표현을 구하라.

(3) 이 변환의 고윳값과 고유벡터는 무엇인가? 고유벡터와 그들의 변환을 그려라.

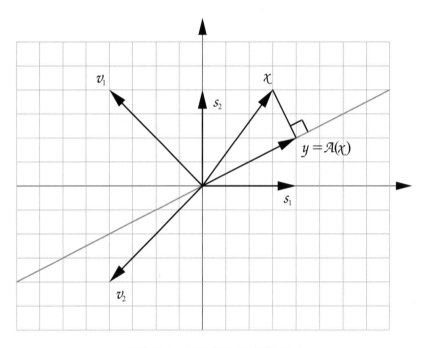

그림 E6.3 연습문제 E6.17의 변환 정의

E6.18 $\Re^2$에 대한 다음 기저 집합을 고려하라.

$$V = \{\mathbf{v}_1, \mathbf{v}_2\} = \left\{ \begin{bmatrix} 1 \\ -1 \end{bmatrix}, \begin{bmatrix} 1 \\ -2 \end{bmatrix} \right\}$$

(기저 벡터는 표준 기저 집합에 대해 표현됐다.)

(1) 이 기저 집합에 대해 쌍대 기저 벡터를 구하라.

(2) 변환 $\mathcal{A}:\Re^2 \to \Re^2$를 고려하라. $\Re^2$의 표준 기저에 대한 $\mathcal{A}$의 행렬 표현은 다음과

같다.

$$\mathbf{A} = \begin{bmatrix} 0 & 1 \\ -2 & -3 \end{bmatrix}$$

기저 집합 V에 대한 $\mathbf{Av}_1$의 전개를 구하라(쌍대 기저 벡터를 사용하라).

(3) 기저 집합 V에 대한 $\mathbf{Av}_2$의 전개를 구하라.

(4) 기저 V에 대한 $\mathcal{A}$의 행렬 표현을 구하라(이 단계는 추가 계산이 필요 없다).

7

지도 헵 학습

목표

헵 규칙Hebb rule은 최초의 신경망 학습 규칙 중 하나다. 이 규칙은 1949년에 도널드 헵 Donald O. Hebb이 뇌의 시냅스 변형 메커니즘으로 제안했으며, 그 이후로 인공 신경망 훈련에 사용되고 있다.

7장에서는 이전의 두 장에서 논의했던 선형 대수 개념을 이용해 헵 학습의 작동 원리를 설명할 것이다. 헵 규칙이 패턴 인식을 위한 신경망을 훈련시키는 데 어떻게 사용될 수 있는지도 보일 것이다.

이론과 예제

도널드 헵은 1900년대 초에 캐나다 노바스코샤주의 체스터에서 태어났다. 헵은 원래 소설가가 되려고 계획했고 1925년에 핼리팩스에 있는 댈하우지 대학교에서 영문학 학위를 받았다. 일류 소설가들은 인간의 본성을 잘 이해할 필요가 있기 때문에, 졸업 후에 프로이드Freud를 공부하기 시작하면서 심리학에 흥미를 느끼게 됐다. 이후 맥길 대학교에서 심리학으로 석사 학위를 하면서 파블로프Pavlov의 조건 반사에 대한 논문을 썼다. 1936년에 하버드에서 박사 학위를 받았으며, 논문에서 초기 경험이 쥐의 시각에 미치는 영향을 조사했다. 이후 몬트리올 신경 연구소에 합류해 뇌 수술 환자의 지적 변화 범위를 연구했다. 1942년에 플로리다에 있는 여키즈 영장류 생물학 연구소로 옮겨서 침팬지 행동을 연구했다.

1949년에 헵은 『The Organization of Behavior』(Wiley)[Hebb49]라는 책을 집필해 20년간의 연구를 요약했다. 이 책의 주요 전제는 뉴런의 작용으로 행동을 설명할 수 있다는 것이다. 이런 전제는 (B. F. 스키너Skinner 같은 지지자들과 함께) 행동주의 심리학 학교behaviorist school of psychology와는 현저하게 대조를 이뤘다. 행동주의 심리학 학교는 자극과 반응 간의 상관 관계를 강조하고 생리학적 가설의 사용을 반대했다. 이것은 하향식 철학top-down philosophy과 상향식 철학bottom-up philosophy 간의 대립이었다. 헵은 자신의 방법을 다음과 같이 기술했다. "이 방법은 (주로 생리학자의 분야로) 뇌의 각 부분의 기능을 최대한 많이 배우고 (주로 심리학자의 분야로) 행동과 이 지식을 최대한 연관시켜야만 한다. 그러면 (1) 실제 행동과 (2) 뇌의 다양한 부분들의 작용으로 알려진 것들이 더해져 예측된 행동이 일치하지 않는다면, 전체 뇌가 작동하는 방식에 대한 추가적인 정보가 필요하다는 사실을 알 수 있다."

『The Organization of Behavior』에 포함된 가장 유명한 아이디어는 헵 학습으로 알려진 가정(공리)이다.

헵의 가정 "세포 A의 축삭이 세포 B를 자극하기에 충분히 가깝고 B를 발화하는 데 반복적 또는 지속적으로 참여할 때, 한쪽 또는 양쪽 세포에 일종의 성장 과정이나 신진대사의 변화가 일어남으로써 B를 발화하는 세포 중 하나로서 A의 효율이 올라간다."

이 가정은 세포 수준 학습의 물리적 메커니즘을 제공했다. 헵은 자신의 이론에 대한 확실한 생리학적 증거를 가졌다고 주장하지는 않았지만, 후속 연구에서 일부 세포가 헵 학습을 하는 것으로 밝혀졌다. 현재까지 헵의 이론은 신경 과학 분야의 연구에 지속적인 영향을 주고 있다.

대부분의 역사적인 아이디어와 마찬가지로 헵의 가정은 완전히 새로운 것은 아니었으며, 헵은 스스로도 이 점을 강조했다. 프로이드를 포함한 여러 사람들이 이 가정을 암시했었다. 예를 들어, 1890년에 심리학자이자 철학자인 윌리엄 제임스^{William James}가 말했던 연상 이론을 생각해보라. "두 가지 뇌 과정이 동시에 혹은 바로 연속적으로 활성화될 때, 둘 중 하나는 자신의 흥분을 다른 쪽으로 반복해서 전파하려는 경향이 있다."

선형 연상 메모리

선형 연상 메모리 헵 학습 규칙은 다양한 신경망 구조와 결합해서 사용할 수 있다. 헵 학습을 설명하기 위해 아주 간단한 구조를 사용할 것이다. 이렇게 해서 구조보다 학습 규칙에 집중하려고 한다. 사용하게 될 네트워크는 그림 7.1에 보이는 선형 연상 메모리^{linear associator}다 (이 네트워크는 제임스 앤더슨^{James Anderson}[Ande72]과 튜보 코호넨^{Teuvo Kohonen}[Koho72]이 독자적으로 소개했다).

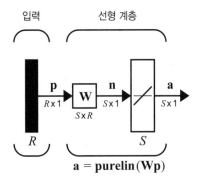

그림 7.1 선형 연상 메모리

출력 벡터 **a**는 다음 식에 따라 입력 벡터 **p**로부터 결정된다.

$$\mathbf{a} \;=\; \mathbf{Wp} \tag{7.1}$$

또는

$$a_i \;=\; \sum_{j\,=\,1}^{R} w_{ij} p_j \tag{7.2}$$

연상 메모리 선형 연상 메모리는 연상 메모리associative memory라고 하는 신경망 종류의 한 예다. 연상 메모리의 작업은 프로토타입 입력/출력 벡터의 Q개 쌍을 학습하는 것이다.

$$\{\mathbf{p}_1, \mathbf{t}_1\}, \{\mathbf{p}_2, \mathbf{t}_2\}, \dots, \{\mathbf{p}_Q, \mathbf{t}_Q\} \tag{7.3}$$

다시 말해, 네트워크가 입력 **p** = **p**$_q$를 받으면 출력 **a** = **t**$_q$를 생성해야 한다($q = 1, 2, \dots,$ Q). 또한 입력이 약간 바뀌면(즉, **p** = **p**$_q$ + δ) 출력도 약간 바뀌어야만 한다(즉, **a** = **t**$_q$ + ε).

헵 규칙

헵의 가정을 수학적으로 어떻게 해석해야 선형 연산자의 가중치 행렬을 훈련시키는 데 사용할 수 있을까? 우선 가정을 바꿔서 말해보자. 만일 시냅스 양쪽에 있는 두 뉴런이

동시에 활성화된다면 시냅스의 강도는 증가하게 될 것이다. 식 (7.2)에서 입력 p_j와 출력 a_i의 연결(시냅스)은 가중치 w_{ij}임을 주의하자. 따라서 헵의 가정은 양의 p_j가 양의 a_i를 생성한다면 w_{ij}가 증가해야 한다는 것을 의미한다. 이 말은 가정에 대한 수학적 해석이 다음 식과 같이 될 수 있음을 시사한다.

헵 규칙
$$w_{ij}^{new} = w_{ij}^{old} + \alpha\, f_i(a_{iq})g_j(p_{jq}) \tag{7.4}$$

여기서 p_{jq}는 q번째 입력 벡터 $\mathbf{p}_q$의 j번째 요소다. a_{iq}는 q번째 입력 벡터가 네트워크에 제시될 때 네트워크 출력의 i번째 요소다. α는 양의 상수이며, 학습률$^{learning\ rate}$이라고 부른다. 이 식은 가중치 w_{ij}의 변화가 시냅스 양쪽의 활성 함수의 곱에 비례한다는 사실을 말해주고 있다. 이 장에서는 식 (7.4)를 다음의 형태로 단순화할 것이다.

$$w_{ij}^{new} = w_{ij}^{old} + \alpha a_{iq}p_{jq} \tag{7.5}$$

이 식은 실제 헵의 가정을 엄격하게 해석한 것 이상으로 확장한 것임을 알아두자. 가중치 변화는 시냅스 양쪽의 활동의 곱에 비례하게 된다. 따라서 p_j와 a_i가 모두 양수일 때뿐만 아니라 모두 음수일 때도 가중치를 증가시킨다. 또한 p_j와 a_i가 반대 부호일 때는 가중치를 감소시킨다.

식 (7.5)에 정의된 헵 규칙은 비지도^{unsupervised} 학습 규칙이다. 이 규칙은 목표 출력에 관련된 정보가 필요 없다. 이 장에서는 각 입력 벡터의 목표 출력을 알고 있는 지도 학습을 위한 헵 규칙에 관심이 있다. 지도^{supervised} 헵 규칙에서는 실제 출력을 목표 출력으로 대체할 수 있다. 이런 방법으로 알고리즘에게 '네트워크가 현재 하고 있는 것'이 아닌 '네트워크가 해야만 하는 것'을 알려준다. 결과는 다음 식과 같다.

$$w_{ij}^{new} = w_{ij}^{old} + t_{iq}p_{jq} \tag{7.6}$$

여기서 t_{iq}는 q번째 목표 벡터 $\mathbf{t}_q$의 i번째 요소다(간단하게 학습률 α는 1로 설정했다).

식 (7.6)은 벡터 표기법으로 작성될 수 있다.

$$\mathbf{W}^{new} = \mathbf{W}^{old} + \mathbf{t}_q\mathbf{p}_q^T \tag{7.7}$$

만일 가중치 행렬을 0으로 초기화하고 Q개의 입력/출력 쌍을 식 (7.7)에 한 번에 적용한다면, 다음과 같이 작성할 수 있다.

$$\mathbf{W} = \mathbf{t}_1\mathbf{p}_1^T + \mathbf{t}_2\mathbf{p}_2^T + \cdots + \mathbf{t}_Q\mathbf{p}_Q^T = \sum_{q=1}^{Q} \mathbf{t}_q\mathbf{p}_q^T \tag{7.8}$$

이 식은 행렬 형식으로 표현될 수 있다.

$$\mathbf{W} = \begin{bmatrix} \mathbf{t}_1 \ \mathbf{t}_2 \ \cdots \ \mathbf{t}_Q \end{bmatrix} \begin{bmatrix} \mathbf{p}_1^T \\ \mathbf{p}_2^T \\ \vdots \\ \mathbf{p}_Q^T \end{bmatrix} = \mathbf{T}\mathbf{P}^T \tag{7.9}$$

여기서

$$\mathbf{T} = \begin{bmatrix} \mathbf{t}_1 \ \mathbf{t}_2 \ \cdots \ \mathbf{t}_Q \end{bmatrix}, \quad \mathbf{P} = \begin{bmatrix} \mathbf{p}_1 \ \mathbf{p}_2 \ \cdots \ \mathbf{p}_Q \end{bmatrix} \tag{7.10}$$

성능 분석

선형 연상 메모리에 대한 헵 학습의 성능을 분석해보자. 먼저 $\mathbf{p}_q$ 벡터가 정규직교 orthonormal인(직교하고 단위 길이를 갖는) 경우를 고려해보자. $\mathbf{p}_k$가 네트워크 입력이면 네트워크 출력은 다음과 같이 계산된다.

$$\mathbf{a} = \mathbf{W}\mathbf{p}_k = \left(\sum_{q=1}^{Q} \mathbf{t}_q\mathbf{p}_q^T \right)\mathbf{p}_k = \sum_{q=1}^{Q} \mathbf{t}_q(\mathbf{p}_q^T\mathbf{p}_k) \tag{7.11}$$

$\mathbf{p}_q$가 정규직교이기 때문에 다음과 같이 된다.

$$(\mathbf{p}_q^T\mathbf{p}_k) = 1 \qquad q = k$$
$$= 0 \qquad q \neq k \tag{7.12}$$

따라서 식 (7.11)은 다음과 같이 작성된다.

$$\mathbf{a} = \mathbf{W}\mathbf{p}_k = \mathbf{t}_k \qquad (7.13)$$

네트워크 출력은 목표 출력과 동일하다. 이 결과는 입력 프로토타입 벡터가 정규직교라면 헵 규칙은 각 입력에 대해 정확한 출력을 생성할 것임을 보여준다.

하지만 프로토타입 벡터가 직교하지 않으면 어떻게 되는가? 각 $\mathbf{p}_q$ 벡터는 단위 길이지만 직교하지 않는다고 가정해보자. 따라서 식 (7.11)은 다음과 같이 된다.

$$\mathbf{a} = \mathbf{W}\mathbf{p}_k = \mathbf{t}_k + \overbrace{\left(\sum_{q \neq k} \mathbf{t}_q (\mathbf{p}_q^T \mathbf{p}_k) \right)}^{\text{오차}} \qquad (7.14)$$

벡터가 직교하지 않기 때문에 네트워크는 정확한 출력을 생성하지 않을 것이다. 오차의 크기는 프로토타입 입력 패턴 사이에 상관 관계의 크기에 따라 달라진다.

예제로서 프로토타입 입력/출력 벡터는 다음과 같다고 해보자.

$$\left\{ \mathbf{p}_1 = \begin{bmatrix} 0.5 \\ -0.5 \\ 0.5 \\ -0.5 \end{bmatrix}, \mathbf{t}_1 = \begin{bmatrix} 1 \\ -1 \end{bmatrix} \right\} \qquad \left\{ \mathbf{p}_2 = \begin{bmatrix} 0.5 \\ 0.5 \\ -0.5 \\ -0.5 \end{bmatrix}, \mathbf{t}_2 = \begin{bmatrix} 1 \\ 1 \end{bmatrix} \right\} \qquad (7.15)$$

(2개의 입력 벡터가 정규직교인지 확인하라.)

가중치 행렬은 다음과 같이 될 것이다.

$$\mathbf{W} = \mathbf{T}\mathbf{P}^T = \begin{bmatrix} 1 & 1 \\ -1 & 1 \end{bmatrix} \begin{bmatrix} 0.5 & -0.5 & 0.5 & -0.5 \\ 0.5 & 0.5 & -0.5 & -0.5 \end{bmatrix} = \begin{bmatrix} 1 & 0 & 0 & -1 \\ 0 & 1 & -1 & 0 \end{bmatrix} \qquad (7.16)$$

두 프로토타입 입력에 대해 가중치 행렬을 테스트하면 다음과 같은 결과가 나온다.

$$\mathbf{Wp_1} = \begin{bmatrix} 1 & 0 & 0 & -1 \\ 0 & 1 & -1 & 0 \end{bmatrix} \begin{bmatrix} 0.5 \\ -0.5 \\ 0.5 \\ -0.5 \end{bmatrix} = \begin{bmatrix} 1 \\ -1 \end{bmatrix} \tag{7.17}$$

그리고

$$\mathbf{Wp_2} = \begin{bmatrix} 1 & 0 & 0 & -1 \\ 0 & 1 & -1 & 0 \end{bmatrix} \begin{bmatrix} 0.5 \\ 0.5 \\ -0.5 \\ -0.5 \end{bmatrix} = \begin{bmatrix} 1 \\ 1 \end{bmatrix} \tag{7.18}$$

성공! 네트워크 출력은 목표와 동일하다.

이제 3장에서 설명했던 사과와 오렌지 인식 문제를 다시 보자. 프로토타입 입력은 다음과 같다.

$$\mathbf{p_1} = \begin{bmatrix} 1 \\ -1 \\ -1 \end{bmatrix} (\text{오렌지}) \qquad \mathbf{p_2} = \begin{bmatrix} 1 \\ 1 \\ -1 \end{bmatrix} (\text{사과}) \tag{7.19}$$

(두 입력은 직교하지 않는다.) 입력을 정규화하고 희망 출력 −1과 1로 선택하면 다음과 같다.

$$\left\{ \mathbf{p_1} = \begin{bmatrix} 0.5774 \\ -0.5774 \\ -0.5774 \end{bmatrix}, \mathbf{t_1} = \begin{bmatrix} -1 \end{bmatrix} \right\} \qquad \left\{ \mathbf{p_2} = \begin{bmatrix} 0.5774 \\ 0.5774 \\ -0.5774 \end{bmatrix}, \mathbf{t_2} = \begin{bmatrix} 1 \end{bmatrix} \right\} \tag{7.20}$$

가중치 행렬은 다음과 같이 된다.

$$\mathbf{W} = \mathbf{TP}^T = \begin{bmatrix} -1 & 1 \end{bmatrix} \begin{bmatrix} 0.5774 & -0.5774 & -0.5774 \\ 0.5774 & 0.5774 & -0.5774 \end{bmatrix} = \begin{bmatrix} 0 & 1.1548 & 0 \end{bmatrix} \tag{7.21}$$

따라서 두 프로토타입 패턴을 가중치 행렬과 곱하면 다음과 같이 된다.

$$\mathbf{W}\mathbf{p}_1 = \begin{bmatrix} 0 & 1.1548 & 0 \end{bmatrix} \begin{bmatrix} 0.5774 \\ -0.5774 \\ -0.5774 \end{bmatrix} = \begin{bmatrix} -0.6668 \end{bmatrix} \tag{7.22}$$

$$\mathbf{W}\mathbf{p}_2 = \begin{bmatrix} 0 & 1.1548 & 0 \end{bmatrix} \begin{bmatrix} 0.5774 \\ 0.5774 \\ -0.5774 \end{bmatrix} = \begin{bmatrix} 0.6668 \end{bmatrix} \tag{7.23}$$

출력은 목표 출력과 비슷하지만 일치하지는 않는다.

의사역행렬 규칙

프로토타입 입력 패턴이 직교하지 않을 때 헵 규칙은 약간의 오차를 생성한다. 이런 오차를 줄이기 위해 사용할 수 있는 몇 가지 방법이 있다. 이 절에서는 이런 방법 중 하나인 의사역행렬 규칙을 살펴볼 것이다.

선형 연상 메모리의 작업은 입력 $\mathbf{p}_q$에 대해 출력 $\mathbf{t}_q$를 생성하는 것이었다. 즉, 다음 식과 같다.

$$\mathbf{W}\mathbf{p}_q = \mathbf{t}_q \qquad q = 1, 2, \ldots, Q \tag{7.24}$$

이 식을 정확히 만족하는 가중치 행렬을 구할 수 없다면, 근사적으로 만족시키려고 한다. 한 가지 방법은 다음 성능 지표가 최소화되게 가중치 행렬을 선택하는 것이다.

$$F(\mathbf{W}) = \sum_{q=1}^{Q} \|\mathbf{t}_q - \mathbf{W}\mathbf{p}_q\|^2 \tag{7.25}$$

만일 프로토타입 입력 벡터 $\mathbf{p}_q$가 정규직교하고 $\mathbf{W}$를 찾기 위해 헵 규칙을 사용한다면, $F(\mathbf{W})$는 0이 될 것이다. 입력 벡터가 직교하지 않고 헵 규칙을 사용한다면, $F(\mathbf{W})$는 0

이 되지 않으며 최소화될지도 확실치 않다. $F(\mathbf{W})$를 최소화하는 가중치 행렬은 의사역행렬로 구할 수 있다는 사실이 증명됐다. 의사역행렬은 곧 정의할 것이다.

먼저 식 (7.24)를 행렬 형식으로 다시 작성해보자.

$$\mathbf{WP} = \mathbf{T} \tag{7.26}$$

여기서

$$\mathbf{T} = \begin{bmatrix} \mathbf{t}_1 \ \mathbf{t}_2 \ \dots \ \mathbf{t}_Q \end{bmatrix}, \mathbf{P} = \begin{bmatrix} \mathbf{p}_1 \ \mathbf{p}_2 \ \dots \ \mathbf{p}_Q \end{bmatrix} \tag{7.27}$$

이때 식 (7.25)는 다음과 같이 작성될 수 있다.

$$F(\mathbf{W}) = \|\mathbf{T} - \mathbf{WP}\|^2 = \|\mathbf{E}\|^2 \tag{7.28}$$

여기서

$$\mathbf{E} = \mathbf{T} - \mathbf{WP} \tag{7.29}$$

그리고

$$\|\mathbf{E}\|^2 = \sum_i \sum_j e_{ij}^2 \tag{7.30}$$

식 (7.26)을 풀 수 있다면 $F(\mathbf{W})$는 0이 될 수 있다. $\mathbf{P}$ 행렬의 역이 존재하면 해는 다음과 같다.

$$\mathbf{W} = \mathbf{TP}^{-1} \tag{7.31}$$

하지만 $\mathbf{P}$ 행렬이 역을 갖는 것은 거의 불가능하다. 일반적으로 $\mathbf{P}$의 열인 $\mathbf{p}_q$ 벡터는 독립이지만 차원 R은 벡터의 개수 Q보다 클 것이다. 따라서 $\mathbf{P}$는 정방 행렬이 아니며 정확한 역은 존재하지 않는다.

의사역행렬 규칙　식 (7.25)를 최소화하는 가중치 행렬은 의사역행렬 규칙pseudoinverse rule으로 구할 수 있다는 사실이 증명됐다[Albe72].

$$\mathbf{W} = \mathbf{TP}^{+} \tag{7.32}$$

여기서 $\mathbf{P}^{+}$는 무어–펜로즈 의사역행렬Moore-Penrose pseudoinverse이다. 실수 행렬 $\mathbf{P}$의 의사역행렬은 다음을 만족하는 유일한 행렬이다.

$$\begin{aligned} \mathbf{PP}^{+}\mathbf{P} &= \mathbf{P} \\ \mathbf{P}^{+}\mathbf{PP}^{+} &= \mathbf{P}^{+} \\ \mathbf{P}^{+}\mathbf{P} &= (\mathbf{P}^{+}\mathbf{P})^{T} \\ \mathbf{PP}^{+} &= (\mathbf{PP}^{+})^{T} \end{aligned} \tag{7.33}$$

$\mathbf{P}$의 행의 수 R은 $\mathbf{P}$의 열의 수 Q보다 크고 $\mathbf{P}$의 열이 독립일 때, 의사역행렬은 다음과 같이 계산될 수 있다.

$$\mathbf{P}^{+} = (\mathbf{P}^{T}\mathbf{P})^{-1}\mathbf{P}^{T} \tag{7.34}$$

의사역행렬 규칙 식 (7.32)를 테스트하기 위해 사과와 오렌지 인식 문제를 다시 고려해보자. 입력/출력 프로토타입 벡터는 다음과 같다.

$$\left\{ \mathbf{p}_1 = \begin{bmatrix} 1 \\ -1 \\ -1 \end{bmatrix}, \mathbf{t}_1 = \begin{bmatrix} -1 \end{bmatrix} \right\} \qquad \left\{ \mathbf{p}_2 = \begin{bmatrix} 1 \\ 1 \\ -1 \end{bmatrix}, \mathbf{t}_2 = \begin{bmatrix} 1 \end{bmatrix} \right\} \tag{7.35}$$

(의사역행렬 규칙을 사용할 때는 입력 벡터를 정규화할 필요가 없다.)

가중치 행렬은 식 (7.32)에서 계산된다.

$$\mathbf{W} = \mathbf{TP}^{+} = \begin{bmatrix} -1 & 1 \end{bmatrix} \left(\begin{bmatrix} 1 & 1 \\ -1 & 1 \\ -1 & -1 \end{bmatrix} \right)^{+} \tag{7.36}$$

의사역행렬은 식 (7.34)로 계산된다.

$$\mathbf{P}^+ = (\mathbf{P}^T\mathbf{P})^{-1}\mathbf{P}^T = \begin{bmatrix} 3 & 1 \\ 1 & 3 \end{bmatrix}^{-1} \begin{bmatrix} 1 & -1 & -1 \\ 1 & 1 & -1 \end{bmatrix} = \begin{bmatrix} 0.25 & -0.5 & -0.25 \\ 0.25 & 0.5 & -0.25 \end{bmatrix} \qquad (7.37)$$

이 식은 다음 가중치 행렬을 생성한다.

$$\mathbf{W} = \mathbf{T}\mathbf{P}^+ = \begin{bmatrix} -1 & 1 \end{bmatrix} \begin{bmatrix} 0.25 & -0.5 & -0.25 \\ 0.25 & 0.5 & -0.25 \end{bmatrix} = \begin{bmatrix} 0 & 1 & 0 \end{bmatrix} \qquad (7.38)$$

이 행렬을 두 프로토타입 패턴에 대해 적용해보자.

$$\mathbf{W}\mathbf{p}_1 = \begin{bmatrix} 0 & 1 & 0 \end{bmatrix} \begin{bmatrix} 1 \\ -1 \\ -1 \end{bmatrix} = \begin{bmatrix} -1 \end{bmatrix} \qquad (7.39)$$

$$\mathbf{W}\mathbf{p}_2 = \begin{bmatrix} 0 & 1 & 0 \end{bmatrix} \begin{bmatrix} 1 \\ 1 \\ -1 \end{bmatrix} = \begin{bmatrix} 1 \end{bmatrix} \qquad (7.40)$$

네트워크 출력은 목표 출력과 정확히 일치한다. 이 결과를 헵 규칙의 성능과 비교해보라. 식 (7.22)와 식 (7.23)에서 알 수 있듯이, 헵 규칙의 출력은 유사한 결과를 만들지만 의사역행렬 규칙은 정확한 결과를 만든다.

응용

자기 연상 메모리 헵 규칙이 지나치게 단순화되긴 했지만 실용적인 패턴 인식 문제에 적용하는 과정을 살펴보자. 이 문제에서는 연상 메모리의 특별한 종류인 자기 연상 메모리autoassociative memory를 사용할 것이다. 자기 연상 메모리는 입력 벡터와 원하는 출력 벡터가 동일하다(즉, $\mathbf{t}_q = \mathbf{p}_q$). 이제 연상 메모리에 패턴 집합을 저장해서 손상된 패턴이 입력되더라도 패턴을 기억해내게 할 것이다.

$\mathbf{p}_1, \mathbf{t}_1 \quad \mathbf{p}_2, \mathbf{t}_2 \quad \mathbf{p}_3, \mathbf{t}_3$

저장하려는 패턴은 위와 같다(자기 연상 메모리를 설계하고 있으므로 이 패턴들은 입력 벡터와 목표를 나타낸다). 각 패턴은 6×5 그리드에 숫자 {0, 1, 2}를 표시한다. 이 숫자들은 네트워크의 프로토타입 패턴이 되는 벡터로 변환해야 한다. 흰색 사각형은 '−1'을 표시하고, 검은색 사각형은 '1'을 표시할 것이다. 그런 다음, 입력 벡터를 생성하기 위해 각 6×5 그리드를 한 번에 한 열씩 읽을 것이다. 예를 들어, 첫 번째 프로토타입 패턴은 다음과 같다.

$$\mathbf{p}_1 = \begin{bmatrix} -1 & 1 & 1 & 1 & 1 & -1 & 1 & -1 & -1 & -1 & -1 & 1 & 1 & -1 & \ldots & 1 & -1 \end{bmatrix}^T \tag{7.41}$$

벡터 $\mathbf{p}_1$은 숫자 '0'에, $\mathbf{p}_2$는 '1'에, $\mathbf{p}_3$는 '2'에 대응된다. 헵 규칙을 이용해 가중치 행렬을 계산한다.

$$\mathbf{W} = \mathbf{p}_1 \mathbf{p}_1^T + \mathbf{p}_2 \mathbf{p}_2^T + \mathbf{p}_3 \mathbf{p}_3^T \tag{7.42}$$

(자기 연상 메모리이기 때문에 식 (7.8)에서 $\mathbf{t}_q$ 대신 $\mathbf{p}_q$가 사용됐다.)

프로토타입 벡터의 요소에 두 가지 값만 허용되기 때문에, 선형 연산자를 변형해서 출력 벡터의 요소가 '−1' 또는 '1'만 갖게 할 것이다. 선형 전달 함수를 대칭 하드 리밋 전달 함수로 대체하면 된다. 그림 7.2에 구성된 네트워크가 있다.

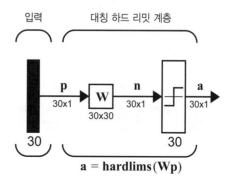

그림 7.2 숫자 인식을 위한 자기 연상 네트워크

이제 네트워크의 연산을 조사해보자. 네트워크에 프로토타입 패턴의 손상된 버전을 제공하고 네트워크 출력을 확인해볼 것이다. 그림 7.3에 보이는 첫 번째 테스트에서 패턴의 하단이 가려진 프로토타입 패턴이 네트워크에 제시됐다. 각 경우에 정확한 패턴을 네트워크가 생성했다.

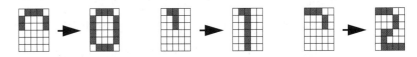

그림 7.3 50% 가려진 패턴의 복구

다음 테스트에서는 프로토타입 패턴의 더 많은 부분을 제거했다. 그림 7.4에서는 각 패턴 하단의 2/3를 제거한 결과를 보여준다. 이 경우 숫자 '1'만 정확히 복구됐다. 다른 두 패턴은 어떤 프로토타입 패턴에도 해당하지 않는 결과를 생성한다. 가짜 패턴을 생성하는 것은 연상 메모리의 일반적인 문제다. 따라서 가짜 패턴의 개수를 최소화할 수 있는 네트워크를 설계해야 한다.

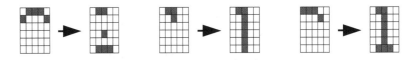

그림 7.4 67% 가려진 패턴의 복구

마지막 테스트에서는 잡음이 있는 프로토타입 패턴을 자기 연상 메모리에 제시하려고 한다. 각 패턴별로 7개의 요소를 임의로 변경해 잡음이 있는 패턴을 생성했다. 그 결과는 그림 7.5에 있으며, 모든 패턴이 정확히 복구됐음을 알 수 있다.

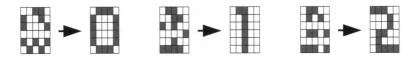

그림 7.5 잡음이 있는 패턴의 복구

이런 종류의 패턴 인식 문제를 실험하려면, 신경망 설계 데모 '지도 헵^{Supervised Hebb} **nnd7sh**를 이용하라.

헵 학습의 변형

기본 헵 규칙의 여러 변형이 존재한다. 사실 이 책에서 앞으로 논의될 학습 규칙들이 대부분 헵 규칙과 관계가 있다.

헵 규칙의 문제 중 하나는 훈련 집합에 프로토타입 패턴이 많다면 가중치 행렬의 요소가 너무 커질 수 있다는 점이다. 기본 규칙을 다시 생각해보자.

$$\mathbf{W}^{new} = \mathbf{W}^{old} + \mathbf{t}_q \mathbf{p}_q^T \qquad (7.43)$$

학습률이라고 하는 양수 파라미터 α를 가중치 행렬의 요소가 커지는 것을 제한하는 데 사용할 수 있다. 단, 학습률은 1보다 작아야 하며 다음과 같이 표현할 수 있다.

$$\mathbf{W}^{new} = \mathbf{W}^{old} + \alpha \mathbf{t}_q \mathbf{p}_q^T \qquad (7.44)$$

또한 감쇠 항^{decay term}을 추가하면 학습 규칙이 스무딩 필터^{smoothing filter}처럼 작동해, 가장 최근 입력을 좀 더 명확히 기억하게 할 수 있다.

$$\mathbf{W}^{new} = \mathbf{W}^{old} + \alpha \mathbf{t}_q \mathbf{p}_q^T - \gamma \mathbf{W}^{old} = (1 - \gamma)\mathbf{W}^{old} + \alpha \mathbf{t}_q \mathbf{p}_q^T \qquad (7.45)$$

여기서 감쇠 항 γ는 1보다 작은 양의 상수다. γ가 0에 근접하면 학습 규칙은 표준 규칙이 된다. γ가 1에 근접하면 학습 규칙은 과거 입력은 잊고 가장 최근의 패턴만을 기억한다. 감쇠 항은 가중치 행렬이 한없이 커지는 것을 방지한다.

가중치 변화를 필터링하고 조정 가능한 학습률을 갖는다는 아이디어는 중요하며, 10장과 12장에서 다시 논의할 것이다.

식 (7.44)에서 원하는 출력을 실제 출력과 목표 출력의 차로 대체하면, 또 다른 중요한 학습 규칙을 얻을 수 있다.

$$\mathbf{W}^{new} = \mathbf{W}^{old} + \alpha(\mathbf{t}_q - \mathbf{a}_q)\mathbf{p}_q^T \tag{7.46}$$

이 규칙은 실제 출력과 원하는 출력의 차를 사용하기 때문에 델타 규칙delta rule이라고 한다. 또한 이 규칙을 소개한 연구자들의 이름을 따서 위드로-호프 알고리즘Widrow-Hoff algorithm이라고도 한다. 델타 규칙은 평균 제곱 오차를 최소화하도록 가중치를 조정한다(10장 참조). 이런 이유로 오차 제곱 합을 최소화하는 의사역행렬 규칙과 동일한 결과를 생성할 것이다. 델타 규칙의 장점은 새로운 입력 패턴이 제시될 때마다 가중치를 변경할 수 있다는 것이다. 반면, 의사역행렬 규칙은 모든 입력/목표 쌍을 알게 되면 가중치를 한 번에 계산해야 한다. 델타 규칙은 순차적인 변경 방식으로 변화되는 환경에 적응할 수 있다. 델타 규칙은 10장에서 자세히 논의할 것이다.

이 장에서는 헵 규칙의 지도 형태를 사용했다. 목표 네트워크 출력 $\mathbf{t}_q$를 알고 있고 이를 학습 규칙에 사용한다고 가정했다. 비지도 헵 규칙은 '목표' 네트워크 출력 대신에 '실제' 네트워크 출력을 사용한다.

$$\mathbf{W}^{new} = \mathbf{W}^{old} + \alpha\mathbf{a}_q\mathbf{p}_q^T \tag{7.47}$$

여기서 $\mathbf{p}_q$가 입력으로 주어질 때 $\mathbf{a}_q$는 네트워크 출력이다(식 (7.5) 참조). 헵 규칙의 비지도 형태는 목표 출력을 몰라도 되기 때문에 이 장에서 논의한 지도 형태보다 헵 가정을 좀 더 직접적으로 해석한 것으로 볼 수 있다.

결과 요약

헵의 가정

"세포 A의 축삭이 세포 B를 자극하기에 충분히 가깝고 B를 발화하는 데 반복적 또는 지속적으로 참여할 때, 한쪽 또는 양쪽 세포에 일종의 성장 과정이나 신진대사의 변화가 일어남으로써 B를 발화하는 세포 중 하나로서 A의 효율이 올라간다."

선형 연상 메모리

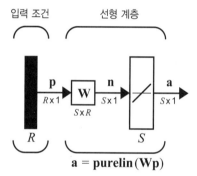

$$\mathbf{a} = \mathbf{purelin}(\mathbf{Wp})$$

헵 규칙

$$w_{ij}^{new} = w_{ij}^{old} + t_{qi}p_{qj}$$

$$\mathbf{W} = \mathbf{t}_1\mathbf{p}_1^T + \mathbf{t}_2\mathbf{p}_2^T + \cdots + \mathbf{t}_Q\mathbf{p}_Q^T$$

$$\mathbf{W} = \begin{bmatrix} \mathbf{t}_1 & \mathbf{t}_2 & \cdots & \mathbf{t}_Q \end{bmatrix} \begin{bmatrix} \mathbf{p}_1^T \\ \mathbf{p}_2^T \\ \vdots \\ \mathbf{p}_Q^T \end{bmatrix} = \mathbf{TP}^T$$

의사역행렬 규칙

$$\mathbf{W} = \mathbf{TP}^+$$

$\mathbf{P}$의 행의 수 R은 $\mathbf{P}$의 열의 수 Q보다 크고 $\mathbf{P}$의 열이 독립일 때, 의사역행렬은 다음과 같이 계산될 수 있다.

$$\mathbf{P}^+ = (\mathbf{P}^T\mathbf{P})^{-1}\mathbf{P}^T$$

헵 학습의 변형

필터링된 학습

(15장 참조)

$$\mathbf{W}^{new} = (1 - \gamma)\mathbf{W}^{old} + \alpha\mathbf{t}_q\mathbf{p}_q^T$$

델타 규칙

(10장 참조)

$$\mathbf{W}^{new} = \mathbf{W}^{old} + \alpha(\mathbf{t}_q - \mathbf{a}_q)\mathbf{p}_q^T$$

비지도 헵

$$\mathbf{W}^{new} = \mathbf{W}^{old} + \alpha\mathbf{a}_q\mathbf{p}_q^T$$

문제 풀이

P7.1 그림 **P7.1**에 있는 선형 연상 메모리를 고려하라.

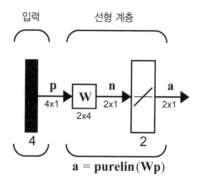

그림 P7.1 단일 뉴런 퍼셉트론

입력/출력 프로토타입 벡터가 다음과 같다고 하자.

$$\left\{ \mathbf{p}_1 = \begin{bmatrix} 1 \\ -1 \\ 1 \\ -1 \end{bmatrix}, \mathbf{t}_1 = \begin{bmatrix} 1 \\ -1 \end{bmatrix} \right\} \qquad \left\{ \mathbf{p}_2 = \begin{bmatrix} 1 \\ 1 \\ -1 \\ -1 \end{bmatrix}, \mathbf{t}_2 = \begin{bmatrix} 1 \\ 1 \end{bmatrix} \right\}$$

(1) 헵 규칙을 이용해 선형 연상 메모리를 위한 적절한 가중치 행렬을 구하라.

(2) 의사역행렬 규칙을 이용해 **(1)**을 반복하라.

(3) **(1)**의 가중치 행렬과 **(2)**의 가중치 행렬을 사용해 입력 $\mathbf{p}_1$을 선형 연상 메모리에 적용하라.

(1) 첫 번째 단계에서는 식 (7.10)의 **P**와 **T** 행렬을 만든다.

$$\mathbf{P} = \begin{bmatrix} 1 & 1 \\ -1 & 1 \\ 1 & -1 \\ -1 & -1 \end{bmatrix}, \qquad \mathbf{T} = \begin{bmatrix} 1 & 1 \\ -1 & 1 \end{bmatrix}$$

그런 다음 식 (7.9)를 이용해 가중치 행렬을 계산한다.

$$\mathbf{W}^h = \mathbf{TP}^T = \begin{bmatrix} 1 & 1 \\ -1 & 1 \end{bmatrix} \begin{bmatrix} 1 & -1 & 1 & -1 \\ 1 & 1 & -1 & -1 \end{bmatrix} = \begin{bmatrix} 2 & 0 & 0 & -2 \\ 0 & 2 & -2 & 0 \end{bmatrix}$$

(2) 의사역행렬 규칙을 만들기 위해 식 (7.32)를 이용한다.

$$\mathbf{W} = \mathbf{TP}^+$$

$\mathbf{P}$의 행의 개수 4가 $\mathbf{P}$의 열의 개수 2보다 크고 $\mathbf{P}$의 열들이 독립이기 때문에, 의사역행렬은 식 (7.34)로 계산할 수 있다.

$$\mathbf{P}^+ = (\mathbf{P}^T\mathbf{P})^{-1}\mathbf{P}^T$$

$$\mathbf{P}^+ = \left(\begin{bmatrix} 1 & -1 & 1 & -1 \\ 1 & 1 & -1 & -1 \end{bmatrix} \begin{bmatrix} 1 & 1 \\ -1 & 1 \\ 1 & -1 \\ -1 & -1 \end{bmatrix} \right)^{-1} \begin{bmatrix} 1 & -1 & 1 & -1 \\ 1 & 1 & -1 & -1 \end{bmatrix} = \left(\begin{bmatrix} 4 & 0 \\ 0 & 4 \end{bmatrix} \right)^{-1} \begin{bmatrix} 1 & -1 & 1 & -1 \\ 1 & 1 & -1 & -1 \end{bmatrix}$$

$$= \begin{bmatrix} \dfrac{1}{4} & 0 \\ 0 & \dfrac{1}{4} \end{bmatrix} \begin{bmatrix} 1 & -1 & 1 & -1 \\ 1 & 1 & -1 & -1 \end{bmatrix} = \begin{bmatrix} \dfrac{1}{4} & -\dfrac{1}{4} & \dfrac{1}{4} & -\dfrac{1}{4} \\ \dfrac{1}{4} & \dfrac{1}{4} & -\dfrac{1}{4} & -\dfrac{1}{4} \end{bmatrix}$$

가중치 행렬은 다음과 같이 계산될 수 있다.

$$\mathbf{W}^p = \mathbf{TP}^+ = \begin{bmatrix} 1 & 1 \\ -1 & 1 \end{bmatrix} \begin{bmatrix} \dfrac{1}{4} & -\dfrac{1}{4} & \dfrac{1}{4} & -\dfrac{1}{4} \\ \dfrac{1}{4} & \dfrac{1}{4} & -\dfrac{1}{4} & -\dfrac{1}{4} \end{bmatrix} = \begin{bmatrix} \dfrac{1}{2} & 0 & 0 & -\dfrac{1}{2} \\ 0 & \dfrac{1}{2} & -\dfrac{1}{2} & 0 \end{bmatrix}$$

(3) 두 가중치 행렬을 테스트한다.

$$\mathbf{W}^h \mathbf{p}_1 = \begin{bmatrix} 2 & 0 & 0 & -2 \\ 0 & 2 & -2 & 0 \end{bmatrix} \begin{bmatrix} 1 \\ -1 \\ 1 \\ -1 \end{bmatrix} = \begin{bmatrix} 4 \\ -4 \end{bmatrix} \neq \mathbf{t}_1$$

$$\mathbf{W}^p \mathbf{p}_1 = \begin{bmatrix} \frac{1}{2} & 0 & 0 & -\frac{1}{2} \\ 0 & \frac{1}{2} & -\frac{1}{2} & 0 \end{bmatrix} \begin{bmatrix} 1 \\ -1 \\ 1 \\ -1 \end{bmatrix} = \begin{bmatrix} 1 \\ -1 \end{bmatrix} = \mathbf{t}_1$$

헵 규칙은 왜 정확한 결과를 생성하지 못하는가? 자, 식 (7.11)을 다시 살펴보자. $\mathbf{p}_1$과 $\mathbf{p}_2$는 직교하기 때문에(그런지 확인하라) 이 식은 다음과 같이 작성될 수 있다.

$$\mathbf{W}^h \mathbf{p}_1 = \mathbf{t}_1 (\mathbf{p}_1^T \mathbf{p}_1)$$

하지만 $\mathbf{p}_1$ 벡터가 정규화되지 않았기 때문에 $(\mathbf{p}_1^T \mathbf{p}_1) \neq 1$이다. 따라서 네트워크의 출력은 $\mathbf{t}_1$이 아닐 것이다.

한편 의사역행렬 규칙은 최소화를 보장하며, 이 경우 다음 식의 결과가 0이 되게 만들 수 있다.

$$\sum_{q=1}^{2} \| \mathbf{t}_q - \mathbf{W} \mathbf{p}_q \|^2$$

P7.2 다음 프로토타입 패턴을 고려하라.

$\mathbf{p}_1$ $\mathbf{p}_2$

$\mathbf{p}_t$

(1) 이들 패턴이 직교하는가?

(2) 이들 패턴을 위한 자기 연상 메모리를 설계하라. 헵 규칙을 이용하라.

(3) 위의 테스트 입력 패턴 $\mathbf{p}_t$에 대해 네트워크는 어떤 반응을 제공하는가?

(1) 가장 먼저 해야 할 일은 패턴을 벡터로 변환하는 것이다. 검은 사각형을 값 1로, 흰색 사각형은 값 −1로 할당해보자. 그런 다음 2차원 패턴을 열 단위로 읽어서 벡터로 변환한다(원한다면 행 단위를 사용할 수도 있다). 그 결과 두 프로토타입 벡터는 다음과 같이 된다.

$$\mathbf{p}_1 = \begin{bmatrix} 1 & 1 & -1 & 1 & -1 & -1 \end{bmatrix}^T \qquad \mathbf{p}_2 = \begin{bmatrix} -1 & 1 & 1 & 1 & 1 & -1 \end{bmatrix}^T$$

직교성을 테스트하기 위해 $\mathbf{p}_1$과 $\mathbf{p}_2$의 내적을 취한다.

$$\mathbf{p}_1^T \mathbf{p}_2 = \begin{bmatrix} 1 & 1 & -1 & 1 & -1 & -1 \end{bmatrix} \begin{bmatrix} -1 \\ 1 \\ 1 \\ 1 \\ 1 \\ -1 \end{bmatrix} = 0$$

따라서 두 벡터는 직교한다(단, $\mathbf{p}_1^T \mathbf{p}_1 = \mathbf{p}_2^T \mathbf{p}_2 = 6$이기 때문에 정규화된 것은 아니다).

(2) 네트워크의 입력과 출력 개수가 6인 점을 제외하고 그림 7.2와 같은 자기 연상 메모리를 사용할 것이다. 가중치 행렬을 찾기 위해 헵 규칙을 사용한다.

$$\mathbf{W} = \mathbf{TP}^T$$

여기서

$$\mathbf{P} = \mathbf{T} = \begin{bmatrix} 1 & -1 \\ 1 & 1 \\ -1 & 1 \\ 1 & 1 \\ -1 & 1 \\ -1 & -1 \end{bmatrix}$$

따라서 가중치 행렬은 다음과 같이 된다.

$$\mathbf{W} = \mathbf{TP}^T = \begin{bmatrix} 1 & -1 \\ 1 & 1 \\ -1 & 1 \\ 1 & 1 \\ -1 & 1 \\ -1 & -1 \end{bmatrix} \begin{bmatrix} 1 & 1 & -1 & 1 & -1 & -1 \\ -1 & 1 & 1 & 1 & 1 & -1 \end{bmatrix} = \begin{bmatrix} 2 & 0 & -2 & 0 & -2 & 0 \\ 0 & 2 & 0 & 2 & 0 & -2 \\ -2 & 0 & 2 & 0 & 2 & 0 \\ 0 & 2 & 0 & 2 & 0 & -2 \\ -2 & 0 & 2 & 0 & 2 & 0 \\ 0 & -2 & 0 & -2 & 0 & 2 \end{bmatrix}$$

(3) 네트워크에 테스트 패턴을 적용하기 위해 패턴을 벡터로 변환한다.

$$\mathbf{p}_t = \begin{bmatrix} 1 & 1 & 1 & 1 & 1 & -1 \end{bmatrix}^T$$

네트워크 반응은 다음과 같다.

$$\mathbf{a} = hardlims(\mathbf{Wp}_t) = hardlims\left(\begin{bmatrix} 2 & 0 & -2 & 0 & -2 & 0 \\ 0 & 2 & 0 & 2 & 0 & -2 \\ -2 & 0 & 2 & 0 & 2 & 0 \\ 0 & 2 & 0 & 2 & 0 & -2 \\ -2 & 0 & 2 & 0 & 2 & 0 \\ 0 & -2 & 0 & -2 & 0 & 2 \end{bmatrix} \begin{bmatrix} 1 \\ 1 \\ 1 \\ 1 \\ 1 \\ -1 \end{bmatrix}\right)$$

$$\mathbf{a} = hardlims\left(\begin{bmatrix} -2 \\ 6 \\ 2 \\ 6 \\ 2 \\ -6 \end{bmatrix}\right) = \begin{bmatrix} -1 \\ 1 \\ 1 \\ 1 \\ 1 \\ -1 \end{bmatrix} = \mathbf{p}_2$$

반응은 만족스러운가? 입력 패턴에 대해 네트워크가 어떻게 반응할 것으로 생각했는가? 네트워크는 입력 패턴에 가장 가까운 프로토타입 패턴을 생성해야만 한다. 이 경우 테스트 입력 패턴 $\mathbf{p}_t$는 $\mathbf{p}_2$와의 해밍 거리는 1이고, $\mathbf{p}_1$와의 해밍 거리는 2이다. 따라서 네트워크는 정확한 반응을 생성했다(해밍 거리에 대한 논의는 3장을 참조하라).

이 예제에서는 프로토타입 벡터를 정규화하지 않았다. *hardlims*의 비선형성 때문에 벡터가 정규화되지 않더라도 문제 P7.1에서 봤던 것과 같은 네트워크 성능 문제를 일으키지는 않는다. *hardlims*는 네트워크 출력을 1 또는 −1로 만든다. 실제 신경망의 흥미롭고 유용한 속성은 대부분 비선형성의 효과로 생긴다.

P7.3 (다음과 같이 $\mathbf{p}_1$, $\mathbf{p}_2$, $\mathbf{p}_3$로 표시된) 세 프로토타입 패턴의 자기 연상 문제를 고려해보라. 헵 규칙과 의사역행렬 규칙을 이용해 이들 패턴을 인식하도록 자기 연상 네트워크를 설계하라. 테스트 패턴 $\mathbf{p}_t$에 대한 성능을 확인하라.

$$\mathbf{p}_1 = \begin{bmatrix} 1 \\ 1 \\ -1 \\ -1 \\ 1 \\ 1 \\ 1 \end{bmatrix} \qquad \mathbf{p}_2 = \begin{bmatrix} 1 \\ 1 \\ 1 \\ -1 \\ 1 \\ -1 \\ 1 \end{bmatrix} \qquad \mathbf{p}_3 = \begin{bmatrix} -1 \\ 1 \\ -1 \\ 1 \\ 1 \\ -1 \\ 1 \end{bmatrix} \qquad \mathbf{p}_t = \begin{bmatrix} -1 \\ 1 \\ -1 \\ -1 \\ 1 \\ -1 \\ 1 \end{bmatrix}$$

이 문제를 손으로 해결하려면 지루할 수 있기 때문에 MATLAB을 이용해 풀어보자. 우선 프로토타입 벡터를 생성한다.

```
p1=[ 1  1 -1 -1  1  1  1]';
p2=[ 1  1  1 -1  1 -1  1]';
p3=[-1  1 -1  1  1 -1  1]';
P=[p1 p2 p3];
```

이제 헵 규칙을 이용해 가중치 행렬을 계산한다.

```
wh=P*P';
```

네트워크를 확인하기 위해 테스트 벡터를 생성한다.

```
pt=[-1  1 -1 -1  1 -1  1]';
```

그런 다음 네트워크 반응을 계산한다.

```
ah=hardlims(wh*pt);
ah'
ans =
    1    1   -1   -1    1   -1    1
```

반응이 어떤 프로토타입 벡터와도 매칭되지 않는다. 프로토타입 패턴이 직교하지 않기 때문에 놀랄 일은 아니다. 의사역행렬 규칙을 시도해보자.

```
pseu=inv(P'*P)*P';
wp=P*pseu;
ap=hardlims(wp*pt);
ap'
ans =
    -1    1    -1    1    1    -1    1
```

네트워크 반응이 $\mathbf{p}_3$와 같아졌다. 이 결과가 정확한 반응인가? 이 반응이 입력 패턴과 가장 가까운 프로토타입 패턴이어야 한다. 이 경우 $\mathbf{p}_1$와 $\mathbf{p}_2$에서 해밍 거리는 2이고, $\mathbf{p}_3$에서 해밍 거리는 1이다. 따라서 의사역행렬 규칙은 정확한 반응을 생성한다.

의사역행렬 규칙이 헵 규칙보다 좋은 결과를 생성하는 경우가 더 있는지 다른 테스트 입력을 시도해보라.

P7.4 다음과 같은 3개의 프로토타입 패턴을 고려하라.

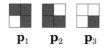

$\mathbf{p}_1$ $\mathbf{p}_2$ $\mathbf{p}_3$

(1) 헵 규칙을 이용해 3개의 패턴을 인식하는 퍼셉트론 네트워크를 설계하라.

(2) 다음과 같은 패턴 $\mathbf{p}_t$에 대한 네트워크 반응을 구하라. 반응은 정확한가?

$\mathbf{p}_t$

(1) 이전 문제에서와 같이 패턴을 벡터로 변환한다.

$$\mathbf{p}_1 = \begin{bmatrix} 1 \\ -1 \\ 1 \\ 1 \end{bmatrix} \qquad \mathbf{p}_2 = \begin{bmatrix} 1 \\ 1 \\ -1 \\ 1 \end{bmatrix} \qquad \mathbf{p}_3 = \begin{bmatrix} -1 \\ -1 \\ -1 \\ 1 \end{bmatrix} \qquad \mathbf{p}_t = \begin{bmatrix} 1 \\ -1 \\ 1 \\ -1 \end{bmatrix}$$

프로토타입 입력 벡터별로 원하는 출력 벡터를 선택해보자. 3개 프로토타입 벡터를 구별하려면 출력 벡터는 2개 요소가 필요하다. 3개 출력은 다음과 같이 선택할 수 있다.

$$\mathbf{t}_1 = \begin{bmatrix} -1 \\ -1 \end{bmatrix} \qquad \mathbf{t}_2 = \begin{bmatrix} -1 \\ 1 \end{bmatrix} \qquad \mathbf{t}_3 = \begin{bmatrix} 1 \\ -1 \end{bmatrix}$$

(이 선택은 임의적이다. 1과 −1의 어떤 조합이든 선택할 수 있다.)

그림 P7.2에는 구성된 네트워크가 있다.

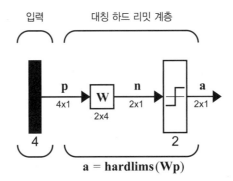

그림 P7.2 문제 P7.4에 대한 퍼셉트론 네트워크

다음 단계로 헵 규칙을 이용해 가중치 행렬을 결정한다.

$$\mathbf{W} = \mathbf{TP}^T = \begin{bmatrix} -1 & -1 & 1 \\ -1 & 1 & -1 \end{bmatrix} \begin{bmatrix} 1 & -1 & 1 & 1 \\ 1 & 1 & -1 & 1 \\ -1 & -1 & -1 & 1 \end{bmatrix} = \begin{bmatrix} -3 & -1 & -1 & -1 \\ 1 & 3 & -1 & -1 \end{bmatrix}$$

(2) 테스트 입력 패턴에 대한 네트워크 반응은 다음과 같이 계산된다.

$$\mathbf{a} = \text{hardlims}(\mathbf{Wp}_t) = \text{hardlims}\left(\begin{bmatrix} -3 & -1 & -1 & -1 \\ 1 & 3 & -1 & -1 \end{bmatrix} \begin{bmatrix} 1 \\ -1 \\ 1 \\ -1 \end{bmatrix} \right)$$

$$= \text{hardlims}\left(\begin{bmatrix} -2 \\ -2 \end{bmatrix} \right) = \begin{bmatrix} -1 \\ -1 \end{bmatrix} \rightarrow \mathbf{p}_1$$

네트워크 반응은 테스트 입력 패턴이 $\mathbf{p}_1$에 가장 가깝다는 것을 나타낸다. 이것은 정확한가? 그렇다. $\mathbf{p}_1$과의 해밍 거리는 1이고, $\mathbf{p}_2$ 및 $\mathbf{p}_3$와의 해밍 거리는 3이다.

P7.5 길이 R의 직교 프로토타입 벡터가 Q개 있고 이 벡터들에 대해 헵 규칙을 이용해 설계한 선형 자기 연상 메모리가 있다고 하자. 벡터의 요소는 1이거나 −1이다.

(1) Q개 프로토타입 패턴은 가중치 행렬의 고유벡터임을 보여라.

(2) 가중치 행렬의 다른 $(R - Q)$개 고유벡터는 무엇인가?

(1) 프로토타입 벡터가 다음과 같다고 가정하자.

$$\mathbf{p}_1, \mathbf{p}_2, \cdots, \mathbf{p}_Q$$

자기 연상 메모리이기 때문에 이 벡터들은 입력 벡터와 원하는 출력 벡터가 된다. 따라서 다음과 같이 표현할 수 있다.

$$\mathbf{T} = \begin{bmatrix} \mathbf{p}_1 & \mathbf{p}_2 & \cdots & \mathbf{p}_Q \end{bmatrix} \qquad \mathbf{P} = \begin{bmatrix} \mathbf{p}_1 & \mathbf{p}_2 & \cdots & \mathbf{p}_Q \end{bmatrix}$$

만일 헵 규칙을 이용해 가중치 행렬을 계산한다면, 식 (7.8)로부터 다음의 결과를 구할 수 있다.

$$\mathbf{W} = \mathbf{TP}^T = \sum_{q=1}^{Q} \mathbf{p}_q \mathbf{p}_q^T$$

이제 프로토타입 벡터 중 하나를 네트워크의 입력으로 적용한다면, 다음의 결과를 얻을 수 있다.

$$\mathbf{a} = \mathbf{Wp}_k = \left(\sum_{q=1}^{Q} \mathbf{p}_q \mathbf{p}_q^T \right) \mathbf{p}_k = \sum_{q=1}^{Q} \mathbf{p}_q (\mathbf{p}_q^T \mathbf{p}_k)$$

패턴들은 직교하기 때문에 이 식은 다음과 같이 축소된다.

$$\mathbf{a} = \mathbf{p}_k (\mathbf{p}_k^T \mathbf{p}_k)$$

그리고 $\mathbf{p}_k$의 모든 요소가 −1 또는 1이기 때문에 다음과 같이 된다.

$$\mathbf{a} = \mathbf{p}_k R$$

결과를 요약하면 다음 식과 같이 정리되며, $\mathbf{p}_k$는 $\mathbf{W}$의 고유벡터이고 R은 고윳값이 된다.

$$\mathbf{Wp}_k = R\mathbf{p}_k$$

각 프로토타입 벡터는 동일한 고윳값을 갖는 고유벡터다.

(2) 중복되는 고윳값 R은 자신과 관련된 Q차원 고유 공간을 갖는다. 이 공간은 Q개의 프로토타입 벡터로 생성되는 부분공간이다. 이제 이 고유 공간에 직교하는 부분 공간을 생각해보라. 이 부분공간의 모든 벡터는 각 프로토타입 벡터에 직교해야만 한다. 직교하는 부분공간의 차원은 $R - Q$이다. 이 직교 공간에 대해 다음과 같은 임의의 기저 집합을 생각해보자.

$$\mathbf{z}_1, \mathbf{z}_2, \dots, \mathbf{z}_{R-Q}$$

이 기저 벡터들 중 하나를 네트워크에 적용한다면, 각 $\mathbf{z}_k$는 모든 $\mathbf{p}_q$에 직교하기 때문에 다음과 같은 결과를 얻게 된다.

$$\mathbf{a} = \mathbf{W}\mathbf{z}_k = \left(\sum_{q=1}^{Q} \mathbf{p}_q\mathbf{p}_q^T \right)\mathbf{z}_k = \sum_{q=1}^{Q} \mathbf{p}_q(\mathbf{p}_q^T\mathbf{z}_k) = 0$$

이것은 각 $\mathbf{z}_k$가 고윳값 0을 갖는 $\mathbf{W}$의 고유벡터임을 의미한다.

요약하면 가중치 행렬 $\mathbf{W}$는 2개의 고윳값 R과 0을 갖는다. 즉, 프로토타입 벡터로 생성되는 공간에 있는 벡터는 R만큼 확대되는 반면, 프로토타입 벡터에 직교하는 벡터는 0이 된다.

P7.6 지금까지 이 장에서 사용했던 네트워크는 편향 벡터를 포함하지 않았다. 다음의 패턴을 인식하는 퍼셉트론 네트워크(그림 P7.3)를 설계하는 문제를 고려해보자.

$$\mathbf{p}_1 = \begin{bmatrix} 1 \\ 1 \end{bmatrix} \qquad \mathbf{p}_2 = \begin{bmatrix} 2 \\ 2 \end{bmatrix}$$

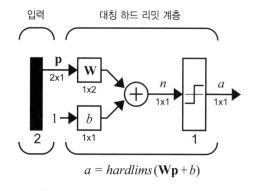

$$a = hardlims(\mathbf{W}\mathbf{p} + b)$$

그림 P7.3 단일 뉴런 퍼셉트론

(1) 이 문제를 푸는 데 편향이 필요한 이유는 무엇인가?

(2) 의사역행렬 규칙을 이용해 이 문제를 풀 수 있는 편향을 갖는 네트워크를 설계하라.

(1) 퍼셉트론 네트워크의 결정 경계는 다음과 같은 직선이다(3장과 4장을 기억해보자).

$$\mathbf{W}\mathbf{p} + b = 0$$

편향이 없으면 $b = 0$이므로, 경계는 원점을 지나가는 직선으로 다음과 같이 정의된다.

$$\mathbf{W}\mathbf{p} = 0$$

이제 이 문제에 주어진 두 벡터 $\mathbf{p}_1$과 $\mathbf{p}_2$를 고려해보자. 다음 그림에서 원점을 지나는 결정 경계와 함께 두 벡터가 그려져 있다. 원점을 지나는 결정 경계로는 두 벡터를 분리할 수 없다. 따라서 이 문제를 풀려면 반드시 편향이 필요하다.

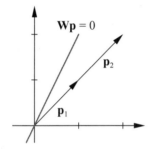

(2) 편향 항이 있을 때 의사역행렬 규칙(또는 헵 규칙)을 이용하려면, (모든 네트워크 그림에 표시된 것처럼) 편향을 입력이 1인 가중치로 다뤄야 한다. 따라서 입력 벡터의 마지막 요소에 1을 추가해 확장한다.

$$\mathbf{p}'_1 = \begin{bmatrix} 1 \\ 1 \\ 1 \end{bmatrix} \qquad \mathbf{p}'_2 = \begin{bmatrix} 2 \\ 2 \\ 1 \end{bmatrix}$$

원하는 출력을 다음과 같이 선택해보자.

$$t_1 = 1 \qquad t_2 = -1$$

따라서 입력과 출력은 다음과 같은 행렬로 정의된다.

$$\mathbf{P} = \begin{bmatrix} 1 & 2 \\ 1 & 2 \\ 1 & 1 \end{bmatrix}, \ \mathbf{T} = \begin{bmatrix} 1 & -1 \end{bmatrix}$$

이제 의사역행렬을 구성한다.

$$\mathbf{P}^+ = \left(\begin{bmatrix} 1 & 1 & 1 \\ 2 & 2 & 1 \end{bmatrix} \begin{bmatrix} 1 & 2 \\ 1 & 2 \\ 1 & 1 \end{bmatrix} \right)^{-1} \begin{bmatrix} 1 & 1 & 1 \\ 2 & 2 & 1 \end{bmatrix} = \begin{bmatrix} 3 & 5 \\ 5 & 9 \end{bmatrix}^{-1} \begin{bmatrix} 1 & 1 & 1 \\ 2 & 2 & 1 \end{bmatrix} = \begin{bmatrix} -0.5 & -0.5 & 2 \\ 0.5 & 0.5 & -1 \end{bmatrix}$$

확장된 가중치 행렬은 다음과 같이 계산된다.

$$\mathbf{W}' = \mathbf{T}\mathbf{P}^+ = \begin{bmatrix} 1 & -1 \end{bmatrix} \begin{bmatrix} -0.5 & -0.5 & 2 \\ 0.5 & 0.5 & -1 \end{bmatrix} = \begin{bmatrix} -1 & -1 & 3 \end{bmatrix}$$

다음으로, 표준 가중치 행렬과 편향을 분리한다.

$$\mathbf{W} = \begin{bmatrix} -1 & -1 \end{bmatrix} \qquad b = 3$$

이 가중치와 편향으로 정의되는 결정 경계가 그림 P7.4에 그려져 있다. 이 경계는 두 프로토타입 벡터를 분리한다.

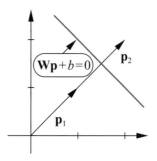

그림 P7.4 문제 P7.6의 결정 경계

P7.7 지금까지의 모든 패턴 인식 예제에서 어두운 픽셀과 밝은 픽셀(그림의 요소)을 '1'과 '−1'로 표시해 패턴을 벡터로 나타냈다. 만일 '1'과 '0'을 대신 사용했다면 어떻게 될까? 헵 규칙은 어떻게 바뀌어야 할까?

우선 (일반적으로 양극^{bipolar} {−1, 1} 표현과 이진^{binary} {0, 1} 표현이라고 하는) 두 가지 표현을 구분하는 표기법을 알아보자. 프로토타입 입력/출력 벡터의 양극 표현은 다음과 같이 표기된다.

$$\{\mathbf{p}_1, \mathbf{t}_1\}, \{\mathbf{p}_2, \mathbf{t}_2\}, \dots, \{\mathbf{p}_Q, \mathbf{t}_Q\}$$

그리고 이진 표현은 다음과 같이 표기된다.

$$\{\mathbf{p}'_1, \mathbf{t}'_1\}, \{\mathbf{p}'_2, \mathbf{t}'_2\}, \dots, \{\mathbf{p}'_Q, \mathbf{t}'_Q\}$$

두 표현 사이의 관계는 다음 식과 같다.

$$\mathbf{p}'_q = \frac{1}{2}\mathbf{p}_q + \frac{1}{2}\mathbf{1} \qquad \mathbf{p}_q = 2\mathbf{p}'_q - \mathbf{1}$$

여기서 **1**은 1로 채워진 벡터다.

다음은 이진 연상 메모리의 형태를 정한다. 그림 P7.5에 보이는 네트워크를 이용할 것이다. 그림 7.2에서 볼 수 있듯이, 양극 연상 메모리와 두 가지 방식이 다르다. 첫째, 이진 연상 메모리는 출력이 0 또는 1이어야 하기 때문에 *hardlims* 대신 *hardlim* 비선형성을 사용한다. 둘째, 편향 벡터를 사용한다. 모든 이진 벡터가 벡터 공간의 1사분면에 존재하기 때문에 원점을 통과하는 경계로는 패턴을 분리할 수 없다. 따라서 편향 벡터가 필요하다(그림 P7.6 참조).

다음 단계는 이 네트워크에 대한 가중치 벡터와 편향 벡터를 결정하는 것이다. 그림 P7.5의 이진 네트워크가 (그림 7.2에서와 같이) 양극 네트워크와 동일하게 유효한 반응을 가지려면, 두 네트워크의 네트 입력 **n**이 동일해야 한다.

$$\mathbf{W}'\mathbf{p}' + \mathbf{b} = \mathbf{W}\mathbf{p}$$

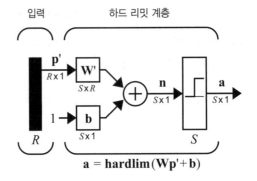

그림 P7.5 이진 연상 메모리

이럴 경우 양극 네트워크가 '1'을 생성할 때 이진 네트워크는 '1'을 생성하고 양극 네트워크가 '−1'을 생성할 때 이진 네트워크는 '0'을 생성하게 된다.

$\mathbf{p}'$를 $\mathbf{p}$의 함수로 대체하면 다음과 같은 관계를 발견할 수 있다.

$$\mathbf{W}'\left(\frac{1}{2}\mathbf{p} + \frac{1}{2}\mathbf{1}\right) + \mathbf{b} = \frac{1}{2}\mathbf{W}'\mathbf{p} + \frac{1}{2}\mathbf{W}'\mathbf{1} + \mathbf{b} = \mathbf{W}\mathbf{p}$$

따라서 양극 네트워크와 동일한 결과를 생성하려면 가중치와 편향은 다음과 같이 선택해야 한다.

$$\mathbf{W}' = 2\mathbf{W} \qquad \mathbf{b} = -\mathbf{W}\mathbf{1}$$

여기서 $\mathbf{W}$는 양극 가중치 행렬이다.

맺음말

이 장에는 두 가지 주요 목표가 있다. 첫째, 가장 영향력 있는 신경망 학습 규칙 중 하나인 헵 규칙을 소개하고자 했다. 헵 규칙은 최초로 제안된 신경 학습 규칙 중 하나로, 가장 최근의 네트워크 학습 이론의 개발에도 지속적인 영향을 주고 있다. 둘째, 앞의 두 장에서 논의했던 선형 대수 개념을 이용해 헵 학습 규칙의 성능을 어떻게 설명할 수 있는지 보여주려고 했다. 이것은 이 책의 핵심 목표 중 하나다. 주요 수학 개념들이 모든 인공 신경망의 작동에 얼마나 핵심적인 근간이 되는지 보일 것이다. 수학적 아이디어를 신경망 응용과 함께 엮어나갈 것이며, 둘 모두의 이해를 높이는 과정이 되길 바란다.

이어지는 두 장에서는 10장과 11장에서 다룰 두 학습 규칙의 이해를 위해 중요한 수학을 소개할 예정이다. 이 학습 규칙은 네트워크의 성능을 최적화하기 때문에 성능performance 학습이라고 한다. 성능 학습 규칙의 이해를 위해 최적화의 기본 개념을 소개하려고 한다. 헵 규칙에서와 마찬가지로 최적화 분야의 주제를 이해하는 데 선형 대수에 관한 이전 논의가 상당히 도움이 될 것이다.

참고 문헌

[Albe72]   A. Albert, *Regression and the Moore-Penrose Pseudoinverse*, New York: Academic Press, 1972.

앨버트Albert의 책은 의사역행렬의 이론과 기본 성질에 관한 주요 참고서적이다. 모든 주요 의사역행렬의 정리가 증명되어 있다.

[Ande72]   J. Anderson, "A simple neural network generating an interactive memory," *Mathematical Biosciences*, vol. 14, pp. 197-220, 1972.

앤더슨Anderson은 연상 메모리를 위한 '선형 연상 메모리' 모델을 제안했다. 이 모델은 입력과 출력 벡터 사이에 연관성을 학습하기 위해 헵 가정의 일반화를 이용해 훈련됐다. 네트워크의 생리학적 타당성이 강조됐다. 코호넨Kohonen은 이와 밀접하게 관련된 논문을 동시에 발표했는데[Koho72], 코호넨과 앤더슨은 각자 독자적으로 연구를 진행했다.

[Hebb49]   D. O. Hebb, *The Organization of Behavior*, New York: Wiley, 1949.

이 영향력 있는 책의 주요 전제는 뉴런의 작용으로 행동을 설명할 수 있다는 것이다. 이 책에서 헵Hebb은 세포 레벨의 학습 메커니즘을 가정했던 최초의 학습 규칙 중 하나를 제안했다.

[Koho72]   T. Kohonen, "Correlation matrix memories," *IEEE Transactions on Computers*, vol. 21, pp. 353–359, 1972.

코호넨은 연상 메모리를 위한 상관 관계 행렬 모델을 제안했다. 이 모델은 입력과 출력 벡터 사이에 연관성을 학습하기 위해 (헵 규칙이라고도 알려진) 외적 규칙outer product rule을 이용해 훈련됐다. 네트워크의 수학적 구조가 강조됐다. 앤더슨은 이와 밀접하게 관련된 논문을 동시에 발표했는데[Ande72], 코호넨과 엔더슨은 각자 독자적으로 연구를 진행했다.

연습문제

E7.1   다음 프로토타입 패턴을 고려하라.

$\mathbf{p}_1$ $\mathbf{p}_2$

(1) $\mathbf{p}_1$과 $\mathbf{p}_2$는 직교하는가?

(2) 헵 규칙을 이용해 이들 패턴에 대한 자기 연상 메모리 네트워크를 설계하라.

(3) 아래의 테스트 입력 패턴 $\mathbf{p}_t$를 이용해 네트워크의 작동을 테스트하라. 네트워크가 예상대로 실행되는가? 설명하라.

$\mathbf{p}_t$

E7.2   의사역행렬 규칙을 이용해 연습문제 E7.1을 반복하라.

E7.3   헵 규칙을 이용해 아래의 패턴을 인식하기 위한 (그림 E7.1에 보이는) 퍼셉트론 네트워크의 가중치 행렬을 정하라.

$\mathbf{p}_1$ $\mathbf{p}_2$

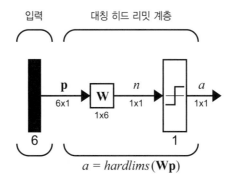

입력   대칭 히드 리밋 계층

$$a = hardlims(\mathbf{W}\mathbf{p})$$

그림 E7.1 연습문제 E7.3의 퍼셉트론 네트워크

E7.4   문제 P7.7에서 프로토타입 벡터가 (양극의 반대로서) 이진 형태일 때 헵 규칙을 이용한 네트워크의 훈련 방법을 보여줬다. 프로토타입 벡터에 대한 이진 표현을 이용해 연습 문제 E7.1을 반복하라. 이진 네트워크의 반응이 원래 양극 네트워크의 반응과 동일함을 보여라.

E7.5   헵 규칙으로 정의된 가중치 행렬의 대각 성분을 0으로 하면 자기 연상 메모리 네트워크가 계속 실행되는지 보여라. 다시 말해, 가중치 행렬이 다음과 같이 정해진다고 가정하라.

$$\mathbf{W} = \mathbf{P}\mathbf{P}^T - Q\mathbf{I}$$

여기서 Q는 프로토타입 벡터의 개수다(힌트: 프로토타입 벡터가 계속 새로운 가중치 행렬의 고유벡터가 됨을 보여라).

E7.6   3개의 입력/출력 프로토타입 벡터 쌍이 있다.

$$\left\{ \mathbf{p}_1 = \begin{bmatrix} 1 \\ 0 \end{bmatrix}, t_1 = 1 \right\}, \left\{ \mathbf{p}_2 = \begin{bmatrix} 1 \\ 1 \end{bmatrix}, t_2 = -1 \right\}, \left\{ \mathbf{p}_3 = \begin{bmatrix} 0 \\ 1 \end{bmatrix}, t_3 = 1 \right\}$$

(1) 네트워크가 편향을 사용하지 않으면 이 문제는 풀 수 없음을 보여라.

(2) 의사역행렬 규칙을 이용해 이 프로토타입 벡터를 위한 네트워크를 설계하라. 네트

워크가 정확하게 프로토타입 벡터를 변환하는지 검증하라.

E7.7 아래와 같은 참조 패턴과 목표를 고려하라. 이 데이터를 이용해 선형 연상 메모리 네트워크를 훈련시키려고 한다.

$$\left\{ \mathbf{p}_1 = \begin{bmatrix} 2 \\ 4 \end{bmatrix}, t_1 = \begin{bmatrix} 26 \end{bmatrix} \right\} \qquad \left\{ \mathbf{p}_2 = \begin{bmatrix} 4 \\ 2 \end{bmatrix}, t_2 = \begin{bmatrix} 26 \end{bmatrix} \right\} \qquad \left\{ \mathbf{p}_3 = \begin{bmatrix} -2 \\ -2 \end{bmatrix}, t_3 = \begin{bmatrix} -26 \end{bmatrix} \right\}$$

(1) 헵 규칙을 이용해 네트워크의 가중치를 구하라.

(2) 네트워크의 결정 경계를 찾아서 헵 규칙의 가중치와 함께 그려라.

(3) 의사역행렬 규칙을 이용해 네트워크의 가중치를 구하라. $\mathbf{P}$의 행의 수 R이 $\mathbf{P}$의 열의 수 Q보다 작기 때문에 의사역행렬은 $\mathbf{P}^+ = \mathbf{P}^T(\mathbf{PP}^T)^{-1}$로 계산될 수 있다.

(4) 네트워크의 결정 경계를 찾아서 의사역행렬 규칙의 가중치와 같이 그려라.

(5) (헵과 의사역행렬) 각 방법에 대한 결정 경계와 가중치를 비교하라.

E7.8 그림 E7.2에 보이는 세 가지 프로토타입 패턴을 고려하라.

(1) 이들 패턴이 직교하는가? 보여라.

(2) 헵 규칙을 이용해 이들 패턴을 인식하기 위한 선형 자기 연상 메모리의 가중치 행렬을 정하라.

(3) 네트워크의 다이어그램을 그려라.

(4) 가중치 행렬의 고윳값과 고유벡터를 구하라(식 $|\mathbf{W} - \lambda\mathbf{I}| = 0$을 풀지 말고 헵 규칙 분석을 이용하라).

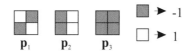

그림 E7.2 연습문제 E7.8의 프로토타입 패턴

E7.9 다음과 같은 3개의 참조 패턴과 목표가 있다고 하자.

$$\left\{ \mathbf{p}_1 = \begin{bmatrix} 3 \\ 6 \end{bmatrix}, t_1 = \begin{bmatrix} 75 \end{bmatrix} \right\} \qquad \left\{ \mathbf{p}_2 = \begin{bmatrix} 6 \\ 3 \end{bmatrix}, t_2 = \begin{bmatrix} 75 \end{bmatrix} \right\} \qquad \left\{ \mathbf{p}_3 = \begin{bmatrix} -6 \\ 3 \end{bmatrix}, t_3 = \begin{bmatrix} -75 \end{bmatrix} \right\}$$

(1) 이들 패턴에 대해 훈련될 수 있는 선형 연상 메모리 네트워크의 네트워크 다이어 그램을 그려라.

(2) 헵 규칙을 이용해 네트워크의 가중치를 구하라.

(3) 네트워크의 결정 경계를 찾아서 헵 규칙의 가중치와 같이 그려라. 경계가 패턴을 분리하는가? 보여라.

(4) 의사역행렬 규칙을 이용해 네트워크 가중치를 구하라. 이 경계와 헵 규칙 경계 사이의 차이를 설명하라.

E7.10 다음과 같은 입력/출력 쌍이 있다.

$$\left\{ \mathbf{p}_1 = \begin{bmatrix} 1 \\ 1 \end{bmatrix}, t_1 = \begin{bmatrix} 1 \end{bmatrix} \right\} \qquad \left\{ \mathbf{p}_2 = \begin{bmatrix} 1 \\ -1 \end{bmatrix}, t_2 = \begin{bmatrix} -1 \end{bmatrix} \right\}$$

(1) 헵 규칙을 이용해 그림 E7.3의 퍼셉트론 네트워크 가중치 행렬을 정하라.

(2) 생성된 결정 경계를 그려라. 이것이 '좋은' 결정 경계인가? 설명하라.

(3) 의사역행렬 규칙을 이용해 (1)을 반복하라.

(4) 의사역행렬 가중치가 이용된다면 네트워크의 작동에 어떤 차이가 있겠는가?

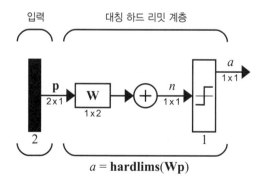

그림 E7.3 연습문제 E7.10의 네트워크

E7.11 헵 규칙과 의사역행렬 규칙에 관한 질문 중 하나는 "얼마나 많은 프로토타입 패턴이 가중치 행렬에 저장될 수 있는가?"이다. 이 질문을 237페이지에서 논의했던 숫자 인식 문제를 이용해 실험적으로 테스트하라. 숫자 '0'과 '1'로 시작하라. '6'까지 한 번에 하나씩 숫자를 추가해서 2, 4, 6개의 픽셀을 임의로 변경해 정확한 숫자가 얼마나 자주 재구성되는지 테스트하라.

(1) 먼저 헵 규칙을 이용해 숫자 '0'과 '1'에 대한 가중치 행렬을 생성하라. 그런 다음 각 숫자별로 두 픽셀을 임의로 바꿔서 잡음을 만든 후 이들을 네트워크에 적용하라. 이 과정을 10번 반복하고 네트워크 출력에 (잡음 없이) 정확한 패턴이 생성된 횟수의 백분율을 기록하라. 각 숫자의 네 픽셀 및 여섯 픽셀을 바꾸어서 반복하라. 그런 다음 숫자 '0', '1', '2'에 대해 전체 과정을 반복한다. 이 과정을 '0'에서 '6'까지 모든 숫자에 대해 네트워크를 테스트할 때까지 한 번에 한 숫자씩 계속한다. 모든 테스트가 완료되면 저장된 각 숫자 대비 백분율 오차를 보여주는 3개의 곡선(즉, 2, 4, 6개 픽셀 오류에 대해 각각 하나의 곡선)을 그릴 수 있을 것이다.

(2) 의사역행렬 규칙을 이용해 (1)을 반복하고 두 규칙의 결과를 비교하라.

8

성능 표면과 최적점

목표

8장에서는 신경망 훈련 기법의 한 종류인 성능 학습performance learning을 위한 기초를 마련할 것이다. 네트워크 학습 규칙에는 (7장의 헵 학습 같은) 연상 학습associative learning과 (15장에서 논의할) 경쟁 학습competitive learning을 포함한 다양한 부류가 있다. 성능 학습은 학습 규칙의 또 다른 중요한 부류로, 네트워크 파라미터를 조정해 네트워크의 성능을 최적화한다. 8장과 9장에서 성능 학습을 개발하기 위한 기틀을 마련한 다음, 10장에서 14장까지 성능 학습에 대해 자세히 살펴볼 것이다. 이번 장의 주요 목표는 성능 표면을 조사하고 최소 최대가 존재하는 조건을 알아보는 것이다. 다음 작업으로 9장에서는 최소 최대를 찾는 방법을 살펴볼 것이다.

이론과 예제

성능 학습　성능 학습performance learning 범주에 속하는 다양한 학습 규칙이 있다. 그중 두 가지를 이 책에서 제시할 것이다. 이 학습 규칙은 네트워크 '성능'을 최적화하기 위해 훈련시키는 동안 네트워크 파라미터(가중치와 편향)를 조정한다는 점이 다르다.

이 최적화 과정에는 두 단계가 포함되어 있다. 첫 번째 단계는 무엇이 '성능'인가를 정
성능 지표　의하는 것이다. 다시 말해, **성능 지표**performance index라고 하는 네트워크 성능의 양적 척도를 찾아야만 한다. 성능 지표는 네트워크가 잘 실행되면 작아지며, 네트워크가 잘 실행되지 않으면 커졌다. 8장과 9장에서는 성능 지표가 정해져 있다고 가정할 것이다. 10장, 11장, 13장에서는 성능 지표의 선택에 관해 논의할 것이다.

두 번째 단계는 성능 지표를 줄이기 위해 파라미터 공간을 탐색(네트워크 가중치와 편향을 조정)하는 것이다. 이 장에서는 성능 표면의 특성을 살펴보고, 표면이 (우리가 찾는 최적점optimum point인) 최소점을 갖도록 보장하는 조건을 정의할 것이다. 따라서 이 장에서는 성능 표면의 모양을 이해할 수 있다. 그런 다음 9장에서는 최적점을 찾기 위한 방법을 개발할 것이다.

테일러 급수

최소화하려는 성능 지표를 $F(x)$라고 하자. 여기서 x는 조정 중인 스칼라 파라미터다. 성능 지표는 해석 함수이므로 모든 차수의 미분이 존재한다고 가정할 것이다. 그런 다
테일러 급수 전개　음 성능 지표를 명목 점nominal point x^*에 관한 테일러 급수 전개Taylor series expansion로 표현할 수 있다.

$$F(x) = F(x^*) + \frac{d}{dx}F(x)\Big|_{x=x^*}(x-x^*)$$

$$+ \frac{1}{2}\frac{d^2}{dx^2}F(x)\Bigg|_{x=x^*}(x-x^*)^2 + \cdots \tag{8.1}$$

$$+ \frac{1}{n!} \frac{d^n}{dx^n} F(x) \bigg|_{x=x^*} (x - x^*)^n + \cdots$$

성능 지표를 근사하기 위해 테일러 급수 전개를 유한한 개수의 항으로 제한해서 사용할 것이다. 예를 들어, 성능 지표가 다음 함수라고 해보자.

$$F(x) = \cos(x) \tag{8.2}$$

점 $x^* = 0$에 관한 $F(x)$의 테일러 급수 전개는 다음과 같다.

$$F(x) = \cos(x) = \cos(0) - \sin(0)(x - 0) - \frac{1}{2}\cos(0)(x - 0)^2$$
$$+ \frac{1}{6}\sin(0)(x - 0)^3 + \cdots$$

$$= 1 - \frac{1}{2}x^2 + \frac{1}{24}x^4 + \cdots \tag{8.3}$$

(x의 0승만 사용하는) $F(x)$의 0차 근사는 다음과 같다.

$$F(x) \approx F_0(x) = 1 \tag{8.4}$$

2차 근사는 다음과 같다.

$$F(x) \approx F_2(x) = 1 - \frac{1}{2}x^2 \tag{8.5}$$

(이 경우 1차 미분이 0이기 때문에 1차 근사는 0차 근사와 같다는 점을 주의하라.)

4차 근사는 다음과 같다.

$$F(x) \approx F_4(x) = 1 - \frac{1}{2}x^2 + \frac{1}{24}x^4 \tag{8.6}$$

$F(x)$와 이 세 가지 근사를 보여주는 그래프가 그림 8.1에 나타나 있다.

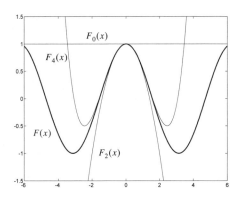

그림 8.1 코사인 함수와 테일러 급수 근사

이 그림에서 세 가지 근사 모두 x가 $x^* = 0$에 매우 가깝다면 정확하다는 사실을 알수 있다. 하지만 x가 x^*에서 멀어질수록 높은 차원의 근사만이 정확하다. 2차 근사는 0차 근사보다 넓은 범위에서 정확하며, 4차 근사는 2차 근사보다 넓은 범위에서 정확하다. 식 (8.1)을 조사해보면 이런 행동이 설명된다. 이 급수에서 각 후속 항은 높은 승수의 $(x - x^*)$를 포함한다. x가 x^*에 가까워질수록 이 항들은 기하급수적으로 작아진다.

성능 지표의 테일러 급수 근사를 사용해 최적점 부근의 성능 지표의 모양을 조사할 것이다.

코사인 함수의 테일러 급수 전개를 실험하려면, MATLAB® 신경망 설계 데모 '테일러 급수

Taylor Series' **nnd8ts1**을 이용하라.

벡터 테일러 급수

신경망 성능 지표는 스칼라 x의 함수가 아닐 것이다. 모든 네트워크 파라미터(가중치와 편향)의 함수이며, 파라미터 수가 매우 많을 것이다. 따라서 테일러 급수 전개를 다변수 함수로 확장할 필요가 있다. 다음의 n 변수 함수를 고려하라.

268

$$F(\mathbf{x}) = F(x_1, x_2, \ldots, x_n) \tag{8.7}$$

점 x^*에 대한 n 변수 함수의 테일러 급수 전개는 다음과 같다.

$$\begin{aligned}
F(\mathbf{x}) = F(\mathbf{x}^*) &+ \frac{\partial}{\partial x_1}F(\mathbf{x})\Big|_{\mathbf{X}=\mathbf{X}^*}(x_1 - x_1^*) + \frac{\partial}{\partial x_2}F(\mathbf{x})\Big|_{\mathbf{X}=\mathbf{X}^*}(x_2 - x_2^*) \\
&+ \cdots + \frac{\partial}{\partial x_n}F(\mathbf{x})\Big|_{\mathbf{X}=\mathbf{X}^*}(x_n - x_n^*) + \frac{1}{2}\frac{\partial^2}{\partial x_1^2}F(\mathbf{x})\Big|_{\mathbf{X}=\mathbf{X}^*}(x_1 - x_1^*)^2 \\
&+ \frac{1}{2}\frac{\partial^2}{\partial x_1 \partial x_2}F(\mathbf{x})\Big|_{\mathbf{X}=\mathbf{X}^*}(x_1 - x_1^*)(x_2 - x_2^*) + \cdots
\end{aligned} \tag{8.8}$$

이런 표기법은 조금 다루기가 힘들다. 다음과 같은 행렬 형식으로 작성하는 것이 좀 더 편리하다.

$$\begin{aligned}
F(\mathbf{x}) = F(\mathbf{x}^*) &+ \nabla F(\mathbf{x})^T\Big|_{\mathbf{X}=\mathbf{X}^*}(\mathbf{x} - \mathbf{x}^*) \\
&+ \frac{1}{2}(\mathbf{x} - \mathbf{x}^*)^T \nabla^2 F(\mathbf{x})\Big|_{\mathbf{X}=\mathbf{X}^*}(\mathbf{x} - \mathbf{x}^*) + \cdots
\end{aligned} \tag{8.9}$$

그레이디언트 여기서 $\nabla F(\mathbf{x})$는 그레이디언트gradient로 다음과 같이 정의된다.

$$\nabla F(\mathbf{x}) = \left[\frac{\partial}{\partial x_1}F(\mathbf{x}) \ \frac{\partial}{\partial x_2}F(\mathbf{x}) \ \ldots \ \frac{\partial}{\partial x_n}F(\mathbf{x})\right]^T \tag{8.10}$$

헤시안 그리고 $\nabla^2 F(\mathbf{x})$는 헤시안Hessian으로 다음과 같이 정의된다.

$$\nabla^2 F(\mathbf{x}) = \begin{bmatrix}
\dfrac{\partial^2}{\partial x_1^2}F(\mathbf{x}) & \dfrac{\partial^2}{\partial x_1 \partial x_2}F(\mathbf{x}) & \cdots & \dfrac{\partial^2}{\partial x_1 \partial x_n}F(\mathbf{x}) \\
\dfrac{\partial^2}{\partial x_2 \partial x_1}F(\mathbf{x}) & \dfrac{\partial^2}{\partial x_2^2}F(\mathbf{x}) & \cdots & \dfrac{\partial^2}{\partial x_2 \partial x_n}F(\mathbf{x}) \\
\vdots & \vdots & & \vdots \\
\dfrac{\partial^2}{\partial x_n \partial x_1}F(\mathbf{x}) & \dfrac{\partial^2}{\partial x_n \partial x_2}F(\mathbf{x}) & \cdots & \dfrac{\partial^2}{\partial x_n^2}F(\mathbf{x})
\end{bmatrix} \tag{8.11}$$

그레이디언트와 헤시안은 성능 표면을 이해하는 데 매우 중요하다. 다음 절에서는 두 개념의 실제 의미를 논의한다.

 2변수 함수의 테일러 급수 전개를 실험하려면, MATLAB® 신경망 설계 데모 '벡터 테일러 급수Vector Taylor Series' **nnd8ts2**를 이용하라.

방향 미분

그레이디언트 $\partial F(\mathbf{x})/\partial x_i$의 i번째 요소는 x_i축 방향으로 성능 지표 F의 1차 미분이다. 헤시안 행렬 $\partial^2 F(\mathbf{x})/\partial x_i^2$ 대각의 i번째 요소는 x_i축 방향으로 성능 지표 F의 2차 미분이다. 임의의 방향으로 함수의 미분을 알고 싶다면 어떻게 해야 하는가? 미분을 알고 싶은 방향의 벡터를 **p**라고 하자. **방향 미분**directional derivative은 다음 식으로 계산될 수 있다.

방향 미분

$$\frac{\mathbf{p}^T \nabla F(\mathbf{x})}{\|\mathbf{p}\|} \tag{8.12}$$

p 방향의 2차 미분은 다음 식으로 계산될 수 있다.

$$\frac{\mathbf{p}^T \nabla^2 F(\mathbf{x})\mathbf{p}}{\|\mathbf{p}\|^2} \tag{8.13}$$

이 개념들을 설명하기 위해 다음 함수를 생각해보자.

$$F(\mathbf{x}) = x_1^2 + 2x_2^2 \tag{8.14}$$

점 $\mathbf{x}^* = \begin{bmatrix} 0.5 & 0.5 \end{bmatrix}^T$에서 $\mathbf{p} = \begin{bmatrix} 2 & -1 \end{bmatrix}^T$ 방향으로 함수의 미분을 알고 싶다고 하자. 먼저 $\mathbf{x}^*$에서 그레이디언트를 구한다.

$$\nabla F(\mathbf{x})\big|_{\mathbf{x} = \mathbf{x}^*} = \begin{bmatrix} \dfrac{\partial}{\partial x_1} F(\mathbf{x}) \\ \dfrac{\partial}{\partial x_2} F(\mathbf{x}) \end{bmatrix}\Bigg|_{\mathbf{x} = \mathbf{x}^*} = \begin{bmatrix} 2x_1 \\ 4x_2 \end{bmatrix}\Bigg|_{\mathbf{x} = \mathbf{x}^*} = \begin{bmatrix} 1 \\ 2 \end{bmatrix} \qquad (8.15)$$

이때 $\mathbf{p}$ 방향의 미분은 다음과 같이 계산된다.

$$\frac{\mathbf{p}^T \nabla F(\mathbf{x})}{\|\mathbf{p}\|} = \frac{\begin{bmatrix} 2 & -1 \end{bmatrix}\begin{bmatrix} 1 \\ 2 \end{bmatrix}}{\left\|\begin{bmatrix} 2 \\ -1 \end{bmatrix}\right\|} = \frac{[0]}{\sqrt{5}} = 0 \qquad (8.16)$$

따라서 점 $\mathbf{x}^*$에서 $\mathbf{p}$ 방향으로 기울기 0을 갖는다. 왜 이런 일이 일어났을까? 기울기가 0인 방향에 대해 무엇을 말할 수 있을까? 식 (8.12)에 있는 방향 미분의 정의를 생각해 보면 분자가 방향 벡터와 그레이디언트 간의 내적임을 알 수 있다. 따라서 그레이디언트에 직교하는 방향은 기울기 0을 갖게 된다.

어떤 방향이 가장 큰 기울기를 갖는가? 최대 기울기는 방향 벡터와 그레이디언트의 내적이 최대일 때 나타난다. 이런 상황은 방향 벡터가 그레이디언트와 같을 때 발생한다(방향 미분은 방향 벡터의 크기로 정규화되기 때문에 방향 벡터의 크기는 영향이 없다는 사실을 알아두자). 이 영향은 $F(\mathbf{x})$의 등고선 그래프와 3D 그래프를 보여주는 그림 8.2에서 볼 수 있다. 등고선 그래프에서 명목 점 $\mathbf{x}^*$에서 시작해 다른 방향을 가리키는 다섯 벡터를 볼 수 있다. 각 벡터의 끝에서 1차 방향 미분이 보이고 있다. 최대 미분은 그레이디언트 방향에서 발생한다. 미분 0은 그레이디언트와 직교하는 방향(등고선의 접선 방향)에 있다.

방향 미분을 실험하려면, MATLAB® 신경망 설계 데모 '방향 미분Directional Derivatives' **nnd8dd**를 이용하라.

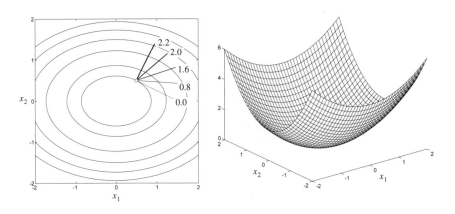

그림 8.2 2차 함수와 방향 미분

최소

성능 학습의 목표는 네트워크 성능 지표를 최적화하는 것이다. 이 절에서는 최적점 optimal point이 무엇인지 정의하려고 한다. 최적점은 성능 지표의 최소라고 가정할 것이며, 최대화 문제의 경우 이 정의는 쉽게 바뀔 수 있다.

강한 최소

강한 최소Strong Minimum

$\delta > \|\Delta\mathbf{x}\| > 0$인 모든 $\Delta\mathbf{x}$에 대해 $F(\mathbf{x}^*) < F(\mathbf{x}^* + \Delta\mathbf{x})$인 스칼라 $\delta > 0$가 존재한다면, 점 $\mathbf{x}^*$는 $F(\mathbf{x})$의 강한 최소다.

즉, 강한 최소에서 임의의 방향으로 작은 거리만큼 멀어지면 함숫값은 증가한다.

전역 최소

전역 최소Global Minimum

모든 $\Delta\mathbf{x} \neq \mathbf{0}$에 대해 $F(\mathbf{x}^*) < F(\mathbf{x}^* + \Delta\mathbf{x})$라면, 점 $\mathbf{x}^*$는 $F(\mathbf{x})$의 유일한 전역 최소다.

그냥 강한 최소 $\mathbf{x}^*$의 경우, 그 함수는 $\mathbf{x}^*$의 작은 주변 밖에 있는 임의의 점의 $F(\mathbf{x}^*)$보다 작다. 이런 경우를 보통 지역 최소local minimum라고 부른다. 전역 최소의 경우 최소점의 함숫값은 파라미터 공간의 다른 모든 점의 함숫값보다 작다.

강한 최소는 아니면서 $\delta > \|\Delta x\| > 0$인 모든 Δx에 대해 $F(x^*) \le F(x^* + \Delta x)$인 스칼라 $\delta > 0$가 존재한다면, 점 x^*는 $F(x)$의 약한 최소다.

약한 최소에서는 어떤 방향으로 멀어지든 함숫값이 변하지 않는 방향은 있지만 함숫값이 감소하지 않는다.[1]

지역 및 전역 최소점의 예로서 다음의 스칼라 함수를 고려하라.

$$F(x) = 3x^4 - 7x^2 - \frac{1}{2}x + 6 \tag{8.17}$$

그림 8.3에 이 함수가 그려져 있으며, -1.1과 1.1에서 2개의 강한 최소점을 갖는다. 두 최소점 주변에서 함수는 지역적으로 증가한다. 1.1에서 최소는 전역 최소인데, 더 작은 함숫값을 갖는 다른 점이 없기 때문이다.

이 함수에 대한 약한 최소는 없다. 약한 최소에 대한 2차원 예제는 나중에 보여줄 것이다.

---

1 최대/최소를 극대/극소라고 하고, 전역 최대/최소를 최대/최소라고 부르기도 한다.

이 책의 용어		수학 용어	
(지역) 최대/최소	강한 최대/최소	극대/극소	엄격한 극대/극소
	약한 최대/최소		극대/극소
전역 최대/최소		최대/최소	

단, 수학 용어는 위키피디아 기준 – 옮긴이

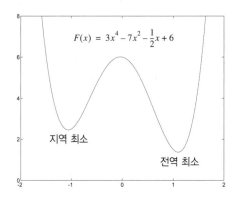

$$F(x) = 3x^4 - 7x^2 - \frac{1}{2}x + 6$$

지역 최소

전역 최소

그림 8.3 지역 최소와 전역 최소의 스칼라 예제

이제 벡터의 경우를 고려해보자. 우선 다음 함수를 고려하라.

$$F(\mathbf{x}) = (x_2 - x_1)^4 + 8x_1 x_2 - x_1 + x_2 + 3 \tag{8.18}$$

등고선 그래프   그림 8.4에는 (12보다 작은 함숫값에 대한) 함수의 **등고선 그래프**contour plot(함숫값이 일정하게 유지되는 일련의 곡선들)와 3D 표면 그래프surface plot가 있다. 이 함수는 2개의 강한 지역 최소점을 갖고 있음을 알 수 있다. 하나는 $(-0.42, 0.42)$에, 다른 하나는 $(0.55, -0.55)$에 있다. 전역 최소점은 $(0.55, -0.55)$이다.

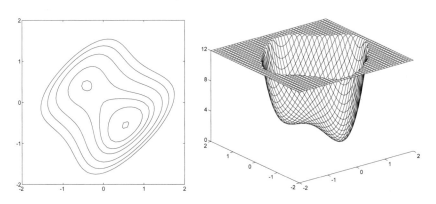

그림 8.4 최소와 안장점의 벡터 예제

안장점 또한 (−0.13, 0.13)에는 이 함수의 또 다른 흥미로운 특징이 있다. 이 점은 점 주변의 표면 모양 때문에 안장점$^{\text{saddle point}}$으로 불린다. 이 안장점은 직선 $x_1 = -x_2$를 따라 지역 최대가 되지만, 수직인 직선을 따라서는 지역 최소가 된다는 특징이 있다. 안장점의 예는 문제 P8.2와 P8.5에서 좀 더 자세히 살펴볼 것이다.

 이 함수는 MATLAB$^{®}$ 신경망 설계 데모 '벡터 테일러 급수$^{\text{Vector Taylor Series}}$' **nnd8ts2**에서 사용된다.

 마지막 예제로, 식 (8.19)에 정의된 함수를 고려해보자.

$$F(\mathbf{x}) = (x_1^2 - 1.5x_1 x_2 + 2x_2^2)x_1^2 \tag{8.19}$$

이 함수의 등고선과 3D 그래프가 그림 8.5에 있다. 여기서 직선 $x_1 = 0$을 따라 모든 점이 약한 최소임을 알 수 있다.

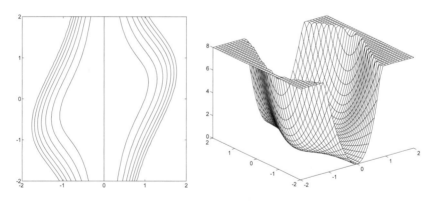

그림 8.5 약한 최소 예제

최적의 필요조건

최적점(최소점)의 의미를 정의했기 때문에, 최적점이 만족해야 하는 조건들을 찾아보자. 다시 테일러 급수 전개를 이용해 이 조건들을 유도할 것이다.

$$F(\mathbf{x}) = F(\mathbf{x}^* + \Delta\mathbf{x}) = F(\mathbf{x}^*) + \nabla F(\mathbf{x})^T\Big|_{\mathbf{x} = \mathbf{x}^*}\Delta\mathbf{x}$$

$$+ \frac{1}{2}\Delta\mathbf{x}^T\nabla^2 F(\mathbf{x})\Big|_{\mathbf{x} = \mathbf{x}^*}\Delta\mathbf{x} + \cdots \tag{8.20}$$

여기서

$$\Delta\mathbf{x} = \mathbf{x} - \mathbf{x}^* \tag{8.21}$$

1차 조건

$\|\Delta\mathbf{x}\|$가 아주 작으면, 식 (8.20)에서 높은 차수 항은 무시할 수 있으며 다음과 같이 이 함수를 근사할 수 있을 것이다.

$$F(\mathbf{x}^* + \Delta\mathbf{x}) \cong F(\mathbf{x}^*) + \nabla F(\mathbf{x})^T\Big|_{\mathbf{x} = \mathbf{x}^*}\Delta\mathbf{x} \tag{8.22}$$

점 $\mathbf{x}^*$는 후보 최소점이다. 따라서 $\Delta\mathbf{x}$가 0이 아니면 함수는 증가해야(또는 최소한 감소하지 말아야) 한다. 이렇게 되려면 식 (8.22)에서 두 번째 항이 음수가 되지 말아야 한다. 다시 말해, 다음 식과 같이 되어야 한다.

$$\nabla F(\mathbf{x})^T\Big|_{\mathbf{x} = \mathbf{x}^*}\Delta\mathbf{x} \geq 0 \tag{8.23}$$

하지만 이 항이 양수라면

$$\nabla F(\mathbf{x})^T\Big|_{\mathbf{x} = \mathbf{x}^*}\Delta\mathbf{x} > 0 \tag{8.24}$$

다음의 조건을 의미한다.

$$F(\mathbf{x}^* - \Delta\mathbf{x}) \cong F(\mathbf{x}^*) - \nabla F(\mathbf{x})^T\Big|_{\mathbf{x} = \mathbf{x}^*}\Delta\mathbf{x} < F(\mathbf{x}^*) \tag{8.25}$$

하지만 $\mathbf{x}^*$가 최소점이 되어야 하기 때문에 이 식은 모순된다. 따라서 식 (8.23)은 참이 되어야 하고 식 (8.24)는 거짓이 되어야 하므로 유일한 대안은 다음과 같이 되는 것이다.

$$\nabla F(\mathbf{x})^T \big|_{\mathbf{X} = \mathbf{X}^*} \Delta \mathbf{x} = 0 \qquad (8.26)$$

이 식은 모든 $\Delta\mathbf{x}$에 대해 참이어야 하므로 다음과 같이 된다.

$$\nabla F(\mathbf{x}) \big|_{\mathbf{X} = \mathbf{X}^*} = \mathbf{0} \qquad (8.27)$$

따라서 최소점에서 그레이디언트는 0이 되어야만 한다. 이것이 $\mathbf{x}^*$가 지역 최소점이 되기 위한 1차 필요조건이다(하지만 충분조건은 아니다). 식 (8.27)을 만족하는 임의의 점을 **정류점 또는 임계점** 정류점$^{\text{stationary point}}$이라고 부른다.[2]

2차 조건

임계점 $\mathbf{x}^*$를 갖는다고 가장하자. 모든 임계점에서 $F(\mathbf{x})$의 그레이디언트는 0이기 때문에 테일러 급수 전개는 다음과 같이 될 것이다.

$$F(\mathbf{x}^* + \Delta\mathbf{x}) = F(\mathbf{x}^*) + \frac{1}{2}\Delta\mathbf{x}^T \nabla^2 F(\mathbf{x}) \big|_{\mathbf{X} = \mathbf{X}^*} \Delta\mathbf{x} + \cdots \qquad (8.28)$$

이전과 같이 $\|\Delta\mathbf{x}\|$가 작고 $F(\mathbf{x})$가 식 (8.28)의 처음 두 항으로 근사될 수 있도록 $\mathbf{x}^*$의 작은 주변의 점들만 고려할 것이다. 따라서 다음 조건이 만족되면 강한 최소는 $\mathbf{x}^*$에 존재한다.

$$\Delta\mathbf{x}^T \nabla^2 F(\mathbf{x}) \big|_{\mathbf{X} = \mathbf{X}^*} \Delta\mathbf{x} > 0 \qquad (8.29)$$

임의의 $\Delta\mathbf{x} \neq \mathbf{0}$에 대해 이 조건이 참이 되려면 헤시안 행렬이 양의 정부호가 되어야 **양의 정부호** 한다. 정의상 다음 조건이라면 행렬 $\mathbf{A}$는 임의의 벡터 $\mathbf{z} \neq \mathbf{0}$에 대해 양의 정부호$^{\text{positive definite}}$다.

$$\mathbf{z}^T \mathbf{A} \mathbf{z} > 0 \qquad (8.30)$$

---

2 정류점은 정상점 또는 임계점(critical point)이라고도 한다. 이 책에서는 좀 더 보편적으로 사용되는 임계점으로 용어를 통일하겠다. - 옮긴이

양의 준정부호 만일 다음 조건이라면 임의의 벡터 **z**에 대해 양의 준정부호^positive semidefinite^다.

$$\mathbf{z}^T \mathbf{A} \mathbf{z} \geq 0 \tag{8.31}$$

행렬의 고윳값을 테스트하면 이 조건을 확인할 수 있다. 모든 고윳값이 양수라면 행렬은 양의 정부호다. 모든 고윳값이 음수가 아니라면 행렬은 양의 준정부호다.

충분조건 양의 정부호 헤시안 행렬은 강한 최소가 존재하기 위한 2차 충분조건^sufficient condition^이다. 필요조건은 아니다. 만일 테일러 급수의 2차 항은 0이지만 3차 항이 양수라면 여전히 강한 최소가 될 수 있다. 따라서 강한 최소를 위한 2차 필요조건^necessary condition^은 헤시안 행렬이 양의 준정부호인 것이다.

이 조건을 설명하기 위해 다음의 2변수 함수를 고려하라.

$$F(\mathbf{x}) = x_1^4 + x_2^2 \tag{8.32}$$

먼저 임의의 임계점을 찾기 위해 그레이디언트를 구하자.

$$\nabla F(\mathbf{x}) = \begin{bmatrix} 4x_1^3 \\ 2x_2 \end{bmatrix} = \mathbf{0} \tag{8.33}$$

따라서 유일한 임계점은 점 $\mathbf{x}^* = \mathbf{0}$이다. 이제 헤시안 행렬이 필요한 2차 조건을 테스트해보자.

$$\nabla^2 F(\mathbf{x})\big|_{\mathbf{x}=\mathbf{0}} = \begin{bmatrix} 12x_1^2 & 0 \\ 0 & 2 \end{bmatrix}\Bigg|_{\mathbf{x}=\mathbf{0}} = \begin{bmatrix} 0 & 0 \\ 0 & 2 \end{bmatrix} \tag{8.34}$$

이 행렬은 $\mathbf{x}^* = \mathbf{0}$이 강한 최소점이 되기 위한 필요조건인 양의 준정부호다. 1차와 2차 조건으로 이 점이 최소점임을 보장할 수는 없지만 최소점일 가능성을 없애지는 말자. 실제 헤시안 행렬은 양의 준정부호이긴 하지만 $\mathbf{x}^* = \mathbf{0}$은 강한 최소점이다. 하지만 논의했던 조건들로는 강한 최소를 증명할 수가 없다.

간단히 요약하자면, $\mathbf{x}^*$가 $F(\mathbf{x})$의 강한 최소나 약한 최소가 되기 위한 필요조건은 다음과 같다.

$$\nabla F(\mathbf{x})\big|_{\mathbf{X} = \mathbf{X}^*} = \mathbf{0} \quad \text{그리고} \quad \nabla^2 F(\mathbf{x})\big|_{\mathbf{X} = \mathbf{X}^*} \text{이 양의 준정부호}$$

$F(\mathbf{x})$의 강한 최소점이 되기 위한 충분조건은 다음과 같다.

$$\nabla F(\mathbf{x})\big|_{\mathbf{X} = \mathbf{X}^*} = \mathbf{0} \quad \text{그리고} \quad \nabla^2 F(\mathbf{x})\big|_{\mathbf{X} = \mathbf{X}^*} \text{이 양의 정부호}$$

2차 함수

이 책에서 전반적으로 한 유형의 성능 지표가 보편적으로 사용되고 있음을 알게 될 텐데, 바로 2차 함수다. 2차 함수 성능 지표가 보편적인 이유는 2차 함수가 나타나는 응용이 많기 때문이기도 하지만, 많은 함수가 특히 지역 최소점에 가까운 작은 주변에서 2차 함수로 근사될 수 있기 때문이다. 이런 이유로 시간을 약간 할애해서 2차 함수의 성질을 조사해보려고 한다.

2차 함수   2차 함수 quadratic function의 일반적인 형태는 다음과 같다.

$$F(\mathbf{x}) = \frac{1}{2}\mathbf{x}^T \mathbf{A} \mathbf{x} + \mathbf{d}^T \mathbf{x} + c \tag{8.35}$$

여기서 행렬 $\mathbf{A}$는 대칭이다(행렬 $\mathbf{A}$가 대칭이 아니라면 동일한 $F(\mathbf{x})$를 정의하는 대칭 행렬로 변환할 수 있다. 한번 시도해보자).

이 함수의 그레이디언트를 구하려면, 다음 그레이디언트의 성질을 이용하라.

$$\nabla(\mathbf{h}^T \mathbf{x}) = \nabla(\mathbf{x}^T \mathbf{h}) = \mathbf{h} \tag{8.36}$$

여기서 $\mathbf{h}$는 상수 벡터다.

$$\nabla \mathbf{x}^T \mathbf{Q} \mathbf{x} = \mathbf{Q}\mathbf{x} + \mathbf{Q}^T \mathbf{x} = 2\mathbf{Q}\mathbf{x} \quad \text{(대칭 행렬 } \mathbf{Q}\text{에 대해)} \tag{8.37}$$

이제 $F(\mathbf{x})$의 그레이디언트를 계산할 수 있다.

$$\nabla F(\mathbf{x}) = \mathbf{A}\mathbf{x} + \mathbf{d} \tag{8.38}$$

그리고 비슷하게 헤시안도 구할 수 있다.

$$\nabla^2 F(\mathbf{x}) = \mathbf{A} \tag{8.39}$$

2차 함수의 더 높은 차수의 미분은 모두 0이다. 따라서 (식 (8.20)에서와 같이) 테일러 급수 전개의 처음 세 항이 이 함수를 정확히 표현한다. 또한 모든 분석 함수는 작은 범위에서(즉, $\|\Delta\mathbf{x}\|$가 작을 때) 2차 함수처럼 행동한다고 말할 수 있다.

헤시안의 고유 시스템

이제 2차 함수의 일반적인 모양을 조사하려고 한다. 헤시안 행렬의 고윳값과 고유벡터를 살펴보면 모양에 대해 많은 것을 알 수 있다. 원점에서 값이 0인 임계점을 갖는 2차 함수를 고려해보자.

$$F(\mathbf{x}) = \frac{1}{2}\mathbf{x}^T\mathbf{A}\mathbf{x} \tag{8.40}$$

이 함수의 모양은 기저 변환(6장 참조)을 하게 되면 좀 더 명확하게 볼 수 있다. 새로운 기저 벡터로서 헤시안 행렬 $\mathbf{A}$의 고유벡터를 사용하려고 한다. $\mathbf{A}$가 대칭이기 때문에 고유벡터는 서로 직교한다([Brog91] 참조). 이 말은 식 (6.68)과 같이 $\mathbf{A}$의 고유벡터를 열로 하는 행렬을 정의할 경우 이 행렬의 역행렬은 전치 행렬과 같음을 의미한다.

$$\mathbf{B} = \begin{bmatrix} \mathbf{z}_1 & \mathbf{z}_2 & \dots & \mathbf{z}_n \end{bmatrix} \tag{8.41}$$

$$\mathbf{B}^{-1} = \mathbf{B}^T \tag{8.42}$$

(단, 정규화된 고유벡터를 가졌다고 가정한다.)

(식 (6.69)에서와 같이) 이제 고유벡터가 기저 벡터가 되도록 기저 변환을 하면, 새로운 $\mathbf{A}$

행렬은 다음과 같이 될 것이다.

$$\mathbf{A'} = [\mathbf{B}^T \mathbf{A} \mathbf{B}] = \begin{bmatrix} \lambda_1 & 0 & \dots & 0 \\ 0 & \lambda_2 & \dots & 0 \\ \vdots & \vdots & & \vdots \\ 0 & 0 & \dots & \lambda_n \end{bmatrix} = \Lambda \tag{8.43}$$

여기서 λ_i는 $\mathbf{A}$의 고윳값이다. 이 식을 다음과 같이 작성할 수도 있다.

$$\mathbf{A} = \mathbf{B} \Lambda \mathbf{B}^T \tag{8.44}$$

이제 방향 미분의 개념을 이용해 고윳값과 고유벡터의 실제 의미를 설명하고, 이들이 2차 함수 표면의 모양을 어떻게 결정하는지 설명하려고 한다.

식 (8.13)에서 벡터 $\mathbf{p}$의 방향으로 함수 $F(\mathbf{x})$의 2차 미분은 다음과 같다.

$$\frac{\mathbf{p}^T \nabla^2 F(\mathbf{x}) \mathbf{p}}{\|\mathbf{p}\|^2} = \frac{\mathbf{p}^T \mathbf{A} \mathbf{p}}{\|\mathbf{p}\|^2} \tag{8.45}$$

이제 $\mathbf{p}$를 다음과 같이 정의한다.

$$\mathbf{p} = \mathbf{B}\mathbf{c} \tag{8.46}$$

여기서 $\mathbf{c}$는 $\mathbf{A}$의 고유벡터를 기저로 벡터 $\mathbf{p}$를 표현한 것이다(식 (6.28)과 관련 논의 참조). 이 정의와 식 (8.44)를 이용해 식 (8.45)를 다시 작성할 수 있다.

$$\frac{\mathbf{p}^T \mathbf{A} \mathbf{p}}{\|\mathbf{p}\|^2} = \frac{\mathbf{c}^T \mathbf{B}^T (\mathbf{B} \Lambda \mathbf{B}^T) \mathbf{B} \mathbf{c}}{\mathbf{c}^T \mathbf{B}^T \mathbf{B} \mathbf{c}} = \frac{\mathbf{c}^T \Lambda \mathbf{c}}{\mathbf{c}^T \mathbf{c}} = \frac{\displaystyle\sum_{i=1}^{n} \lambda_i c_i^2}{\displaystyle\sum_{i=1}^{n} c_i^2} \tag{8.47}$$

이 결과는 몇 가지 유용한 사실을 이야기해준다. 먼저 이 2차 미분은 고윳값들의 가중 평균임을 알아두자. 따라서 2차 미분은 최대 고윳값보다 크거나 최소 고윳값보다 작을 수 없다. 즉, 다음과 같은 식이 성립한다.

$$\lambda_{min} \leq \frac{\mathbf{p}^T \mathbf{A} \mathbf{p}}{\|\mathbf{p}\|^2} \leq \lambda_{max} \tag{8.48}$$

만일 그럴 수 있다면 어떤 조건에서 2차 미분이 가장 큰 고윳값과 같아질까? 다음과 같이 선택한다면 어떠한가?

$$\mathbf{p} = \mathbf{z}_{max} \tag{8.49}$$

여기서 $\mathbf{z}_{max}$는 가장 큰 고윳값에 연관된 고유벡터다. 이 경우 $\mathbf{c}$ 벡터는 다음과 같이 될 것이며, 가장 큰 고윳값(즉, $c_{max} = 1$)에 해당하는 위치에서만 존재한다. 왜냐하면 고유벡터가 정규직교이기 때문이다.

$$\mathbf{c} = \mathbf{B}^T \mathbf{p} = \mathbf{B}^T \mathbf{z}_{max} = \begin{bmatrix} 0 & 0 & \ldots & 0 & 1 & 0 & \ldots & 0 \end{bmatrix}^T \tag{8.50}$$

이제 식 (8.47)에서 $\mathbf{p}$를 $\mathbf{z}_{max}$로 바꿔보면 다음 결과를 얻을 수 있다.

$$\frac{\mathbf{z}_{max}{}^T \mathbf{A} \mathbf{z}_{max}}{\|\mathbf{z}_{max}\|^2} = \frac{\sum\limits_{i=1}^{n} \lambda_i c_i^2}{\sum\limits_{i=1}^{n} c_i^2} = \lambda_{max} \tag{8.51}$$

따라서 최대 2차 미분은 가장 큰 고윳값에 대응되는 고유벡터의 방향으로 발생한다. 실제 각 고유벡터 방향으로 2차 미분을 하면 미분값은 대응되는 고윳값과 같다. 그 외의 방향으로 2차 미분을 하면 미분값은 고윳값들의 가중 평균이 될 것이다. 고윳값은 고유벡터 방향에서의 2차 미분이다.

고유벡터는 2차 교차 항들이 사라진 새로운 좌표계를 형성한다. 고유벡터는 함수 등고선의 주축으로 알려져 있다. 다음 그림은 2차원에서 이 개념을 보여주고 있다. 이 그림은 첫 번째 고윳값이 두 번째 고윳값보다 작은 경우를 보여준다. 따라서 최소 곡률(2차 미분)은 첫 번째 고유벡터 방향에서 생길 것이다. 따라서 이 방향으로 더 느리게 등고선을 통과한다. 최대 곡률은 두 번째 고유벡터 방향에서 생기므로 이 방향으로 더 빠르게 등고선을 통과한다.

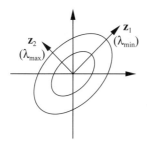

이 그림의 한 가지 주의사항은 두 고윳값이 같은 부호일 때만 강한 최소나 강한 최대를 갖는다는 점이다. 이 경우 등고선은 항상 타원형이 된다. 나중에 고윳값이 반대 부호인 경우와 고윳값 중 하나가 0인 경우의 예제를 제공할 것이다.

첫 번째 예제에서는 다음 함수를 고려하라.

$$F(\mathbf{x}) = x_1^2 + x_2^2 = \frac{1}{2}\mathbf{x}^T \begin{bmatrix} 2 & 0 \\ 0 & 2 \end{bmatrix} \mathbf{x} \tag{8.52}$$

헤시안 행렬과 이 행렬의 고윳값 및 고유벡터는 다음과 같다.

$$\nabla^2 F(\mathbf{x}) = \begin{bmatrix} 2 & 0 \\ 0 & 2 \end{bmatrix}, \ \lambda_1 = 2, \ \mathbf{z}_1 = \begin{bmatrix} 1 \\ 0 \end{bmatrix}, \ \lambda_2 = 2, \ \mathbf{z}_2 = \begin{bmatrix} 0 \\ 1 \end{bmatrix} \tag{8.53}$$

(실제 이 경우 임의의 두 독립 벡터는 고유벡터가 될 수 있다. 고윳값이 같으므로 고유벡터는 평면이다.) 고윳값이 모두 같기 때문에 모든 방향에서 곡률은 같으며, 따라서 함수는 원형 등고선을 갖는다. 그림 8.6은 원형 골짜기 모양의 함수에 대한 등고선과 3D 그래프를 보여준다.

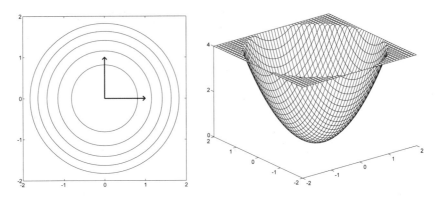

그림 8.6 원형 골짜기

다른 고윳값을 갖는 예제를 시도해보자. 다음 2차 함수를 고려하라.

$$F(\mathbf{x}) = x_1^2 + x_1 x_2 + x_2^2 = \frac{1}{2}\mathbf{x}^T \begin{bmatrix} 2 & 1 \\ 1 & 2 \end{bmatrix} \mathbf{x} \tag{8.54}$$

헤시안 행렬과 이 행렬의 고윳값과 고유벡터는 다음과 같다.

$$\nabla^2 F(\mathbf{x}) = \begin{bmatrix} 2 & 1 \\ 1 & 2 \end{bmatrix}, \lambda_1 = 1, \mathbf{z}_1 = \begin{bmatrix} 1 \\ -1 \end{bmatrix}, \lambda_2 = 3, \mathbf{z}_2 = \begin{bmatrix} 1 \\ 1 \end{bmatrix} \tag{8.55}$$

(6장에서 논의했듯이, 고유벡터는 유일하지는 않으며 어떤 스칼라를 곱해도 된다.) 이 경우 최대 곡률이 $\mathbf{z}_2$ 방향에 있으므로 이 방향으로 등고선을 더 빠르게 통과해야 한다. 그림 8.7은 타원형 골짜기 모양의 이 함수에 대한 등고선과 3D 그래프를 보여준다.

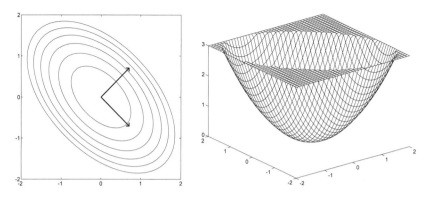

그림 8.7 타원형 골짜기

고윳값이 반대 부호라면 어떤 일이 발생할까? 다음 함수를 고려하라.

$$F(\mathbf{x}) = -\frac{1}{4}x_1^2 - \frac{3}{2}x_1x_2 - \frac{1}{4}x_2^2 = \frac{1}{2}\mathbf{x}^T\begin{bmatrix} -0.5 & -1.5 \\ -1.5 & -0.5 \end{bmatrix}\mathbf{x} \tag{8.56}$$

헤시안 행렬과 이 행렬의 고윳값과 고유벡터는 다음과 같다.

$$\nabla^2 F(\mathbf{x}) = \begin{bmatrix} -0.5 & -1.5 \\ -1.5 & -0.5 \end{bmatrix}, \ \lambda_1 = 1, \ \mathbf{z}_1 = \begin{bmatrix} -1 \\ 1 \end{bmatrix}, \ \lambda_2 = -2, \ \mathbf{z}_2 = \begin{bmatrix} -1 \\ -1 \end{bmatrix} \tag{8.57}$$

첫 번째 고윳값은 양수이므로 $\mathbf{z}_1$ 방향에서 양의 곡률이 있다. 두 번째 고윳값은 음수이므로 $\mathbf{z}_2$ 방향에서 음의 곡률이 있다. 또한 두 번째 고윳값의 크기는 첫 번째 고윳값의 크기보다 크므로, $\mathbf{z}_2$ 방향에서 등고선이 더 빠르게 통과할 것이다.

그림 8.8은 길쭉한 안장 모양을 갖는 함수의 등고선과 3D 그래프를 보여준다. 헤시안 행렬이 양의 정부호가 아니기 때문에 다음 임계점은 더 이상 강한 최소점이 아니다.

$$\mathbf{x}^* = \begin{bmatrix} 0 \\ 0 \end{bmatrix} \tag{8.58}$$

고윳값이 반대 부호이기 때문에 헤시안은 부정부호^{indefinite}다([Brog91] 참조). 따라서 이 임계점은 안장점이다. 첫 번째 고유벡터(양의 고윳값)를 따라 함수의 최소가 되지만, 두 번째 고유벡터(음의 고윳값)를 따라 함수의 최대가 된다.

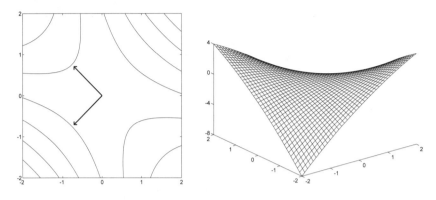

그림 8.8 길쭉한 안장

마지막 예제로서 고윳값 중 하나가 0인 경우를 시도해보자. 이런 예제는 다음 함수와 같이 주어진다.

$$F(\mathbf{x}) = \frac{1}{2}x_1^2 - x_1 x_2 + \frac{1}{2}x_2^2 = \frac{1}{2}\mathbf{x}^T \begin{bmatrix} 1 & -1 \\ -1 & 1 \end{bmatrix} \mathbf{x} \tag{8.59}$$

헤시안 행렬과 이 행렬의 고윳값 및 고유벡터는 다음과 같다.

$$\nabla^2 F(\mathbf{x}) = \begin{bmatrix} 1 & -1 \\ -1 & 1 \end{bmatrix},\ \lambda_1 = 2,\ \mathbf{z}_1 = \begin{bmatrix} -1 \\ 1 \end{bmatrix},\ \lambda_2 = 0,\ \mathbf{z}_2 = \begin{bmatrix} -1 \\ -1 \end{bmatrix} \tag{8.60}$$

두 번째 고윳값은 0이므로 $\mathbf{z}_2$를 따라 0의 곡률을 가질 것으로 예상된다. 그림 8.9는 정지된 계곡 모양 함수의 등고선과 3D 그래프를 보여준다. 이 경우 헤시안 행렬은 양의 준정부호이고, 두 번째 고유벡터 방향의 직선을 따라 약한 최소를 갖는다.

$$x_1 = x_2 \tag{8.61}$$

2차 함수에서 강한 최소가 존재하려면 헤시안 행렬은 양의 정부호여야만 한다. 하지만 고차 함수의 경우에는 양의 준정부호 헤시안 행렬을 갖는 강한 최소를 가질 수 있다(앞의 '최소' 절 참조).

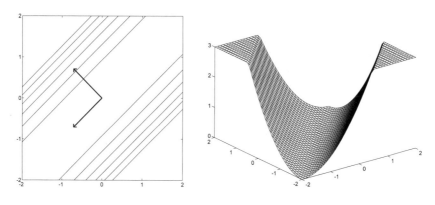

그림 8.9 정지된 계곡

 그 밖의 2차 함수로 실험하려면 MATLAB® 신경망 설계 데모 '2차 함수Quadratic Function' **nnd8qf**를 이용하라.

이 시점에서 2차 함수의 몇 가지 성질을 요약할 수 있다.

1. 헤시안 행렬의 고윳값이 모두 양수라면, 함수는 강한 최소를 1개 가질 것이다.
2. 고윳값이 모두 음수라면, 함수는 강한 최대를 1개 가질 것이다.
3. 만일 일부 고윳값이 양수이고 일부 고윳값이 음수라면, 함수는 안장점을 1개 가질 것이다.
4. 고윳값이 모두 음수는 아니지만 일부 고윳값이 0이라면, 함수는 (그림 8.9에서와 같이) 약한 최소를 갖거나 임계점을 갖지 않을 것이다(문제 P8.7 참조).
5. 고윳값이 모두 양수는 아니지만 일부 고윳값이 0이라면, 함수는 약한 최대를 갖거나 임계점을 갖지 않을 것이다.

논의가 간단해지도록 2차 함수의 임계점이 원점에 있고 함숫값이 0을 갖는다고 가정했다. 이것은 식 (8.35)에서 항 **d**와 c가 모두 0이어야 함을 요구한다. c가 0이 아니면 이 함수는 모든 점에서 c만큼 값이 커진다. 등고선의 모양은 변하지 않는다. **d**가 0이 아니고 **A**가 가역이면, 등고선 모양은 변하지 않지만 임계점은 다음 위치로 이동한다.

$$\mathbf{x}^* = -\mathbf{A}^{-1}\mathbf{d} \tag{8.62}$$

만일 **A**가 가역이 아니고(즉, 일부 고윳값이 0이고) **d**가 0이 아니면, 임계점은 존재하지 않는다(문제 P8.7 참조).

결과 요약

테일러 급수

$$F(\mathbf{x}) = F(\mathbf{x}^*) + \nabla F(\mathbf{x})^T\Big|_{\mathbf{x}=\mathbf{x}^*}(\mathbf{x}-\mathbf{x}^*)$$
$$+ \frac{1}{2}(\mathbf{x}-\mathbf{x}^*)^T\nabla^2 F(\mathbf{x})\Big|_{\mathbf{x}=\mathbf{x}^*}(\mathbf{x}-\mathbf{x}^*) + \cdots$$

그레이디언트

$$\nabla F(\mathbf{x}) = \left[\frac{\partial}{\partial x_1}F(\mathbf{x})\ \frac{\partial}{\partial x_2}F(\mathbf{x})\ \cdots\ \frac{\partial}{\partial x_n}F(\mathbf{x})\right]^T$$

헤시안 행렬

$$\nabla^2 F(\mathbf{x}) = \begin{bmatrix} \dfrac{\partial^2}{\partial x_1^2}F(\mathbf{x}) & \dfrac{\partial^2}{\partial x_1 \partial x_2}F(\mathbf{x}) & \cdots & \dfrac{\partial^2}{\partial x_1 \partial x_n}F(\mathbf{x}) \\[2ex] \dfrac{\partial^2}{\partial x_2 \partial x_1}F(\mathbf{x}) & \dfrac{\partial^2}{\partial x_2^2}F(\mathbf{x}) & \cdots & \dfrac{\partial^2}{\partial x_2 \partial x_n}F(\mathbf{x}) \\[2ex] \vdots & \vdots & & \vdots \\[2ex] \dfrac{\partial^2}{\partial x_n \partial x_1}F(\mathbf{x}) & \dfrac{\partial^2}{\partial x_n \partial x_2}F(\mathbf{x}) & \cdots & \dfrac{\partial^2}{\partial x_n^2}F(\mathbf{x}) \end{bmatrix}$$

방향 미분

1차 방향 미분

$$\frac{\mathbf{p}^T \nabla F(\mathbf{x})}{\|\mathbf{p}\|}$$

2차 방향 미분

$$\frac{\mathbf{p}^T \nabla^2 F(\mathbf{x})\mathbf{p}}{\|\mathbf{p}\|^2}$$

최소

강한 최소

$\delta > \|\Delta \mathbf{x}\| > 0$인 모든 $\Delta \mathbf{x}$에 대해 $F(\mathbf{x}) < F(\mathbf{x}^* + \Delta \mathbf{x})$인 스칼라 $\delta > 0$가 존재한다면, 점 $\mathbf{x}^*$는 $F(\mathbf{x})$의 강한 최소다.

모든 $\Delta\mathbf{x} \neq \mathbf{0}$에 대해 $F(\mathbf{x}^*) < F(\mathbf{x}^* + \Delta\mathbf{x})$라면, 점 $\mathbf{x}^*$는 $F(\mathbf{x})$의 유일한 전역 최소다.

강한 최소는 아니면서 $\delta > \|\Delta\mathbf{x}\| > 0$인 모든 $\Delta\mathbf{x}$에 대해 $F(\mathbf{x}^*) \leq F(\mathbf{x}^* + \Delta\mathbf{x})$인 스칼라 $\delta > 0$가 존재한다면, 점 $\mathbf{x}^*$는 $F(\mathbf{x})$의 약한 최소다.

최적의 필요조건

1차 조건

$$\nabla F(\mathbf{x})\big|_{\mathbf{x} = \mathbf{x}^*} = \mathbf{0} \text{ (임계점)}$$

2차 조건

$$\nabla^2 F(\mathbf{x})\big|_{\mathbf{x} = \mathbf{x}^*} \geq 0 \text{ (양의 준정부호 헤시안 행렬)}$$

2차 함수

$$F(\mathbf{x}) = \frac{1}{2}\mathbf{x}^T\mathbf{A}\mathbf{x} + \mathbf{d}^T\mathbf{x} + c$$

그레이디언트

$$\nabla F(\mathbf{x}) = \mathbf{A}\mathbf{x} + \mathbf{d}$$

헤시안

$$\nabla^2 F(\mathbf{x}) = \mathbf{A}$$

방향 미분

$$\lambda_{min} \le \frac{\mathbf{p}^T \mathbf{A} \mathbf{p}}{\|\mathbf{p}\|^2} \le \lambda_{max}$$

문제 풀이

P8.1   그림 **8.1**에 점 $x^* = 0$에서 코사인 함수의 세 근사치를 그렸었다. 점 $x^* = \pi/2$에서 그 과정을 반복하라.

근사하고 싶은 함수는 다음과 같다.

$$F(x) \;=\; \cos(x)$$

점 $x^* = \pi/2$에서 $F(x)$의 테일러 급수 전개는 다음과 같다.

$$F(x) \;=\; \cos(x) \;=\; \cos\left(\frac{\pi}{2}\right) - \sin\left(\frac{\pi}{2}\right)\left(x - \frac{\pi}{2}\right) - \frac{1}{2}\cos\left(\frac{\pi}{2}\right)\left(x - \frac{\pi}{2}\right)^2$$
$$+ \frac{1}{6}\sin\left(\frac{\pi}{2}\right)\left(x - \frac{\pi}{2}\right)^3 + \cdots$$
$$= -\left(x - \frac{\pi}{2}\right) + \frac{1}{6}\left(x - \frac{\pi}{2}\right)^3 - \frac{1}{120}\left(x - \frac{\pi}{2}\right)^5 + \cdots$$

$F(x)$의 0차 근사는 다음과 같다.

$$F(x) \approx F_0(x) \;=\; 0$$

1차 근사는 다음과 같다.

$$F(\mathbf{x}) \approx F_1(x) \;=\; -\left(x - \frac{\pi}{2}\right) = \frac{\pi}{2} - x$$

(이 경우 2차 미분이 0이기 때문에 2차 근사는 1차 근사와 같다.)

3차 근사는 다음과 같다.

$$F(\mathbf{x}) \approx F_3(x) = -\left(x - \frac{\pi}{2}\right) + \frac{1}{6}\left(x - \frac{\pi}{2}\right)^3$$

$F(x)$를 보여주는 그래프와 이 세 가지 근사는 그림 P8.1에 나타나 있다. 이 경우 0차 근사는 매우 좋지 않은 반면, 1차 근사는 합리적으로 넓은 범위에서 정확하다는 점을 주목하라. 이 결과를 그림 8.1과 비교해보라. 그림 8.1에서는 지역 최대점 $x^* = 0$에서 전개했었으므로 1차 미분이 0이었다.

 신경망 설계 데모 '테일러 급수Taylor Series' **nnd8ts1**을 이용해 다른 점에서 테일러 급수 전개를 확인하라.

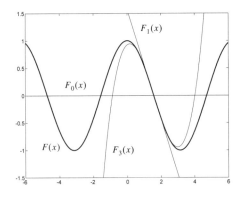

그림 P8.1 $x^* = \pi/2$에 대한 코사인 근사

P8.2 그림 **8.4**의 함수를 기억해보라. 이 함수에 강한 최소가 **2개** 있다는 사실을 알고 있다. 두 최소에서 함수의 **1차 테일러 급수 전개**를 구하라.

이 함수의 식은 다음과 같다.

$$F(\mathbf{x}) = (x_2 - x_1)^4 + 8x_1 x_2 - x_1 + x_2 + 3$$

292

2차 테일러 급수 전개를 구하기 위해 $F(\mathbf{x})$의 그레이디언트와 헤시안을 구할 필요가 있다. 그레이디언트는 다음과 같다.

$$\nabla F(\mathbf{x}) = \begin{bmatrix} \dfrac{\partial}{\partial x_1}F(\mathbf{x}) \\ \dfrac{\partial}{\partial x_2}F(\mathbf{x}) \end{bmatrix} = \begin{bmatrix} -4(x_2 - x_1)^3 + 8x_2 - 1 \\ 4(x_2 - x_1)^3 + 8x_1 + 1 \end{bmatrix}$$

헤시안 행렬은 다음과 같다.

$$\nabla^2 F(\mathbf{x}) = \begin{bmatrix} \dfrac{\partial^2}{\partial x_1^2}F(\mathbf{x}) & \dfrac{\partial^2}{\partial x_1 \partial x_2}F(\mathbf{x}) \\ \dfrac{\partial^2}{\partial x_2 \partial x_1}F(\mathbf{x}) & \dfrac{\partial^2}{\partial x_2^2}F(\mathbf{x}) \end{bmatrix}$$

$$= \begin{bmatrix} 12(x_2 - x_1)^2 & -12(x_2 - x_1)^2 + 8 \\ -12(x_2 - x_1)^2 + 8 & 12(x_2 - x_1)^2 \end{bmatrix}$$

$\mathbf{x}^1 = \begin{bmatrix} -0.42 & 0.42 \end{bmatrix}^T$에 강한 최소가 존재하고 $\mathbf{x}^2 = \begin{bmatrix} 0.55 & -0.55 \end{bmatrix}^T$에 또 다른 강한 최소가 존재한다. 이 두 점에서 $F(\mathbf{x})$의 2차 테일러 급수를 전개하면 다음 식을 얻게 된다.

$$F^1(\mathbf{x}) = F(\mathbf{x}^1) + \nabla F(\mathbf{x})^T\big|_{\mathbf{x} = \mathbf{x}^1}(\mathbf{x} - \mathbf{x}^1) + \frac{1}{2}(\mathbf{x} - \mathbf{x}^1)^T \nabla^2 F(\mathbf{x})\big|_{\mathbf{x} = \mathbf{x}^1}(\mathbf{x} - \mathbf{x}^1)$$

$$= 2.93 + \frac{1}{2}\left(\mathbf{x} - \begin{bmatrix} -0.42 \\ 0.42 \end{bmatrix}\right)^T \begin{bmatrix} 8.42 & -0.42 \\ -0.42 & 8.42 \end{bmatrix}\left(\mathbf{x} - \begin{bmatrix} -0.42 \\ 0.42 \end{bmatrix}\right)$$

이 식을 간소화하면 다음과 같다.

$$F^1(\mathbf{x}) = 4.49 - \begin{bmatrix} -3.7128 & 3.7128 \end{bmatrix}\mathbf{x} + \frac{1}{2}x^T \begin{bmatrix} 8.42 & -0.42 \\ -0.42 & 8.42 \end{bmatrix}\mathbf{x}$$

$\mathbf{x}^2$에 대해 이 과정을 반복하면 다음 식이 생성된다.

$$F^2(\mathbf{x}) = 7.41 - \begin{bmatrix} 11.781 & -11.781 \end{bmatrix} \mathbf{x} + \frac{1}{2}\mathbf{x}^T \begin{bmatrix} 14.71 & -6.71 \\ -6.71 & 14.71 \end{bmatrix} \mathbf{x}$$

원래 함수와 2개의 근사가 다음 그림에 그려져 있다.

 신경망 설계 데모 '벡터 테일러 급수$^{\text{Vector Taylor Series}}$ **nnd8ts2**를 이용해 다른 점에서 테일러 급수 전개를 확인하라.

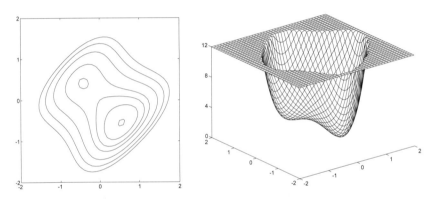

그림 P8.2 문제 P8.2의 함수 $F(\mathbf{x})$

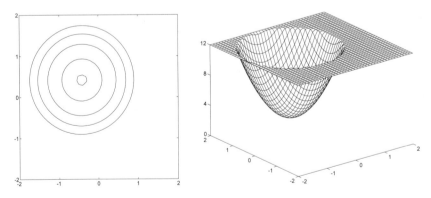

그림 P8.3 문제 P8.2의 함수 $F^1(\mathbf{x})$

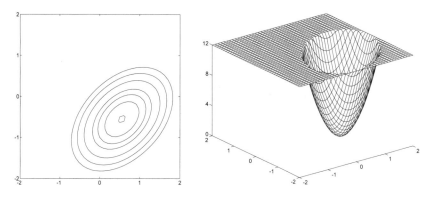

그림 P8.4 문제 P8.2의 함수 $F^2(\mathbf{x})$

P8.3 아래 주어진 함수 $F(\mathbf{x})$에 대해, $\mathbf{x} = \begin{bmatrix} 0 & 0 \end{bmatrix}^T$에서 등고선의 접선 방정식을 구하라.

$$F(\mathbf{x}) = (2 + x_1)^2 + 5(1 - x_1 - x_2^2)^2$$

이 문제를 풀기 위해 방향 미분을 사용해보자. 등고선의 접선 방향으로 $F(\mathbf{x})$의 미분은 무엇인가? 등고선을 따라서는 함숫값이 변하지 않기 때문에, 등고선 방향으로 $F(\mathbf{x})$의 미분은 0이어야만 한다. 따라서 방향 미분을 0으로 설정하면 등고선의 접선 식을 얻을 수 있다.

먼저 그레이디언트를 구하자.

$$\nabla F(\mathbf{x}) = \begin{bmatrix} 2(2 + x_1) + 10(1 - x_1 - x_2^2)(-1) \\ 10(1 - x_1 - x_2^2)(-2x_2) \end{bmatrix} = \begin{bmatrix} -6 + 12x_1 + 10x_2^2 \\ -20x_2 + 20x_1x_2 + 20x_2^3 \end{bmatrix}$$

$\mathbf{x}^* = \begin{bmatrix} 0 & 0 \end{bmatrix}^T$에서 그레이디언트 값을 계산하면 다음과 같다.

$$\nabla F(\mathbf{x}^*) = \begin{bmatrix} -6 \\ 0 \end{bmatrix}$$

이제 벡터 $\mathbf{p}$ 방향에서 $F(\mathbf{x})$의 방향 미분 식을 기억해보자.

$$\frac{\mathbf{p}^T \nabla F(\mathbf{x})}{\|\mathbf{p}\|}$$

따라서 $\mathbf{x}^* = \begin{bmatrix} 0 & 0 \end{bmatrix}^T$를 통과하고 미분이 0인 직선의 방정식을 구하려면, $\Delta\mathbf{x}$ 방향으로 방향 미분 식의 분자를 0으로 설정할 수 있다.

$$\Delta\mathbf{x}^T \nabla F(\mathbf{x}^*) = 0$$

여기서 $\Delta\mathbf{x} = \mathbf{x} - \mathbf{x}^*$이다. 이 경우 다음의 접선 식을 얻게 된다.

$$\mathbf{x}^T \begin{bmatrix} -6 \\ 0 \end{bmatrix} = 0 \quad \text{즉}, \ x_1 = 0$$

그림 P8.5에 결과가 그려져 있다.

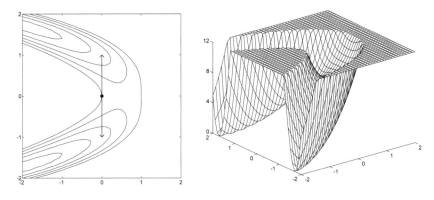

그림 P8.5 문제 P8.3의 $F(\mathbf{x})$ 그림

P8.4 다음 4차 다항식을 고려하라.

$$F(x) = x^4 - \frac{2}{3}x^3 - 2x^2 + 2x + 4$$

모든 임계점을 찾아서 최소인지 테스트하라.

임계점을 찾기 위해 $F(x)$의 미분을 0으로 설정한다.

$$\frac{d}{dx}F(x) = 4x^3 - 2x^2 - 4x + 2 = 0$$

MATLAB을 사용해 다항식의 근을 찾을 수 있다.

```
coef=[4 -2 -4 2];
stapoints=roots(coef);
stapoints'
ans =
   1.0000   -1.0000    0.5000
```

이제 각 점에서 2차 미분을 찾아야 한다. $F(x)$의 2차 미분은 다음과 같다.

$$\frac{d^2}{dx^2}F(x) = 12x^2 - 4x - 4$$

각 임계점에서 2차 미분을 계산하면 다음 결과를 얻을 수 있다.

$$\left(\frac{d^2}{dx^2}F(1) = 4\right), \left(\frac{d^2}{dx^2}F(-1) = 12\right), \left(\frac{d^2}{dx^2}F(0.5) = -3\right)$$

따라서 1과 −1에서 (2차 미분이 양수이므로) 강한 지역 최소를 얻고, 0.5에서 (2차 미분이 음수이므로) 강한 지역 최대를 얻어야 한다. 전역 최소를 얻으려면 두 지역 최소에서 함수를 평가해야만 한다.

$$(F(1) = 4.333), (F(-1) = 1.667)$$

따라서 전역 최소는 −1에서 발생한다. 하지만 이것이 전역 최소임을 확신할 수 있는가? 이 함수를 $x \to \infty$ 또는 $x \to -\infty$로 하면 어떤 일이 발생하는가? 이 경우 x의 최대 승수가 양의 계수를 갖고 짝수 승수(x^4)이기 때문에 이 함수는 양쪽 극한이 ∞로 간다. 따라서 전역 최소는 −1에서 일어난다고 문제없이 말할 수 있다. 이 함수는 그림 P8.6에 그려져 있다.

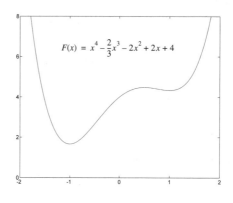

$$F(x) = x^4 - \frac{2}{3}x^3 - 2x^2 + 2x + 4$$

그림 P8.6 문제 P8.4의 $F(x)$ 그래프

P8.5 문제 **P8.2**의 함수를 되돌아보자. 이 함수는 **3개의 임계점**을 갖는다.

$$\mathbf{x}^1 = \begin{bmatrix} -0.41878 \\ 0.41878 \end{bmatrix}, \ \mathbf{x}^2 = \begin{bmatrix} -0.134797 \\ 0.134797 \end{bmatrix}, \ \mathbf{x}^3 = \begin{bmatrix} 0.55358 \\ -0.55358 \end{bmatrix}$$

이 점들 중 어떤 것이 지역 최소가 될 수 있을지 테스트하라.

문제 **P8.2**에서 이 함수에 대한 헤시안 행렬은 다음과 같음을 알고 있다.

$$\nabla^2 F(\mathbf{x}) = \begin{bmatrix} 12(x_2 - x_1)^2 & -12(x_2 - x_1)^2 + 8 \\ -12(x_2 - x_1)^2 + 8 & 12(x_2 - x_1)^2 \end{bmatrix}$$

이 행렬의 명확성을 테스트하기 위해 고윳값을 확인할 수 있다. 고윳값이 모두 양수라면 헤시안은 양의 정부호로 강한 최소를 보장한다. 만일 고윳값이 음수가 아니라면 헤시안은 양의 준정부호로 강한 최소나 약한 최소에 부합한다. 만일 한 고윳값이 양수이고 다른 고윳값이 음수라면, 헤시안은 부정부호로 안장점을 나타낼 것이다.

$\mathbf{x}^1$에서 헤시안을 계산하면 다음 결과를 얻게 된다.

$$\nabla^2 F(\mathbf{x}^1) = \begin{bmatrix} 8.42 & -0.42 \\ -0.42 & 8.42 \end{bmatrix}$$

이 행렬의 고윳값은 다음과 같다.

$$\lambda_1 = 8.84 \,, \; \lambda_2 = 8.0$$

따라서 $\mathbf{x}^1$은 강한 최소점이다.

$\mathbf{x}^2$에서 헤시안을 계산하면 다음 결과를 얻게 된다.

$$\nabla^2 F(\mathbf{x}^2) = \begin{bmatrix} 0.87 & 7.13 \\ 7.13 & 0.87 \end{bmatrix}$$

이 행렬의 고윳값은 다음과 같다.

$$\lambda_1 = -6.26 \,, \; \lambda_2 = 8.0$$

따라서 $\mathbf{x}^2$는 안장점이어야 한다. 한 방향의 곡률은 음수이고, 다른 방향의 곡률은 양수이다. 음의 곡률은 첫 번째 고유벡터 방향에 있고, 양의 곡률의 두 번째 고유벡터 방향에 있다. 고유벡터는 다음과 같다.

$$\mathbf{z}_1 = \begin{bmatrix} 1 \\ -1 \end{bmatrix} \quad \text{그리고} \quad \mathbf{z}_2 = \begin{bmatrix} 1 \\ 1 \end{bmatrix}$$

(이 결과는 이전에 279페이지에서 이 함수에 대해 논의했던 내용과 일치한다는 점을 주목하라.)

$\mathbf{x}^3$에서 헤시안을 계산하면 다음 결과를 얻게 된다.

$$\nabla^2 F(\mathbf{x}^3) = \begin{bmatrix} 14.7 & -6.71 \\ -6.71 & 14.7 \end{bmatrix}$$

이 행렬의 고윳값은 다음과 같으므로 $\mathbf{x}^3$는 강한 최소점이다.

$$\lambda_1 = 21.42 \,, \; \lambda_2 = 8.0$$

신경망 설계 데모 '벡터 테일러 급수$^{\text{Vector Taylor Series}}$' **nnd8ts2**를 이용해 이 결과를 확인하라.

P8.6 이 장의 개념을 신경망 문제에 적용해보자. 그림 **P8.7**에 보이는 선형 네트워크를 고려하라. 원하는 네트워크의 입력/출력은 다음과 같다.

$$\{(p_1 = 2), (t_1 = 0.5)\}, \{(p_2 = -1), (t_2 = 0)\}$$

다음 네트워크 성능 지표를 그려라.

$$F(\mathbf{x}) = (t_1 - a_1(\mathbf{x}))^2 + (t_2 - a_2(\mathbf{x}))^2$$

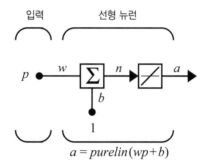

입력   선형 뉴런

$$a = purelin(wp+b)$$

그림 P8.7 문제 P8.6의 선형 네트워크

네트워크 파라미터는 w와 b이며, 이들은 파라미터 벡터를 구성한다.

$$\mathbf{x} = \begin{bmatrix} w \\ b \end{bmatrix}$$

성능 지표 $F(\mathbf{x})$를 그리려고 한다. 먼저 성능 지표가 2차 함수임을 보일 것이다. 그런 다음 헤시안 행렬의 고유벡터와 고윳값을 구해서 함수의 등고선 그래프를 그릴 것이다.

파라미터 벡터 $\mathbf{x}$의 양함수로서 $F(\mathbf{x})$를 작성하면서 시작하라.

$$F(\mathbf{x}) = e_1^2 + e_2^2$$

여기서

$$(e_1 = t_1 - (wp_1 + b)), (e_2 = t_2 - (wp_2 + b))$$

이 식은 행렬 형식으로 작성될 수 있다.

$$F(\mathbf{x}) = \mathbf{e}^T \mathbf{e}$$

여기서

$$\mathbf{e} = \mathbf{t} - \begin{bmatrix} p_1 & 1 \\ p_2 & 1 \end{bmatrix} \mathbf{x} = \mathbf{t} - \mathbf{G}\mathbf{x}$$

이제 성능 지표는 다음과 같이 다시 작성될 수 있다.

$$F(\mathbf{x}) = [\mathbf{t} - \mathbf{G}\mathbf{x}]^T [\mathbf{t} - \mathbf{G}\mathbf{x}] = \mathbf{t}^T \mathbf{t} - 2\mathbf{t}^T \mathbf{G}\mathbf{x} + \mathbf{x}^T \mathbf{G}^T \mathbf{G}\mathbf{x}$$

이 식과 식 (8.35)를 비교하면

$$F(\mathbf{x}) = \frac{1}{2}\mathbf{x}^T \mathbf{A}\mathbf{x} + \mathbf{d}^T \mathbf{x} + c$$

이 선형 네트워크에 대한 성능 지표는 다음 계수를 갖는 2차 함수임을 확인할 수 있다.

$$c = \mathbf{t}^T \mathbf{t}, \ \mathbf{d} = -2\mathbf{G}^T \mathbf{t} \quad \text{그리고} \quad \mathbf{A} = 2\mathbf{G}^T \mathbf{G}$$

2차 함수의 그레이디언트는 식 (8.38)에 있다.

$$\nabla F(\mathbf{x}) = \mathbf{A}\mathbf{x} + \mathbf{d} = 2\mathbf{G}^T \mathbf{G}\mathbf{x} - 2\mathbf{G}^T \mathbf{t}$$

임계점(함수 등고선의 중심)은 그레이디언트가 0일 때 발생할 것이다.

$$\mathbf{x}^* = -\mathbf{A}^{-1}\mathbf{d} = [\mathbf{G}^T \mathbf{G}]^{-1} \mathbf{G}^T \mathbf{t}$$

따라서 임계점은 다음과 같다.

$$\mathbf{G} = \begin{bmatrix} p_1 & 1 \\ p_2 & 1 \end{bmatrix} = \begin{bmatrix} 2 & 1 \\ -1 & 1 \end{bmatrix} \quad \text{그리고} \quad \mathbf{t} = \begin{bmatrix} 0.5 \\ 0 \end{bmatrix}$$

$$\mathbf{x}^* = \left[\mathbf{G}^T\mathbf{G}\right]^{-1}\mathbf{G}^T\mathbf{t} = \begin{bmatrix} 5 & 1 \\ 1 & 2 \end{bmatrix}^{-1} \begin{bmatrix} 1 \\ 0.5 \end{bmatrix} = \begin{bmatrix} 0.167 \\ 0.167 \end{bmatrix}$$

(따라서 최적의 네트워크 파라미터는 $w = 0.167$과 $b = 0.167$이다.)

2차 함수의 헤시안 행렬은 식 (8.39)로 구한다.

$$\nabla^2 F(\mathbf{x}) = \mathbf{A} = 2\mathbf{G}^T\mathbf{G} = \begin{bmatrix} 10 & 2 \\ 2 & 4 \end{bmatrix}$$

등고선 그래프를 그리려면 헤시안의 고유벡터와 고윳값이 필요하다. 이 경우 고유벡터와 고윳값은 다음과 같다.

$$\left\{ (\lambda_1 = 10.6), \left(\mathbf{z}_1 = \begin{bmatrix} 1 \\ 0.3 \end{bmatrix} \right) \right\}, \left\{ (\lambda_2 = 3.4), \left(\mathbf{z}_2 = \begin{bmatrix} 0.3 \\ -1 \end{bmatrix} \right) \right\}$$

따라서 $\mathbf{x}^*$는 강한 최소다. 또한 첫 번째 고윳값이 두 번째 고윳값보다 크기 때문에, 등고선은 타원형이고 타원형의 장축이 두 번째 고유벡터 방향에 있다. 등고선의 중심은 $\mathbf{x}^*$이다. 그림 P8.8에 함수의 최소점과 그래프가 그려져 있다.

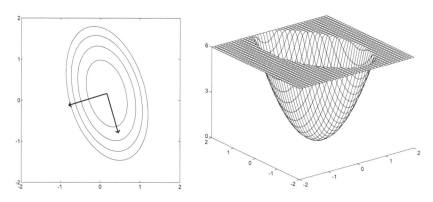

그림 P8.8 문제 P8.6의 함수 그래프

P8.7 임계점이 없는 **2차 함수**가 존재하며 이 문제는 그런 경우를 보여준다. 다음 함수를 고려해보라.

$$F(\mathbf{x}) = \begin{bmatrix} 1 & -1 \end{bmatrix} \mathbf{x} + \frac{1}{2}\mathbf{x}^T \begin{bmatrix} 1 & 1 \\ 1 & 1 \end{bmatrix} \mathbf{x}$$

이 함수의 등고선 그래프를 그려라.

문제 P8.6과 마찬가지로 헤시안 행렬의 고윳값과 고유벡터를 찾아야 한다. 2차 함수를 검토해보면 헤시안 행렬은 다음과 같다.

$$\nabla^2 F(\mathbf{x}) = \mathbf{A} = \begin{bmatrix} 1 & 1 \\ 1 & 1 \end{bmatrix} \tag{8.63}$$

고윳값과 고유벡터는 다음과 같다.

$$\left\{ (\lambda_1 = 0), \left(\mathbf{z}_1 = \begin{bmatrix} 1 \\ -1 \end{bmatrix} \right) \right\}, \left\{ (\lambda_2 = 2), \left(\mathbf{z}_2 = \begin{bmatrix} 1 \\ 1 \end{bmatrix} \right) \right\}$$

첫 번째 고윳값은 0이므로 첫 번째 고유벡터 방향으로 곡률이 없다. 두 번째 고윳값은 양수이므로 두 번째 고유벡터 방향으로 양의 곡률이 있다. $F(\mathbf{x})$에 1차 항이 없다면 함수 그래프는 그림 8.9에서와 같이 정지된 계곡을 보여줄 것이다. 이 경우에는 1차 항이 있으므로 계곡 방향(첫 번째 고유벡터 방향)으로 경사를 만드는지를 확인해야 한다.

1차 항은 다음과 같다.

$$F_{lin}(\mathbf{x}) = \begin{bmatrix} 1 & -1 \end{bmatrix} \mathbf{x}$$

식 (8.36)에서 이 항의 그레이디언트가 다음과 같음을 알고 있다.

$$\nabla F_{lin}(\mathbf{x}) = \begin{bmatrix} 1 \\ -1 \end{bmatrix}$$

따라서 1차 항이 이 그레이디언트 방향으로 가장 빠르게 증가한다. 2차 항은 이 방향으로 곡률을 갖지 않으므로 전체 함수는 이 방향으로 선형 기울기를 갖게 될 것이다.

따라서 $F(\mathbf{x})$는 두 번째 고유벡터 방향으로 양의 곡률을 갖고 첫 번째 고유벡터 방향으로 선형 기울기를 갖게 될 것이다. 그림 P8.9에 이 함수에 대한 등고선 그래프와 3D 그래프가 있다.

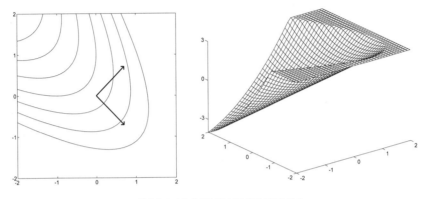

그림 P8.9 문제 P8.7의 경사진 계곡 함수

헤시안 행렬의 고윳값이 0이면 역행렬이 존재하지 않기 때문에 다음 식으로는 2차 함수의 임계점을 구할 수 없다.

$$\mathbf{x}^* = -\mathbf{A}^{-1}\mathbf{d}$$

헤시안 행렬의 역행렬이 존재하지 않는다는 것은 그림 8.9에서 보여주듯이 약한 최소를 갖거나 임계점이 없다는 뜻이다.

맺음말

성능 학습은 신경망 학습 규칙의 가장 중요한 부류다. 성능 학습을 이용하면 네트워크 파라미터는 네트워크 성능을 최적화하기 위해 조정된다. 이 장에서는 성능 학습 규칙을 이해하는 데 필요한 도구들을 소개했다. 이 장을 읽고 연습문제를 풀고 나면 다음과 같은 것들을 할 수 있게 될 것이다.

- 테일러 급수 전개를 하고 이를 이용한 함수 근사

- 방향 미분 계산

- 임계점을 찾고 최소가 될 수 있을지 검사

- 2차 함수의 등고선 그래프 그리기

성능 학습에 관한 장(9~14장)과 방사형 기저 네트워크 장(16장)을 포함한 이후의 장들에서 최적화 개념을 이용할 것이다. 다음 장에서는 이 장에서 다뤘던 개념을 토대로 하여 성능 함수의 최적화 알고리즘을 설계할 것이다. 그 이후에는 이 알고리즘을 적용해 신경망을 훈련할 것이다.

참고 문헌

[Brog91] W. L. Brogan, *Modern Control Theory*, 3rd Ed., Englewood Cliffs, NJ: Prentice-Hall, 1991.

이 책에서는 선형 시스템의 주제들을 잘 다루고 있다. 이 책의 전반부는 선형 대수에 할애되어 있다. 또한 선형 미분 방정식의 해법과 선형 및 비선형 시스템의 안정성에 대한 내용과 다수의 문제 풀이도 포함되어 있다.

[Gill81] P. E. Gill, W. Murray, and M. H. Wright, *Practical Optimization*, New York: Academic Press, 1981.

이 책은 제목에서 알 수 있듯이 최적화 알고리즘의 실용적인 구현을 강조한다. 최적화 방법의 동기를 제공하고 알고리즘의 성능에 영향을 미치는 세부 구현 사항도 제공한다.

[Himm72] D. M. Himmelblau, *Applied Nonlinear Programming*, New York: McGraw-Hill, 1972.

비선형 최적화에 관한 종합적인 책이다. 이 책에서는 제약이 있는 최적화 문제와 제약이 없는 최적화 문제를 모두 다룬다. 이 책은 매우 완벽하며 많은 예제가 상세히 설명되어 있다.

[Scal85] L. E. Scales, *Introduction to Non-Linear Optimization*, New York: Springer-Verlag, 1985.

주요 최적화 알고리즘을 설명하는 매우 읽기 쉬운 책으로, 이 책은 존재 정리^{existence theorems}와 수렴의 증명^{proofs of convergence}보다는 최적화 방법을 강조한다. 그림과 예제, 직관적인 설명이 알고리즘과 함께 제시되고 있다. 대부분의 알고리즘에 의사코드^{pseudo-code}도 제시되고 있다.

연습문제

E8.1 다음 스칼라 함수를 고려하라.

$$F(x) = \frac{1}{x^3 - \frac{3}{4}x - \frac{1}{2}}$$

(1) 점 $x = -0.5$에서 $F(x)$의 2차 테일러 급수 근사를 구하라.

(2) 점 $x = 1.1$에서 $F(x)$의 2차 테일러 급수 근사를 구하라.

(3) $F(x)$와 두 근사 함수를 그리고 정확도를 논의하라.

E8.2 다음 2변수 함수를 고려하라.

$$F(\mathbf{x}) = e^{(2x_1^2 + 2x_2^2 + x_1 - 5x_2 + 10)}$$

(1) 점 $\mathbf{x} = \begin{bmatrix} 0 & 0 \end{bmatrix}^T$에서 $F(\mathbf{x})$의 2차 테일러 급수 근사를 구하라.

(2) 이 근사에 대한 임계점을 구하라.

(3) $F(\mathbf{x})$에 대한 임계점을 구하라($F(\mathbf{x})$의 지수가 2차 함수라는 점을 주목하라).

(4) 두 임계점 간의 차이를 설명하라(두 함수를 그리기 위해 MATLAB을 이용하라).

E8.3 다음 함수에 대해 점 $\mathbf{x} = \begin{bmatrix} 1 & 1 \end{bmatrix}^T$에서 $\mathbf{p} = \begin{bmatrix} -1 & 1 \end{bmatrix}^T$ 방향으로 1차 및 2차 방향 미분을 구하라.

(1) $F(\mathbf{x}) = \dfrac{7}{2}x_1^2 - 6x_1x_2 - x_2^2$

(2) $F(\mathbf{x}) = 5x_1^2 - 6x_1x_2 + 5x_2^2 + 4x_1 + 4x_2$

(3) $F(\mathbf{x}) = \dfrac{9}{2}x_1^2 - 2x_1x_2 + 3x_2^2 + 2x_1 - x_2$

(4) $F(\mathbf{x}) = -\dfrac{1}{2}(7x_1^2 + 12x_1x_2 - 2x_2^2)$

(5) $F(\mathbf{x}) = x_1^2 + x_1x_2 + x_2^2 + 3x_1 + 3x_2$

(6) $F(\mathbf{x}) = \dfrac{1}{2}x_1^2 - 3x_1x_2 + \dfrac{1}{2}x_2^2 - 4x_1 + 4x_2$

(7) $F(\mathbf{x}) = \dfrac{1}{2}x_1^2 - 2x_1x_2 + 2x_2^2 + x_1 - 2x_2$

(8) $F(\mathbf{x}) = \dfrac{3}{2}x_1^2 + 2x_1x_2 + 4x_1 + 4x_2$

(9) $F(\mathbf{x}) = -\dfrac{3}{2}x_1^2 + 4x_1x_2 + \dfrac{3}{2}x_2^2 + 5x_1$

(10) $F(\mathbf{x}) = 2x_1^2 - 2x_1x_2 + \dfrac{1}{2}x_2^2 + x_1 + x_2$

E8.4 다음 함수에 대해

$$F(x) = x^4 - \dfrac{1}{2}x^2 + 1$$

(1) 임계점을 구하라.

(2) 최소와 최대점을 찾기 위해 임계점을 테스트하라.

(3) MATLAB을 이용해 함수를 그리고 답변을 검증하라.

E8.5 다음 2변수 함수를 고려하라.

$$F(\mathbf{x}) = (x_1 + x_2)^4 - 12x_1x_2 + x_1 + x_2 + 1$$

(1) 이 함수가 다음 3개의 임계점을 갖는다는 것을 검증하라.

$$\mathbf{x}^1 = \begin{bmatrix} -0.6504 \\ -0.6504 \end{bmatrix}, \ \mathbf{x}^2 = \begin{bmatrix} 0.085 \\ 0.085 \end{bmatrix}, \ \mathbf{x}^3 = \begin{bmatrix} 0.5655 \\ 0.5655 \end{bmatrix}$$

(2) 임계점을 테스트해서 최소, 최대, 또는 안장점을 구하라.

(3) 각 임계점에서 함수의 2차 테일러 급수 근사식을 구하라.

(4) MATLAB을 이용해 함수와 근사식을 그려라.

E8.6 연습문제 E8.3의 함수에 대해

(1) 임계점을 찾아라.

(2) 임계점을 테스트해서 최소, 최대 또는 안장점을 찾아라.

(3) 헤시안 행렬의 고윳값과 고유벡터를 이용해 대략적인 등고선 그래프의 그림을 제공하라.

(4) MATLAB을 이용해 함수를 그리고 자신의 답변을 검증하라.

E8.7 다음 2차 함수를 고려하라.

$$F(\mathbf{x}) = \frac{1}{2}\mathbf{x}^T \begin{bmatrix} 1 & -3 \\ -3 & 1 \end{bmatrix} \mathbf{x} + \begin{bmatrix} 4 & -4 \end{bmatrix} \mathbf{x} + 2$$

(1) $F(\mathbf{x})$의 그레이디언트와 헤시안 행렬을 구하라.

(2) $F(\mathbf{x})$의 등고선 그래프를 그려라.

(3) 점 $\mathbf{x}_0 = \begin{bmatrix} 0 & 0 \end{bmatrix}^T$에서 $\mathbf{p} = \begin{bmatrix} 1 & 1 \end{bmatrix}^T$ 방향으로 $F(\mathbf{x})$의 방향 미분을 구하라.

(4) (3)의 답변이 (2)의 등고선 그래프와 일치하는가? 설명하라.

E8.8 다음 2차 함수로 연습문제 E8.7을 반복하라.

$$F(\mathbf{x}) = \frac{1}{2}\mathbf{x}^T \begin{bmatrix} 3 & -2 \\ -2 & 0 \end{bmatrix} \mathbf{x} + \begin{bmatrix} 4 & 4 \end{bmatrix} \mathbf{x} + 2$$

E8.9 다음 함수를 고려하라.

$$F(\mathbf{x}) = (1 + x_1 + x_2)^2 + \frac{1}{4}x_1^4$$

(1) 점 $\mathbf{x}_0 = \begin{bmatrix} 1 & 0 \end{bmatrix}^T$에서 $F(\mathbf{x})$의 2차 근사를 구하라.

(2) (1)에서 구한 2차 근사의 등고선 그래프를 그려라.

E8.10 다음 함수를 고려하라.

$$F(\mathbf{x}) = \frac{3}{2}x_1^2 + 2x_1x_2 + x_2^3 + 4x_1 + 4x_2$$

(1) 점 $\mathbf{x}_0 = \begin{bmatrix} 1 & 0 \end{bmatrix}^T$에서 $F(\mathbf{x})$의 2차 근사를 구하라.

(2) (1)에서 구한 2차 근사의 임계점을 구하라.

(3) (2)의 답변이 $F(\mathbf{x})$의 최소인가?

E8.11 다음 함수를 고려하라.

$$F(\mathbf{x}) = x_1x_2 - x_1 + 2x_2$$

(1) 임계점을 구하라.

(2) (1)의 각 답변에 대해 가능하다면 이 임계점이 최소점인지 최대점인지 또는 안장점인지를 판단하라.

(3) 점 $\mathbf{x}_0 = \begin{bmatrix} -1 & 1 \end{bmatrix}^T$에서 $\mathbf{p} = \begin{bmatrix} -1 & 1 \end{bmatrix}^T$ 방향으로 이 함수의 방향 미분을 구하라.

E8.12 다음 함수를 고려하라.

$$F(\mathbf{x}) = x_1^2 + 2x_1x_2 + x_2^2 + (x_1 - x_2)^3$$

(1) 점 $\mathbf{x}_0 = \begin{bmatrix} 2 & 1 \end{bmatrix}^T$에 관한 $F(\mathbf{x})$의 2차 근사를 구하라.

(2) 2차 근사의 등고선 그래프를 그려라.

E8.13 문제 P8.7의 함수를 기억해보라. 그 함수는 임계점이 없었다. 임계점이 존재하도록 $\mathbf{d}$ 벡터만 바꿔 함수를 수정할 수 있다. 약한 최소를 생성할 0이 아닌 새로운 $\mathbf{d}$ 벡터를 구하라.

9

성능 최적화

목표

8장에서 성능 최적화를 논의하기 시작했다. 성능 표면의 분석 도구로 테일러 급수 전개를 소개했고, 이를 이용해 최적점이 만족해야 할 조건을 제시했다. 이 장에서는 테일러 급수 전개를 이용해 최적점을 찾는 알고리즘을 개발할 것이다. 세 가지 유형의 최적화 알고리즘인 최대 경사 하강법, 뉴턴법, 켤레 경사법에 대해 살펴볼 것이다. 10장에서 14장까지는 이 세 가지 알고리즘을 신경망 훈련에 적용할 것이다.

이론과 예제

앞 장에서 성능 표면을 살펴봤다. 이제 파라미터 공간을 탐색하고 성능 표면의 최소점을 찾는 (특정 신경망의 최적 가중치와 편향을 찾기 위한) 알고리즘을 개발할 시점이다.

이 장에 제시된 대부분의 알고리즘들이 수백 년 전에 개발됐다는 점은 매우 흥미롭다. 최적화의 기본 원리는 17세기에 케플러Kepler, 페르마Fermat, 뉴턴Newton, 라이프니츠Leibniz 같은 과학자와 수학자에 의해 발견됐다. 1950년대부터 최적화 원리는 (뉴턴이 사용할 수 있었던 펜과 종이에 비해) '고속의' 디지털 컴퓨터로 구현할 수 있게 재발견됐다. 이런 노력이 성공하면서 새로운 알고리즘에 대한 많은 연구가 활성화됐고, 최적화 이론은 수학의 주요 분야로 인식됐다. 이제 신경망 연구자들은 신경망 훈련에 적용할 수 있는 최적화 이론과 실행에 관한 방대한 지식을 접할 수 있다.

이 장의 목표는 성능 지표 $F(\mathbf{x})$를 최적화하는 알고리즘을 개발하는 것이다. 여기서 '최적화'란 단어는 $F(\mathbf{x})$를 최소화하는 $\mathbf{x}$ 값을 찾는 것을 말한다. 앞으로 살펴볼 최적화 알고리즘은 모두 반복적이다. 초기 추정 $\mathbf{x}_0$에서 시작해, 다음 형태의 식에 따라 단계적으로 추정을 변경한다.

$$\mathbf{x}_{k+1} = \mathbf{x}_k + \alpha_k \mathbf{p}_k \tag{9.1}$$

또는

$$\Delta \mathbf{x}_k = (\mathbf{x}_{k+1} - \mathbf{x}_k) = \alpha_k \mathbf{p}_k \tag{9.2}$$

여기서 벡터 $\mathbf{p}_k$는 탐색 방향을 나타내고, 양수 스칼라 α_k는 단계의 크기를 정하는 학습률이다.

이 장에서 살펴볼 알고리즘들은 탐색 방향 $\mathbf{p}_k$를 선택하는 방식으로 구분되는데, 세 가지 방식을 살펴볼 것이다. 또한 학습률 α_k를 선택하는 다양한 방법들이 있으며, 그중 몇 가지를 살펴볼 것이다.

최대 경사 하강법

최적점(최소점)의 추정을 변경할 때 각 반복에서 식 (9.1)을 이용해 함수가 감소되게 만들려고 한다. 즉, 다음 식이 만족되게 하려고 한다.

$$F(\mathbf{x}_{k+1}) < F(\mathbf{x}_k) \tag{9.3}$$

학습률 α_k가 충분히 작다면 방향 $\mathbf{p}_k$를 어떻게 선택해야 '내리막'으로 갈 수 있을까? 이전 추정 $\mathbf{x}_k$에 대한 $F(\mathbf{x})$의 1차 테일러 급수 전개(식 (8.9) 참조)를 고려해보자.

$$F(\mathbf{x}_{k+1}) = F(\mathbf{x}_k + \Delta\mathbf{x}_k) \approx F(\mathbf{x}_k) + \mathbf{g}_k^T \Delta\mathbf{x}_k \tag{9.4}$$

여기서 $\mathbf{g}_k$는 이전 추정 $\mathbf{x}_k$에서 계산된 그레이디언트다.

$$\mathbf{g}_k \equiv \nabla F(\mathbf{x})\big|_{\mathbf{x}=\mathbf{x}_k} \tag{9.5}$$

$F(\mathbf{x}_{k+1})$이 $F(\mathbf{x}_k)$보다 작아지려면, 식 (9.4)의 우변 두 번째 항이 음수여야 한다.

$$\mathbf{g}_k^T \Delta\mathbf{x}_k = \alpha_k \mathbf{g}_k^T \mathbf{p}_k < 0 \tag{9.6}$$

α_k는 작지만 0보다 큰 값을 선택할 것이다. 따라서 다음 식을 의미한다.

$$\mathbf{g}_k^T \mathbf{p}_k < 0 \tag{9.7}$$

하강 방향 이 식을 만족하는 임의의 벡터 $\mathbf{p}_k$를 하강 방향[descent direction]이라고 한다. 이 방향으로 충분히 작게 이동하면 함수는 감소해야만 한다. 이제 또 다른 질문이 생길 것이다. 가장 가파른 하강 방향은 어디인가(어떤 방향으로 함수가 가장 빠르게 감소할까)? 가장 가파른 하강 방향은 다음 식이 최대 음수일 때 찾을 수 있을 것이다.

$$\mathbf{g}_k^T \mathbf{p}_k \tag{9.8}$$

($\mathbf{p}_k$의 크기는 변하지 않고 오직 방향만 변한다고 가정한다.) 이 값은 그레이디언트와 방향 벡터의 내적이다. 방향 벡터가 그레이디언트의 음수일 때 최대 음수가 될 것이다(267페이지의 방향 미분 설명을 복습하라). 따라서 가장 가파른 하강 방향을 가리키는 벡터는 다음과 같다.

$$\mathbf{p}_k = -\mathbf{g}_k \tag{9.9}$$

최대 경사 하강법 이 결과를 이용해 식 (9.1)을 다시 작성하면 최대 경사 하강법[steepest descent]이 만들어진다.

$$\mathbf{x}_{k+1} = \mathbf{x}_k - \alpha_k \mathbf{g}_k \tag{9.10}$$

학습률 최대 경사 하강법의 경우 학습률[learning rate] α_k를 결정하는 두 가지 방법이 있다. 한 가지 방법은 반복할 때마다 α_k에 관해 성능 지표 $F(\mathbf{x})$를 최소화하는 것이다. 이 경우 다음 직선을 따라 최소화한다.

$$\mathbf{x}_k - \alpha_k \mathbf{g}_k \tag{9.11}$$

α_k를 선택하는 다른 방법은 ($\alpha_k = 0.02$와 같이) 고정값을 사용하거나 ($\alpha_k = 1/k$와 같이) 변수를 사용하지만 미리 정한 값을 사용하는 것이다. 다음 예제에서 α_k의 선택을 좀 더 자세히 논의할 것이다.

최대 경사 하강 알고리즘을 다음 함수에 적용해보자.

$$F(\mathbf{x}) = x_1^2 + 25x_2^2 \tag{9.12}$$

알고리즘은 다음 초기 추정으로 시작한다.

$$\mathbf{x}_0 = \begin{bmatrix} 0.5 \\ 0.5 \end{bmatrix} \tag{9.13}$$

첫 번째 단계는 그레이디언트를 찾는 것이다.

$$\nabla F(\mathbf{x}) = \begin{bmatrix} \dfrac{\partial}{\partial x_1} F(\mathbf{x}) \\ \dfrac{\partial}{\partial x_2} F(\mathbf{x}) \end{bmatrix} = \begin{bmatrix} 2x_1 \\ 50x_2 \end{bmatrix} \tag{9.14}$$

초기 추정의 그레이디언트를 계산하면 다음 값을 얻는다.

$$\mathbf{g}_0 = \nabla F(\mathbf{x})\big|_{\mathbf{x}=\mathbf{x}_0} = \begin{bmatrix} 1 \\ 25 \end{bmatrix} \tag{9.15}$$

고정 학습률 $\alpha = 0.01$을 사용한다고 가정하자. 최대 경사 하강 알고리즘의 첫 번째 반복은 다음과 같이 될 것이다.

$$\mathbf{x}_1 = \mathbf{x}_0 - \alpha \mathbf{g}_0 = \begin{bmatrix} 0.5 \\ 0.5 \end{bmatrix} - 0.01 \begin{bmatrix} 1 \\ 25 \end{bmatrix} = \begin{bmatrix} 0.49 \\ 0.25 \end{bmatrix} \tag{9.16}$$

최대 경사 하강법의 두 번째 반복은 다음 결과를 생성한다.

$$\mathbf{x}_2 = \mathbf{x}_1 - \alpha \mathbf{g}_1 = \begin{bmatrix} 0.49 \\ 0.25 \end{bmatrix} - 0.01 \begin{bmatrix} 0.98 \\ 12.5 \end{bmatrix} = \begin{bmatrix} 0.4802 \\ 0.125 \end{bmatrix} \tag{9.17}$$

반복을 계속하면 그림 9.1에 그려진 궤적을 얻게 된다.

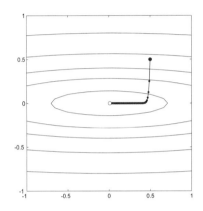

그림 9.1 $\alpha = 0.01$일 때 최대 경사 하강 궤적

작은 학습률에 대한 최대 경사 하강 궤적은 등고선에 항상 직교하는 경로를 따라간다는 점을 주목하라. 그 이유는 그레이디언트가 등고선에 직교하기 때문이다(271페이지의 논의 참조).

학습률의 변화가 알고리즘의 성능을 어떻게 바꾸는가? 만일 학습률을 $\alpha = 0.035$로 증가시키면 그림 9.2에 그려진 궤적을 얻는다. 이제는 궤적이 진동하게 된다. 학습률을 너무 크게 만들면 알고리즘이 불안정해진다. 진동이 감쇠되지 않고 증가할 것이다.

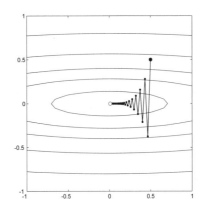

그림 9.2 $\alpha = 0.035$일 때 최대 경사 하강 궤적

학습률을 크게 하면 단계를 크게 이동할 수 있고 빠르게 수렴할 것으로 예상하기 때문에 학습률을 크게 만들고 싶어 한다. 그러나 이 예제에서 볼 수 있듯이 학습률을 너무 크게 만들면 알고리즘은 불안정해진다. 허용 가능한 최대 학습률을 예측할 수 있는 방법이 있는가? 임의의 함수인 경우에는 불가능하지만, 2차 함수인 경우에는 상한을 설정할 수 있다.

안정적인 학습률

성능 지표가 2차 함수라고 가정하자.

$$F(\mathbf{x}) = \frac{1}{2}\mathbf{x}^T \mathbf{A}\mathbf{x} + \mathbf{d}^T \mathbf{x} + c \tag{9.18}$$

식 (8.38)에서 2차 함수의 그레이디언트는 다음과 같다.

$$\nabla F(\mathbf{x}) = \mathbf{A}\mathbf{x} + \mathbf{d} \tag{9.19}$$

이제 (상수 학습률을 가정하고) 이 식을 최대 경사 하강 알고리즘의 식에 넣는다면, 다음과 같이 된다.

316

$$\mathbf{x}_{k+1} = \mathbf{x}_k - \alpha\mathbf{g}_k = \mathbf{x}_k - \alpha(\mathbf{A}\mathbf{x}_k + \mathbf{d}) \tag{9.20}$$

또는

$$\mathbf{x}_{k+1} = [\mathbf{I} - \alpha\mathbf{A}]\mathbf{x}_k - \alpha\mathbf{d} \tag{9.21}$$

이 식은 선형 동적 시스템linear dynamic system이므로 행렬 $[\mathbf{I} - \alpha\mathbf{A}]$의 고윳값 크기가 1보다 작으면 안정적일 것이다([Brog91] 참조). 이 행렬의 고윳값을 헤시안 행렬 $\mathbf{A}$의 고윳값으로 표현할 수 있다. $\{\lambda_1, \lambda_2, \dots, \lambda_n\}$과 $\{\mathbf{z}_1, \mathbf{z}_2, \dots, \mathbf{z}_n\}$을 헤시안 행렬의 고윳값과 고유벡터라고 하자. 그러면 다음과 같이 정리할 수 있다.

$$[\mathbf{I} - \alpha\mathbf{A}]\mathbf{z}_i = \mathbf{z}_i - \alpha\mathbf{A}\mathbf{z}_i = \mathbf{z}_i - \alpha\lambda_i\mathbf{z}_i = (1 - \alpha\lambda_i)\mathbf{z}_i \tag{9.22}$$

따라서 $[\mathbf{I} - \alpha\mathbf{A}]$의 고유벡터는 $\mathbf{A}$의 고유벡터와 같으며, $[\mathbf{I} - \alpha\mathbf{A}]$의 고윳값은 $(1 - \alpha\lambda_i)$이다. 최대 경사 하강 알고리즘의 안정성을 위한 조건은 다음과 같이 된다.

$$|(1 - \alpha\lambda_i)| < 1 \tag{9.23}$$

2차 함수가 강한 최소점을 갖는다고 가정하면, 헤시안 행렬의 고윳값은 양수여야만 한다. 식 (9.23)은 다음과 같이 축소된다.

$$\alpha < \frac{2}{\lambda_i} \tag{9.24}$$

이 식은 헤시안 행렬의 모든 고윳값에 대해 참이어야 하기 때문에 다음 식을 얻을 수 있다.

$$\alpha < \frac{2}{\lambda_{max}} \tag{9.25}$$

안정적인 최대 학습률은 2차 함수의 최대 곡률에 반비례한다. 곡률은 그레이디언트가 얼마나 빠르게 변하는지를 알려준다. 그레이디언트가 너무 빠르게 변하면 최소점을 어느 정도 지나쳐서, 새로운 위치의 그레이디언트는 이전 위치의 그레이디언트보다 크기가 커질 수 있다(하지만 반대 방향으로 커진다). 이렇게 되면 반복할 때마다 단계의 크기$^{\text{step size}}$가 점점 커진다.

이 결과를 앞의 예제에 적용해보자. 2차 함수에 대한 헤시안 행렬은 다음과 같다.

$$\mathbf{A} = \begin{bmatrix} 2 & 0 \\ 0 & 50 \end{bmatrix} \tag{9.26}$$

$\mathbf{A}$의 고윳값과 고유벡터는 다음과 같다.

$$\left\{ (\lambda_1 = 2), \left(\mathbf{z}_1 = \begin{bmatrix} 1 \\ 0 \end{bmatrix} \right) \right\}, \left\{ (\lambda_2 = 50), \left(\mathbf{z}_2 = \begin{bmatrix} 0 \\ 1 \end{bmatrix} \right) \right\} \tag{9.27}$$

따라서 허용 가능한 최대 학습률은 다음과 같다.

$$\alpha < \frac{2}{\lambda_{max}} = \frac{2}{50} = 0.04 \tag{9.28}$$

이 결과는 그림 9.3에 실험적으로 그려져 있다. 학습률이 안정적인 최댓값의 바로 위 ($\alpha = 0.039$)일 때와 바로 아래($\alpha = 0.041$)일 때 최대 경사 하강 궤도를 확인하라.

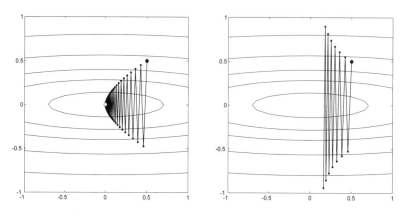

그림 9.3 (왼쪽) $\alpha = 0.039$와 (오른쪽) $\alpha = 0.041$에 대한 궤적

이 예제는 몇 가지 사항을 보여주고 있다. 학습률은 헤시안 행렬의 최대 고윳값(2차 미분)으로 제한된다. 알고리즘은 최대 고윳값에 대응되는 고유벡터의 방향으로 가장 빠르게 수렴하며, 그 방향으로 최소점을 너무 멀리 넘어가지 않기를 원한다(예제에서 초기 단계는 x_2축($\mathbf{z}_2$)에 거의 평행하다는 점을 주목하라). 하지만 이 알고리즘은 최소 고윳값($\mathbf{z}_1$)에 해당하는 고유벡터 방향으로 가장 천천히 수렴할 것이다. 결국 알고리즘의 수렴 속도를 결정하는 것은 학습률과 결합한 최소 고윳값이다. 가장 큰 고윳값과 가장 작은 고윳값의 크기가 크게 차이 날 때, 최대 경사 하강 알고리즘은 천천히 수렴할 것이다.

 2차 함수에 대해 최대 경사 하강법을 실험하려면, 신경망 설계 데모 '2차 함수에 대한 최대 경사 하강법Steepest Descent for a Quadratic' **nnd9sdq**를 이용하라.

직선을 따라 최소화

학습률을 선택하는 또 다른 방법은 반복할 때마다 α_k에 관해 성능 지표를 최소화하는 것이다. 즉, 다음 식을 최소화하는 α_k를 선택한다.

$$F(\mathbf{x}_k + \alpha_k \mathbf{p}_k) \tag{9.29}$$

임의의 함수에 대해 이와 같은 α_k를 찾으려면 12장에서 논의될 직선 탐색을 해야 한다. 2차 함수의 경우 직선 최소화를 분석적으로 수행할 수 있다. 2차 함수 $F(\mathbf{x})$의 경우, 식 (9.29)를 α_k에 대해 미분하면 다음과 같이 표현된다.

$$\frac{d}{d\alpha_k}F(\mathbf{x}_k + \alpha_k \mathbf{p}_k) = \nabla F(\mathbf{x})^T \big|_{\mathbf{x}=\mathbf{x}_k} \mathbf{p}_k + \alpha_k \mathbf{p}_k^T \nabla^2 F(\mathbf{x})\big|_{\mathbf{x}=\mathbf{x}_k} \mathbf{p}_k \tag{9.30}$$

미분이 0이 되는 α_k를 구하면 다음의 식을 얻을 수 있다.

$$\alpha_k = -\frac{\nabla F(\mathbf{x})^T \big|_{\mathbf{x}=\mathbf{x}_k} \mathbf{p}_k}{\mathbf{p}_k^T \nabla^2 F(\mathbf{x})\big|_{\mathbf{x}=\mathbf{x}_k} \mathbf{p}_k} = -\frac{\mathbf{g}_k^T \mathbf{p}_k}{\mathbf{p}_k^T \mathbf{A}_k \mathbf{p}_k} \tag{9.31}$$

여기서 $\mathbf{A}_k$는 이전 추정 $\mathbf{x}_k$에서 계산된 헤시안 행렬이다.

$$\mathbf{A}_k \equiv \nabla^2 F(\mathbf{x})\big|_{\mathbf{x} = \mathbf{x}_k} \tag{9.32}$$

(2차 함수에서 헤시안 행렬은 k의 함수가 아니다.)

다음 2차 함수에 직선 최소화와 함께 최대 경사 하강법을 적용해보자.

$$F(\mathbf{x}) = \frac{1}{2}\mathbf{x}^T \begin{bmatrix} 2 & 1 \\ 1 & 2 \end{bmatrix} \mathbf{x} \tag{9.33}$$

다음 초기 추정으로 시작한다.

$$\mathbf{x}_0 = \begin{bmatrix} 0.8 \\ -0.25 \end{bmatrix} \tag{9.34}$$

함수의 그레이디언트는 다음과 같다.

$$\nabla F(\mathbf{x}) = \begin{bmatrix} 2x_1 + x_2 \\ x_1 + 2x_2 \end{bmatrix} \tag{9.35}$$

최대 경사 하강법의 탐색 방향은 그레이디언트의 음수다. 첫 번째 반복에서 탐색 방향은 다음과 같이 될 것이다.

$$\mathbf{p}_0 = -\mathbf{g}_0 = -\nabla F(\mathbf{x})\big|_{\mathbf{x} = \mathbf{x}_0} = \begin{bmatrix} -1.35 \\ -0.3 \end{bmatrix} \tag{9.36}$$

첫 번째 반복의 학습률은 식 (9.31)로부터 다음과 같이 될 것이다.

$$\alpha_0 = -\frac{\begin{bmatrix} 1.35 & 0.3 \end{bmatrix} \begin{bmatrix} -1.35 \\ -0.3 \end{bmatrix}}{\begin{bmatrix} -1.35 & -0.3 \end{bmatrix} \begin{bmatrix} 2 & 1 \\ 1 & 2 \end{bmatrix} \begin{bmatrix} -1.35 \\ -0.3 \end{bmatrix}} = 0.413 \tag{9.37}$$

최대 경사 하강법의 첫 번째 단계는 다음 결과를 생성할 것이다.

$$\mathbf{x}_1 = \mathbf{x}_0 - \alpha_0 \mathbf{g}_0 = \begin{bmatrix} 0.8 \\ -0.25 \end{bmatrix} - 0.413 \begin{bmatrix} 1.35 \\ 0.3 \end{bmatrix} = \begin{bmatrix} 0.24 \\ -0.37 \end{bmatrix} \tag{9.38}$$

알고리즘의 처음 다섯 번 반복은 그림 9.4에 그려져 있다.

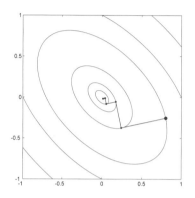

그림 9.4 직선을 따라 최소화하는 최대 경사 하강법

이 알고리즘의 연속적인 단계는 직교한다. 왜 이런 일이 발생하는가? 우선 직선을 따라 최소화할 때 항상 등고선의 접점에서 멈춘다. 이때 그레이디언트는 등고선에 직교하기 때문에 그레이디언트의 음수를 따라가는 다음 단계는 이전 단계와 직교하게 된다.

이 상황을 식 (9.30)의 연쇄 법칙을 이용해 분석적으로 보여줄 수 있다.

$$\frac{d}{d\alpha_k} F(\mathbf{x}_k + \alpha_k \mathbf{p}_k) = \frac{d}{d\alpha_k} F(\mathbf{x}_{k+1}) = \nabla F(\mathbf{x})^T \Big|_{\mathbf{x} = \mathbf{x}_{k+1}} \frac{d}{d\alpha_k} [\mathbf{x}_k + \alpha_k \mathbf{p}_k]$$

$$= \nabla F(\mathbf{x})^T \Big|_{\mathbf{x} = \mathbf{x}_{k+1}} \mathbf{p}_k = \mathbf{g}_{k+1}^T \mathbf{p}_k \tag{9.39}$$

따라서 미분이 0인 최소점에서 그레이디언트는 이전 탐색 방향과 직교한다. 다음 탐색 방향은 그레이디언트의 음수 방향이기 때문에 이전 탐색 방향과 다음 탐색 방향은 직교한다(이 결과는 최대 경사 하강법을 사용하지 않더라도, 임의의 방향으로 최소화할 때 최소점에서 그레이디언트는 탐색 방향과 직교한다는 것을 의미한다). 켤레 방향$^{conjugate\ direction}$을 논의할 때 이 결과를 사용할 것이다.

직선을 따라 최소화하는 최대 경사 하강법을 실험하려면, 신경망 설계 데모 '방법 비교$^{Method\ Comparison}$' **nnd9mc**를 이용하라.

이 장의 후반부에서 탐색 방향이 이전 탐색 방향과 직교하지 않고 **켤레**^{conjugate}가 되게 조정하면 성능을 향상할 수 있음을 알게 될 것이다(이 용어는 나중에 정의할 것이다). 만일 켤레 방향이 사용된다면, **x**가 n차원일 때 정확히 최대 n단계로 함수를 최소화할 수 있다(최대 경사 하강 알고리즘으로 한 단계로 최소화할 수 있는 2차 함수 유형이 존재한다. 그런 함수를 생각할 수 있는가? 그런 함수의 헤시안 행렬의 특징은 무엇인가?).

뉴턴법

최대 경사 하강 알고리즘의 미분은 1차 테일러 급수 전개를 기반으로 했다(식 (9.4)). 뉴턴법은 2차 테일러 급수를 기반으로 한다.

$$F(\mathbf{x}_{k+1}) = F(\mathbf{x}_k + \Delta\mathbf{x}_k) \approx F(\mathbf{x}_k) + \mathbf{g}_k^T\Delta\mathbf{x}_k + \frac{1}{2}\Delta\mathbf{x}_k^T\mathbf{A}_k\Delta\mathbf{x}_k \qquad (9.40)$$

뉴턴법 이면의 원리는 $F(\mathbf{x})$ 2차 근사의 임계점을 찾는 것이다. 식 (8.38)을 이용해 $\Delta\mathbf{x}_k$에 대한 2차 함수의 그레이디언트를 구한다면 다음 식과 같이 된다.

$$\mathbf{g}_k + \mathbf{A}_k\Delta\mathbf{x}_k = \mathbf{0} \qquad (9.41)$$

이 식을 $\Delta\mathbf{x}_k$에 대해 풀면 다음과 같이 정리된다.

$$\Delta\mathbf{x}_k = -\mathbf{A}_k^{-1}\mathbf{g}_k \qquad (9.42)$$

뉴턴법 이에 따라 **뉴턴법**^{Newton's method}이 정의된다.

$$\mathbf{x}_{k+1} = \mathbf{x}_k - \mathbf{A}_k^{-1}\mathbf{g}_k \tag{9.43}$$

뉴턴법의 작동을 설명하기 위해 이전 예제 함수 식 (9.12)에 뉴턴법을 적용해보자.

$$F(\mathbf{x}) = x_1^2 + 25x_2^2 \tag{9.44}$$

그레이디언트와 헤시안 행렬은 다음과 같다.

$$\nabla F(\mathbf{x}) = \begin{bmatrix} \dfrac{\partial}{\partial x_1} F(\mathbf{x}) \\ \dfrac{\partial}{\partial x_2} F(\mathbf{x}) \end{bmatrix} = \begin{bmatrix} 2x_1 \\ 50x_2 \end{bmatrix}, \ \nabla^2 F(\mathbf{x}) = \begin{bmatrix} 2 & 0 \\ 0 & 50 \end{bmatrix} \tag{9.45}$$

동일한 초기 추정에서 시작해보자.

$$\mathbf{x}_0 = \begin{bmatrix} 0.5 \\ 0.5 \end{bmatrix} \tag{9.46}$$

뉴턴법의 첫 단계는 다음과 같이 될 것이다.

$$\mathbf{x}_1 = \begin{bmatrix} 0.5 \\ 0.5 \end{bmatrix} - \begin{bmatrix} 2 & 0 \\ 0 & 50 \end{bmatrix}^{-1} \begin{bmatrix} 1 \\ 25 \end{bmatrix} = \begin{bmatrix} 0.5 \\ 0.5 \end{bmatrix} - \begin{bmatrix} 0.5 \\ 0.5 \end{bmatrix} = \begin{bmatrix} 0 \\ 0 \end{bmatrix} \tag{9.47}$$

이 방법은 항상 한 단계로 2차 함수의 최소를 찾을 것이다. 뉴턴법은 함수를 2차로 근사하여 2차 근사의 임계점을 찾도록 설계됐기 때문이다. 따라서 원래 함수가 (강한 최소를 갖는) 2차라면 함수는 한 단계로 최소화될 것이다. 이 문제에 대한 뉴턴법의 궤적은 그림 9.5에 있다.

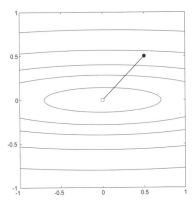

그림 9.5 뉴턴법의 궤적

함수 $F(\mathbf{x})$가 2차가 아니라면 뉴턴법은 일반적으로 한 단계로 수렴하지는 않을 것이다. 실제, 뉴턴법이 수렴할지 여부는 함수와 초기 추정에 따라 달라지기 때문에 수렴을 확신하기는 어렵다.

식 (8.18)의 함수를 기억해보라.

$$F(\mathbf{x}) = (x_2 - x_1)^4 + 8x_1 x_2 - x_1 + x_2 + 3 \tag{9.48}$$

8장을 통해 이 함수가 3개의 임계점을 갖는다는 사실을 알고 있다(문제 P8.5 참조).

$$\mathbf{x}^1 = \begin{bmatrix} -0.41878 \\ 0.41878 \end{bmatrix}, \ \mathbf{x}^2 = \begin{bmatrix} -0.134797 \\ 0.134797 \end{bmatrix}, \ \mathbf{x}^3 = \begin{bmatrix} 0.55358 \\ -0.55358 \end{bmatrix} \tag{9.49}$$

첫 번째 점은 강한 지역 최소이고, 두 번째 점은 안장점, 세 번째 점은 강한 전역 최소다. 이 문제에 뉴턴법을 적용하면, 초기 추정 $\mathbf{x}_0 = \begin{bmatrix} 1.5 & 0 \end{bmatrix}^T$에서 시작할 경우 첫 번째 반복은 그림 9.6과 같이 될 것이다. 그림의 왼쪽 그래프는 원래 함수의 등고선 그래프다. 오른쪽 그래프는 초기 추정에서 함수의 2차 근사를 보여준다.

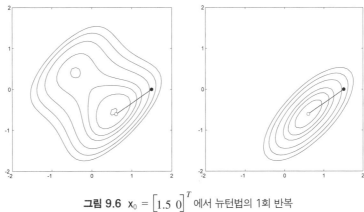

그림 9.6 $\mathbf{x}_0 = \begin{bmatrix} 1.5 & 0 \end{bmatrix}^T$ 에서 뉴턴법의 1회 반복

함수가 한 단계로 최소화되지 않는데, 함수가 2차가 아니기 때문에 놀라운 일은 아니다. 하지만 전역 최소를 향해 한 단계 나아가고 두 번 반복을 진행하면 알고리즘은 전역 최소의 0.01 이내로 수렴하게 된다. 해석 함수는 강한 최소의 작은 주변에서 2차 함수로 정확히 근사할 수 있기 때문에, 뉴턴법은 많은 응용에서 빠르게 수렴한다. 따라서 최소점으로 가까이 갈수록 뉴턴법은 좀 더 정확히 위치를 예측한다. 이 경우 2차 근사의 등고선과 초기 추정 근처의 함수 등고선과 유사하다는 사실을 알 수 있다.

그림 9.7에서는 초기 추정 $\mathbf{x}_0 = \begin{bmatrix} -1.5 & 0 \end{bmatrix}^T$ 에서 뉴턴법을 1회 반복한 결과를 볼 수 있다. 이 경우 지역 최소로 수렴한다. 뉴턴법은 함수를 2차로 근사하고 2차 함수는 오직 하나의 최소를 갖기 때문에 지역 최소와 전역 최소를 구분하지 못한다. 최대 경사 하강법처럼 뉴턴법은 표면의 지역 특성(1차 및 2차 미분)에 의존한다. 따라서 함수의 전역적 특성을 알지 못한다.

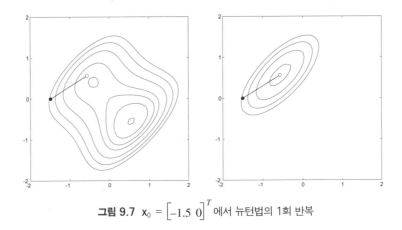

그림 9.7 $\mathbf{x}_0 = \begin{bmatrix} -1.5 & 0 \end{bmatrix}^T$ 에서 뉴턴법의 1회 반복

그림 9.8에서는 초기 추정 $\mathbf{x}_0 = \begin{bmatrix} 0.75 & 0.75 \end{bmatrix}^T$ 에서 뉴턴법을 1회 반복한 결과를 볼 수 있다. 이제 함수의 안장점으로 수렴한다. 뉴턴법은 현재 추정에서 함수를 2차 근사해서 임계점을 찾는다. 뉴턴법은 최소, 최대, 안장점을 구분하지 못한다. 이 문제의 경우, 2차 근사는 원래 함수의 안장점 근처에 안장점(부정부호 헤시안 행렬)을 갖는다. 반복을 계속하면 알고리즘은 $F(\mathbf{x})$의 안장점으로 수렴한다.

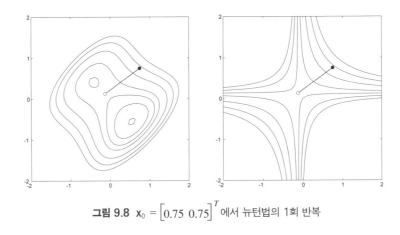

그림 9.8 $\mathbf{x}_0 = \begin{bmatrix} 0.75 & 0.75 \end{bmatrix}^T$ 에서 뉴턴법의 1회 반복

지금까지 봤던 각 경우에서 2차 근사의 임계점은 $F(\mathbf{x})$의 임계점 근처에 있었다. 하지만 항상 그런 것은 아니다. 실제 뉴턴법은 매우 예측하기 어려운 결과를 만들 수 있다.

그림 9.9에서는 초기 추정 $\mathbf{x}_0 = \begin{bmatrix} 1.15 & 0.75 \end{bmatrix}^T$에서 뉴턴법을 1회 반복한 결과를 볼 수 있다. 이 경우 2차 근사는 안장점을 예측하지만, 이 안장점은 $F(\mathbf{x})$의 지역 최소에 매우 가까이 있다. 반복을 계속하면 알고리즘은 지역 최소로 수렴할 것이다. 알고리즘이 안장점으로 수렴했던 앞의 경우보다 초기 추정이 실제 지역 최소에서 훨씬 멀리 떨어져 있었다는 점을 주목하라.

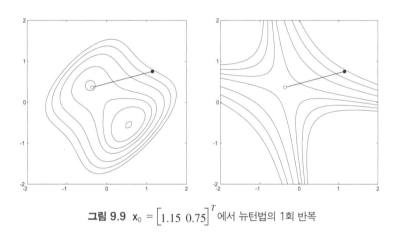

그림 9.9 $\mathbf{x}_0 = \begin{bmatrix} 1.15 & 0.75 \end{bmatrix}^T$에서 뉴턴법의 1회 반복

 이 함수에 대해 뉴턴법과 최대 경사 하강법을 실험하려면, 신경망 설계 데모 '뉴턴법$^{\text{Newton's}}$ $^{\text{Method'}}$ **nnd9nm**과 '최대 경사 하강$^{\text{Steepest Descent'}}$ **nnd9sd**를 이용하라.

지금까지 관찰한 뉴턴법의 몇 가지 속성을 정리해보자. 뉴턴법은 최대 경사 하강법보다 빠르게 수렴하지만, 뉴턴법의 행동은 매우 복잡할 수 있다. (최대 경사 하강법에서는 거의 발생할 가능성이 없는) 안장점으로 수렴하는 문제 외에도, 알고리즘이 진동하거나 발산할 수 있다. 최대 경사 하강법은 학습률이 너무 크지 않고 각 단계에서 선형 최소화를 수행한다면 수렴이 보장된다.

12장에서는 신경망 훈련에 매우 적합한 뉴턴법의 변형에 대해 살펴볼 것이다. 이 방법은 발산될 때마다 최대 경사 하강 단계를 사용해 발산 문제를 없애준다.

뉴턴법의 또 다른 문제는 헤시안 행렬과 역행렬의 계산 및 저장이 필요하다는 점이다. 최대 경사 하강법의 식 (9.10)과 뉴턴법의 식 (9.43)을 비교해보면, 탐색 방향이 다음 식을 만족할 때 두 식이 동일해진다는 사실을 알 수 있다.

$$\mathbf{A}_k = \mathbf{A}_k^{-1} = \mathbf{I} \tag{9.50}$$

이런 관찰은 준 뉴턴법quasi-Newton method 또는 1단계 할선법one-step-secant method으로 알려져 있는 최적화 알고리즘 부류를 유도한다. 이들 방법에서 $\mathbf{A}_k^{-1}$는 양의 정부호 행렬 $\mathbf{H}_k$로 대체되며, 각 반복에서 $\mathbf{H}_k$ 행렬은 역행렬 계산 없이 변경된다. 이 알고리즘들은 2차 함수에 대해 $\mathbf{H}_k$가 $\mathbf{A}^{-1}$로 수렴하도록 설계됐다(헤시안은 2차 함수에서 상수다). 이 방법들에 대한 설명은 [Gill81], [Scal85], [Batt92]를 참조하라.

켤레 경사법

2차 종료 뉴턴법은 2차 종료quadratic termination라고 하는 속성을 가지며, 유한하게 반복해서 2차 함수를 정확히 최소화하는 것을 의미한다. 안타깝게도 2차 종료를 하려면 2차 미분의 계산과 저장이 필요하다. 파라미터 개수 n이 크면 모든 2차 미분을 계산한다는 것은 비현실적일 수 있다(그레이디언트는 n개의 요소를 갖지만, 헤시안은 n^2개의 요소를 갖는다). 실제 응용에서 수백, 수천 개의 가중치가 필요한 신경망은 특히 그렇다. 이런 경우 1차 미분만 사용하면서 여전히 2차 종료를 할 수 있는 방법이 필요하다.

각 반복에서 선형 탐색을 하는 최대 경사 하강 알고리즘의 성능을 상기해보라. 연속적인 반복에서 탐색 방향은 서로 직교한다(그림 9.4 참조). 타원형 등고선을 갖는 2차 함수의 경우 선형 탐색은 짧은 단계로 지그재그하는 궤적을 생성한다. 아마도 2차 탐색 방향들도 최적의 선택은 아닐 것이다. 2차 종료를 보장하는 일련의 탐색 방향이 있는가? 한 가지 가능성은 켤레 방향이다.

다음 2차 함수의 최소를 찾고자 한다고 가정하자.

$$F(\mathbf{x}) = \frac{1}{2}\mathbf{x}^T \mathbf{A} \mathbf{x} + \mathbf{d}^T \mathbf{x} + c \tag{9.51}$$

켤레 벡터 집합 $\{\mathbf{p}_k\}$는 다음의 경우에 양의 정부호 헤시안 행렬에 대해 상호 켤레^{conjugate}다.

$$\mathbf{p}_k^T \mathbf{A} \mathbf{p}_j = 0 \qquad k \neq j \tag{9.52}$$

직교 벡터와 마찬가지로 특정 n차 공간을 생성하는 무한개의 상호 켤레 벡터 집합이 있다. 켤레 벡터 중 한 집합은 $\mathbf{A}$의 고유벡터다. $\{\lambda_1, \lambda_2, \ldots, \lambda_n\}$과 $\{\mathbf{z}_1, \mathbf{z}_2, \ldots, \mathbf{z}_n\}$을 헤시안 행렬의 고윳값과 고유벡터라고 하자. 고유벡터가 켤레임을 확인하기 위해, 식 (9.52)의 $\mathbf{p}_k$를 $\mathbf{z}_k$로 대체하라.

$$\mathbf{z}_k^T \mathbf{A} \mathbf{z}_j = \lambda_j \mathbf{z}_k^T \mathbf{z}_j = 0 \qquad k \neq j \tag{9.53}$$

대칭 행렬의 고유벡터는 상호 직교하기 때문에 마지막 등식이 성립한다. 따라서 고유벡터는 켤레이면서 직교한다(모든 직교 벡터가 켤레이기도 한 2차 함수를 찾을 수 있겠는가?).

2차 함수에서 헤시안 행렬의 고유벡터는 함수 등고선의 주축을 형성하기 때문에, 헤시안 행렬의 고유벡터를 따라 탐색해서 2차 함수를 정확히 최소화할 수 있다는 사실은 놀라운 일은 아니다(280~288페이지의 논의 참조). 안타깝게도 이런 사실은 실제로 도움이 많이 되지는 않는데, 고유벡터를 찾으려면 먼저 헤시안 행렬을 찾아야 하기 때문이다. 2차 미분 계산이 필요 없는 알고리즘을 찾는 것이 목표다.

임의의 켤레 방향 집합 $\{\mathbf{p}_1, \mathbf{p}_2, \ldots, \mathbf{p}_n\}$을 따라 정확한 선형 탐색을 하면, 최대 n번 탐색으로 n개 파라미터를 갖는 2차 함수의 정확한 최소에 도달한다는 사실이 입증됐다([Scal85] 또는 [Gill81] 참조). 문제는 "켤레 탐색 방향을 어떻게 구성하는가?"이다. 먼저 식 (9.52)에 있는 켤레 조건을 헤시안 행렬을 사용하지 않고 다시 기술하려고 한다. 2차 함수에 대한 다음 식을 기억해보라.

$$\nabla F(\mathbf{x}) = \mathbf{Ax} + \mathbf{d} \tag{9.54}$$

$$\nabla^2 F(\mathbf{x}) = \mathbf{A} \tag{9.55}$$

이 식들을 조합하면 $k + 1$회 반복에서의 그레이디언트 변화를 알 수 있다.

$$\Delta \mathbf{g}_k = \mathbf{g}_{k+1} - \mathbf{g}_k = (\mathbf{Ax}_{k+1} + \mathbf{d}) - (\mathbf{Ax}_k + \mathbf{d}) = \mathbf{A} \Delta \mathbf{x}_k \tag{9.56}$$

식 (9.2)에서 다음 식을 얻는다.

$$\Delta \mathbf{x}_k = (\mathbf{x}_{k+1} - \mathbf{x}_k) = \alpha_k \mathbf{p}_k \tag{9.57}$$

그리고 α_k는 $\mathbf{p}_k$ 방향으로 $F(\mathbf{x})$가 최소화되도록 선택한다.

이제 켤레 조건(식 (9.52))을 다시 기술할 수 있다.

$$\alpha_k \mathbf{p}_k^T \mathbf{A} \mathbf{p}_j = \Delta \mathbf{x}_k^T \mathbf{A} \mathbf{p}_j = \Delta \mathbf{g}_k^T \mathbf{p}_j = 0 \qquad k \neq j \tag{9.58}$$

이제 헤시안 행렬을 알 필요가 없다. 켤레 조건을 알고리즘의 연속적인 반복에서의 그레이디언트 변화로 다시 기술할 수 있다. 탐색 방향이 그레이디언트 변화에 직교하면 켤레가 된다.

첫 번째 탐색 방향 $\mathbf{p}_0$는 임의적이고, $\mathbf{p}_1$은 $\Delta \mathbf{g}_0$에 직교하는 임의의 벡터가 될 수 있다. 따라서 켤레 벡터의 집합이 무한히 존재한다. 최대 경사 하강 방향으로 탐색을 시작하는 것이 일반적이다.

$$\mathbf{p}_0 = -\mathbf{g}_0 \tag{9.59}$$

각 반복에서 $\{\Delta \mathbf{g}_0, \Delta \mathbf{g}_1, \dots , \Delta \mathbf{g}_{k-1}\}$에 직교하는 벡터 $\mathbf{p}_k$를 구성한다. 5장에서 설명했던 그람–슈미트 직교화와 비슷한 방법이다. 다음과 같은 형식의 반복으로 단순화될 수 있다([Scal85] 참조).

$$\mathbf{p}_k = -\mathbf{g}_k + \beta_k \mathbf{p}_{k-1} \tag{9.60}$$

스칼라 β_k는 2차 함수에 대해 동일한 결과를 만드는 몇 가지 방법을 사용해 선택할 수 있다. 가장 일반적인 선택([Scal85] 참조)은 헤스테네스^{Hestenes}와 스티펠^{Stiefel}이 정의한 방법이다.

$$\beta_k = \frac{\Delta \mathbf{g}_{k-1}^T \mathbf{g}_k}{\Delta \mathbf{g}_{k-1}^T \mathbf{p}_{k-1}} \tag{9.61}$$

다음은 플레처^{Fletcher}와 리브스^{Reeves}가 정의한 방법이다.

$$\beta_k = \frac{\mathbf{g}_k^T \mathbf{g}_k}{\mathbf{g}_{k-1}^T \mathbf{g}_{k-1}} \tag{9.62}$$

다음은 폴락^{Polak}과 리비에르^{Ribiére}가 정의한 방법이다.

$$\beta_k = \frac{\Delta \mathbf{g}_{k-1}^T \mathbf{g}_k}{\mathbf{g}_{k-1}^T \mathbf{g}_{k-1}} \tag{9.63}$$

켤레 경사법 논의를 요약하면 **켤레 경사법**$^{conjugate\ gradient}$은 다음과 같은 단계로 구성된다.

1. 식 (9.59)에서와 같이 첫 번째 탐색 방향을 그레이디언트의 음수로 선택한다.

2. 식 (9.57)에 따라 탐색 방향으로 함수가 최소화되도록 학습률 α_k를 선택해서 한 단계 진행한다. 12장에서 일반적인 선형 최소화 기법을 논의할 것이다. 2차 함수에 대해 식 (9.31)을 사용할 수 있다.

3. 식 (9.61), 식 (9.62), 식 (9.63)을 이용해 β_k를 계산하고, 식 (9.60)에 따라 그다음 탐색 방향을 선택한다.

4. 알고리즘이 수렴되지 않으면 2단계로 돌아가라.

알고리즘의 성능을 설명하기 위해 선형 최소화를 이용하는 최대 경사 하강법을 보여줄 때 사용했던 예제를 기억해보라.

$$F(\mathbf{x}) = \frac{1}{2} \mathbf{x}^T \begin{bmatrix} 2 & 1 \\ 1 & 2 \end{bmatrix} \mathbf{x} \tag{9.64}$$

다음의 초기 추정으로 시작한다.

$$\mathbf{x}_0 = \begin{bmatrix} 0.8 \\ -0.25 \end{bmatrix} \tag{9.65}$$

함수의 그레이디언트는 다음과 같다.

$$\nabla F(\mathbf{x}) = \begin{bmatrix} 2x_1 + x_2 \\ x_1 + 2x_2 \end{bmatrix} \tag{9.66}$$

최대 경사 하강법과 마찬가지로 첫 번째 탐색 방향은 그레이디언트의 음수다.

$$\mathbf{p}_0 = -\mathbf{g}_0 = -\nabla F(\mathbf{x})^T \big|_{\mathbf{x} = \mathbf{x}_0} = \begin{bmatrix} -1.35 \\ -0.3 \end{bmatrix} \tag{9.67}$$

식 (9.31)에서 첫 번째 반복에 대한 학습률은 다음과 같이 될 것이다.

$$\alpha_0 = -\frac{\begin{bmatrix} 1.35 & 0.3 \end{bmatrix} \begin{bmatrix} -1.35 \\ -0.3 \end{bmatrix}}{\begin{bmatrix} -1.35 & -0.3 \end{bmatrix} \begin{bmatrix} 2 & 1 \\ 1 & 2 \end{bmatrix} \begin{bmatrix} -1.35 \\ -0.3 \end{bmatrix}} = 0.413 \tag{9.68}$$

따라서 켤레 기울기법의 첫 번째 단계는 다음과 같다.

$$\mathbf{x}_1 = \mathbf{x}_0 + \alpha_0 \mathbf{p}_0 = \begin{bmatrix} 0.8 \\ -0.25 \end{bmatrix} + 0.413 \begin{bmatrix} -1.35 \\ -0.3 \end{bmatrix} = \begin{bmatrix} 0.24 \\ -0.37 \end{bmatrix} \tag{9.69}$$

이 결과는 직선을 따라 최소화하는 최대 경사 하강법의 첫 번째 단계와 동일하다.

이제 식 (9.60)으로 두 번째 탐색 방향을 찾자. 그러기 위해 $\mathbf{x}_1$에서 그레이디언트를 구한다.

$$\mathbf{g}_1 = \nabla F(\mathbf{x}) \big|_{\mathbf{x} = \mathbf{x}_1} = \begin{bmatrix} 2 & 1 \\ 1 & 2 \end{bmatrix} \begin{bmatrix} 0.24 \\ -0.37 \end{bmatrix} = \begin{bmatrix} 0.11 \\ -0.5 \end{bmatrix} \tag{9.70}$$

이제 플레처와 리브스의 방법(식 (9.62))을 이용해 β_1을 찾자.

$$\beta_1 = \frac{\mathbf{g}_1^T \mathbf{g}_1}{\mathbf{g}_0^T \mathbf{g}_0} = \frac{\begin{bmatrix} 0.11 & -0.5 \end{bmatrix} \begin{bmatrix} 0.11 \\ -0.5 \end{bmatrix}}{\begin{bmatrix} 1.35 & 0.3 \end{bmatrix} \begin{bmatrix} 1.35 \\ 0.3 \end{bmatrix}} = \frac{0.2621}{1.9125} = 0.137 \qquad (9.71)$$

식 (9.60)으로 두 번째 탐색 방향을 계산한다.

$$\mathbf{p}_1 = -\mathbf{g}_1 + \beta_1 \mathbf{p}_0 = \begin{bmatrix} -0.11 \\ 0.5 \end{bmatrix} + 0.137 \begin{bmatrix} -1.35 \\ -0.3 \end{bmatrix} = \begin{bmatrix} -0.295 \\ 0.459 \end{bmatrix} \qquad (9.72)$$

식 (9.31)에서 두 번째 반복의 학습률은 다음과 같이 될 것이다.

$$\alpha_1 = -\frac{\begin{bmatrix} 0.11 & -0.5 \end{bmatrix} \begin{bmatrix} -0.295 \\ 0.459 \end{bmatrix}}{\begin{bmatrix} -0.295 & 0.459 \end{bmatrix} \begin{bmatrix} 2 & 1 \\ 1 & 2 \end{bmatrix} \begin{bmatrix} -0.295 \\ 0.459 \end{bmatrix}} = \frac{0.262}{0.325} = 0.807 \qquad (9.73)$$

컬레 기울기법의 두 번째 단계는 다음과 같다.

$$\mathbf{x}_2 = \mathbf{x}_1 + \alpha_1 \mathbf{p}_1 = \begin{bmatrix} 0.24 \\ -0.37 \end{bmatrix} + 0.807 \begin{bmatrix} -0.295 \\ 0.459 \end{bmatrix} = \begin{bmatrix} 0 \\ 0 \end{bmatrix} \qquad (9.74)$$

예상대로 (함수가 2차원의 2차 함수이기 때문에) 알고리즘은 두 번 반복해서 정확히 최소로 수렴했으며, 그림 9.10에 그려져 있다. 이 결과를 그림 9.4의 최대 경사 하강 알고리즘과 비교하라. 컬레 경사 알고리즘은 최대 경사 하강법과 같이 직교 탐색 방향을 사용하지 않고 함수의 최소(함수 등고선의 중심)를 지나도록 두 번째 탐색 방향을 조정한다.

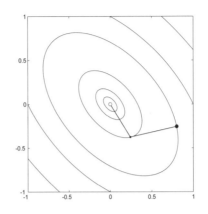

그림 9.10 켤레 경사 알고리즘

12장에서는 켤레 경사 알고리즘을 다시 살펴볼 것이다. 그때는 2차가 아닌 함수에 대한 알고리즘 조정 방법을 살펴볼 것이다.

 켤레 경사 알고리즘을 실험하고 최대 경사 하강법과 비교하려면, 신경망 데모 '방법 비교^{Method} Comparison' **nnd9mc**를 이용하라.

결과 요약

일반적인 최소화 알고리즘

$$\mathbf{x}_{k+1} = \mathbf{x}_k + \alpha_k \mathbf{p}_k$$

또는

$$\Delta \mathbf{x}_k = (\mathbf{x}_{k+1} - \mathbf{x}_k) = \alpha_k \mathbf{p}_k$$

최대 경사 하강 알고리즘

$$\mathbf{x}_{k+1} = \mathbf{x}_k - \alpha_k \mathbf{g}_k$$

$$\text{여기서 } \mathbf{g}_k \equiv \nabla F(\mathbf{x})\big|_{\mathbf{x}=\mathbf{x}_k}$$

안정적인 학습률($\alpha_k = \alpha$, 상수)

$$\alpha < \frac{2}{\lambda_{max}}$$

$\{\lambda_1, \lambda_2, \dots, \lambda_n\}$ 헤시안 행렬 $\mathbf{A}$의 고윳값

직선 $\mathbf{x}_{k+1} = \mathbf{x}_k + \alpha_k \mathbf{p}_k$를 따라 최소화하는 학습률

$$\alpha_k = -\frac{\mathbf{g}_k^T \mathbf{p}_k}{\mathbf{p}_k^T \mathbf{A} \mathbf{p}_k} \quad \text{(2차 함수에 대해)}$$

직선 $\mathbf{x}_{k+1} = \mathbf{x}_k + \alpha_k \mathbf{p}_k$를 따라 최소화한 이후

$$\mathbf{g}_{k+1}^T \mathbf{p}_k = 0$$

뉴턴법

$$\mathbf{x}_{k+1} = \mathbf{x}_k - \mathbf{A}_k^{-1} \mathbf{g}_k$$

$$\text{여기서 } \mathbf{A}_k \equiv \nabla^2 F(\mathbf{x})\big|_{\mathbf{x}=\mathbf{x}_k}$$

켤레 기울기 알고리즘

$$\Delta \mathbf{x}_k = \alpha_k \mathbf{p}_k$$

학습률 α_k는 직선 $\mathbf{x}_{k+1} = \mathbf{x}_k + \alpha_k \mathbf{p}_k$를 따라 최소화되도록 선택된다.

$$\mathbf{p}_0 = -\mathbf{g}_0$$

$$\mathbf{p}_k = -\mathbf{g}_k + \beta_k \mathbf{p}_{k-1}$$

$$\beta_k = \frac{\Delta \mathbf{g}_{k-1}^T \mathbf{g}_k}{\Delta \mathbf{g}_{k-1}^T \mathbf{p}_{k-1}} \quad \text{또는} \quad \beta_k = \frac{\mathbf{g}_k^T \mathbf{g}_k}{\mathbf{g}_{k-1}^T \mathbf{g}_{k-1}} \quad \text{또는} \quad \beta_k = \frac{\Delta \mathbf{g}_{k-1}^T \mathbf{g}_k}{\mathbf{g}_{k-1}^T \mathbf{g}_{k-1}}$$

여기서 $\mathbf{g}_k \equiv \nabla F(\mathbf{x})\big|_{\mathbf{x} = \mathbf{x}_k}$ 그리고 $\Delta \mathbf{g}_k = \mathbf{g}_{k+1} - \mathbf{g}_k$

문제 풀이

P9.1 다음 함수의 최소를 찾으려고 한다.

$$F(\mathbf{x}) = 5x_1^2 - 6x_1 x_2 + 5x_2^2 + 4x_1 + 4x_2$$

(1) 이 함수의 등고선 그래프를 그려라.

(2) 초기 추정이 $\mathbf{x}_0 = \begin{bmatrix} -1 & -2.5 \end{bmatrix}^T$일 때 **(1)**의 등고선에 최대 경사 하강 알고리즘의 궤적을 그려라. 매우 작은 학습률을 사용한다고 가정하라.

(3) 안정적인 최대 학습률은 얼마인가?

(1) 등고선 그래프를 그리기 위해 먼저 헤시안 행렬을 찾을 필요가 있다. 2차 함수의 경우 함수를 표준 형식으로 표현해서 찾을 수 있다(식 (8.35) 참조).

$$F(\mathbf{x}) = \frac{1}{2}\mathbf{x}^T \mathbf{A}\mathbf{x} + \mathbf{d}^T \mathbf{x} + c = \frac{1}{2}\mathbf{x}^T \begin{bmatrix} 10 & -6 \\ -6 & 10 \end{bmatrix} \mathbf{x} + \begin{bmatrix} 4 & 4 \end{bmatrix} \mathbf{x}$$

식 (8.39)로부터 헤시안 행렬은 다음과 같다.

$$\nabla^2 F(\mathbf{x}) = \mathbf{A} = \begin{bmatrix} 10 & -6 \\ -6 & 10 \end{bmatrix}$$

이 행렬의 고윳값과 고유벡터는 다음과 같다.

$$\lambda_1 = 4 \, , \; \mathbf{z}_1 = \begin{bmatrix} 1 \\ 1 \end{bmatrix} \, , \; \lambda_2 = 16 \, , \; \mathbf{z}_2 = \begin{bmatrix} 1 \\ -1 \end{bmatrix}$$

8장의 2차 함수 설명에서 함수 등고선이 타원형이라는 사실을 안다(283페이지 참조). $F(\mathbf{x})$의 최대 곡률은 λ_2가 λ_1보다 크기 때문에 $\mathbf{z}_2$ 방향에 있으며, 최소 곡률은 $\mathbf{z}_1$ 방향(타원형의 장축)에 있다.

다음은 등고선의 중심(임계점)을 찾아야 한다. 임계점은 그레이디언트가 0일 때 존재한다. 식 (8.38)에서 다음 결과를 찾을 수 있다.

$$\nabla F(\mathbf{x}) = \mathbf{A}\mathbf{x} + \mathbf{d} = \begin{bmatrix} 10 & -6 \\ -6 & 10 \end{bmatrix} \mathbf{x} + \begin{bmatrix} 4 \\ 4 \end{bmatrix} = \begin{bmatrix} 0 \\ 0 \end{bmatrix}$$

따라서

$$\mathbf{x}^* = -\begin{bmatrix} 10 & -6 \\ -6 & 10 \end{bmatrix}^{-1} \begin{bmatrix} 4 \\ 4 \end{bmatrix} = \begin{bmatrix} -1 \\ -1 \end{bmatrix}$$

등고선은 $\mathbf{z}_1$ 방향으로 장축을 갖는 $\mathbf{x}^*$가 중심인 타원형일 것이다. 등고선 그래프는 그림 P9.1에 나타난다.

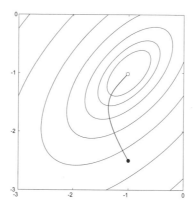

그림 P9.1 문제 P9.1의 등고선 그래프와 최대 경사 하강 궤적

(2) 그레이디언트는 항상 등고선에 직교하므로 충분히 작은 단계로 이동한다면, 최대 경사 하강 궤적이 만나는 각 등고선에 직교하는 경로를 따라갈 것임을 알고 있다. 따라서 계산을 수행하지 않고 궤적을 따라갈 수 있다. 그 결과가 그림 P9.1에 나와 있다.

(3) 식 (9.25)에서 2차 함수의 안정적인 최대 학습률이 헤시안 행렬의 최대 고윳값에 의해 결정된다는 사실을 알고 있다.

$$\alpha < \frac{2}{\lambda_{max}}$$

이 문제의 최대 고윳값은 $\lambda_2 = 16$이므로 안정적인 학습률은 다음과 같다.

$$\alpha < \frac{2}{16} = 0.125$$

이 결과는 그림 P9.2에서 실험적으로 검증됐다. 그림 P9.2는 학습률이 안정적인 최댓값의 바로 아래($\alpha = 0.12$)일 때와 바로 위($\alpha = 0.13$)일 때의 최대 경사 하강 궤적을 보여준다.

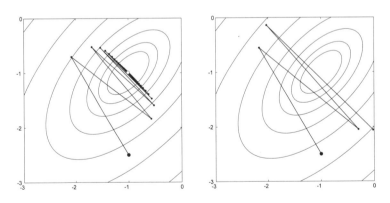

그림 P9.2 (왼쪽) $\alpha = 0.12$인 경우의 궤적과 (오른쪽) $\alpha = 0.13$인 경우의 궤적

P9.2 문제 **P9.1**의 **2차 함수**를 다시 고려하라. 최대 경사 하강 알고리즘의 각 단계에서 직선을 따라 최소화하면서 두 단계를 이동하라. 다음 초기 조건을 이용하라.

$$\mathbf{x}_0 = \begin{bmatrix} 0 & -2 \end{bmatrix}^T$$

문제 P9.1에서 함수의 그레이디언트를 다음과 같이 구했다.

$$\nabla F(\mathbf{x}) = \mathbf{A}\mathbf{x} + \mathbf{d} = \begin{bmatrix} 10 & -6 \\ -6 & 10 \end{bmatrix} \mathbf{x} + \begin{bmatrix} 4 \\ 4 \end{bmatrix}$$

$\mathbf{x}_0$에서 그레이디언트를 계산해보자.

$$\mathbf{g}_0 = \nabla F(\mathbf{x}_0) = \mathbf{A}\mathbf{x}_0 + \mathbf{d} = \begin{bmatrix} 10 & -6 \\ -6 & 10 \end{bmatrix} \begin{bmatrix} 0 \\ -2 \end{bmatrix} + \begin{bmatrix} 4 \\ 4 \end{bmatrix} = \begin{bmatrix} 16 \\ -16 \end{bmatrix}$$

이에 따라 첫 번째 탐색 방향을 구한다.

$$\mathbf{p}_0 = -\mathbf{g}_0 = \begin{bmatrix} -16 \\ 16 \end{bmatrix}$$

식 (9.31)을 이용해 2차 함수를 직선을 따라 최소화한다.

$$\alpha_0 = -\frac{\mathbf{g}_0^T \mathbf{p}_0}{\mathbf{p}_0^T \mathbf{A} \mathbf{p}_0} = -\frac{\begin{bmatrix} 16 & -16 \end{bmatrix} \begin{bmatrix} -16 \\ 16 \end{bmatrix}}{\begin{bmatrix} -16 & 16 \end{bmatrix} \begin{bmatrix} 10 & -6 \\ -6 & 10 \end{bmatrix} \begin{bmatrix} -16 \\ 16 \end{bmatrix}} = -\frac{-512}{8192} = 0.0625$$

따라서 최대 경사 하강법의 첫 번째 반복은 다음과 같이 된다.

$$\mathbf{x}_1 = \mathbf{x}_0 - \alpha_0 \mathbf{g}_0 = \begin{bmatrix} 0 \\ -2 \end{bmatrix} - 0.0625 \begin{bmatrix} 16 \\ -16 \end{bmatrix} = \begin{bmatrix} -1 \\ -1 \end{bmatrix}$$

두 번째 반복을 시작하기 위해 $\mathbf{x}_1$에서 그레이디언트를 구할 필요가 있다.

$$\mathbf{g}_1 = \nabla F(\mathbf{x}_1) = \mathbf{A}\mathbf{x}_1 + \mathbf{d} = \begin{bmatrix} 10 & -6 \\ -6 & 10 \end{bmatrix} \begin{bmatrix} -1 \\ -1 \end{bmatrix} + \begin{bmatrix} 4 \\ 4 \end{bmatrix} = \begin{bmatrix} 0 \\ 0 \end{bmatrix}$$

그 결과 임계점에 도착했다. 알고리즘이 수렴됐다. 문제 P9.1에서 $\mathbf{x}_1$이 실제 이 2차 함수의 최소점임을 알고 있다. 궤적이 그림 P9.3에 나와 있다.

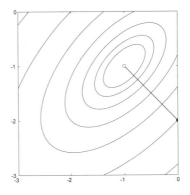

그림 P9.3 문제 P9.2에 대해 선형 최소화를 이용하는 최대 경사 하강법

이 경우는 최대 경사 하강 알고리즘이 1회 반복으로 최소를 찾는 흔치 않은 경우다. 초기 추정이 최소점을 기준으로 헤시안 행렬의 고유벡터 방향에 있었기 때문에 이런 상황이 일어났다는 점을 알아두자. 모든 방향이 고유벡터라면 최대 경사 하강 알고리즘은 항상 1회 반복으로 최소를 찾게 될 것이다. 이것이 헤시안 행렬의 고윳값에 대해 무엇을 의미하는가?

P9.3 선형 신경망에 대한 성능 지표를 유도했던 문제 **P8.6**을 기억해보라. 그림 **P9.4**에 다시 그린 이 네트워크는 다음 입력/출력 쌍에 대해 훈련됐다.

$$\{(p_1 = 2), (t_1 = 0.5)\}, \{(p_2 = -1), (t_2 = 0)\}$$

이 네트워크에 대한 성능 지표는 다음 식으로 정의됐으며 그림 **P8.8**에 그려져 있다.

$$F(\mathbf{x}) = (t_1 - a_1(\mathbf{x}))^2 + (t_2 - a_2(\mathbf{x}))^2$$

(1) 이 네트워크에 대한 최적의 파라미터($\mathbf{x} = \begin{bmatrix} w & b \end{bmatrix}^T$를 기억하라)를 찾기 위해 최대 경사 하강 알고리즘을 이용하되, 초기 추정 $\mathbf{x}_0 = \begin{bmatrix} 1 & 1 \end{bmatrix}^T$에서 시작하라. 학습률 은 $\alpha = 0.05$를 이용하라.

(2) 안정적인 최대 학습률은 얼마인가?

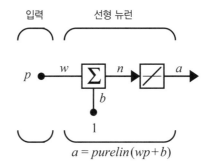

그림 P9.4 문제 P9.3과 P8.6의 선형 네트워크

(1) 문제 P8.6에서 성능 지표가 다음과 같은 2차 형식으로 작성될 수 있음을 알았다.

$$F(\mathbf{x}) = \frac{1}{2}\mathbf{x}^T\mathbf{A}\mathbf{x} + \mathbf{d}^T\mathbf{x} + c$$

여기서

$$c = \mathbf{t}^T\mathbf{t} = \begin{bmatrix} 0.5 & 0 \end{bmatrix}\begin{bmatrix} 0.5 \\ 0 \end{bmatrix} = 0.25$$

$$\mathbf{d} = -2\mathbf{G}^T\mathbf{t} = -2\begin{bmatrix} 2 & -1 \\ 1 & 1 \end{bmatrix}\begin{bmatrix} 0.5 \\ 0 \end{bmatrix} = \begin{bmatrix} -2 \\ -1 \end{bmatrix}$$

$$\mathbf{A} = 2\mathbf{G}^T\mathbf{G} = \begin{bmatrix} 10 & 2 \\ 2 & 4 \end{bmatrix}$$

$\mathbf{x}_0$에서 그레이디언트는 다음과 같다.

$$\mathbf{g}_0 = \nabla F(\mathbf{x}_0) = \mathbf{A}\mathbf{x}_0 + \mathbf{d} = \begin{bmatrix} 10 & 2 \\ 2 & 4 \end{bmatrix} \begin{bmatrix} 1 \\ 1 \end{bmatrix} + \begin{bmatrix} -2 \\ -1 \end{bmatrix} = \begin{bmatrix} 10 \\ 5 \end{bmatrix}$$

최대 경사 하강법의 첫 번째 반복은 다음과 같을 것이다.

$$\mathbf{x}_1 = \mathbf{x}_0 - \alpha\mathbf{g}_0 = \begin{bmatrix} 1 \\ 1 \end{bmatrix} - 0.05\begin{bmatrix} 10 \\ 5 \end{bmatrix} = \begin{bmatrix} 0.5 \\ 0.75 \end{bmatrix}$$

두 번째 반복은 다음과 같이 될 것이다.

$$\mathbf{x}_2 = \mathbf{x}_1 - \alpha\mathbf{g}_1 = \begin{bmatrix} 0.5 \\ 0.75 \end{bmatrix} - 0.05\begin{bmatrix} 4.5 \\ 3 \end{bmatrix} = \begin{bmatrix} 0.275 \\ 0.6 \end{bmatrix}$$

그림 P9.5에는 남은 반복들이 그려져 있다. 알고리즘은 최소점 $\mathbf{x}^* = \begin{bmatrix} 0.167 & 0.167 \end{bmatrix}^T$ 로 수렴한다. 따라서 이 네트워크의 가중치와 편향의 최적값은 0.167이다.

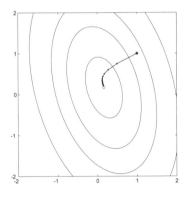

그림 P9.5 문제 P9.3의 최대 경사 하강 궤적($\alpha = 0.05$)

네트워크를 훈련시키려면 모든 입력/출력 쌍을 알아야 한다. 그리고 최대 경사 하강 알고리즘이 수렴될 때까지 반복을 수행한다. 10장에서는 선형 네트워크를 훈런시키기 위해 최대 경사 하강법을 기반으로 하는 적응형 알고리즘^{adaptive algorithm}을 소개할 것이다. 적응형 알고리즘을 사용하면 각 입력/출력 쌍이 제시될 때마다 네트워크 파라미터가 수정된다. 이 알고리즘을 통해 네트워크가 변화된 환경에 적응할 수 있는지 보일 것이다.

(2) 이 문제의 헤시안 행렬의 최대 고윳값은 $\lambda_1 = 10.6$이다(문제 P8.6 참조). 따라서 안정적인 학습률은 다음과 같다.

$$\alpha < \frac{2}{10.6} = 0.1887$$

P9.4 다음 함수를 고려하라.

$$F(\mathbf{x}) = e^{(x_1^2 - x_1 + 2x_2^2 + 4)}$$

초기 추정 $\mathbf{x}_0 = \begin{bmatrix} 1 & -2 \end{bmatrix}^T$에서 뉴턴법을 1회 반복하라. 이 결과가 $F(\mathbf{x})$의 최소점과 얼마나 가까운가? 설명하라.

첫 번째 단계는 그레이디언트와 헤시안 행렬을 구하는 것이다. 그레이디언트는 다음과 같다.

$$\nabla F(\mathbf{x}) = \begin{bmatrix} \dfrac{\partial}{\partial x_1} F(\mathbf{x}) \\[2mm] \dfrac{\partial}{\partial x_2} F(\mathbf{x}) \end{bmatrix} = e^{(x_1^2 - x_1 + 2x_2^2 + 4)} \begin{bmatrix} (2x_1 - 1) \\[2mm] (4x_2) \end{bmatrix}$$

그리고 헤시안 행렬은 다음과 같다.

$$\nabla^2 F(\mathbf{x}) = \begin{bmatrix} \dfrac{\partial^2}{\partial x_1^2} F(\mathbf{x}) & \dfrac{\partial^2}{\partial x_1 \partial x_2} F(\mathbf{x}) \\[3mm] \dfrac{\partial^2}{\partial x_2 \partial x_1} F(\mathbf{x}) & \dfrac{\partial^2}{\partial x_2^2} F(\mathbf{x}) \end{bmatrix}$$

$$= e^{(x_1^2 - x_1 + 2x_2^2 + 4)} \begin{bmatrix} 4x_1^2 - 4x_1 + 3 & (2x_1 - 1)(4x_2) \\ (2x_1 - 1)(4x_2) & 16x_2^2 + 4 \end{bmatrix}$$

초기 추정에서 이들을 계산하면 다음 결과를 얻을 것이다.

$$\mathbf{g}_0 = \nabla F(\mathbf{x})\big|_{\mathbf{x} = \mathbf{x}_0} = \begin{bmatrix} 0.163 \times 10^6 \\ -1.302 \times 10^6 \end{bmatrix}$$

그리고

$$\mathbf{A}_0 = \nabla^2 F(\mathbf{x})\big|_{\mathbf{x} = \mathbf{x}_0} = \begin{bmatrix} 0.049 \times 10^7 & -0.130 \times 10^7 \\ -0.130 \times 10^7 & 1.107 \times 10^7 \end{bmatrix}$$

따라서 식 (9.43)에서 뉴턴법의 첫 번째 반복은 다음과 같이 될 것이다.

$$\mathbf{x}_1 = \mathbf{x}_0 - \mathbf{A}_0^{-1}\mathbf{g}_0 = \begin{bmatrix} 1 \\ -2 \end{bmatrix} - \begin{bmatrix} 0.049 \times 10^7 & -0.130 \times 10^7 \\ -0.130 \times 10^7 & 1.107 \times 10^7 \end{bmatrix}^{-1} \begin{bmatrix} 0.163 \times 10^6 \\ -1.302 \times 10^6 \end{bmatrix} = \begin{bmatrix} 0.971 \\ -1.886 \end{bmatrix}$$

이 값은 $F(\mathbf{x})$의 정확한 최소점에 얼마나 가까운가? 우선 $F(\mathbf{x})$의 지수가 2차 함수라는 점을 주목하라.

$$x_1^2 - x_1 + 2x_2^2 + 4 = \frac{1}{2}\mathbf{x}^T\mathbf{A}\mathbf{x} + \mathbf{d}^T\mathbf{x} + c = \frac{1}{2}\mathbf{x}^T\begin{bmatrix} 2 & 0 \\ 0 & 4 \end{bmatrix}\mathbf{x} + \begin{bmatrix} -1 & 0 \end{bmatrix}\mathbf{x} + 4$$

$F(\mathbf{x})$의 최소점은 지수의 최소점과 같을 것이다.

$$\mathbf{x}^* = -\mathbf{A}^{-1}\mathbf{d} = -\begin{bmatrix} 2 & 0 \\ 0 & 4 \end{bmatrix}^{-1}\begin{bmatrix} -1 \\ 0 \end{bmatrix} = \begin{bmatrix} 0.5 \\ 0 \end{bmatrix}$$

따라서 뉴턴법은 정확한 최소점을 향해 아주 작은 단계를 이동했다. $F(\mathbf{x})$는 $\mathbf{x}_0 =$

$\begin{bmatrix} 1 & -2 \end{bmatrix}^T$의 주변을 2차 함수로 정확히 근사할 수 없기 때문이다.

이 문제의 경우 뉴턴법은 정확한 최소점으로 수렴하지만 많은 반복이 일어날 것이다. 뉴턴법의 궤적은 그림 P9.6에 그려져 있다.

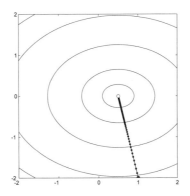

그림 P9.6 문제 P9.4의 뉴턴법 궤적

P9.5 다음 함수에 대해 뉴턴법의 성능과 최대 경사 하강법의 성능을 비교하라.

$$F(\mathbf{x}) = \frac{1}{2}\mathbf{x}^T \begin{bmatrix} 1 & -1 \\ -1 & 1 \end{bmatrix} \mathbf{x}$$

다음 초기 추정에서 출발하라.

$$\mathbf{x}_0 = \begin{bmatrix} 1 \\ 0 \end{bmatrix}$$

이 함수는 정지된 계곡(식 (8.59)와 그림 8.9 참조)의 예제라는 점을 상기하라. 그레이디언트는 다음과 같다.

$$\nabla F(\mathbf{x}) = \mathbf{A}\mathbf{x} + \mathbf{d} = \begin{bmatrix} 1 & -1 \\ -1 & 1 \end{bmatrix} \mathbf{x}$$

헤시안 행렬은 다음과 같다.

$$\nabla^2 F(\mathbf{x}) = \mathbf{A} = \begin{bmatrix} 1 & -1 \\ -1 & 1 \end{bmatrix}$$

뉴턴법은 다음과 같이 주어진다.

$$\mathbf{x}_{k+1} = \mathbf{x}_k - \mathbf{A}_k^{-1} \mathbf{g}_k$$

하지만 헤시안 행렬이 특이 행렬이기 때문에 실제 뉴턴 알고리즘을 수행할 수 없다. 8장에서 이 함수를 설명할 때 이 함수는 강한 최소를 갖지는 않지만 직선 $x_1 = x_2$를 따라 약한 최소를 갖는다는 사실을 알았다.

최대 경사 하강법은 어떠한가? 초기 추정에서 학습률 $\alpha = 0.1$로 시작한다면 처음 2회 반복은 다음과 같을 것이다.

$$\mathbf{x}_1 = \mathbf{x}_0 - \alpha \mathbf{g}_0 = \begin{bmatrix} 1 \\ 0 \end{bmatrix} - 0.1 \begin{bmatrix} 1 \\ -1 \end{bmatrix} = \begin{bmatrix} 0.9 \\ 0.1 \end{bmatrix}$$

$$\mathbf{x}_2 = \mathbf{x}_1 - \alpha \mathbf{g}_1 = \begin{bmatrix} 0.9 \\ 0.1 \end{bmatrix} - 0.1 \begin{bmatrix} 0.8 \\ -0.8 \end{bmatrix} = \begin{bmatrix} 0.82 \\ 0.18 \end{bmatrix}$$

전체 궤적은 그림 P9.7에 나타나 있다. 최대 경사 하강 알고리즘이 뉴턴법보다 잘 수행되는 경우다. 최대 경사 하강법은 최소점(약한 최소)으로 수렴하는 반면, 뉴턴법은 수렴에 실패한다. 12장에서는 특이(또는 거의 특이) 헤시안 행렬의 이런 문제를 극복하기 위해 최대 경사 하강법과 뉴턴법이 결합된 기법을 논의할 것이다.

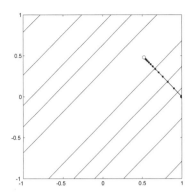

그림 P9.7 문제 P9.5의 최대 경사 하강 궤적($\alpha = 0.1$)

P9.6 다음 함수를 고려하라.

$$F(\mathbf{x}) = x_1^3 + x_1 x_2 - x_1^2 x_2^2$$

(1) 초기 추정 $\mathbf{x}_0 = \begin{bmatrix} 1 & 1 \end{bmatrix}^T$에서 뉴턴법을 **1**회 반복하라.

(2) $\mathbf{x}_0$에서 $F(\mathbf{x})$의 **2**차 테일러 급수를 전개하라. **2**차 함수가 **(1)**에서 찾은 점 $\mathbf{x}_1$에서 최소화되는가? 설명하라.

(1) $F(\mathbf{x})$의 그레이디언트는 다음과 같다.

$$\nabla F(\mathbf{x}) = \begin{bmatrix} \dfrac{\partial}{\partial x_1} F(\mathbf{x}) \\[2mm] \dfrac{\partial}{\partial x_2} F(\mathbf{x}) \end{bmatrix} = \begin{bmatrix} 3x_1^2 + x_2 - 2x_1 x_2^2 \\[2mm] x_1 - 2x_1^2 x_2 \end{bmatrix}$$

그리고 헤시안 행렬은 다음과 같다.

$$\nabla^2 F(\mathbf{x}) = \begin{bmatrix} 6x_1 - 2x_2^2 & 1 - 4x_1 x_2 \\[2mm] 1 - 4x_1 x_2 & -2x_1^2 \end{bmatrix}$$

초기 추정에서 그레이디언트와 헤시안을 계산하면 다음의 결과를 얻게 된다.

$$\mathbf{g}_0 = \nabla F(\mathbf{x})\big|_{\mathbf{x} = \mathbf{x}_0} = \begin{bmatrix} 2 \\ -1 \end{bmatrix}$$

$$\mathbf{A}_0 = \nabla^2 F(\mathbf{x})\big|_{\mathbf{x} = \mathbf{x}_0} = \begin{bmatrix} 4 & -3 \\ -3 & -2 \end{bmatrix}$$

뉴턴법의 첫 번째 반복은 다음과 같다.

$$\mathbf{x}_1 = \mathbf{x}_0 - \mathbf{A}_0^{-1}\mathbf{g}_0 = \begin{bmatrix} 1 \\ 1 \end{bmatrix} - \begin{bmatrix} 4 & -3 \\ -3 & -2 \end{bmatrix}^{-1} \begin{bmatrix} 2 \\ -1 \end{bmatrix} = \begin{bmatrix} 0.5882 \\ 1.1176 \end{bmatrix}$$

(2) 식 (9.40)에서 $\mathbf{x}_0$에 관한 $F(\mathbf{x})$의 2차 테일러 급수 전개는 다음과 같다.

$$F(\mathbf{x}) = F(\mathbf{x}_0 + \Delta\mathbf{x}_0) \approx F(\mathbf{x}_0) + \mathbf{g}_0^T \Delta\mathbf{x}_0 + \frac{1}{2}\Delta\mathbf{x}_0^T \mathbf{A}_0 \Delta\mathbf{x}_0$$

$\mathbf{x}_0$, $\mathbf{g}_0$, $\mathbf{A}_0$를 값으로 대체하면 다음과 같이 된다.

$$F(\mathbf{x}) \approx 1 + \begin{bmatrix} 2 & -1 \end{bmatrix} \left\{ \mathbf{x} - \begin{bmatrix} 1 \\ 1 \end{bmatrix} \right\} + \frac{1}{2} \left\{ \mathbf{x} - \begin{bmatrix} 1 \\ 1 \end{bmatrix} \right\}^T \begin{bmatrix} 4 & -3 \\ -3 & -2 \end{bmatrix} \left\{ \mathbf{x} - \begin{bmatrix} 1 \\ 1 \end{bmatrix} \right\}$$

이 식은 다음과 같이 축소된다.

$$F(\mathbf{x}) \approx -2 + \begin{bmatrix} 1 & 4 \end{bmatrix} \mathbf{x} + \frac{1}{2}\mathbf{x}^T \begin{bmatrix} 4 & -3 \\ -3 & -2 \end{bmatrix} \mathbf{x}$$

이 함수는 $\mathbf{x}_1$에서 임계점을 갖는다. 문제는 임계점이 강한 최소인가 여부다. 헤시안 행렬의 고윳값으로 강한 최소인지 알 수 있다. 두 고윳값이 모두 양수라면 강한 최소다. 두 고윳값이 모두 음수라면 강한 최대다. 두 고윳값이 반대 부호를 갖는다면 안장점이다. 이 경우 $\mathbf{A}_0$의 고윳값은 다음과 같다.

$$\lambda_1 = 5.24 \quad \text{그리고} \quad \lambda_2 = -3.24$$

따라서 $\mathbf{x}_0$에서 $F(\mathbf{x})$의 2차 근사는 $\mathbf{x}_1$이 안장점이기 때문에 $\mathbf{x}_1$에서 최소화되지 않는다. 그림 P9.8은 $F(\mathbf{x})$의 등고선 그래프와 2차 근사를 보여준다.

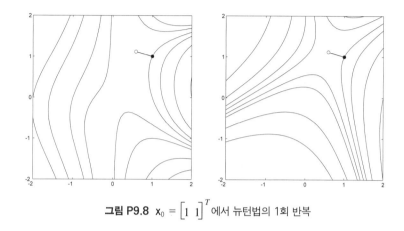

그림 P9.8 $\mathbf{x}_0 = \begin{bmatrix} 1 & 1 \end{bmatrix}^T$에서 뉴턴법의 1회 반복

이런 종류의 문제는 그림 9.8과 그림 9.9에서도 보여주고 있다. 뉴턴법은 현재 추정에서 함수의 2차 근사 임계점을 찾는다. 이 방법은 최소, 최대, 안장점을 구분하지 못한다.

P9.7 **문제 P9.3(1)을 켤레 경사 알고리즘을 이용해 반복하라.**

최소화해야 할 함수는 다음 함수다.

$$F(\mathbf{x}) = 0.25 + \begin{bmatrix} -2 & -1 \end{bmatrix} \mathbf{x} + \frac{1}{2}\mathbf{x}^T \begin{bmatrix} 10 & 2 \\ 2 & 4 \end{bmatrix} \mathbf{x}$$

$\mathbf{x}_0$에서 그레이디언트는 다음과 같다.

$$\mathbf{g}_0 = \nabla F(\mathbf{x}_0) = \mathbf{A}\mathbf{x}_0 + \mathbf{d} = \begin{bmatrix} 10 & 2 \\ 2 & 4 \end{bmatrix}\begin{bmatrix} 1 \\ 1 \end{bmatrix} + \begin{bmatrix} -2 \\ -1 \end{bmatrix} = \begin{bmatrix} 10 \\ 5 \end{bmatrix}$$

이때 첫 번째 탐색 방향은 다음과 같다.

$$\mathbf{p}_0 = -\mathbf{g}_0 = \begin{bmatrix} -10 \\ -5 \end{bmatrix}$$

2차 함수에 대해 직선을 따라 최소화하려면 식 (9.31)을 이용할 수 있다.

$$\alpha_0 = -\frac{\mathbf{g}_0^T \mathbf{p}_0}{\mathbf{p}_0^T \mathbf{A} \mathbf{p}_0} = -\frac{\begin{bmatrix} 10 & 5 \end{bmatrix} \begin{bmatrix} -10 \\ -5 \end{bmatrix}}{\begin{bmatrix} -10 & -5 \end{bmatrix} \begin{bmatrix} 10 & 2 \\ 2 & 4 \end{bmatrix} \begin{bmatrix} -10 \\ -5 \end{bmatrix}} = \frac{-125}{1300} = 0.0962$$

따라서 켤레 경사법의 첫 번째 반복은 다음과 같이 될 것이다.

$$\mathbf{x}_1 = \mathbf{x}_0 + \alpha_0 \mathbf{p}_0 = \begin{bmatrix} 1 \\ 1 \end{bmatrix} + 0.0962 \begin{bmatrix} -10 \\ -5 \end{bmatrix} = \begin{bmatrix} 0.038 \\ 0.519 \end{bmatrix}$$

이제 식 (9.60)에서 두 번째 탐색 방향을 찾아야 한다. 이것은 $\mathbf{x}_1$에서 그레이디언트를 필요로 한다.

$$\mathbf{g}_1 = \nabla F(\mathbf{x})\big|_{\mathbf{x}=\mathbf{x}_1} = \begin{bmatrix} 10 & 2 \\ 2 & 4 \end{bmatrix} \begin{bmatrix} 0.038 \\ 0.519 \end{bmatrix} + \begin{bmatrix} -2 \\ -1 \end{bmatrix} = \begin{bmatrix} -0.577 \\ 1.154 \end{bmatrix}$$

이제 폴락과 리비에르의 방법을 이용해 β_1을 찾을 수 있다(식 (9.63)).

$$\beta_1 = \frac{\Delta \mathbf{g}_0^T \mathbf{g}_1}{\mathbf{g}_0^T \mathbf{g}_0} = \frac{\begin{bmatrix} -10.577 & -3.846 \end{bmatrix} \begin{bmatrix} -0.577 \\ 1.154 \end{bmatrix}}{\begin{bmatrix} 10 & 5 \end{bmatrix} \begin{bmatrix} 10 \\ 5 \end{bmatrix}} = \frac{1.665}{125} = 0.0133$$

(β_1을 계산하는 다른 두 방법도 이 2차 함수에 대해 같은 결과를 생성할 것이다. 시도해보라.) 두 번째 탐색 방향은 식 (9.60)으로 계산된다.

$$\mathbf{p}_1 = -\mathbf{g}_1 + \beta_1 \mathbf{p}_0 = \begin{bmatrix} 0.577 \\ -1.154 \end{bmatrix} + 0.0133 \begin{bmatrix} -10 \\ -5 \end{bmatrix} = \begin{bmatrix} 0.444 \\ -1.220 \end{bmatrix}$$

식 (9.31)에서 두 번째 반복에 대한 학습률은 다음과 같이 될 것이다.

$$\alpha_1 = -\frac{\begin{bmatrix} -0.577 & 1.154 \end{bmatrix} \begin{bmatrix} 0.444 \\ -1.220 \end{bmatrix}}{\begin{bmatrix} 0.444 & -1.220 \end{bmatrix} \begin{bmatrix} 10 & 2 \\ 2 & 4 \end{bmatrix} \begin{bmatrix} 0.444 \\ -1.220 \end{bmatrix}} = \frac{-1.664}{5.758} = 0.2889$$

켤레 경사법의 두 번째 단계는 다음과 같다.

$$\mathbf{x}_2 = \mathbf{x}_1 + \alpha_1 \mathbf{p}_1 = \begin{bmatrix} 0.038 \\ 0.519 \end{bmatrix} + 0.2889 \begin{bmatrix} 0.444 \\ -1.220 \end{bmatrix} = \begin{bmatrix} 0.1667 \\ 0.1667 \end{bmatrix}$$

예상대로 최솟값은 2회 반복으로 도달된다. 궤적이 그림 P9.9에 그려져 있다.

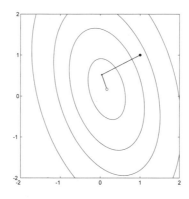

그림 P9.9 문제 P9.7에 대한 켤레 경사법의 궤적

P9.8   **켤레 벡터가 독립임을 보여라.**

헤시안 행렬 $\mathbf{A}$에 대해 켤레인 벡터 집합 $\{\mathbf{p}_0, \mathbf{p}_1, \dots, \mathbf{p}_{n-1}\}$이 있다고 해보자. 이 벡터들이 종속이라면 식 (5.4)에서 이 중 최소 하나는 0이 아닌 상수 집합 $a_0, a_1, \dots, a_{n-1}$

에 대해 다음 식이 참이어야만 한다.

$$\sum_{j=0}^{n-1} a_j \mathbf{p}_j = \mathbf{0}$$

이 식의 양변을 $\mathbf{p}_k^T \mathbf{A}$로 곱한다면 다음과 같은 식을 얻게 된다.

$$\mathbf{p}_k^T \mathbf{A} \sum_{j=0}^{n-1} a_j \mathbf{p}_j = \sum_{j=0}^{n-1} a_j \mathbf{p}_k^T \mathbf{A} \mathbf{p}_j = a_k \mathbf{p}_k^T \mathbf{A} \mathbf{p}_k = 0$$

여기서 두 번째 등식이 식 (9.52)의 켤레 벡터 정의로부터 성립된다. 만일 $\mathbf{A}$가 양의 정부호라면(유일한 강한 최소가 존재한다면), $\mathbf{p}_k^T \mathbf{A} \mathbf{p}_k$는 엄밀히 양수여야만 한다. 이것은 모든 k에 대해 a_k가 0이어야만 한다는 뜻이다. 따라서 켤레 방향은 독립이다.

맺음말

이 장에서는 최대 경사 하강법, 뉴턴법, 켤레 경사법이라는 세 가지 최적화 알고리즘을 소개했다. 이 알고리즘들의 기반은 테일러 급수 전개다. 최대 경사 하강법은 1차 전개를 이용해 유도되는 반면, 뉴턴법과 켤레 경사법은 2차 함수로 설계됐다.

최대 경사 하강법은 그레이디언트만 계산하면 되므로 매우 간단하다는 장점이 있다. 또한 학습률이 충분히 작으면 임계점으로 수렴을 보장한다. 최대 경사 하강법의 단점은 일반적으로 훈련 시간이 여타 알고리즘에 비해 길다는 것이다. 2차 함수의 헤시안 행렬이 넓은 범위의 고윳값을 가질 때 특히 그렇다.

일반적으로 뉴턴법은 최대 경사 하강법보다 매우 빠르다. 2차 함수의 경우 한 번만 반복하면 임계점을 찾는다. 한 가지 단점은 헤시안 행렬과 역행렬을 계산하고 저장해야 한다는 것이다. 또한 뉴턴법의 수렴 속성은 매우 복잡하다. 12장에서 표준 뉴턴 알고리즘의 몇 가지 단점을 극복하는 뉴턴법의 변형을 소개할 것이다.

컬레 경사 알고리즘은 최대 경사 하강법과 뉴턴법 사이를 절충하는 알고리즘이다. 이 방법은 유한 번 반복해서 2차 함수의 최소를 찾을 수 있지만 헤시안 행렬을 계산하고 저장할 필요는 없다. 파라미터가 아주 많아서 헤시안을 계산하고 저장하기가 현실적이지 않은 문제에 매우 적합하다.

이제 신경망을 훈련시키기 위해 이 최적화 알고리즘들을 적용할 것이다. 10장에서는 근사적 최대 경사 하강 알고리즘인 위드로-호프 학습이 선형 네트워크를 훈련시키기 위해 어떻게 사용될 수 있는지 보일 것이다. 11장에서는 다층 네트워크를 훈련시키기 위해 위드로-호프 학습을 일반화할 것이다. 12장에서는 다층 네트워크의 훈련 속도를 높이기 위해 컬레 경사 알고리즘과 뉴턴법의 변형을 사용한다.

참고 문헌

[Batt92]   R. Battiti, "First and Second Order Methods for Learning : Between Steepest Descent and Newton's Method," *Neural Computation*, Vol. 4, No. 2, pp. 141-166, 1992.

이 논문은 1차 미분과 2차 미분을 사용한 제약 조건이 없는 최적화의 최신의 개발사항을 조사했다. 논의된 기법들은 신경망 응용에 가장 적합한 기법들이다.

[Brog91]   W. L. Brogan, *Modern Control Theory*, 3rd Ed., Englewood Cliffs, NJ : Prentice-Hall, 1991.

이 책에서는 선형 시스템의 주제들을 다루고 있다. 이 책의 전반부는 선형 대수에 할애되어 있다. 또한 선형 미분 방정식의 해법과 선형 및 비선형 시스템의 안정성에 대한 내용과, 다수의 문제 풀이도 포함되어 있다.

[Gill81]   P. E. Gill, W. Murray and M. H. Wright, *Practical Optimization*, New York : Academic Press, 1981.

이 책은 제목에서 알 수 있듯이 최적화 알고리즘의 실용적인 구현을 강조한다. 최적화 방법의 동기를 제공하고 알고리즘의 성능에 영향을 미치는 세부 구현사항도 제공한다.

[Himm72]   D. M. Himmelblau, *Applied Nonlinear Programming*, New York: McGraw-Hill, 1972.

비선형 최적화에 관한 종합적인 책이다. 이 책에서는 제약이 있는 최적화 문제와 제약이 없는 최적화 문제를 모두 다룬다. 이 책은 매우 완벽하며, 많은 예제가 상세히 설명되어 있다.

[Scal85]   L. E. Scales, *Introduction to Non-Linear Optimization*, New York: Springer-Verlag, 1985.

주요 최적화 알고리즘을 설명하는 매우 읽기 쉬운 책으로, 이 책은 존재 정리existence theorems 와 수렴의 증명proofs of convergence보다는 최적화 방법을 강조한다. 그림과 예제, 직관적인 설명이 알고리즘과 함께 제시되고 있다. 대부분의 알고리즘에 의사코드pseudo-code도 제시되고 있다.

연습문제

E9.1   문제 P9.1에서 특정 2차 함수에 최대 경사 하강법을 적용할 때 안정적인 최대 학습률을 찾았다. 큰 학습률이 사용되면 알고리즘은 늘 발산하는가, 아니면 여전히 알고리즘의 수렴 조건이 존재하는가?

E9.2   다음 함수의 최소를 찾고자 한다.

$$F(\mathbf{x}) = \frac{1}{2}\mathbf{x}^T \begin{bmatrix} 6 & -2 \\ -2 & 6 \end{bmatrix} \mathbf{x} + \begin{bmatrix} -1 & -1 \end{bmatrix} \mathbf{x}$$

(1) 이 함수의 등고선 그래프를 그려라.

(2) 초기 추정이 $\mathbf{x}_0 = \begin{bmatrix} 0 & 0 \end{bmatrix}^T$라면 (1)의 등고선 그래프에 최대 경사 하강 알고리즘의 궤적을 그려라. 아주 작은 학습률이 사용된다고 가정하라.

(3) 학습률 $\alpha = 0.1$로 최대 경사 하강법을 2회 반복하라.

(4) 안정적인 최대 학습률은 무엇인가?

(5) (2)의 초기 추정에 대한 안정적인 최대 학습률은 무엇인가? (연습문제 E9.1 참조)

(6) 이 문제에 대해 최대 경사 하강 알고리즘을 구현하기 위해 MATLAB M파일을 작성하고, (1)~(5)의 답을 확인하는 데 사용하라.

E9.3 다음과 같은 2차 함수가 있다.

$$F(\mathbf{x}) = x_1^2 + 2x_2^2$$

(1) 아래의 직선을 따라 함수의 최소를 찾아라.

$$\mathbf{x} = \begin{bmatrix} 1 \\ 1 \end{bmatrix} + \alpha \begin{bmatrix} -1 \\ -2 \end{bmatrix}$$

(2) (1)의 최소점에서 $F(\mathbf{x})$의 그레이디언트가 최소화가 일어난 직선에 직교하는지 검증하라.

E9.4 연습문제 E8.3의 함수에 대해 초기 추정 $\mathbf{x}_0 = \begin{bmatrix} 1 & 1 \end{bmatrix}^T$ 에서 시작해서 직선 최소화를 이용하는 최대 경사 하강 알고리즘을 2회 반복하라. MATLAB M파일을 작성해 답변을 확인하라.

E9.5 다음 함수를 고려하라.

$$F(\mathbf{x}) = [1 + (x_1 + x_2 - 5)^2][1 + (3x_1 - 2x_2)^2]$$

(1) 초기 추정 $\mathbf{x}_0 = \begin{bmatrix} 10 & 10 \end{bmatrix}^T$ 에서 시작해 뉴턴법을 반복하라.

(2) 초기 추정 $\mathbf{x}_0 = \begin{bmatrix} 2 & 2 \end{bmatrix}^T$ 에서 시작해 (1)을 반복하라.

(3) 함수의 최소를 찾아서 이 결과를 (1), (2)의 결과와 비교하라.

E9.6 다음 2차 함수를 고려하라.

$$F(\mathbf{x}) = \frac{1}{2}\mathbf{x}^T \begin{bmatrix} 3 & 2 \\ 2 & 0 \end{bmatrix} \mathbf{x} + \begin{bmatrix} 4 & 4 \end{bmatrix} \mathbf{x}$$

(1) $F(\mathbf{x})$에 대한 등고선 그래프를 그려라. 모든 작업을 보여라.

(2) 초기 추정 $\mathbf{x}_0 = \begin{bmatrix} 0 & 0 \end{bmatrix}^T$에서 뉴턴법을 1회 반복하라.

(3) (2)에서 $F(\mathbf{x})$의 최소에 도달했는가? 설명하라.

E9.7 다음 함수를 고려하라.

$$F(\mathbf{x}) = (x_1 + x_2)^4 + 2(x_2 - 1)^2$$

(1) 점 $\mathbf{x}_0 = \begin{bmatrix} -1 & 1 \end{bmatrix}^T$에 관한 함수의 2차 테일러 급수 근사를 찾아라.

(2) 이 점이 최소점인가? 이 점이 1차 및 2차 조건을 만족하는가?

(3) 초기 추정 $\mathbf{x}_0 = \begin{bmatrix} 0.5 & 0 \end{bmatrix}^T$부터 뉴턴법을 1회 반복하라.

E9.8 다음 2차 함수를 고려하라.

$$F(\mathbf{x}) = \frac{1}{2}\mathbf{x}^T \begin{bmatrix} 7 & -9 \\ -9 & -17 \end{bmatrix} \mathbf{x} + \begin{bmatrix} 16 & 8 \end{bmatrix} \mathbf{x}$$

(1) 이 함수에 대한 등고선 그래프를 그려라.

(2) 초기 추정 $\mathbf{x}_0 = \begin{bmatrix} 2 & 2 \end{bmatrix}^T$에서 뉴턴법을 한 단계 수행하라.

(3) (2)의 뉴턴 단계 이후에 함수의 최소에 도달했는가? 설명하라.

(4) (2)의 초기 추정부터 아주 작은 학습률을 사용하는 최대 경사 하강법의 경로를 (1)의 등고선 그래프에서 추적하라. 어떻게 경로를 정했는지 설명하라. 최대 경사 하강법이 (2)에서 찾았던 것과 같은 결과로 결국 수렴하는가? 설명하라.

E9.9 다음 함수를 고려하라.

$$F(\mathbf{x}) = (1 + x_1 + x_2)^2 + \frac{1}{4}x_1^4$$

(1) 점 $\mathbf{x}_0 = \begin{bmatrix} 2 & 2 \end{bmatrix}^T$에서 $F(\mathbf{x})$의 2차 근사를 찾아라.

(2) (1)의 2차 근사의 등고선 그래프를 그려라.

(3) (2)의 초기 조건 $\mathbf{x}_0$에서 함수 $F(\mathbf{x})$에 대해 뉴턴법을 1회 반복하라. (2)의 등고선 그래프에 $\mathbf{x}_0$에서 $\mathbf{x}_1$까지의 경로를 그려라.

(4) (3)에서 $\mathbf{x}_1$이 2차 근사의 강한 최소인가? 원래 함수 $F(\mathbf{x})$의 강한 최소인가? 설명하라.

(5) 뉴턴법이 충분히 반복되면 $F(\mathbf{x})$의 강한 최소에 항상 수렴하는가? 뉴턴법이 $F(\mathbf{x})$ 2차 근사의 강한 최소로 항상 수렴하는가? 답변을 자세히 설명하라.

E9.10 연습문제 E8.5에 제시된 함수를 기억해보라. MATLAB M파일을 작성해서 함수에 대한 최대 경사 하강 알고리즘과 뉴턴법을 구현하라. 다양한 초기 추정에 대해 알고리즘의 성능을 테스트하라.

E9.11 켤레 경사 알고리즘을 이용해 연습문제 E9.4를 반복하라. 세 가지 방법(식 (9.61)~식 (9.63))을 각각 최소 한 번씩 이용하라.

E9.12 다음 문장을 증명하거나 틀렸음을 증명하라.

$\mathbf{p}_1$이 $\mathbf{p}_2$의 켤레이고 $\mathbf{p}_2$가 $\mathbf{p}_3$의 켤레이면, $\mathbf{p}_1$은 $\mathbf{p}_3$의 켤레다.

10

위드로-호프 학습

목표

8장과 9장에서는 네트워크 성능을 최적화하도록 훈련시키는 성능 학습performance learning 에 대한 기초를 다졌다. 10장에서는 단층 선형 신경망에 성능 학습의 원리를 적용하려고 한다.

위드로-호프 학습Widrow-Hoff learning은 성능 지표가 평균 제곱 오차mean square error인 근사적 최대 경사 하강 알고리즘이다. 이 알고리즘은 두 가지 이유로 이번 논의에서 중요하다. 첫째, 많은 신호 처리 응용에서 광범위하게 사용되고 있다. 그중 일부를 이 장에서 설명할 것이다. 둘째, 11장에 제시된 다층 알고리즘을 위한 역전파 알고리즘의 전신이다.

이론과 예제

버나드 위드로Bernard Widrow는 1950년대 후반 프랭크 로젠블랫Frank Rosenblatt이 퍼셉트론 학습 규칙을 개발했던 시기와 거의 같은 시기에 신경망을 연구하기 시작했다. 1960년에 위드로와 그의 대학원생 마르시안 호프Marcian Hoff는 ADALINEADAptive LInear NEuron(적응 선형 뉴런) 네트워크와 LMSLeast Mean Square(최소 평균 제곱) 알고리즘이라고 하는 새로운 학습 규칙을 소개했다.

ADALINE 네트워크는 전달 함수가 하드 리밋이 아닌 선형이라는 점만 제외하면 퍼셉트론과 매우 유사하다. ADALINE과 퍼셉트론은 동일한 근본적인 한계를 갖고 있다. 즉, 선형적으로 분리할 수 있는 문제만 풀 수 있다(3장과 4장에서의 논의를 기억해보라). 하지만 LMS 알고리즘은 퍼셉트론 학습 규칙보다 좀 더 강력하다. 퍼셉트론 규칙은 훈련 패턴을 정확히 분류하는 해로 수렴하도록 보장하지만, 패턴이 결정 경계에 가깝기 때문에 네트워크가 잡음에 민감할 수 있다. LMS 알고리즘은 평균 제곱 오차를 최소화하므로 결정 경계를 훈련 패턴에서 가능한 한 멀리 옮기려고 한다.

LMS 알고리즘은 퍼셉트론 학습 규칙보다 디지털 신호 처리 같은 영역에서 실질적으로 더 많이 활용됐다. 예를 들어, 대부분의 장거리 전화선은 반향 제거를 위해 ADALINE 네트워크를 사용한다. 이런 응용은 이 장의 후반부에서 자세히 설명할 것이다.

LMS 알고리즘은 신호 처리 응용에서 크게 성공했지만 다층 네트워크에 적용하지 못했기 때문에, 위드로는 1960년대 초반에 신경망에 대한 연구를 중단하고 전적으로 적응 신호 처리를 연구하기 시작했다. 그는 1980년대에 신경망 분야로 돌아와 LMS 알고리즘의 후예인 시간 역전파temporal backpropagation를 이용해 적응 제어를 위한 신경망의 사용을 연구하기 시작했다.

ADALINE 네트워크

그림 10.1에 ADALINE 네트워크가 그려져 있다. 이 네트워크는 4장에서 논의했던 퍼셉트론 네트워크와 동일한 기본 구조를 갖고 있다. 유일한 차이점은 ADALINE 네트워크는 선형 전달 함수를 갖는다는 것이다.

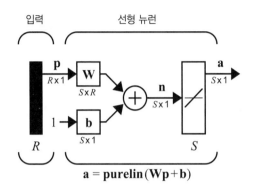

그림 10.1 ADALINE 네트워크

네트워크 출력은 다음 식으로 정해진다.

$$\mathbf{a} \;=\; \mathbf{purelin}(\mathbf{Wp} + \mathbf{b}) \;=\; \mathbf{Wp} + \mathbf{b} \tag{10.1}$$

네트워크 출력 벡터의 i번째 요소는 다음과 같이 작성될 수 있다. 퍼셉트론 네트워크 설명을 기억해보라.

$$a_i \;=\; purelin(n_i) \;=\; purelin({}_i\mathbf{w}^T\mathbf{p} + b_i) \;=\; {}_i\mathbf{w}^T\mathbf{p} + b_i \tag{10.2}$$

여기서 ${}_i\mathbf{w}$는 $\mathbf{W}$의 i번째 행의 요소들로 구성된다.

$$
{}_i\mathbf{w} \;=\;
\begin{bmatrix}
w_{i,1} \\
w_{i,2} \\
\vdots \\
w_{i,R}
\end{bmatrix}
\tag{10.3}
$$

단일 ADALINE

설명이 간단해지도록 입력이 2개인 갖는 단일 ADALINE을 고려해보자. 그림 10.2에 네트워크 다이어그램이 있다.

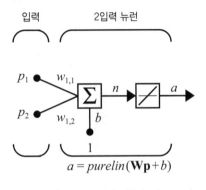

그림 10.2 2입력 선형 뉴런

네트워크 출력은 다음 식으로 정해진다.

$$a = purelin(n) = purelin({}_1\mathbf{w}^T\mathbf{p} + b) = {}_1\mathbf{w}^T\mathbf{p} + b$$

$$= {}_1\mathbf{w}^T\mathbf{p} + b = w_{1,1}p_1 + w_{1,2}p_2 + b \qquad (10.4)$$

퍼셉트론은 결정 경계decision boundary를 가지며, 네트 입력 n이 0이 되는 입력 벡터로 결정된다는 사실을 기억할 것이다. 이제 ADALINE도 그런 경계를 갖는가? 분명히 그렇다. $n = 0$으로 설정하면 그림 10.3에 보이는 것처럼 ${}_1\mathbf{w}^T\mathbf{p} + b = 0$이 그런 직선을 나타낸다.

회색 영역에서 뉴런 출력은 0보다 크다. 흰색 영역에서 뉴런 출력은 0보다 작다. 이제, 이것이 ADALINE에 대해 무엇을 의미하는가? ADALINE이 객체를 두 범주로 분류하는 데 사용될 수 있음을 말한다. 하지만 객체를 선형적으로 분리할 수 있는 경우에만 그럴 수 있다. 이 점에서 ADALINE은 퍼셉트론과 동일한 한계를 갖는다.

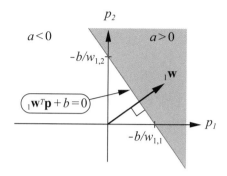

그림 10.3 2입력 ADALINE의 결정 경계

평균 제곱 오차

ADALINE 네트워크의 특징을 관찰했으므로 LMS 알고리즘을 개발할 준비가 됐다. 퍼셉트론 규칙과 마찬가지로 LMS 알고리즘도 지도 훈련의 전형이다. 따라서 적절한 네트워크 행동의 예제 집합이 학습 규칙에 제공된다.

$$\{\mathbf{p}_1, \mathbf{t}_1\}, \{\mathbf{p}_2, \mathbf{t}_2\}, \dots, \{\mathbf{p}_Q, \mathbf{t}_Q\} \tag{10.5}$$

여기서 $\mathbf{p}_q$는 네트워크 입력이고, $\mathbf{t}_q$는 대응되는 목표 출력이다. 각 입력이 네트워크에 적용될 때 네트워크 출력은 목표와 비교된다.

LMS 알고리즘은 ADALINE의 가중치와 편향을 조정해서 평균 제곱 오차를 최소화하려고 할 것이다. 여기서 오차는 목표 출력과 네트워크 출력의 차이다. 이 절에서는 이 성능 지표를 논의하고자 한다. 먼저 단일 뉴런인 경우를 고려해보자.

개발이 단순해지도록, 편향을 포함해서 조정해야 할 모든 파라미터를 하나의 벡터로 묶을 것이다.

$$\mathbf{x} = \begin{bmatrix} {}_1\mathbf{w} \\ b \end{bmatrix} \tag{10.6}$$

비슷하게 편향 입력 '1'을 입력 벡터의 요소로 포함시킨다.

$$\mathbf{z} = \begin{bmatrix} \mathbf{p} \\ 1 \end{bmatrix} \tag{10.7}$$

네트워크 출력은 보통 다음 형식으로 작성된다.

$$a = {}_1\mathbf{w}^T\mathbf{p} + b \tag{10.8}$$

이제 간단히 작성할 수 있다.

$$a = \mathbf{x}^T\mathbf{z} \tag{10.9}$$

평균 제곱 오차 이에 따라, ADALINE 네트워크의 평균 제곱 오차mean square error 식을 편리하게 작성할 수 있게 됐다.

$$F(\mathbf{x}) = E[e^2] = E[(t-a)^2] = E[(t - \mathbf{x}^T\mathbf{z})^2] \tag{10.10}$$

이 식에서는 입력/목표 쌍의 모든 집합에 대해 기댓값을 취한다(여기서는 E를 사용해 기댓값을 나타낸다. 일반화된 기댓값의 정의를 사용하며, 기댓값은 결정 신호deterministic signal의 시간 평균time-average이 된다. [WiSt85] 참조). 이 식을 다음과 같이 전개할 수 있다.

$$
\begin{aligned}
F(\mathbf{x}) &= E[t^2 - 2t\mathbf{x}^T\mathbf{z} + \mathbf{x}^T\mathbf{z}\mathbf{z}^T\mathbf{x}] \\
&= E[t^2] - 2\mathbf{x}^T E[t\mathbf{z}] + \mathbf{x}^T E[\mathbf{z}\mathbf{z}^T]\mathbf{x}
\end{aligned} \tag{10.11}
$$

그리고 다음과 같은 편리한 형식으로 다시 작성할 수 있다.

$$F(\mathbf{x}) = c - 2\mathbf{x}^T\mathbf{h} + \mathbf{x}^T\mathbf{R}\mathbf{x} \tag{10.12}$$

여기서

$$c = E[t^2], \ \mathbf{h} = E[t\mathbf{z}], \ \mathbf{R} = E[\mathbf{z}\mathbf{z}^T] \tag{10.13}$$

여기서 벡터 **h**는 입력 벡터와 목표 사이에 교차 상관cross-correlation을 제공하는 반면, **R**은 입력 상관 행렬correlation matrix이다. 이 행렬의 대각 요소는 입력 벡터 요소들의 제곱의 평균값과 같다.

상관 행렬

식 (10.12)를 주의 깊게 살펴보고, 식 (8.35)에 있는 2차 함수의 일반적인 형식과 비교하라. 여기서 2차 함수의 형식을 다시 반복한다.

$$F(\mathbf{x}) = c + \mathbf{d}^T\mathbf{x} + \frac{1}{2}\mathbf{x}^T\mathbf{A}\mathbf{x} \tag{10.14}$$

ADALINE 네트워크의 평균 제곱 오차 성능 지표는 2차 함수임을 알 수 있다.

$$\mathbf{d} = -2\mathbf{h}, \ \mathbf{A} = 2\mathbf{R} \tag{10.15}$$

이것은 매우 중요한 결과다. 왜냐하면 8장으로부터 2차 함수의 특성이 주로 헤시안 행렬 **A**에 따라 달라진다는 사실을 알고 있기 때문이다. 예를 들어, 헤시안의 고윳값이 모두 양수라면 함수는 유일한 전역 최소를 갖게 될 것이다.

이 경우, 헤시안 행렬은 상관 행렬 **R**의 두 배이며 모든 상관 행렬은 양의 정부호이거나 양의 준정부호라는 사실을 증명할 수 있다. 따라서 음의 고유벡터를 가질 수 없음을 의미한다. 두 가지 가능성이 있다. 상관 행렬이 양의 고윳값만 갖는다면 성능 지표는 유일한 전역 최소를 갖게 될 것이다(그림 8.7 참조). 상관 행렬이 고윳값 0을 갖는다면, 성능 지표는 벡터 **d** = −2**h**를 따라 약한 최소를 갖거나(그림 8.9 참조) 최소가 없을 것이다(문제 P8.7 참조).

이제 성능 지표의 임계점을 찾아보자. 2차 함수의 이전 논의로부터 그레이디언트가 다음과 같다는 것을 알고 있다.

$$\nabla F(\mathbf{x}) = \nabla\left(c + \mathbf{d}^T\mathbf{x} + \frac{1}{2}\mathbf{x}^T\mathbf{A}\mathbf{x}\right) = \mathbf{d} + \mathbf{A}\mathbf{x} = -2\mathbf{h} + 2\mathbf{R}\mathbf{x} \tag{10.16}$$

$F(\mathbf{x})$의 임계점은 그레이디언트가 0이 되도록 설정해서 찾을 수 있다.

$$-2\mathbf{h} + 2\mathbf{R}\mathbf{x} = 0 \tag{10.17}$$

따라서 상관 행렬이 양의 정부호라면 강한 최소가 될 유일한 임계점이 존재한다.

$$\mathbf{x}^* = \mathbf{R}^{-1}\mathbf{h} \tag{10.18}$$

여기서 유일한 해의 존재가 오직 상관 행렬 $\mathbf{R}$에 의해 결정된다는 점을 주목할 필요가 있다. 따라서 입력 벡터의 특성이 유일한 해의 존재 여부를 결정한다.

LMS 알고리즘

이제 성능 지표를 분석했으므로, 다음 단계로 최소점을 찾는 알고리즘을 설계해보자. 만일 통계량 $\mathbf{h}$와 $\mathbf{R}$을 계산할 수 있다면, 식 (10.18)에서 최소점을 직접 구할 수 있을 것이다. 만일 $\mathbf{R}$의 역행렬을 계산하고 싶지 않다면, 식 (10.16)에서 계산된 그레이디언트로 최대 경사 하강 알고리즘을 사용할 수 있다. 일반적으로 $\mathbf{h}$와 $\mathbf{R}$을 계산하는 것은 바람직하지 않거나 편리하지 않다. 이런 이유로 추정된 그레이디언트를 사용하는 근사적 최대 경사 하강 알고리즘을 이용할 것이다.

위드로와 호프의 핵심 통찰력은 다음 식으로 평균 제곱 오차 $F(\mathbf{x})$를 추정했다는 것이다.

$$\hat{F}(\mathbf{x}) = (t(k) - a(k))^2 = e^2(k) \tag{10.19}$$

즉, 오차 제곱의 기댓값이 반복 k에서의 오차 제곱으로 대체됐다. 이때 각 반복에서는 다음 형식의 그레이디언트 추정을 갖게 된다.

$$\hat{\nabla}F(\mathbf{x}) = \nabla e^2(k) \tag{10.20}$$

확률 그레이디언트 이와 같은 그레이디언트를 확률 그레이디언트^{stochastic gradient}라고 한다. 그리고 확률 그레이디언트가 경사 하강 알고리즘에 사용되면 '온라인' 또는 점진적 학습^{incremental learning}이라고 한다. 각 입력이 네트워크에 제시될 때 가중치가 변경되기 때문이다.

$\nabla e^2(k)$의 R개 요소는 네트워크 가중치의 미분이며, $(R+1)$번째 요소는 편향의 미분이

다. 따라서 다음 식을 얻게 된다.

$$[\nabla e^2(k)]_j = \frac{\partial e^2(k)}{\partial w_{1,j}} = 2e(k)\frac{\partial e(k)}{\partial w_{1,j}} \quad (j = 1, 2, \dots, R인 \text{ 경우}) \quad (10.21)$$

그리고

$$[\nabla e^2(k)]_{R+1} = \frac{\partial e^2(k)}{\partial b} = 2e(k)\frac{\partial e(k)}{\partial b} \quad (10.22)$$

이제 식의 마지막 편미분 항을 고려하라. 우선 가중치 $w_{1,j}$에 관한 $e(k)$의 편미분을 계산하라.

$$\frac{\partial e(k)}{\partial w_{1,j}} = \frac{\partial [t(k) - a(k)]}{\partial w_{1,j}} = \frac{\partial}{\partial w_{1,j}}[t(k) - ({}_1\mathbf{w}^T\mathbf{p}(k) + b)]$$

$$= \frac{\partial}{\partial w_{1,j}}\left[t(k) - \left(\sum_{i=1}^{R} w_{1,i}p_i(k) + b\right)\right] \quad (10.23)$$

여기서 $p_i(k)$는 k번째 반복에서 입력 벡터의 i번째 요소다. 이 식은 다음 식으로 간단해진다.

$$\frac{\partial e(k)}{\partial w_{1,j}} = -p_j(k) \quad (10.24)$$

비슷한 방식으로 그레이디언트의 마지막 요소를 얻을 수 있다.

$$\frac{\partial e(k)}{\partial b} = -1 \quad (10.25)$$

$p_i(k)$와 1은 입력 벡터 $\mathbf{z}$의 요소이므로, 반복 k에서 제곱 오차의 그레이디언트는 다음과 같이 작성될 수 있다.

$$\hat{\nabla}F(\mathbf{x}) = \nabla e^2(k) = -2e(k)\mathbf{z}(k) \quad (10.26)$$

이제 이 식에서 식 (10.19)와 같이 반복 k에서 단일 오차로 평균 제곱 오차를 근사하는 아름다움을 볼 수 있다. 이 근사 그레이디언트를 계산하려면 오차를 입력과 곱하기만 하면 된다.

이제 이 $\nabla F(\mathbf{x})$의 근사를 최대 경사 하강 알고리즘에서 사용할 수 있다. 식 (9.10)에서 상수 학습률을 갖는 최대 경사 알고리즘은 다음과 같다.

$$\mathbf{x}_{k+1} = \mathbf{x}_k - \alpha \nabla F(\mathbf{x})\big|_{\mathbf{X} = \mathbf{x}_k} \tag{10.27}$$

식 (10.26)에서 $\nabla F(\mathbf{x})$를 $\hat{\nabla} F(\mathbf{x})$로 대체하면, 다음 식을 얻을 수 있다.

$$\mathbf{x}_{k+1} = \mathbf{x}_k + 2\alpha e(k)\mathbf{z}(k) \tag{10.28}$$

또는

$$_1\mathbf{w}(k+1) = {}_1\mathbf{w}(k) + 2\alpha e(k)\mathbf{p}(k) \tag{10.29}$$

그리고

$$b(k+1) = b(k) + 2\alpha e(k) \tag{10.30}$$

마지막 두 식이 최소 평균 제곱^{LMS} 알고리즘을 구성한다. 또한 LMS 알고리즘은 델타 규칙$^{\text{delta rule}}$ 또는 위드로-호프 학습 알고리즘이라고도 한다.

이 결과는 그림 10.1과 같이 다중 출력을 갖고 그에 따라 다중 뉴런을 갖는 경우를 다루도록 수정될 수 있다. 가중치 행렬의 i번째 행을 변경하려면 다음 식을 사용한다.

$$_i\mathbf{w}(k+1) = {}_i\mathbf{w}(k) + 2\alpha e_i(k)\mathbf{p}(k) \tag{10.31}$$

여기서 $e_i(k)$는 반복 k에서 오차의 i번째 요소다. 편향의 i번째 요소를 변경하려면 다음 식을 사용한다.

$$b_i(k+1) = b_i(k) + 2\alpha e_i(k) \tag{10.32}$$

LMS 알고리즘   LMS 알고리즘은 행렬 표기법으로 편리하게 작성할 수 있다.

$$\mathbf{W}(k+1) = \mathbf{W}(k) + 2\alpha\mathbf{e}(k)\mathbf{p}^T(k) \tag{10.33}$$

그리고

$$\mathbf{b}(k+1) = \mathbf{b}(k) + 2\alpha\mathbf{e}(k) \tag{10.34}$$

오차 $\mathbf{e}$와 편향 $\mathbf{b}$는 이제 벡터라는 점을 유의하라.

수렴 분석

최대 경사 하강 알고리즘의 안정성은 9장에서 살펴봤다. 9장에서 2차 함수에 대한 안정적인 최대 학습률이 $\alpha < 2/\lambda_{max}$라는 사실을 알았다. 여기서 λ_{max}는 헤시안 행렬의 최대 고웃값이다. 이제 근사적 최대 경사 하강법인 LMS 알고리즘의 수렴을 조사하려고 한다. 그 결과가 같음을 알게 될 것이다.

시작을 위해 식 (10.28) LMS 알고리즘에서 $\mathbf{x}_k$는 오직 $\mathbf{z}(k-1)$, $\mathbf{z}(k-2)$, ... , $\mathbf{z}(0)$의 함수라는 점을 알아두자. 연속적인 입력 벡터들이 통계적으로 독립이라고 가정하면, $\mathbf{x}_k$는 $\mathbf{z}(k)$와 독립이다. 이 조건을 만족하는 정상 입력 프로세스^{stationary input process}에서 가중치 벡터의 기댓값이 다음과 같이 수렴한다는 사실을 다음 개발 과정에서 보일 것이다.

$$\mathbf{x}^* = \mathbf{R}^{-1}\mathbf{h} \tag{10.35}$$

이 값은 식 (10.18)에서 봤듯이 최소 평균 제곱 오차 $\{E[e_k^2]\}$의 해다.

LMS 알고리즘을 기억해보라(식 (10.28)).

$$\mathbf{x}_{k+1} = \mathbf{x}_k + 2\alpha e(k)\mathbf{z}(k) \tag{10.36}$$

이제 양변에 기댓값을 취하라.

$$E[\mathbf{x}_{k+1}] = E[\mathbf{x}_k] + 2\alpha E[e(k)\mathbf{z}(k)] \tag{10.37}$$

오차를 $t(k) - \mathbf{x}_k^T \mathbf{z}(k)$로 대체해 다음 식을 제공하라.

$$E[\mathbf{x}_{k+1}] = E[\mathbf{x}_k] + 2\alpha\{E[t(k)\mathbf{z}(k)] - E[(\mathbf{x}_k^T \mathbf{z}(k))\mathbf{z}(k)]\} \qquad (10.38)$$

마지막으로, $\mathbf{x}_k^T \mathbf{z}(k)$를 $\mathbf{z}^T(k)\mathbf{x}_k$로 대체하고 항을 재정렬해 다음 식을 제공하라.

$$E[\mathbf{x}_{k+1}] = E[\mathbf{x}_k] + 2\alpha\{E[t_k \mathbf{z}(k)] - E[(\mathbf{z}(k)\mathbf{z}^T(k))\mathbf{x}_k]\} \qquad (10.39)$$

$\mathbf{x}_k$는 $\mathbf{z}(k)$에 독립이기 때문에 다음 식으로 정리된다.

$$E[\mathbf{x}_{k+1}] = E[\mathbf{x}_k] + 2\alpha\{\mathbf{h} - \mathbf{R}E[\mathbf{x}_k]\} \qquad (10.40)$$

이 식은 다시 다음과 같이 작성될 수 있다.

$$E[\mathbf{x}_{k+1}] = [\mathbf{I} - 2\alpha\mathbf{R}]E[\mathbf{x}_k] + 2\alpha\mathbf{h} \qquad (10.41)$$

이 동적 시스템은 $[\mathbf{I} - 2\alpha\mathbf{R}]$의 모든 고윳값이 단위 원 안에 속한다면 안정적이 될 것이다([Brog91] 참조). λ_i가 $\mathbf{R}$의 고윳값일 때 $[\mathbf{I} - 2\alpha\mathbf{R}]$의 고윳값은 $1 - 2\alpha\lambda_i$가 된다는 사실을 9장에서 기억해보라.

따라서 시스템은 다음과 같이 되면 안정적일 것이다.

$$1 - 2\alpha\lambda_i > -1 \qquad (10.42)$$

$\lambda_i > 0$이기 때문에 $1 - 2\alpha\lambda_i$는 항상 1보다 작다. 따라서 안정성에 대한 조건은 다음과 같다.

$$\alpha < 1/\lambda_i \quad (\text{모든 } i \text{에 대해}) \qquad (10.43)$$

또는

$$0 < \alpha < 1/\lambda_{max} \qquad (10.44)$$

이 조건은 9장에서 최대 경사 하강 알고리즘에 대해 유도했던 조건과 동일하다는 점을 주목하라. 단, 그 경우 헤시안 행렬 $\mathbf{A}$의 고윳값을 사용했었다. 이제 입력 상관 행렬 $\mathbf{R}$의 고윳값을 사용하고 있다($\mathbf{A} = 2\mathbf{R}$임을 상기하라).

안정성에 관한 이 조건이 만족된다면 안정 상태^{steady state}의 해는 다음과 같다.

$$E[\mathbf{x}_{ss}] = [\mathbf{I} - 2\alpha\mathbf{R}]E[\mathbf{x}_{ss}] + 2\alpha\mathbf{h} \tag{10.45}$$

또는

$$E[\mathbf{x}_{ss}] = \mathbf{R}^{-1}\mathbf{h} = \mathbf{x}^* \tag{10.46}$$

따라서 한 번에 하나의 입력 벡터를 적용해 얻은 LMS 해는 식 (10.18)의 최소 제곱 오차의 해와 동일하다.

ADALINE 네트워크와 LMS 알고리즘을 테스트하기 위해 3장에서 논의했던 사과/오렌지 인식 문제를 다시 살펴보자. 단순하게 ADALINE 네트워크는 편향 0을 갖는다고 가정할 것이다.

식 (10.29)의 LMS 가중치 변경 알고리즘은 네트워크 훈련의 각 단계에서 새로운 가중치를 계산하기 위해 사용된다.

$$\mathbf{W}(k+1) = \mathbf{W}(k) + 2\alpha e(k)\mathbf{p}^T(k) \tag{10.47}$$

먼저 안정적인 최대 학습률을 계산해보자. 입력 상관 행렬의 고윳값을 찾으면 최대 학습률을 구할 수 있다. 오렌지와 사과 벡터, 관련 목표는 다음과 같다.

$$\left\{ \mathbf{p}_1 = \begin{bmatrix} 1 \\ -1 \\ -1 \end{bmatrix}, t_1 = \begin{bmatrix} -1 \end{bmatrix} \right\} \qquad \left\{ \mathbf{p}_2 = \begin{bmatrix} 1 \\ 1 \\ -1 \end{bmatrix}, t_2 = \begin{bmatrix} 1 \end{bmatrix} \right\} \tag{10.48}$$

입력 벡터가 동일한 확률로 임의로 생성된다고 가정하면 입력 상관 행렬을 계산할 수 있다.

$$\mathbf{R} = E[\mathbf{p}\mathbf{p}^T] = \frac{1}{2}\mathbf{p}_1\mathbf{p}_1^T + \frac{1}{2}\mathbf{p}_2\mathbf{p}_2^T$$

$$= \frac{1}{2}\begin{bmatrix} 1 \\ -1 \\ -1 \end{bmatrix}\begin{bmatrix} 1 & -1 & -1 \end{bmatrix} + \frac{1}{2}\begin{bmatrix} 1 \\ 1 \\ -1 \end{bmatrix}\begin{bmatrix} 1 & 1 & -1 \end{bmatrix} = \begin{bmatrix} 1 & 0 & -1 \\ 0 & 1 & 0 \\ -1 & 0 & 1 \end{bmatrix} \tag{10.49}$$

$\mathbf{R}$의 고윳값은 다음과 같다.

$$\lambda_1 = 1.0, \qquad \lambda_2 = 0.0, \qquad \lambda_3 = 2.0 \tag{10.50}$$

따라서 안정적인 최대 학습률은 다음과 같다.

$$\alpha < \frac{1}{\lambda_{max}} = \frac{1}{2.0} = 0.5 \tag{10.51}$$

여기서는 보수적으로 $\alpha = 0.2$를 선택할 것이다(실제 응용에서는 $\mathbf{R}$을 계산하는 것이 비현실적이기 때문에 α는 시행착오를 통해 선택된다. 선택을 위한 그 밖의 기법들이 [WiSt85]에 제시되어 있다).

가중치를 모두 0으로 설정해서 시작하고 입력 $\mathbf{p}_1$, $\mathbf{p}_2$, $\mathbf{p}_1$, $\mathbf{p}_2$ 등을 순서대로 적용한다. 이때 각 입력이 제시된 다음 바로 새로운 가중치를 계산할 것이다(입력을 교대로 제시할 필요는 없다. 무작위 순서가 좋을 것이다). 오렌지 $\mathbf{p}_1$을 제시하고 오렌지의 목표 -1을 이용해 다음의 결과를 얻는다.

$$a(0) = \mathbf{W}(0)\mathbf{p}(0) = \mathbf{W}(0)\mathbf{p}_1 = \begin{bmatrix} 0 & 0 & 0 \end{bmatrix} \begin{bmatrix} 1 \\ -1 \\ -1 \end{bmatrix} = 0 \tag{10.52}$$

그리고

$$e(0) = t(0) - a(0) = t_1 - a(0) = -1 - 0 = -1 \tag{10.53}$$

이제 새로운 가중치 행렬을 계산할 수 있다.

$$\mathbf{W}(1) = \mathbf{W}(0) + 2\alpha e(0)\mathbf{p}^T(0)$$

$$= \begin{bmatrix} 0 & 0 & 0 \end{bmatrix} + 2(0.2)(-1)\begin{bmatrix} 1 \\ -1 \\ -1 \end{bmatrix}^T = \begin{bmatrix} -0.4 & 0.4 & 0.4 \end{bmatrix} \tag{10.54}$$

다음은 사과 $\mathbf{p}_2$와 사과의 목표인 1을 제시한다.

$$a(1)= \mathbf{W}(1)\mathbf{p}(1)= \mathbf{W}(1)\mathbf{p}_2= \begin{bmatrix} -0.4 & 0.4 & 0.4 \end{bmatrix} \begin{bmatrix} 1 \\ 1 \\ -1 \end{bmatrix} = -0.4 \qquad (10.55)$$

그리고 오차는 다음과 같다.

$$e(1) = t(1) - a(1)= t_2 - a(1)= 1 - (-0.4)= 1.4 \qquad (10.56)$$

새로운 가중치를 계산한다.

$$\mathbf{W}(2) = \mathbf{W}(1) + 2\alpha e(1)\mathbf{p}^T(1)$$

$$= \begin{bmatrix} -0.4 & 0.4 & 0.4 \end{bmatrix} + 2(0.2)(1.4) \begin{bmatrix} 1 \\ 1 \\ -1 \end{bmatrix}^T = \begin{bmatrix} 0.16 & 0.96 & -0.16 \end{bmatrix} \quad (10.57)$$

다음은 오렌지를 다시 제시한다.

$$a(2)= \mathbf{W}(2)\mathbf{p}(2)= \mathbf{W}(2)\mathbf{p}_1= \begin{bmatrix} 0.16 & 0.96 & -0.16 \end{bmatrix} \begin{bmatrix} 1 \\ -1 \\ -1 \end{bmatrix} = -0.64 \quad (10.58)$$

오차는 다음과 같다.

$$e(2) = t(2) - a(2)= t_1 - a(2)= -1 - (-0.64)= -0.36 \qquad (10.59)$$

새로운 가중치는 다음과 같다.

$$\mathbf{W}(3) = \mathbf{W}(2) + 2\alpha e(2)\mathbf{p}^T(2) = \begin{bmatrix} 0.016 & 1.1040 & -0.0160 \end{bmatrix} \qquad (10.60)$$

이 과정을 계속하면 알고리즘은 다음 값으로 수렴한다.

$$\mathbf{W}(\infty) = \begin{bmatrix} 0 & 1 & 0 \end{bmatrix} \qquad (10.61)$$

이 결과를 4장의 퍼셉트론 학습 규칙의 결과와 비교하라. ADALINE이 사과/오렌지 문제에 대해 3장에서 설계했던 결정 경계와 동일한 결정 경계를 생성했다. 이 경계는 두 참조 패턴 사이 중간에 있다. 퍼셉트론 규칙은 그런 경계를 생성하지 못했다. 퍼셉트론 규칙은 일부 패턴이 경계에 가까이 있더라도 패턴을 정확히 분류하자마자 중지하기 때문이다. LMS 알고리즘은 평균 제곱 오차를 최소화한다. 따라서 알고리즘은 결정 경계를 참조 패턴에서 가능한 한 멀리 옮기려고 한다.

적응 필터링

이 장의 도입부에서 언급했듯이 ADALINE 네트워크는 퍼셉트론 네트워크와 동일한 주요 한계를 갖고 있다. 즉, 선형적으로 분리 가능한 문제만 풀 수 있다. 이런 한계에도 불구하고 ADALINE은 퍼셉트론 네트워크보다 좀 더 광범위하게 사용돼왔다. 사실 ADALINE 네트워크는 실제 응용에서 가장 광범위하게 사용되는 신경망 중의 하나라고 말해도 무방하다. ADALINE의 주요 응용 분야 중 하나가 적응 필터링^{adaptive filtering}으로, 여전히 널리 사용되고 있다. 이 절에서는 적응 필터링을 설명할 것이다.

탭 지연선 ADALINE 네트워크를 적응 필터로 사용하기 위해 새로운 빌딩 블록인 탭 지연선을 소개하려고 한다. 그림 10.4에 출력이 R개인 탭 지연선^{tapped delay line}이 그려져 있다.

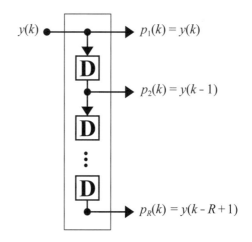

그림 10.4 탭 지연선

입력 신호는 왼쪽에서 들어온다. 탭 지연선의 출력은 R차원의 벡터로, 현재 시간 입력 신호와 1부터 $R - 1$ 시간 단계까지의 지연 입력 신호들로 구성된다.

적응 필터 탭 지연선을 ADALINE 네트워크와 합치면 그림 10.5의 적응 필터$^{\text{adaptive filter}}$를 만들 수 있다. 필터의 출력은 다음과 같다.

$$a(k) = purelin(\mathbf{W}\mathbf{p} + b) = \sum_{i = 1}^{R} w_{1, i}y(k - i + 1) + b \qquad (10.62)$$

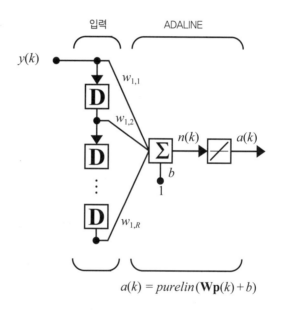

$$a(k) = purelin(\mathbf{W}\mathbf{p}(k) + b)$$

그림 10.5 적응 필터 ADALINE

디지털 신호 처리에 친숙하다면 그림 10.5의 네트워크를 유한 임펄스 응답$^{\text{FIR, finite impulse response}}$ 필터로 인식할 것이다[WiSt85]. 디지털 신호 처리 분야를 검토하는 것은 이 책의 범위를 넘어서지만, 간단하고 실용적인 예제를 통해 적응 필터의 유용함을 설명할 수 있다.

적응 잡음 제거

적응 필터는 새로운 방식으로 다양하게 사용될 수 있다. 다음 예제에서 잡음 제거를 위한 적응 필터를 사용할 것이다. 이 예제는 예상과 다소 다를 수 있기 때문에, 예제를 살펴보기 위해 시간을 조금 투자해야 한다. 예를 들어, 네트워크가 최소화하려는 출력 '오차'는 실제 복구하려는 신호의 근사치다!

어떤 의사가 산만한 대학원생의 뇌전도^{EEG, electroencephalogram}를 검토하려고 할 때, 보려는 신호가 60Hz 잡음 소스로 오염된 상태라는 사실을 안다고 가정하자. 그는 환자를 온라인으로 관찰하는 중이고 가장 좋은 상태로 신호를 보고 싶어 한다. 그림 10.6은 적응 필터가 오염된 신호를 제거하기 위해 어떻게 사용될 수 있는지를 보여준다.

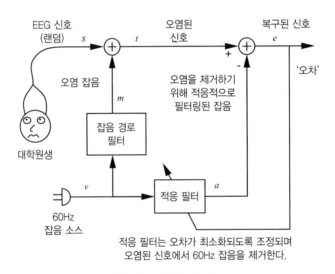

그림 10.6 잡음 제거 시스템

그림에 표시된 것처럼 60Hz 신호 샘플이 적응 필터로 들어가고 '오차' e가 최소화되도록 필터 요소들을 조정한다. 필터의 목표 출력은 오염된 EEG 신호 t이다. 적응 필터는 오염된 신호를 다시 생성하기 위해 최선을 다하지만, 이 필터는 원 잡음 소스 v에 대해서만 알고 있다. 따라서 적응 필터는 v와 선형적으로 상관된 t의 부분인 m만 재생성할 수 있다. 실제 적응 필터는 필터의 출력이 오염 잡음 m과 비슷해지도록 잡음 경로 필터를 모방하려고 할 것이다. 이 방식으로 오차 e는 오염되지 않은 원 EEG 신호 s에 가까워질 것이다.

이 간단한 정현파$^{\text{sine wave}}$ 잡음 소스의 경우는 2개의 가중치와 편향이 없는 뉴런으로 필터를 구현할 수 있다. 필터의 입력은 잡음 소스의 현재 값과 이전 값이다. 2입력 필터는 원하는 방식으로 잡음 v를 감쇠시키고 위상을 이동시킬 수 있다. 그림 10.7에 이 필터가 그려져 있다.

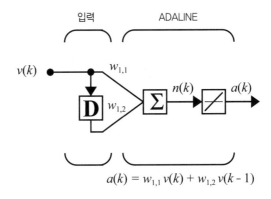

$$a(k) = w_{1,1}\, v(k) + w_{1,2}\, v(k-1)$$

그림 10.7 잡음 제거를 위한 적응 필터

이 시스템을 분석하기 위해 앞 절에서 개발했던 수리 관계를 적용할 수 있다. 먼저 입력 상관 행렬 $\mathbf{R}$과 입력/목표 교차 상관 벡터 $\mathbf{h}$를 구하자.

$$\mathbf{R} = E[\mathbf{z}\mathbf{z}^T], \quad \mathbf{h} = E[t\mathbf{z}] \tag{10.63}$$

이 경우 입력 벡터는 잡음 소스의 현재 값과 이전 값으로 정의된다.

$$\mathbf{z}(k) = \begin{bmatrix} v(k) \\ v(k-1) \end{bmatrix} \tag{10.64}$$

반면 목표는 현재 신호와 필터링된 잡음의 합이다.

$$t(k) = s(k) + m(k) \tag{10.65}$$

이제 $\mathbf{R}$과 $\mathbf{h}$의 식을 확장하면, 다음과 같은 식으로 표현할 수 있다.

$$\mathbf{R} = \begin{bmatrix} E[v^2(k)] & E[v(k)v(k-1)] \\ E[v(k-1)v(k)] & E[v^2(k-1)] \end{bmatrix} \tag{10.66}$$

그리고

$$\mathbf{h} = \begin{bmatrix} E[(s(k) + m(k))v(k)] \\ E[(s(k) + m(k))v(k-1)] \end{bmatrix} \tag{10.67}$$

$\mathbf{R}$과 $\mathbf{h}$에 대한 특정 값을 얻으려면 잡음 신호 v, EEG 신호 s, 필터링된 잡음 m을 정의해야만 한다. 이 문제를 위해 다음 내용을 가정할 것이다. EEG 신호는 값 -0.2와 $+0.2$ 사이에 균일하게 분포된 (어떤 시간 단계가 다음 단계와 상관이 없는) 백색 랜덤 신호이며, (60Hz 정현파로 180Hz로 샘플링된) 잡음 소스는 다음 식으로 주어진다.

$$v(k) = 1.2 \, \sin\left(\frac{2\pi k}{3}\right) \tag{10.68}$$

그리고 EEG를 오염시키는 필터링된 잡음은 잡음 소스를 10배 감쇠하고 위상을 $\pi/2$ 만큼 옮긴 것이다.

$$m(k) = 0.12 \, \sin\left(\frac{2\pi k}{3} + \frac{\pi}{2}\right) \tag{10.69}$$

이제 입력 상관 행렬 $\mathbf{R}$의 요소를 계산하라.

$$E[v^2(k)] = (1.2)^2 \frac{1}{3} \sum_{k=1}^{3} \left(\sin\left(\frac{2\pi k}{3}\right)\right)^2 = (1.2)^2 0.5 = 0.72 \tag{10.70}$$

$$E[v^2(k-1)] = E[v^2(k)] = 0.72 \tag{10.71}$$

$$E[v(k)v(k-1)] = \frac{1}{3}\sum_{k=1}^{3}\left(1.2\ \sin\frac{2\pi k}{3}\right)\left(1.2\ \sin\frac{2\pi(k-1)}{3}\right)$$

$$= (1.2)^2 0.5\cos\left(\frac{2\pi}{3}\right) = -0.36 \tag{10.72}$$

이 식에서 삼각함수 항등식이 사용됐다.

따라서 **R**은 다음과 같다.

$$\mathbf{R} = \begin{bmatrix} 0.72 & -0.36 \\ -0.36 & 0.72 \end{bmatrix} \tag{10.73}$$

h 항도 비슷하게 찾을 수 있다. 먼저 식 (10.67)에 위 항을 고려할 것이다.

$$E[(s(k)+m(k))v(k)] = E[s(k)v(k)] + E[m(k)v(k)] \tag{10.74}$$

여기서 우변의 첫 번째 항은 $s(k)$와 $v(k)$가 독립이고 평균이 0이기 때문에 0이다. 두 번째 항도 0이다.

$$E[m(k)v(k)] = \frac{1}{3}\sum_{k=1}^{3}\left(0.12\ \sin\left(\frac{2\pi k}{3}+\frac{\pi}{2}\right)\right)\left(1.2\sin\frac{2\pi k}{3}\right) = 0 \tag{10.75}$$

따라서 **h**의 첫 번째 요소는 0이다.

다음은 **h**의 두 번째 요소를 고려하라.

$$E[(s(k)+m(k))v(k-1)] = E[s(k)v(k-1)] \\ + E[m(k)v(k-1)] \tag{10.76}$$

h의 첫 번째 요소와 마찬가지로, 우변의 첫 번째 항은 $s(k)$와 $v(k-1)$이 독립이고 평균이 0이기 때문에 0이다. 두 번째 항은 다음과 같이 계산된다.

$$E[m(k)v(k-1)] = \frac{1}{3} \sum_{k=1}^{3} \left(0.12 \, \sin\left(\frac{2\pi k}{3} + \frac{\pi}{2}\right) \right)\left(1.2 \, \sin\frac{2\pi(k-1)}{3} \right)$$

$$= -0.0624 \tag{10.77}$$

따라서 **h**는 다음과 같다.

$$\mathbf{h} = \begin{bmatrix} 0 \\ -0.0624 \end{bmatrix} \tag{10.78}$$

가중치의 최소 평균 제곱 오차의 해는 식 (10.18)로 구할 수 있다.

$$\mathbf{x^*} = \mathbf{R^{-1}h} = \begin{bmatrix} 0.72 & -0.36 \\ -0.36 & 0.72 \end{bmatrix}^{-1} \begin{bmatrix} 0 \\ -0.0624 \end{bmatrix} = \begin{bmatrix} -0.0578 \\ -0.1156 \end{bmatrix} \tag{10.79}$$

이제, 최소 해에서 어떤 종류의 오차가 발생하는가? 이 오차를 찾기 위해 식 (10.12)를 기억해보라.

$$F(\mathbf{x}) = c - 2\mathbf{x}^T\mathbf{h} + \mathbf{x}^T\mathbf{R}\mathbf{x} \tag{10.80}$$

방금 **x***, **h**, **R**을 찾았으므로 c만 찾으면 된다.

$$c = E[t^2(k)] = E[(s(k) + m(k))^2]$$

$$= E[s^2(k)] + 2E[s(k)m(k)] + E[m^2(k)] \tag{10.81}$$

가운데 항은 $s(k)$와 $m(k)$가 독립이고 평균이 0이기 때문에 0이다. 랜덤 신호의 평균 제곱값인 첫 번째 항은 다음과 같이 계산될 수 있다.

$$E[s^2(k)] = \frac{1}{0.4} \int_{-0.2}^{0.2} s^2 ds = \frac{1}{3(0.4)} s^3 \Big|_{-0.2}^{0.2} = 0.0133 \tag{10.82}$$

필터링된 잡음의 평균 제곱값은 다음과 같이 계산된다.

$$E[m^2(k)] = \frac{1}{3} \sum_{k=1}^{3} \left\{ 0.12 \, \sin\left(\frac{2\pi}{3} + \frac{\pi}{2}\right) \right\}^2 = 0.0072 \tag{10.83}$$

따라서 c를 구해보면 다음과 같다.

$$c = 0.0133 + 0.0072 = 0.0205 \tag{10.84}$$

식 (10.80)으로 $\mathbf{x}^*$, $\mathbf{h}$, $\mathbf{R}$을 대입하면 최소 평균 제곱 오차는 다음과 같이 구할 수 있다.

$$F(\mathbf{x}^*) = 0.0205 - 2(0.0072) + 0.0072 = 0.0133 \tag{10.85}$$

최소 평균 제곱 오차는 EEG 신호의 제곱의 평균값과 같다. 적응 잡음 제거기의 '오차'는 실제 재구성된 EEG 신호이기 때문에 이 결과는 우리가 기대했던 것이다.

그림 10.8은 가중치 공간에서 학습률이 $\alpha = 0.1$인 LMS 알고리즘의 궤적을 보여준다. 이 시뮬레이션에서 시스템 가중치 $w_{1,1}$과 $w_{1,2}$는 각각 0과 −2로 임의로 초기화됐다. LMS 궤적이 최대 경사 하강법의 잡음이 있는 버전과 같다는 사실을 이 그림에서 알 수 있을 것이다.

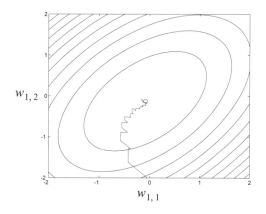

그림 10.8 $\alpha = 0.1$에 대한 LMS 궤적

이 그림의 등고선은 헤시안 행렬($\mathbf{A} = 2\mathbf{R}$)의 고윳값과 고유벡터를 반영한다.

$$\lambda_1 = 2.16 \,,\ \mathbf{z}_1 = \begin{bmatrix} -0.7071 \\ 0.7071 \end{bmatrix} ,\ \lambda_2 = 0.72 \,,\ \mathbf{z}_2 = \begin{bmatrix} -0.7071 \\ -0.7071 \end{bmatrix} \tag{10.86}$$

(헤시안 행렬의 고유 시스템에 대한 8장의 설명을 다시 참고하라.)

학습률이 낮아진다면 LMS 궤적은 그림 10.8에 보이는 것보다 더 부드럽겠지만 학습은 더 천천히 진행된다. 학습률이 높아진다면 궤적은 더 들쑥날쑥하고 진동하게 된다. 이 장의 도입부에서 언급했듯이, 실제 학습률이 너무 증가되면 시스템은 전혀 수렴하지 못한다. 안정적인 최대 학습률은 $\alpha < 2/2.16 = 0.926$이다.

잡음 제거기의 성능을 판단하려면 그림 10.9를 고려하라. 이 그림은 필터가 잡음을 제거하기 위해 어떻게 적응하는지 보여준다. 상단 그래프는 복구된 EEG 신호와 원 EEG 신호를 보여준다. 처음에는 복구된 신호가 원 EEG 신호를 잘 근사하지 못한다. 필터가 합리적으로 복구된 신호를 제공하도록 조정되는 데 약 0.2초의 시간이 걸린다. 실험 후반에 원 신호와 복구된 신호 간의 평균 제곱 차는 0.002이다. 이 값은 신호의 평균 제곱값인 0.0133에 비해 손색이 없다. 원 신호와 복구된 신호 간의 차는 하단 그래프에 나타나 있다.

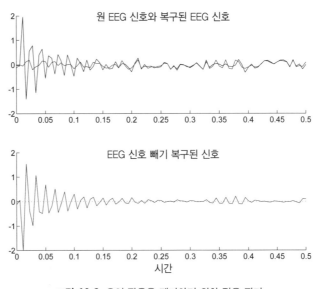

그림 10.9 오염 잡음을 제거하기 위한 적응 필터

오차가 왜 0이 되지 않는지 궁금할 수 있다. LMS 알고리즘은 근사적 최대 경사 하강법이기 때문이다. 이 방법은 가중치를 변경하기 위해 실제 그레이디언트가 아니라 그

레이디언트 추정을 사용한다. 그레이디언트 추정은 실제 그레이디언트의 잡음이 있는 버전이다. 따라서 평균 제곱 오차가 최소점에 있더라도 가중치가 계속 조금씩 변하게 한다. 그림 10.8에서 이 영향을 확인할 수 있다.

 적응 잡음 제거 필터를 사용해 실험하려면, MATLAB® 신경망 설계 데모 '적응 잡음 제거 Adaptive Noise Cancellation' **nnd10nc**를 사용하라. 좀 더 복잡한 잡음 소스와 실제 EEG 데이터는 데모 '뇌전도 잡음 제거Electroencephalogram Noise Cancellation' **nnd10eeg**에서 사용된다.

반향 제거

적응 잡음 제거의 매우 중요하고 실용적인 또 다른 응용은 반향 제거다. 장거리 회선과 고객의 지역 회선 사이에 교차점을 형성하는 '하이브리드' 장치에서의 임피던스 부정합impedance mismatch 때문에 장거리 전화 회선에서 보통 반향이 생긴다. 국제 전화를 할 때 반향을 경험했을 것이다.

그림 10.10은 적응 잡음 제거 필터가 반향을 줄이는 데 어떻게 사용될 수 있는지를 보여준다[WiWi85]. 장거리 회선 끝에서 들어오는 신호는 하이브리드 장치뿐만 아니라 적응 필터에도 보내진다. 필터의 목표 출력은 하이브리드 출력이다. 이에 따라 필터는 입력 신호와 상관되어 있는 하이브리드 출력의 일부인 반향을 제거하려고 한다.

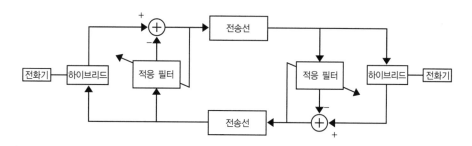

그림 10.10 반향 제거 시스템

결과 요약

ADALINE

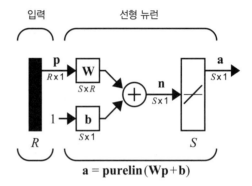

입력   선형 뉴런

$$\mathbf{a} = \mathbf{purelin}(\mathbf{Wp+b})$$

평균 제곱 오차

$$F(\mathbf{x}) = E[e^2] = E[(t-a)^2] = E[(t-\mathbf{x}^T\mathbf{z})^2]$$

$$F(\mathbf{x}) = c - 2\mathbf{x}^T\mathbf{h} + \mathbf{x}^T\mathbf{R}\mathbf{x}$$

여기서 $c = E[t^2]$, $\mathbf{h} = E[t\mathbf{z}]$, $\mathbf{R} = E[\mathbf{z}\mathbf{z}^T]$

유일한 최소가 존재한다면 $\mathbf{x}^* = \mathbf{R}^{-1}\mathbf{h}$ 이다.

여기서 $\mathbf{x} = \begin{bmatrix} {}_1\mathbf{w} \\ b \end{bmatrix}$, $\mathbf{z} = \begin{bmatrix} \mathbf{p} \\ 1 \end{bmatrix}$

LMS 알고리즘

$$\mathbf{W}(k+1) = \mathbf{W}(k) + 2\alpha\mathbf{e}(k)\mathbf{p}^T(k)$$

$$\mathbf{b}(k+1) = \mathbf{b}(k) + 2\alpha\mathbf{e}(k)$$

수렴점

$$\mathbf{x}^* = \mathbf{R}^{-1}\mathbf{h}$$

안정적인 학습률

$$0 < \alpha < 1/\lambda_{max}$$

여기서 λ_{max}는 $\mathbf{R}$의 최대 고윳값

탭 지연선

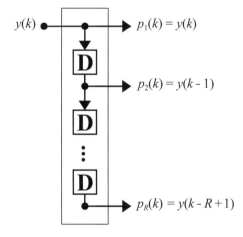

적응 필터 ADALINE

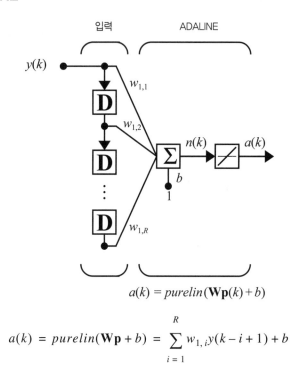

$$a(k) = purelin(\mathbf{W}\mathbf{p}(k) + b)$$

$$a(k) = purelin(\mathbf{W}\mathbf{p} + b) = \sum_{i=1}^{R} w_{1,i} y(k - i + 1) + b$$

문제 풀이

P10.1 그림 **P10.1**에 있는 **ADALINE** 필터를 고려하라.

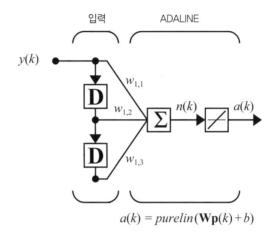

$$a(k) = purelin(\mathbf{W}\mathbf{p}(k) + b)$$

그림 P10.1 ADALINE 필터

가중치와 입력 열을 다음과 같이 가정하라.

$$w_{1,1} = 2, \quad w_{1,2} = -1, \quad w_{1,3} = 3$$

$$\{y(k)\} = \{\dots, 0, 0, 0, 5, -4, 0, 0, 0, \dots\}$$

여기서 $y(0) = 5$, $y(1) = -4$ 등의 순서다.

   (1) $k = 0$ 바로 이전에 필터의 출력은 무엇인가?

   (2) $k = 0$에서 $k = 5$까지 필터의 출력은 무엇인가?

   (3) $y(0)$은 얼마나 오래 출력에 기여하는가?

(1) $k = 0$ 바로 이전에는 필터로 3개의 0이 들어갔고 출력은 0이다.

(2) $k = 0$에서 숫자 '5'가 필터에 입력됐고 값이 2인 $w_{1,1}$과 곱해질 것이므로 $a(0) = 10$ 이 된다. 이 과정을 행렬 연산으로 보여줄 수 있다.

$$a(0) = \mathbf{W}\mathbf{p}(0) = \begin{bmatrix} w_{1,1} & w_{1,2} & w_{1,3} \end{bmatrix} \begin{bmatrix} y(0) \\ y(-1) \\ y(-2) \end{bmatrix} = \begin{bmatrix} 2 & -1 & 3 \end{bmatrix} \begin{bmatrix} 5 \\ 0 \\ 0 \end{bmatrix} = 10$$

마찬가지로, 그다음 출력도 계산할 수 있다.

$$a(1) = \mathbf{W}\mathbf{p}(1) = \begin{bmatrix} 2 & -1 & 3 \end{bmatrix} \begin{bmatrix} -4 \\ 5 \\ 0 \end{bmatrix} = -13$$

$$a(2) = \mathbf{W}\mathbf{p}(2) = \begin{bmatrix} 2 & -1 & 3 \end{bmatrix} \begin{bmatrix} 0 \\ -4 \\ 5 \end{bmatrix} = 19$$

$$a(3) = \mathbf{W}\mathbf{p}(3) = \begin{bmatrix} 2 & -1 & 3 \end{bmatrix} \begin{bmatrix} 0 \\ 0 \\ -4 \end{bmatrix} = -12, \quad a(4) = \mathbf{W}\mathbf{p}(4) = \begin{bmatrix} 2 & -1 & 3 \end{bmatrix} \begin{bmatrix} 0 \\ 0 \\ 0 \end{bmatrix} = 0$$

남은 출력은 모두 0이 될 것이다.

(3) $y(0)$의 영향이 $k = 0$에서 $k = 2$까지 지속되기 때문에 세 번에 걸쳐 영향을 미친다. 이 길이는 필터의 임펄스 응답 길이에 해당한다.

P10.2 다양한 범주의 입력 벡터를 구분하는 **ADALINE** 네트워크를 설계하려고 한다. 아래 나열된 범주에 대해 먼저 시도해보자.

$$\text{범주 I: } \mathbf{p}_1 = \begin{bmatrix} 1 & 1 \end{bmatrix}^T, \ \mathbf{p}_2 = \begin{bmatrix} -1 & -1 \end{bmatrix}^T$$

$$\text{범주 II: } \mathbf{p}_3 = \begin{bmatrix} 2 & 2 \end{bmatrix}^T$$

(1) 이와 같이 구분할 수 있는 **ADALINE** 네트워크를 설계할 수 있는가?

(2) **(1)**의 답변이 '예'라면 어떤 가중치 집합과 편향을 사용할 수 있는가?

다음은 다른 범주를 고려해보라.

$$\text{범주 III: } \mathbf{p}_1 = \begin{bmatrix} 1 & 1 \end{bmatrix}^T, \quad \mathbf{p}_2 = \begin{bmatrix} 1 & -1 \end{bmatrix}^T$$

$$\text{범주 IV: } \mathbf{p}_3 = \begin{bmatrix} 1 & 0 \end{bmatrix}^T$$

(3) 이와 같이 구분할 수 있는 ADALINE 네트워크를 설계할 수 있는가?

(4) (3)의 답변이 '예'라면 어떤 가중치 집합과 편향을 사용할 수 있는가?

(1) 입력 벡터가 그림 P10.2에 그려져 있다.

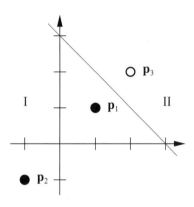

그림 P10.2 문제 P10.1(1)의 입력 벡터

이 그림의 회색 직선은 두 범주를 훌륭하게 분리하는 결정 경계다. 이 범주들은 선형적으로 분리 가능하기 때문에, ADALINE 네트워크는 두 범주를 잘 분리할 것이다.

(2) 결정 경계가 점 (3, 0)과 (0, 3)을 통과한다. 두 점이 절편 $-b/w_{1,1}$과 $-b/w_{1,2}$임을 알고 있다. 따라서 다음의 해는 적절하다.

$$b = 3, \, w_{1,1} = -1, \, w_{1,2} = -1$$

ADALINE의 출력이 양수이거나 0이면 입력 벡터는 범주 I로 분류되며, 출력이 음수이면 입력 벡터는 범주 II로 분류된다. 그리고 결정 경계가 $\mathbf{p}_1$과 $\mathbf{p}_3$ 사이의 직선을 이등분하기 때문에 오류를 잘 대비하는 해라고 볼 수 있다.

(3) 그림 P10.3에 구분해야 할 입력 벡터가 나타나 있다. 그림에서 벡터는 선형적으로 분리할 수 없기 때문에, ADALINE 네트워크는 이들을 구분할 수 없다.

(4) (3)에 언급된 것처럼 ADALINE은 입력 벡터를 구분할 수 없으며 적절한 가중치와 편향값이 없다.

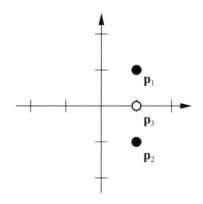

그림 P10.3 문제 P10.1(3)의 입력 벡터

P10.3　다음의 입력/출력 쌍을 갖는다고 가정하자.

$$\left\{ \mathbf{p}_1 = \begin{bmatrix} 1 \\ 1 \end{bmatrix}, t_1 = 1 \right\}, \left\{ \mathbf{p}_2 = \begin{bmatrix} 1 \\ -1 \end{bmatrix}, t_2 = -1 \right\}$$

이 패턴은 같은 확률로 발생하며 편향이 없는 **ADALINE** 네트워크를 훈련시키는 데 사용된다. 평균 제곱 오차의 성능 표면은 어떻게 생겼는가?

우선 2차 함수의 항들을 계산해야 한다. 식 (10.11)에서 성능 지표는 다음과 같이 작성될 수 있었다.

$$F(\mathbf{x}) = c - 2\mathbf{x}^T\mathbf{h} + \mathbf{x}^T\mathbf{R}\mathbf{x}$$

이에 따라 c, $\mathbf{h}$, $\mathbf{R}$을 계산해보자.

각 입력의 발생 확률은 0.5이므로 각 목표의 확률도 0.5이다. 따라서 목표 제곱의 기댓값은 다음과 같다.

$$c = E[t^2] = (1)^2(0.5) + (-1)^2(0.5) = 1$$

비슷한 방식으로 입력과 출력 사이의 교차 상관은 다음과 같이 계산될 수 있다.

$$\mathbf{h} = E[t\mathbf{z}] = (0.5)(1)\begin{bmatrix} 1 \\ 1 \end{bmatrix} + (0.5)(-1)\begin{bmatrix} 1 \\ -1 \end{bmatrix} = \begin{bmatrix} 0 \\ 1 \end{bmatrix}$$

마지막으로, 입력 상관 행렬 $\mathbf{R}$은 다음과 같다.

$$\mathbf{R} = E[\mathbf{z}\mathbf{z}^T] = \mathbf{p}_1\mathbf{p}_1^T(0.5) + \mathbf{p}_2\mathbf{p}_2^T(0.5)$$

$$= (0.5)\left[\begin{bmatrix} 1 \\ 1 \end{bmatrix}\begin{bmatrix} 1 & 1 \end{bmatrix} + \begin{bmatrix} 1 \\ -1 \end{bmatrix}\begin{bmatrix} 1 & -1 \end{bmatrix} \right] = \begin{bmatrix} 1 & 0 \\ 0 & 1 \end{bmatrix}$$

따라서 평균 제곱 오차 성능 지표는 다음과 같다.

$$F(\mathbf{x}) = c - 2\mathbf{x}^T\mathbf{h} + \mathbf{x}^T\mathbf{R}\mathbf{x}$$

$$= 1 - 2\begin{bmatrix} w_{1,1} & w_{1,2} \end{bmatrix}\begin{bmatrix} 0 \\ 1 \end{bmatrix} + \begin{bmatrix} w_{1,1} & w_{1,2} \end{bmatrix}\begin{bmatrix} 1 & 0 \\ 0 & 1 \end{bmatrix}\begin{bmatrix} w_{1,1} \\ w_{1,2} \end{bmatrix}$$

$$= 1 - 2w_{1,2} + w_{1,1}^2 + w_{1,2}^2$$

$F(\mathbf{x})$의 헤시안 행렬은 $2\mathbf{R}$과 같으며 두 고윳값이 2이다. 따라서 성능 지표의 등고선은 원형이 될 것이다. 등고선의 중심(최소점)을 찾으려면 식 (10.18)을 풀어야 한다.

$$\mathbf{x}^* = \mathbf{R}^{-1}\mathbf{h} = \begin{bmatrix} 1 & 0 \\ 0 & 1 \end{bmatrix}^{-1}\begin{bmatrix} 0 \\ 1 \end{bmatrix} = \begin{bmatrix} 0 \\ 1 \end{bmatrix}$$

이에 따라 $w_{1,1} = 0$, $w_{1,2} = 1$에서 최소를 갖는다. 생성된 평균 제곱 오차의 성능 표면은 그림 P10.4에 그려져 있다.

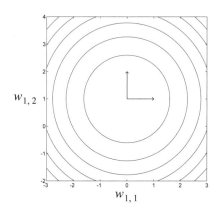

그림 P10.4 문제 P10.3의 $F(\mathbf{x})$ 등고선 그래프

P10.4 문제 **P10.3**의 시스템을 다시 고려하라. 초기 추정이 0이고 학습률이 $\alpha = 0.25$인 **LMS** 알고리즘을 이용해 네트워크를 훈련시켜라. 훈련에는 참조 패턴을 한 번씩만 적용하라. 각 단계에서 결정 경계를 그려라.

먼저 입력 벡터 $\mathbf{p}_1$이 제시된다고 가정하라. 출력과 오차, 가중치는 다음과 같이 계산된다.

$$a(0) = purelin\left[\begin{bmatrix} 0 & 0 \end{bmatrix}\begin{bmatrix} 1 \\ 1 \end{bmatrix}\right] = 0$$

$$e(0) = t(0) - a(0) = 1 - 0 = 1$$

$$\mathbf{W}(1) = \mathbf{W}(0) + 2\alpha e(0)\mathbf{p}(0)^T = \begin{bmatrix} 0 & 0 \end{bmatrix} + 2\left(\frac{1}{4}\right)(1)\begin{bmatrix} 1 & 1 \end{bmatrix} = \begin{bmatrix} \frac{1}{2} & \frac{1}{2} \end{bmatrix}$$

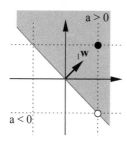

위의 그림에 가중치와 관련된 결정 경계가 표시되어 있다. 이제 두 번째 입력 벡터를 적용하라.

$$a(1) = purelin\left\{\begin{bmatrix} \frac{1}{2} & \frac{1}{2} \end{bmatrix}\begin{bmatrix} 1 \\ -1 \end{bmatrix}\right\} = 0$$

$$e(1) = t(1) - a(1) = -1 - 0 = -1$$

$$\mathbf{W}(2) = \mathbf{W}(1) + 2\alpha e(1)\mathbf{p}(1)^T = \begin{bmatrix} \frac{1}{2} & \frac{1}{2} \end{bmatrix} + 2\left(\frac{1}{4}\right)(-1)\begin{bmatrix} 1 & -1 \end{bmatrix} = \begin{bmatrix} 0 & 1 \end{bmatrix}$$

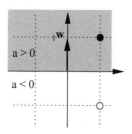

위의 그림에 이들 가중치와 관련된 결정 경계가 보인다. 이 경계는 실제 경계일 가능성을 보여준다. 두 입력 벡터의 정확히 중간에 있다. 입력 벡터가 적용될 때마다 정확한 목표를 산출하는지 스스로 검증할 수 있을 것이다(두 입력 벡터의 목표가 서로 바뀌면 어떤 가중치 집합이 최적인가?).

P10.5 이제 문제 **P10.3**과 **P10.4**의 시스템 수렴을 생각하라. **LMS** 알고리즘의 안정적인 최대 학습률은 얼마인가?

LMS의 수렴은 학습률로 결정된다. 학습률은 **R**의 최대 고윳값의 역수를 넘지 말아야 한다. MATLAB으로 고윳값을 찾아서 한계를 정할 수 있다.

```
[V,D] = eig (R)
V =
        1       0
        0       1
D=
        1       0
        0       1
```

행렬 D의 대각 항은 고윳값 1, 1을 제공하며, 행렬 V의 열은 고유벡터를 나타낸다. 고유벡터는 그림 P10.4의 고유벡터와 같은 방향이다.

최대 고윳값 $\lambda_{max} = 1$로 학습률의 상한이 설정된다.

$$\alpha < 1/\lambda_{max} = 1/1 = 1$$

이전 문제에서 학습률은 0.25였고 LMS 알고리즘이 빠르게 수렴됐다. 학습률이 1.0 이상이면 어떤 일이 일어날지 상상해보라.

P10.6 그림 **P10.5**의 적응 필터 **ADALINE**을 고려하라. 이 필터의 목적은 입력 신호의 이전 두 값에서 다음의 값을 예측하는 것이다. 입력 신호는 다음 자기 상관 함수를 사용하는 정상 랜덤 프로세스stationary random process다.

$$C_y(n) = E[y(k)y(k+n)]$$

$$C_y(0) = 3 \, , \, C_y(1) = -1 \, , \, C_y(2) = -1$$

(1) 성능 지표(평균 제곱 오차)의 등고선 그래프를 그려라.

(2) LMS 알고리즘의 안정적인 최대 학습률(α)은 얼마인가?

(3) 학습률 α에 아주 작은 값을 사용한다고 가정하라. 초기 추정치 $\mathbf{W}(0) = \begin{bmatrix} 0.75 & 0 \end{bmatrix}^T$로 시작하는 LMS 알고리즘의 가중치 경로를 그려라. 경로를 그리기 위한 과정을 설명하라.

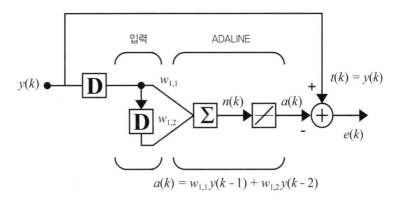

$$a(k) = w_{1,1} y(k-1) + w_{1,2} y(k-2)$$

그림 P10.5 적응 예보 장치

(1) 등고선 그래프를 그리려면 먼저 성능 지표를 구하고, 성능 지표의 헤시안 행렬 고웃값과 고유벡터를 구해야 한다. 입력 벡터는 다음 식으로 정의된다.

$$\mathbf{z}(k) = \mathbf{p}(k) = \begin{bmatrix} y(k-1) \\ y(k-2) \end{bmatrix}$$

이제 성능 지표를 고려하라. 식 (10.12)를 기억해보자.

$$F(\mathbf{x}) = c - 2\mathbf{x}^T \mathbf{h} + \mathbf{x}^T \mathbf{R} \mathbf{x}$$

이에 따라 성능 지표의 상수를 계산할 수 있다.

$$c = E[t^2(k)] = E[y^2(k)] = C_y(0) = 3$$

$$\mathbf{R} = E[\mathbf{z}\mathbf{z}^T] = E\begin{bmatrix} y^2(k-1) & y(k-1)y(k-2) \\ y(k-1)y(k-2) & y^2(k-2) \end{bmatrix}$$

$$= \begin{bmatrix} C_y(0) & C_y(1) \\ C_y(1) & C_y(0) \end{bmatrix} = \begin{bmatrix} 3 & -1 \\ -1 & 3 \end{bmatrix}$$

$$\mathbf{h} = E\begin{bmatrix} t\mathbf{z} \end{bmatrix} = E\begin{bmatrix} y(k)y(k-1) \\ y(k)y(k-2) \end{bmatrix} = \begin{bmatrix} C_y(1) \\ C_y(2) \end{bmatrix} = \begin{bmatrix} -1 \\ -1 \end{bmatrix}$$

최적의 가중치는 다음과 같다.

$$\mathbf{x}^* = \mathbf{R}^{-1}\mathbf{h} = \begin{bmatrix} 3 & -1 \\ -1 & 3 \end{bmatrix}^{-1} \begin{bmatrix} -1 \\ -1 \end{bmatrix} = \begin{bmatrix} 3/8 & 1/8 \\ 1/8 & 3/8 \end{bmatrix} \begin{bmatrix} -1 \\ -1 \end{bmatrix} = \begin{bmatrix} -1/2 \\ -1/2 \end{bmatrix}$$

헤시안 행렬은 다음과 같다.

$$\nabla^2 F(\mathbf{x}) = \mathbf{A} = 2\mathbf{R} = \begin{bmatrix} 6 & -2 \\ -2 & 6 \end{bmatrix}$$

이제 고웃값을 구할 수 있다.

$$\left| \mathbf{A} - \lambda\mathbf{I} \right| = \begin{vmatrix} 6-\lambda & -2 \\ -2 & 6-\lambda \end{vmatrix} = \lambda^2 - 12\lambda + 32 = (\lambda - 8)(\lambda - 4)$$

$$\lambda_1 = 4, \qquad \lambda_2 = 8$$

고유벡터를 찾기 위해 다음 식을 이용한다.

$$\begin{bmatrix} \mathbf{A} - \lambda\mathbf{I} \end{bmatrix} \mathbf{v} = 0$$

$\lambda_1 = 4$의 경우 고유벡터는 다음과 같다.

$$\begin{bmatrix} 2 & -2 \\ -2 & 2 \end{bmatrix} \mathbf{v}_1 = 0 \qquad \mathbf{v}_1 = \begin{bmatrix} -1 \\ -1 \end{bmatrix}$$

$\lambda_2 = 8$의 경우 고유벡터는 다음과 같다.

$$\begin{bmatrix} -2 & -2 \\ -2 & -2 \end{bmatrix} \mathbf{v}_2 = 0 \qquad \mathbf{v}_2 = \begin{bmatrix} -1 \\ 1 \end{bmatrix}$$

따라서 $F(\mathbf{x})$의 등고선은 첫 번째 고윳값이 가장 작기 때문에, 첫 번째 고유벡터를 따라 타원의 장축을 갖는 타원형이 될 것이다. 타원의 중심은 $\mathbf{x}^*$에 있다. 그림 P10.6에 등고선 그래프가 그려져 있다.

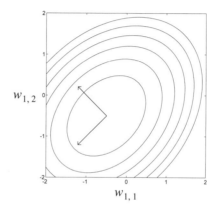

그림 P10.6 문제 P10.6의 오차 등고선

등고선을 그리는 MATLAB M파일을 작성해서 자신의 그림을 확인해보라.

(2) 안정적인 최대 학습률은 $\mathbf{R}$의 최대 고윳값의 역수다. 이 값은 헤시안 행렬 $\nabla^2 F(\mathbf{x})$ = $\mathbf{A}$의 최대 고윳값의 역수를 두 배한 것와 같다.

$$\alpha < 2/\lambda_{max} = 2/8 = 0.25$$

(3) LMS 알고리즘은 근사적 최대 경사 하강법이므로 작은 학습률에 대한 궤적은 등고선에 수직으로 이동한다. 그림 P10.7에서 궤적을 확인할 수 있다.

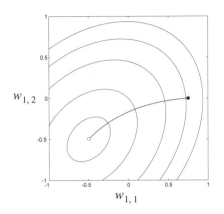

그림 P10.7 LMS 가중치 궤적

P10.7　비행기 조종사가 조종석에서 마이크로 이야기를 하고 있다. 조종사의 음성 신호는 마이크로 들어오는 엔진 소음으로 오염됐기 때문에, 관제탑에 있는 항공 교통 관제사는 수신된 소리를 잘 알아들을 수가 없다. 관제탑에 수신될 신호에서 소음을 제거하는 적응 **ADALINE** 필터를 제안해보라. 제안한 시스템을 설명하라.

마이크 입력에 우연히 추가된 엔진 소음은 그림 P10.8의 적응 필터링 시스템을 사용해 최소화할 수 있다. 엔진 소음의 샘플은 조종석에서 마이크를 통해 적응 필터로 공급된다. 필터의 목표 출력은 조종사의 마이크를 통해 들어오는 오염된 신호다. 필터는 '오차' 신호를 최소로 줄이려고 시도한다. 엔진 소음과 선형적으로 상관된(그리고 아마도 조종사의 음성과는 상관되지 않은) 오염된 신호의 요소를 빼는 것만으로 오차를 최소화할 수 있다. 결과적으로 엔진 소음이 조종사의 음성 신호와 함께 마이크로 들어갔음에도 불구하고 깨끗한 음성 신호가 관제탑으로 전송된다(비슷한 잡음 제거 시스템에 대한 논의는 [WiSt85]를 참조하라).

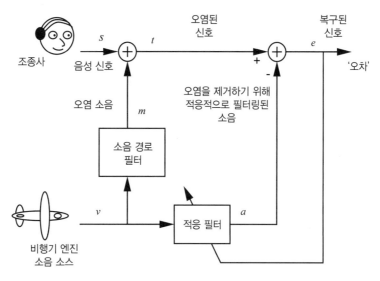

그림 P10.8 조종사의 음성 신호에서 엔진 소음 필터링

P10.8 이 문제는 문제 **P4.3**과 **P4.5**에서 설명한 것과 같은 분류 문제다. 단, 여기서는 퍼셉트론 학습 규칙 대신 **ADALINE** 네트워크와 **LMS** 학습 규칙을 사용할 것이다. 먼저 문제를 설명하겠다. 4개의 클래스로 이뤄진 입력 벡터들의 분류 문제로, 4개의 클래스는 다음과 같다.

$$\text{클래스 1: } \left\{ \mathbf{p}_1 = \begin{bmatrix} 1 \\ 1 \end{bmatrix}, \mathbf{p}_2 = \begin{bmatrix} 1 \\ 2 \end{bmatrix} \right\}, \quad \text{클래스 2: } \left\{ \mathbf{p}_3 = \begin{bmatrix} 2 \\ -1 \end{bmatrix}, \mathbf{p}_4 = \begin{bmatrix} 2 \\ 0 \end{bmatrix} \right\},$$

$$\text{클래스 3: } \left\{ \mathbf{p}_5 = \begin{bmatrix} -1 \\ 2 \end{bmatrix}, \mathbf{p}_6 = \begin{bmatrix} -2 \\ 1 \end{bmatrix} \right\}, \quad \text{클래스 4: } \left\{ \mathbf{p}_7 = \begin{bmatrix} -1 \\ -1 \end{bmatrix}, \mathbf{p}_8 = \begin{bmatrix} -2 \\ -2 \end{bmatrix} \right\}$$

이 문제를 풀기 위해 **LMS** 학습 규칙을 이용해 **ADALINE** 네트워크를 훈련시켜라. 각 패턴이 **1/8**의 확률로 발생한다고 가정하라.

그림 P10.9와 같이 입력 벡터를 표시하면서 시작해보자. 흰색 원 ○은 클래스 1 벡터를, 흰색 사각형 □은 클래스 2 벡터를, 검은색 원 ●은 클래스 3 벡터를, 검은색 사각형 ■은 클래스 4 벡터를 가리킨다. 이들 입력 벡터는 그림 P10.9에 표시된 것처럼 그릴 수 있다.

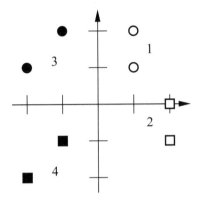

그림 P10.9 문제 P10.8의 입력 벡터

문제 P4.3에서 소개했던 것과 비슷한 목표 벡터를 사용할 것이다. 단, 목표 0은 목표 −1로 대체된다(퍼셉트론은 0 또는 1만 출력할 수 있었다). 따라서 훈련 집합은 다음과 같이 될 것이다.

$$\left\{ \mathbf{p}_1 = \begin{bmatrix} 1 \\ 1 \end{bmatrix}, \mathbf{t}_1 = \begin{bmatrix} -1 \\ -1 \end{bmatrix} \right\} \left\{ \mathbf{p}_2 = \begin{bmatrix} 1 \\ 2 \end{bmatrix}, \mathbf{t}_2 = \begin{bmatrix} -1 \\ -1 \end{bmatrix} \right\} \left\{ \mathbf{p}_3 = \begin{bmatrix} 2 \\ -1 \end{bmatrix}, \mathbf{t}_3 = \begin{bmatrix} -1 \\ 1 \end{bmatrix} \right\}$$

$$\left\{ \mathbf{p}_4 = \begin{bmatrix} 2 \\ 0 \end{bmatrix}, \mathbf{t}_4 = \begin{bmatrix} -1 \\ 1 \end{bmatrix} \right\} \left\{ \mathbf{p}_5 = \begin{bmatrix} -1 \\ 2 \end{bmatrix}, \mathbf{t}_5 = \begin{bmatrix} 1 \\ -1 \end{bmatrix} \right\} \left\{ \mathbf{p}_6 = \begin{bmatrix} -2 \\ 1 \end{bmatrix}, \mathbf{t}_6 = \begin{bmatrix} 1 \\ -1 \end{bmatrix} \right\}$$

$$\left\{ \mathbf{p}_7 = \begin{bmatrix} -1 \\ -1 \end{bmatrix}, \mathbf{t}_7 = \begin{bmatrix} 1 \\ 1 \end{bmatrix} \right\} \left\{ \mathbf{p}_8 = \begin{bmatrix} -2 \\ -2 \end{bmatrix}, \mathbf{t}_8 = \begin{bmatrix} 1 \\ 1 \end{bmatrix} \right\}$$

또한 문제 P4.5에서와 같이 다음의 초기 가중치와 편향을 갖고 시작할 것이다.

$$\mathbf{W}(0) = \begin{bmatrix} 1 & 0 \\ 0 & 1 \end{bmatrix}, \mathbf{b}(0) = \begin{bmatrix} 1 \\ 1 \end{bmatrix}$$

이제 LMS 규칙을 이용해 ADALINE 네트워크를 훈련할 준비가 됐다. 학습률 $\alpha = 0.04$를 사용하며 아래첨자 순서대로 입력 벡터를 제시할 것이다. 첫 번째 반복은 다음과 같다.

$$\mathbf{a}(0) = purelin\,(\mathbf{W}(0)\mathbf{p}(0) + \mathbf{b}(0)) = purelin\left(\begin{bmatrix} 1 & 0 \\ 0 & 1 \end{bmatrix}\begin{bmatrix} 1 \\ 1 \end{bmatrix} + \begin{bmatrix} 1 \\ 1 \end{bmatrix}\right) = \begin{bmatrix} 2 \\ 2 \end{bmatrix}$$

$$\mathbf{e}(0) = \mathbf{t}(0) - \mathbf{a}(0) = \begin{bmatrix} -1 \\ -1 \end{bmatrix} - \begin{bmatrix} 2 \\ 2 \end{bmatrix} = \begin{bmatrix} -3 \\ -3 \end{bmatrix}$$

$$\mathbf{W}(1) = \mathbf{W}(0) + 2\alpha\mathbf{e}(0)\mathbf{p}^T(0)$$

$$= \begin{bmatrix} 1 & 0 \\ 0 & 1 \end{bmatrix} + 2(0.04)\begin{bmatrix} -3 \\ -3 \end{bmatrix}\begin{bmatrix} 1 & 1 \end{bmatrix} = \begin{bmatrix} 0.76 & -0.24 \\ -0.24 & 0.76 \end{bmatrix}$$

$$\mathbf{b}(1) = \mathbf{b}(0) + 2\alpha\mathbf{e}(0) = \begin{bmatrix} 1 \\ 1 \end{bmatrix} + 2(0.04)\begin{bmatrix} -3 \\ -3 \end{bmatrix} = \begin{bmatrix} 0.76 \\ 0.76 \end{bmatrix}$$

두 번째 반복은 다음과 같다.

$$\mathbf{a}(1) = purelin\,(\mathbf{W}(1)\mathbf{p}(1) + \mathbf{b}(1))$$

$$= purelin\left(\begin{bmatrix} 0.76 & -0.24 \\ -0.24 & 0.76 \end{bmatrix}\begin{bmatrix} 1 \\ 2 \end{bmatrix} + \begin{bmatrix} 0.76 \\ 0.76 \end{bmatrix}\right) = \begin{bmatrix} 1.04 \\ 2.04 \end{bmatrix}$$

$$\mathbf{e}(1) = \mathbf{t}(1) - \mathbf{a}(1) = \begin{bmatrix} -1 \\ -1 \end{bmatrix} - \begin{bmatrix} 1.04 \\ 2.04 \end{bmatrix} = \begin{bmatrix} -2.04 \\ -3.04 \end{bmatrix}$$

$$\mathbf{W}(2) = \mathbf{W}(1) + 2\alpha\mathbf{e}(1)\mathbf{p}^T(1)$$

$$= \begin{bmatrix} 0.76 & -0.24 \\ -0.24 & 0.76 \end{bmatrix} + 2(0.04)\begin{bmatrix} -2.04 \\ -3.04 \end{bmatrix}\begin{bmatrix} 1 & 2 \end{bmatrix} = \begin{bmatrix} 0.5968 & -0.5664 \\ -0.4832 & 0.2736 \end{bmatrix}$$

$$\mathbf{b}(2) \;=\; \mathbf{b}(1) + 2\alpha\mathbf{e}(1) \;=\; \begin{bmatrix} 0.76 \\ 0.76 \end{bmatrix} + 2(0.04)\begin{bmatrix} -2.04 \\ -3.04 \end{bmatrix} \;=\; \begin{bmatrix} 0.5968 \\ 0.5168 \end{bmatrix}$$

가중치가 수렴할 때까지 계속해서 진행하면 다음과 같은 결과를 얻게 된다.

$$\mathbf{W}(\infty) \;=\; \begin{bmatrix} -0.5948 & -0.0523 \\ 0.1667 & -0.6667 \end{bmatrix},\; \mathbf{b}(\infty) \;=\; \begin{bmatrix} 0.0131 \\ 0.1667 \end{bmatrix}$$

생성된 결정 경계는 그림 P10.10에 나타난다. 이 결과를 문제 P4.5의 퍼셉트론 학습 규칙으로 생성된 최종 결정 경계(그림 P4.7)와 비교하라. 퍼셉트론 규칙은 모든 패턴이 정확히 분류되면 훈련을 멈춘다. LMS 알고리즘은 경계를 패턴에서 최대한 멀리 옮긴다.

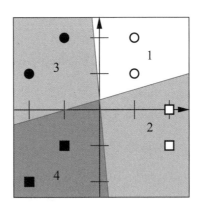

그림 P10.10 문제 P10.8의 최종 결정 경계

P10.9 위드로와 호프의 대표적인 **1960년** 논문[**WiHo60**]에 있는 패턴 인식 문제의 연구를 따라 해보자. 이 연구는 그림 **P10.11**에 보이는 **6개**의 패턴을 분류하는 인식 시스템을 설계하려는 연구다.

위쪽 패턴은 원래 형태이고 아래쪽 패턴은 이동된 형태로 문자 **T, G, F**를 나타낸다. **T, G, F** 문자별 목표는 각각 **+60, 0, −60**이다(목푯값 **+60, 0, −60**은 위드로와 호프가 네트워크 출력을 보여줄 때 사용했던 계측기에서 사용하기 좋은 값이었다). 목표는 **6개의 패턴을** 적절한 **T, G, F** 그룹으로 분류하는 네트워크를 훈련시키는 것이다.

패턴

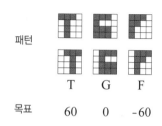

T	G	F

목표   60   0   -60

그림 P10.11 패턴과 분류 목표

문자의 회색 네모는 +1로, 흰색 네모는 −1로 값을 할당할 것이다. 먼저 각 문자를 16 요소 벡터로 변환한다. 좌측 상단 모서리에서 시작해서 첫 번째 열을 따라 내려간 후 두 번째 열, 세 번째 열 순으로 작업을 진행한다. 예를 들어, 원래 문자 T에 해당하는 벡터는 다음과 같다.

$$\mathbf{p}_1 = \begin{bmatrix} 1 & -1 & -1 & -1 & 1 & 1 & 1 & 1 & 1 & -1 & -1 & -1 & -1 & -1 & -1 & -1 \end{bmatrix}^T$$

여섯 문자는 이런 형태의 입력 벡터를 갖는다.

그림 P10.12에 사용할 ADALINE 네트워크가 있다.

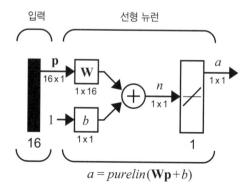

$$a = purelin(\mathbf{W}\mathbf{p}+b)$$

그림 P10.12 적응 패턴 분류기

(위드로와 호프는 ADALINE을 실현하는 자신들만의 기계를 만들었다. 기계는 '거의 도시락 통 크기'였다고 한다.)

이제 여섯 벡터를 네트워크에 임의의 순서로 제시하고 학습률 α = 0.03을 가진 LMS 알고리즘을 이용해 네트워크 가중치를 조정할 것이다. 가중치가 한 번씩 조정되고 나면, 전체 여섯 벡터를 네트워크에 다시 제시해 출력과 오차를 생성한다. 오차 제곱의 합이 네트워크의 품질 척도로 관찰될 것이다.

그림 P10.13은 네트워크의 수렴을 보여준다. 입력 벡터를 약 60번 제시해서(즉, 입력 벡터별로 10번 정도 제시해서) 여섯 문자를 인식하도록 네트워크를 훈련한다.

그림 P10.13의 결과는 약 35년 전에 위드로와 호프가 발표했던 결과와 매우 유사하다. 위드로와 호프는 훌륭한 과학을 수행했다. 실제 사람들은 수십 년 후에나 (도시락 통 없이) 그들의 연구를 따라 할 수 있었다.

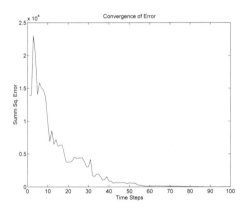

그림 P10.13 학습률 0.03을 사용한 오차 수렴

 이 문자 인식 문제를 실험하려면, MATLAB® 신경망 설계 데모 '선형 패턴 분류Linear Pattern Classification' **nnd10lc**를 이용하라. 입력 패턴의 잡음에 대한 네트워크의 민감도를 확인하라.

404

맺음말

이 장에서는 ADALINE 신경망과 LMS 학습 규칙을 제시했다. ADALINE 네트워크는 4장의 퍼셉트론 네트워크와 매우 유사하며, 동일한 근본적인 한계를 갖는다. 즉, 선형적으로 분리 가능한 패턴만 분류할 수 있다. 이런 네트워크의 한계에도 불구하고, LMS 알고리즘은 퍼셉트론 학습 규칙보다 실제 매우 강력하다. LMS 알고리즘은 평균 제곱 오차를 최소화하기 때문에, 퍼셉트론 학습 규칙의 결정 경계보다 좀 더 잡음에 강건한 결정 경계를 생성할 수 있다.

ADALINE 네트워크와 LMS 알고리즘은 실용적인 응용들이 많다. 이들은 1950년대 후반에 처음 제시됐지만, 적응 필터링 응용에서 여전히 많이 사용되고 있다. 예를 들어, LMS 알고리즘을 사용한 반향 제거기는 현재도 장거리 전화선에 많이 사용하고 있다(14장에서는 필터링, 예측, 제어에서 광범위하게 사용하고 있는 동적 네트워크를 폭넓게 다룰 예정이다).

LMS 알고리즘은 다양한 적응 필터링 문제에 대한 실용적인 솔루션으로서의 중요성 외에 역전파 알고리즘의 전신이기 때문에 또한 중요하다. 역전파 알고리즘에 대해서는 11~14장에서 논의할 것이다. LMS 알고리즘과 같이 역전파는 평균 제곱 오차를 최소화하는 근사적 최대 경사 하강 알고리즘이다. 두 알고리즘 간의 유일한 차이는 미분 계산 방식이다. 역전파는 LMS 알고리즘을 일반화해 다층 네트워크에 사용할 수 있게 했다. 다층 네트워크는 선형적으로 분리 가능한 문제에만 국한되지 않는다. 따라서 임의의 분류 문제를 풀 수 있다.

참고 문헌

[AnRo89]   J. A. Anderson, E. Rosenfeld, *Neurocomputing: Foundations of Research*, Cambridge, MA: MIT Press, 1989.

기본적인 참고서적으로, 가장 중요한 뉴로 컴퓨팅 논문 43개가 포함되어 있다. 각 논문의 서론에는 논문 결과에 대한 요약과, 뉴로 컴퓨팅 분야의 역사에서 해당 논문의 위치에 대한 관점이 제공된다.

[StDo84]   W. D. Stanley, G. R. Dougherty, R. Dougherty, *Digital Signal Processing*, Reston VA: Reston, 1984

[WiHo60]   B. Widrow, M. E. Hoff, "Adaptive switching circuits," *1960 IRE WESCON Convention Record*, New York: IRE Part 4, pp. 96–104.

이 영향력 있는 논문은 빠르고 정확히 학습할 수 있는 적응 퍼셉트론 같은 네트워크를 설명한다. 저자들은 시스템이 입력과 각 입력별로 목표 출력 범주를 가지며, 시스템은 실제 출력과 목표 출력 사이에 오차를 계산할 수 있다고 가정했다. 가중치는 평균 제곱 오차가 최소화되도록 경사 하강법으로 조정된다(최소 평균 제곱 오차 또는 LMS 알고리즘). 이 논문은 [AnRo88]에서 재판됐다.

[WiSt85]   B. Widrow and S. D. Stearns, *Adaptive Signal Processing*, Englewood Cliffs, NJ: Prentice-Hall, 1985.

이 유익한 책은 적응 신호 처리의 이론과 응용을 설명한다. 필요한 수학적 배경을 검토하고, 적응 알고리즘의 세부사항을 제공하며, 여러 응용에 대한 실용적인 정보를 논의한다.

[WiWi88]   B. Widrow and R. Winter, "Neural nets for adaptive filtering and adaptive pattern recognition," *IEEE Computer Magazine*, March 1988, pp. 25–39.

이 논문은 특히 재미있게 읽을 수 있으며, 적응 다층 신경망의 응용을 요약해 제시하고 있다. 적응 다층 신경망은 시스템 모델링, 통계적 예측, 반향 제거, 역 모델링과 패턴 인식에 적용된다.

연습문제

E10.1 그림 E10.1에 적응 필터 ADALINE이 있다. 네트워크의 가중치와 필터 입력이 다음과 같다고 가정하라.

$$w_{1,1} = 1, \, w_{1,2} = -4, \, w_{1,3} = 2,$$

$$\{y(k)\} = \{\dots, 0, 0, 0, 1, 1, 2, 0, 0, \dots\}$$

필터의 응답 $\{a(k)\}$를 구하라.

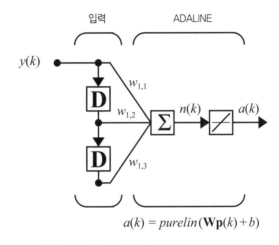

$$a(k) = purelin(\mathbf{W}\mathbf{p}(k) + b)$$

그림 E10.1 연습문제 E10.1의 적응 필터 ADALINE

E10.2 그림 E10.2에는 두 부류의 패턴이 있다.

(1) LMS 알고리즘을 사용해 클래스 I과 클래스 II의 패턴들을 구분하는 ADALINE 네트워크를 훈련시켜라(수평선과 수직선을 식별하는 네트워크를 원한다).

(2) ADALINE 네트워크가 이 문제에 대해 왜 어려움을 겪는지 설명할 수 있는가?

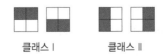

클래스 I   클래스 II

그림 E10.2 연습문제 E10.2의 패턴 분류 문제

E10.3 다음 2개의 참조 패턴과 목표가 있다.

$$\left\{ \mathbf{p}_1 = \begin{bmatrix} 1 \\ 1 \end{bmatrix}, t_1 = 1 \right\}, \left\{ \mathbf{p}_2 = \begin{bmatrix} 1 \\ -1 \end{bmatrix}, t_2 = -1 \right\}$$

문제 P10.3에서는 ADALINE의 입력 벡터가 같은 확률을 갖는다고 가정했다. 이제 벡터 $\mathbf{p}_1$의 확률은 0.75이고 벡터 $\mathbf{p}_2$의 확률은 0.25라고 가정하자. 확률의 변화가 평균 제곱 오차의 표면을 바꾸는가? 그렇다면 이제 표면의 모양은 어떤 모습인가? 안정적인 최대 학습률은 얼마인가?

E10.4 이 연습문제에서는 문제 P10.3의 참조 패턴 $\mathbf{p}_2$를 변경할 것이다.

$$\left\{ \mathbf{p}_1 = \begin{bmatrix} 1 \\ 1 \end{bmatrix}, t_1 = 1 \right\}, \left\{ \mathbf{p}_2 = \begin{bmatrix} -1 \\ -1 \end{bmatrix}, t_2 = -1 \right\}$$

(1) 패턴이 같은 확률로 발생한다고 가정하라. 평균 제곱 오차를 찾고 등고선 그래프를 그려라.

(2) 안정적인 최대 학습률을 구하라.

(3) 이 문제를 LMS 알고리즘으로 구현하는 MATLAB M파일을 작성하라. 안정적인 학습률로 알고리즘을 40단계 실행하라. 초기 추정치로 0 벡터를 사용하라. 등고선 그래프에 궤적을 그려라.

(4) 두 파라미터의 초기치를 1로 설정한 후에 알고리즘을 40단계 수행하라. 최종 결정 경계를 그려라.

(5) (3)과 (4)의 최종 파라미터를 비교하라. 결과를 설명하라.

E10.5 문제 P10.3의 참조 패턴과 목표를 재사용하고 이들이 같은 확률로 발생한다고 가정하라. 이번에는 편향이 있는 ADALINE 네트워크로 훈련시키려고 한다. 이제 구해야 할 파라미터는 $w_{1,1}$, $w_{1,2}$, b이다.

(1) 평균 제곱 오차와 안정적인 최대 학습률을 구하라.

(2) 이 문제를 LMS 알고리즘으로 구현하는 MATLAB M파일을 작성하라. 안정적인

학습률로 알고리즘을 40단계 수행하라. 초기 추정치로 0 벡터를 사용하라. 최종 결정 경계를 그려라.

(3) 모든 파라미터의 초기치를 1로 설정한 후에 알고리즘을 40단계 수행하라. 최종 결정 경계를 그려라.

(4) (3)과 (4)의 최종 파라미터와 결정 경계를 비교하라. 그 결과를 설명하라.

E10.6 두 범주의 벡터가 있다. 범주 I은 다음과 같이 구성된다.

$$\left\{ \begin{bmatrix} 1 \\ 1 \end{bmatrix}, \begin{bmatrix} -1 \\ 2 \end{bmatrix} \right\}$$

범주 II는 다음과 같이 구성된다.

$$\left\{ \begin{bmatrix} 0 \\ -1 \end{bmatrix}, \begin{bmatrix} -4 \\ 1 \end{bmatrix} \right\}$$

이 범주들을 인식하기 위한 편향이 없는 단일 뉴런 ADALINE 네트워크를 훈련시키고자 한다(범주 I은 $t = 1$, 범주 II는 $t = -1$). 각 패턴이 같은 확률로 발생한다고 가정하라.

(1) 네트워크 다이어그램을 그려라.

(2) 초기 추정치로 0 벡터를 사용해 LMS 알고리즘을 네 단계 수행하라(위의 네 벡터를 한 번 통과시킨다. 각 벡터를 한 번만 제시하라). 학습률 0.1을 사용하라.

(3) 최적의 가중치는 얼마인가?

(4) 최적의 결정 경계를 그려라.

(5) 네트워크가 편향을 갖는다면 경계가 어떻게 바뀌는가? 경계가 바뀐다면 (4)의 그림에 새로운 위치를 표시하라. 여기서 계산을 할 필요는 없다(단지 자신의 추론을 설명하라).

E10.7 다음 3개의 참조 패턴과 목표를 갖는다고 가정하라.

$$\left\{ \mathbf{p}_1 = \begin{bmatrix} 3 \\ 6 \end{bmatrix}, t_1 = \begin{bmatrix} 75 \end{bmatrix} \right\}, \left\{ \mathbf{p}_2 = \begin{bmatrix} 6 \\ 3 \end{bmatrix}, t_2 = \begin{bmatrix} 75 \end{bmatrix} \right\}, \left\{ \mathbf{p}_3 = \begin{bmatrix} -6 \\ 3 \end{bmatrix}, t_3 = \begin{bmatrix} -75 \end{bmatrix} \right\}$$

각 패턴이 같은 확률로 발생한다.

(1) 이 패턴으로 훈련시키는 편향이 없는 ADALINE 네트워크의 네트워크 다이어그램을 그려라.

(2) 이 패턴을 이용해 편향이 없는 ADALINE 네트워크를 훈련시키려고 한다. 평균 제곱 오차 성능 지표의 등고선 그래프를 그려라.

(3) LMS 알고리즘의 안정적인 최대 학습률을 구하라.

(4) 등고선 그래프에 LMS 알고리즘의 궤적을 그려라. 아주 작은 학습률을 가정하고 모든 가중치를 0으로 시작하라. 여기서 계산을 할 필요는 없다.

E10.8 다음 두 참조 패턴과 목표를 갖는다고 가정하라.

$$\left\{ \mathbf{p}_1 = \begin{bmatrix} 1 \\ 2 \end{bmatrix}, t_1 = \begin{bmatrix} -1 \end{bmatrix} \right\}, \left\{ \mathbf{p}_2 = \begin{bmatrix} -2 \\ 1 \end{bmatrix}, t_2 = \begin{bmatrix} 1 \end{bmatrix} \right\}$$

벡터 $\mathbf{p}_1$의 확률은 0.5이고, 벡터 $\mathbf{p}_2$의 확률은 0.5이다. 이 데이터 집합에 대해 편향이 없는 ADALINE 네트워크를 훈련시키려고 한다.

(1) 평균 제곱 오차 성능 지표의 등고선 그래프를 그려라.

(2) 최적의 결정 경계를 그려라.

(3) 안정적인 최대 학습률을 구하라.

(4) 등고선 그래프에 대한 LMS 알고리즘의 궤적을 그려라. 아주 작은 학습률을 가정하고 초기 가중치 $\mathbf{W}(0) = \begin{bmatrix} 0 & 1 \end{bmatrix}$로 시작하라.

E10.9 다음과 같은 입력/목표 쌍이 있다.

$$\left\{ \mathbf{p}_1 = \begin{bmatrix} 4 \\ 2 \end{bmatrix}, t_1 = 5 \right\}, \left\{ \mathbf{p}_2 = \begin{bmatrix} 2 \\ -4 \end{bmatrix}, t_2 = -2 \right\}, \left\{ \mathbf{p}_3 = \begin{bmatrix} -4 \\ 4 \end{bmatrix}, t_3 = 9 \right\}$$

처음 두 쌍은 각각 0.25의 확률로 발생하고, 세 번째 쌍은 0.5의 확률로 발생한다. 원하는 매핑을 수행하는 편향이 없는 단일 뉴런 ADALINE 네트워크를 훈련시키려고 한다.

(1) 네트워크 다이어그램을 그려라.

(2) 안정적인 최대 학습률은 얼마인가?

(3) LMS 알고리즘을 1회 반복하라. 입력 $\mathbf{p}_1$을 적용하고 학습률 $\alpha = 0.1$을 사용하라. 초기 가중치 $\mathbf{x}_0 = \begin{bmatrix} 0 & 0 \end{bmatrix}^T$에서 출발하라.

E10.10 다음과 같은 입력/목표 쌍에 대해 E10.9를 반복하라.

$$\left\{ \mathbf{p}_1 = \begin{bmatrix} 2 \\ -4 \end{bmatrix}, t_1 = 1 \right\}, \left\{ \mathbf{p}_2 = \begin{bmatrix} -4 \\ 4 \end{bmatrix}, t_2 = -1 \right\}, \left\{ \mathbf{p}_3 = \begin{bmatrix} 4 \\ 2 \end{bmatrix}, t_3 = 1 \right\}$$

처음 두 쌍은 각각 0.25의 확률로 발생하고, 세 번째 쌍은 0.5의 확률로 발생한다. 원하는 매핑을 수행하는 편향이 없는 단일 뉴런 ADALINE 네트워크를 훈련시키려고 한다.

E10.11 다음 훈련 집합을 이용해 벡터를 두 클래스로 분류하는 편향이 없는 단일 뉴런 ADALINE 네트워크를 훈련시키려고 한다. 각 패턴은 같은 확률로 발생한다.

$$\left\{ \mathbf{p}_1 = \begin{bmatrix} -1 \\ 2 \end{bmatrix}, t_1 = -1 \right\} \left\{ \mathbf{p}_2 = \begin{bmatrix} 2 \\ -1 \end{bmatrix}, t_2 = -1 \right\} \left\{ \mathbf{p}_3 = \begin{bmatrix} 0 \\ -1 \end{bmatrix}, t_3 = 1 \right\} \left\{ \mathbf{p}_4 = \begin{bmatrix} -1 \\ 0 \end{bmatrix}, t_4 = 1 \right\}$$

(1) 네트워크 다이어그램을 그려라.

(2) 초기 가중치 $\mathbf{W}(0) = \begin{bmatrix} 0 & 0 \end{bmatrix}$에서 시작해서 LMS 알고리즘을 한 단계 수행하라($\mathbf{p}_1$만 제시하라). 학습률은 0.1을 사용하라.

(3) 최적의 가중치는 얼마인가? 모든 계산 과정을 보여라.

(4) 최적의 결정 경계를 그려라.

(5) 네트워크가 편향을 갖는다면 경계가 어떻게 바뀌겠는가? (4)의 그림에 새로운 위치를 나타내라.

(6) LMS 알고리즘의 안정적인 최대 학습률은 얼마인가?

(7) 평균 제곱 오차 성능 표면의 등고선 그래프를 그려라.

(8) 초기 조건 $\mathbf{W}(0) = \begin{bmatrix} 2 & 0 \end{bmatrix}$에서 시작하는 아주 작은 학습률(예: 0.001)에 대한 LMS

알고리즘의 경로를 (7)의 등고선 그래프에 그려라. 계산을 할 필요는 없으며, 답을 어떻게 구했는지 설명하라.

E10.12 다음 3개의 참조 패턴과 목표를 갖는다고 가정하라.

$$\left\{ \mathbf{p}_1 = \begin{bmatrix} 2 \\ 4 \end{bmatrix}, t_1 = \begin{bmatrix} 26 \end{bmatrix} \right\}, \left\{ \mathbf{p}_2 = \begin{bmatrix} 4 \\ 2 \end{bmatrix}, t_2 = \begin{bmatrix} 26 \end{bmatrix} \right\}, \left\{ \mathbf{p}_3 = \begin{bmatrix} -2 \\ -2 \end{bmatrix}, t_3 = \begin{bmatrix} -26 \end{bmatrix} \right\}$$

벡터 $\mathbf{p}_1$의 확률은 0.25이고, 벡터 $\mathbf{p}_2$의 확률은 0.25이며, 벡터 $\mathbf{p}_3$의 확률은 0.5이다.

(1) 이들 패턴으로 훈련시키는 편향이 없는 ADALINE 네트워크의 네트워크 다이어 그램을 그려라.

(2) 평균 제곱 오차 성능 지표의 등고선 그래프를 그려라.

(3) (평균 제곱 오차를 최소화하는 가중치에 대한) 최적의 결정 경계를 그리고, 이 경계가 패턴을 적절한 범주로 분리하는지 검증하라.

(4) LMS 알고리즘에 대한 안정적인 최대 학습률을 구하라. 목푯값이 26과 −26에서 2와 −2로 바뀐다면 안정적인 최대 학습률은 어떻게 바뀌는가?

(5) 모든 가중치를 0으로 시작하고 입력 벡터 $\mathbf{p}_1$을 제시하며, LMS 알고리즘을 1회 반복하라. 학습률은 $\alpha = 0.5$를 사용하라.

(6) 등고선 그래프에 LMS 알고리즘의 궤적을 그려라. 아주 작은 학습률을 가정하고 모든 가중치를 0으로 시작하라.

E10.13 그림 E10.3의 적응 예보 장치를 고려하라.

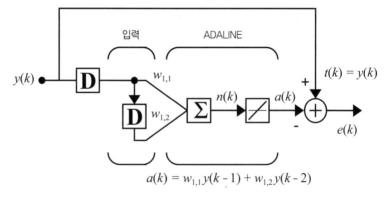

그림 E10.3 연습문제 E10.13의 적응 예보 장치

$y(k)$가 자기 상관 함수를 갖는 정상 프로세스$^{stationary\ process}$라고 가정하라.

$$C_y(n) = E[y(k)(y(k+n))]$$

(1) $C_y(n)$에 관한 평균 제곱 오차 식을 작성하라.

(2) 다음의 경우에 평균 제곱 오차 식을 제공하라.

$$y(k) = \sin\left(\frac{k\pi}{5}\right)$$

(3) 평균 제곱 오차의 헤시안 행렬 고윳값과 고유벡터를 구하라. 최소점을 찾고, 등고선 그래프를 대략적으로 그려라.

(4) LMS 알고리즘에 대한 안정적인 최대 학습률을 구하라.

(5) 안정적인 학습률을 사용해 LMS 알고리즘의 세 단계를 손으로 수행하라. 초기치를 0 벡터로 사용하라.

(6) 이 문제에 대해 LMS 알고리즘을 구현하는 MATLAB M파일을 작성하라. 안정적인 학습률에 대한 알고리즘을 40단계 수행하고 등고선 그래프에 궤적을 그려라. 초기 추정치로 0 벡터를 사용하라. 알고리즘이 최적점으로 수렴 중인지 검증하라.

(7) (4)에서 구한 학습률보다 더 큰 학습률에 대해 알고리즘이 불안정하다는 사실을 실험적으로 검증하라.

E10.14 문제 P10.9를 반복하되 문자 'T', 'G', 'F' 대신 숫자 '1', '2', '4'를 사용하라. 각 참조 패턴과 잡음이 있는 패턴으로 훈련된 네트워크를 테스트하라. 네트워크의 민감도를 논의하라(신경망 설계 데모 '선형 패턴 분류$^{Linear\ Pattern\ Classification}$' **nnd10c**를 이용하라).

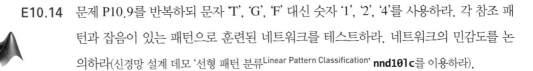

11

역전파

목표

이 장에서는 8장부터 시작한 성능 학습에 대한 논의를 계속하면서, 10장에서 제시했던 LMS 알고리즘을 일반화할 것이다. 이를 역전파^{backpropagation}라고 하며 다층 네트워크의 훈련에 사용할 수 있다. LMS 학습 규칙과 마찬가지로 역전파는 성능 지표가 평균 제곱 오차인 근사적 최대 경사 하강 알고리즘이다. LMS 알고리즘과 역전파의 차이점은 미분을 계산하는 방식뿐이다. 단층 선형 네트워크에서 오차는 네트워크 가중치의 선형 함수이므로 가중치에 대해 쉽게 미분할 수 있다. 비선형 전달 함수를 갖는 다층 네트워크에서 네트워크 가중치와 오차의 관계는 좀 더 복잡하다. 미분을 계산하기 위해 미적분 연쇄 법칙$^{chain\ rule}$을 사용한다. 사실 이 장의 대부분은 연쇄 법칙의 사용법을 보여주고 있다.

이론과 예제

프랭크 로젠블랫Frank Rosenblatt의 퍼셉트론 학습 규칙과 버나드 위드로Bernard Widrow와 마르시안 호프Marcian Hoff의 LMS 알고리즘은 단층 퍼셉트론 같은 네트워크를 훈련시키도록 설계됐다. 이전에 설명했듯이 단층 네트워크는 선형적으로 분리 가능한 분류 문제만 풀 수 있다는 단점이 있다. 로젠블랫과 위드로는 모두 이런 한계를 인식하고 이를 극복할 수 있는 다층 네트워크를 제안했지만, 자신들의 알고리즘을 일반화해서 다층 네트워크를 훈련시키진 못했다.

다층 네트워크의 훈련 알고리즘에 대한 최초의 설명은 1974년 폴 워보스Paul Werbos의 논문[Werbo74]에 나와 있다. 이 논문은 신경망을 특별한 경우로 간주하며 일반적인 네트워크의 맥락에서 알고리즘을 제시했다. 하지만 신경망 커뮤니티에 전파되지는 않았다. 1980년 중반에 이르러서야 역전파 알고리즘이 재발견되고 널리 공표됐다. 역전파 알고리즘은 데이비드 루멜하트David Rumelhart, 제프리 힌튼Geoffrey Hinton과 로널드 윌리엄스Ronald Williams[RuHi86], 데이비드 파커David Parker[Park85], 얀 르쿤Yann Le Cun[LeCu85]에 의해 독자적으로 재발견됐다. 특히, 데이비드 루멜하트와 제임스 맥클렐랜드James McClelland가 이끄는 병렬 분산 처리 그룹의 연구 관련 책인 『Parallel Distributed Processing』[RuMc86]에 알고리즘이 소개되면서 널리 알려졌다. 이 책이 출판되면서 신경망 연구는 급류를 타기 시작했다. 역전파 알고리즘을 사용하는 다층 퍼셉트론은 현재 가장 널리 사용되는 신경망이다.

이 장에서는 먼저 다층 네트워크의 역량을 조사한 다음, 역전파 알고리즘을 제시할 것이다.

다층 퍼셉트론

다층 네트워크의 표기법은 2장에서 처음 소개했다. 그림 11.1은 3계층 퍼셉트론 다이어그램을 쉽게 참조할 수 있도록 다시 보여주고 있다. 단순히 3개의 퍼셉트론 네트워크를 순차적으로 연결했다는 점을 알아두자. 첫 번째 네트워크의 출력은 두 번째 네트워크의 입력이고, 두 번째 네트워크의 출력은 세 번째 네트워크의 입력이다. 각 계층별로 뉴런 수가 다르며, 심지어 전달 함수도 다르다. 계층 번호를 식별하기 위해 위첨자를 사용했다. 따라서 첫 번째 계층의 가중치 행렬은 $\mathbf{W}^1$으로 쓰고 두 번째 계층의 가중치 행렬은 $\mathbf{W}^2$로 쓴다.

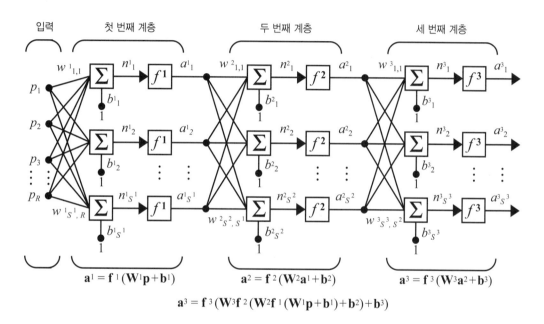

그림 11.1 3계층 네트워크

다층 네트워크의 구조를 식별하기 위해 가끔씩 다음과 같은 단축 표기법을 사용할 것이다. 입력 개수 다음에 각 계층별 뉴런 수를 표기한다.

$$R - S^1 - S^2 - S^3 \tag{11.1}$$

이제 다층 퍼셉트론 네트워크의 역량을 조사해보자. 먼저 패턴 분류를 위한 다층 네트워크의 사용법을 살펴보고, 함수 근사에 대해서도 논의할 것이다.

패턴 분류

패턴 분류를 위한 다층 퍼셉트론의 역량을 설명하기 위해 전형적인 배타적 논리합[XOR], exclusive-or 문제를 고려해보자. XOR 게이트의 입력/목표 쌍은 다음과 같다.

$$\left\{ \mathbf{p}_1 = \begin{bmatrix} 0 \\ 0 \end{bmatrix}, t_1 = 0 \right\} \left\{ \mathbf{p}_2 = \begin{bmatrix} 0 \\ 1 \end{bmatrix}, t_2 = 1 \right\} \left\{ \mathbf{p}_3 = \begin{bmatrix} 1 \\ 0 \end{bmatrix}, t_3 = 1 \right\} \left\{ \mathbf{p}_4 = \begin{bmatrix} 1 \\ 1 \end{bmatrix}, t_4 = 0 \right\}$$

다음 그림에 그래프로 그려져 있는 문제는 1969년에 민스키[Minsky]와 페퍼트[Papert]가 단층 퍼셉트론의 한계를 증명하기 위해 사용한 것이다. 두 범주는 선형적으로 분리할 수 없기 때문에 단층 퍼셉트론으로는 분류할 수 없다.

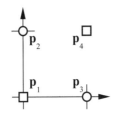

2계층 네트워크는 XOR 문제를 풀 수 있다. 실제 다양한 다층 해가 존재한다. 한 가지 해는 첫 번째 계층에서 2개의 뉴런을 사용해 2개의 결정 경계를 생성하는 것이다. 첫 번째 결정 경계는 $\mathbf{p}_1$을 다른 패턴들과 분리하고, 두 번째 경계는 $\mathbf{p}_4$를 분리한다. 그런 다음 두 번째 계층에서 AND 연산을 사용해 두 경계를 함께 결합한다. 첫 번째 계층의 각 뉴런별 결정 경계는 그림 11.2와 같다.

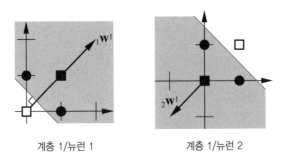

계층 1/뉴런 1   계층 1/뉴런 2

그림 11.2 XOR 네트워크의 결정 경계

그림 11.3에는 결과적으로 만들어진 2계층 2-2-1 네트워크가 있다.

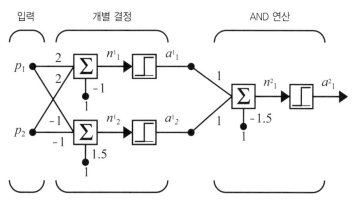

그림 11.3 2계층 XOR 네트워크

네트워크의 전체 결정 영역은 다음 그림에서 볼 수 있다. 어두운 영역은 네트워크 출력 1을 생성하는 입력을 나타낸다.

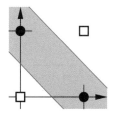

패턴 분류를 위한 다층 네트워크의 사용에 관한 자세한 내용은 문제 P11.1과 P11.2를 참조하라.

함수 근사

지금까지 이 책에서는 주로 패턴 분류의 맥락에서 신경망을 살펴봤다. 신경망을 함수 근사기$^{function\ approximator}$로 보는 것 또한 유익하다. 예를 들어, 제어 시스템의 목표는 측정한 출력값을 제어를 위한 입력으로 매핑하는 적절한 피드백 함수를 찾는 것이다.

10장의 적응 필터링의 목표는 입력 신호의 지연값을 적절한 출력 신호로 매핑하는 함수를 찾는 것이다. 다음 예제에서는 함수를 구현하기 위해 다층 퍼셉트론이 얼마나 유연한지 보여줄 것이다.

그림 11.4의 2계층 1–2–1 네트워크를 고려하라. 이 예제에서 첫 번째 계층의 전달 함수는 로그–시그모이드이고, 두 번째 계층의 전달 함수는 선형이다. 즉, 다음 식과 같이 정의된다.

$$f^1(n) = \frac{1}{1 + e^{-n}} \quad \text{그리고} \quad f^2(n) = n \tag{11.2}$$

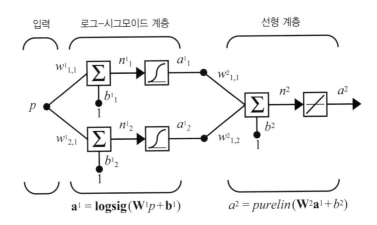

그림 11.4 함수 근사 네트워크 예제

네트워크 가중치와 편향의 명목값은 다음과 같다고 가정하라.

$$w_{1,1}^1 = 10,\ w_{2,1}^1 = 10,\ b_1^1 = -10,\ b_2^1 = 10,$$

$$w_{1,1}^2 = 1,\ w_{1,2}^2 = 1,\ b^2 = 0$$

그림 11.5에 이 파라미터들에 대한 네트워크의 반응이 그려져 있다. 입력 p가 범위 [–2, 2]에서 변화할 때 네트워크 출력 a^2을 보여주고 있다.

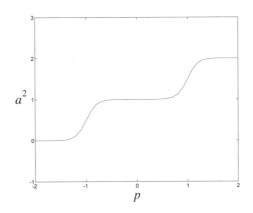

그림 11.5 그림 11.4 네트워크의 계획된 반응

네트워크 반응이 첫 번째 계층의 로그-시그모이드 뉴런별로 하나씩 두 계단을 이루고 있다. 네트워크 파라미터를 조정해 계단의 모양과 위치를 바꿀 수 있으며, 다음 논의에서 이를 확인할 것이다.

계단의 중심은 첫 번째 계층 뉴런의 네트 입력이 0인 지점에 있다.

$$n_1^1 = w_{1,1}^1 p + b_1^1 = 0 \quad \Rightarrow \quad p = -\frac{b_1^1}{w_{1,1}^1} = -\frac{-10}{10} = 1 \tag{11.3}$$

$$n_2^1 = w_{2,1}^1 p + b_2^1 = 0 \quad \Rightarrow \quad p = -\frac{b_2^1}{w_{2,1}^1} = -\frac{10}{10} = -1 \tag{11.4}$$

계단의 경사는 네트워크의 가중치로 조정할 수 있다.

그림 11.6은 파라미터 변경이 네트워크 반응에 미치는 영향을 보여준다. ①번 곡선은 원래 생각했던 반응이다. 그 밖의 곡선들은 다음 범위에서 한 번에 파라미터를 하나씩 변화시킬 때 네트워크 반응이다.

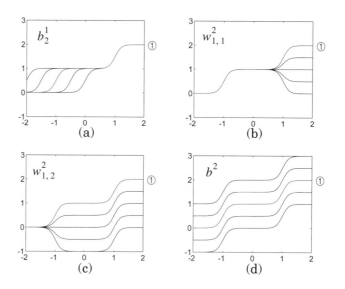

그림 11.6 파라미터 변경이 네트워크 반응에 미치는 영향

$$-1 \le w_{1,1}^2 \le 1 \ , \ -1 \le w_{1,2}^2 \le 1 \ , \ 0 \le b_2^1 \le 20 \ , \ -1 \le b^2 \le 1 \tag{11.5}$$

그림 11.6(a)는 첫 번째 계층(은닉 계층)의 편향으로 계단의 위치를 찾는 방법을 보여준다. 그림 11.6(b)는 가중치로 계단의 기울기를 결정하는 방법을 보여준다. 그림 11.6(d)에서 볼 수 있듯이, 두 번째 계층(출력 계층)의 편향은 전체 네트워크 반응을 위 또는 아래로 이동시킨다.

이 예제에서 다층 네트워크가 얼마나 유연한지 알 수 있다. 은닉 계층hidden layer에 뉴런 수가 충분하면 거의 모든 함수를 근사하는 다층 네트워크로 사용할 수 있을 것으로 보인다. 실제 은닉 계층에 시그모이드 전달 함수를 갖고 출력 계층에 선형 전달 함수를 갖는 2계층 네트워크는, 은닉 뉴런을 충분히 많이 사용할 수 있다면 사실상 어떤 함수도 임의의 정확도까지 근사할 수 있다는 사실이 입증됐다([HoSt89] 참조).

 2계층 네트워크의 반응을 실험하려면, MATLAB® 신경망 설계 데모 '네트워크 함수Network Function' **nnd11nf**를 이용하라.

이제 패턴 인식과 함수 근사를 위한 다층 퍼셉트론 네트워크의 능력에 대해 감이 생겼으므로, 네트워크 훈련 알고리즘을 개발해보자.

역전파 알고리즘

2장에서 소개했던 다층 네트워크의 축약 표기법을 사용하면 역전파 알고리즘의 개발이 단순해진다. 그림 11.7에 축약 표기법으로 그려진 3계층 네트워크가 있다.

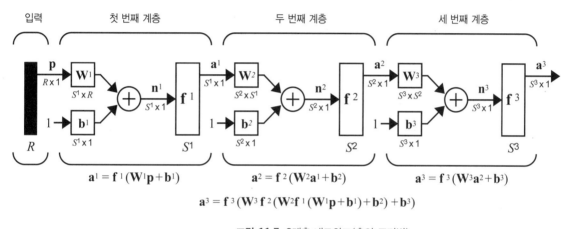

$$\mathbf{a}^1 = \mathbf{f}^1(\mathbf{W}^1\mathbf{p} + \mathbf{b}^1) \qquad \mathbf{a}^2 = \mathbf{f}^2(\mathbf{W}^2\mathbf{a}^1 + \mathbf{b}^2) \qquad \mathbf{a}^3 = \mathbf{f}^3(\mathbf{W}^3\mathbf{a}^2 + \mathbf{b}^3)$$

$$\mathbf{a}^3 = \mathbf{f}^3(\mathbf{W}^3\mathbf{f}^2(\mathbf{W}^2\mathbf{f}^1(\mathbf{W}^1\mathbf{p} + \mathbf{b}^1) + \mathbf{b}^2) + \mathbf{b}^3)$$

그림 11.7 3계층 네트워크(축약 표기법)

다층 네트워크에서 한 계층의 출력은 다음 계층의 입력이 된다. 이 연산을 설명하는 식은 다음과 같다.

$$\mathbf{a}^{m+1} = \mathbf{f}^{m+1}(\mathbf{W}^{m+1}\mathbf{a}^m + \mathbf{b}^{m+1}), \quad m = 0, 1, \dots, M-1 \qquad (11.6)$$

여기서 M은 네트워크의 계층 수다. 첫 번째 계층의 뉴런은 외부에서 입력을 받는다.

$$\mathbf{a}^0 = \mathbf{p} \qquad (11.7)$$

이 식은 식 (11.6)을 위한 시작점이다. 마지막 계층의 뉴런 출력은 네트워크 출력이라고 할 수 있다.

$$\mathbf{a} = \mathbf{a}^M \tag{11.8}$$

성능 지표

다층 네트워크의 역전파 알고리즘은 10장 LMS 알고리즘을 일반화한 것으로, 두 알고리즘은 모두 같은 성능 지표인 평균 제곱 오차mean square error를 사용한다. 알고리즘에는 적절한 네트워크 행동의 예제 집합이 제공된다.

$$\{\mathbf{p}_1, \mathbf{t}_1\}, \{\mathbf{p}_2, \mathbf{t}_2\}, \dots, \{\mathbf{p}_Q, \mathbf{t}_Q\} \tag{11.9}$$

여기서 $\mathbf{p}_q$는 네트워크의 입력이고, $\mathbf{t}_q$는 목표 출력이다. 각 입력이 네트워크에 적용될 때마다, 네트워크 출력과 목표가 비교된다. 알고리즘은 평균 제곱 오차가 최소화되도록 네트워크 파라미터를 조정한다.

$$F(\mathbf{x}) = E[e^2] = E[(t-a)^2] \tag{11.10}$$

여기서 $\mathbf{x}$는 (10장에서와 같이) 네트워크 가중치와 편향 벡터다. 만일 네트워크가 다중 출력을 가지면 이 식은 다음과 같이 일반화될 수 있다.

$$F(\mathbf{x}) = E[\mathbf{e}^T\mathbf{e}] = E[(\mathbf{t}-\mathbf{a})^T(\mathbf{t}-\mathbf{a})] \tag{11.11}$$

LMS 알고리즘과 같이 평균 제곱 오차도 다음 식으로 근사될 것이다.

$$\hat{F}(\mathbf{x}) = (\mathbf{t}(k) - \mathbf{a}(k))^T(\mathbf{t}(k) - \mathbf{a}(k)) = \mathbf{e}^T(k)\mathbf{e}(k) \tag{11.12}$$

여기서 제곱 오차의 기댓값은 반복 k에서의 제곱 오차로 대체됐다. 근사 평균 제곱 오차에 대한 최대 경사 하강 알고리즘(확률적 경사 하강법stochastic gradient descent)은 다음과 같다.

$$w_{i,j}^m(k+1) = w_{i,j}^m(k) - \alpha\frac{\partial\hat{F}}{\partial w_{i,j}^m} \tag{11.13}$$

$$b_i^m(k+1) = b_i^m(k) - \alpha \frac{\partial \hat{F}}{\partial b_i^m} \tag{11.14}$$

여기서 α는 학습률이다.

지금까지 개발된 사항은 LMS 알고리즘과 동일하다. 이제 어려운 편미분^{partial derivative}을 계산할 차례다.

연쇄 법칙

단층 선형 네트워크(ADALINE)의 편미분은 식 (10.33)과 식 (10.34)로 간단히 계산했다. 다층 네트워크의 경우 오차는 은닉 계층의 가중치의 양함수^{explicit function}가 아니기 때문에 미분이 쉽게 되지 않는다.

은닉 계층에서 오차는 가중치의 간접 함수이기 때문에 연쇄 법칙으로 미분을 계산할 것이다. 연쇄 법칙을 살펴보기 위해 변수 n의 양함수인 f가 있다고 해보자. 이때 변수 w에 대해 f의 미분을 구하려면 연쇄 법칙은 다음과 같이 표현된다.

$$\frac{df(n(w))}{dw} = \frac{df(n)}{dn} \times \frac{dn(w)}{dw} \tag{11.15}$$

예를 들어, 다음과 같이 함수가 정의된다면

$$\text{만일 } f(n) = e^n \text{이고 } n = 2w \text{라면, } f(n(w)) = e^{2w} \text{이다.} \tag{11.16}$$

연쇄 법칙은 다음과 같다.

$$\frac{df(n(w))}{dw} = \frac{df(n)}{dn} \times \frac{dn(w)}{dw} = (e^n)(2) \tag{11.17}$$

이 개념을 이용해 식 (11.13)과 식 (11.14)의 미분을 구할 것이다.

$$\frac{\partial \hat{F}}{\partial w_{i,j}^m} = \frac{\partial \hat{F}}{\partial n_i^m} \times \frac{\partial n_i^m}{\partial w_{i,j}^m} \tag{11.18}$$

$$\frac{\partial \hat{F}}{\partial b_i^m} = \frac{\partial \hat{F}}{\partial n_i^m} \times \frac{\partial n_i^m}{\partial b_i^m} \tag{11.19}$$

각 식에서 두 번째 항은 계층 m의 네트 입력이 해당 계층의 가중치와 편향의 양함수이기 때문에 쉽게 계산할 수 있다.

$$n_i^m = \sum_{j=1}^{s^{m-1}} w_{i,j}^m a_j^{m-1} + b_i^m \tag{11.20}$$

따라서 다음 결과를 얻을 수 있다.

$$\frac{\partial n_i^m}{\partial w_{i,j}^m} = a_j^{m-1} , \frac{\partial n_i^m}{\partial b_i^m} = 1 \tag{11.21}$$

민감도 이제 계층 m에서 네트 입력 i번째 요소의 변화에 대한 $\hat{F}$의 민감도sensitivity를 다음 식으로 정의해보자.

$$s_i^m \equiv \frac{\partial \hat{F}}{\partial n_i^m} \tag{11.22}$$

그러면 식 (11.18)과 식 (11.19)가 민감도에 대한 식으로 단순화된다.

$$\frac{\partial \hat{F}}{\partial w_{i,j}^m} = s_i^m a_j^{m-1} \tag{11.23}$$

$$\frac{\partial \hat{F}}{\partial b_i^m} = s_i^m \tag{11.24}$$

이제 근사적 최대 경사 하강 알고리즘을 다음 식으로 표현할 수 있다.

$$w_{i,j}^m(k+1) = w_{i,j}^m(k) - \alpha s_i^m a_j^{m-1} \tag{11.25}$$

$$b_i^m(k+1) = b_i^m(k) - \alpha s_i^m \tag{11.26}$$

이 식을 행렬 형식으로 표현하면 다음과 같이 된다.

$$\mathbf{W}^m(k+1) = \mathbf{W}^m(k) - \alpha \mathbf{s}^m (\mathbf{a}^{m-1})^T \tag{11.27}$$

$$\mathbf{b}^m(k+1) = \mathbf{b}^m(k) - \alpha \mathbf{s}^m \tag{11.28}$$

여기서

$$\mathbf{s}^m \equiv \frac{\partial \hat{F}}{\partial \mathbf{n}^m} = \begin{bmatrix} \dfrac{\partial \hat{F}}{\partial n_1^m} \\ \dfrac{\partial \hat{F}}{\partial n_2^m} \\ \vdots \\ \dfrac{\partial \hat{F}}{\partial n_{S^m}^m} \end{bmatrix} \tag{11.29}$$

(이 알고리즘과 식 (10.33) 및 식 (10.34)의 LMS 알고리즘 사이에 밀접한 관계를 주목하라.)

민감도 역전파

이제 민감도 $\mathbf{s}^m$의 계산이 남았다. 민감도 계산에서도 연쇄 법칙을 다시 적용해야 한다. 이 과정을 역전파backpropagation라고 하는데, 그 이유는 이 과정이 계층 m의 민감도를 계층 $m+1$의 민감도로 계산하는 반복 관계이기 때문이다.

민감도에 대한 반복 관계를 유도하기 위해 다음 자코비안 행렬Jacobian matrix을 사용할 것이다.

$$\frac{\partial \mathbf{n}^{m+1}}{\partial \mathbf{n}^{m}} \equiv \begin{bmatrix} \dfrac{\partial n_1^{m+1}}{\partial n_1^{m}} & \dfrac{\partial n_1^{m+1}}{\partial n_2^{m}} & \cdots & \dfrac{\partial n_1^{m+1}}{\partial n_{S^m}^{m}} \\[2mm] \dfrac{\partial n_2^{m+1}}{\partial n_1^{m}} & \dfrac{\partial n_2^{m+1}}{\partial n_2^{m}} & \cdots & \dfrac{\partial n_2^{m+1}}{\partial n_{S^m}^{m}} \\[2mm] \vdots & \vdots & & \vdots \\[2mm] \dfrac{\partial n_{S^{m+1}}^{m+1}}{\partial n_1^{m}} & \dfrac{\partial n_{S^{m+1}}^{m+1}}{\partial n_2^{m}} & \cdots & \dfrac{\partial n_{S^{m+1}}^{m+1}}{\partial n_{S^m}^{m}} \end{bmatrix} \tag{11.30}$$

다음은 이 행렬에 대한 식을 찾으려고 한다. 행렬의 i, j 요소를 생각해보자.

$$\frac{\partial n_i^{m+1}}{\partial n_j^{m}} = \frac{\partial \left(\displaystyle\sum_{l=1}^{S^m} w_{i,l}^{m+1} a_l^{m} + b_i^{m+1} \right)}{\partial n_j^{m}} = w_{i,j}^{m+1} \frac{\partial a_j^{m}}{\partial n_j^{m}}$$

$$= w_{i,j}^{m+1} \frac{\partial f^{m}(n_j^{m})}{\partial n_j^{m}} = w_{i,j}^{m+1} \dot{f}^{m}(n_j^{m}) \tag{11.31}$$

여기서

$$\dot{f}^{m}(n_j^{m}) = \frac{\partial f^{m}(n_j^{m})}{\partial n_j^{m}} \tag{11.32}$$

따라서 자코비안 행렬은 다음과 같이 작성될 수 있다.

$$\frac{\partial \mathbf{n}^{m+1}}{\partial \mathbf{n}^{m}} = \mathbf{W}^{m+1} \dot{\mathbf{F}}^{m}(\mathbf{n}^{m}) \tag{11.33}$$

여기서

428

$$\dot{\mathbf{F}}^m(\mathbf{n}^m) = \begin{bmatrix} \dot{f}^m(n_1^m) & 0 & \dots & 0 \\ 0 & \dot{f}^m(n_2^m) & \dots & 0 \\ \vdots & \vdots & & \vdots \\ 0 & 0 & \dots & \dot{f}^m(n_{S^m}^m) \end{bmatrix} \tag{11.34}$$

이제 민감도의 반복 관계를 연쇄 법칙을 사용해 행렬 형식으로 작성할 수 있다.

$$\mathbf{s}^m = \frac{\partial \hat{F}}{\partial \mathbf{n}^m} = \left(\frac{\partial \mathbf{n}^{m+1}}{\partial \mathbf{n}^m} \right)^T \frac{\partial \hat{F}}{\partial \mathbf{n}^{m+1}} = \dot{\mathbf{F}}^m(\mathbf{n}^m)(\mathbf{W}^{m+1})^T \frac{\partial \hat{F}}{\partial \mathbf{n}^{m+1}}$$

$$= \dot{\mathbf{F}}^m(\mathbf{n}^m)(\mathbf{W}^{m+1})^T \mathbf{s}^{m+1} \tag{11.35}$$

이제 역전파 알고리즘의 이름이 어디에서 비롯됐는지 알 수 있다. 민감도는 최종 계층에서 첫 번째 계층까지 네트워크의 역방향으로 전파된다.

$$\mathbf{s}^M \to \mathbf{s}^{M-1} \to \dots \to \mathbf{s}^2 \to \mathbf{s}^1 \tag{11.36}$$

이 지점에서 역전파 알고리즘이 LMS 알고리즘에 사용했던 것과 동일한 근사적 최대 경사 하강법을 사용한다는 점을 강조할 필요가 있다. 역전파 알고리즘을 복잡하게 만드는 유일한 요소는 그레이디언트를 계산하기 위해 먼저 민감도를 역전파해야 한다는 것이다. 역전파의 아름다움은 연쇄 법칙을 매우 효율적으로 구현하고 있다는 데 있다.

역전파 알고리즘을 완료하려면 아직 한 단계가 남아 있다. 식 (11.35)의 반복 관계의 시작점 $\mathbf{s}^M$이 필요하다. 시작점은 최종 계층에서 얻을 수 있다.

$$s_i^M = \frac{\partial \hat{F}}{\partial n_i^M} = \frac{\partial (\mathbf{t}-\mathbf{a})^T(\mathbf{t}-\mathbf{a})}{\partial n_i^M} = \frac{\partial \sum_{j=1}^{S^M} (t_j - a_j)^2}{\partial n_i^M} = -2(t_i - a_i)\frac{\partial a_i}{\partial n_i^M} \tag{11.37}$$

이제 다음 식과 같이 민감도의 시작점을 재정의해보자.

$$\frac{\partial a_i}{\partial n_i^M} = \frac{\partial a_i^M}{\partial n_i^M} = \frac{\partial f^M(n_i^M)}{\partial n_i^M} = \dot{f}^M(n_i^M) \tag{11.38}$$

$$s_i^M = -2(t_i - a_i)\dot{f}^M(n_i^M) \tag{11.39}$$

이를 행렬 형식으로 표현하면 다음과 같다.

$$\mathbf{s}^M = -2\dot{\mathbf{F}}^M(\mathbf{n}^M)(\mathbf{t} - \mathbf{a}) \tag{11.40}$$

요약

역전파 알고리즘을 요약해보자. 첫 번째 단계는 입력을 네트워크에 순방향으로 전파하는 것이다.

$$\mathbf{a}^0 = \mathbf{p} \tag{11.41}$$

$$\mathbf{a}^{m+1} = \mathbf{f}^{m+1}(\mathbf{W}^{m+1}\mathbf{a}^m + \mathbf{b}^{m+1}), \quad m = 0, 1, \dots, M-1 \tag{11.42}$$

$$\mathbf{a} = \mathbf{a}^M \tag{11.43}$$

다음 단계는 민감도를 네트워크에 역방향으로 전파하는 것이다.

$$\mathbf{s}^M = -2\dot{\mathbf{F}}^M(\mathbf{n}^M)(\mathbf{t} - \mathbf{a}) \tag{11.44}$$

$$\mathbf{s}^m = \dot{\mathbf{F}}^m(\mathbf{n}^m)(\mathbf{W}^{m+1})^T\mathbf{s}^{m+1}, \quad m = M-1, \dots, 2, 1 \tag{11.45}$$

마지막으로, 가중치와 편향을 근사적 최대 경사 하강 규칙을 이용해 변경한다.

$$\mathbf{W}^m(k+1) = \mathbf{W}^m(k) - \alpha\mathbf{s}^m(\mathbf{a}^{m-1})^T \tag{11.46}$$

$$\mathbf{b}^m(k+1) = \mathbf{b}^m(k) - \alpha\mathbf{s}^m \tag{11.47}$$

예제

역전파 알고리즘을 설명하기 위해, 네트워크를 선택하고 특정 문제에 적용해보자. 이 장의 도입부에서 설명했던 1–2–1 네트워크를 사용할 것이다. 편의상 그림 11.8에 네트워크를 다시 그려봤다.

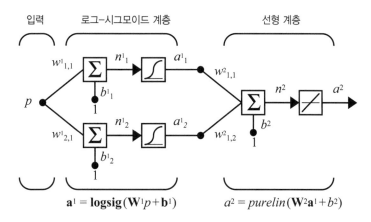

그림 11.8 함수 근사 네트워크 예제

다음은 네트워크가 풀어야 할 문제를 정의해보자. 다음 함수를 근사하려고 한다.

$$g(p) = 1 + \sin\left(\frac{\pi}{4}p\right), \quad -2 \le p \le 2 \tag{11.48}$$

훈련 집합을 만들기 위해 몇몇 p 값에서 함숫값을 계산할 것이다.

역전파 알고리즘을 시작하기 전에 네트워크의 가중치와 편향의 초기치를 선택하자. 일반적으로 초기치는 작은 랜덤값으로 선택한다. 다음 장에서 그렇게 하는 이유를 살펴볼 것이다. 우선 값을 선택해보자.

$$\mathbf{W}^1(0) = \begin{bmatrix} -0.27 \\ -0.41 \end{bmatrix}, \ \mathbf{b}^1(0) = \begin{bmatrix} -0.48 \\ -0.13 \end{bmatrix}, \ \mathbf{W}^2(0) = \begin{bmatrix} 0.09 & -0.17 \end{bmatrix}, \ \mathbf{b}^2(0) = \begin{bmatrix} 0.48 \end{bmatrix}$$

이들 초기치의 네트워크 반응이 근사하려는 사인 함수를 따라 그림 11.9에 그려져 있다.

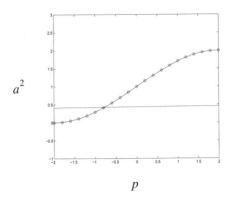

a^2

p

그림 11.9 초기 네트워크 반응

다음은 훈련 집합 $\{p_1, t_1\}$, $\{p_2, t_2\}$, ... , $\{p_Q, t_Q\}$를 선택해보자. 이 경우, [−2, 2] 범위에서 간격이 0.2로 동일한 21개의 점에서 함수를 샘플링할 것이다. 훈련 점은 그림 11.9에 원으로 표시되어 있다.

이제 알고리즘을 시작할 준비가 되었다. 훈련 점은 어떤 순서로 제시돼도 상관없으며, 보통 랜덤하게 선택된다. 초기 입력값에 대해 16번째 훈련 점인 $p = 1$을 선택할 것이다.

$$a^0 = p = 1$$

이때 첫 번째 계층의 출력은 다음과 같다.

$$\mathbf{a}^1 = \mathbf{f}^1(\mathbf{W}^1\mathbf{a}^0 + \mathbf{b}^1) = \mathbf{logsig}\left(\begin{bmatrix} -0.27 \\ -0.41 \end{bmatrix}[1] + \begin{bmatrix} -0.48 \\ -0.13 \end{bmatrix}\right) = \mathbf{logsig}\left(\begin{bmatrix} -0.75 \\ -0.54 \end{bmatrix}\right)$$

$$= \begin{bmatrix} \dfrac{1}{1 + e^{0.75}} \\ \dfrac{1}{1 + e^{0.54}} \end{bmatrix} = \begin{bmatrix} 0.321 \\ 0.368 \end{bmatrix}$$

두 번째 계층의 출력은 다음과 같다.

$$a^2 = f^2(\mathbf{W}^2 \mathbf{a}^1 + \mathbf{b}^2) = purelin \left(\begin{bmatrix} 0.09 & -0.17 \end{bmatrix} \begin{bmatrix} 0.321 \\ 0.368 \end{bmatrix} + \begin{bmatrix} 0.48 \end{bmatrix} \right) = \begin{bmatrix} 0.446 \end{bmatrix}$$

그러면 오차는 다음과 같이 계산된다.

$$e = t - a = \left\{ 1 + \sin\left(\frac{\pi}{4}p\right) \right\} - a^2 = \left\{ 1 + \sin\left(\frac{\pi}{4}1\right) \right\} - 0.446 = 1.261$$

알고리즘의 다음 단계는 민감도를 역전파하는 것이다. 역전파를 시작하려면, 전달 함수 $\dot{f}^1(n)$과 $\dot{f}^2(n)$의 미분이 필요하다. 첫 번째 계층의 전달 함수의 미분은 다음과 같다.

$$\dot{f}^1(n) = \frac{d}{dn}\left(\frac{1}{1 + e^{-n}}\right) = \frac{e^{-n}}{(1 + e^{-n})^2} = \left(1 - \frac{1}{1 + e^{-n}}\right)\left(\frac{1}{1 + e^{-n}}\right) = (1 - a^1)(a^1)$$

두 번째 계층의 전달 함수의 미분은 다음과 같다.

$$\dot{f}^2(n) = \frac{d}{dn}(n) = 1$$

이제 역전파를 수행해보자. 시작점은 식 (11.44)를 이용해 두 번째 계층에서 찾는다.

$$\mathbf{s}^2 = -2\dot{\mathbf{F}}^2(\mathbf{n}^2)(\mathbf{t} - \mathbf{a}) = -2\left[\dot{f}^2(n^2)\right](1.261) = -2\begin{bmatrix}1\end{bmatrix}(1.261) = -2.522$$

그런 다음 첫 번째 계층의 민감도는 식 (11.45)를 이용해 두 번째 계층의 민감도를 역전파시켜 계산한다.

$$\mathbf{s}^1 = \dot{\mathbf{F}}^1(\mathbf{n}^1)(\mathbf{W}^2)^T \mathbf{s}^2 = \begin{bmatrix} (1 - a_1^1)(a_1^1) & 0 \\ 0 & (1 - a_2^1)(a_2^1) \end{bmatrix} \begin{bmatrix} 0.09 \\ -0.17 \end{bmatrix} \begin{bmatrix} -2.522 \end{bmatrix}$$

$$= \begin{bmatrix} (1-0.321)(0.321) & 0 \\ 0 & (1-0.368)(0.368) \end{bmatrix} \begin{bmatrix} 0.09 \\ -0.17 \end{bmatrix} \begin{bmatrix} -2.522 \end{bmatrix}$$

$$= \begin{bmatrix} 0.218 & 0 \\ 0 & 0.233 \end{bmatrix} \begin{bmatrix} -0.227 \\ 0.429 \end{bmatrix} = \begin{bmatrix} -0.0495 \\ 0.0997 \end{bmatrix}$$

알고리즘의 최종 단계는 가중치를 변경하는 것이다. 간단히 하기 위해 학습률 $\alpha = 0.1$을 사용할 것이다(12장에서 학습률의 선택에 대해 좀 더 자세히 논의할 것이다). 식 (11.46)과 식 (11.47)로 변경된 가중치를 구할 수 있다.

$$\mathbf{W}^2(1) = \mathbf{W}^2(0) - \alpha \mathbf{s}^2(\mathbf{a}^1)^T = \begin{bmatrix} 0.09 & -0.17 \end{bmatrix} - 0.1 \begin{bmatrix} -2.522 \end{bmatrix} \begin{bmatrix} 0.321 & 0.368 \end{bmatrix}$$

$$= \begin{bmatrix} 0.171 & -0.0772 \end{bmatrix},$$

$$\mathbf{b}^2(1) = \mathbf{b}^2(0) - \alpha \mathbf{s}^2 = \begin{bmatrix} 0.48 \end{bmatrix} - 0.1 \begin{bmatrix} -2.522 \end{bmatrix} = \begin{bmatrix} 0.732 \end{bmatrix},$$

$$\mathbf{W}^1(1) = \mathbf{W}^1(0) - \alpha \mathbf{s}^1(\mathbf{a}^0)^T = \begin{bmatrix} -0.27 \\ -0.41 \end{bmatrix} - 0.1 \begin{bmatrix} -0.0495 \\ 0.0997 \end{bmatrix} \begin{bmatrix} 1 \end{bmatrix} = \begin{bmatrix} -0.265 \\ -0.420 \end{bmatrix},$$

$$\mathbf{b}^1(1) = \mathbf{b}^1(0) - \alpha \mathbf{s}^1 = \begin{bmatrix} -0.48 \\ -0.13 \end{bmatrix} - 0.1 \begin{bmatrix} -0.0495 \\ 0.0997 \end{bmatrix} = \begin{bmatrix} -0.475 \\ -0.140 \end{bmatrix}$$

이제 역전파 알고리즘의 첫 번째 반복이 완료됐다. 다음 단계는 훈련 집합에서 다른 입력을 랜덤하게 선택해 알고리즘을 반복하는 것이다. 네트워크 반응과 목표 함수 간의 차가 허용 가능한 수준에 도달할 때까지 계속한다(일반적으로 전체 훈련 집합을 여러 번 관통시킨다). 수렴 조건에 대해서는 12장에서 좀 더 자세히 논의할 것이다.

2계층 네트워크에 대해 역전파 계산을 실험하려면, MATLAB® 신경망 설계 데모 '역전파 계산 Backpropagation Calculation' **nnd11bc**를 이용하라.

배치 훈련과 점진적 훈련

점진적 훈련

배치 훈련

앞에서 설명한 알고리즘은 확률적 경사 하강 알고리즘으로 (10장 LMS 알고리즘과 마찬가지로) 각 입력을 제시할 때마다 네트워크 가중치와 편향을 변경하는 '온라인' 또는 점진적 훈련incremental training 방법이다. (모든 입력을 네트워크에 적용한 이후에) 전체 그레이디언트를 계산해서 배치 훈련batch training을 할 수도 있다. 예를 들어, 각 입력이 같은 확률로 발생한다면 평균 제곱 오차 성능 지표는 다음과 같이 작성될 수 있다.

$$F(\mathbf{x}) = E[\mathbf{e}^T\mathbf{e}] = E[(\mathbf{t} - \mathbf{a})^T(\mathbf{t} - \mathbf{a})] = \frac{1}{Q}\sum_{q=1}^{Q}(\mathbf{t}_q - \mathbf{a}_q)^T(\mathbf{t}_q - \mathbf{a}_q) \quad (11.49)$$

성능 지표에 대한 전체 그레이디언트는 다음과 같다.

$$\nabla F(\mathbf{x}) = \nabla\left\{\frac{1}{Q}\sum_{q=1}^{Q}(\mathbf{t}_q - \mathbf{a}_q)^T(\mathbf{t}_q - \mathbf{a}_q)\right\} = \frac{1}{Q}\sum_{q=1}^{Q}\nabla\{(\mathbf{t}_q - \mathbf{a}_q)^T(\mathbf{t}_q - \mathbf{a}_q)\} \quad (11.50)$$

따라서 평균 제곱 오차의 전체 그레이디언트는 개별 제곱 오차 그레이디언트의 평균이다. 따라서 역전파 알고리즘의 배치 버전을 구현하려면 훈련 집합의 모든 입력에 대해 식 (11.41)에서 식 (11.45)까지 진행한 후 개별 그레이디언트를 평균해서 전체 그레이디언트를 구한다. 따라서 배치 최대 경사 하강 알고리즘의 변경 식은 다음과 같이 정의된다.

$$\mathbf{W}^m(k+1) = \mathbf{W}^m(k) - \frac{\alpha}{Q}\sum_{q=1}^{Q}\mathbf{s}_q^m(\mathbf{a}_q^{m-1})^T \quad (11.51)$$

$$\mathbf{b}^m(k+1) = \mathbf{b}^m(k) - \frac{\alpha}{Q}\sum_{q=1}^{Q}\mathbf{s}_q^m \quad (11.52)$$

역전파 사용

이 절에서는 역전파 구현에 관련된 이슈를 제시하려고 한다. 네트워크 구조의 선택과 네트워크 수렴 및 일반화 문제를 논의할 것이다(12장에서 알고리즘 개선 방법을 조사하면서 구현 이슈를 다시 논의할 것이다).

네트워크 구조 선택

이 장 도입부에서 논의했듯이, 은닉 계층에 뉴런 수가 충분하다면 다층 네트워크는 거의 모든 함수를 근사할 수 있다. 하지만 적절한 성능에 필요한 계층 수와 뉴런 수를 말하기는 쉽지 않다. 이 절에서는 몇 가지 예제를 통해 이 문제에 대한 통찰력을 제시하려고 한다.

첫 번째 예제로 다음 함수를 근사한다고 가정해보자.

$$g(p) = 1 + \sin\left(\frac{i\pi}{4}p\right), \quad -2 \leq p \leq 2 \tag{11.53}$$

여기서 i는 1, 2, 4, 8 값을 갖는다. i가 커질수록 $-2 \leq p \leq 2$ 구간에 정현파 주기가 더 빈번해지기 때문에 함수는 점점 더 복잡해진다. 만일 은닉 계층의 뉴런 수가 고정되어 있다면, i가 커질수록 $g(p)$를 근사하기 어려워질 것이다.

첫 번째 예제에서는 첫 번째 계층의 전달 함수가 로그-시그모이드이고, 두 번째 계층의 전달 함수는 선형인 1-3-1 네트워크를 사용한다. 422페이지의 예제에서 이런 종류의 2계층 네트워크는 로그-시그모이드 함수(또는 은닉 계층에 있는 뉴런 개수만큼의 로그-시그모이드 함수) 3개의 합으로 이뤄진 반응을 생성할 수 있음을 알았다. 분명히 이 네트워크가 구현할 수 있는 함수의 복잡성에는 한계가 있다. 그림 11.10은 i = 1, 2, 4, 8일 경우 $g(p)$를 근사하도록 네트워크를 훈련시킨 뒤 네트워크 반응을 보여준다. 최종 네트워크 반응은 회색(①)으로 표시된다.

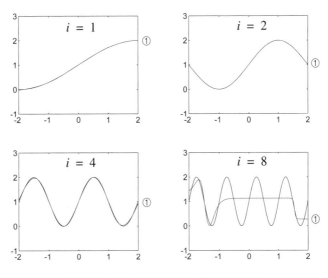

그림 11.10 1-3-1 네트워크를 이용한 함수 근사

$i = 4$일 때 1-3-1 네트워크가 최대 역량에 도달했음을 알 수 있다. $i > 4$일 때는 $g(p)$을 정확한 근사하지 못한다. 그림 11.10의 오른쪽 하단 그래프에서는 $i = 8$일 때 1-3-1 네트워크가 $g(p)$를 어떻게 근사하려는지 알 수 있다. 네트워크 반응과 $g(p)$ 사이에 평균 제곱 오차는 최소화됐지만, 네트워크 반응은 함수의 일부에만 일치한다.

다음 예제에서는 약간 다른 관점으로 문제에 접근할 것이다. 이번에는 함수 $g(p)$를 선택한 다음, 함수를 정확히 표현할 수 있을 때까지 점점 더 큰 네트워크를 사용할 것이다. 다음 함수를 $g(p)$로 사용한다.

$$g(p) = 1 + \sin\left(\frac{6\pi}{4}p\right), \quad -2 \le p \le 2 \tag{11.54}$$

이 함수를 근사하기 위해 첫 번째 계층의 전달 함수는 로그-시그모이드이고, 두 번째 계층의 전달 함수는 선형인 2계층 네트워크($1-S^1-1$ 네트워크)를 사용할 것이다. 이 장의 도입부에서 논의했듯이, 네트워크의 반응은 S^1 시그모이드 함수를 겹쳐놓은 것이다.

그림 11.11은 첫 번째 계층(은닉 계층)의 뉴런 수가 증가할 때 네트워크 반응을 보여준다. 은닉 계층에 뉴런 수가 최소 5개는 되어야 네트워크가 $g(p)$를 정확히 표현할 수 있다.

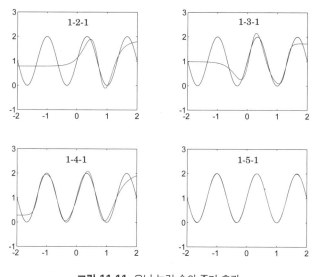

그림 11.11 은닉 뉴런 수의 증가 효과

결과를 요약하면, 은닉 계층에 시그모이드 뉴런을 갖고 출력 계층에 선형 뉴런을 갖는 $1-S^1-1$ 네트워크는 S^1개 시그모이드 함수를 겹쳐놓은 반응을 생성한다. 변곡점 수가 많은 함수를 근사하려면 은닉 계층에 많은 수의 뉴런이 필요하다.

2계층 네트워크의 역량에 대해 더 많은 통찰력을 개발하려면, MATLAB® 신경망 설계 데모 '함수 근사'Function Approximation **nnd11fa**를 이용하라.

수렴

앞 절에서는 역전파 알고리즘이 평균 제곱 오차를 최소화하는 네트워크 파라미터를 만들더라도 네트워크의 반응이 원하는 함수를 정확히 근사하지 못하는 예들을 제시했다. 네트워크의 역량은 본질적으로 네트워크의 은닉 뉴런 수에 제한되기 때문에 이런 상황이 발생한다. 이번 절에서는 네트워크는 함수를 근사할 수 있지만 학습 알고리즘이 함수를 정확히 근사할 수 있는 네트워크 파라미터를 만들지 못하는 예를 제시할 것이다. 다음 장에서 이 문제를 더 자세히 논의하고, 이런 상황이 왜 발생하는지 설명할 것이다. 우선 문제를 간단히 설명해보겠다.

네트워크가 근사하려는 함수는 다음과 같다.

$$g(p) = 1 + \sin(\pi p), \quad -2 \leq p \leq 2 \tag{11.55}$$

이 함수를 근사하기 위해 첫 번째 계층의 전달 함수는 로그–시그모이드이고, 두 번째 계층의 전달 함수는 선형인 1–3–1 네트워크를 사용할 것이다.

그림 11.12는 학습 알고리즘이 평균 제곱 오차를 최소화하는 해로 수렴하는 과정을 보여주고 있다. 알고리즘이 수렴할 때 얇은 선은 중간 반복을 나타내고, 굵은 선은 최종 해를 나타낸다(곡선 옆의 숫자는 반복 순서를 표시한다. 0은 초기 조건을 가리키고, 5는 최종 해를 가리킨다. 숫자는 반복 횟수가 아니다. 곡선으로 표시되지 않은 많은 반복이 있다. 이 숫자는 단순히 순서를 표시한다).

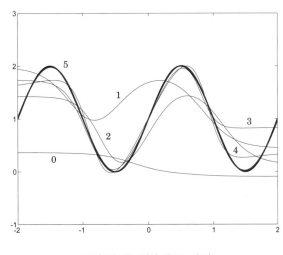

그림 11.12 전역 최소로 수렴

그림 11.13은 학습 알고리즘이 평균 제곱 오차를 최소화하지 않는 해로 수렴하는 경우를 보여준다. 굵은 선은 최종 반복에서 네트워크 반응을 나타낸다. 평균 제곱 오차의 그레이디언트는 최종 반복에서 0이므로 지역 최소를 갖지만, 그림 11.12가 입증하는 것처럼 더 나은 해가 존재한다는 사실을 알고 있다. 이번 결과와 그림 11.12의 결과를 다르게 만드는 유일한 요인은 초기 조건이다. 알고리즘은 한 초기 조건에서는 전역 최소로 수렴했지만, 다른 초기 조건에서는 지역 최소로 수렴했다.

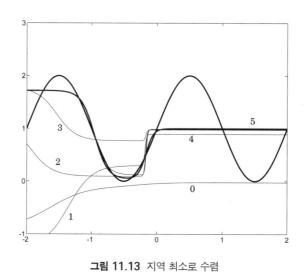

그림 11.13 지역 최소로 수렴

LMS 알고리즘으로는 이런 결과가 나오지 않는다. ADALINE 네트워크의 평균 제곱 오차 성능 지표는 (대부분의 조건에서) 최소가 하나인 2차 함수다. 따라서 LMS 알고리즘은 학습률이 충분히 작다면 전역 최소로 수렴하도록 보장한다. (다음 장에서 보게 되겠지만) 다층 네트워크의 평균 제곱 오차 함수는 일반적으로 훨씬 더 복잡하며, 여러 지역 최소를 갖는다. 따라서 역전파 알고리즘이 수렴할 때 최적 해를 보장하지는 못한다. 최적 해를 보장하려면 몇 가지 초기 조건으로 시도해보는 것이 좋다.

일반화

대부분의 경우 다층 네트워크는 적절한 네트워크 행동에 대한 예제로 훈련시킨다.

$$\{\mathbf{p}_1, \mathbf{t}_1\}, \{\mathbf{p}_2, \mathbf{t}_2\}, \dots, \{\mathbf{p}_Q, \mathbf{t}_Q\} \tag{11.56}$$

일반적으로 훈련 집합은 존재할 수 있는 입력/출력 쌍을 대표적으로 표현한다. 네트워크가 전체 집합에 대해 학습면서 일반화generalization를 성공적으로 하는 것이 중요하다.

예를 들어, 다음 함수를 점 $p = -2, -1.6, -1.2, \dots, 1.6, 2$에서 샘플링해 훈련 집합을 구한다고 하자.

$$g(p) = 1 + \sin\left(\frac{\pi}{4}p\right) \tag{11.57}$$

(전체 11개 입력/목표 쌍이 있다. 그림 11.14에서 이 데이터에 대해 훈련된 1-2-1 네트워크의 반응을 볼 수 있다. 검은색 선은 $g(p)$를 나타내며, 회색 선은 네트워크 응답을 나타내고, '+' 기호는 훈련 집합을 나타낸다.)

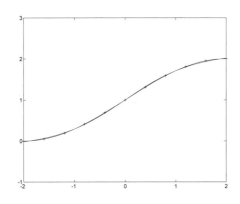

그림 11.14 1-2-1 네트워크의 $g(p)$ 근사

네트워크 반응이 $g(p)$를 정확하게 표현하고 있음을 알 수 있다. 훈련 집합에 포함되지 않은 p 값(예: $p = -0.2$)으로 네트워크의 반응을 구한다면, 네트워크는 여전히 $g(p)$에 근접한 출력을 생성할 것이다. 네트워크의 일반화가 잘됐다고 볼 수 있다.

이제 같은 데이터 집합으로 훈련된 1-9-1 네트워크의 반응을 보여주는 그림 11.15를 살펴보자. 모든 훈련 점에서 네트워크 반응은 $g(p)$를 정확하게 모델링했다. 그러나 훈련 집합에 포함되지 않은 p 값(예: $p = -0.2$)으로 네트워크 반응을 계산하면 네트워크는 $g(p)$와 다른 출력을 생성할지도 모른다. 네트워크의 일반화가 잘되지 못했다.

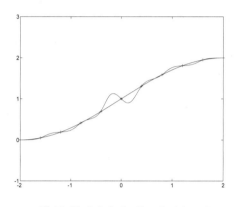

그림 11.15 1-9-1 네트워크의 $g(p)$ 근사

1-9-1 네트워크는 이 문제에 대해 과도하게 유연하다. 조정 가능한 파라미터(18개의 가중치와 10개의 편향)는 총 28개지만, 훈련 집합은 11개의 데이터 점만 갖고 있다. 1-2-1 네트워크는 파라미터가 7개이므로 구현할 수 있는 함수의 종류가 더욱 제한된다.

네트워크를 일반화할 수 있으려면 훈련 집합에 있는 데이터 점보다 적은 수의 파라미터를 가져야만 한다. 모든 모델링 문제에서와 같이 신경망도 훈련 집합을 적절히 표현할 수 있는 가장 단순한 네트워크를 사용하는 것이 좋다. 작은 네트워크가 잘 작동한다면 큰 네트워크를 사용하지 마라(오캄의 면도날$^{Ockham's\ Razor}$로 언급되는 개념). 가장 단순한 네트워크를 사용하기 위한 한 가지 안으로 네트워크가 과적합되기 전에 훈련을 멈추는 방법이 있다. 이 방법과 일반화를 향상하는 그 밖의 기법들이 13장에서 제시되고 있다.

신경망의 일반화를 실험하려면, MATLAB® 신경망 설계 데모 '일반화Generalization' **nnd11gn** 을 이용하라.

결과 요약

다층 네트워크

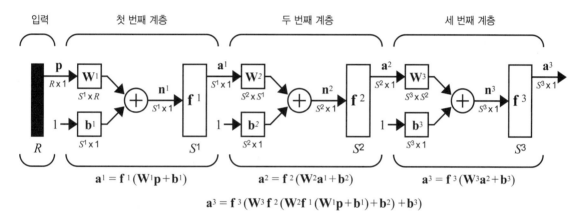

$$\mathbf{a}^1 = \mathbf{f}^1(\mathbf{W}^1\mathbf{p}+\mathbf{b}^1)$$

$$\mathbf{a}^2 = \mathbf{f}^2(\mathbf{W}^2\mathbf{a}^1+\mathbf{b}^2)$$

$$\mathbf{a}^3 = \mathbf{f}^3(\mathbf{W}^3\mathbf{a}^2+\mathbf{b}^3)$$

$$\mathbf{a}^3 = \mathbf{f}^3(\mathbf{W}^3\mathbf{f}^2(\mathbf{W}^2\mathbf{f}^1(\mathbf{W}^1\mathbf{p}+\mathbf{b}^1)+\mathbf{b}^2)+\mathbf{b}^3)$$

역전파 알고리즘

성능 지표

$$F(\mathbf{x}) = E[\mathbf{e}^T\mathbf{e}] = E[(\mathbf{t}-\mathbf{a})^T(\mathbf{t}-\mathbf{a})]$$

근사적 성능 지표

$$\hat{F}(\mathbf{x}) = \mathbf{e}^T(k)\mathbf{e}(k) = (\mathbf{t}(k)-\mathbf{a}(k))^T(\mathbf{t}(k)-\mathbf{a}(k))$$

민감도

$$\mathbf{s}^m \equiv \frac{\partial \hat{F}}{\partial \mathbf{n}^m} = \begin{bmatrix} \dfrac{\partial \hat{F}}{\partial n_1^m} \\[2mm] \dfrac{\partial \hat{F}}{\partial n_2^m} \\[1mm] \vdots \\[1mm] \dfrac{\partial \hat{F}}{\partial n_{s^m}^m} \end{bmatrix}$$

순방향 전파

$$\mathbf{a}^0 = \mathbf{p}$$

$$\mathbf{a}^{m+1} = \mathbf{f}^{m+1}(\mathbf{W}^{m+1}\mathbf{a}^m + \mathbf{b}^{m+1}), \quad m = 0, 1, \ldots, M-1$$

$$\mathbf{a} = \mathbf{a}^M$$

역방향 전파

$$\mathbf{s}^M = -2\dot{\mathbf{F}}^M(\mathbf{n}^M)(\mathbf{t} - \mathbf{a})$$

$$\mathbf{s}^m = \dot{\mathbf{F}}^m(\mathbf{n}^m)(\mathbf{W}^{m+1})^T \mathbf{s}^{m+1}, \quad m = M-1, \ldots, 2, 1$$

여기서

$$\dot{\mathbf{F}}^m(\mathbf{n}^m) = \begin{bmatrix} \dot{f}^m(n_1^m) & 0 & \dots & 0 \\ 0 & \dot{f}^m(n_2^m) & \dots & 0 \\ \vdots & \vdots & & \vdots \\ 0 & 0 & & \dot{f}^m(n_{S^m}^m) \end{bmatrix}$$

$$\dot{f}^m(n_j^m) = \frac{\partial f^m(n_j^m)}{\partial n_j^m}$$

가중치 변경(근사적 최대 경사 하강법)

$$\mathbf{W}^m(k+1) = \mathbf{W}^m(k) - \alpha \mathbf{s}^m (\mathbf{a}^{m-1})^T$$

$$\mathbf{b}^m(k+1) = \mathbf{b}^m(k) - \alpha \mathbf{s}^m$$

문제 풀이

P11.1 그림 **P11.1**에 있는 두 클래스의 패턴을 고려하라. 클래스 **I**은 세로선이고, 클래스 **II**
는 가로선을 나타낸다.

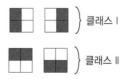

그림 P11.1 문제 P11.1의 패턴 클래스

(1) 이 클래스들을 선형적으로 분리할 수 있는가?

(2) 이 클래스들을 분리하는 다층 네트워크를 설계하라.

(1) 패턴의 2×2 그리드를 한 번에 한 열씩 읽으면서 벡터로 변환해보자. 흰색 네모는 '-1'로, 회색 네모는 '1'로 표시한다. (클래스 I 패턴인) 세로선은 다음과 같다.

$$\mathbf{p}_1 = \begin{bmatrix} 1 \\ 1 \\ -1 \\ -1 \end{bmatrix}, \quad \mathbf{p}_2 = \begin{bmatrix} -1 \\ -1 \\ 1 \\ 1 \end{bmatrix}$$

그리고 (클래스 II 패턴인) 가로선은 다음과 같다.

$$\mathbf{p}_3 = \begin{bmatrix} 1 \\ -1 \\ 1 \\ -1 \end{bmatrix}, \quad \mathbf{p}_4 = \begin{bmatrix} -1 \\ 1 \\ -1 \\ 1 \end{bmatrix}$$

두 범주가 선형적으로 분리되도록 그 사이에 초평면을 놓을 수 있어야 한다. 즉, 다음 조건을 만족하는 가중치 행렬 $\mathbf{W}$와 편향 b가 존재해야 한다.

$$\mathbf{W}\mathbf{p}_1 + b > 0, \ \mathbf{W}\mathbf{p}_2 + b > 0, \ \mathbf{W}\mathbf{p}_3 + b < 0, \ \mathbf{W}\mathbf{p}_4 + b < 0$$

이 조건들은 다음 형태로 변환될 수 있다.

$$\begin{bmatrix} w_{1,1} & w_{1,2} & w_{1,3} & w_{1,4} \end{bmatrix} \begin{bmatrix} 1 \\ 1 \\ -1 \\ -1 \end{bmatrix} = \begin{bmatrix} w_{1,1} + w_{1,2} - w_{1,3} - w_{1,4} \end{bmatrix} > 0$$

$$\begin{bmatrix} -w_{1,1} - w_{1,2} + w_{1,3} + w_{1,4} \end{bmatrix} > 0$$

$$\begin{bmatrix} w_{1,1} - w_{1,2} + w_{1,3} - w_{1,4} \end{bmatrix} < 0$$

$$\begin{bmatrix} -w_{1,1} + w_{1,2} - w_{1,3} + w_{1,4} \end{bmatrix} < 0$$

처음 두 조건은 양립할 수 없는 다음과 같은 식들로 정리된다.

$$w_{1,1} + w_{1,2} > w_{1,3} + w_{1,4}, \quad w_{1,3} + w_{1,4} > w_{1,1} + w_{1,2}$$

마지막 두 조건도 양립할 수 없는 다음과 같은 식들로 정리된다.

$$w_{1,1} + w_{1,3} > w_{1,2} + w_{1,4}, \quad w_{1,2} + w_{1,4} > w_{1,1} + w_{1,3}$$

따라서 이 두 범주를 분리할 수 있는 초평면은 존재하지 않는다.

(2) 이 문제를 풀 수 있는 여러 종류의 다층 네트워크가 있다. 클래스 I 벡터의 경우 처음 두 요소나 마지막 두 요소가 '1'이라는 점을 감안해서 네트워크를 설계할 것이다. 클래스 II의 벡터들은 '1'과 '−1' 패턴을 교대로 갖는다. 이에 따라 그림 P11.2의 네트워크가 설계된다.

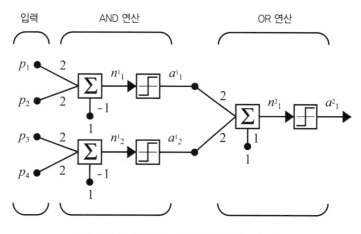

그림 P11.2 세로선과 가로선을 분류하는 네트워크

첫 번째 계층의 첫 번째 뉴런은 입력 벡터의 처음 두 요소를 테스트한다. 이들이 모두 '1'이면 '1'을 출력하고, 그렇지 않으면 '−1'을 출력한다. 첫 번째 계층의 두 번째 뉴런은 같은 방식으로 입력 벡터의 마지막 두 요소를 테스트한다. 첫 번째 계층의 두 뉴런은 AND 연산을 한다. 네트워크의 두 번째 계층은 첫 번째 계층의 출력

중 하나가 '1'인지 테스트한다. OR 연산을 수행한다. 이런 방식으로 입력 벡터의 처음 두 요소나 마지막 두 요소가 모두 '1'이라면 네트워크는 '1'을 출력할 것이다.

P11.2 그림 P11.3은 분류 문제를 보여준다. 여기서 클래스 I 벡터는 밝은 원이고, 클래스 II 벡터는 어두운 원으로 표시된다. 두 범주는 선형적으로 분리할 수 없다. 두 범주를 정확히 분류하는 다층 네트워크를 설계하라.

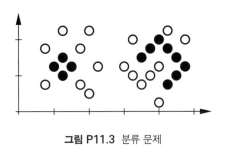

그림 P11.3 분류 문제

임의의 분류 문제에 사용할 수 있는 방법으로 이 문제를 풀 것이다. 각 계층에 하드 리밋 뉴런을 갖는 3계층 네트워크가 필요하다. 첫 번째 계층에서 모든 클래스 I 벡터를 모든 클래스 II 벡터에서 분리하는 선형 결정 경계의 집합을 생성한다. 이 문제의 경우 선형 경계를 11개 사용했다. 그림 P11.4에는 11개의 경계가 표시되어 있다.

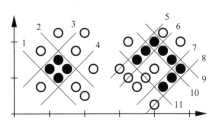

그림 P11.4 첫 번째 계층 결정 경계

첫 번째 계층의 가중치 행렬의 각 행은 하나의 결정 경계에 해당한다. 첫 번째 계층의 가중치 행렬과 편향 벡터는 다음과 같다.

$$(\mathbf{W}^1)^T = \begin{bmatrix} 1 & -1 & 1 & -1 & 1 & -1 & 1 & -1 & -1 & 1 & 1 \\ 1 & -1 & -1 & 1 & -1 & 1 & -1 & 1 & -1 & 1 & 1 \end{bmatrix}$$

$$(\mathbf{b}^1)^T = \begin{bmatrix} -2 & 3 & 0.5 & 0.5 & -1.75 & 2.25 & -3.25 & 3.75 & 6.25 & -5.75 & -4.75 \end{bmatrix}$$

(특정 결정 경계에 대한 가중치 행렬과 편향을 계산하는 방법은 3장, 4장, 10장을 검토하라.) 이제 첫 번째 계층의 11개 뉴런의 출력을 두 번째 계층의 AND 뉴런을 이용해 그룹으로 결합한다. 첫 번째 계층의 11개 뉴런은 문제 P11.1 네트워크의 첫 번째 계층에 사용된 뉴런과 같다. 두 번째 계층의 가중치와 편향은 다음과 같다.

$$\mathbf{W}^2 = \begin{bmatrix} 1 & 1 & 1 & 1 & 0 & 0 & 0 & 0 & 0 & 0 & 0 \\ 0 & 0 & 0 & 0 & 1 & 1 & 0 & 0 & 1 & 0 & 1 \\ 0 & 0 & 0 & 0 & 1 & 0 & 0 & 1 & 1 & 1 & 0 \\ 0 & 0 & 0 & 0 & 0 & 0 & 1 & 1 & 1 & 0 & 1 \end{bmatrix}, \quad \mathbf{b}^T = \begin{bmatrix} -3 \\ -3 \\ -3 \\ -3 \end{bmatrix}$$

그림 P11.5는 두 번째 계층의 네 결정 영역을 표시한다. 예를 들어, 뉴런 2의 결정 영역은 첫 번째 계층에서 경계 5, 6, 9, 11을 결합해서 얻는다. $\mathbf{W}^2$의 2행을 보면 이런 내용을 확인할 수 있다.

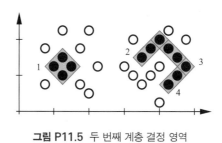

그림 P11.5 두 번째 계층 결정 영역

네트워크의 세 번째 계층에서는 OR 연산을 사용해 두 번째 계층의 네 결정 영역을 하나의 영역으로 결합한다. 문제 P11.1 네트워크의 최종 계층에서 했던 것과 동일하다. 세 번째 계층의 가중치 행렬과 편향은 다음과 같다.

$$\mathbf{W}^3 = \begin{bmatrix} 1 & 1 & 1 \end{bmatrix}, \mathbf{b}^3 = \begin{bmatrix} 3 \end{bmatrix}$$

그림 P11.6에 완성된 네트워크가 있다.

이 네트워크를 개발할 때 사용했던 방법은 은닉 계층에 뉴런이 충분하다면 임의의 경계를 갖는 분류 문제를 풀 때도 동일하게 사용할 수 있다. 아이디어는 첫 번째 계층을 이용해 선형 경계를 여러 개 만들고, 두 번째 계층의 AND 뉴런과 세 번째 계층의 OR 뉴런을 이용해 만들어진 경계를 결합하는 것이다. 두 번째 계층의 결정 경계는 볼록하지만, 세 번째 계층에서 생성된 최종 결정 경계는 임의의 모양을 가질 수 있다.

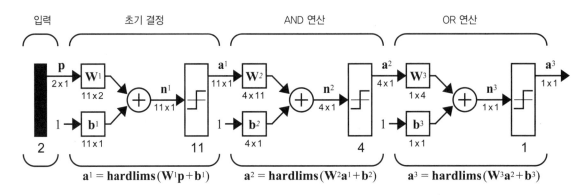

그림 P11.6 문제 P11.2의 네트워크

네트워크의 최종 결정 영역은 그림 P11.7에 있다. 어두운 영역의 어떤 벡터도 클래스 II에 해당하는 네트워크 출력 1을 생성할 것이다. 다른 모든 벡터는 클래스 I에 해당하는 네트워크 출력 −1을 생성할 것이다.

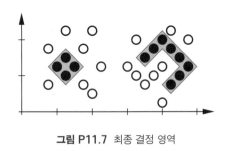

그림 P11.7 최종 결정 영역

450

P11.3 선형 전달 함수를 갖는 다층 네트워크가 단층 선형 네트워크와 동등함을 보여라.

다층 선형 네트워크의 경우 순방향 식은 다음과 같다.

$$\mathbf{a}^1 = \mathbf{W}^1 \mathbf{p} + \mathbf{b}^1$$

$$\mathbf{a}^2 = \mathbf{W}^2 \mathbf{a}^1 + \mathbf{b}^2 = \mathbf{W}^2 \mathbf{W}^1 \mathbf{p} + [\mathbf{W}^2 \mathbf{b}^1 + \mathbf{b}^2]$$

$$\mathbf{a}^3 = \mathbf{W}^3 \mathbf{a}^2 + \mathbf{b}^3 = \mathbf{W}^3 \mathbf{W}^2 \mathbf{W}^1 \mathbf{p} + [\mathbf{W}^3 \mathbf{W}^2 \mathbf{b}^1 + \mathbf{W}^3 \mathbf{b}^2 + \mathbf{b}^3]$$

이 과정을 계속한다면 M계층 선형 네트워크와 동등한 단층 선형 네트워크는 다음 가중치 행렬과 편향 벡터를 갖는다는 사실을 알 수 있다.

$$\mathbf{W} = \mathbf{W}^M \mathbf{W}^{M-1} \dots \mathbf{W}^2 \mathbf{W}^1$$

$$\mathbf{b} = [\mathbf{W}^M \mathbf{W}^{M-1} \dots \mathbf{W}^2] \mathbf{b}^1 + [\mathbf{W}^M \mathbf{W}^{M-1} \dots \mathbf{W}^3] \mathbf{b}^2 + \dots + \mathbf{b}^M$$

P11.4 이 문제에서는 연쇄 법칙의 사용법을 보여주려고 한다. 다음과 같은 동적 시스템을 고려하라.

$$y(k+1) = f(y(k))$$

최종 시점 $k = K$에서 시스템 출력 $y(K)$가 목표 출력 t에 최대한 가까워지도록 초기 조건 $y(0)$을 선택하려고 한다. 다음 성능 지표를 최대 경사 하강법을 이용해 최소화할 것이다.

$$F(y(0)) = (t - y(K))^2$$

따라서 그레이디언트가 필요하다.

$$\frac{\partial}{\partial y(0)} F(y(0))$$

연쇄 법칙을 사용해 그레이디언트를 계산하는 방법을 구하라.

그레이디언트는 다음과 같다.

$$\frac{\partial}{\partial y(0)}F(y(0)) = \frac{\partial(t-y(K))^2}{\partial y(0)} = 2(t-y(K))\left[-\frac{\partial}{\partial y(0)}y(K)\right]$$

주요 항은 다음 항이다. 이 항은 $y(K)$가 $y(0)$의 양함수가 아니기 때문에 직접 계산할 수 없다.

$$\left[\frac{\partial}{\partial y(0)}y(K)\right]$$

중간 항을 정의해보자.

$$r(k) \equiv \frac{\partial}{\partial y(0)}y(k)$$

그런 다음 연쇄 법칙을 사용해보자.

$$r(k+1) = \frac{\partial}{\partial y(0)}y(k+1) = \frac{\partial y(k+1)}{\partial y(k)} \times \frac{\partial y(k)}{\partial y(0)} = \frac{\partial y(k+1)}{\partial y(k)} \times r(k)$$

동적 시스템에서 다음 식을 유도할 수 있다.

$$\frac{\partial y(k+1)}{\partial y(k)} = \frac{\partial f(y(k))}{\partial y(k)} = \dot{f}(y(k))$$

따라서 $r(k)$를 계산하는 순환 식은 다음과 같다.

$$r(k+1) = \dot{f}(y(k))r(k)$$

이 식은 $k = 0$에서 다음과 같이 초기화된다.

$$r(0) = \frac{\partial y(0)}{\partial y(0)} = 1$$

그레이디언트를 계산하기 위한 전체 절차는 다음과 같다.

$$r(0) = 1$$

$$r(k+1) = \dot{f}(y(k))r(k), \qquad k = 0, 1, \ldots, K-1$$

$$\frac{\partial}{\partial y(0)}F(y(0)) = 2(t-y(K))[-r(K)]$$

P11.5 그림 **P11.8**의 2계층 네트워크를 고려하라. 초기 가중치와 편향은 다음과 같이 설정된다.

$$w^1 = 1, \, b^1 = 1, \, w^2 = -2, \, b^2 = 1$$

입력/출력 쌍은 다음과 같다.

$$((p = 1),(t = 1))$$

(1) 제곱 오차 $(e)^2$을 모든 가중치와 편향의 양함수explicit function 형태로 구하라.

(2) **(1)**의 결과를 이용해 초기 가중치와 편향에 대한 미분 $\partial(e)^2/\partial w^1$을 구하라.

(3) 역전파를 이용해 **(2)**를 반복하고 결과를 비교하라.

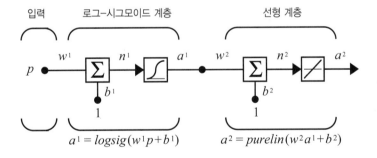

입력　　　로그-시그모이드 계층　　　　　　선형 계층

$$a^1 = logsig(w^1 p + b^1) \qquad a^2 = purelin(w^2 a^1 + b^2)$$

그림 P11.8 문제 P11.5의 2계층 네트워크

(1) 제곱 오차는 다음 식으로 주어진다.

$$(e)^2 = (t-a^2)^2 = \left(t - \left\{w^2\frac{1}{(1+\exp(-(w^1 p + b^1)))} + b^2\right\}\right)^2$$

(2) 미분은 다음과 같다.

$$\frac{\partial(e)^2}{\partial w^1} = 2e\frac{\partial e}{\partial w^1} = 2e\left\{w^2\frac{1}{(1+\exp(-(w^1p+b^1)))^2}\exp(-(w^1p+b^1))(-p)\right\}$$

초기 가중치와 편향에 대해 미분을 계산하면 다음의 결과를 찾을 수 있다.

$$a^1 = \frac{1}{(1+\exp(-(w^1p+b^1)))} = \frac{1}{(1+\exp(-(1(1)+1)))} = 0.8808$$

$$a^2 = w^2a^1 + b^2 = (-2)0.8808 + 1 = -0.7616$$

$$e = (t-a^2) = (1-(-0.7616)) = 1.7616$$

$$\frac{\partial(e)^2}{\partial w^1} = 2e\left\{w^2\frac{1}{(1+\exp(-(w^1p+b^1)))^2}\exp(-(w^1p+b^1))(-p)\right\}$$

$$= 2(1.7616)\left\{(-2)\frac{1}{(1+\exp(-(1(1)+1)))^2}\exp(-(1(1)+1))(-1)\right\}$$

$$= 3.5232\left(0.2707\frac{1}{(1.289)^2}\right) = 0.7398$$

(3) 민감도를 역전파하기 위해 식 (11.44)와 식 (11.45)를 사용한다.

$$\mathbf{s}^2 = -2\dot{\mathbf{F}}^2(\mathbf{n}^2)(\mathbf{t}-\mathbf{a}) = -2(1)(1-(-0.7616)) = -3.5232$$

$$\mathbf{s}^1 = \dot{\mathbf{F}}^1(\mathbf{n}^1)(\mathbf{W}^2)^T\mathbf{s}^2 = [a^1(1-a^1)](-2)\mathbf{s}^2$$

$$= [0.8808(1-0.8808)](-2)(-3.5232) = 0.7398$$

식 (11.23)에서 $\partial(e)^2/\partial w^1$을 계산할 수 있다.

$$\frac{\partial(e)^2}{\partial w^1} = s^1a^0 = s^1p = (0.7398)(1) = 0.7398$$

이 결과는 (2)의 결과와 일치한다.

P11.6 이 장의 초반에서 뉴런의 전달 함수가 로그−시그모이드일 경우 미분을 편리하게 계산할 수 있음을 보였다.

$$a = f(n) = \frac{1}{1 + e^{-n}}$$

$$\dot{f}(n) = a(1 - a)$$

하이퍼볼릭 탄젠트 시그모이드의 미분을 편리하게 계산하는 방법을 구하라.

$$a = f(n) = tansig(n) = \frac{e^n - e^{-n}}{e^n + e^{-n}}$$

직접 미분하면 다음과 같다.

$$\dot{f}(n) = \frac{df(n)}{dn} = \frac{d}{dn}\left(\frac{e^n - e^{-n}}{e^n + e^{-n}}\right) = -\frac{e^n - e^{-n}}{(e^n + e^{-n})^2}(e^n - e^{-n}) + \frac{e^n + e^{-n}}{e^n + e^{-n}}$$

$$= 1 - \frac{(e^n - e^{-n})^2}{(e^n + e^{-n})^2} = 1 - (a)^2$$

P11.7 그림 **P11.9** 네트워크의 초기 가중치와 편향은 다음과 같이 선택한다.

$$w^1(0) = -1 , b^1(0) = 1 , w^2(0) = -2 , b^2(0) = 1$$

입력/목표 쌍은 다음과 같다.

$$((p = -1),(t = 1))$$

$\alpha = 1$을 사용해 역전파를 1회 반복하라.

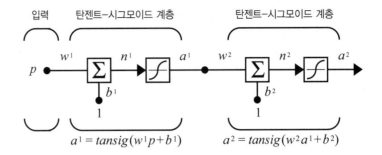

입력　　　탄젠트–시그모이드 계층　　　　　　　탄젠트–시그모이드 계층

$$a^1 = tansig(w^1 p + b^1)$$ 　　　$$a^2 = tansig(w^2 a^1 + b^2)$$

그림 P11.9 2계층 탄젠트–시그모이드 네트워크

첫 번째 단계는 네트워크에 입력을 순전파하는 것이다.

$$n^1 = w^1 p + b^1 = (-1)(-1) + 1 = 2$$

$$a^1 = tansig(n^1) = \frac{\exp(n^1) - \exp(-n^1)}{\exp(n^1) + \exp(-n^1)} = \frac{\exp(2) - \exp(-2)}{\exp(2) + \exp(-2)} = 0.964$$

$$n^2 = w^2 a^1 + b^2 = (-2)(0.964) + 1 = -0.928$$

$$a^2 = tansig(n^2) = \frac{\exp(n^2) - \exp(-n^2)}{\exp(n^2) + \exp(-n^2)} = \frac{\exp(-0.928) - \exp(0.928)}{\exp(-0.928) + \exp(0.928)}$$

$$= -0.7297$$

$$e = (t - a^2) = (1 - (-0.7297)) = 1.7297$$

이제 식 (11.44)와 식 (11.45)를 이용해 민감도를 역전파한다.

$$\mathbf{s}^2 = -2\dot{\mathbf{F}}^2(\mathbf{n}^2)(\mathbf{t} - \mathbf{a}) = -2[1 - (a^2)^2](e) = -2[1 - (-0.7297)^2]1.7297$$

$$= -1.6175$$

$$\mathbf{s}^1 = \dot{\mathbf{F}}^1(\mathbf{n}^1)(\mathbf{W}^2)^T \mathbf{s}^2 = [1 - (a^1)^2]w^2 \mathbf{s}^2 = [1 - (0.964)^2](-2)(-1.6175)$$

$$= 0.2285$$

마지막으로, 식 (11.46)과 식 (11.47)을 이용해 가중치와 편향을 변경한다.

$$w^2(1) = w^2(0) - \alpha s^2 (a^1)^T = (-2) - 1(-1.6175)(0.964) = -0.4407$$

$$w^1(1) = w^1(0) - \alpha s^1 (a^0)^T = (-1) - 1(0.2285)(-1) = -0.7715$$

$$b^2(1) = b^2(0) - \alpha s^2 = 1 - 1(-1.6175) = 2.6175$$

$$b^1(1) = b^1(0) - \alpha s^1 = 1 - 1(0.2285) = 0.7715$$

P11.8 그림 **P11.10**에는 표준 **2**계층 피드포워드 네트워크를 조금 변경한 네트워크가 있다. 네트워크 입력이 두 번째 계층으로 직접 연결되어 있다. 네트워크의 역전파 알고리즘을 유도하라.

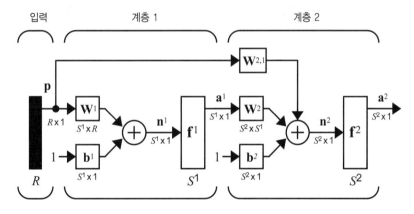

그림 P11.10 우회 연결을 갖는 네트워크

순방향 식으로 시작한다.

$$\mathbf{n}^1 = \mathbf{W}^1 \mathbf{p} + \mathbf{b}^1$$

$$\mathbf{a}^1 = \mathbf{f}^1(\mathbf{n}^1) = \mathbf{f}^1(\mathbf{W}^1 \mathbf{p} + \mathbf{b}^1)$$

$$\mathbf{n}^2 = \mathbf{W}^2 \mathbf{a}^1 + \mathbf{W}^{2,1} \mathbf{p} + \mathbf{b}^2$$

$$\mathbf{a}^2 = \mathbf{f}^2(\mathbf{n}^2) = \mathbf{f}^2(\mathbf{W}^2 \mathbf{a}^1 + \mathbf{W}^{2,1} \mathbf{p} + \mathbf{b}^2)$$

민감도의 역전파 식은 표준 2계층 네트워크의 역전파 식에서 바뀌지 않는다. 민감도는 네트 입력에 대한 제곱 오차의 미분이다. 네트 입력에 단순히 항을 1개 추가했기 때문에 이들 미분은 바뀌지 않는다.

다음은 가중치 변경 식의 그레이디언트 요소들이 필요하다. 표준 가중치와 편향에 대한 그레이디언트 요소는 다음과 같다.

$$\frac{\partial \hat{F}}{\partial w_{i,j}^m} = \frac{\partial \hat{F}}{\partial n_i^m} \times \frac{\partial n_i^m}{\partial w_{i,j}^m} = s_i^m a_j^{m-1}$$

$$\frac{\partial \hat{F}}{\partial b_i^m} = \frac{\partial \hat{F}}{\partial n_i^m} \times \frac{\partial n_i^m}{\partial b_i^m} = s_i^m$$

따라서 $\mathbf{W}^1$, $\mathbf{b}^1$, $\mathbf{W}^2$, $\mathbf{b}^2$의 변경 식은 바뀌지 않는다. $\mathbf{W}^{2,1}$에 대한 추가 식이 필요하다.

$$\frac{\partial \hat{F}}{\partial w_{i,j}^{2,1}} = \frac{\partial \hat{F}}{\partial n_i^2} \times \frac{\partial n_i^2}{\partial w_{i,j}^{2,1}} = s_i^2 \times \frac{\partial n_i^2}{\partial w_{i,j}^{2,1}}$$

이 식의 우변에 대한 미분을 찾으려면 다음 식을 주목하라.

$$n_i^2 = \sum_{j=1}^{S^1} w_{i,j}^2 a_j^1 + \sum_{j=1}^{R} w_{i,j}^{2,1} p_j + b_i^2$$

따라서 미분은 다음과 같다.

$$\frac{\partial n_i^2}{\partial w_{i,j}^{2,1}} = p_j, \qquad \frac{\partial \hat{F}}{\partial w_{i,j}^{2,1}} = s_i^2 p_j$$

이에 따라 변경 식은 행렬 형식으로 다음과 같이 작성될 수 있다.

$$\mathbf{W}^m(k+1) = \mathbf{W}^m(k) - \alpha \mathbf{s}^m (\mathbf{a}^{m-1})^T, \ m = 1, 2$$

$$\mathbf{b}^m(k+1) \;=\; \mathbf{b}^m(k) - \alpha\mathbf{s}^m \,,\; m \;=\; 1, 2$$

$$\mathbf{W}^{2,\,1}(k+1) \;=\; \mathbf{W}^{2,\,1}(k) - \alpha\mathbf{s}^2(\mathbf{a}^0)^T \;=\; \mathbf{W}^{2,\,1}(k) - \alpha\mathbf{s}^2(\mathbf{p})^T$$

이 문제의 요지는 역전파의 개념은 표준 다층 피드포워드 네트워크보다 더 일반적인 네트워크에서 사용할 수 있다는 것이다.

P11.9 그림 **P11.11**의 순환망에서 가중치 w_1과 w_2를 변경할 때 사용할 알고리즘을 역전파 개념으로 구하라.

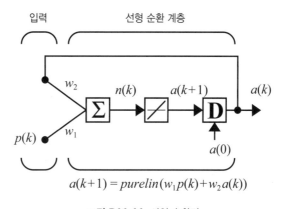

$$a(k+1) = purelin(w_1 p(k) + w_2 a(k))$$

그림 P11.11 선형 순환망

첫 번째 단계는 성능 지표를 정의하는 것이다. 다층 네트워크에서와 마찬가지로 제곱 오차를 사용할 것이다.

$$\hat{F}(\mathbf{x}) \;=\; (t(k) - a(k))^2 \;=\; (e(k))^2$$

가중치 변경을 위해 최대 경사 하강 알고리즘을 사용한다.

$$\Delta w_i \;=\; -\alpha\frac{\partial}{\partial w_i}\hat{F}(\mathbf{x})$$

여기서 미분은 다음과 같이 계산된다.

$$\frac{\partial}{\partial w_i} \hat{F}(\mathbf{x}) = \frac{\partial}{\partial w_i}(t(k) - a(k))^2 = 2(t(k) - a(k))\left\{-\frac{\partial a(k)}{\partial w_i}\right\}$$

따라서 계산해야 할 주요 항은 다음 항이다.

$$\frac{\partial a(k)}{\partial w_i}$$

이 항을 계산하기 위해 우선 네트워크 식을 작성한다.

$$a(k+1) = purelin(w_1 p(k) + w_2 a(k)) = w_1 p(k) + w_2 a(k)$$

그리고 네트워크 가중치에 대해 식의 양변을 미분한다.

$$\frac{\partial a(k+1)}{\partial w_1} = p(k) + w_2\frac{\partial a(k)}{\partial w_1}$$

$$\frac{\partial a(k+1)}{\partial w_2} = a(k) + w_2\frac{\partial a(k)}{\partial w_2}$$

($a(k)$가 w_1과 w_2의 함수라는 사실을 고려해야 한다.) 두 순환 식은 최대 경사 하강법의 가중치 변경에 필요한 미분을 계산하는 데 사용된다. 초기 조건은 가중치의 함수가 아니기 때문에, 두 식은 0으로 초기화된다.

$$\frac{\partial a(0)}{\partial w_1} = 0 , \frac{\partial a(0)}{\partial w_2} = 0$$

이 방법을 설명하기 위해 $a(0) = 0$이라고 하자. 첫 번째 네트워크 변경은 다음과 같다.

$$a(1) = w_1 p(0) + w_2 a(0) = w_1 p(0)$$

첫 번째 미분은 다음과 같이 계산된다.

$$\frac{\partial a(1)}{\partial w_1} = p(0) + w_2\frac{\partial a(0)}{\partial w_1} = p(0) , \frac{\partial a(1)}{\partial w_2} = a(0) + w_2\frac{\partial a(0)}{\partial w_2} = 0$$

첫 번째 가중치 변경은 다음과 같다.

$$\Delta w_i = -\alpha \frac{\partial}{\partial w_i} \hat{F}(\mathbf{x}) = -\alpha \left[2(t(1) - a(1)) \left\{ -\frac{\partial a(1)}{\partial w_i} \right\} \right]$$

$$\Delta w_1 = -2\alpha(t(1) - a(1))\{-p(0)\}$$

$$\Delta w_2 = -2\alpha(t(1) - a(1))\{0\} = 0$$

이 알고리즘은 동적 역전파dynamic backpropagation 종류로, 그레이디언트가 차분 방정식으로 계산된다.

P11.10 단층 선형 네트워크(ADALINE)의 경우 역전파 알고리즘이 LMS 알고리즘으로 축소됨을 보여라.

단층 선형 네트워크에 대한 민감도 계산은 다음과 같이 된다.

$$\mathbf{s}^1 = -2\dot{\mathbf{F}}^1(\mathbf{n}^1)(\mathbf{t} - \mathbf{a}) = -2\mathbf{I}(\mathbf{t} - \mathbf{a}) = -2\mathbf{e}$$

가중치 변경(식 (11.46)과 식 (11.47))은 다음과 같다.

$$\mathbf{W}^1(k+1) = \mathbf{W}^1(k) - \alpha\mathbf{s}^1(\mathbf{a}^0)^T = \mathbf{W}^1(k) - \alpha(-2\mathbf{e})\mathbf{p}^T = \mathbf{W}^1(k) + 2\alpha\mathbf{e}\mathbf{p}^T$$

$$\mathbf{b}^1(k+1) = \mathbf{b}^1(k) - \alpha\mathbf{s}^1 = \mathbf{b}^1(k) - \alpha(-2\mathbf{e}) = \mathbf{b}^1(k) + 2\alpha\mathbf{e}$$

이 식은 10장의 LMS 알고리즘과 같다.

맺음말

이 장에서는 다층 퍼셉트론 네트워크와 역전파 학습 규칙을 제시했다. 다층 네트워크는 단층 퍼셉트론 네트워크를 강력하게 확장한 것이다. 단층 네트워크가 선형적으로 분리 가능한 패턴만 분류할 수 있는 반면, 다층 네트워크는 임의의 분류 문제에 사용할 수 있다. 또한 다층 네트워크는 보편적 함수 근사기universal function approximator로 사용될 수 있다. 은닉 계층에서 시그모이드 유형의 전달 함수를 갖는 2계층 네트워크는 은닉 계층에 뉴런 수가 충분하다면 실용적인 어떤 함수든 근사할 수 있다.

역전파 알고리즘은 LMS 알고리즘을 확장한 것으로, 다층 네트워크를 훈련시키기 위해 사용할 수 있다. LMS와 역전파는 모두 제곱 오차를 최소화하는 근사적 최대 경사 하강 알고리즘이다. 이들의 유일한 차이점은 그레이디언트를 계산하는 방식에 있다. 역전파 알고리즘은 은닉 계층의 가중치와 편향에 대해 제곱 오차의 미분을 계산하기 위해 연쇄 법칙을 사용한다. 역전파라고 부르는 이유는 네트워크의 최종 계층에서 미분을 계산하고, 은닉 계층에서 미분을 계산하기 위해 연쇄 법칙을 사용해 미분값을 네트워크의 역방향으로 전파하기 때문이다.

역전파의 주요 문제점 중 하나는 긴 훈련 시간이다. 대용량 컴퓨터에서조차 네트워크를 훈련할 때 수 주가 걸릴 수 있기 때문에, 실제 문제에 기본 역전파 알고리즘을 사용하기가 쉽지 않다. 역전파가 처음 대중화된 이후 알고리즘의 수렴을 가속화하는 방법에 대한 상당한 연구가 있었다. 12장에서는 역전파가 늦게 수렴하는 이유를 살펴보고, 알고리즘의 성능을 개선하기 위한 기법들을 제시할 것이다.

다층 네트워크를 훈련할 때 주요 문제점 중 다른 하나는 과적합이다. 네트워크가 훈련 집합의 데이터를 암기해서 새로운 상황에 대해 일반화를 하지 못할 수 있다. 13장에서는 일반화가 잘된 네트워크를 만들기 위해 사용할 수 있는 훈련 방법을 자세히 설명할 것이다.

이 장에서는 주로 이론적으로 다층 네트워크를 훈련시키기 위한 역전파 훈련 규칙을 개발하는 데 집중했다. 17장에서는 이 방법으로 네트워크를 훈련할 때 실용적인 측면들을 논의한다. 다층 네트워크를 훈련시키고 검증하는 방법을 보여주는 실제 사례 연구는 18장(함수 근사), 19장(확률 추정), 20장(패턴 인식)에서 제공된다.

참고 문헌

[HoSt89] K. M. Hornik, M. Stinchcombe and H. White, "Multilayer feedforward networks are universal approximators," *Neural Networks*, vol. 2, no. 5, pp. 359–366, 1989.

이 논문은 임의의 압축 함수squashing function를 갖는 다층 피드포워드 네트워크가 한 유한 차원 공간에서 다른 유한 차원 공간으로의 보렐 적분 가능 함수Borel integrable function를 근사할 수 있음을 증명한다.

[LeCu85] Y. Le Cun, "Une procedure d'apprentissage pour reseau a seuil assymetrique," *Cognitiva*, vol. 85, pp. 599–604, 1985.

얀 르쿤은 파커와 루멜하트, 힌튼, 윌리엄스와 거의 동시에 역전파 알고리즘을 발견했다. 이 논문은 그의 알고리즘을 설명한다.

[Park85] D. B. Parker, "Learning-logic: Casting the cortex of the human brain in silicon," Technical Report TR–47, Center for Computational Research in Economics and Management Science, MIT, Cambridge, MA, 1985.

데이비드 파커는 르쿤과 루멜하트, 힌튼, 윌리엄스와 거의 동시에 역전파 알고리즘을 독자적으로 유도했다. 이 보고서는 그의 알고리즘을 설명한다.

[RuHi86] D. E. Rumelhart, G. E. Hinton and R. J. Williams, "Learning representations by back-propagating errors," *Nature*, vol. 323, pp. 533–536, 1986.

이 논문은 가장 널리 알려진 역전파 알고리즘을 설명하고 있다.

[RuMc86] D. E. Rumelhart and J. L. McClelland, eds., *Parallel Distributed Processing: Explorations in the Microstructure of Cognition*, vol. 1, Cambridge, MA: MIT Press, 1986.

이 책은 1980년대에 신경망 분야의 관심을 부활시키는 데 핵심적인 영향을 미친 두 가지 중 하나다. 이 책은 여러 주제 가운데 다층 신경망을 훈련시키기 위한 역전파 알고리즘을 제시한다.

[Werbo74] P. J. Werbos, "Beyond regression: New tools for prediction and analysis in the behavioral sciences," Ph.D. Thesis, Harvard University, Cambridge, MA, 1974.

이 박사 논문에는 (비록 이름은 사용되지 않았지만) 역전파 알고리즘의 최초 설명이라고 볼 수 있는 내용이 포함되어 있다. 여기서 역전파 알고리즘은 신경망을 특별한 경우로 간주하는 일반적인 네트워크의 맥락에서 설명되고 있다. 1980년대 중반에 루멜하트, 힌튼, 윌리엄스 [RuHi86], 데이비드 파커[Park85], 얀 르쿤[LeCu85]이 역전파를 재발견할 때까지, 역전파 알고리즘은 널리 알려지지 않았다.

연습문제

E11.1 그림 E11.1에 묘사된 분류를 수행하는 다층 네트워크를 설계하라. 네트워크는 입력 벡터가 어두운 영역(또는 경계)에 있으면 a를 1로 출력하고 그렇지 않으면 a를 −1로 출력해야 한다. 축약 표기법으로 네트워크 다이어그램을 그리고, 가중치 행렬과 편향 벡터를 보여라.

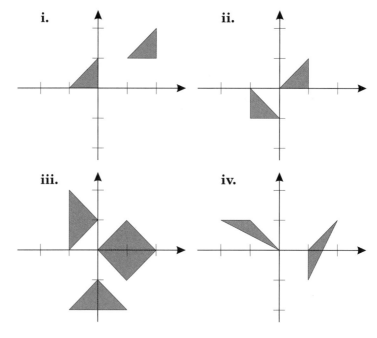

그림 E11.1 패턴 분류 작업

E11.2 그림 11.4에 있는 1–2–1 네트워크의 가중치와 편향을 선택해서 네트워크 반응이 그림 E11.2에 원으로 표시된 점을 통과하게 하라.

 결과를 확인하기 위해 MATLAB® 신경망 설계 데모 '2계층 네트워크 함수Two-Layer Network Function' **nnd11nf**를 이용하라.

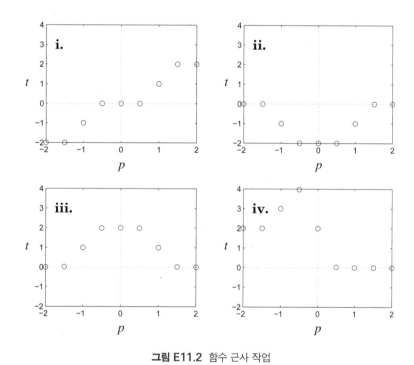

그림 E11.2 함수 근사 작업

E11.3 그림 E11.3의 네트워크와 같은 입력/출력 특성을 갖는 단층 네트워크를 구하라.

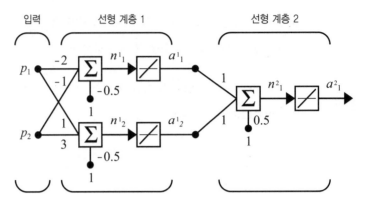

그림 E11.3 2계층 선형 네트워크

E11.4 연쇄 법칙을 사용해 다음 경우의 미분 $\partial f / \partial w$를 구하라.

(1) $f(n) = \sin(n)$, $n(w) = w^2$

(2) $f(n) = \tanh(n)$, $n(w) = 5w$

(3) $f(n) = \exp(n)$, $n(w) = \cos(w)$

(4) $f(n) = \text{logsig}(n)$, $n(w) = \exp(w)$

E11.5 431페이지에서 시작한 역전파 예제를 다시 고려하라.

(1) 제곱 오차 $(e)^2$을 모든 가중치와 편향의 양함수 형태로 구하라.

(2) (1)의 결과를 이용해, 초기 가중치와 편향에 대한 미분 $\partial (e)^2 / \partial w^1_{1,1}$을 구하라.

(3) (2)의 결과를 이 책에 설명된 역전파 결과와 비교하라.

E11.6 그림 E11.4에 있는 네트워크의 초기 가중치와 편향을 다음과 같이 선택한다.

$$w^1(0) = 1 , b^1(0) = -2 , w^2(0) = 1 , b^2(0) = 1$$

네트워크 전달 함수는 다음과 같다.

$$f^1(n) = (n)^2 , f^2(n) = \frac{1}{n}$$

그리고 입력/목표 쌍은 다음과 같다.

$$\{\, p = 1,\ t = 1 \,\}$$

$\alpha = 1$을 사용해 역전파를 1회 반복하라.

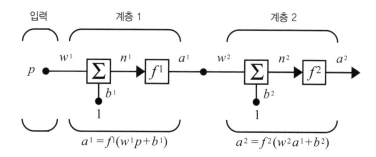

그림 E11.4 연습문제 E11.6의 2계층 네트워크

E11.7 그림 E11.5의 2계층 네트워크를 고려하라. 입력과 목표는 $\{\, p_1 = 1,\ t_1 = 2 \,\}$이다.

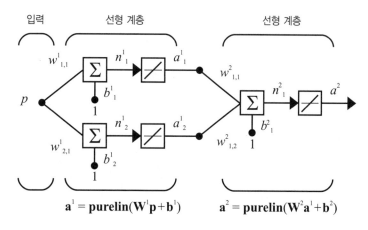

그림 E11.5 연습문제 E11.7의 2계층 네트워크

초기 가중치와 편향은 다음과 같다.

$$\mathbf{W}^1(0) = \begin{bmatrix} 1 \\ -1 \end{bmatrix}, \ \mathbf{W}^2(0) = \begin{bmatrix} -1 & 1 \end{bmatrix}, \ \mathbf{b}^1(0) = \begin{bmatrix} 2 \\ 1 \end{bmatrix}, \ \mathbf{b}^2(0) = \begin{bmatrix} 3 \end{bmatrix}$$

(1) 네트워크에 입력을 적용해 순방향으로 한 번 통과시키고 출력과 오차를 계산하라.

(2) 네트워크에 민감도를 역전파하면서 계산하라.

(3) (2)의 결과를 이용해 미분 $\partial(e)^2/\partial w^1_{1,1}$을 계산하라(여기서 계산은 거의 필요 없다).

E11.8 그림 E11.6에 있는 네트워크의 뉴런 전달 함수는 다음과 같다.

$$f^1(n) = (n)^2$$

입력/목표 쌍은 다음과 같이 주어진다.

$$\left\{ \mathbf{p} = \begin{bmatrix} 1 \\ 1 \end{bmatrix}, \mathbf{t} = \begin{bmatrix} 8 \\ 2 \end{bmatrix} \right\}$$

$\alpha = 1$을 사용해 역전파를 1회 반복하라.

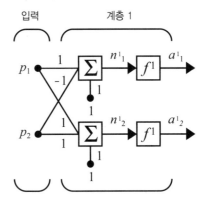

그림 E11.6 연습문제 E11.8의 단층 네트워크

468

E11.9 그림 E11.7의 네트워크를 (근사적 최대 경사 하강법인) 표준 역전파 알고리즘을 이용해 훈련시키려고 한다.

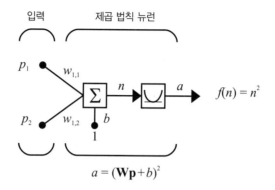

입력 · 제곱 법칙 뉴런

$$a = (\mathbf{W}\mathbf{p}+b)^2$$

그림 E11.7 제곱 법칙 뉴런

다음과 같은 입력과 목표가 있다.

$$\left\{ \mathbf{p} = \begin{bmatrix} 1 \\ 1 \end{bmatrix}, t = \begin{bmatrix} 0 \end{bmatrix} \right\}$$

초기 가중치와 편향은 다음과 같다.

$$\mathbf{W}(0) = \begin{bmatrix} 1 & -1 \end{bmatrix}, b(0) = 1$$

(1) 네트워크에 입력을 순방향으로 전파하라.

(2) 오차를 계산하라.

(3) 네트워크에 민감도를 역방향으로 전파하라.

(4) 가중치와 편향에 대해 제곱 오차의 그레이디언트를 계산하라.

(5) 가중치와 편향을 변경하라(학습률 $\alpha = 0.1$을 가정하라).

E11.10 다음 다층 퍼셉트론 네트워크를 고려하라(은닉 계층의 전달 함수는 $f(n) = n^2$이다).

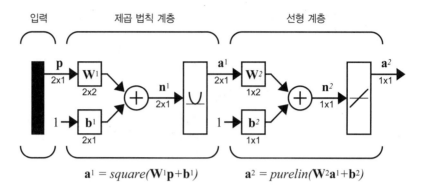

$$\mathbf{a}^1 = square(\mathbf{W}^1\mathbf{p}+\mathbf{b}^1) \qquad \mathbf{a}^2 = purelin(\mathbf{W}^2\mathbf{a}^1+\mathbf{b}^2)$$

그림 E11.8 2계층 제곱 법칙 네트워크

초기 가중치와 편향은 다음과 같다.

$$\mathbf{W}^1(0) = \begin{bmatrix} 1 & -1 \\ 1 & 0 \end{bmatrix}, \ \mathbf{W}^2(0) = \begin{bmatrix} 2 & 1 \end{bmatrix}, \ \mathbf{b}^1(0) = \begin{bmatrix} 1 \\ -1 \end{bmatrix}, \ \mathbf{b}^2(0) = \begin{bmatrix} -1 \end{bmatrix}$$

다음 입력/목표 쌍에 대해 학습률 $\alpha = 0.5$로 표준 최대 경사 하강 역전파를 1회 반복하라.

$$\left\{ \mathbf{p} = \begin{bmatrix} 1 \\ 1 \end{bmatrix}, \ t = \begin{bmatrix} 2 \end{bmatrix} \right\}$$

E11.11 그림 E11.9에 보이는 네트워크를 고려하라.

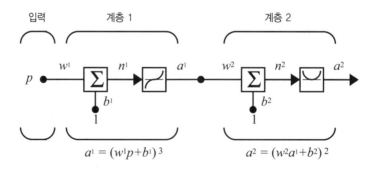

$$a^1 = (w^1p+b^1)^3 \qquad a^2 = (w^2a^1+b^2)^2$$

그림 E11.9 연습문제 E11.11의 2계층 네트워크 초기 가중치와 편향은 다음과 같이 선택된다.

$$w^1(0) = -2, b^1(0) = 1, w^2(0) = 1, b^2(0) = -2$$

입력/목표 쌍은 다음과 같다.

$$\{p_1 = 1, t_1 = 0\}$$

$\alpha = 1$을 사용해 (최대 경사 하강법) 역전파를 1회 반복하라.

E11.12 그림 E11.10의 다층 퍼셉트론 네트워크를 고려하라(은닉 계층의 전달 함수는 $f(n) = n^3$ 이다).

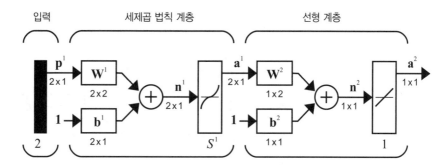

그림 E11.10 세제곱 법칙 신경망

초기 가중치와 편향은 다음과 같다.

$$\mathbf{W}^1(0) = \begin{bmatrix} 1 & -1 \\ 1 & 0 \end{bmatrix}, \mathbf{b}^1(0) = \begin{bmatrix} 1 \\ 2 \end{bmatrix}, \mathbf{W}^2(0) = \begin{bmatrix} 1 & 1 \end{bmatrix}, \mathbf{b}^2(0) = \begin{bmatrix} 1 \end{bmatrix}$$

다음 입력/목표 쌍에 대해 학습률 $\alpha = 0.5$를 사용해 표준 최대 경사 하강 역전파를 1회 반복하라.

$$\left\{ \mathbf{p} = \begin{bmatrix} -1 \\ 1 \end{bmatrix}, t = \begin{bmatrix} -1 \end{bmatrix} \right\}$$

E11.13 누군가가 계층별로 스칼라 게인gain이 포함되도록 표준 다층 네트워크를 바꿔야 한다고 제안했다. 이 말은 계층 m의 네트 입력이 다음과 같이 계산돼야 한다는 뜻이다.

$$\mathbf{n}^m = \beta^m[\mathbf{W}^m\mathbf{a}^{m-1} + \mathbf{b}^m]$$

여기서 β^m은 계층 m의 스칼라 게인이다. 게인은 네트워크의 가중치 및 편향과 함께 훈련돼야 한다. 새로운 네트워크를 위해 역전파 알고리즘(식 (11.41)에서 식 (11.47)까지)을 수정하라(β^m을 변경하기 위해 새로운 식이 추가돼야 하겠지만 다른 식의 일부도 같이 변경돼야 한다).

E11.14 그림 E11.11에 보이는 2계층 네트워크를 고려하라.

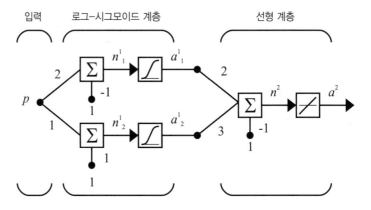

그림 E11.11 연습문제 E11.14의 2계층 네트워크

(1) $p = 1$이라면, (식 (11.41)에서 식 (11.47)까지 개발된 것처럼) 역전파의 약간 변형된 형태를 사용해 다음 값들을 구하라.

$$\frac{\partial a^2}{\partial n^2}, \frac{\partial a^2}{\partial n_1^1}, \frac{\partial a^2}{\partial n_2^1}$$

(2) (1)의 결과와 연쇄 법칙을 사용해 $\frac{\partial a^2}{\partial p}$을 구하라. 두 파트에 대한 답변은 모두 숫자여야만 한다.

E11.15 그림 E11.12에 보이는 네트워크를 고려하라. 여기서 뉴런의 입력은 원래 입력과 입력의 곱을 포함한다. 이 네트워크는 고차원 네트워크의 종류다.

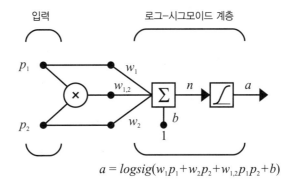

$$a = logsig(w_1 p_1 + w_2 p_2 + w_{1,2} p_1 p_2 + b)$$

그림 E11.12 고차원 네트워크

(1) 근사적 최대 경사 하강 알고리즘을 이용해 (역전파에 대해 했던 것처럼) 네트워크 파라미터에 대한 학습 규칙을 찾아라.

(2) 다음의 초기 파라미터 값과 입력 및 목표에 대해, $\alpha = 1$을 사용해 (1)에서 찾은 학습 규칙을 한 번 반복하라.

$$w_1 = 1, w_2 = -1, w_{1,2} = 0.5, b_1 = 1, p_1 = 0, p_2 = 1, t = 0.75$$

E11.16 그림 E11.13에서 입력에서 두 번째 계층으로 직접 연결된 2계층 네트워크가 있다. 이 네트워크에 대한 역전파 알고리즘을 유도하라.

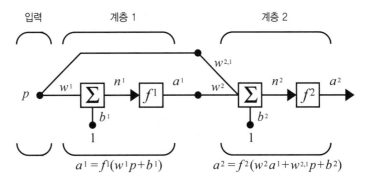

$$a^1 = f^1(w^1 p + b^1) \qquad a^2 = f^2(w^2 a^1 + w^{2,1} p + b^2)$$

그림 E11.13 우회 연결을 갖는 2계층 네트워크

E11.17 다층 네트워크에서 네트 입력은 다음과 같이 계산된다.

$$\mathbf{n}^{m+1} = \mathbf{W}^{m+1}\mathbf{a}^m + \mathbf{b}^{m+1} \quad \text{또는} \quad n_i^{m+1} = \sum_{j=1}^{s^m} w_{i,j}^{m+1} a_j^m + b_i^{m+1}$$

네트 입력 계산이 다음 식(제곱 거리 계산)으로 변경된다면 민감도 역전파(식 (11.35))는 어떻게 바뀌는가?

$$n_i^{m+1} = \sum_{j=1}^{s^m} (w_{i,j}^{m+1} - a_j^m)^2$$

E11.18 다시 연습문제 E11.17에서 설명된 네트 입력 계산을 고려하라. 네트 입력 계산이 (편향을 더하는 대신 곱하는) 다음 식으로 바뀐다면 민감도 역전파(식 (11.35))는 어떻게 바뀌는가?

$$n_i^{m+1} = \left(\sum_{j=1}^{s^m} w_{i,j}^{m+1} a_j^m \right) \times b_i^{m+1}$$

E11.19 그림 E11.14의 시스템을 고려하라. 각 단계마다 다른 전달 함수를 갖는 일련의 단계가 있다(가중치와 편향이 없다). 시스템 입력(p)에 대해 시스템 출력(a^M)을 미분하려고 한다. 미분을 계산하기 위해 사용할 수 있는 순환 알고리즘을 유도하라. 역전파 알고리즘을 유도하기 위해 사용했던 개념과 다음 알고리즘의 중간 변수를 이용하라.

$$q^i = \frac{\partial a^M}{\partial a^i}$$

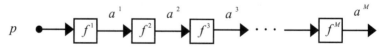

그림 E11.14 직렬 시스템

E11.20 역전파 알고리즘이 다층 네트워크의 가중치와 편향에 대한 제곱 오차의 그레이디언트를 계산하기 위해 사용된다. 네트워크 입력에 대해(즉, 입력 벡터 **p**의 요소들에 대해) 그레이디언트를 계산하려고 한다면 알고리즘은 어떻게 바뀌어야 하는가? 모든 단계를 신중히 설명하고 최종 알고리즘을 작성하라.

E11.21 표준 역전파 알고리즘으로 미분을 계산하려고 한다.

$$\frac{\partial F}{\partial w}$$

미분을 계산하기 위해 다음 형식의 연쇄 법칙을 사용한다.

$$\frac{\partial F}{\partial w} = \frac{\partial F}{\partial n} \cdot \frac{\partial n}{\partial w}$$

뉴턴법을 사용한다고 가정하고 2차 미분을 구하라.

$$\frac{\partial^2 F}{\partial w^2}$$

이 경우 어떤 형태의 연쇄 법칙이 적용되는가?

E11.22 식 (11.41)에서 식 (11.47)까지 요약된 표준 최대 경사 하강 역전파 알고리즘은 식 (11.12)에서와 같이 네트워크 오차 제곱의 합인 성능 함수를 최소화하도록 설계됐다. 성능 함수를 오차 네제곱(e^4)의 합 더하기 가중치 및 편향 제곱의 합으로 바꾸려 한다고 가정하라. 식 (11.41)에서 식 (11.47)까지 새로운 성능 함수에 대해 어떻게 바뀌는지 보여라(이 장에서 이미 정의된 단계는 다시 유도할 필요는 없으며 변경하지 마라).

E11.23 아래 설명된 '역방향' 방법을 사용해 문제 P11.4를 반복하라. 문제 P11.4에는 다음과 같은 동적 시스템이 있었다.

$$y(k + 1) = f(y(k))$$

최종 시간 $k = K$에서 시스템 출력 $y(K)$가 목표 출력 t에 최대한 가까워지도록 초기 조건 $y(0)$을 선택해야 했다. 최대 경사 하강법을 이용해 다음 성능 지표를 최소화했다.

$$F(y(0)) = (t - y(K))^2 = e^2(K)$$

이에 따라 그레이디언트가 필요했다.

$$\frac{\partial}{\partial y(0)}F(y(0))$$

연쇄 법칙을 이용해 그레이디언트를 계산하는 방법을 개발했다. 이 방법은 시간에 따라 순방향으로 진전되는 다음 항의 순환 식을 포함했다.

$$r(k) \equiv \frac{\partial}{\partial y(0)}y(k)$$

또한 그레이디언트는 시간에 따라 역방향으로 다음 항을 진전시켜서 다른 방법으로 계산할 수 있다.

$$q(k) \equiv \frac{\partial}{\partial y(k)}e^2(K)$$

E11.24 그림 E11.15의 순환망을 고려하라.

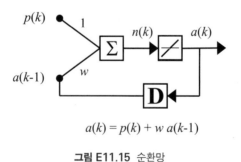

$$a(k) = p(k) + w\,a(k\text{-}1)$$

그림 E11.15 순환망

최종 시간 $k = K$에서 시스템 출력 $a(K)$를 목표 출력 t에 최대한 가깝게 만드는 가중치를 구하려고 한다. 최대 경사 하강법을 이용해 성능 지표 $F(w) = (t - a(K))^2$을 최소화할 것이며, 따라서 그레이디언트 $\partial F(w)/\partial w$를 구해야 한다.

(1) 연쇄 법칙을 이용해 그레이디언트를 계산하는 일반적인 방법을 찾아라. 시간에 따라 다음 항을 진전시키는 식을 개발하라.

$$s(k) \equiv \frac{\partial}{\partial w}a(k)$$

전체 절차를 단계별로 신중하게 보여라. 여기에 $s(k)$의 변경과 그레이디언트 $\partial F(w)/\partial w$ 계산도 포함될 것이다.

(2) $K = 3$을 가정하라. ($a(0) = 0$을 가정하고) $a(3)$에 대한 전체 식을 $p(1)$, $p(2)$, $p(3)$과 w의 함수로 작성하라. w에 대해 이 식을 미분하고 그 결과가 $s(3)$과 같음을 보여라.

E11.25 1–S^1–1 네트워크의 역전파 알고리즘을 구현하는 MATLAB 프로그램을 작성하라. 식 (11.41)에서 식 (11.47)까지와 같이 행렬 연산으로 프로그램을 작성하라. (MATLAB **rand**를 사용해) 초기 가중치와 편향을 −0.5와 0.5 사이에서 균등하게 분포된 난수가 되도록 선택하라. 그리고 다음 함수를 근사하도록 네트워크를 훈련시켜라.

$$g(p) = 1 + \sin\left(\frac{\pi}{2}p\right), \qquad -2 \le p \le 2$$

$S^1 = 2$와 $S^1 = 10$을 사용하라. 몇 가지 학습률에 대해 실험하고, 몇 가지 초기 조건을 사용하라.

12

역전파 변형

목표

11장에서 소개했던 역전파 알고리즘은 신경망 연구의 중요한 돌파구였다. 하지만 역전파의 기본 알고리즘은 대부분의 실제 응용에서는 너무 느리다. 12장에서는 현저한 속도 향상을 제공하고 알고리즘을 좀 더 실용적으로 만드는 역전파의 몇 가지 변형을 제시한다.

함수 근사 예제를 사용해 역전파 알고리즘의 수렴 속도가 느린 이유를 설명하면서 시작할 것이다. 그런 다음 몇 가지 알고리즘의 변형을 제시할 것이다. 역전파는 근사적 최대 경사 하강 알고리즘임을 기억하라. 9장에서 최대 하강 경사법이 가장 단순하고, 많은 경우에 가장 느린 최소화 방법임을 알았다. 켤레 경사 알고리즘과 뉴턴법은 일반적으로 빠른 수렴을 제공한다. 이 장에서는 이런 빠른 방법들을 이용해 역전파의 수렴 속도를 높이는 방법을 설명할 것이다.

이론과 예제

기본 역전파 알고리즘을 실제 문제에 적용했을 때 훈련에만 며칠 또는 몇 주의 시간이 걸릴 수 있다. 이로 인해 역전파 알고리즘의 수렴을 가속화하는 방법에 대한 많은 연구가 이뤄졌다.

빠른 알고리즘에 대한 연구는 대략 두 가지 범주로 나뉜다. 첫 번째 범주는 표준 역전파 알고리즘 고유의 성능 연구에서 시작된 경험적heuristic 기법과 관련이 있다. 경험적 기법은 가변 학습률, 모멘텀momentum의 사용, 변수 크기 재조정 같은 아이디어를 포함한다([VoMa88], [Jacob88], [Toll90], [RiIr90]). 이 장에서는 모멘텀과 가변 학습률의 사용에 대해 살펴볼 것이다.

두 번째 범주의 연구는 표준 수치 최적화 기법에 중점을 두고 있다([Shan90], [Barn92], [Batt92], [Char92]). 10장과 11장에서 논의했듯이, 제곱 오차를 최소화하도록 피드포워드 신경망을 훈련시키는 것은 단순한 수치 최적화 문제다. 수치 최적화는 30~40년 동안 중요한 연구 주제였기 때문에(9장 참조), 기존의 많은 수치 최적화 기법 중 빠른 훈련 알고리즘을 찾는 것이 합리적이다. 꼭 필요하지 않다면 '쓸데없이 시간을 낭비'할 필요가 없다. 이 장에서는 다층 퍼셉트론 훈련에 성공적으로 적용돼온 두 가지 수치 최적화 기법인 켤레 경사 알고리즘conjugate gradient algorithm과 레벤버그-마쿼트 알고리즘Levenberg-Marquardt algorithm(뉴턴법의 변형)을 소개할 것이다.

이 장에서 설명할 알고리즘들은 네트워크의 마지막 계층에서 미분을 가장 먼저 처리하는 역전파 방법을 사용한다. 따라서 이들을 모두 '역전파' 알고리즘이라고 할 수 있다. 알고리즘들은 가중치 변경을 위해 미분을 사용하는 방식에서 차이가 생긴다. 어떤 면에서 보면 보통 역전파 알고리즘이라고 하면 실제 최대 경사 하강 알고리즘을 말하는 경우가 많다는 것은 안타까운 일이다. 논의를 명확히 하기 위해 이 장의 나머지에서는 기본 역전파 알고리즘을 최대 경사 하강 역전파SDBP, steepest descent backpropagation라고 할 것이다.

SDBP

다음 절에서는 간단한 예제를 통해 SDBP에 수렴 문제가 발생하는 이유를 설명할 것이다. 그다음 절에서는 알고리즘의 수렴을 개선하기 위한 다양한 방법들을 제시할 것이다.

역전파의 단점

10장의 LMS 알고리즘은 학습률이 너무 크지만 않다면 평균 제곱 오차를 최소화하는 해로 수렴하도록 보장한다. 단층 선형 네트워크의 평균 제곱 오차는 2차 함수이기 때문이다. 2차 함수는 임계점을 하나만 갖는다. 또한 2차 함수의 헤시안 행렬은 상수이기 때문에 특정 방향으로 함수의 곡률이 변하지 않으며, 함수의 등고선은 타원형이다.

SDBP는 LMS 알고리즘을 일반화한 것이다. SDBP도 LMS처럼 평균 제곱 오차를 최소화하는 근사적 최대 경사 하강 알고리즘이다. 실제 SDBP를 단층 선형 네트워크에 사용하면 LMS 알고리즘과 동일하다(문제 P11.10 참조). 하지만 SDBP를 다층 네트워크에 적용하면 SDBP의 특성은 매우 달라진다. 그 이유는 단층 선형 네트워크와 다층 비선형 네트워크의 평균 제곱 오차 성능 표면의 차이와 관련이 있다. 단층 선형 네트워크의 성능 표면은 하나의 최소점과 상수 곡률을 갖는 반면, 다층 네트워크의 성능 표면은 많은 지역 최소점을 가지며 파라미터 공간의 여러 영역에서 곡률이 크게 변할 수 있다. 이런 특성은 다음의 예제에서 명확해질 것이다.

성능 표면 예제

다층 네트워크의 평균 제곱 오차 성능 표면을 조사하기 위해 간단한 함수 근사 예제를 활용할 것이다. 그림 12.1에 있는 두 계층에 로그-시그모이드 전달 함수를 갖는 1-2-1 네트워크를 사용할 것이다.

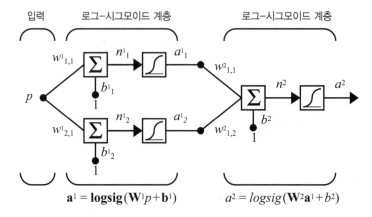

$$\mathbf{a}^1 = \mathbf{logsig}(\mathbf{W}^1 p + \mathbf{b}^1)$$

$$a^2 = logsig(\mathbf{W}^2\mathbf{a}^1 + b^2)$$

그림 12.1 1-2-1 함수 근사 네트워크

분석을 간단히 하기 위해 최적 해를 알고 있는 문제를 네트워크에 적용할 것이다. 근사하려는 함수는 가중치와 편향을 다음 값으로 갖는 1–2–1 네트워크의 반응이다.

$$w_{1,1}^1 = 10, \ w_{2,1}^1 = 10, \ b_1^1 = -5, \ b_2^1 = 5 \tag{12.1}$$

$$w_{1,1}^2 = 1, \ w_{1,2}^2 = 1, \ b^2 = -1 \tag{12.2}$$

이들 파라미터에 대한 네트워크의 반응은 그림 12.2에서 볼 수 있다. 그림은 입력 p가 $[-2, 2]$ 범위에서 변할 때 네트워크 출력 a^2을 나타낸다.

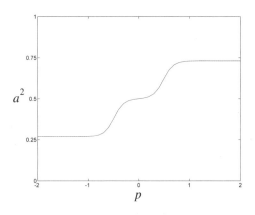

그림 12.2 명목 함수

그림 12.2의 함수를 근사하기 위해 그림 12.1의 네트워크를 훈련시키려고 한다. 네트워크 파라미터를 식 (12.1)과 식 (12.2)의 값으로 설정할 때 근사는 정확할 것이다. 물론 이 문제는 매우 인위적이긴 하지만, 단순하고 몇 가지 중요한 개념을 보여준다.

이제 이 문제의 성능 지표를 고려해보자. 다음 p 값에서 함수가 샘플링되고 모두 같은 확률로 발생한다고 가정할 것이다.

$$p = -2, -1.9, -1.8, \dots, 1.9, 2 \tag{12.3}$$

성능 지표는 이 41개 점에서 제곱 오차의 합이 될 것이다(단순히 41로 나누면 되는 평균 제곱 오차로 굳이 구하지 않을 것이다).

성능 지표를 그래프로 그리기 위해 한 번에 두 파라미터에만 변화를 줄 것이다. 그림 12.3은 $w^1_{1,1}$과 $w^2_{1,1}$만 조정되고 다른 파라미터들은 식 (12.1)과 식 (12.2)의 최적값으로 설정될 때의 제곱 오차를 보여준다. 최소 오차는 0이며, 그림에서 열린 원으로 표시된 것처럼 $w^1_{1,1} = 10$이고 $w^2_{1,1} = 1$일 때 최소 오차가 발생한다.

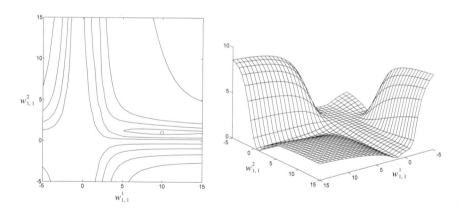

그림 12.3 $w^1_{1,1}$과 $w^2_{1,1}$에 대한 제곱 오차 표면

오차 표면에 대해 주목해야 할 몇 가지 특징이 있다. 첫째, 분명히 2차 함수가 아니다. 전체 파라미터 공간에서 곡률이 급격하게 변한다. 이런 이유 때문에 최대 경사 하강 알고리즘의 적절한 학습률을 선택하기가 어렵다. 어떤 영역에서는 표면이 매우 평평해서 큰 학습률이 허용되지만, 다른 영역에서는 곡률이 크기 때문에 작은 학습률이 필요하다(최대 경사 하강 알고리즘의 학습률 선택은 9장과 10장의 논의를 참조하라).

네트워크에 시그모이드 전달 함수를 사용할 때 성능 표면의 평평한 영역은 어느 정도 예상할 수 있어야 한다. 시그모이드는 대부분의 입력에 대해 매우 평평하다.

오차 표면의 두 번째 특징은 지역 최소점이 1개 이상 존재한다는 것이다. 전역 최소점이 $w^1_{1,1}$축과 평행한 계곡을 따라 $w^1_{1,1} = 10$과 $w^2_{1,1} = 1$에 위치한다. 하지만 $w^2_{1,1}$축과 평행한 계곡을 따라 위치한 지역 최소도 있다(지역 최소는 실제 $w^1_{1,1} = 0.88$, $w^2_{1,1} = 38.6$에 있으며 그래프 밖에 있다). 다음 절에서는 이 표면에 대한 역전파 성능을 조사할 것이다.

그림 12.4는 $w^1_{1,1}$과 b^1_1이 조정되고 그 밖의 파라미터는 최적의 값으로 설정될 때의 제곱 오차를 보여준다. 최소 오차는 0이며, 그림에서 열린 원으로 표시된 것처럼 $w^1_{1,1} = 10$이고 $b^1_1 = -5$일 때 최소 오차가 발생한다.

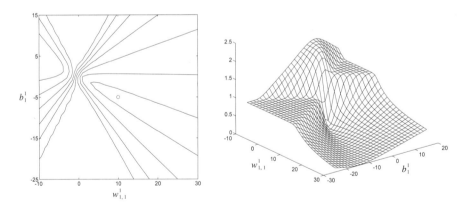

그림 12.4 $w^1_{1,1}$과 b^1_1에 대한 제곱 오차 표면

표면이 매우 뒤틀린 모양을 하고 있다는 사실을 다시 한번 알 수 있다. 어떤 영역에서는 가파르고 어떤 영역에서는 매우 평평하다. 확실히 표준 최대 경사 하강 알고리즘은 이 평면에서 약간 문제가 있을 것이다. 예를 들어 초기치가 $w^1_{1,1} = 0$, $b^1_1 = -10$이라면, 그레이디언트는 거의 0에 가까울 것이고 지역 최소점 근처가 아니더라도 최대 경사 하강 알고리즘은 실제 정지하게 된다.

그림 12.5는 b^1_1과 b^1_2는 조정되고 그 밖의 파라미터는 최적의 값으로 설정될 때의 제곱 오차를 보여준다. 최소 오차는 그림에서 열린 원으로 표시된 것처럼 $b^1_1 = -5$과 $b^1_2 = 5$에 위치한다.

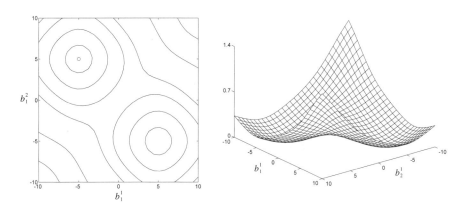

그림 12.5 b^1_1과 b^1_2에 대한 제곱 오차 표면

이 표면은 다층 네트워크의 중요한 성질을 보여준다. 다층 네트워크는 b^1_1과 b^1_2에 대해 대칭이다. 여기에 지역 최소점이 2개 있으며 그들은 모두 같은 제곱 오차값을 갖는다는 사실을 알 수 있다. 두 번째 해는 같은 네트워크가 위아래로 뒤집힌 경우에 해당한다(즉, 첫 번째 계층에서 위쪽 뉴런이 아래쪽 뉴런과 바뀐다). 이것은 초기 가중치와 편향을 0으로 설정하지 않은 신경망의 특성 때문이다. 대칭인 경우 원점이 성능 표면의 안장점이 된다.

다층 네트워크의 성능 표면을 간략히 살펴봄으로써 SDBP 알고리즘의 초기 추정 설정 방법에 대한 힌트를 얻게 됐다. 첫째, 초기 파라미터는 0으로 설정하지 말아야 한다. 파라미터 공간의 원점은 성능 표면의 안장점이 될 수 있다. 둘째, 초기 파라미터를 큰 값으로 설정하지 말아야 한다. 최적점에서 멀어질수록 성능 표면이 매우 평평한 영역을 가질 수 있다.

전형적으로 초기 가중치와 편향은 매우 작은 랜덤값이 되도록 선택한다. 이 방식으로 성능 표면의 평평한 영역으로 이동하지 않으면서 원점에 있는 안장점에 가까이 가지 않는다(초기 파라미터를 선택하는 그 밖의 방법은 [NgWi90]에 설명되어 있다). 다음 절에서 보겠지만, 알고리즘이 전역 최소로 수렴하도록 몇 가지 초기 추정치로 시도해보는 것도 도움이 된다.

수렴 예제

배치 이제 성능 표면을 관찰했으므로 SDBP의 성능을 조사해보자. 이 절에서는 배치batching라고 하는 표준 알고리즘의 변형을 사용할 것이다. 배치에서는 전체 훈련 집합이 제시된 후에만 파라미터를 변경한다. 각 훈련 예시에서 계산된 그레이디언트를 모두 평균해서 좀 더 정확한 그레이디언트를 추정한다(훈련 집합의 입력/출력 쌍을 모두 다루고 나면, 그레이디언트 추정은 정확해질 것이다).

그림 12.6에는 두 파라미터 $w_{1,1}^1$과 $w_{1,1}^2$만 조정될 때(배치 모드) SDBP의 두 궤적이 그려져 있다. 'a'로 레이블된 초기 조건의 경우 알고리즘은 최적 해로 수렴하지만 수렴 속도는 느리다. 수렴 속도가 느린 이유는 궤적의 경로상에 표면 곡률이 변화하기 때문이다. 초기의 완만한 경사 이후에 궤적은 매우 평평한 표면을 지나 매우 완만하게 기울어진 계곡에 도달한다. 학습률이 커지면 초반에 평평한 표면을 지나는 동안에는 알고리즘이 빠르게 수렴하겠지만, 계곡으로 들어갈 때는 곧 보게 될 것처럼 불안정해질 수 있다.

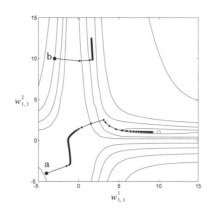

그림 12.6 두 SDBP(배치 모드) 궤적

궤적 'b'는 알고리즘이 지역 최소점으로 어떻게 수렴하는지를 보여준다. 궤적은 계곡에 갇히고 최적 해로부터 이탈한다. 계속 진행한다면 궤적은 $w^1_{1,1} = 0.88$, $w^2_{1,1} = 38.6$으로 수렴한다. 일반적으로 다층 네트워크의 성능 표면에서는 지역 최소점이 여러 개 존재한다. 이런 이유로 전역 최소를 구할 수 있도록 보장하려면 몇 가지 초기 추정을 시도해보는 것이 제일 좋다(그림 12.5에서 봤던 것처럼 일부 지역 최소점들은 같은 제곱 오차값을 가질 수도 있으므로, 알고리즘이 각 초기 추정에 대해 같은 파라미터 값으로 수렴할 것으로 기대하지는 않는다. 단지 같은 최소 오차가 구해지기를 원한다).

그림 12.7에서 제곱 오차 대 반복 횟수를 보여주는 알고리즘의 진행 상황을 볼 수 있다. 왼쪽 곡선은 궤적 'a'에 해당하며, 오른쪽 곡선은 궤적 'b'에 해당한다. 이들은 대표적인 SDBP 곡선으로, 작게 진전하는 긴 주기와 빠르게 진전하는 짧은 주기로 이뤄져있다.

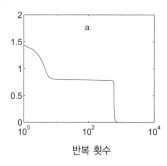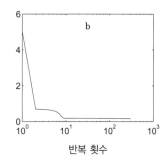

그림 12.7 제곱 오차 수렴 패턴

그림 12.7의 평평한 부분은 그림 12.6에서 알고리즘이 성능 표면의 평평한 부분을 지나는 시간에 해당한다. 이들 주기 동안 수렴 속도를 높이기 위해 학습률을 높이고 싶을 것이다. 하지만 학습률을 높이면 알고리즘이 성능 표면의 가파른 부분에 도달할 때 불안정해진다.

이 영향은 그림 12.8에서 볼 수 있다. 여기서 보이는 궤적은 큰 학습률이 사용된 점을 제외하면 그림 12.6의 궤적 'a' 해당한다. 알고리즘은 처음에는 빠르게 수렴하지만 궤적이 최소점이 포함된 좁은 계곡에 도달하면 발산하기 시작한다. 이는 학습률을 변화시키는 것이 왜 유용한지 말해준다. 평평한 표면에서는 학습률을 올리고 경사가 커지면 학습률을 낮출 수 있다. 문제는 '알고리즘이 평평한 표면에 있을 때를 어떻게 아는가?'이다. 이 문제는 나중에 논의할 것이다.

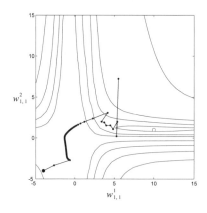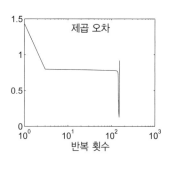

그림 12.8 너무 큰 학습률을 갖는 궤적

수렴을 개선하는 또 다른 방법은 궤적을 부드럽게 하는 것이다. 그림 12.8에서 알고리즘이 발산하기 시작할 때 좁은 계곡을 가로질러 왔다 갔다 진동하는 모습을 눈여겨보라. 파라미터의 변경을 평균하여 궤적을 필터링할 수 있다면 진동을 완화하고 안정적인 궤적을 생성할 수 있다. 다음 절에서 이 방법을 논의할 것이다.

 이 역전파 예제로 실험하려면, MATLAB® 신경망 설계 데모 '최대 경사 하강 역전파Steepest Descent Backpropagation' **nnd12sd**를 이용하라.

역전파의 경험적 변형

이제 역전파(최대 경사 하강법)의 단점을 조사했으므로 알고리즘을 개선하는 방법들을 고려해보자. 이 절에서는 두 가지 경험적 방법을 논의할 것이다. 이후의 절에서는 표준 수치 최적화 알고리즘을 기반으로 하는 두 가지 방법을 제시할 것이다.

모멘텀

논의할 첫 번째 방법은 모멘텀의 사용이다. 이 방법은 궤적의 진동을 완화할 수 있으면 수렴이 향상된다는 앞 절의 관찰을 기반으로 하는 변경안이다. 저주파 필터low-pass filter를 이용해 진동을 완화할 수 있다.

신경망 응용에 모멘텀을 적용하기 전에 스무딩 효과를 설명하는 간단한 예제를 살펴보자. 다음 1차 필터를 고려하라.

$$y(k) = \gamma y(k-1) + (1-\gamma)w(k) \tag{12.4}$$

여기서 $w(k)$는 필터의 입력이고, $y(k)$는 필터의 출력이며, γ는 모멘텀 계수로 다음 조건을 만족해야만 한다.

$$0 \le \gamma < 1 \tag{12.5}$$

필터의 효과는 그림 12.9에서 볼 수 있다. 이 예제의 경우 필터의 입력으로 다음 사인 파를 취한다.

$$w(k) = 1 + \sin\left(\frac{2\pi k}{16}\right) \tag{12.6}$$

그리고 모멘텀 계수는 $\gamma = 0.9$(왼쪽 그래프)와 $\gamma = 0.98$(오른쪽 그래프)로 설정됐다. (저주파 필터에 대해 기대하는 것 같이) 여기서 필터 출력의 진동이 필터 입력의 진동보다 작다는 것을 알 수 있다. 이 외에 γ가 커질수록 필터 출력의 진동이 줄어든다. 또한 γ가 커질수록 필터 출력이 더 느리게 반응하지만, 필터 출력의 평균은 필터 입력의 평균과 같다는 점을 주목하라.

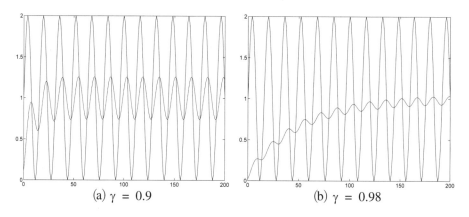

(a) $\gamma = 0.9$　　　　(b) $\gamma = 0.98$

그림 12.9 모멘텀의 스무딩 효과

요약하면 필터는 여전히 평균값을 따라 이동하면서 진동 양을 감소시키는 경향이 있다. 이제 신경망 문제에 필터가 어떻게 작동하는지 살펴보자. 먼저 다음의 SDBP 파라미터의 변경을 기억해보자(식 (11.46)과 식 (11.47)).

$$\Delta \mathbf{W}^m(k) = -\alpha \mathbf{s}^m (\mathbf{a}^{m-1})^T \tag{12.7}$$

$$\Delta \mathbf{b}^m(k) = -\alpha \mathbf{s}^m \tag{12.8}$$

모멘텀
MOBP
모멘텀^{momentum} 필터가 파라미터 변경에 추가될 때, 다음과 같은 역전파의 모멘텀 변경^{MOBP, momentum modification to backpropagation} 식을 얻을 수 있다.

$$\Delta \mathbf{W}^m(k) = \gamma \Delta \mathbf{W}^m(k-1) - (1-\gamma)\alpha \mathbf{s}^m(\mathbf{a}^{m-1})^T \qquad (12.9)$$

$$\Delta \mathbf{b}^m(k) = \gamma \Delta \mathbf{b}^m(k-1) - (1-\gamma)\alpha \mathbf{s}^m \qquad (12.10)$$

이제 수정된 식을 이전 절의 예제에 적용하면 그림 12.10에 나타나는 결과를 얻게 된다(이 예제에는 MOBP의 배치 형식을 사용했다. 따라서 전체 훈련 집합에 제시된 후에만 파라미터가 변경된다. 각 훈련 예시별로 계산된 그레이디언트는 좀 더 정확한 그레이디언트를 추정하기 위해 함께 평균된다). 이 궤적은 그림 12.8에 표시된 초기 조건 및 학습률과 동일하지만 모멘텀 계수는 $\gamma = 0.8$을 갖는다. 이제 알고리즘이 안정적임을 알 수 있다. 모멘텀을 사용함으로써 알고리즘의 안정성은 유지하면서 큰 학습률을 사용할 수 있게 됐다. 모멘텀의 또 다른 특징은 궤적이 일관된 방향으로 움직일 때 수렴을 가속화하는 경향이 있다는 것이다.

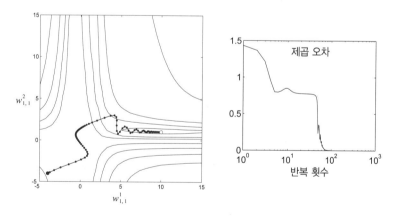

그림 12.10 모멘텀을 사용한 궤적

그림 12.10의 궤적을 주의 깊게 살펴보면 이 방법의 이름을 왜 모멘텀이라고 하는지 알 수 있다. 이 방법은 궤적을 같은 방향으로 지속하게 만드는 경향이 있다. γ 값이 커질

수록 궤적은 더 큰 '모멘텀'을 갖는다.

 모멘텀을 실험하려면, MATLAB® 신경망 설계 데모 '모멘텀 역전파Momentum Backpropagation' **nnd12mo**를 이용하라.

가변 학습률

이 장의 초반에 평평한 표면에서는 학습률을 높이고 경사가 커질 때 학습률을 낮추면 수렴 속도를 높일 수 있다고 이야기했다. 이 절에서는 이 개념을 살펴보려고 한다.

단층 선형 네트워크의 평균 제곱 오차 성능 표면은 항상 2차 함수이므로 헤시안 행렬은 상수라는 점을 기억하라. 최대 경사 하강 알고리즘의 안정적인 최대 학습률은 2 나누기 헤시안 행렬의 최대 고윳값이다(식 (9.25) 참조).

앞에서 봤듯이 다층 네트워크의 오차 표면은 2차 함수가 아니다. 파라미터 공간의 영역별로 표면의 모양은 매우 다를 수 있다. 아마도 훈련 과정에서 학습률을 조정함으로써 수렴 속도를 높일 수 있을 것이다. 학습률을 언제 바꾸고 얼마만큼 바꿀지 정하는 것이 요령이다.

학습률을 변화시키는 다양한 방법들이 있다. 학습률이 알고리즘의 성능에 따라 변하는 **가변 학습률** 매우 직접적인 배치 방법을 설명할 것이다[VoMa88]. 가변 학습률 역전파 알고리즘VLBP, variable learning rate backpropagation의 규칙은 다음과 같다.

1. 가중치 변경 후에 제곱 오차가 지정 비율 ζ(대표적으로 1~5%) 이상으로 증가하면, 가중치 변경은 취소하고 학습률은 $0 < \rho < 1$와 곱하며 모멘텀 계수 γ는(사용된다면) 0으로 설정한다.

2. 가중치 변경 후에 제곱 오차가 감소하면, 가중치 변경은 허용하고 학습률은 $\eta > 1$와 곱한다. 만일 γ가 이전에 0으로 설정됐다면 원래 값으로 재설정된다.

3. 제곱 오차가 ζ보다 작게 증가하면, 가중치 변경은 허용하지만 학습률은 바꾸지

않는다. 만일 γ가 이전에 0으로 설정됐다면 원래 값으로 재설정한다.

(VLBP의 수치 예제는 문제 P12.3을 참조하라.)

VLBP를 설명하기 위해 앞 절의 함수 근사 문제에 알고리즘을 적용해보자. 그림 12.11은 그림 12.10에서 사용했던 것과 동일한 초기 추정, 초기 학습률, 모멘텀 계수를 사용한 알고리즘의 궤적을 보여준다. 새로운 파라미터에는 다음 값들을 할당한다.

$$\eta = 1.05 \,,\ \rho = 0.7 \,,\ \zeta = 4\% \tag{12.11}$$

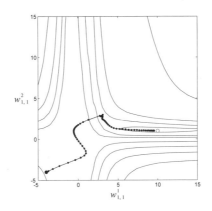

그림 12.11 가변 학습률 궤적

궤적이 오차를 꾸준히 줄이면서 직선으로 이동할 때 학습률과 그에 따른 단계의 크기가 어떻게 증가하는지 주목하라. 또한 반복 횟수 대비 제곱 오차와 학습률을 보여주는 그림 12.12에서 이 영향을 확인할 수 있다.

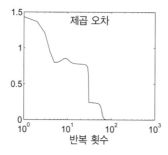 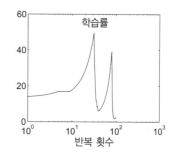

그림 12.12 가변 학습률의 수렴 특성

궤적이 좁은 계곡에 도달했을 때 학습률은 빠르게 감소한다. 그렇지 않으면 궤적은 진동하고 오차는 극적으로 증가했을 것이다. 오차가 4% 이상 증가하는 잠재적 단계에서는 학습률은 감소하고 모멘텀은 없어진다. 이에 따라 궤적은 빠르게 방향을 전환해 최소점을 향해 계곡을 따라간다. 그런 다음 학습률은 다시 증가해서 수렴을 가속화한다. 알고리즘이 거의 수렴될 무렵에 궤적이 최소점을 지나치면 학습률은 다시 감소한다. 이 과정은 전형적인 VLBP의 궤적이다.

가변 학습률 알고리즘은 많은 변형이 있다. 제이콥스Jacobs는 각 네트워크 파라미터(가중치 또는 편향)가 자신의 학습률을 갖는 델타-바-델타delta-bar-delta 학습 규칙을 제안했다[Jaco88]. 이 알고리즘은 파라미터 변경을 몇 번 반복해서 같은 방향이면 네트워크 파라미터의 학습률을 높인다. 파라미터 변경에서 방향이 바뀌면 학습률을 낮춘다. 톨레나이어Tollenaere의 SuperSAB 알고리즘은 델타-바-델타 규칙과 비슷하지만, 학습률을 조정하는 규칙이 좀 더 복잡하다[Toll90].

또 다른 SDBP의 경험적 변형에는 팔만Fahlman의 Quickprop 알고리즘이 있다[Fahl88]. 오차 표면이 최솟값 근처에서 포물선이고 위로 오목하며 각 가중치의 영향을 독립적으로 고려할 수 있다고 가정한다.

SDBP의 경험적 변형은 일부 문제에 대해 아주 빠른 수렴을 제공한다. 하지만 이 방법에는 두 가지 주요 단점이 있다. 첫 번째는 SDBP의 유일한 파라미터는 학습률인 반면, 경험적 변형은 여러 파라미터(예: ζ, ρ, γ)를 설정해야 한다. 좀 더 복잡한 경험적 변형의 경우 5개 또는 6개의 파라미터를 선택해야 한다. 일반적으로 알고리즘의 성능은 이 파라미터들의 변화에 민감하다. 또한 파라미터의 선택은 문제에 따라 달라진다. SDBP 변형의 두 번째 단점은 해를 찾을 수 있는 문제에 가끔씩 수렴하지 못할 수 있다는 것이다. 좀 더 복잡한 알고리즘을 사용할 때 이런 단점들이 더 자주 발생한다.

 VLBP로 실험하려면, MATLAB® 신경망 설계 데모 '가변 학습률 전파Variable Learning Rate Backpropagation' **nnd12vl**을 이용하라.

수치 최적화 기법

이제 SDBP의 경험적 변형을 일부 조사했으므로, 표준 수치 최적화 기법을 기반으로 하는 방법들을 살펴보자. 켤레 경사법과 레벤버그-마쿼트, 이 두 가지 방법을 조사할 것이다. 9장에서 2차 함수의 켤레 경사 알고리즘이 제시됐다. 좀 더 일반적인 함수에 켤레 경사 알고리즘을 적용하려면 알고리즘에 두 가지 과정을 추가해야 한다.

이 장에서 논의할 두 번째 수치 최적화 방법은 레벤버그-마쿼트 알고리즘으로 신경망 훈련에 적합한 뉴턴법의 변형이다.

켤레 경사법

9장에서는 수치 최적화 기법인 최대 경사 하강법, 켤레 경사법, 뉴턴법을 제시했다. 최대 경사 하강법은 가장 단순한 알고리즘이지만, 수렴할 때 자주 느려지곤 한다. 뉴턴법은 매우 빠르지만, 헤시안 행렬과 역행렬 계산이 필요하다. 켤레 경사 알고리즘은 상당히 절충된 방법으로, 2차 미분 계산은 필요 없지만 여전히 2차 수렴 속성을 갖는다 (이 알고리즘은 유한 번 반복해서 2차 함수의 최소에 수렴한다). 이 절에서는 다층 네트워크를 훈련시키기 위한 켤레 경사 알고리즘의 사용 방법을 설명할 것이다.

CGBP 이 방법을 **켤레 경사법 역전파**^{CGBP, conjugate gradient backpropagation} 알고리즘이라고 부를 것이다.

켤레 경사 알고리즘을 복습하면서 시작해보자. 9장의 알고리즘 단계를 반복해서 쉽게 참조할 수 있게 했다(331페이지).

1. 식 (9.59)와 같이 첫 번째 탐색 방향 $\mathbf{p}_0$를 그레이디언트의 음수로 설정한다.

$$\mathbf{p}_0 = -\mathbf{g}_0 \tag{12.12}$$

여기서

$$\mathbf{g}_k \equiv \nabla F(\mathbf{x})\big|_{\mathbf{X} = \mathbf{x}_k} \tag{12.13}$$

2. 식 (9.57)에 따라 탐색 방향으로 함수가 최소화되도록 학습률 α_k를 선택해서 한 단계 진행하라.

$$\mathbf{x}_{k+1} = \mathbf{x}_k + \alpha_k \mathbf{p}_k \tag{12.14}$$

3. 식 (9.61), 식 (9.62), 식 (9.63)을 이용해 β_k를 계산하고, 식 (9.60)에 따라 그다음 탐색 방향을 정하라.

$$\mathbf{p}_k = -\mathbf{g}_k + \beta_k \mathbf{p}_{k-1} \tag{12.15}$$

$$\beta_k = \frac{\Delta \mathbf{g}_{k-1}^T \mathbf{g}_k}{\Delta \mathbf{g}_{k-1}^T \mathbf{p}_{k-1}} \quad \text{또는} \quad \beta_k = \frac{\mathbf{g}_k^T \mathbf{g}_k}{\mathbf{g}_{k-1}^T \mathbf{g}_{k-1}} \quad \text{또는} \quad \beta_k = \frac{\Delta \mathbf{g}_{k-1}^T \mathbf{g}_k}{\mathbf{g}_{k-1}^T \mathbf{g}_{k-1}} \tag{12.16}$$

4. 알고리즘이 수렴되지 않으면 2단계부터 계속하라.

켤레 경사 알고리즘을 신경망 훈련 작업에 바로 적용할 수는 없다. 신경망의 성능 지표가 2차가 아니기 때문이다. 따라서 알고리즘은 두 가지 부분에서 영향을 받는다. 첫째, 2단계에서 요구되는 직선을 따라 함수를 최소화하는 식 (9.31)을 사용할 수 없다. 둘째, 보통 단계 수가 제한되면 정확한 최소에 도달하지 못할 수 있으므로, 설정된 횟수만큼 반복한 후에 알고리즘을 재설정해야 한다.

우선 선형 탐색을 다뤄보자. 특정 방향에서 함수의 최소를 찾는 일반적인 방법이 필요하다. 이 방법은 구간 검출interval location과 구간 축소interval reduction 두 단계로 구성되어 있다. 구간 검출 단계의 목표는 지역 최소가 포함된 초기 구간을 찾는 것이다. 구간 축소 단계는 원하는 정확도로 최소를 찾을 때까지 초기 구간의 크기를 줄인다.

구간 검출　구간 검출interval location 단계를 수행하기 위해 함수 비교 방법function comparison method을 사용할 것이다[Scal85]. 이 방법은 그림 12.13에 그려져 있다. 그림에서 a_1으로 표시된 초기 점에서 성능 지표를 평가하기 시작한다. 점 a_1은 네트워크의 가중치와 편향의 현재 값에 해당한다. 따라서 다음과 같이 성능 지표를 평가한다.

$$F(\mathbf{x}_0) \tag{12.17}$$

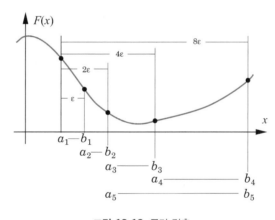

그림 12.13 구간 검출

다음 단계는 그림에서 b_1으로 표시된 두 번째 점에서 함수를 평가하는 것이다. b_1은 초기 점에서 첫 번째 탐색 방향 $\mathbf{p}_0$를 따라 ε만큼 떨어져 있다. 다시 말하면, 다음 성능 지표를 평가한다.

$$F(\mathbf{x}_0 + \varepsilon\mathbf{p}_0) \tag{12.18}$$

그런 다음 두 점 사이의 거리를 계속 두 배씩 늘려서 새로운 점 b_i에서 성능 지표 평가를 이어나간다. 이 과정은 두 번 연속 평가에서 함수가 증가할 때 종료된다. 그림 12.13에서 b_3에서 b_4로 가면서 함수 증가가 나타난다. 이 시점에서 최소점은 a_5와 b_5 두 점 사이에 있다. 최소가 구간 $[a_4, b_4]$ 또는 구간 $[a_3, b_3]$에서 발생할 수 있기 때문에 더 이상 간격을 좁힐 수는 없다. 그림 12.14(a)에 두 가지 가능성이 그려져 있다.

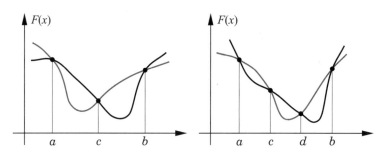

(a) 구간이 더 이상 축소되지 않는다.   (b) 최소가 c와 b 사이에서 발생해야만 한다.

그림 12.14 불확실한 구간의 크기 축소

구간 축소   이제 최소를 포함하는 구간을 찾았으므로 선형 탐색에서 해야 할 다음 단계는 **구간 축소**^{interval reduction}다. 구간 축소에서는 구간 검출 단계에서 선택한 구간 $[a_5, b_5]$의 안쪽에 있는 점에서 함수를 평가한다. 불확실한 구간의 크기를 줄이려면 (최소한) 내부 점 2개에서 함수를 평가할 필요가 있다는 사실을 그림 12.14에서 알 수 있다. 그림 12.14(a)는 내부 함수를 한 번만 평가해서는 최소 지점에 대한 어떤 정보도 제공하지 못한다는 것을 보여준다. 하지만 그림 12.14(b)에서와 같이 두 점 c와 d에서 함수를 평가한다면 불확실한 구간을 줄일 수 있다. 그림 12.14(b)에서 보이는 것처럼 $F(c) > F(d)$라면 구간 $[c, b]$에서 최소가 발생해야 한다. 반대로 $F(c) < F(d)$라면 구간 $[a, d]$에서 최소가 발생해야 한다(초기 구간에 1개의 최소가 있다고 가정한다는 점을 주의하라. 나중에 자세히 설명할 것이다).

위에 설명된 방법은 불확실한 구간의 크기를 줄이는 방법을 제시한다. 이제 내부 점 c와 d의 위치를 어떻게 판단할지 결정해야 한다. 몇 가지 방법이 있다([Scal85] 참조). 필

황금 분할 탐색　요한 함수 평가 횟수가 최소화되게 설계된 **황금 분할 탐색**^{Golden Section search}이라고 하는 방법을 사용할 것이다. 반복할 때마다 한 번씩 함수 평가를 새로 해야 한다. 예를 들어, 그림 12.14(b)의 경우 점 a는 버리고 점 c를 새로운 a로 만들 것이다. 그런 다음 점 d는 새로운 점 c가 되며, 새로운 d는 원래의 점 d와 b 사이에 놓일 것이다. 불확실한 구간이 가능한 한 빠르게 축소되도록 새로운 점을 배치하는 것이 요령이다.

황금 분할 탐색 알고리즘은 다음과 같다[Scal85].

$$\tau = 0.618$$

$$\text{Set} \quad c_1 = a_1 + (1 - \tau)(b_1 - a_1),\, F_c = F(c_1).$$

$$d_1 = b_1 - (1 - \tau)(b_1 - a_1),\, F_d = F(d_1).$$

For $k = 1, 2, \ldots$ repeat

　　If $F_c < F_d$ then

$$\text{Set} \quad a_{k+1} = a_k;\, b_{k+1} = d_k;\, d_{k+1} = c_k$$

$$c_{k+1} = a_{k+1} + (1 - \tau)(b_{k+1} - a_{k+1})$$

$$F_d = F_c;\, F_c = F(c_{k+1})$$

　　else

$$\text{Set} \quad a_{k+1} = c_k;\, b_{k+1} = b_k;\, c_{k+1} = d_k$$

$$d_{k+1} = b_{k+1} - (1 - \tau)(b_{k+1} - a_{k+1})$$

$$F_c = F_d;\, F_d = F(d_{k+1})$$

　　end

end until $b_{k+1} - a_{k+1} < tol$

여기서 tol은 사용자가 설정한 정확도 허용 오차다.

(구간 검출과 구간 축소 방법의 수치 예제는 문제 P12.4를 참조하라.)

켤레 경사 알고리즘을 신경망 훈련에 적용하기 전에 한 가지 더 변경해야 할 것이 있다. 알고리즘은 2차 함수에 대해 최대 n번 반복해서 최소로 수렴할 것이다. 여기서 n

은 최적화할 파라미터의 개수다. 다층 네트워크의 평균 제곱 오차 성능 지표는 2차가 아니므로 알고리즘은 보통 n번 반복해서 수렴하지 않는다. 켤레 경사 알고리즘은 n번 반복 사이클이 완료되면 더 이상 탐색 방향을 알려주지 않는다. 여러 방법이 제안됐지만, 가장 단순한 방법은 n번 반복한 이후에 최대 경사 하강 방향(그레이디언트의 음수)으로 탐색 방향을 재설정하는 것이다. 여기서는 이 방법을 사용할 것이다.

이제 다른 신경망 훈련 알고리즘을 설명하기 위해 사용했던 함수 근사 예제에 켤레 경사 알고리즘을 적용해보자. (식 (11.23)과 식 (11.24)를 사용해) 그레이디언트 계산을 위해 역전파 알고리즘을 사용하고 가중치를 변경하기 위해 켤레 경사 알고리즘을 사용한다. 이 방법은 전체 훈련 집합이 네트워크에 제시된 이후에 그레이디언트를 계산하는 배치 모드 알고리즘이다.

그림 12.15는 처음 3회 반복에 대한 CGBP 알고리즘의 중간 단계를 보여준다. 구간 검출 과정은 열린 원으로 표시되며, 각 원은 함수를 한 번 계산한 값을 나타낸다. 최종 구간은 열린 회색 큰 원으로 표시된다. 그림 12.15에서 검은색 점은 황금 분할 탐색을 하는 동안 새로운 내부 점들의 위치를 가리키며, 과정을 반복할 때마다 1개씩 표시된다. 마지막 점은 화살표로 가리키고 있는 점으로 표시된다.

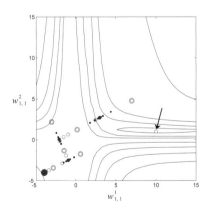

그림 12.15 CGBP의 중간 단계

500

그림 12.16은 수렴하는 전체 궤적을 보여준다. CGBP 알고리즘은 테스트했던 다른 알고리즘들에 비해 아주 적게 반복해서 수렴한다. CGBP를 반복할 때마다 다른 방법들에 비해 계산을 많이 하기 때문에 반복이 적다는 것은 조금 기만적일 수 있다. CGBP를 반복할 때마다 함수 계산을 많이 해야 한다. 그럼에도 불구하고 CGBP는 다층 네트워크를 위한 가장 빠른 배치 훈련 알고리즘 중 하나인 것으로 나타났다[Char92].

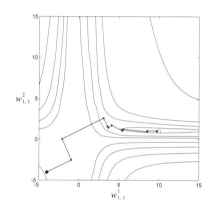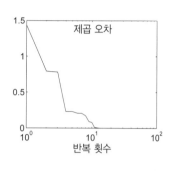

그림 12.16 켤레 경사법 궤적

 CGBP로 실험하려면, MATLAB® 신경망 설계 데모 '켤레 경사법 직선 탐색Conjugate Gradient Line Search' **nnd12ls**와 '켤레 경사법 역전파Conjugate Gradient Backpropagation' **nnd12cg**를 이용하라.

레벤버그–마쿼트 알고리즘

레벤버그–마쿼트 알고리즘은 뉴턴법의 변형으로, 비선형 함수의 제곱의 합으로 정의되는 함수를 최소화하기 위해 설계됐다. 이 방법은 성능 지표가 평균 제곱 오차인 신경망 훈련에 매우 적합하다.

기본 알고리즘

성능 지표가 제곱의 합인 뉴턴법의 형태를 고려해보자. 성능 지표 $F(\mathbf{x})$를 최적화하기 위한 뉴턴법은 다음과 같다(9장에서 상기해보라).

$$\mathbf{x}_{k+1} = \mathbf{x}_k - \mathbf{A}_k^{-1}\mathbf{g}_k \tag{12.19}$$

여기서 $\mathbf{A}_k \equiv \nabla^2 F(\mathbf{x})\big|_{\mathbf{X} = \mathbf{x}_k}$ 그리고 $\mathbf{g}_k \equiv \nabla F(\mathbf{x})\big|_{\mathbf{X} = \mathbf{x}_k}$

$F(\mathbf{x})$를 제곱 합의 함수라고 가정하자.

$$F(\mathbf{x}) = \sum_{i=1}^{N} v_i^2(\mathbf{x}) = \mathbf{v}^T(\mathbf{x})\mathbf{v}(\mathbf{x}) \tag{12.20}$$

그러면 그레이디언트의 j번째 요소는 다음과 같을 것이다.

$$[\nabla F(\mathbf{x})]_j = \frac{\partial F(\mathbf{x})}{\partial x_j} = 2\sum_{i=1}^{N} v_i(\mathbf{x})\frac{\partial v_i(\mathbf{x})}{\partial x_j} \tag{12.21}$$

따라서 그레이디언트를 행렬 형식으로 작성할 수 있다.

$$\nabla F(\mathbf{x}) = 2\mathbf{J}^T(\mathbf{x})\mathbf{v}(\mathbf{x}) \tag{12.22}$$

자코비안 행렬 여기서 $\mathbf{J}$는 자코비안 행렬^{Jacobian matrix}이다.

$$\mathbf{J}(\mathbf{x}) = \begin{bmatrix} \dfrac{\partial v_1(\mathbf{x})}{\partial x_1} & \dfrac{\partial v_1(\mathbf{x})}{\partial x_2} & \cdots & \dfrac{\partial v_1(\mathbf{x})}{\partial x_n} \\ \dfrac{\partial v_2(\mathbf{x})}{\partial x_1} & \dfrac{\partial v_2(\mathbf{x})}{\partial x_2} & \cdots & \dfrac{\partial v_2(\mathbf{x})}{\partial x_n} \\ \vdots & \vdots & & \vdots \\ \dfrac{\partial v_N(\mathbf{x})}{\partial x_1} & \dfrac{\partial v_N(\mathbf{x})}{\partial x_2} & \cdots & \dfrac{\partial v_N(\mathbf{x})}{\partial x_n} \end{bmatrix} \tag{12.23}$$

다음은 헤시안 행렬을 구해보자. 헤시안 행렬의 k, j 요소는 다음과 같다.

$$[\nabla^2 F(\mathbf{x})]_{k,j} = \frac{\partial^2 F(\mathbf{x})}{\partial x_k \partial x_j} = 2 \sum_{i=1}^{N} \left\{ \frac{\partial v_i(\mathbf{x})}{\partial x_k} \frac{\partial v_i(\mathbf{x})}{\partial x_j} + v_i(\mathbf{x}) \frac{\partial^2 v_i(\mathbf{x})}{\partial x_k \partial x_j} \right\} \tag{12.24}$$

헤시안 행렬은 행렬 형식으로 표현될 수 있다.

$$\nabla^2 F(\mathbf{x}) = 2\mathbf{J}^T(\mathbf{x})\mathbf{J}(\mathbf{x}) + 2\mathbf{S}(\mathbf{x}) \tag{12.25}$$

여기서

$$\mathbf{S}(\mathbf{x}) = \sum_{i=1}^{N} v_i(\mathbf{x}) \nabla^2 v_i(\mathbf{x}) \tag{12.26}$$

$\mathbf{S}(\mathbf{x})$가 매우 작다고 가정하면, 헤시안 행렬은 다음과 같이 근사할 수 있다.

$$\nabla^2 F(\mathbf{x}) \cong 2\mathbf{J}^T(\mathbf{x})\mathbf{J}(\mathbf{x}) \tag{12.27}$$

가우스-뉴턴 그런 다음 식 (12.27)과 식 (12.22)를 식 (12.19)에 대입하면 가우스–뉴턴법^{Gauss-Newton} method을 얻을 수 있다.

$$\mathbf{x}_{k+1} = \mathbf{x}_k - [2\mathbf{J}^T(\mathbf{x}_k)\mathbf{J}(\mathbf{x}_k)]^{-1} 2\mathbf{J}^T(\mathbf{x}_k)\mathbf{v}(\mathbf{x}_k)$$

$$= \mathbf{x}_k - [\mathbf{J}^T(\mathbf{x}_k)\mathbf{J}(\mathbf{x}_k)]^{-1} \mathbf{J}^T(\mathbf{x}_k)\mathbf{v}(\mathbf{x}_k) \tag{12.28}$$

표준 뉴턴법에 비해 가우스–뉴턴법의 이점은 2차 미분을 계산하지 않아도 된다는 것이다.

가우스–뉴턴법의 한 가지 문제는 행렬 $\mathbf{H} = \mathbf{J}^T\mathbf{J}$의 역을 구하지 못할 수도 있다는 점이다. 근사 헤시안 행렬을 다음과 같이 수정해 이 문제를 극복할 수 있다.

$$\mathbf{G} = \mathbf{H} + \mu\mathbf{I} \tag{12.29}$$

이 행렬을 가역으로 만드는 방법을 살펴보기 위해, $\mathbf{H}$의 고윳값과 고유벡터를 $\{\lambda_1, \lambda_2,$

$\dots, \lambda_n\}$와 $\{\mathbf{z}_1, \mathbf{z}_2, \dots, \mathbf{z}_n\}$ 이라고 하자. 그러면

$$\mathbf{G}\mathbf{z}_i = [\mathbf{H} + \mu\mathbf{I}]\mathbf{z}_i = \mathbf{H}\mathbf{z}_i + \mu\mathbf{z}_i = \lambda_i\mathbf{z}_i + \mu\mathbf{z}_i = (\lambda_i + \mu)\mathbf{z}_i \tag{12.30}$$

따라서 $\mathbf{G}$의 고유벡터는 $\mathbf{H}$의 고유벡터와 같고, $\mathbf{G}$의 고윳값은 $(\lambda_i + \mu)$이다. 모든 i에 대해 $(\lambda_i + \mu) > 0$일 때까지 μ를 증가시켜서 $\mathbf{G}$를 양의 정부호로 만들 수 있다. 그리고 이때 $\mathbf{G}$ 행렬은 가역이다.

레벤버그-마쿼트 이에 따라 레벤버그–마쿼트$^{\text{Levenberg-Marquardt}}$ 알고리즘이 유도됐다[Scal85].

$$\mathbf{x}_{k+1} = \mathbf{x}_k - [\mathbf{J}^T(\mathbf{x}_k)\mathbf{J}(\mathbf{x}_k) + \mu_k\mathbf{I}]^{-1}\mathbf{J}^T(\mathbf{x}_k)\mathbf{v}(\mathbf{x}_k) \tag{12.31}$$

또는

$$\Delta\mathbf{x}_k = -[\mathbf{J}^T(\mathbf{x}_k)\mathbf{J}(\mathbf{x}_k) + \mu_k\mathbf{I}]^{-1}\mathbf{J}^T(\mathbf{x}_k)\mathbf{v}(\mathbf{x}_k) \tag{12.32}$$

이 알고리즘은 μ_k가 증가할수록 작은 학습률을 갖는 최대 경사 하강 알고리즘에 근접하고, μ_k가 0으로 감소할수록 알고리즘은 가우스–뉴턴이 되는 매우 유용한 특징을 갖는다.

$$\mathbf{x}_{k+1} \cong \mathbf{x}_k - \frac{1}{\mu_k}\mathbf{J}^T(\mathbf{x}_k)\mathbf{v}(\mathbf{x}_k) = \mathbf{x}_k - \frac{1}{2\mu_k}\nabla F(\mathbf{x}), \text{ 큰 } \mu_k\text{에 대해} \tag{12.33}$$

알고리즘은 μ_k를 작은 값(예: $\mu_k = 0.01$)으로 설정해서 시작한다. 각 단계에서 $F(\mathbf{x})$ 값이 작아지지 않으면, μ_k에 $\vartheta > 1$(예: $\vartheta = 10$)를 곱해서 단계를 반복한다. 결국 최대 경사 하강 방향으로 작게 이동하기 때문에 $F(\mathbf{x})$는 감소할 것이다. $F(\mathbf{x})$ 값이 작아지면, 다음 단계를 위해 μ_k를 ϑ로 나눈다. 따라서 알고리즘은 빠른 수렴을 제공하는 가우스–뉴턴법에 근접하게 될 것이다. 레벤버그–마쿼트 알고리즘은 뉴턴법의 속도와 최대 경사 하강법이 보장하는 수렴 사이에서 좋은 절충점을 제공한다.

이제 레벤버그–마쿼트 알고리즘을 다층 네트워크 훈련 문제에 적용할 수 있는 방법을 살펴보자. 다층 네트워크 훈련의 성능 지표는 평균 제곱 오차다(식 (11.11) 참조). 훈

련 집합의 Q개 목표에 대해 각 목표가 동일한 확률로 발생하면, 평균 제곱 오차는 제곱 오차의 합에 비례한다.

$$F(\mathbf{x}) = \sum_{q=1}^{Q} (\mathbf{t}_q - \mathbf{a}_q)^T (\mathbf{t}_q - \mathbf{a}_q)$$

$$= \sum_{q=1}^{Q} \mathbf{e}_q^T \mathbf{e}_q = \sum_{q=1}^{Q} \sum_{j=1}^{S^M} (e_{j,q})^2 = \sum_{i=1}^{N} (v_i)^2 \qquad (12.34)$$

여기서 $e_{j,q}$는 q번째 입력/목표 쌍에 대한 오차의 j번째 요소다.

식 (12.34)는 레벤버그–마쿼트를 설계할 때 사용했던 성능 지표 식 (12.20)과 동일하다. 따라서 네트워크 훈련을 위해 알고리즘을 적응시키는 것은 간단한 문제일 것이다. 개념적으로 맞는 말이지만 세부사항을 처리하려면 주의가 필요하다.

자코비안 계산

레벤버그–마쿼트 알고리즘의 주요 단계는 자코비안 행렬을 계산하는 것이다. 자코비안 행렬을 계산하기 위해 역전파 알고리즘의 변형을 사용할 것이다. 표준 역전파 방법에서는 네트워크의 가중치와 편향에 대해 제곱 오차의 미분을 계산했었다. 하지만 자코비안 행렬을 생성하려면 제곱 오차의 미분이 아닌 오차의 미분을 계산해야만 한다.

개념적으로 자코비안 요소를 계산하기 위해 역전파 알고리즘을 변경하는 것은 간단한 일이다. 유감스럽게도 기본 개념은 간단하지만 세부 구현사항은 조금은 까다롭다. 이런 이유 때문에 먼저 제시된 내용의 일반적인 흐름을 개괄적으로 이해하고 나중에 세부사항을 알고 싶을 때 되돌아오고 싶다면, 이 절의 나머지 부분을 대충 읽고 싶을 수도 있다. 또한 계속 진행하기 전에 11장의 역전파 알고리즘 개발을 검토하면 도움이 될 수도 있다.

자코비안 계산 방법을 설명하기 전에 자코비안의 형태를 자세히 살펴보자(식 (12.23)). 오차 벡터는 다음과 같다.

$$\mathbf{v}^T = \begin{bmatrix} v_1 & v_2 & \ldots & v_N \end{bmatrix} = \begin{bmatrix} e_{1,1} & e_{2,1} & \ldots & e_{S^M,1} & e_{1,2} & \ldots & e_{S^M,Q} \end{bmatrix} \qquad (12.35)$$

파라미터 벡터는 다음과 같다.

$$\mathbf{x}^T = \begin{bmatrix} x_1 & x_2 & \ldots & x_n \end{bmatrix} = \begin{bmatrix} w_{1,1}^1 & w_{1,2}^1 & \ldots & w_{S^1,R}^1 & b_1^1 & \ldots & b_{S^1}^1 & w_{1,1}^2 & \ldots & b_{S^M}^M \end{bmatrix} \qquad (12.36)$$

$$N = Q \times S^M \text{ 그리고 } n = S^1(R+1) + S^2(S^1+1) + \cdots + S^M(S^{M-1}+1)$$

따라서 이들을 식 (12.23)으로 대체하면 다층 네트워크 훈련을 위한 자코비안 행렬은 다음과 같이 작성될 수 있다.

$$\mathbf{J}(\mathbf{x}) = \begin{bmatrix} \dfrac{\partial e_{1,1}}{\partial w_{1,1}^1} & \dfrac{\partial e_{1,1}}{\partial w_{1,2}^1} & \cdots & \dfrac{\partial e_{1,1}}{\partial w_{S^1,R}^1} & \dfrac{\partial e_{1,1}}{\partial b_1^1} & \cdots \\[2ex] \dfrac{\partial e_{2,1}}{\partial w_{1,1}^1} & \dfrac{\partial e_{2,1}}{\partial w_{1,2}^1} & \cdots & \dfrac{\partial e_{2,1}}{\partial w_{S^1,R}^1} & \dfrac{\partial e_{2,1}}{\partial b_1^1} & \cdots \\[2ex] \vdots & \vdots & & \vdots & \vdots & \\[1ex] \dfrac{\partial e_{S^M,1}}{\partial w_{1,1}^1} & \dfrac{\partial e_{S^M,1}}{\partial w_{1,2}^1} & \cdots & \dfrac{\partial e_{S^M,1}}{\partial w_{S^1,R}^1} & \dfrac{\partial e_{S^M,1}}{\partial b_1^1} & \cdots \\[2ex] \dfrac{\partial e_{1,2}}{\partial w_{1,1}^1} & \dfrac{\partial e_{1,2}}{\partial w_{1,2}^1} & \cdots & \dfrac{\partial e_{1,2}}{\partial w_{S^1,R}^1} & \dfrac{\partial e_{1,2}}{\partial b_1^1} & \cdots \\[2ex] \vdots & \vdots & & \vdots & \vdots & \end{bmatrix} \qquad (12.37)$$

자코비안 행렬의 항들은 역전파 알고리즘을 간단히 수정해서 계산할 수 있다.

표준 역전파는 다음과 같은 항들을 계산한다.

$$\frac{\partial \hat{F}(\mathbf{x})}{\partial x_l} = \frac{\partial \mathbf{e}_q^T \mathbf{e}_q}{\partial x_l} \qquad (12.38)$$

레벤버그-마쿼트 알고리즘에 필요한 자코비안 행렬의 요소들에 대해 다음과 같은 항을 계산할 필요가 있다.

$$[\mathbf{J}]_{h,l} = \frac{\partial v_h}{\partial x_l} = \frac{\partial e_{k,q}}{\partial x_l} \tag{12.39}$$

식 (11.18)의 역전파 미분을 상기해보라.

$$\frac{\partial \hat{F}}{\partial w_{i,j}^m} = \frac{\partial \hat{F}}{\partial n_i^m} \times \frac{\partial n_i^m}{\partial w_{i,j}^m} \tag{12.40}$$

여기서 우변의 첫 번째 항을 민감도로 정의했었다.

$$s_i^m \equiv \frac{\partial \hat{F}}{\partial n_i^m} \tag{12.41}$$

마쿼트 민감도 역전파 과정에서는 마지막 계층에서 첫 번째 계층까지 반복 관계를 통해 역으로 민감도를 계산했다. 새로운 **마쿼트 민감도**$^{\text{Marquardt sensitivity}}$를 정의하면, 동일한 개념을 사용해서 자코비안 행렬에 필요한 항을 계산할 수 있다.

$$\tilde{s}_{i,h}^m \equiv \frac{\partial v_h}{\partial n_{i,q}^m} = \frac{\partial e_{k,q}}{\partial n_{i,q}^m} \tag{12.42}$$

식 (12.35)의 정의로부터 $h = (q-1)S^M + k$가 된다.

이제 자코비안의 요소를 다음 식으로 계산할 수 있다.

$$[\mathbf{J}]_{h,l} = \frac{\partial v_h}{\partial x_l} = \frac{\partial e_{k,q}}{\partial w_{i,j}^m} = \frac{\partial e_{k,q}}{\partial n_{i,q}^m} \times \frac{\partial n_{i,q}^m}{\partial w_{i,j}^m} = \tilde{s}_{i,h}^m \times \frac{\partial n_{i,q}^m}{\partial w_{i,j}^m} = \tilde{s}_{i,h}^m \times a_{j,q}^{m-1} \tag{12.43}$$

또는 x_l이 편향이라면 다음 식으로 계산할 수 있다.

$$[\mathbf{J}]_{h,l} = \frac{\partial v_h}{\partial x_l} = \frac{\partial e_{k,q}}{\partial b_i^m} = \frac{\partial e_{k,q}}{\partial n_{i,q}^m} \times \frac{\partial n_{i,q}^m}{\partial b_i^m} = \tilde{s}_{i,h}^m \times \frac{\partial n_{i,q}^m}{\partial b_i^m} = \tilde{s}_{i,h}^m \tag{12.44}$$

마쿼트 민감도는 마지막 계층에서 하나를 변경해 표준 민감도(식 (11.35))와 동일한 반복 관계를 통해 계산할 수 있다. 표준 역전파에 대해 표준 민감도는 식 (11.40)으로 계산한다. 마지막 계층에서 마쿼트 민감도는 다음과 같이 정의된다.

$$\tilde{s}^M_{i,h} = \frac{\partial v_h}{\partial n^M_{i,q}} = \frac{\partial e_{k,q}}{\partial n^M_{i,q}} = \frac{\partial(t_{k,q} - a^M_{k,q})}{\partial n^M_{i,q}} = -\frac{\partial a^M_{k,q}}{\partial n^M_{i,q}}$$

$$= \begin{cases} -\dot{f}^M(n^M_{i,q}) & j = k \text{인 경우} \\ 0 & i \neq k \text{인 경우} \end{cases} \tag{12.45}$$

따라서 입력 $\mathbf{p}_q$가 네트워크에 적용되고 대응하는 출력 $\mathbf{a}^M_q$가 계산될 때, 레벤버그-마쿼트 역전파는 다음과 같이 초기화된다.

$$\tilde{\mathbf{S}}^M_q = -\dot{\mathbf{F}}^M(\mathbf{n}^M_q) \tag{12.46}$$

여기서 $\dot{\mathbf{F}}^M(\mathbf{n}^M)$은 식 (11.34)로 정의된다. 행렬 $\tilde{\mathbf{S}}^M_q$의 각 열은 자코비안 행렬의 한 행을 생성하기 위해 식 (11.35)를 이용해 네트워크에 역전파해야 한다. 또한 열들은 다음 식을 이용해 다 함께 역전파할 수 있다.

$$\tilde{\mathbf{S}}^m_q = \dot{\mathbf{F}}^m(\mathbf{n}^m_q)(\mathbf{W}^{m+1})^T \tilde{\mathbf{S}}^{m+1}_q \tag{12.47}$$

각 입력에 대해 계산된 마쿼트 민감도 행렬을 확장해서 각 계층별로 전체 마쿼트 민감도 행렬을 만든다.

$$\tilde{\mathbf{S}}^m = \left[\tilde{\mathbf{S}}^m_1 \middle| \tilde{\mathbf{S}}^m_2 \middle| \cdots \middle| \tilde{\mathbf{S}}^m_Q \right] \tag{12.48}$$

네트워크에 제시되는 각 입력에 대해 S^M개의 민감도 벡터를 역전파한다는 점을 주목하라. 그 이유는 오차 제곱 합의 미분 대신 개별 오차의 미분을 계산하기 때문이다. 네트워크에 적용되는 모든 입력에 대해 (네트워크 출력의 각 요소별로 하나씩) S^M개의 오차가 있다. 각 오차에 대해 자코비안 행렬의 한 행이 존재한다.

민감도가 역전파된 이후 식 (12.43)과 식 (12.44)를 이용해 자코비안 행렬을 계산한다. 자코비안 계산에 대한 수치 설명은 문제 P12.5를 참조하라.

LMBP 레벤버그-마쿼트 역전파$^{\text{LMBP, Levenberg-Marquardt backpropagation}}$ 알고리즘의 반복은 다음과 같이 요약될 수 있다.

1. (식 (11.41)과 식 (11.42)를 이용해) 네트워크에 모든 입력을 제시하고 대응되는 네트워크 출력과 오차 $\mathbf{e}_q = \mathbf{t}_q - \mathbf{a}_q^M$를 계산하라. 식 (12.34)를 이용해 모든 입력에 대해 제곱 오차의 합 $F(\mathbf{x})$를 계산하라.

2. 식 (12.37)의 자코비안 행렬을 계산하라. 민감도를 식 (12.46)으로 초기화한 후에 식 (12.47)의 반복 관계로 계산하라. 식 (12.48)을 이용해 개별 행렬을 마쿼트 민감도로 확장하라. 식 (12.43)과 식 (12.44)로 자코비안 행렬의 요소를 계산하라.

3. 식 (12.32)를 풀어서 $\Delta\mathbf{x}_k$를 구하라.

4. $\mathbf{x}_k + \Delta\mathbf{x}_k$를 이용해 제곱 오차의 합을 다시 계산하라. 새로운 제곱의 합이 1단계에서 계산한 것보다 작다면, μ를 9로 나누고, $\mathbf{x}_{k+1} = \mathbf{x}_k + \Delta\mathbf{x}_k$를 계산하고 1단계로 돌아가라. 만일 제곱의 합이 줄어들지 않으면, μ에 9를 곱하고 3단계로 돌아가라.

알고리즘은 식 (12.22)의 그레이디언트 놈^{norm}이 미리 정해진 값보다 작거나 제곱의 합이 오차 목표로 줄어들 때 수렴하는 것으로 가정한다.

LMBP를 설명하기 위해, 이 장을 시작할 때 소개했던 함수 근사 문제에 알고리즘을 적용해보자. 기본 레벤버그-마쿼트 단계를 살펴보면서 시작할 것이다. 그림 12.17은 LMBP 알고리즘이 첫 번째 반복에서 취할 수 있는 단계들을 보여준다.

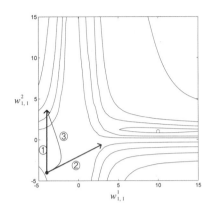

그림 12.17 레벤버그-마쿼트 단계

①번 화살표는 가우스-뉴턴 방향에 해당하는 μ_k가 작을 때 정해진 방향을 나타낸다. ②번 화살표는 최대 경사 하강 방향에 해당하는 μ_k가 클 때 정해진 방향을 나타낸다 (이전에 논의했던 모든 알고리즘이 정했던 초기 방향이다). ③번 곡선은 μ_k가 중간 값일 때 레벤버그-마쿼트 단계를 나타낸다. μ_k가 증가할수록 알고리즘은 최대 경사 하강 방향으로 작은 단계를 이동한다. 이에 따라 알고리즘은 반복할 때마다 항상 제곱의 합이 줄도록 보장한다.

그림 12.18은 $\mu_0 = 0.01$과 $\vartheta = 5$를 이용해 수렴하는 LMBP 궤적의 경로를 보여준다. 알고리즘이 지금까지 논의했던 어떤 방법보다 적은 반복으로 수렴하는 것을 주목하라. 물론 이 알고리즘은 역행렬을 구해야 하기 때문에 여타 알고리즘에 비해 각 반복에서 많은 계산이 필요하다. 그러나 LMBP 알고리즘은 계산이 많더라도 적당한 네트워크 파라미터 수에 대해 가장 빠른 신경망 훈련 알고리즘으로 나타난다[HaMe94].

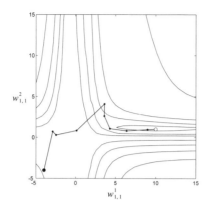
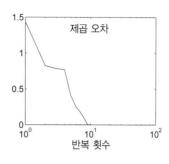

그림 12.18 LMBP 궤적

 LMBP 알고리즘으로 실험하려면 MATLAB® 신경망 설계 데모 '마쿼트 단계Marquardt Step'

nnd12ms와 '마쿼트 역전파Marquardt Backpropagation' **nnd12m**을 이용하라.

LMBP의 주요 단점은 저장이 필요하다는 것이다. 알고리즘은 근사 헤시안 행렬 $\mathbf{J}^T\mathbf{J}$ 를 저장해야만 한다. 이것은 $n \times n$ 행렬이다. 여기서 n은 네트워크 파라미터(가중치와 편향) 수다. 논의했던 다른 방법들은 n차원 벡터인 그레이디언트만 저장하면 된다. 파라미터 수가 아주 많을 때는 레벤버그–마쿼트 알고리즘의 사용이 실용적이지 않을 수 있다(컴퓨터의 가용 메모리에 따라 '아주 많은' 구성은 다르겠지만, 일반적으로 수천 개의 파라미터가 상한이다).

결과 요약

역전파의 경험적 변형

배치

전체 훈련 집합이 제시된 후에만 파라미터를 변경한다. 각 훈련 예시에서 계산된 그레이디언트를 모두 평균해서 좀 더 정확한 그레이디언트를 추정한다(훈련 집합이 완료되면, 즉 가능한 입력/출력 쌍을 모두 다루고 나면, 그레이디언트 추정은 정확해질 것이다).

모멘텀을 이용한 역전파(MOBP)

$$\Delta \mathbf{W}^m(k) = \gamma \Delta \mathbf{W}^m(k-1) - (1-\gamma)\alpha \mathbf{s}^m (\mathbf{a}^{m-1})^T$$

$$\Delta \mathbf{b}^m(k) = \gamma \Delta \mathbf{b}^m(k-1) - (1-\gamma)\alpha \mathbf{s}^m$$

가변 학습률 역전파(VLBP)

1. 가중치 변경 후에 제곱 오차가 지정 비율 ζ(대표적으로 1~5%) 이상으로 증가하면, 가중치 변경은 취소하고 학습률은 $0 < \rho < 1$와 곱하며 모멘텀 계수 γ는 (사용된다면) 0으로 설정한다.

2. 가중치 변경 후에 제곱 오차가 감소하면, 가중치 변경은 허용되고 학습률은 $\eta > 1$와 곱한다. 만일 γ가 이전에 0으로 설정됐다면 원래 값으로 재설정된다.

3. 제곱 오차가 ζ보다 작게 증가하면, 가중치 변경은 허용하지만 학습률은 바꾸지 않는다.

수치 최적화 기법

켤레 경사법

구간 검출

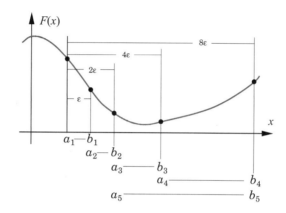

구간 축소(황금 분할 탐색)

$\tau = 0.618$

Set $\quad c_1 = a_1 + (1 - \tau)(b_1 - a_1)$, $F_c = F(c_1)$.

$\quad\quad d_1 = b_1 - (1 - \tau)(b_1 - a_1)$, $F_d = F(d_1)$.

For $k = 1, 2, \dots$ repeat

$\quad\quad$ If $F_c < F_d$ then

$\quad\quad\quad$ Set $\quad a_{k+1} = a_k$; $b_{k+1} = d_k$; $d_{k+1} = c_k$

$\quad\quad\quad\quad\quad c_{k+1} = a_{k+1} + (1 - \tau)(b_{k+1} - a_{k+1})$

$\quad\quad\quad\quad\quad F_d = F_c$; $F_c = F(c_{k+1})$

$\quad\quad$ else

$\quad\quad\quad$ Set $\quad a_{k+1} = c_k$; $b_{k+1} = b_k$; $c_{k+1} = d_k$

$\quad\quad\quad\quad\quad d_{k+1} = b_{k+1} - (1 - \tau)(b_{k+1} - a_{k+1})$

$$F_c = F_d; \; F_d = F(d_{k+1})$$

end

end until $b_{k+1} - a_{k+1} < tol$

레벤버그–마쿼트 역전파(LMBP)

$$\Delta \mathbf{x}_k = -[\mathbf{J}^T(\mathbf{x}_k)\mathbf{J}(\mathbf{x}_k) + \mu_k \mathbf{I}]^{-1} \mathbf{J}^T(\mathbf{x}_k)\mathbf{v}(\mathbf{x}_k)$$

$$\mathbf{v}^T = \begin{bmatrix} v_1 \; v_2 \; \dots \; v_N \end{bmatrix} = \begin{bmatrix} e_{1,1} \; e_{2,1} \; \dots \; e_{S^M,1} \; e_{1,2} \; \dots \; e_{S^M,Q} \end{bmatrix}$$

$$\mathbf{x}^T = \begin{bmatrix} x_1 \; x_2 \; \dots \; x_n \end{bmatrix} = \begin{bmatrix} w_{1,1}^1 \; w_{1,2}^1 \; \dots \; w_{S^1,R}^1 \; b_1^1 \; \dots \; b_{S^1}^1 \; w_{1,1}^2 \; \dots \; b_{S^M}^M \end{bmatrix}$$

$$N = Q \times S^M \text{ and } n = S^1(R+1) + S^2(S^1+1) + \dots + S^M(S^{M-1}+1)$$

$$\mathbf{J}(\mathbf{x}) = \begin{bmatrix} \dfrac{\partial e_{1,1}}{\partial w_{1,1}^1} & \dfrac{\partial e_{1,1}}{\partial w_{1,2}^1} & \cdots & \dfrac{\partial e_{1,1}}{\partial w_{S^1,R}^1} & \dfrac{\partial e_{1,1}}{\partial b_1^1} & \cdots \\[2ex] \dfrac{\partial e_{2,1}}{\partial w_{1,1}^1} & \dfrac{\partial e_{2,1}}{\partial w_{1,2}^1} & \cdots & \dfrac{\partial e_{2,1}}{\partial w_{S^1,R}^1} & \dfrac{\partial e_{2,1}}{\partial b_1^1} & \cdots \\[2ex] \vdots & \vdots & & \vdots & \vdots & \\[1ex] \dfrac{\partial e_{S^M,1}}{\partial w_{1,1}^1} & \dfrac{\partial e_{S^M,1}}{\partial w_{1,2}^1} & \cdots & \dfrac{\partial e_{S^M,1}}{\partial w_{S^1,R}^1} & \dfrac{\partial e_{S^M,1}}{\partial b_1^1} & \cdots \\[2ex] \dfrac{\partial e_{1,2}}{\partial w_{1,1}^1} & \dfrac{\partial e_{1,2}}{\partial w_{1,2}^1} & \cdots & \dfrac{\partial e_{1,2}}{\partial w_{S^1,R}^1} & \dfrac{\partial e_{1,2}}{\partial b_1^1} & \cdots \\[1ex] \vdots & \vdots & & \vdots & \vdots & \end{bmatrix}$$

$$[\mathbf{J}]_{h,l} = \frac{\partial v_h}{\partial x_l} = \frac{\partial e_{k,q}}{\partial w_{i,j}^m} = \frac{\partial e_{k,q}}{\partial n_{i,q}^m} \times \frac{\partial n_{i,q}^m}{\partial w_{i,j}^m} = \tilde{s}_{i,h}^m \times \frac{\partial n_{i,q}^m}{\partial w_{i,j}^m} = \tilde{s}_{i,h}^m \times a_{j,q}^{m-1}, \text{ 가중치 } x_l \text{에 대해}$$

$$[\mathbf{J}]_{h,l} = \frac{\partial v_h}{\partial x_l} = \frac{\partial e_{k,q}}{\partial b_i^m} = \frac{\partial e_{k,q}}{\partial n_{i,q}^m} \times \frac{\partial n_{i,q}^m}{\partial b_i^m} = \tilde{s}_{i,h}^m \times \frac{\partial n_{i,q}^m}{\partial b_i^m} = \tilde{s}_{i,h}^m, \text{ 편향 } x_l \text{에 대해}$$

$$\tilde{s}_{i,h}^m \equiv \frac{\partial v_h}{\partial n_{i,q}^m} = \frac{\partial e_{k,q}}{\partial n_{i,q}^m} \text{ (마쿼트 민감도), 여기서 } h = (q-1)S^M + k$$

$$\dot{\mathbf{S}}_q^M = -\dot{\mathbf{F}}^M(\mathbf{n}_q^M)$$

$$\dot{\mathbf{S}}_q^m = \dot{\mathbf{F}}^m(\mathbf{n}_q^m)(\mathbf{W}^{m+1})^T \dot{\mathbf{S}}_q^{m+1}$$

$$\dot{\mathbf{S}}^m = \left[\dot{\mathbf{S}}_1^m \middle| \dot{\mathbf{S}}_2^m \middle| \cdots \middle| \dot{\mathbf{S}}_Q^m \right]$$

레벤버그–마쿼트 반복

1. (식 (11.41)과 식 (11.42)를 이용해) 네트워크에 모든 입력을 제시하고 대응되는 네트워크 출력과 오차 $\mathbf{e}_q = \mathbf{t}_q - \mathbf{a}_q^M$를 계산하라. 식 (12.34)를 이용해, 모든 입력에 대해 제곱 오차의 합 $F(\mathbf{x})$를 계산하라.

2. 식 (12.37)의 자코비안 행렬을 계산하라. 민감도를 식 (12.46)으로 초기화한 후에 식 (12.47)의 반복 관계로 계산하라. 식 (12.48)을 이용해 개별 행렬을 마쿼트 민감도로 확장하라. 식 (12.43)과 식 (12.44)로 자코비안 행렬의 요소를 계산하라.

3. 식 (12.32)를 풀어서 $\Delta\mathbf{x}_k$를 구하라.

4. $\mathbf{x}_k + \Delta\mathbf{x}_k$를 이용해 제곱 오차의 합을 다시 계산하라. 새로운 제곱의 합이 1단계에서 계산한 것보다 작다면, μ를 9로 나누고, $\mathbf{x}_{k+1} = \mathbf{x}_k + \Delta\mathbf{x}_k$를 계산하고 1단계로 돌아가라. 만일 제곱의 합이 줄어들지 않으면, μ에 9를 곱하고 3단계로 돌아가라.

문제 풀이

P12.1 그림 **P12.1**의 네트워크를 다음 훈련 집합에 대해 훈련시키려고 한다.

$$\left\{ (\mathbf{p}_1 = \begin{bmatrix} -3 \end{bmatrix}), (\mathbf{t}_1 = \begin{bmatrix} 0.5 \end{bmatrix}) \right\}, \left\{ (\mathbf{p}_2 = \begin{bmatrix} 2 \end{bmatrix}), (\mathbf{t}_2 = \begin{bmatrix} 1 \end{bmatrix}) \right\}$$

다음의 초기 추정치에서 시작한다.

$$w(0) = 0.4 \,, \; b(0) = 0.15$$

한 번은 배치를 사용하고 한 번은 배치를 사용하지 않고 **SDBP**의 초기 단계의 방향을 계산해서 배치의 효과를 보여라.

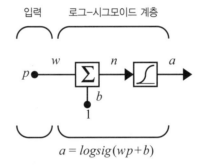

입력   로그–시그모이드 계층

$$a = logsig(wp+b)$$

그림 P12.1 문제 P12.1의 네트워크

배치를 사용하지 않는다면 초기 단계의 방향을 계산하며 시작해보자. 이 경우 첫 번째 단계는 첫 번째 입력/목표 쌍으로 계산한다. 순방향과 역방향 단계는 다음과 같다.

$$a = logsig(wp + b) = \frac{1}{1 + \exp(-(0.4(-3) + 0.15))} = 0.2592$$

$$e = t - a = 0.5 - 0.2592 = 0.2408$$

$$s = -2\dot{f}(n)e = -2a(1 - a)e = -2(0.2592)(1 - 0.2592)0.2408 = -0.0925$$

초기 단계의 방향은 그레이디언트의 음수 방향이다. 가중치는 다음과 같이 될 것이다.

$$-sp = -(-0.0925)(-3) = -0.2774$$

편향은 다음과 같이 구해질 것이다.

$$-s = -(-0.0925) = 0.0925$$

따라서 (w, b) 평면에서 초기 단계의 방향은 다음과 같다.

$$\begin{bmatrix} -0.2774 \\ 0.0925 \end{bmatrix}$$

이제 배치 모드 알고리즘의 초기 방향을 구해보자. 이 경우 그레이디언트는 두 입력/목표 쌍 집합에서 찾은 개별 그레이디언트를 함께 더해서 찾을 수 있다. 이를 위해 네트워크에 두 번째 입력을 적용해 순방향과 역방향 단계를 수행할 필요가 있다.

$$a = logsig(wp + b) = \frac{1}{1 + \exp(-(0.4(2) + 0.15))} = 0.7211$$

$$e = t - a = 1 - 0.7211 = 0.2789$$

$$s = -2\dot{f}(n)e = -2a(1-a)e = -2(0.7211)(1-0.7211)0.2789 = -0.1122$$

이 단계의 방향은 그레이디언트의 음수 방향이다. 가중치는 다음과 같이 될 것이다.

$$-sp = -(-0.1122)(2) = 0.2243$$

편향은 다음과 같이 구해질 것이다.

$$-s = -(-0.1122) = 0.1122$$

따라서 두 번째 입력/목표 쌍의 부분 그레이디언트는 다음과 같다.

$$\begin{bmatrix} 0.2243 \\ 0.1122 \end{bmatrix}$$

이제 두 입력/목표 쌍의 결과를 더하면, 배치 모드 SDBP 첫 단계의 방향을 다음과 같이 구할 수 있다.

$$\frac{1}{2}\left(\begin{bmatrix} -0.2774 \\ 0.0925 \end{bmatrix} + \begin{bmatrix} 0.2243 \\ 0.1122 \end{bmatrix}\right) = \frac{1}{2}\begin{bmatrix} -0.0531 \\ 0.2047 \end{bmatrix} = \begin{bmatrix} -0.0265 \\ 0.1023 \end{bmatrix}$$

결과는 그림 P12.2에서 볼 수 있다. 검은색 점은 초기 추정을 가리킨다. ①번과 ②번 화살표는 두 입력/목표 쌍 각각에 대해 부분 그레이디언트의 방향을 나타내고, ③번 화살표는 전체 그레이디언트의 방향을 나타낸다. 그래프로 그려진 함수는 전체 훈련 집합에 대한 제곱 오차의 합이다. 개별 부분 그레이디언트는 실제 그레이디언트보다 상당히 다른 방향을 가리킬 수 있다는 점을 유의하라. 하지만 일반적으로 몇 번 반복하면 경로는 평균적으로 최대 경사 하강 궤도를 따라갈 것이다.

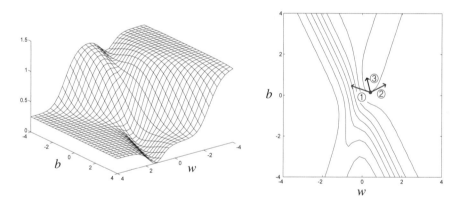

그림 P12.2 문제 P12.1의 배치 효과

점진적 방식에 대한 배치 모드의 상대적인 효과는 문제에 따라 크게 달라진다. 점진적 방법은 저장 공간이 적게 필요하며 입력이 네트워크에 랜덤하게 제시되기 때문에 궤적이 불규칙해져서 알고리즘이 지역 최소에 갇힐 가능성이 적어진다. 그리고 배치 모드 알고리즘보다 수렴하는 데 더 오래 걸릴 수 있다.

P12.2 9장에서 최대 경사 하강 알고리즘을 2차 함수에 적용할 때, 학습률이 헤시안 행렬의 최대 고윳값으로 2를 나눈 값보다 작으면 알고리즘이 안정적임을 증명했다. 모멘텀 항을 최대 경사 하강 알고리즘에 더하면 학습률에 상관없이 알고리즘이 안정화되는 모멘텀 계수가 항상 존재함을 보여라. 316페이지의 증명 형식을 따르라.

표준 최대 경사 하강 알고리즘은 다음과 같다.

$$\Delta \mathbf{x}_k = -\alpha \nabla F(\mathbf{x}_k) = -\alpha \mathbf{g}_k$$

여기에 모멘텀을 더하면 다음과 같이 된다.

$$\Delta \mathbf{x}_k = \gamma \Delta \mathbf{x}_{k-1} - (1 - \gamma)\alpha \mathbf{g}_k$$

2차 함수는 다음 형식을 갖는다(8장을 상기해보라).

$$F(\mathbf{x}) = \frac{1}{2}\mathbf{x}^T \mathbf{A}\mathbf{x} + \mathbf{d}^T \mathbf{x} + c$$

2차 함수의 그레이디언트는 다음과 같다.

$$\nabla F(\mathbf{x}) = \mathbf{A}\mathbf{x} + \mathbf{d}$$

이제 이 식을 모멘텀을 갖는 최대 경사 하강 알고리즘 식에 대입하면, 다음 식을 얻게 된다.

$$\Delta \mathbf{x}_k = \gamma \Delta \mathbf{x}_{k-1} - (1 - \gamma)\alpha(\mathbf{A}\mathbf{x}_k + \mathbf{d})$$

$\Delta \mathbf{x}_k = \mathbf{x}_{k+1} - \mathbf{x}_k$ 정의를 사용해 다음과 같이 작성할 수 있다.

$$\mathbf{x}_{k+1} - \mathbf{x}_k = \gamma(\mathbf{x}_k - \mathbf{x}_{k-1}) - (1 - \gamma)\alpha(\mathbf{A}\mathbf{x}_k + \mathbf{d})$$

또는

$$\mathbf{x}_{k+1} = [(1 + \gamma)\mathbf{I} - (1 - \gamma)\alpha \mathbf{A}]\mathbf{x}_k - \gamma \mathbf{x}_{k-1} - (1 - \gamma)\alpha \mathbf{d}$$

이제 새로운 벡터를 정의하라.

$$\hat{\mathbf{x}}_k = \begin{bmatrix} \mathbf{x}_{k-1} \\ \mathbf{x}_k \end{bmatrix}$$

최대 경사 하강법의 모멘텀 변형은 다음과 같이 작성될 수 있다.

$$\hat{\mathbf{x}}_{k+1} = \begin{bmatrix} \mathbf{0} & \mathbf{I} \\ -\gamma\mathbf{I} & [(1+\gamma)\mathbf{I} - (1-\gamma)\alpha\mathbf{A}] \end{bmatrix} \hat{\mathbf{x}}_k + \begin{bmatrix} \mathbf{0} \\ -(1-\gamma)\alpha\mathbf{d} \end{bmatrix} = \mathbf{W}\hat{\mathbf{x}}_k + \mathbf{v}$$

이 식에서 $\mathbf{W}$의 고윳값 크기가 1보다 작으면 안정적인 선형 동적 시스템이다. $\mathbf{W}$의 고 윗값을 단계적으로 찾을 것이다. 먼저 $\mathbf{W}$를 다음과 같이 다시 작성하라.

$$\mathbf{W} = \begin{bmatrix} \mathbf{0} & \mathbf{I} \\ -\gamma\mathbf{I} & \mathbf{T} \end{bmatrix}, \quad \text{여기서} \quad \mathbf{T} = [(1+\gamma)\mathbf{I} - (1-\gamma)\alpha\mathbf{A}]$$

$\mathbf{W}$의 고윳값과 고유벡터는 다음 식을 만족해야 한다.

$$\mathbf{W}\mathbf{z}^w = \lambda^w\mathbf{z}^w, \quad \text{또는} \quad \begin{bmatrix} \mathbf{0} & \mathbf{I} \\ -\gamma\mathbf{I} & \mathbf{T} \end{bmatrix} \begin{bmatrix} \mathbf{z}_1^w \\ \mathbf{z}_2^w \end{bmatrix} = \lambda^w \begin{bmatrix} \mathbf{z}_1^w \\ \mathbf{z}_2^w \end{bmatrix}$$

이것은 다음을 의미한다.

$$\mathbf{z}_2^w = \lambda^w\mathbf{z}_1^w \quad \text{그리고} \quad -\gamma\mathbf{z}_1^w + \mathbf{T}\mathbf{z}_2^w = \lambda^w\mathbf{z}_2^w$$

이 시점에서 $\mathbf{z}_2^w$를 고윳값 λ^t에 대응하는 행렬 $\mathbf{T}$의 고유벡터가 되도록 고를 것이다(이 선 택이 적절하지 않다면, 모순이 초래될 것이다). 따라서 이전 식은 다음과 같이 된다.

$$\mathbf{z}_2^w = \lambda^w\mathbf{z}_1^w \quad \text{그리고} \quad -\gamma\mathbf{z}_1^w + \lambda^t\mathbf{z}_2^w = \lambda^w\mathbf{z}_2^w$$

첫 번째 식을 두 번째 식에 대입하면, 다음 식이 유도된다.

$$-\frac{\gamma}{\lambda^w}\mathbf{z}_2^w + \lambda^t\mathbf{z}_2^w = \lambda^w\mathbf{z}_2^w \quad \text{또는} \quad [(\lambda^w)^2 - \lambda^t(\lambda^w) + \gamma]\mathbf{z}_2^w = 0$$

따라서 $\mathbf{T}$의 각 고웃값 λ'에 대해, 2차 식의 근인 $\mathbf{W}$의 두 고웃값 λ^w가 존재할 것이다.

$$(\lambda^w)^2 - \lambda^t(\lambda^w) + \gamma = 0$$

2차 근의 공식에서 고웃값을 구한다.

$$\lambda^w = \frac{\lambda^t \pm \sqrt{(\lambda^t)^2 - 4\gamma}}{2}$$

알고리즘이 안정화되려면 고웃값의 크기가 1보다 작아야만 한다. 이것이 참인 γ의 범위가 항상 존재함을 보일 것이다.

고웃값 λ^w가 복소수라면 크기는 $\sqrt{\gamma}$이다.

$$|\lambda^w| = \sqrt{\frac{(\lambda^t)^2}{4} + \frac{4\gamma - (\lambda^t)^2}{4}} = \sqrt{\gamma}$$

(이것은 실수 λ'에 대해서만 참이다. 나중에 λ'가 실수임을 보일 것이다.) γ는 0과 1 사이이기 때문에, 고웃값의 크기는 1보다 분명히 작다. 모든 고웃값이 복소수일 경우 γ의 범위가 존재한다는 것을 증명하는 일이 남았다.

λ^w가 복소수가 되려면, 다음 조건을 만족해야 한다.

$$(\lambda^t)^2 - 4\gamma < 0 \quad \text{또는} \quad |\lambda^t| < 2\sqrt{\gamma}$$

이제 $\mathbf{T}$의 고웃값 λ'를 고려해보자. $\mathbf{T}$의 고웃값은 $\mathbf{A}$의 고웃값으로 표현할 수 있다. $\{\lambda_1, \lambda_2, \ldots, \lambda_n\}$과 $\{\mathbf{z}_1, \mathbf{z}_2, \ldots, \mathbf{z}_n\}$을 헤시안 행렬의 고웃값과 고유벡터라고 하자. 그러면 다음 식을 얻을 수 있다.

$$\mathbf{T}\mathbf{z}_i = [(1+\gamma)\mathbf{I} - (1-\gamma)\alpha\mathbf{A}]\mathbf{z}_i = (1+\gamma)\mathbf{z}_i - (1-\gamma)\alpha\mathbf{A}\mathbf{z}_i$$

$$= (1+\gamma)\mathbf{z}_i - (1-\gamma)\alpha\lambda_i\mathbf{z}_i = \{(1+\gamma) - (1-\gamma)\alpha\lambda_i\}\mathbf{z}_i = \lambda_i^t\mathbf{z}_i$$

따라서 $\mathbf{T}$의 고유벡터는 $\mathbf{A}$의 고유벡터와 같으며, $\mathbf{T}$의 고웃값은 다음과 같다.

$$\lambda_i^t = \{(1 + \gamma) - (1 - \gamma)\alpha\lambda_i\}$$

(대칭 행렬 **A**에 대해 γ, α, λ_i는 실수이기 때문에 λ_i^t는 실수라는 점을 주목하라.) 따라서 λ^w가 복소수가 되려면 다음 조건을 만족해야 한다.

$$|\lambda_i^t| < 2\sqrt{\gamma} \quad \text{또는} \quad |(1 + \gamma) - (1 - \gamma)\alpha\lambda_i| < 2\sqrt{\gamma}$$

$\gamma = 1$인 경우 부등식의 양변은 2가 될 것이다. 부등식의 우변 함수는 γ의 함수로서 $\gamma = 1$에서 기울기 1을 갖는다. 부등식의 좌변 함수는 기울기 $1 + \alpha\lambda_i$를 갖는다. 함수가 강한 최소를 갖고 학습률이 양수라면 헤시안의 고윳값은 양의 실수이기 때문에 이 기울기는 분명히 1보다 크다. 이것은 γ가 1에 충분히 가까울 때 부등식이 항상 유지된다는 것을 보여준다.

결과를 요약해보면, 2차 함수에 대해 모멘텀 항을 최대 경사 하강 알고리즘에 더하면 학습률에 상관없이 알고리즘이 안정화되는 모멘텀 계수가 늘 존재함을 입증했다. 또한 γ가 1에 충분히 가깝다면, **W**의 고윳값 크기는 $\sqrt{\gamma}$임을 보였다. 이 고윳값의 크기가 알고리즘의 수렴 속도를 결정한다는 것을 보일 수 있다([Brog91] 참조). 크기가 작아질수록 수렴이 빨라진다. 크기가 1에 가까워질수록 수렴 시간이 증가한다.

318페이지의 예제를 통해 이 결과를 보여줄 수 있다. 거기서 함수 $F(\mathbf{x}) = x_1^2 + 25x_2^2$에 최대 경사 하강 알고리즘을 적용했을 때 학습률 $\alpha \geq 0.4$의 경우 알고리즘이 불안정했었다. 그림 P12.3에서 $\alpha = 0.041$과 $\gamma = 0.2$인 (모멘텀을 사용한) 최대 경사 하강 궤적을 확인할 수 있다. 학습률은 같지만 모멘텀을 사용하지 않는 그림 9.3과 이 궤적을 비교하라.

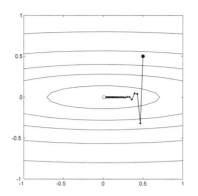

그림 P12.3 $\alpha = 0.041$과 $\gamma = 0.2$에 대한 궤적

P12.3 **(318페이지의 예제에서)** 다음 함수에 대해 가변 학습률 알고리즘을 세 번 반복하라.

$$F(\mathbf{x}) = x_1^2 + 25x_2^2$$

다음의 초기 추정치에서 시작하라.

$$\mathbf{x}_0 = \begin{bmatrix} 0.5 \\ 0.5 \end{bmatrix}$$

알고리즘 파라미터는 다음의 값들을 사용하라.

$$\alpha = 0.05\,,\ \gamma = 0.2\,,\ \eta = 1.5\,,\ \rho = 0.5\,,\ \zeta = 5\%$$

첫 번째 단계는 초기 추정치에서 함수를 평가하는 것이다.

$$F(\mathbf{x}_0) = \frac{1}{2}\mathbf{x}_0^T \begin{bmatrix} 2 & 0 \\ 0 & 50 \end{bmatrix} \mathbf{x}_0 = \frac{1}{2}\begin{bmatrix} 0.5 & 0.5 \end{bmatrix} \begin{bmatrix} 2 & 0 \\ 0 & 50 \end{bmatrix} \begin{bmatrix} 0.5 \\ 0.5 \end{bmatrix} = 6.5$$

다음 단계에서는 그레이디언트를 찾는다.

$$\nabla F(\mathbf{x}) = \begin{bmatrix} \dfrac{\partial}{\partial x_1} F(\mathbf{x}) \\[2mm] \dfrac{\partial}{\partial x_2} F(\mathbf{x}) \end{bmatrix} = \begin{bmatrix} 2x_1 \\ 50x_2 \end{bmatrix}$$

초기 추정에서 그레이디언트를 계산하면 다음과 같다.

$$\mathbf{g}_0 = \nabla F(\mathbf{x})\big|_{\mathbf{x} = \mathbf{x}_0} = \begin{bmatrix} 1 \\ 25 \end{bmatrix}$$

초기 학습률 $\alpha = 0.05$로 알고리즘의 잠정적 첫 번째 단계는 다음과 같다.

$$\Delta\mathbf{x}_0 = \gamma\Delta\mathbf{x}_{-1} - (1-\gamma)\alpha\mathbf{g}_0 = 0.2\begin{bmatrix} 0 \\ 0 \end{bmatrix} - 0.8(0.05)\begin{bmatrix} 1 \\ 25 \end{bmatrix} = \begin{bmatrix} -0.04 \\ -1 \end{bmatrix}$$

$$\mathbf{x}_1^t = \mathbf{x}_0 + \Delta\mathbf{x}_0 = \begin{bmatrix} 0.5 \\ 0.5 \end{bmatrix} + \begin{bmatrix} -0.04 \\ -1 \end{bmatrix} = \begin{bmatrix} 0.46 \\ -0.5 \end{bmatrix}$$

이 단계가 유효한 단계인지 검증하려면 새로운 점에서 함숫값을 테스트해야 한다.

$$F(\mathbf{x}_1^t) = \frac{1}{2}(\mathbf{x}_1^t)^T\begin{bmatrix} 2 & 0 \\ 0 & 50 \end{bmatrix}\mathbf{x}_1^t = \frac{1}{2}\begin{bmatrix} 0.46 & -0.5 \end{bmatrix}\begin{bmatrix} 2 & 0 \\ 0 & 50 \end{bmatrix}\begin{bmatrix} 0.46 \\ -0.5 \end{bmatrix} = 6.4616$$

이 값은 $F(\mathbf{x}_0)$보다 작다. 따라서 잠정적 단계는 승인되고 학습률은 증가한다.

$$\mathbf{x}_1 = \mathbf{x}_1^t = \begin{bmatrix} 0.46 \\ -0.5 \end{bmatrix}, \ F(\mathbf{x}_1) = 6.4616 , \ \alpha = \eta\alpha = 1.5(0.05) = 0.075$$

알고리즘의 잠정적 두 번째 단계는 다음과 같다.

$$\Delta\mathbf{x}_1 = \gamma\Delta\mathbf{x}_0 - (1-\gamma)\alpha\mathbf{g}_1 = 0.2\begin{bmatrix} -0.04 \\ -1 \end{bmatrix} - 0.8(0.075)\begin{bmatrix} 0.92 \\ -25 \end{bmatrix} = \begin{bmatrix} -0.0632 \\ 1.3 \end{bmatrix}$$

$$\mathbf{x}_2^t = \mathbf{x}_1 + \Delta\mathbf{x}_1 = \begin{bmatrix} 0.46 \\ -0.5 \end{bmatrix} + \begin{bmatrix} -0.0632 \\ 1.3 \end{bmatrix} = \begin{bmatrix} 0.3968 \\ 0.8 \end{bmatrix}$$

이 점에서 함수를 평가한다.

$$F(\mathbf{x}_2^t) = \frac{1}{2}(\mathbf{x}_2^t)^T \begin{bmatrix} 2 & 0 \\ 0 & 50 \end{bmatrix} \mathbf{x}_2^t = \frac{1}{2}\begin{bmatrix} 0.3968 & 0.8 \end{bmatrix} \begin{bmatrix} 2 & 0 \\ 0 & 50 \end{bmatrix} \begin{bmatrix} 0.3968 \\ 0.8 \end{bmatrix} = 16.157$$

이 값은 $F(\mathbf{x}_1)$보다 5% 이상 크기 때문에, 이 단계를 취소한 후 학습률을 줄이고 모멘텀 계수를 0으로 설정한다.

$$\mathbf{x}_2 = \mathbf{x}_1, \, F(\mathbf{x}_2) = F(\mathbf{x}_1) = 6.4616, \, \alpha = \rho\alpha = 0.5(0.075) = 0.0375, \, \gamma = 0$$

이제 새로운 잠정적 단계가 계산된다(모멘텀은 0이다).

$$\Delta\mathbf{x}_2 = -\alpha\mathbf{g}_2 = -(0.0375)\begin{bmatrix} 0.92 \\ -25 \end{bmatrix} = \begin{bmatrix} -0.0345 \\ 0.9375 \end{bmatrix}$$

$$\mathbf{x}_3^t = \mathbf{x}_2 + \Delta\mathbf{x}_2 = \begin{bmatrix} 0.46 \\ -0.5 \end{bmatrix} + \begin{bmatrix} -0.0345 \\ 0.9375 \end{bmatrix} = \begin{bmatrix} 0.4255 \\ 0.4375 \end{bmatrix}$$

$$F(\mathbf{x}_3^t) = \frac{1}{2}(\mathbf{x}_3^t)^T \begin{bmatrix} 2 & 0 \\ 0 & 50 \end{bmatrix} \mathbf{x}_3^t = \frac{1}{2}\begin{bmatrix} 0.4255 & 0.4375 \end{bmatrix} \begin{bmatrix} 2 & 0 \\ 0 & 50 \end{bmatrix} \begin{bmatrix} 0.4255 \\ 0.4375 \end{bmatrix} = 4.966$$

이 값은 $F(\mathbf{x}_2)$보다 작다. 따라서 단계가 승인되고 모멘텀은 원래 값으로 재설정되며 학습률은 증가한다.

$$\mathbf{x}_3 = \mathbf{x}_3^t, \, \gamma = 0.2, \, \alpha = \eta\alpha = 1.5(0.0375) = 0.05625$$

세 번째 반복이 완료됐다.

P12.4 9장에서 켤레 경사 알고리즘을 보여주기 위해 사용했던 예제를 기억해보라(331페이지).

$$F(\mathbf{x}) = \frac{1}{2}\mathbf{x}^T\begin{bmatrix} 2 & 1 \\ 1 & 2 \end{bmatrix}\mathbf{x}$$

초기치는 다음 값으로 사용하라.

$$\mathbf{x}_0 = \begin{bmatrix} 0.8 \\ -0.25 \end{bmatrix}$$

켤레 경사 알고리즘을 한 번 반복하라. 선형 최소화를 하기 위해, 함수 평가를 통한 구간 검출과 황금 분할 탐색을 이용한 구간 축소를 사용하라.

함수의 그레이디언트는 다음과 같다.

$$\nabla F(\mathbf{x}) = \begin{bmatrix} 2x_1 + x_2 \\ x_1 + 2x_2 \end{bmatrix}$$

최대 경사 하강법과 마찬가지로 켤레 경사 알고리즘을 위한 첫 번째 탐색 방향은 그레이디언트의 음수 방향이다.

$$\mathbf{p}_0 = -\mathbf{g}_0 = -\nabla F(\mathbf{x})^T\big|_{\mathbf{x} = \mathbf{x}_0} = \begin{bmatrix} -1.35 \\ -0.3 \end{bmatrix}$$

첫 번째 반복에서 다음 직선을 따라 $F(\mathbf{x})$를 최소화할 필요가 있다.

$$\mathbf{x}_1 = \mathbf{x}_0 + \alpha_0\mathbf{p}_0 = \begin{bmatrix} 0.8 \\ -0.25 \end{bmatrix} + \alpha_0\begin{bmatrix} -1.35 \\ -0.3 \end{bmatrix}$$

첫 번째 단계는 구간 검출이다. 초기 단계의 크기는 $\varepsilon = 0.075$라고 가정한다. 이때 구간 검출은 다음과 같이 진행된다.

$$F(a_1) = F\left(\begin{bmatrix} 0.8 \\ -0.25 \end{bmatrix}\right) = 0.5025$$

$$b_1 = \varepsilon = 0.075 , F(b_1) = F\left(\begin{bmatrix} 0.8 \\ -0.25 \end{bmatrix} + 0.075\begin{bmatrix} -1.35 \\ -0.3 \end{bmatrix}\right) = 0.3721$$

$$b_2 = 2\varepsilon = 0.15 , F(b_2) = F\left(\begin{bmatrix} 0.8 \\ -0.25 \end{bmatrix} + 0.15\begin{bmatrix} -1.35 \\ -0.3 \end{bmatrix}\right) = 0.2678$$

$$b_3 = 4\varepsilon = 0.3 , F(b_3) = F\left(\begin{bmatrix} 0.8 \\ -0.25 \end{bmatrix} + 0.3\begin{bmatrix} -1.35 \\ -0.3 \end{bmatrix}\right) = 0.1373$$

$$b_4 = 8\varepsilon = 0.6 , F(b_4) = F\left(\begin{bmatrix} 0.8 \\ -0.25 \end{bmatrix} + 0.6\begin{bmatrix} -1.35 \\ -0.3 \end{bmatrix}\right) = 0.1893$$

두 번 연속적인 계산에서 함수가 증가했으므로, 구간 [0.15, 0.6]에서 최소가 발생해야만 한다는 사실을 알고 있다. 이 과정이 그림 P12.4에 열린 원으로 그려져 있으며, 최종 구간은 열린 회색 큰 원으로 표시된다.

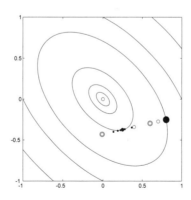

그림 P12.4 선형 최소 예제

선형 최소화의 다음 단계는 황금 분할 탐색을 이용한 구간 축소다. 이 단계는 다음과 같이 진행된다.

$$c_1 = a_1 + (1 - \tau)(b_1 - a_1) = 0.15 + (0.382)(0.6 - 0.15) = 0.3219$$

$$d_1 = b_1 - (1 - \tau)(b_1 - a_1) = 0.6 - (0.382)(0.6 - 0.15) = 0.4281$$

$$F_a = 0.2678 , \ F_b = 0.1893 , \ F_c = 0.1270 , \ F_d = 0.1085$$

$F_c > F_d$이기 때문에 다음과 같이 된다.

$$a_2 = c_1 = 0.3219 , \ b_2 = b_1 = 0.6 , \ c_2 = d_1 = 0.4281$$

$$d_2 = b_2 - (1 - \tau)(b_2 - a_2) = 0.6 - (0.382)(0.6 - 0.3219) = 0.4938$$

$$F_a = F_c = 0.1270 , \ F_c = F_d = 0.1085 , \ F_d = F(d_2) = 0.1232$$

이번에는 $F_c < F_d$이므로 다음과 같이 된다.

$$a_3 = a_2 = 0.3219 , \ b_3 = d_2 = 0.4938 , \ d_3 = c_2 = 0.4281$$

$$c_3 = a_3 + (1 - \tau)(b_3 - a_3) = 0.3219 + (0.382)(0.4938 - 0.3219) = 0.3876$$

$$F_b = F_d = 0.1232 , \ F_d = F_c = 0.1085 , \ F_c = F(c_3) = 0.1094$$

$b_{k+1} - a_{k+1} < tol$일 때까지 이 작업은 계속된다. 그림 P12.4에서 검은색 점은 새로운 내부 점의 위치를 나타내며, 절차를 반복할 때마다 1개씩 표시된다. 최종 점은 검은색 큰 점으로 표시된다. 이 결과와 그림 9.10에 보이는 첫 번째 반복을 비교하라.

P12.5 레벤버그–마쿼트 방법의 자코비안 행렬 계산을 설명하기 위해, 함수를 근사하기 위한 그림 **P12.5**의 네트워크를 사용하는 것을 고려하라. 네트워크 전달 함수는 다음과 같이 선택된다.

$$f^1(n) = (n)^2 , \ f^2(n) = n$$

따라서 이들의 미분은 다음과 같다.

$$\dot{f}^1(n) = 2n , \dot{f}^2(n) = 1$$

훈련 집합이 다음과 같이 구성된다고 가정하라.

$$\{(\mathbf{p}_1 = \begin{bmatrix}1\end{bmatrix}),(\mathbf{t}_1 = \begin{bmatrix}1\end{bmatrix})\} , \{(\mathbf{p}_2 = \begin{bmatrix}2\end{bmatrix}),(\mathbf{t}_2 = \begin{bmatrix}2\end{bmatrix})\}$$

그리고 파라미터는 다음과 같이 초기화된다.

$$\mathbf{W}^1 = \begin{bmatrix}1\end{bmatrix} , \mathbf{b}^1 = \begin{bmatrix}0\end{bmatrix} , \mathbf{W}^2 = \begin{bmatrix}2\end{bmatrix} , \mathbf{b}^1 = \begin{bmatrix}1\end{bmatrix}$$

레벤버그-마쿼트 방법의 첫 번째 단계 자코비안 행렬을 구하라.

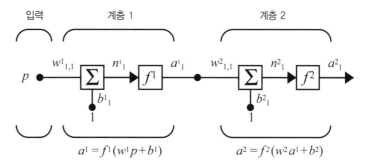

그림 P12.5 LMBP 데모를 위한 2계층 네트워크

첫 번째 단계는 입력을 네트워크에 전파하고 오차를 계산하는 것이다.

$$\mathbf{a}_1^0 = \mathbf{p}_1 = \begin{bmatrix}1\end{bmatrix}$$

$$\mathbf{n}_1^1 = \mathbf{W}^1\mathbf{a}_1^0 + \mathbf{b}^1 = \begin{bmatrix}1\end{bmatrix}\begin{bmatrix}1\end{bmatrix} + \begin{bmatrix}0\end{bmatrix} = \begin{bmatrix}1\end{bmatrix} , \mathbf{a}_1^1 = \mathbf{f}^1(\mathbf{n}_1^1) = (\begin{bmatrix}1\end{bmatrix})^2 = \begin{bmatrix}1\end{bmatrix}$$

$$\mathbf{n}_1^2 = \mathbf{W}^2\mathbf{a}_1^1 + \mathbf{b}^2 = (\begin{bmatrix}2\end{bmatrix}\begin{bmatrix}1\end{bmatrix} + \begin{bmatrix}1\end{bmatrix}) = \begin{bmatrix}3\end{bmatrix} , \mathbf{a}_1^2 = \mathbf{f}^2(\mathbf{n}_1^2) = (\begin{bmatrix}3\end{bmatrix}) = \begin{bmatrix}3\end{bmatrix}$$

$$\mathbf{e}_1 = (\mathbf{t}_1 - \mathbf{a}_1^2) = (\begin{bmatrix}1\end{bmatrix} - \begin{bmatrix}3\end{bmatrix}) = \begin{bmatrix}-2\end{bmatrix}$$

$$\mathbf{a}_2^0 = \mathbf{p}_2 = \begin{bmatrix}2\end{bmatrix}$$

$$\mathbf{n}_2^1 = \mathbf{W}^1\mathbf{a}_2^0 + \mathbf{b}^1 = \begin{bmatrix}1\end{bmatrix}\begin{bmatrix}2\end{bmatrix} + \begin{bmatrix}0\end{bmatrix} = \begin{bmatrix}2\end{bmatrix} , \ \mathbf{a}_2^1 = \mathbf{f}^1(\mathbf{n}_2^1) = \left(\begin{bmatrix}2\end{bmatrix}\right)^2 = \begin{bmatrix}4\end{bmatrix}$$

$$\mathbf{n}_2^2 = \mathbf{W}^2\mathbf{a}_2^1 + \mathbf{b}^2 = \left(\begin{bmatrix}2\end{bmatrix}\begin{bmatrix}4\end{bmatrix} + \begin{bmatrix}1\end{bmatrix}\right) = \begin{bmatrix}9\end{bmatrix} , \ \mathbf{a}_2^2 = \mathbf{f}^2(\mathbf{n}_2^2) = \left(\begin{bmatrix}9\end{bmatrix}\right) = \begin{bmatrix}9\end{bmatrix}$$

$$\mathbf{e}_2 = (\mathbf{t}_2 - \mathbf{a}_2^2) = \left(\begin{bmatrix}2\end{bmatrix} - \begin{bmatrix}9\end{bmatrix}\right) = \begin{bmatrix}-7\end{bmatrix}$$

다음 단계는 식 (12.46)과 식 (12.47)을 이용해 마쿼트 민감도를 초기화하고 역전파하는 것이다.

$$\tilde{\mathbf{S}}_1^2 = -\dot{\mathbf{F}}^2(\mathbf{n}_1^2) = -\begin{bmatrix}1\end{bmatrix}$$

$$\tilde{\mathbf{S}}_1^1 = \dot{\mathbf{F}}^1(\mathbf{n}_1^1)(\mathbf{W}^2)^T\tilde{\mathbf{S}}_1^2 = \begin{bmatrix}2n_{1,1}^1\end{bmatrix}\begin{bmatrix}2\end{bmatrix}\begin{bmatrix}-1\end{bmatrix} = \begin{bmatrix}2(1)\end{bmatrix}\begin{bmatrix}2\end{bmatrix}\begin{bmatrix}-1\end{bmatrix} = \begin{bmatrix}-4\end{bmatrix}$$

$$\tilde{\mathbf{S}}_2^2 = -\dot{\mathbf{F}}^2(\mathbf{n}_2^2) = -\begin{bmatrix}1\end{bmatrix}$$

$$\tilde{\mathbf{S}}_2^1 = \dot{\mathbf{F}}^1(\mathbf{n}_2^1)(\mathbf{W}^2)^T\tilde{\mathbf{S}}_2^2 = \begin{bmatrix}2n_{1,2}^2\end{bmatrix}\begin{bmatrix}2\end{bmatrix}\begin{bmatrix}-1\end{bmatrix} = \begin{bmatrix}2(2)\end{bmatrix}\begin{bmatrix}2\end{bmatrix}\begin{bmatrix}-1\end{bmatrix} = \begin{bmatrix}-8\end{bmatrix}$$

$$\tilde{\mathbf{S}}^1 = \begin{bmatrix}\tilde{\mathbf{S}}_1^1 \big| \tilde{\mathbf{S}}_2^1\end{bmatrix} = \begin{bmatrix}-4 & -8\end{bmatrix} , \ \tilde{\mathbf{S}}^2 = \begin{bmatrix}\tilde{\mathbf{S}}_1^2 \big| \tilde{\mathbf{S}}_2^2\end{bmatrix} = \begin{bmatrix}-1 & -1\end{bmatrix}$$

이제 식 (12.43), 식 (12.44), 식 (12.37)을 이용해 자코비안 행렬을 계산할 수 있다.

$$\mathbf{J}(\mathbf{x}) = \begin{bmatrix} \dfrac{\partial v_1}{\partial x_1} & \dfrac{\partial v_1}{\partial x_2} & \dfrac{\partial v_1}{\partial x_3} & \dfrac{\partial v_1}{\partial x_4} \\[2mm] \dfrac{\partial v_2}{\partial x_1} & \dfrac{\partial v_2}{\partial x_2} & \dfrac{\partial v_2}{\partial x_3} & \dfrac{\partial v_2}{\partial x_4} \end{bmatrix} = \begin{bmatrix} \dfrac{\partial e_{1,1}}{\partial w_{1,1}^1} & \dfrac{\partial e_{1,1}}{\partial b_1^1} & \dfrac{\partial e_{1,1}}{\partial w_{1,1}^2} & \dfrac{\partial e_{1,1}}{\partial b_1^2} \\[2mm] \dfrac{\partial e_{1,2}}{\partial w_{1,1}^1} & \dfrac{\partial e_{1,2}}{\partial b_1^1} & \dfrac{\partial e_{1,2}}{\partial w_{1,1}^2} & \dfrac{\partial e_{1,2}}{\partial b_1^2} \end{bmatrix}$$

$$[\mathbf{J}]_{1,1} = \frac{\partial v_1}{\partial x_1} = \frac{\partial e_{1,1}}{\partial w_{1,1}^1} = \frac{\partial e_{1,1}}{\partial n_{1,1}^1} \times \frac{\partial n_{1,1}^1}{\partial w_{1,1}^1} = \tilde{s}_{1,1}^1 \times \frac{\partial n_{1,1}^1}{\partial w_{1,1}^1} = \tilde{s}_{1,1}^1 \times a_{1,1}^0$$

$$= (-4)(1) = -4$$

$$[\mathbf{J}]_{1,2} = \frac{\partial v_1}{\partial x_2} = \frac{\partial e_{1,1}}{\partial b_1^1} = \frac{\partial e_{1,1}}{\partial n_{1,1}^1} \times \frac{\partial n_{1,1}^1}{\partial b_1^1} = \tilde{s}_{1,1}^1 \times \frac{\partial n_{1,1}^1}{\partial b_1^1} = \tilde{s}_{1,1}^1 = -4$$

$$[\mathbf{J}]_{1,3} = \frac{\partial v_1}{\partial x_3} = \frac{\partial e_{1,1}}{\partial n_{1,1}^2} \times \frac{\partial n_{1,1}^2}{\partial w_{1,1}^2} = \tilde{s}_{1,1}^2 \times \frac{\partial n_{1,1}^2}{\partial w_{1,1}^2} = \tilde{s}_{1,1}^2 \times a_{1,1}^1 = (-1)(1) = -1$$

$$[\mathbf{J}]_{1,4} = \frac{\partial v_1}{\partial x_4} = \frac{\partial e_{1,1}}{\partial n_{1,1}^2} \times \frac{\partial n_{1,1}^1}{\partial b_1^2} = \tilde{s}_{1,1}^2 \times \frac{\partial n_{1,1}^2}{\partial b_1^2} = \tilde{s}_{1,1}^2 = -1$$

$$[\mathbf{J}]_{2,1} = \frac{\partial v_2}{\partial x_1} = \frac{\partial e_{1,2}}{\partial n_{1,2}^1} \times \frac{\partial n_{1,2}^1}{\partial w_{1,1}^1} = \tilde{s}_{1,2}^1 \times \frac{\partial n_{1,2}^1}{\partial w_{1,1}^1} = \tilde{s}_{1,2}^1 \times a_{1,2}^0 = (-8)(2) = -16$$

$$[\mathbf{J}]_{2,2} = \frac{\partial v_2}{\partial x_2} = \frac{\partial e_{1,2}}{\partial b_1^1} = \frac{\partial e_{1,2}}{\partial n_{1,2}^1} \times \frac{\partial n_{1,2}^1}{\partial b_1^1} = \tilde{s}_{1,2}^1 \times \frac{\partial n_{1,2}^1}{\partial b_1^1} = \tilde{s}_{1,2}^1 = -8$$

$$[\mathbf{J}]_{2,3} = \frac{\partial v_2}{\partial x_3} = \frac{\partial e_{1,2}}{\partial n_{1,2}^2} \times \frac{\partial n_{1,2}^2}{\partial w_{1,1}^2} = \tilde{s}_{1,2}^2 \times \frac{\partial n_{1,2}^2}{\partial w_{1,1}^2} = \tilde{s}_{1,2}^2 \times a_{1,2}^1 = (-1)(4) = -4$$

$$[\mathbf{J}]_{2,4} = \frac{\partial v_2}{\partial x_4} = \frac{\partial e_{1,2}}{\partial b_1^2} = \frac{\partial e_{1,2}}{\partial n_{1,2}^2} \times \frac{\partial n_{1,2}^2}{\partial b_1^2} = \tilde{s}_{1,2}^2 \times \frac{\partial n_{1,2}^2}{\partial b_1^2} = \tilde{s}_{1,2}^2 = -1$$

따라서 자코비안 행렬은 다음과 같다.

$$\mathbf{J}(\mathbf{x}) = \begin{bmatrix} -4 & -4 & -1 & -1 \\ -16 & -8 & -4 & -1 \end{bmatrix}$$

맺음말

기본 역전파 알고리즘(최대 경사 하강 역전파^{SDBP, steepest descent backpropagation})의 주요 문제점 중 하나는 훈련 시간이 길다는 것이다. SDBP를 실제 문제에 사용하기는 쉽지 않은 데, 대용량 컴퓨터에서도 네트워크를 훈련시키는 데 몇 주가 걸릴 수 있기 때문이다. 역전파가 처음 대중화된 후에 알고리즘의 수렴을 가속화하는 방법에 대한 많은 연구가 있었다. 이 장에서는 SDBP의 수렴이 느린 이유를 살펴보고 알고리즘의 성능을 개선하는 몇 가지 기법을 제시했다.

수렴 속도를 향상하는 기법은 두 가지 주요 범주인 경험적 방법과 표준 수치 최적화 방법에 속한다. 경험적 방법으로는 모멘텀(MOBP)과 가변 학습률(VLBP)을 논의했다. MOBP는 구현이 간단하고, 배치 모드와 점진적 모드로 사용할 수 있으며, SDBP보다 상당히 빠르다. MOBP는 모멘텀 계수 γ를 선택해야 하지만, [0, 1] 범위로 제한되며, 모멘텀 계수의 선택에 알고리즘이 매우 민감하지는 않다.

VLBP 알고리즘은 MOBP보다 빠르지만 배치 모드로 사용해야 한다. 이런 이유 때문에 VLBP는 더 많은 저장 공간이 필요하다. 또한 VLBP는 총 5개의 파라미터를 선택해야 한다. 알고리즘은 상당히 견고하지만 파라미터의 선택은 수렴 속도에 영향을 줄 수 있으며 문제에 따라 달라진다.

이 장에서는 두 가지 표준 수치 최적화 기법인 켤레 경사법(CGBP)과 레벤버그–마쿼트(LMBP)를 소개했다. 일반적으로 CGBP는 VLBP보다 빠르다. CGBP는 배치 모드 알고리즘으로 반복할 때마다 선형 탐색을 하지만, 저장 공간 요구사항은 VLBP와 크게 다르지 않다. 켤레 경사 알고리즘의 많은 변형이 신경망 애플리케이션에 제안됐는데, 여기서는 한 가지 방법만 제시했다.

LMBP 알고리즘은 각 반복에서 역행렬을 구해야 하지만, 중간 크기의 다층 네트워크를 훈련시키기 위해 테스트했던 가장 빠른 알고리즘이다. LMBP는 2개의 파라미터를 선택해야 하지만, 알고리즘은 파라미터의 선택에 민감하지 않다. LMBP의 주요 단점은 저장 공간이 필요하다는 것이다. 역행렬이 존재해야만 하는 $\mathbf{J}^T\mathbf{J}$ 행렬은 $n \times n$이다. 여기서 n은 네트워크의 전체 가중치와 편향 개수다. 네트워크가 수천 개 이상의 파라미터를 갖는다면 LMBP 알고리즘은 현재의 컴퓨터에서는 실용적이지 않다.

참고 문헌

[Barn92]   E. Barnard, "Optimization for training neural nets," *IEEE Trans. on Neural Networks*, vol. 3, no. 2, pp. 232-240, 1992.

신경망 훈련에 유망한 많은 최적화 알고리즘이 이 논문에서 논의되고 있다.

[Batt92]   R. Battiti, "First-and second-order methods for learning: Between steepest descent and Newton's method," *Neural Computation*, vol. 4, no. 2, pp. 141-166, 1992.

이 논문에는 신경망 훈련에 적합한 현재의 최적화 알고리즘들이 훌륭하게 조사되어 있다.

[Char92]   C. Charalambous, "Conjugate gradient algorithm for efficient training of artificial neural networks," *IEE Proceedings*, vol. 139, no. 3, pp. 301-310, 1992.

이 논문은 다층 네트워크를 훈련시키기 위해 켤레 경사 알고리즘을 사용할 수 있는지 설명한다. 다른 훈련 알고리즘과 비교되어 있다.

[Fahl88]   S. E. Fahlman, "Faster-learning variations on backpropagation: An empirical study," In D. Touretsky, G. Hinton & T. Sejnowski, eds., *Proceedings of the 1988 Connectionist Models Summer School*, San Mateo, CA: Morgan Kaufmann, pp. 38-51, 1988.

이 논문에 설명되어 있는 QuickProp 알고리즘은 유명한 역전파의 경험적 변형 중 하나다. 이 알고리즘은 오차 곡선을 포물선으로 근사할 수 있으며, 가중치별 영향을 독립적으로 고려할 수 있다고 가정한다. QuickProp은 표준 역전파에 비해 다양한 문제에서 상당한 속도 향상을 제공한다.

[HaMe94]   M. T. Hagan and M. Menhaj, "Training feedforward networks with the Marquardt algorithm," *IEEE Transactions on Neural Networks*, vol. 5, no. 6, 1994.

이 논문은 다층 네트워크를 훈련시키기 위한 레벤버그-마쿼트 알고리즘의 사용을 설명하고, 알고리즘의 성능을 가변 학습률 역전파 및 켤레 경사법과 비교한다. 레벤버그-마쿼트 알고리즘은 빠르지만 저장 공간이 더 많이 필요하다.

[Jaco88]   R. A. Jacobs, "Increased rates of convergence through learning rate adaptation," *Neural Networks*, vol. 1, no. 4, pp. 295-308, 1988.

이 논문은 가변 학습률 역전파의 사용에 대해 논의하는 초기의 논문 중 하나다. 이 논문에서 제시한 방법을 델타-바-델타 학습 규칙이라고 하며, 이 규칙에서 네트워크의 각 파라미터는 자신만의 학습률을 가지며 반복할 때마다 변경된다.

[NgWi90] D. Nguyen and B. Widrow, "Improving the learning speed of 2-layer neural networks by choosing initial values of the adaptive weights," *Proceedings of the IJCNN*, vol. 3, pp. 21-26, July 1990.

이 논문은 역전파 알고리즘의 초기 가중치와 편향의 설정 방법을 설명한다. 시그모이드 전달 함수의 모양과 입력 변수의 범위로 가중치의 크기를 결정한 다음, 편향을 사용해 시그모이드를 작동 영역의 중심에 둔다. 이 방법으로 역전파의 수렴이 상당히 개선됐다.

[RiIr90] A. K. Rigler, J. M. Irvine and T. P. Vogl, "Rescaling of variables in back propagation learning," *Neural Networks*, vol. 4, no. 2, pp. 225-230, 1991.

이 논문은 시그모이드 함수의 미분이 꼬리 부분에서 매우 작다는 점에 주목했다. 일반적으로 처음 몇 개 계층의 그레이디언트는 마지막 계층의 그레이디언트보다 작다. 따라서 그레이디언트 항들이 균등해지도록 크기를 조정한다.

[Scal85] L. E. Scales, *Introduction to Non-Linear Optimization*. New York: Springer-Verlag, 1985.

주요 최적화 알고리즘을 설명하는 매우 읽기 쉬운 책으로, 이 책은 존재 정리existence theorems와 수렴의 증명proofs of convergence보다는 최적화 방법을 강조한다. 예시적 그림과 예제, 직관적인 설명이 알고리즘과 함께 제시되고 있다. 대부분의 알고리즘에 의사코드pseudo-code도 제시되고 있다.

[Shan90] D. F. Shanno, "Recent advances in numerical techniques for large-scale optimization," *Neural Networks for Control*, Miller, Sutton and Werbos, eds., Cambridge MA: MIT Press, 1990.

이 논문은 신경망 훈련에 사용될 수 있는 몇 가지 켤레 경사법 및 콰시-뉴턴 최적화 알고리즘에 대해 논의한다.

[Toll90] T. Tollenaere, "SuperSAB: Fast adaptive back propagation with good scaling properties," *Neural Networks*, vol. 3, no. 5, pp. 561-573, 1990.

이 논문은 각 가중치별로 다른 학습률을 사용하는 가변 학습률 역전파 알고리즘을 제시한다.

[VoMa88] T. P. Vogl, J. K. Mangis, A. K. Zigler, W. T. Zink and D. L. Alkon, "Accelerating the convergence of the backpropagation method," *Biological Cybernetics.*, vol. 59, pp. 256–264, Sept. 1988.

이 논문은 역전파 수렴을 가속화하기 위한 몇 가지 경험적 방법을 소개하는 최초의 논문 중 하나다. 논문은 배치, 모멘텀, 가변 학습률을 포함한다.

연습문제

E12.1 다음 훈련 집합에 대해 그림 E12.1에 보이는 네트워크를 훈련시키려고 한다.

$$\left\{ (\mathbf{p}_1 = \begin{bmatrix} -2 \end{bmatrix}), (\mathbf{t}_1 = \begin{bmatrix} 0.8 \end{bmatrix}) \right\}, \left\{ (\mathbf{p}_2 = \begin{bmatrix} 2 \end{bmatrix}), (\mathbf{t}_2 = \begin{bmatrix} 1 \end{bmatrix}) \right\}$$

각 쌍이 발생할 확률은 같다.

평균 제곱 오차 성능 지표의 등고선 그래프를 생성하는 MATLAB M파일을 작성하라.

```
» 2 + 2
ans =
    4
```

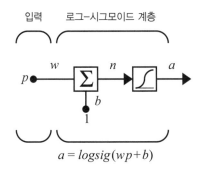

입력   로그-시그모이드 계층

$$a = logsig(wp+b)$$

그림 E12.1 연습문제 E12.1의 네트워크

E12.2 연습문제 E12.1에서 설명된 문제에 대해 배치 모드 SDBP와 배치가 없는 SDBP로 초기 단계의 방향을 계산해 배치의 효과를 보여라. 단, 다음과 같은 초기 추정치로 시작

하라.

$$w(0) = 0 , b(0) = 0.5$$

E12.3 문제 P9.1에서 사용했던 2차 함수를 기억해보라.

$$F(\mathbf{x}) = \frac{1}{2}\mathbf{x}^T\begin{bmatrix} 10 & -6 \\ -6 & 10 \end{bmatrix}\mathbf{x} + \begin{bmatrix} 4 & 4 \end{bmatrix}\mathbf{x}$$

이 함수를 최소화하기 위해 모멘텀을 이용하는 최대 경사 하강 알고리즘을 사용하려고 한다.

(1) 학습률 $\alpha = 0.2$로 가정하라. 알고리즘을 안정적으로 만드는 모멘텀 계수 γ 값을 찾아라. 문제 P12.2에서 제시했던 아이디어를 이용하라.

(2) 학습률 $\alpha = 20$으로 가정하라. 알고리즘을 안정적으로 만드는 모멘텀 계수 γ 값을 찾아라.

(3) $F(\mathbf{x})$의 등고선 그래프에 (1)과 (2)의 α와 γ 값에 대한 알고리즘의 궤적을 그리는 MATLAB 프로그램을 작성하라. 단, 다음의 초기 추정치로 시작하라.

$$\mathbf{x}_0 = \begin{bmatrix} -1 \\ -2.5 \end{bmatrix}$$

E12.4 다음의 2차 함수를 고려하라.

$$F(\mathbf{x}) = \frac{1}{2}\mathbf{x}^T\begin{bmatrix} 3 & -1 \\ -1 & 3 \end{bmatrix}\mathbf{x} + \begin{bmatrix} 4 & -4 \end{bmatrix}\mathbf{x}$$

이 함수를 최소화하기 위해 모멘텀을 사용한 최대 경사 하강 알고리즘을 사용하려고 한다.

(1) 초기 조건 $\mathbf{x}_0 = \begin{bmatrix} 0 & 0 \end{bmatrix}^T$에서 시작해, ($\mathbf{x}_1$과 $\mathbf{x}_2$를 찾기 위해) 모멘텀을 이용한 최대 경사 하강법을 2회 반복하라. 학습률 $\alpha = 1$과 모멘텀 계수 $\gamma = 0.75$를 사용하라.

(2) 이 학습률과 모멘텀을 사용한 알고리즘은 안정적인가? 문제 P12.2에서 제시했던 아이디어를 이용하라.

(3) 모멘텀이 0이면 이 학습률을 사용한 알고리즘은 안정적인가?

E12.5 다음의 2차 함수를 고려하라.

$$F(\mathbf{x}) = \frac{1}{2}\mathbf{x}^T \begin{bmatrix} 3 & 1 \\ 1 & 3 \end{bmatrix} \mathbf{x} + \begin{bmatrix} 1 & 2 \end{bmatrix} \mathbf{x} + 2$$

이 함수를 최소화하기 위해 모멘텀을 이용한 최대 경사 하강 알고리즘을 사용하려고 한다.

(1) 학습률 $\alpha = 1$이라고 가정하라. 모멘텀 계수 $\gamma = 0$이면 알고리즘은 안정적인가? 문제 P12.2에서 제시했던 아이디어를 이용하라.

(2) 학습률 $\alpha = 1$이라고 가정하라. 모멘텀 계수 $\gamma = 0.6$이면 알고리즘은 안정적인가?

E12.6 다음 2차 함수를 고려하라.

$$F(\mathbf{x}) = \frac{1}{2}\mathbf{x}^T \begin{bmatrix} 2 & 1 \\ 1 & 2 \end{bmatrix} \mathbf{x} + \begin{bmatrix} 1 & 2 \end{bmatrix} \mathbf{x} + 2$$

이 함수를 최소화하기 위해 모멘텀을 사용한 최대 경사 하강 알고리즘을 이용하려고 한다. 학습률 $\alpha = 1$이라고 가정하라. 알고리즘을 안정적으로 만드는 모멘텀 계수 γ 값을 찾아라. 문제 P12.2에 제시된 아이디어를 이용하라.

E12.7 연습문제 E12.3의 함수에 대해 다음 초기 추정을 사용해 가변 학습률 알고리즘을 3회 반복하라.

$$\mathbf{x}_0 = \begin{bmatrix} -1 \\ -2.5 \end{bmatrix}$$

$F(\mathbf{x})$의 등고선 그래프에 알고리즘의 궤적을 그려라. 다음 알고리즘 파라미터를 이용하라.

$$\alpha = 0.4\,,\ \gamma = 0.1\,,\ \eta = 1.5\,,\ \rho = 0.5\,,\ \zeta = 5\%$$

E12.8 다음 2차 함수를 고려하라.

$$F(\mathbf{x}) = x_1^2 + 2x_2^2$$

다음 초기 추정으로 가변 학습률 알고리즘을 3회 반복하라.

$$\mathbf{x}_0 = \begin{bmatrix} 0 \\ -1 \end{bmatrix}$$

다음 알고리즘 파라미터를 이용하라.

$$\alpha = 1\,,\ \gamma = 0.2\,,\ \eta = 1.5\,,\ \rho = 0.5\,,\ \zeta = 5\%$$

(초기 추정 이후에 함수를 계산할 때마다 반복을 세라.)

E12.9 연습문제 E12.3의 함수에 대해 다음의 초기 추정으로 켤레 경사 알고리즘을 한 번 반복하라.

$$\mathbf{x}_0 = \begin{bmatrix} -1 \\ -2.5 \end{bmatrix}$$

선형 최소화를 위해 함수 평가를 통한 구간 검출과 황금 분할 탐색을 이용한 구간 축소를 사용하라. $F(\mathbf{x})$의 등고선 그래프에 탐색 경로를 그려라.

E12.10 다음 2차 함수를 고려하라.

$$F(\mathbf{x}) = \frac{1}{2}\mathbf{x}^T \begin{bmatrix} 4 & 0 \\ 0 & 2 \end{bmatrix} \mathbf{x} + \begin{bmatrix} -2 & -1 \end{bmatrix} \mathbf{x}$$

다음 직선을 따라 함수를 최소화하려고 한다.

$$\mathbf{x} = \begin{bmatrix} 0 \\ 0 \end{bmatrix} + \alpha \begin{bmatrix} 1 \\ 1 \end{bmatrix}$$

(1) x_1, x_2 평면에 직선을 그려라.

(2) 학습률 α는 0과 3 사이에 있어야 한다. 황금 분할 탐색을 한 번 반복하라. a_2, b_2, c_2, d_2를 찾고 이 점들을 (1)에서 그렸던 직선을 따라 표시하라.

E12.11 다음 2차 함수를 고려하라.

$$F(\mathbf{x}) = \frac{1}{2}\mathbf{x}^T \begin{bmatrix} 1 & 1 \\ 1 & 1 \end{bmatrix} \mathbf{x} + \begin{bmatrix} 1 & 1 \end{bmatrix} \mathbf{x}$$

다음 직선을 따라 함수를 최소화하려고 한다.

$$\mathbf{x} = \begin{bmatrix} 0 \\ 0 \end{bmatrix} + \alpha \begin{bmatrix} -1 \\ 0 \end{bmatrix}$$

(1) 497페이지에 설명된 방법을 이용해 최소를 포함하는 초기 구간을 정하라. $\varepsilon = 0.5$를 이용하라.

(2) (1)에서 구한 구간을 축소하기 위해 황금 분할 탐색을 한 번 반복하라.

E12.12 다음 2차 함수를 고려하라.

$$F(\mathbf{x}) = \frac{1}{2}\mathbf{x}^T \begin{bmatrix} 1 & 0 \\ 0 & 2 \end{bmatrix} \mathbf{x}$$

다음 직선을 따라 함수를 최소화하려고 한다.

$$\mathbf{x} = \begin{bmatrix} 1 \\ 1 \end{bmatrix} + \alpha \begin{bmatrix} 1 \\ -1 \end{bmatrix}$$

구간 $[a_3, b_3]$를 찾기 위해 황금 분할 탐색을 한 번 반복하라($k = 1, 2$). 초기 구간은 $a_1 = 0$과 $b_1 = 1$로 정의된다고 가정하라. $F(\mathbf{x})$의 등고선 그래프를 개략적으로 그리고 그 위에 탐색 직선을 그린 후, 직선에 탐색 점($F(\mathbf{x})$를 계산했던 점)들을 표시하라.

E12.13 다음 2차 함수를 고려하라.

$$F(\mathbf{x}) = \frac{1}{2}\mathbf{x}^T \begin{bmatrix} 2 & 0 \\ 0 & 1 \end{bmatrix} \mathbf{x}$$

다음의 직선을 따라 함수를 최소화하려고 한다.

$$\mathbf{x} = \begin{bmatrix} 0 \\ 1 \end{bmatrix} + \alpha \begin{bmatrix} 1 \\ -1 \end{bmatrix}$$

구간 $[a_3, b_3]$를 찾기 위해 황금 분할 탐색을 한 번 반복하라($k = 1, 2$). 초기 구간이 $a_1 = 0$과 $b_1 = 1$로 정의된다고 가정하라. $F(\mathbf{x})$의 등고선 그래프를 개략적으로 그리고 그 위에 탐색 직선을 그린 후, 직선에 탐색 점($F(\mathbf{x})$를 계산했던 점)들을 표시하라.

E12.14 다음 함수를 근사하는 그림 E12.2의 네트워크를 사용하려고 한다.

$$g(p) = 1 + \sin\left(\frac{\pi}{4}p\right), \quad -2 \leq p \leq 2$$

초기 네트워크 파라미터는 다음과 같이 선택된다.

$$\mathbf{w}^1(0) = \begin{bmatrix} -0.27 \\ -0.41 \end{bmatrix}, \ \mathbf{b}^1(0) = \begin{bmatrix} -0.48 \\ -0.13 \end{bmatrix}, \ \mathbf{w}^2(0) = \begin{bmatrix} 0.09 & -0.17 \end{bmatrix}, \ \mathbf{b}^2(0) = \begin{bmatrix} 0.48 \end{bmatrix}$$

훈련 집합을 생성하기 위해 점 $p = 1$과 $p = 0$에서 함수 $g(p)$를 샘플링한다. LMBP 알고리즘에서 첫 번째 단계의 자코비안 행렬을 구하라(필요한 정보의 일부가 431페이지에서 시작하는 예제에서 계산됐다).

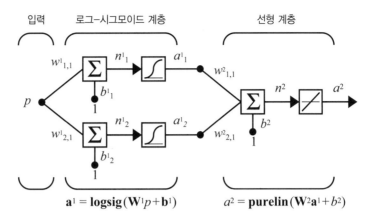

입력   로그–시그모이드 계층   선형 계층

$$\mathbf{a}^1 = \mathbf{logsig}(\mathbf{W}^1 p + \mathbf{b}^1) \qquad a^2 = \mathbf{purelin}(\mathbf{W}^2 \mathbf{a}^1 + b^2)$$

그림 E12.2 연습문제 E12.14의 네트워크

E12.15 선형 네트워크에서 LMBP 알고리즘을 한 번 반복하면 최적의 해로 수렴함을 보여라.
단, $\mu = 0$이다.

E12.16 연습문제 E11.25에서 $1 - S^1 - 1$ 네트워크에 대한 SDBP 알고리즘을 구현하는 MATLAB
프로그램을 작성해 다음 함수를 근사하도록 네트워크를 훈련시켰다.

$$g(p) = 1 + \sin\left(\frac{\pi}{4}p\right), \quad -2 \le p \le 2$$

이 장에서 논의한 훈련 방법인 배치 모드 SDBP, MOBP, VLBP, CGBP, LMBP를
사용할 수 있도록 프로그램을 수정해 이 연습문제를 반복하라. 다양한 방법들의 수렴
결과를 비교하라.

13

일반화

목표

다층 네트워크를 설계할 때 주요 이슈 중 하나는 사용할 뉴런 수를 결정하는 것이다. 이것이 13장의 실질적인 목표다.

뉴런 수가 너무 많아지면 네트워크가 훈련 데이터에 과적합된다는 사실을 11장에서 보였었다. 네트워크가 과적합되면 훈련 데이터에 대한 오차는 매우 작지만 새로운 데이터가 제시되면 네트워크는 잘 수행되지 않는다. 일반화를 잘하는 네트워크는 훈련 데이터에 대해서와 마찬가지로 새로운 데이터에 대해서도 잘 수행할 것이다.

신경망의 복잡도는 신경망이 갖는 자유 파라미터(가중치와 편향) 수에 의해 결정되며, 자유 파라미터 수는 결국 뉴런 수에 의해 결정된다. 네트워크가 주어진 데이터 집합에 대해 너무 복잡하면, 과적합되기 쉽고 일반화가 잘 안 된다.

이 장에서는 데이터의 복잡도에 맞게 네트워크의 복잡도를 조정할 수 있다는 것을 알게 될 것이다. 또한 뉴런 수를 변경하지 않고도 이 작업을 할 수 있다. 실제 자유 파라미터 수를 바꾸지 않아도 유효 자유 파라미터 수를 조정할 수 있다.

이론과 예제

언젠가 마크 트웨인Mark Twain은 말했다. "뜨거운 난로 뚜껑 위에 앉아 있는 고양이처럼 되지 않으려면, 우리는 경험 안에 있는 지혜만 얻고 멈출 수 있도록 조심해야 한다. 고양이는 다시는 뜨거운 난로 뚜껑 위에 앉지 않을 것이며 그래야 좋다. 하지만 고양이는 차가운 난로 뚜껑 위에도 더 이상 앉지 않을 것이다."(『Following the Equator』, 1897)

일반화   이것이 이 장의 목표다. 네트워크를 훈련해 데이터 안에 있는 지혜만을 얻어야 한다. 이 개념을 일반화generalization라고 한다. 일반화되도록 훈련된 네트워크는 훈련 데이터에 대해서와 마찬가지로 새로운 상황에서도 잘 수행할 것이다.

일반화를 잘하기 위해 사용할 주요 전략은 데이터를 설명하는 가장 단순한 모델을 찾는 것이다. 이 전략은 14세기 영국의 논리학자 윌리엄 오컴William of Ockham의 이름을 딴 **오컴의 면도날**   오컴의 면도날Ockham's razor이라고 하는 원리를 변형한 것이다. 이 아이디어는 모델이 복잡해질수록 오류의 가능성이 커진다는 것이다.

신경망의 관점에서 가장 단순한 모델은 자유 파라미터(가중치와 편향) 수가 가장 적거나 그에 상응하는 뉴런 수가 가장 적은 모델이다. 일반화를 잘하는 네트워크를 찾으려면 데이터에 적합한 가장 단순한 모델을 찾아야 한다.

단순한 네트워크를 만들기 위해 사용하는 방법이 적어도 다섯 가지는 있는데, 바로 성장growing, 가지치기pruning, 전역 탐색global search, 정규화regularization, 조기 종료early stopping다. 성장 방법은 뉴런이 없는 신경망으로 시작해 성능이 적정할 때까지 뉴런을 추가한다. 가지치기 방법은 과적합될 가능성이 있는 큰 네트워크에서 시작해서, 성능이 크게 떨어질 때까지 한 번에 하나씩 뉴런(또는 가중치)을 제거한다. 유전 알고리즘 같은 전역 탐색은 가능한 모든 네트워크 구조 공간을 탐색해 데이터를 설명하는 가장 단순한 모델을 찾는다.

마지막 두 방법인 정규화와 조기 종료는 네트워크 가중치의 수number를 제약하는 대신 네트워크 가중치의 크기magnitude를 제약해서 네트워크를 작게 유지한다. 이 장에서는 이 두 가지 방법에 집중할 것이다. 일반화 문제를 정의하고, 좋은 일반화와 나쁜 일반화의 예를 보여주면서 시작할 것이다. 그런 다음 신경망 훈련을 위한 정규화와 조기 종료 방법을 설명할 것이다. 마지막으로 두 방법이 실제 동일한 연산을 어떻게 수행하는지 보여줄 것이다.

문제 정의

문제를 정의하면서 일반화에 대한 논의를 시작해보자. 예제 네트워크 입력과 목표 출력의 훈련 집합으로 시작한다.

$$\{\mathbf{p}_1, \mathbf{t}_1\}, \{\mathbf{p}_2, \mathbf{t}_2\}, \dots, \{\mathbf{p}_Q, \mathbf{t}_Q\} \tag{13.1}$$

일반화 개념을 개발하기 위해, 목표 출력은 다음 식에 의해 생성된다고 가정할 것이다.

$$\mathbf{t}_q = \mathbf{g}(\mathbf{p}_q) + \varepsilon_q \tag{13.2}$$

여기서 $\mathbf{g}(.)$은 알려지지 않은 함수이고, ε_q는 랜덤하고 독립이며 평균이 0인 잡음 소스다. 훈련 목표는 잡음을 무시하면서 $\mathbf{g}(.)$을 근사하는 신경망을 만드는 것이다.

신경망 훈련을 위한 표준 성능 지표는 훈련 집합에 대한 제곱 오차의 합이다.

$$F(\mathbf{x}) = E_D = \sum_{q=1}^{Q} (\mathbf{t}_q - \mathbf{a}_q)^T (\mathbf{t}_q - \mathbf{a}_q) \tag{13.3}$$

여기서 $\mathbf{a}_q$는 입력 $\mathbf{p}_q$에 대한 네트워크 출력이다. 나중에 성능 지표에 추가 항이 포함되도록 수정할 것이기 때문에, 변수 E_D를 사용해 훈련 데이터에 대한 제곱 오차의 합을 표현한다.

과적합 과적합^{overfitting} 문제는 그림 13.1에 그려져 있다. 곡선 ①은 함수 **g**(.)을 나타낸다. 열린 큰 원은 잡음이 있는 목표 점을 나타낸다. 곡선 ②는 훈련된 네트워크 반응을 나타내고, 십자가로 채워진 작은 원은 훈련 점에서 네트워크의 반응을 나타낸다. 이 그림에서 네트워크 반응은 훈련 점과 정확히 일치하는 것을 볼 수 있다. 하지만 네트워크가 기본 함수에 일치시키는 일은 아주 못했다. 과적합됐다.

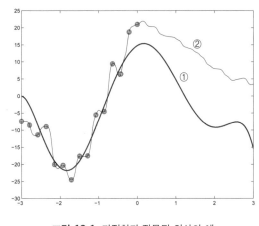

그림 13.1 과적합과 잘못된 외삽의 예

그림 13.1에서 발생한 오류는 실제 두 종류다. 과적합이 원인인 첫 번째 종류의 오차는 −3과 0 사이의 입력값에 대해 발생한다. 이 영역에 모든 훈련 데이터 점이 존재한다. 여기서 네트워크 반응은 훈련 데이터에 과적합됐기 때문에 훈련 집합에 없는 입력

보간 값에 대해서는 잘 수행하지 못할 것이다. 네트워크는 보간^{interpolation} 작업을 잘하지 못해서 훈련 점 주변에서 함수를 정확히 근사하지 못할 것이다.

두 번째 종류의 오류는 0과 3 사이의 입력값에 대해 발생한다. 네트워크는 이 영역에서 잘 수행하지 못했다. 과적합 때문이 아니라 그곳에 훈련 데이터가 없기 때문이다.

외삽 네트워크는 입력 데이터 범위를 넘어서 외삽^{extrapolating}을 한다.

이 장에서는 보간 오류(과적합)를 방지하기 위한 방법을 논의할 것이다. 네트워크를 훈련하기 위해 사용하는 데이터가 네트워크가 사용할 모든 영역의 입력 공간을 커버하지 않는 한 외삽 오류를 막을 방법은 없다. 네트워크는 데이터가 없는 영역에서 실제 함수가 어떤 모양일지 알 방법이 없다.

그림 13.2에는 일반화를 잘하도록 훈련된 네트워크의 예가 있다. 이 네트워크는 그림 13.1의 네트워크와 가중치 수가 같으며 같은 데이터 집합을 이용해 훈련됐지만, 가용한 모든 가중치를 완전히 사용하지 않는 방식으로 훈련됐다. 이 네트워크는 데이터에 적합시키기 위해 필요한 만큼의 가중치만 사용한다. 네트워크 반응이 함수에 완벽히 맞지는 않지만, 잡음이 있는 제한된 데이터를 기반으로 할 수 있는 최고의 작업을 수행한다.

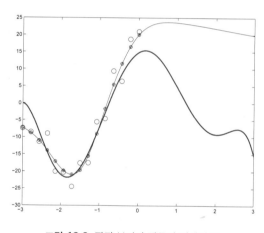

그림 13.2 잘된 보간과 잘못된 외삽의 예

그림 13.1과 그림 13.2 모두에서 네트워크가 정확히 외삽을 하지 못한다는 사실을 알 수 있다. 네트워크는 범위 $-3 \leq p \leq 0$ 밖의 함수 특성에 대해 정보를 받지 못했기 때문에 당연한 일이라고 할 수 있다. 이 범위 밖에서는 네트워크 반응을 예측할 수 없다. 따라서 네트워크가 사용할 입력 공간의 모든 영역에 대한 훈련 데이터를 갖는 것이 중요하다. 이 예제에서처럼 네트워크가 입력을 하나만 가질 때 입력 범위를 정하는 것은

어렵지 않다. 하지만 네트워크가 입력을 여러 개 가질 때 네트워크가 보간될 때와 외삽될 때를 구분하는 것은 좀 더 어렵다.

이 문제는 그림 13.3에서 간단한 방식으로 설명된다. 그림의 왼쪽에 근사하려는 함수가 있다. 입력 변수의 범위는 $-3 \leq p_1 \leq 3$과 $-3 \leq p_2 \leq 3$이다. 두 변수의 범위가 $p_1 \leq p_2$인 경우에만 신경망이 훈련됐다. 따라서 p_1과 p_2는 모두 개별 범위를 다루지만 전체 입력 공간은 반만 다뤄진다. $p_1 \geq p_2$일 때 네트워크는 외삽을 하며, 이 영역에서 네트워크의 성능이 좋지 않다는 사실을 그림 13.3의 오른쪽에서 볼 수 있다(외삽의 또 다른 예제는 문제 P13.4 참조). 입력 변수가 많다면 네트워크가 언제 보간되고 언제 외삽되는지를 알아내기가 매우 어렵다. 17장에서 이 문제를 다루는 실용적인 방법들을 논의할 것이다.

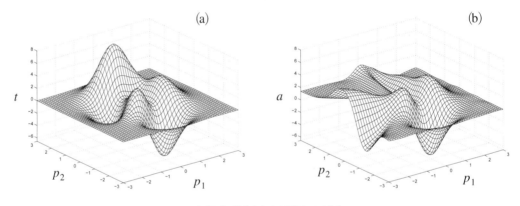

그림 13.3 함수(a)와 신경망 근사(b)

일반화 개선 방법

이 장의 나머지 부분에서는 신경망의 일반화 능력을 개선하기 위한 방법들을 논의할 것이다. 초반에 이야기했던 것처럼 이 문제에 대한 여러 가지 접근 방법이 있으며, 이들 모두는 데이터에 맞는 가장 단순한 네트워크를 찾으려고 한다. 이 방법들은 두 가지 일반적인 범주에 속한다. 네트워크에서 가중치의 수(즉, 뉴런 수)를 제한하는 방법과 가중치의 크기를 제한하는 방법이다. 특히 유용하다는 사실을 알고 있는 두 가지 방법인 조기 종료와 정규화에 집중할 것이다. 이 두 방법은 아주 다른 방식으로 수행되지만, 모두 가중치의 크기를 제한한다. 이 장의 마지막 부분에서 두 방법이 근사적 동치임을 보일 것이다.

이 장에서는 네트워크를 훈련시키는 데이터의 양이 한정적이라고 가정한다. 데이터의 양이 무제한이라면 과적합 문제는 없을 것이다. 왜냐하면 실용적인 측면에서 데이터 점의 수가 네트워크 파라미터 수보다 매우 많다는 뜻이기 때문이다.

일반화 오차 측정: 테스트 집합

신경망의 일반화 능력을 개선하는 방법을 논의하기 전에 특정 신경망의 오차 측정 방법을 먼저 논의하자. 한정된 양의 가용 데이터가 주어진다면 훈련 과정에서 특정 부분 **테스트 집합** 집합을 갖는 것이 중요하다. 네트워크를 훈련한 후 훈련된 네트워크가 테스트 집합test set에 대해 발생시키는 오차를 계산할 것이다. 테스트 집합의 오차는 미래 네트워크의 성능 지표를 제공한다. 이 오차는 네트워크의 일반화 능력에 대한 척도다.

테스트 집합이 일반화 능력에 대한 유효한 지표가 되려면 두 가지 주요 사항을 유념해야 한다. 첫째, 테스트 집합은 네트워크를 훈련시키거나 네트워크 후보 그룹 중 하나를 선택할 때조차 어떤 식으로든 절대 사용해서는 안 된다. 테스트 집합은 모든 훈련과 선택이 끝난 후에만 사용해야 한다. 둘째, 테스트 집합은 네트워크가 사용할 모든 상황을 대표해야만 한다. 이 사항은 종종 보장하기 어려우며 특히 입력 공간이 고차원이거나 복잡한 모양일 때는 더욱 어렵다. 이 문제는 17장 '실용적인 훈련 이슈'에서 좀 더 자세히 논의할 것이다.

이 장의 나머지 절에서는 테스트 집합은 훈련을 시작하기 전에 데이터 집합에서 제거하며, 훈련이 완료될 때 일반화 능력을 측정하기 위해 사용한다고 가정할 것이다.

조기 종료

일반화를 개선하기 위해 검토할 첫 번째 방법은 가장 단순한 방법이다. 이 방법을 조기 종료라고 한다[WaVe94]. 이 방법의 아이디어는 훈련이 진행될수록 네트워크는 가중치를 점점 더 많이 사용하며, 모든 가중치를 완전히 사용하고 오차 표면의 최소에 도달할 때까지 훈련이 진행된다는 것이다. 훈련의 반복 횟수가 커지면 네트워크는 점점 더 복잡해진다. 만일 최소에 도달하기 전에 훈련을 종료한다면, 실질적으로 더 적은 파라미터를 사용하게 되고 네트워크가 과적합될 가능성은 낮아진다. 이후의 절에서는 반복 횟수가 커지면 파라미터 수가 어떻게 바뀌는지 보여줄 것이다.

교차 검증
검증 집합
조기 종료를 효과적으로 사용하려면 훈련의 종료 시점을 아는 것이 중요하다. 종료 시점을 판단하기 위해 검증 집합$^{validation\ set}$을 사용하는 교차 검증$^{cross-validation}$이라고 하는 방법을 설명할 것이다[Sarl95]. (위에서 설명한 것처럼 테스트 집합을 제거한 이후) 가용 데이터는 훈련 집합과 검증 집합, 두 부분으로 나뉜다. 훈련 집합은 각 반복에서 그레이디언트 또는 자코비안을 계산하고 가중치 변경을 결정하기 위해 사용한다. 검증 집합은 훈련 점들 '사이에서$^{in\ between}$' 네트워크 함수에서 발생하고 있는 것을 나타내는 지표이며, 검증 오차는 훈련 과정에서 관찰된다. 검증 집합의 오차가 몇 번의 반복에서 증가하면 훈련은 종료되며, 검증 집합의 최소 오차를 생성하는 가중치가 최종적으로 훈련된 네트워크의 가중치로 사용된다.

이 과정은 그림 13.4에 나타나 있다. 그림의 아래 그래프는 훈련시키는 동안 훈련의 진척과 검증 성능 지표인 F(제곱 오차의 합)를 보여준다. 훈련 과정에서 훈련 오차가 계속 떨어지긴 하지만, 검증 오차는 14번째 훈련 반복에 해당하는 'a'로 레이블된 점에서 최소가 된다. 왼쪽 위 그래프는 조기 종료$^{early\ stopping}$ 시점에서 네트워크 반응을 보여준다. 생성된 네트워크는 실제 함수에 아주 잘 맞는다. 오른쪽 위 그래프는 검증 오차가 증가하고 네트워크가 과적합되는 점 'b'까지 훈련했을 때 네트워크 반응을 보여준다.

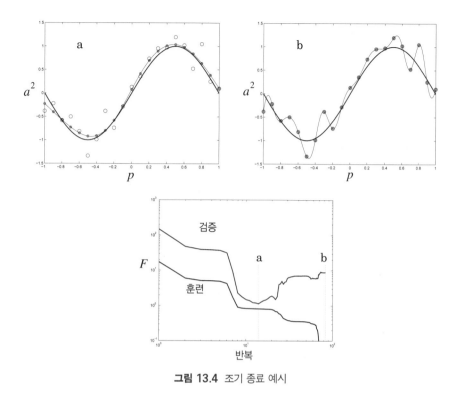

그림 13.4 조기 종료 예시

조기 종료의 기본 개념은 간단하지만 해결해야 할 실질적인 이슈들이 있다. 먼저 검증 집합은 네트워크가 사용할 모든 상황을 나타내도록 선택돼야만 한다. 초기에 언급했던 것처럼 테스트 집합과 훈련 집합에 대해서도 그렇다. 각 집합의 크기는 다르더라도 각 집합은 입력 공간의 범위와 대략 동일해야 한다.

데이터를 분리할 때는 전형적으로 거의 70%는 훈련에 사용하고, 15%는 검증에, 15%는 테스트에 사용한다. 이 비율은 대략적인 숫자일 뿐이다. 검증 집합의 데이터양을 선정하는 방법은 [AmMu97]에서 전체적으로 논의되고 있다.

조기 종료에 관한 또 다른 현실적인 사안은 상대적으로 느린 훈련 방법을 사용해야만 한다는 것이다. 훈련을 하는 동안 네트워크는 가용한 네트워크 파라미터를 점점 더 많이 사용하게 된다(이 장의 마지막 절에서 설명할 것이다). 훈련 방법이 너무 빠르면 검증 오차가 최소화되는 지점을 지나칠 가능성이 높다.

 조기 종료의 영향을 실험하려면, MATLAB® 신경망 설계 데모 '조기 종료Early Stopping' **nnd13es**를 이용하라.

정규화

일반화를 개선하기 위해 논의할 두 번째 방법은 정규화regularization라고 한다. 이 방법은 식 (13.3)의 제곱 오차 합 성능 지표에 네트워크 복잡도에 대한 패널티 항을 추가한다. 이 개념은 티코노브Tikhonov에 의해 소개됐다[Tikh63]. 그는 근사 함수(이 경우 신경망)의 미분에 관여하는 패널티 항 또는 정규화 항을 추가해서 결과 함수가 매끄러워지게 했다. 특정 조건에서 이 정규화 항은 네트워크 가중치 제곱의 합으로 작성될 수 있다.

$$F(\mathbf{x}) = \beta E_D + \alpha E_W = \beta \sum_{q=1}^{Q} (\mathbf{t}_q - \mathbf{a}_q)^T (\mathbf{t}_q - \mathbf{a}_q) + \alpha \sum_{i=1}^{n} x_i^2 \tag{13.4}$$

여기서 비율은 네트워크 해의 실질적인 복잡도를 제어한다. 이 비율이 커질수록 네트워크 응답은 매끄러워진다(여기서는 파라미터를 하나만 사용했지만 이후의 개발에서는 파라미터를 2개 사용한다).

가중치 제곱의 합에 패널티를 왜 주려고 하며, 이 방법이 뉴런 수를 줄이는 것과 어떻게 유사한가? 그림 11.4 예제에서의 다층 신경망을 다시 고려해보자. 가중치가 커지면 네트워크 함수의 경사가 어떻게 증가했는지 기억해보라. 그림 13.5에서 이 효과를 다시 확인할 수 있으며, 여기서는 가중치 $w_{1,1}^2$을 0부터 2까지 변화시켰다. 가중치가 크면 네트워크가 생성한 함수는 큰 경사를 갖게 되므로 훈련 데이터에 과적합될 가능성이 높아진다. 가중치를 작게 제약하면 마치 네트워크가 작은 수의 뉴런을 갖는 것처럼 네트워크 함수는 훈련 데이터를 지나는 매끄러운 보간을 만들 것이다.

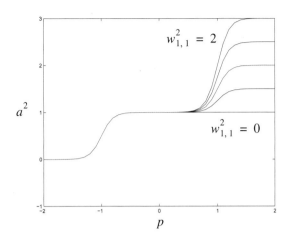

그림 13.5 네트워크 반응에 대한 가중치 효과

 네트워크 함수에 대한 가중치 변화의 효과를 실험하려면 MATLAB® 신경망 설계 데모 '네트워크 함수Network Function' **nnd11nf**를 이용하라.

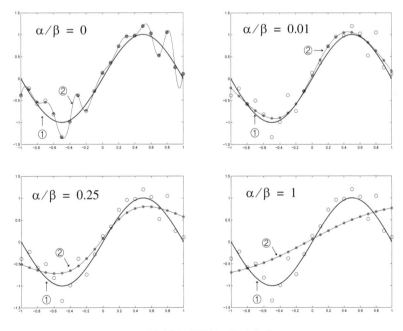

그림 13.6 정규화 비율의 효과

일반화를 잘하는 네트워크를 만들 때 정규화 방법을 성공시키는 열쇠는 정규화 비율을 정확하게 선택하는 것이다. 그림 13.6은 정규화 비율의 변경 효과를 보여준다. 정현파 잡음이 있는 21개 샘플에 대해 1-20-1 네트워크를 훈련했다.

그림에서 ①번 선은 실제 함수를 나타내고, 열린 큰 원은 잡음이 있는 데이터를 나타낸다. ②번 곡선은 훈련된 네트워크 반응을 나타내며, 십자로 채워진 작은 원은 훈련 점에서 네트워크 반응을 나타낸다. 그림에서 비율 $\alpha/\beta = 0.01$이 실제 함수에 가장 잘 맞는 것을 볼 수 있다. 이것보다 비율이 큰 경우 네트워크 반응은 너무 매끄러우며, 이것보다 비율이 작은 경우 네트워크는 과적합된다.

정규화 파라미터를 설정하는 기법들이 몇 가지 있다. 한 가지 방법은 '조기 종료' 절에서 설명했듯이 검증 집합을 사용하는 것이다. 정규화 파라미터는 검증 집합에 대한 제곱 오차를 최소화하도록 설정한다[GoLa98]. 다음 두 절에서 정규화 파라미터를 자동으로 설정하는 다른 기법을 설명할 것이다. 이 방법을 베이지안 정규화^{Bayesian regularization}라고 한다.

 정규화 효과를 실험하려면 MATLAB® 신경망 설계 데모 '정규화^{Regularization}' **nnd13reg**를 이용하라.

베이지안 분석

토머스 베이즈^{Thomas Bayes}는 1700년대에 영국에서 살았던 장로교 목사였다. 또한 그는 아마추어 수학자였다. 그가 죽고 난 후에 그의 가장 중요한 연구가 출판됐는데, 이 책에는 현재 베이즈 정리^{Bayes' Theorem}로 알려진 내용이 제시됐다. 이 정리는 임의의 두 사건 A와 B가 있고 B가 발생했을 때 A가 발생할 조건부 확률은 다음과 같이 계산할 수 있음을 명시한다.

$$P(A|B) = \frac{P(B|A)P(A)}{P(B)} \tag{13.5}$$

식 (13.5)를 베이즈 규칙이라고 한다. 이 식에서 각 항은 일반적으로 참조되는 이름을 갖는다. $P(A)$는 사전^{prior} 확률이라고 한다. 사전 확률은 B에 대한 결과를 알기 전에 A에 대해 알고 있는 것을 말해준다. $P(A|B)$는 사후^{posterior} 확률이라고 한다. 이것은 B에 대해 배운 후에 A에 대해 알게 되는 것을 말해준다. $P(B|A)$는 A가 주어질 때 B의 조건부 확률이다. 일반적으로 이 항은 B와 A 사이의 관계를 설명하는 시스템에 관한 지식으로 제공된다. $P(B)$는 이벤트 B의 주변 확률$^{marginal \; probability}$로 베이즈 규칙에서 정규화 요소 역할을 한다.

베이즈 규칙이 어떻게 사용될 수 있는지 설명하기 위해 다음 의료 상황을 고려해보라. 모집단의 1%가 특정 질병을 갖는다고 가정하라. 이 질병에 걸렸는지 진단할 수 있는 테스트가 있다. 이 테스트는 실제 병에 걸린 사람들을 진단할 때는 80% 정확하다. 하지만 병이 없는 사람들의 10%는 양성 반응을 보일 것이다. 테스트를 받고 양성 반응을 보이면 이런 질문을 할 것이다. 실제 질병에 걸릴 확률은 얼마인가? 테스트가 병에 걸린 사람들의 질병을 진단할 때 80% 정확하다는 점을 감안하면 (많은 연구에서 나타난 것처럼 대부분의 의사를 포함한) 대부분의 사람들은 질병에 걸릴 확률이 매우 높을 것으로 추측할 것이다. 하지만 실제로는 그렇지 않으며, 베이즈 규칙은 확률에 관한 한 직관의 부족을 극복하도록 도와준다.

A는 질병에 걸린 사건을 표현하고, B는 양성 반응을 보인 사건을 표현한다고 하자. 양성 반응을 보일 때 질병에 걸릴 확률인 $P(A|B)$를 얻기 위해 베이즈 규칙을 사용할 수 있다. 모집단의 1%가 질병에 걸렸기 때문에 사전 확률 $P(A)$는 0.01임을 알고 있다. 테스트가 질병에 걸린 사람에게서 질병을 진단할 때 80% 정확하기 때문에 $P(B|A)$는 0.8이다(이 조건부 확률은 테스트 절차와 정확도에 대한 지식을 기반으로 한다는 점을 유념하라). 베이즈 규칙을 사용하려면 한 가지 항이 더 필요한데, 그것은 $P(B)$이다. 이것은 병에 걸렸는지 여부에 상관없이 양성 반응을 얻을 확률이다. 이 값은 병에 걸렸을 때 양성 반응을 보일 확률을 병에 걸리지 않을 때 양성 반응을 보일 확률에 더해서 얻을 수 있다.

$$P(B) = P(A \cap B) + P(\bar{A} \cap B) = P(B|A)P(A) + P(B|\bar{A})P(\bar{A}) \qquad (13.6)$$

여기서 조건부 확률의 정의를 사용했다.

$$P(B|A) = \frac{P(A \cap B)}{P(A)} \quad \text{또는} \quad P(A \cap B) = P(B|A)P(A) \qquad (13.7)$$

이미 알고 있는 확률을 식 (13.6)에 대입하면, 다음을 구할 수 있다.

$$P(B) = 0.8 \times 0.01 + 0.1 \times 0.99 = 0.107 \qquad (13.8)$$

여기서 $P(B|\bar{A})$는 0.1인데, 건강한 사람의 10%가 양성 반응을 보이기 때문이다. 이제 베이즈 규칙을 사용해 사후 확률 $P(A|B)$를 구할 수 있다.

$$P(A|B) = \frac{P(B|A)P(A)}{P(B)} = \frac{0.8 \times 0.01}{0.107} = 0.0748 \qquad (13.9)$$

이 값은 양성 반응을 보였더라도 병에 걸릴 확률은 7.5%밖에 되지 않는다는 것을 말해 준다. 대부분의 사람들에게 이 결과는 직관적이지 않다.

베이즈 규칙의 핵심은 사전 확률 $P(A)$이다. 이 경우 병에 걸릴 사전 확률은 100명 중 1명에 불과하다. 이 숫자가 많이 높았다면 사후 확률 $P(A|B)$는 상당히 증가했을 것이다. 베이즈 규칙을 사용할 때 사전 확률 $P(A)$에 사전 지식을 정확히 반영하는 것이 중요하다.

베이즈 규칙과 사전 밀도의 효과를 이용하는 또 다른 예시는 문제 P13.2와 관련 데모를 참조하라.

다음 절에서는 베이지안 분석을 다층 네트워크의 훈련에 적용할 것이다. 베이지안 방법의 장점은 사전 확률을 선택해 사전 지식을 넣을 수 있다는 것이다. 신경망 훈련을 위해 근사하고 있는 함수가 매끄럽다고 사전에 가정할 것이다. 이 가정은 그림 13.5에서 봤던 것처럼 가중치가 너무 크지 않다는 것을 의미한다. 사전 확률을 적절히 선택해서 사진 지식을 집어넣는 것이 요령이다.

베이지안 정규화

정규화 파라미터의 자동 선택에 관한 많은 방법이 있지만, 여기서는 데이비드 맥케이 David MacKay가 개발했던 방법에 집중할 것이다[MacK92]. 이 방법은 신경망 훈련을 베이지안 통계 프레임워크로 표현한다. 정규화 파라미터를 선택하는 것 외에도 훈련의 다양한 측면에서 이 프레임워크는 유용하므로 익숙해져야 할 주요 개념이다. 베이지안 분석에는 두 레벨이 있다. 먼저 레벨 I으로 시작해보자.

레벨 I 베이지안 프레임워크

베이지안 프레임워크는 네트워크 가중치가 확률 변수임을 가정하면서 시작한다. 그런 다음 데이터가 주어지면 가중치의 조건부 확률을 최대화하는 가중치를 선택한다. 베이즈 규칙은 이 확률 함수를 찾는 데 사용된다.

$$P(\mathbf{x} \,|\, D, \alpha, \beta, M) = \frac{P(D \,|\, \mathbf{x}, \beta, M) P(\mathbf{x} \,|\, \alpha, M)}{P(D \,|\, \alpha, \beta, M)} \tag{13.10}$$

여기서 $\mathbf{x}$는 네트워크의 모든 가중치와 편향을 포함하는 벡터이며, D는 훈련 데이터 집합을 나타낸다. α와 β는 밀도 함수 $P(D \,|\, \mathbf{x}, \beta, M)$과 $P(\mathbf{x} \,|\, \alpha, M)$에 연관된 파라미터이고, M은 선택된 모델, 즉 사용자가 선택한 네트워크의 구조(계층 수와 각 계층의 뉴런 수)다.

식 (13.10)의 각 항을 조사해보자. 먼저 $P(D \,|\, \mathbf{x}, \beta, M)$은 가중치 집합 $\mathbf{x}$, 곧 설명할 파라미터 β, 모델 M이 선택되어 있을 때 데이터의 확률 밀도다. 식 (13.2)의 잡음 항이 독립이고 가우시안 분포를 갖는다면 $P(D \,|\, \mathbf{x}, \beta, M)$은 다음과 같이 정의된다.

$$P(D \,|\, \mathbf{x}, \beta, M) = \frac{1}{Z_D(\beta)} \exp(-\beta E_D) \tag{13.11}$$

여기서 $\beta = 1/(2\sigma_\varepsilon^2)$이고, σ_ε^2은 각 ε_q 항목의 분산이며, E_D는 (식 (13.3)에서 정의된 것처럼) 제곱 오차다.

$$Z_D(\beta) = (2\pi\sigma_\varepsilon^2)^{N/2} = (\pi/\beta)^{N/2} \qquad (13.12)$$

여기서 N은 식 (12.34)에서와 같이 $Q \times S^M$이다.

우도 함수 식 (13.11)을 우도 함수^likelihood function라고 한다. 우도 함수는 네트워크 가중치 $\mathbf{x}$의 함

최대 우도 수로, 특정 가중치 집합에 대한 데이터 집합의 발생 확률을 말한다. 최대 우도^maximum likelihood 방법은 우도 함수가 최대화되도록 가중치를 선택한다. 우도 함수를 최대화하는 것은 가우시안의 경우 제곱 오차 E_D를 최소화하는 것과 같다. 따라서 표준 제곱 오차의 합 성능 지표는 훈련 집합의 가우시안 잡음에 대한 가정을 이용해 통계적으로 유도할 수 있으며, 표준 가중치 선택은 최대 우도 추정^maximum likelihood estimate이 된다.

사전 밀도 이제 식 (13.10) 우변의 두 번째 항 $P(\mathbf{x}\,|\,\alpha, M)$을 고려하라. 이 항을 사전 밀도^prior density 라고 한다. 사전 밀도는 데이터를 수집하기 전 네트워크 가중치에 관한 지식을 구체화한다. 베이지안 통계에서는 사전 밀도를 통해 사진 지식을 집어넣는다. 예를 들어, 가중치를 0 주변을 중심으로 둔 작은 값이라고 가정한다면, 0 평균 가우시안 사전 밀도를 선택할 것이다.

$$P(\mathbf{x}\,|\,\alpha, M) = \frac{1}{Z_W(\alpha)}\exp(-\alpha E_W) \qquad (13.13)$$

여기서 $\alpha = 1/(2\sigma_w^2)$이고, σ_w^2은 각 가중치의 분산이며, E_W는 식 (13.4)에 정의된 것과 같이 가중치 제곱의 합이다.

$$Z_W(\alpha) = (2\pi\sigma_w^2)^{n/2} = (\pi/\alpha)^{n/2} \qquad (13.14)$$

여기서 n은 식 (12.35)에서와 같이 네트워크의 가중치와 편향 개수다.

증거 식 (13.10) 우변의 마지막 항은 $P(D\,|\,\alpha, \beta, M)$이다. 이것은 증거^evidence라고 하며, $\mathbf{x}$의

사후 밀도 함수가 아닌 정규화 항이다. 목적이 사후 밀도^posterior density $P(\mathbf{x}\,|\,D, \alpha, \beta, M)$을 최대화하는 가중치 $\mathbf{x}$를 찾는 것이므로, $P(D\,|\,\alpha, \beta, M)$에 관심을 가질 필요는 없다(하지만 나중에 α와 β를 추정할 때 중요하다).

이전에 만든 가우시안 가정과 식 (13.10)을 이용해 사후 밀도를 다음 형식으로 다시 작성할 수 있다.

$$
\begin{aligned}
P(\mathbf{x} \mid D, \alpha, \beta, M) &= \frac{\frac{1}{Z_W(\alpha)} \frac{1}{Z_D(\beta)} \exp(-(\beta E_D + \alpha E_W))}{\text{정규화 계수}} \\
&= \frac{1}{Z_F(\alpha, \beta)} \exp(-F(\mathbf{x}))
\end{aligned}
\tag{13.15}
$$

여기서 $Z_F(\alpha, \beta)$는 α와 β의 함수이며(하지만 $\mathbf{x}$의 함수는 아니다), $F(\mathbf{x})$는 식 (13.4)에서 정의했던 정규화된 성능 지표다. 최대 확률을 갖는 가중치를 찾으려면 사후 밀도 $P(\mathbf{x} \mid D, \alpha, \beta, M)$을 최대화해야만 한다. 이것은 정규화된 성능 지표 $F(\mathbf{x}) = \beta E_D + \alpha E_W$를 최소화하는 것과 동일하다.

따라서 정규화된 성능 지표는 훈련 집합의 가우시안 잡음 가정과 네트워크 가중치의 가우시안 사전 밀도를 이용해 베이지안 통계로 유도할 수 있다. 사후 밀도를 최대화하 **최대 확률** 는 가중치를 $\mathbf{x}^{MP}$ 또는 **최대 확률**most probable이라고 한다. 이 가중치는 우도 함수를 최대화하는 가중치 $\mathbf{x}^{ML}$과는 분명히 다르다.

베이지안 통계 프레임워크가 파라미터 α와 β의 실제 의미를 어떻게 부여하는지 잘 알아두자. 파라미터 β는 측정 잡음 ε_q의 분산에 역으로 비례한다. 따라서 잡음 분산이 크다면 β는 작아지고, 정규화 비율 α/β는 커질 것이다. (그림 13.6에서 보이는 것과 같이) 결과적으로 가중치는 작아지고 네트워크 함수는 매끄러워진다. 측정치의 잡음이 커지면 잡음의 영향을 평균적으로 만들기 위해 네트워크 함수를 더욱 매끄럽게 할 것이다.

파라미터 α는 네트워크 가중치의 사전 분포의 분산에 역으로 비례한다. 분산이 크다는 것은 네트워크 가중치가 확실성이 매우 낮으며 이에 따라 가중치가 매우 커질 수 있음을 의미한다. 파라미터 α가 작아지며 정규화 비율 α/β도 작아질 것이다. 이로 인해 네트워크 가중치가 커지며, (그림 13.6에 보이는 것처럼) 네트워크 함수도 더 크게 변화할 것이다. 네트워크 가중치의 사전 밀도의 분산이 커질수록 네트워크 함수의 변화가 더욱 커진다.

레벨 II 베이지안 프레임워크

지금까지 정규화된 성능 지표를 통계적으로 흥미롭게 유도하고 파라미터 α와 β의 의미를 새롭게 이해했다. 하지만 실제 찾으려는 것은 데이터로부터 파라미터를 추정하는 방법이다. 이를 위해 다른 레벨의 베이지안 분석을 할 필요가 있다. 베이지안 분석을 이용해 α와 β를 추정하려면, $P(\alpha, \beta \,|\, D, M)$의 확률 밀도가 필요하다. 베이즈 규칙을 이용해 이 확률 밀도를 작성할 수 있다.

$$P(\alpha, \beta | D, M) = \frac{P(D|\alpha, \beta, M)P(\alpha, \beta|M)}{P(D|M)} \tag{13.16}$$

이 식은 우변의 분자에 우도 함수와 사전 밀도를 갖는 식 (13.10)과 같은 형식을 갖는다. 정규화 파라미터 α와 β에 대해 균등(상수) 사전 밀도 $P(\alpha, \beta | M)$을 가정하면, 사후 확률의 최대화는 우도 함수 $P(D|\alpha, \beta, M)$을 최대화해서 얻을 수 있다. 하지만 이 우도 함수는 식 (13.10)에서 정규화 계수(증거)라는 점을 주목하라. 따라서 모든 확률이 가우시안 형태를 갖는다고 가정했기 때문에 식 (13.10)의 사후 밀도의 형태를 알고 있다. 식 (13.15)에서 사후 밀도의 형태를 볼 수 있다. 이제 식 (13.10)을 정규화 요소(증거)에 대해 풀 수 있다.

$$\begin{aligned}
P(D|\alpha, \beta, M) &= \frac{P(D|\mathbf{x}, \beta, M)P(\mathbf{x}|\alpha, M)}{P(\mathbf{x}|D, \alpha, \beta, M)} \\[2mm]
&= \frac{\left[\dfrac{1}{Z_D(\beta)}\exp(-\beta E_D)\right]\left[\dfrac{1}{Z_W(\alpha)}\exp(-\alpha E_W)\right]}{\dfrac{1}{Z_F(\alpha, \beta)}\exp(-F(\mathbf{x}))} \\[2mm]
&= \frac{Z_F(\alpha, \beta)}{Z_D(\beta)Z_W(\alpha)} \cdot \frac{\exp(-\beta E_D - \alpha E_W)}{\exp(-F(\mathbf{x}))} = \frac{Z_F(\alpha, \beta)}{Z_D(\beta)Z_W(\alpha)}
\end{aligned} \tag{13.17}$$

식 (13.12)와 식 (13.14)에서 상수 $Z_D(\beta)$와 $Z_W(\alpha)$를 알고 있음을 주목하라. 모르는 부분은 $Z_F(\alpha, \beta)$뿐이다. 하지만 테일러 급수 전개를 이용해 이 값을 추정할 수 있다.

목적 함수가 최소점 주위의 작은 영역에서 2차 함수 모양을 갖기 때문에, 그레이디언트가 0인 최소점 $\mathbf{x}^{MP}$ 근처에서 $F(\mathbf{x})$를 2차 테일러 급수(식 (8.9) 참조)로 전개할 수 있다.

$$F(\mathbf{x}) \approx F(\mathbf{x}^{MP}) + \frac{1}{2}(\mathbf{x} - \mathbf{x}^{MP})^T \mathbf{H}^{MP}(\mathbf{x} - \mathbf{x}^{MP}) \tag{13.18}$$

여기서 $\mathbf{H} = \beta\nabla^2 E_D + \alpha\nabla^2 E_W$는 $F(\mathbf{x})$의 헤시안 행렬이고, $\mathbf{H}^{MP}$는 $\mathbf{x}^{MP}$에서 계산한 헤시안이다. 이제 이 근사를 식 (13.15) 사후 밀도 식에 대입한다.

$$P(\mathbf{x}|D, \alpha, \beta, M) \approx \frac{1}{Z_F}\exp\left[-F(\mathbf{x}^{MP}) - \frac{1}{2}(\mathbf{x} - \mathbf{x}^{MP})^T \mathbf{H}^{MP}(\mathbf{x} - \mathbf{x}^{MP})\right] \tag{13.19}$$

이 식은 다음과 같이 다시 작성될 수 있다.

$$P(\mathbf{x}|D, \alpha, \beta, M) \approx \left\{\frac{1}{Z_F}\exp(-F(\mathbf{x}^{MP}))\right\}\exp\left[-\frac{1}{2}(\mathbf{x} - \mathbf{x}^{MP})^T \mathbf{H}^{MP}(\mathbf{x} - \mathbf{x}^{MP})\right] \tag{13.20}$$

가우시안 밀도의 표준 형식은 다음과 같다.

$$P(\mathbf{x}) = \frac{1}{\sqrt{(2\pi)^n \left|(\mathbf{H}^{MP})^{-1}\right|}}\exp\left(-\frac{1}{2}(\mathbf{x} - \mathbf{x}^{MP})^T \mathbf{H}^{MP}(\mathbf{x} - \mathbf{x}^{MP})\right) \tag{13.21}$$

따라서 식 (13.21)을 식 (13.20)과 같다고 하면 $Z_F(\alpha, \beta)$에 대해 풀 수 있다.

$$Z_F(\alpha, \beta) \approx (2\pi)^{n/2}(\det((\mathbf{H}^{MP})^{-1}))^{1/2}\exp(-F(\mathbf{x}^{MP})) \tag{13.22}$$

이 결과를 식 (13.17)로 대체하면 최소점에서 α과 β에 대한 최적값을 풀 수 있다. 식 (13.17)에 로그를 취해 각각에 대해 미분을 한 후 이 식들을 0으로 설정해 최적값을 풀 수 있다. 그 결과는 다음과 같다(문제 P13.3 참조).

$$\alpha^{MP} = \frac{\gamma}{2E_W(\mathbf{x}^{MP})} \quad \text{그리고} \quad \beta^{MP} = \frac{N-\gamma}{2E_D(\mathbf{x}^{MP})} \tag{13.23}$$

유효 파라미터 수 여기서 $\gamma = n - 2\alpha^{MP}\mathrm{tr}(\mathbf{H}^{MP})^{-1}$은 유효 파라미터 수effective number of parameters라고 하며, n은 네트워크의 전체 파라미터 수다. γ 항은 신경망에서 오차 함수를 줄일 때 유효하게 사용되는 파라미터(가중치와 편향)의 개수를 측정한 값이다. 이 항은 0에서 n까지의 범위를 갖는다(γ에 대한 상세한 분석은 571페이지의 예제를 참조하라).

베이지안 정규화 알고리즘

정규화 파라미터의 베이지안 최적화를 하려면 최소점 $\mathbf{x}^{MP}$에서 $F(\mathbf{x})$의 헤시안 행렬을 계산해야 한다. 최소점을 찾는 데 레벤버그–마쿼트 최적화 알고리즘을 사용한다면(식 (12.31) 참조), 쉽게 사용할 수 있는 헤시안 행렬의 가우스–뉴턴 근사를 사용할 것을 제안한다[FoHa97]. 정규화 최적화를 위해 필요한 추가적인 계산은 아주 적다.

여기 헤시안 행렬의 가우스–뉴턴 근사를 이용한 정규화 파라미터의 베이지안 최적화에 필요한 단계들이 있다.

1. α, β, 가중치를 초기화하라. 가중치는 랜덤하게 초기화되며, 그런 다음 E_D와 E_W가 계산된다. $\gamma = n$을 설정하고 식 (13.23)을 사용해 α와 β를 계산하라.

2. 목적 함수 $F(\mathbf{x}) = \beta E_D + \alpha E_W$를 최소화하도록 레벤버그–마쿼트 알고리즘을 한 단계 진행하라.

3. 레벤버그–마쿼트 훈련 알고리즘에서 가용한 헤시안의 가우스–뉴턴 근사를 사용해, 유효 파라미터 수 $\gamma = n - 2\alpha\mathrm{tr}(\mathbf{H})^{-1}$를 계산하라. $\mathbf{H} = \nabla^2 F(\mathbf{x}) \approx 2\beta\mathbf{J}^T\mathbf{J} + 2\alpha\mathbf{I}_n$이고, 여기서 $\mathbf{J}$는 훈련 집합 오차의 자코비안 행렬이다(식 (12.37) 참조).

4. 정규화 파라미터 $\alpha = \frac{\gamma}{2E_W(\mathbf{x})}$와 $\beta = \frac{N-\gamma}{2E_D(\mathbf{x})}$에 대한 새로운 추정을 계산하라.

5. 이제 수렴할 때까지 2~4단계를 반복하라.

정규화 파라미터를 재추정하고 목적 함수 $F(\mathbf{x})$를 바꾸면 최소점이 움직인다는 점을 유념하라. 성능 표면에서 이동할 때 일반적으로 다음 최소점으로 향해 간다면, 정규화 파라미터의 새로운 추정은 좀 더 정확해질 것이다. 결국 목표 함수가 다음 반복에서 크게 변하지 않을 정도로 정밀도가 충분히 좋아질 것이다. 결국 수렴하게 된다.

GNBR 베이지안 정규화의 가우스–뉴턴 근사$^{\text{GNBR, Gauss-Newton approximation to Bayesian regularization}}$ 알고리즘을 이용할 때, 처음에 훈련 데이터를 범위 [−1, 1](또는 비슷한 영역)로 매핑하면 최고의 결과를 얻을 수 있다. 17장에서 훈련 데이터의 전처리에 대해 논의할 것이다.

그림 13.7에서는 그림 13.4와 그림 13.6에서 표시했던 것과 동일한 데이터 집합에 대해 GNBR을 사용해 1−20−1 네트워크를 훈련한 결과를 볼 수 있다. 네트워크는 잡음에 과적합되지 않고 기본 함수에 적합됐다. 이 적합은 그림 13.6에서 $\alpha/\beta = 0.01$로 설정된 정규화 비율을 사용해 얻은 결과와 비슷해 보인다. 실제 GNBR을 이용한 훈련이 끝났을 때 이 예제의 최종 정규화 비율은 $\alpha/\beta = 0.0137$이었다.

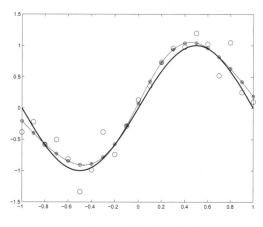

그림 13.7 베이지안 정규화 적합

이 예제의 훈련 과정은 그림 13.8에 나와 있다. 그림의 왼쪽 위에서 훈련 집합의 제곱 오차를 볼 수 있다. 반복할 때마다 제곱 오차가 감소할 필요는 없다는 사실을 주목하라. 그림의 오른쪽 위에서 제곱 테스트 오차를 볼 수 있다. 제곱 테스트 오차는 −1과 1

사이의 여러 점에서 네트워크 함수와 실제 함수를 비교해서 얻었다. 이 값은 네트워크 일반화 능력에 대한 측정치다(실제 함수를 모르는 현실적인 경우에는 측정이 불가능할 수 있다). 테스트 오차는 훈련이 완료되면 최소가 된다는 점을 주목하라.

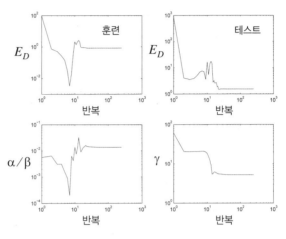

그림 13.8 베이지안 정규화 훈련 과정

그림 13.8에서는 훈련시키는 동안의 정규화 비율 α/β와 유효 파라미터 수도 보여준다. 이 파라미터들은 훈련 과정에서 특별한 의미가 없지만, 훈련이 완료되면 중요해진다. 이전에 언급했던 것처럼 최종 정규화 비율은 α/β = 0.0137이며, 이 값은 이전에 그림 13.6에서 보여줬던 정규화 검토 결과와 일관된다. 최종 유효 파라미터 수는 γ = 5.2이다. 이 개수는 네트워크의 총 61개 가중치와 편향의 범위 내에서 정해졌다.

이 예제에서 유효 파라미터 수가 전체 파라미터 수보다 매우 작다는 사실(6 대 61)은 더 작은 네트워크를 사용해 데이터에 적합시킬 수 있음을 의미한다. 큰 네트워크는 다음과 같은 두 가지 단점이 있다. (1) 데이터에 과적합될 수 있다. (2) 네트워크 출력을 계산하기 위해 많은 계산이 필요하다. 첫 번째 단점은 GNBR로 훈련해서 극복했다. 네트워크가 61개의 파라미터를 갖더라도 6개의 파라미터만 갖는 네트워크와 동등하다. 두 번째 단점은 네트워크 반응의 계산 시간이 응용 프로그램에 결정적인 경우에만 중요하다. 개별 입력에 대한 네트워크 반응의 계산 시간은 밀리초로 측정되기 때문에, 이런 경우는 일반적이지는 않다. 계산 시간이 중요한 경우 해당 데이터에 대해 더 작은 네트워크를 훈련할 수 있다.

한편 유효 파라미터 수가 전체 파라미터 수에 가깝다면, 네트워크를 데이터에 맞추기에 유효 파라미터 수가 충분히 크지 않다는 뜻일 수 있다. 이럴 경우 네트워크 크기를 늘린 후 데이터 집합에 대해 다시 훈련해야만 한다.

 베이지안 정규화로 실험하려면, MATLAB® 신경망 데모 '베이지안 정규화Bayesian Regularization' **nnd13breg**를 이용하라.

조기 종료와 정규화의 관계

네트워크의 일반화를 개선할 두 가지 기법인 조기 종료와 정규화에 대해 논의했다. 이 두 방법은 다른 방식으로 개발됐지만, 네트워크 가중치를 제한해 결과적으로 적은 수의 유효 파라미터를 갖는 네트워크를 생성함으로써 일반화를 개선한다. 조기 종료는 가중치가 제곱 오차의 최소로 수렴하기 전에 훈련을 멈춤으로써 네트워크 가중치를 제한한다. 정규화는 큰 가중치에 패널티를 주는 제곱 오차 항을 추가해 가중치를 제한한다. 이 절에서는 선형 예제를 사용해 이 두 방식이 근사적 동치임을 보이려고 한다. 또한 이 과정에서 유효 파라미터 수 γ의 의미를 밝힐 것이다. 이 과정은 [SjLj94]에서 설명된 좀 더 일반적인 방법을 기반으로 개발했다.

조기 종료 분석

그림 10.1에 있는 단층 선형 네트워크를 고려하라. 식 (10.12)와 식 (10.14)에서 이 선형 네트워크에 대한 평균 제곱 오차 성능 함수가 다음과 같은 형태의 2차 함수임을 보였었다.

$$F(\mathbf{x}) = c + \mathbf{d}^T \mathbf{x} + \frac{1}{2}\mathbf{x}^T \mathbf{A}\mathbf{x} \tag{13.24}$$

여기서 $\mathbf{A}$는 헤시안 행렬이다. 조기 종료의 성능을 검토하기 위해, 선형 네트워크에 대해 최대 경사 하강 알고리즘이 전개되는 과정을 분석할 것이다. 식 (10.16)에서 성능 지표의 그레이디언트는 다음과 같음을 알고 있다.

$$\nabla F(\mathbf{x}) = \mathbf{A}\mathbf{x} + \mathbf{d} \tag{13.25}$$

따라서 최대 경사 하강 알고리즘은 다음과 같이 될 것이다(식 (9.10) 참조).

$$\mathbf{x}_{k+1} = \mathbf{x}_k - \alpha\mathbf{g}_k = \mathbf{x}_k - \alpha(\mathbf{A}\mathbf{x}_k + \mathbf{d}) \tag{13.26}$$

반복할 때마다 제곱 오차의 최소에 얼마나 가까워지는지 알고 싶다. 2차 성능 지표의 경우 최소가 다음 위치에서 발생할 것임을 알고 있다.

$$\mathbf{x}^{ML} = -\mathbf{A}^{-1}\mathbf{d} \tag{13.27}$$

위첨자 ML은 식 (13.11)에서 봤던 것처럼 이 결과가 제곱 오차를 최소화하는 것 외에도 우도 함수를 최대화함을 나타낸다.

이제 식 (13.26)을 다음과 같이 다시 작성할 수 있다.

$$\mathbf{x}_{k+1} = \mathbf{x}_k - \alpha\mathbf{A}(\mathbf{x}_k + \mathbf{A}^{-1}\mathbf{d}) = \mathbf{x}_k - \alpha\mathbf{A}(\mathbf{x}_k - \mathbf{x}^{ML}) \tag{13.28}$$

추가적인 대수로 다음 식을 얻을 수 있다.

$$\mathbf{x}_{k+1} = [\mathbf{I} - \alpha\mathbf{A}]\mathbf{x}_k + \alpha\mathbf{A}\mathbf{x}^{ML} = \mathbf{M}\mathbf{x}_k + [\mathbf{I} - \mathbf{M}]\mathbf{x}^{ML} \tag{13.29}$$

여기서 $\mathbf{M} = [\mathbf{I} - \alpha\mathbf{A}]$이다. 다음 단계는 $\mathbf{x}_{k+1}$을 초기 추정 $\mathbf{x}_0$에 연관시키는 것이다. 첫 번째 반복에서 시작하면, 식 (13.29)를 이용해 다음 식을 얻을 수 있다.

$$\mathbf{x}_1 = \mathbf{M}\mathbf{x}_0 + [\mathbf{I} - \mathbf{M}]\mathbf{x}^{ML} \tag{13.30}$$

여기서 초기 추정 $\mathbf{x}_0$는 보통 0에 가까운 랜덤값으로 이뤄진다. 두 번째 반복을 진행하면 다음 식을 얻을 수 있다.

$$\begin{aligned}
\mathbf{x}_2 &= \mathbf{M}\mathbf{x}_1 + [\mathbf{I} - \mathbf{M}]\mathbf{x}^{ML} \\
&= \mathbf{M}^2\mathbf{x}_0 + \mathbf{M}[\mathbf{I} - \mathbf{M}]\mathbf{x}^{ML} + [\mathbf{I} - \mathbf{M}]\mathbf{x}^{ML} \\
&= \mathbf{M}^2\mathbf{x}_0 + \mathbf{M}\mathbf{x}^{ML} - \mathbf{M}^2\mathbf{x}^{ML} + \mathbf{x}^{ML} - \mathbf{M}\mathbf{x}^{ML} \\
&= \mathbf{M}^2\mathbf{x}_0 + \mathbf{x}^{ML} - \mathbf{M}^2\mathbf{x}^{ML} = \mathbf{M}^2\mathbf{x}_0 + [\mathbf{I} - \mathbf{M}^2]\mathbf{x}^{ML}
\end{aligned} \tag{13.31}$$

비슷한 단계를 거치면 k번째 반복에서 다음 식을 얻게 된다.

$$\mathbf{x}_k = \mathbf{M}^k\mathbf{x}_0 + [\mathbf{I} - \mathbf{M}^k]\mathbf{x}^{ML} \tag{13.32}$$

이 주요 결과는 k번 반복을 했을 때 초기 추정에서 최대 우도 가중치까지의 진행 정도를 보여준다. 나중에 이 결과를 정규화와 비교하기 위해 사용할 것이다.

정규화 분석

정규화된 성능 지표에서는 제곱 오차의 합에 패널티 항을 더했으며 식 (13.4)를 옮기면 다음과 같다.

$$F(\mathbf{x}) = \beta E_D + \alpha E_W \tag{13.33}$$

다음 분석을 위해, 하나의 정규화 파라미터만 갖는(최소가 같은 곳에서 발생하기 때문에) 동등한 성능 지표를 고려하는 것이 좀 더 편리하다.

$$F^*(\mathbf{x}) = \frac{F(\mathbf{x})}{\beta} = E_D + \frac{\alpha}{\beta}E_W = E_D + \rho E_W \tag{13.34}$$

제곱 가중치의 합 패널티 항 E_W는 다음과 같이 작성될 수 있다.

$$E_W = (\mathbf{x} - \mathbf{x}_0)^T(\mathbf{x} - \mathbf{x}_0) \tag{13.35}$$

여기서 명목값 $\mathbf{x}_0$은 일반적으로 영 벡터로 취해진다.

최대 확률값 $\mathbf{x}^{MP}$이기도 한 정규화된 성능 지표의 최소를 찾기 위해서는 그레이디언트를 0으로 둘 것이다.

$$\nabla F^*(\mathbf{x}) = \nabla E_D + \rho \nabla E_W = \mathbf{0} \tag{13.36}$$

패널티 항 식 (13.35)의 그레이디언트는 다음과 같다.

$$\nabla E_W = 2(\mathbf{x} - \mathbf{x}_0) \tag{13.37}$$

식 (13.25)와 식 (13.28)에서 제곱 오차 합의 그레이디언트는 다음과 같다.

$$\nabla E_D = \mathbf{A}\mathbf{x} + \mathbf{d} = \mathbf{A}(\mathbf{x} + \mathbf{A}^{-1}\mathbf{d}) = \mathbf{A}(\mathbf{x} - \mathbf{x}^{ML}) \tag{13.38}$$

이제 전체 그레이디언트를 0으로 둘 수 있다.

$$\nabla F^*(\mathbf{x}) = \mathbf{A}(\mathbf{x} - \mathbf{x}^{ML}) + 2\rho(\mathbf{x} - \mathbf{x}_0) = \mathbf{0} \tag{13.39}$$

식 (13.39)의 해는 가중치의 최대 확률값 $\mathbf{x}^{MP}$이다. 치환을 하고 대수를 수행해 다음 식을 얻을 수 있다.

$$\begin{aligned} \mathbf{A}(\mathbf{x}^{MP} - \mathbf{x}^{ML}) &= -2\rho(\mathbf{x}^{MP} - \mathbf{x}_0) = -2\rho(\mathbf{x}^{MP} - \mathbf{x}^{ML} + \mathbf{x}^{ML} - \mathbf{x}_0) \\ &= -2\rho(\mathbf{x}^{MP} - \mathbf{x}^{ML}) - 2\rho(\mathbf{x}^{ML} - \mathbf{x}_0) \end{aligned} \tag{13.40}$$

이제 $(\mathbf{x}^{MP} - \mathbf{x}^{ML})$의 곱이 있는 항들을 결합한다.

$$(\mathbf{A} + 2\rho\mathbf{I})(\mathbf{x}^{MP} - \mathbf{x}^{ML}) = 2\rho(\mathbf{x}_0 - \mathbf{x}^{ML}) \tag{13.41}$$

$(\mathbf{x}^{MP} - \mathbf{x}^{ML})$에 대해 풀면 다음 식을 얻는다.

$$(\mathbf{x}^{MP} - \mathbf{x}^{ML}) = 2\rho(\mathbf{A} + 2\rho\mathbf{I})^{-1}(\mathbf{x}_0 - \mathbf{x}^{ML}) = \mathbf{M}_\rho(\mathbf{x}_0 - \mathbf{x}^{ML}) \tag{13.42}$$

여기서 $\mathbf{M}_\rho = 2\rho(\mathbf{A} + 2\rho\mathbf{I})^{-1}$이다.

정규화된 해 $\mathbf{x}^{MP}$와 제곱 오차의 최소 $\mathbf{x}^{ML}$ 사이의 관계를 알고자 하므로 $\mathbf{x}^{MP}$에 대해 식 (13.42)를 풀 수 있다.

$$\mathbf{x}^{MP} = \mathbf{M}_\rho\mathbf{x}_0 + [\mathbf{I} - \mathbf{M}_\rho]\mathbf{x}^{ML} \tag{13.43}$$

이 식은 정규화된 해와 제곱 오차의 최소 사이에 관계를 설명하는 주요 결과다. 식 (13.43)과 식 (13.32)를 비교하면 조기 종료와 정규화 간에 관계를 조사할 수 있다. 다음 절에서 이 일을 할 것이다.

조기 종료와 정규화 간의 연결

조기 종료와 정규화를 비교하려면 식 (13.43)과 식 (13.32)를 비교할 필요가 있다. 이 식들은 그림 13.9에 요약되어 있다. 이 두 해가 같을 때를 찾으려고 한다. 다시 말하면, 조기 종료와 정규화가 동일한 가중치를 언제 만드는가?

조기 종료	정규화
$\mathbf{x}_k = \mathbf{M}^k\mathbf{x}_0 + [\mathbf{I} - \mathbf{M}^k]\mathbf{x}^{ML}$	$\mathbf{x}^{MP} = \mathbf{M}_\rho\mathbf{x}_0 + [\mathbf{I} - \mathbf{M}_\rho]\mathbf{x}^{ML}$
$\mathbf{M} = [\mathbf{I} - \alpha\mathbf{A}]$	$\mathbf{M}_\rho = 2\rho(\mathbf{A} + 2\rho\mathbf{I})^{-1}$

그림 13.9 조기 종료와 정규화 해

조기 종료의 주요 행렬은 $\mathbf{M}^k = [\mathbf{I} - \alpha\mathbf{A}]^k$이다. 정규화의 주요 행렬은 $\mathbf{M}_\rho = 2\rho(\mathbf{A} + 2\rho\mathbf{I})^{-1}$이다. 이 두 행렬이 같다면, 조기 종료의 가중치는 정규화의 가중치와 같을 것이다. 식 (9.22)에서 $\mathbf{M}$의 고유벡터가 $\mathbf{A}$의 고유벡터와 같고 $\mathbf{M}$의 고윳값이 $(1 - \alpha\lambda_i)$임을 보였다. 여기서 $\mathbf{A}$의 고윳값은 λ_i이다. 이때 $\mathbf{M}^k$의 고윳값은 다음과 같다.

$$eig(\mathbf{M}^k) = (1 - \alpha\lambda_i)^k \tag{13.44}$$

이제 행렬 $\mathbf{M}_\rho$를 고려해보자. 우선 식 (9.22)를 유도했던 동일한 방법을 이용해 $(\mathbf{A} + 2\rho\mathbf{I})$의 고유벡터가 $\mathbf{A}$의 고유벡터이고 $(\mathbf{A} + 2\rho\mathbf{I})$의 고윳값이 $(2\rho + \lambda_i)$임을 보일 수 있다. 또한 역행렬의 고유벡터는 원래 행렬의 고유벡터와 같고 역행렬의 고윳값은 원래 고윳값의 역수다. 따라서 $\mathbf{M}_\rho$의 고유벡터는 $\mathbf{A}$의 고유벡터와 같으며, $\mathbf{M}_\rho$의 고윳값은 다음과 같다.

$$eig(\mathbf{M}_\rho) = \frac{2\rho}{(\lambda_i + 2\rho)} \tag{13.45}$$

따라서 $\mathbf{M}^k$가 $\mathbf{M}_\rho$와 같아지려면 고윳값만 같으면 된다.

$$\frac{2\rho}{(\lambda_i + 2\rho)} = (1 - \alpha\lambda_i)^k \tag{13.46}$$

양변에 로그를 취하면 다음 식과 같이 된다.

$$-\log\left(1 + \frac{\lambda_i}{2\rho}\right) = k\log(1 - \alpha\lambda_i) \tag{13.47}$$

이 식들은 $\lambda_i = 0$에서 같으므로 미분값이 같으면 이 식들은 항상 같다. 양변을 미분하면 다음 식을 얻는다.

$$-\frac{1}{\left(1 + \dfrac{\lambda_i}{2\rho}\right)}\frac{1}{2\rho} = \frac{k}{1 - \alpha\lambda_i}(-\alpha) \tag{13.48}$$

또는

$$\alpha k = \frac{1}{2\rho}\frac{(1 - \alpha\lambda_i)}{(1 + \lambda_i/(2\rho))} \tag{13.49}$$

$\alpha\lambda_i$가 작고(느리고 안정적인 학습) $\lambda_i/(2\rho)$가 작다면 다음과 같은 근사 결과를 얻는다.

$$\alpha k \cong \frac{1}{2\rho} \tag{13.50}$$

이에 따라 조기 종료는 정규화와 근사적으로 동치다. 반복 횟수 k를 늘리는 것은 정규화 파라미터 ρ를 줄이는 것과 근사적으로 동일하다. 반복 횟수가 많아지거나 정규화 파라미터를 작게 하면 과적합될 수 있기 때문에 직관적으로 이해할 수 있다.

유효 파라미터 수의 예와 해석

이 결과를 간단한 예제로 설명할 것이다. 편향이 없는 단층 선형 네트워크를 갖는다고 가정하라. 입력/목표 쌍은 다음과 같다.

$$\left\{ \mathbf{p}_1 = \begin{bmatrix} 1 \\ 1 \end{bmatrix}, t_1 = 1 \right\}, \left\{ \mathbf{p}_2 = \begin{bmatrix} -1 \\ 1 \end{bmatrix}, t_2 = -1 \right\}$$

여기서 첫 번째 쌍의 확률은 0.75이고, 두 번째 쌍의 확률은 0.25이다. 식 (10.13)과 식 (10.15)를 따라서 다음과 같이 평균 제곱 오차 성능 지표의 2차 식을 찾을 수 있다.

$$c = E[t^2] = (1)^2(0.75) + (-1)^2(0.25) = 1$$

$$\mathbf{h} = E[t\mathbf{z}] = (0.75)(1)\begin{bmatrix} 1 \\ 1 \end{bmatrix} + (0.25)(-1)\begin{bmatrix} -1 \\ 1 \end{bmatrix} = \begin{bmatrix} 1 \\ 0.5 \end{bmatrix}$$

$$\mathbf{d} = -2\mathbf{h} = (-2)\begin{bmatrix} 1 \\ 0.5 \end{bmatrix} = \begin{bmatrix} -2 \\ -1 \end{bmatrix}$$

$$\mathbf{A} = 2\mathbf{R} = 2(E[\mathbf{z}\mathbf{z}^T]) = 2\left((0.75)\begin{bmatrix} 1 \\ 1 \end{bmatrix}\begin{bmatrix} 1 & 1 \end{bmatrix} + 0.25\begin{bmatrix} -1 \\ 1 \end{bmatrix}\begin{bmatrix} -1 & 1 \end{bmatrix} \right) = \begin{bmatrix} 2 & 1 \\ 1 & 2 \end{bmatrix}$$

$$E_D = c + \mathbf{x}^T\mathbf{d} + \frac{1}{2}\mathbf{x}^T\mathbf{A}\mathbf{x}$$

평균 제곱 오차의 최소는 다음에서 발생한다.

$$\mathbf{x}^{ML} = -\mathbf{A}^{-1}\mathbf{d} = \mathbf{R}^{-1}\mathbf{h} = \begin{bmatrix} 1 & 0.5 \\ 0.5 & 1 \end{bmatrix}^{-1}\begin{bmatrix} 1 \\ 0.5 \end{bmatrix} = \begin{bmatrix} 1 \\ 0 \end{bmatrix}$$

이제 E_D의 헤시안 행렬의 고유 시스템을 조사해보자.

$$\nabla^2 E_D(\mathbf{x}) = \mathbf{A} = 2\mathbf{R} = \begin{bmatrix} 2 & 1 \\ 1 & 2 \end{bmatrix}$$

고윳값을 찾아보자.

$$\left| \mathbf{A} - \lambda\mathbf{I} \right| = \begin{vmatrix} 2-\lambda & 1 \\ 1 & 2-\lambda \end{vmatrix} = \lambda^2 - 4\lambda + 3 = (\lambda-1)(\lambda-3)$$

$$\lambda_1 = 1, \qquad \lambda_2 = 3$$

고유벡터를 찾아보자.

$$\left[\mathbf{A} - \lambda\mathbf{I} \right]\mathbf{v} = 0$$

$\lambda_1 = 1$의 경우 고유벡터는 다음과 같다.

$$\begin{bmatrix} 1 & 1 \\ 1 & 1 \end{bmatrix}\mathbf{v}_1 = 0 \qquad \mathbf{v}_1 = \begin{bmatrix} 1 \\ -1 \end{bmatrix}$$

그리고 $\lambda_2 = 3$의 경우 고유벡터는 다음과 같다.

$$\begin{bmatrix} -1 & 1 \\ 1 & -1 \end{bmatrix}\mathbf{v}_2 = 0 \qquad \mathbf{v}_2 = \begin{bmatrix} 1 \\ 1 \end{bmatrix}$$

E_D의 등고선 그래프는 그림 13.10에 나타나 있다.

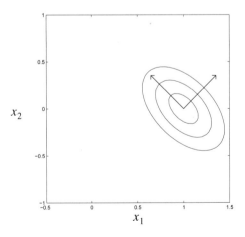

그림 13.10 E_D의 등고선 그래프

이제 식 (13.34)의 정규화된 성능 지표를 고려하라. 헤시안 행렬은 다음과 같이 될 것이다.

$$\nabla^2 F^*(\mathbf{x}) = \nabla^2 E_D + \rho \nabla^2 E_W = \nabla^2 E_D + 2\rho \mathbf{I} = \begin{bmatrix} 2 & 1 \\ 1 & 2 \end{bmatrix} + \rho \begin{bmatrix} 2 & 0 \\ 0 & 2 \end{bmatrix} = \begin{bmatrix} 2+2\rho & 1 \\ 1 & 2+2\rho \end{bmatrix}$$

그림 13.11은 ρ가 0, 1, ∞일 때 F의 등고선 그래프다.

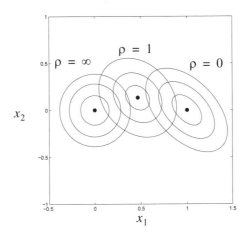

그림 13.11 F의 등고선 그래프

그림 13.12에서 회색 곡선은 ρ가 바뀔 때 $\mathbf{x}^{MP}$의 이동을 나타낸다.

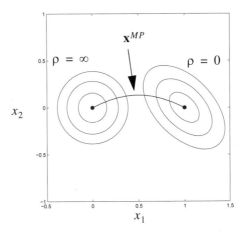

그림 13.12 ρ가 바뀔 때의 $\mathbf{x}^{MP}$

이제 이 정규화 결과와 조기 종료를 비교해보자. 그림 13.13은 가중치를 매우 작은 값으로 시작해서 E_D를 최소화하는 최대 경사 하강 궤도를 보여준다. 조기 종료를 하면 결과는 회색 곡선을 따라 만들어질 것이다. 이 곡선은 그림 13.12의 정규화 곡선과 매우 비슷하다는 점을 주목하라. 반복 횟수가 매우 작다면 이것은 ρ가 매우 큰 값인 것과 같다. 반복 횟수가 늘어날수록 ρ를 줄이는 것과 같다.

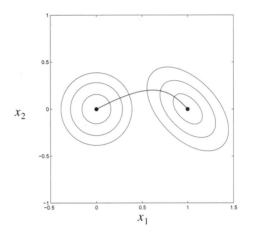

그림 13.13 최대 경사 하강 궤도

 조기 종료와 정규화의 관계를 실험하려면, MATLAB® 신경망 설계 데모 '조기 종료/정규화Early Stopping/Regularization' **nnd13esr**을 이용하라.

$\nabla^2 E_D(\mathbf{x})$ 헤시안 행렬의 고윳값 및 고유벡터와 정규화와 조기 종료의 결과 사이의 관계를 고려하면 유용하다. 이 예제에서 λ_2는 λ_1보다 크기 때문에 E_D는 $\mathbf{v}_2$ 방향으로 높은 곡률을 갖는다. 이 말은 $\mathbf{v}_2$ 방향으로 먼저 이동하면 제곱 오차를 빠르게 줄일 수 있다는 뜻이다. 그림 13.13에서 초기의 최대 경사 하강 움직임이 거의 $\mathbf{v}_2$ 방향임을 볼 수 있다. 또한 그림 13.12의 정규화에서도 큰 값에서 작아지면서 가중치가 $\mathbf{v}_2$ 방향으로 먼저 이동하고 있음을 주목하라. 주어진 가중치의 변화에 대해 $\mathbf{v}_2$ 방향은 제곱 오차를 가장 크게 줄여준다.

고윳값 λ_1이 λ_2보다 작기 때문에 $\mathbf{v}_2$ 방향에서 E_D를 상당히 줄인 후에야 $\mathbf{v}_1$ 방향으로 이동할 수 있다. λ_1과 λ_2의 차이가 클수록 이런 현상은 더욱 명확해진다. $\lambda_1 = 0$인 제한된 경우 $\mathbf{v}_1$ 방향으로 전혀 움직이지 않아도 된다. 제곱 오차를 완전히 줄이려면 $\mathbf{v}_2$ 방향으로만 이동해야 한다(그림 8.9에서와 같이 정지된 계곡의 경우에 그럴 수 있다). 이 경우 네트워크가 2개의 가중치를 갖고 있지만 실질적으로 하나의 파라미터만 사용한다는 점을 주목하라(물론, 이 하나의 유효 파라미터는 2개의 가중치를 결합한 것이다). 따라서 유효 파라미터 수는 $\nabla^2 E_D(\mathbf{x})$의 고윳값 개수와 관련되어 있다. 다음 절에서 이 내용을 자세히 분석할 것이다.

유효 파라미터 수

유효 파라미터 수에 대한 이전 정의를 기억해보라.

$$\gamma = n - 2\alpha^{MP}\text{tr}\{(\mathbf{H}^{MP})^{-1}\} \tag{13.51}$$

이것을 $\nabla^2 E_D(\mathbf{x})$의 고윳값에 대해 표현할 수 있다. 먼저 헤시안 행렬을 다음과 같이 작성할 수 있다.

$$\mathbf{H}(\mathbf{x}) = \nabla^2 F(\mathbf{x}) = \beta\nabla^2 E_D + \alpha\nabla^2 E_W = \beta\nabla^2 E_D + 2\alpha\mathbf{I} \tag{13.52}$$

식 (13.44)를 유도했던 논리와 비슷한 논리를 사용해 $\mathbf{H}(\mathbf{x})$의 고윳값은 $(\beta\lambda_i + 2\alpha)$임을 보일 수 있다. 그런 다음 $\text{tr}\{\mathbf{H}^{-1}\}$를 계산하기 위해 고윳값의 두 가지 속성을 사용할 수 있다. 첫째, $\mathbf{H}^{-1}$의 고윳값은 $\mathbf{H}$의 고윳값의 역수다. 둘째, 행렬의 대각합^{trace}은 행렬 고윳값의 합과 같다. 두 속성을 이용하면 다음과 같이 작성할 수 있다.

$$\text{tr}\{\mathbf{H}^{-1}\} = \sum_{i=1}^{n} \frac{1}{\beta\lambda_i + 2\alpha} \tag{13.53}$$

이제 파라미터의 유효 숫자를 다음과 같이 작성할 수 있다.

$$\gamma = n - 2\alpha^{MP}\text{tr}\{(\mathbf{H}^{MP})^{-1}\} = n - \sum_{i=1}^{n} \frac{2\alpha}{\beta\lambda_i + 2\alpha} = \sum_{i=1}^{n} \frac{\beta\lambda_i}{\beta\lambda_i + 2\alpha} \tag{13.54}$$

또는

$$\gamma = \sum_{i=1}^{n} \frac{\beta\lambda_i}{\beta\lambda_i + 2\alpha} = \sum_{i=1}^{n} \gamma_i \tag{13.55}$$

여기서

$$\gamma_i = \frac{\beta\lambda_i}{\beta\lambda_i + 2\alpha} \tag{13.56}$$

$0 \le \gamma_i \le 1$이므로, 유효 파라미터 수 γ는 0과 n 사이에 있어야만 한다. $\nabla^2 E_D(\mathbf{x})$의 모든 고윳값이 크다면, 유효 파라미터 수는 전체 파라미터 수와 같을 것이다. 고윳값의 일부가 매우 작다면 유효 파라미터 수는 이전 절에서 예제를 통해 보여줬던 것과 같이 큰 고윳값의 개수와 같을 것이다. 큰 고윳값은 큰 곡률을 의미하므로 성능 지표는 이들 고유벡터를 따라 빠르게 변한다는 것을 의미한다. 모든 큰 고유벡터는 성능을 최적화하기 위한 생산적인 방향을 나타낸다.

결과 요약

문제 정의

일반화하도록 훈련된 네트워크는 훈련 데이터에 대해서와 마찬가지로 새로운 상황에서도 잘 수행할 것이다.

$$E_D = \sum_{q=1}^{Q} (\mathbf{t}_q - \mathbf{a}_q)^T (\mathbf{t}_q - \mathbf{a}_q)$$

일반화 개선 방법

일반화 오차 측정: 테스트 집합

한정된 양의 가용 데이터가 주어진다면 훈련 과정에서 특정 부분집합을 갖는 것이 중요하다. 네트워크를 훈련한 후 훈련된 네트워크가 테스트 집합test set에 대해 발생시키는 오차를 계산할 것이다. 테스트 집합의 오차는 미래 네트워크의 성능 지표를 제공한다. 이 오차는 네트워크의 일반화 능력에 대한 척도다.

조기 종료

(테스트 집합을 제거한 이후) 가용 데이터는 훈련 집합과 검증 집합, 두 부분으로 나뉜다. 훈련 집합은 각 반복에서 그레이디언트 또는 자코비안을 계산하고 가중치 변경을 결정하기 위해 사용한다. 검증 집합의 오차가 몇 번의 반복에서 증가하면 훈련은 종료되며, 검증 집합의 최소 오차를 생성하는 가중치가 최종적으로 훈련된 네트워크의 가중치로 사용된다.

정규화

$$F(\mathbf{x}) = \beta E_D + \alpha E_W = \beta \sum_{q=1}^{Q} (\mathbf{t}_q - \mathbf{a}_q)^T (\mathbf{t}_q - \mathbf{a}_q) + \alpha \sum_{i=1}^{n} x_i^2$$

베이지안 정규화

레벨 I 베이지안 프레임워크

$$P(\mathbf{x}\,|\,D, \alpha, \beta, M) = \frac{P(D|\mathbf{x}, \beta, M)P(\mathbf{x}|\alpha, M)}{P(D|\alpha, \beta, M)}$$

$$P(D|\mathbf{x}, \beta, M) = \frac{1}{Z_D(\beta)} \exp(-\beta E_D)\,, \; \beta = 1/(2\sigma_\varepsilon^2)$$

$$Z_D(\beta) = (2\pi\sigma_\varepsilon^2)^{N/2} = (\pi/\beta)^{N/2}$$

$$P(\mathbf{x}\,|\,\alpha, M) = \frac{1}{Z_W(\alpha)}\exp(-\alpha E_W)\,,\ \alpha = 1/(2\sigma_w^2)$$

$$Z_W(\alpha) = (2\pi\sigma_w^2)^{n/2} = (\pi/\alpha)^{n/2}$$

$$P(\mathbf{x}\,|\,D, \alpha, \beta, M) = \frac{1}{Z_F(\alpha, \beta)}\exp(-F(\mathbf{x}))$$

레벨 II 베이지안 프레임워크

$$P(\alpha, \beta\,|\,D, M) = \frac{P(D\,|\,\alpha, \beta, M)P(\alpha, \beta\,|\,M)}{P(D\,|\,M)}$$

$$\alpha^{MP} = \frac{\gamma}{2E_W(\mathbf{x}^{MP})}\ \ \text{그리고}\ \ \beta^{MP} = \frac{N-\gamma}{2E_D(\mathbf{x}^{MP})}$$

$$\gamma = n - 2\alpha^{MP}\mathrm{tr}(\mathbf{H}^{MP})^{-1}$$

베이지안 정규화 알고리즘

1. α, β, 가중치를 초기화하라. 가중치는 랜덤하게 초기화되며, 그런 다음 E_D와 E_W가 계산된다. $\gamma = n$을 설정하고 식 (13.23)을 사용해 α와 β를 계산하라.

2. 목적 함수 $F(\mathbf{x}) = \beta E_D + \alpha E_W$를 최소화하도록 레벤버그–마쿼트 알고리즘을 한 단계 진행하라. 레벤버그–마쿼트 훈련 알고리즘에서 가용한 헤시안의 가우스–뉴턴 근사를 사용해, 유효 파라미터 수 $\gamma = N - 2\alpha\mathrm{tr}(\mathbf{H})^{-1}$를 계산하라. $\mathbf{H} = \nabla^2 F(\mathbf{x}) = 2\beta\mathbf{J}^T\mathbf{J} + 2\alpha\mathbf{I}_n$이고, 여기서 $\mathbf{J}$는 훈련 집합 오차의 자코비안 행렬이다(식 (12.37) 참조).

3. 정규화 파라미터 $\alpha = \dfrac{\gamma}{2E_W(\mathbf{x})}$와 $\beta = \dfrac{N-\gamma}{2E_D(\mathbf{x})}$에 대한 새로운 추정을 계산하라.

4. 이제 수렴할 때까지 2~4단계를 반복하라.

조기 종료와 정규화의 관계

조기 종료	정규화
$\mathbf{x}_k = \mathbf{M}^k\mathbf{x}_0 + [\mathbf{I} - \mathbf{M}^k]\mathbf{x}^{ML}$	$\mathbf{x}^{MP} = \mathbf{M}_\rho\mathbf{x}_0 + [\mathbf{I} - \mathbf{M}_\rho]\mathbf{x}^{ML}$
$\mathbf{M} = [\mathbf{I} - \alpha\mathbf{A}]$	$\mathbf{M}_\rho = 2\rho(\mathbf{A} + 2\rho\mathbf{I})^{-1}$

$$eig(\mathbf{M}^k) = (1 - \alpha\lambda_i)^k$$

$$eig(\mathbf{M}_\rho) = \frac{2\rho}{(\lambda_i + 2\rho)}$$

$$\alpha k \cong \frac{1}{2\rho}$$

유효 파라미터 수

$$\gamma = \sum_{i=1}^{n} \frac{\beta\lambda_i}{\beta\lambda_i + 2\alpha}$$

$$0 \le \gamma \le n$$

문제 풀이

P13.1 이번 문제와 다음 문제에서 최대 우도 방법과 베이지안 방법 간의 관계를 조사하려고 한다. 0과 x 사이에 균일하게 분포되어 있는 확률 변수가 있다고 하자. 확률 변수에서 Q개의 독립 샘플을 추출한다. x의 최대 우도 추정을 구하라.

이 문제를 시작하기 전에 식 (13.10) 레벨 I 베이지안 공식을 검토해보자. 이 문제는 간단해서 레벨 II 공식은 필요 없으므로 정규화 파라미터도 필요 없다. 또한 추정할 파라미터가 1개이기 때문에 x는 스칼라다. 식 (13.10)은 다음과 같이 단순화될 수 있다.

$$P(x|D) = \frac{P(D|x)P(x)}{P(D)}$$

이 문제의 최대 우도 추정^{maximum likelihood estimate}에 관심이 있으므로, 우도 항 $P(D|x)$를 최대화하는 x 값을 구해야 한다. 데이터는 균등 분포 확률 변수에서 얻은 Q개의 독립 샘플이다. 그림 P13.1에 균등 밀도 함수의 그래프가 있다.

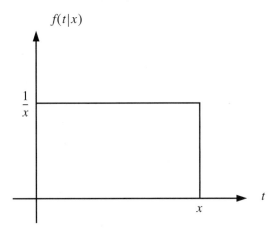

그림 P13.1 균등 밀도 함수

이 정의는 다음과 같이 작성될 수 있다.

$$f(t|x) = \begin{cases} \dfrac{1}{x}, & 0 \le t \le x \\ 0, & \text{그 외} \end{cases}$$

확률 변수의 독립 샘플 Q개가 있을 때 모든 샘플의 결합 확률은 개별 확률의 곱으로 구할 수 있다.

$$P(D|x) = \prod_{i=1}^{Q} f(t_i|x) = \begin{cases} \dfrac{1}{x^Q}, & 0 \le t_i \le x, \ \text{모든 } i\text{에 대해} \\ 0, & \text{그 외} \end{cases} = \begin{cases} \dfrac{1}{x^Q}, & x \ge max(t_i) \\ 0, & x < max(t_i) \end{cases}$$

580

생성된 우도 함수의 그림은 그림 P13.1에 나타나 있다.

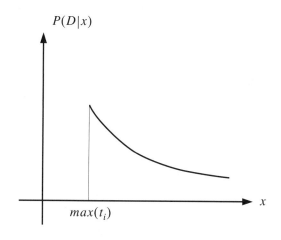

그림 P13.2 문제 P13.1의 우도 함수

이 그림에서 우도 함수를 최대화하는 x 값은 다음과 같음을 알 수 있다.

$$x^{ML} = max(t_i)$$

따라서 x의 최대 우도 추정은 확률 변수의 Q개 독립 샘플에서 얻은 최댓값이다. 이 값은 확률 변수의 상한이기 때문에 x의 합리적인 추정으로 볼 수 있다.

P13.2 이 문제에서 최대 우도 추정량maximum likelihood estimator과 베이즈 추정량Bayesian estimator을 비교할 것이다. 다음과 같은 잡음이 있는 랜덤 신호의 일련의 측정치가 있다고 하자.

$$t_i = x + \varepsilon_i$$

잡음은 평균이 0인 가우시안 밀도를 갖는다고 가정하라.

$$f(\varepsilon_i) = \frac{1}{\sqrt{2\pi}\sigma}\exp\left(-\frac{\varepsilon_i^2}{2\sigma^2}\right)$$

(1) x의 최대 우도 추정을 구하라.

(2) x의 최대 확률 추정을 구하라. x는 가우시안 사전 밀도를 갖는 평균이 0인 확률 변수라고 가정하라.

$$f(x) = \frac{1}{\sqrt{2\pi}\sigma_x}\exp\left(-\frac{x^2}{2\sigma_x^2}\right) = \frac{1}{Z_W(\alpha)}\exp(-\alpha E_W)$$

(1) 최대 우도 추정을 구하려면 우도 함수 $P(D|x)$를 구해야 한다. 우도 함수는 x가 주어질 때 데이터 밀도를 나타낸다. 첫 번째 단계에서는 측정치의 밀도를 찾기 위해 잡음의 밀도를 사용한다. 주어진 x를 이용하면 평균이 x라는 점을 제외하고 측정치의 밀도는 잡음의 밀도와 같아진다. 따라서 다음 식을 얻을 수 있다.

$$f(t_i|x) = \frac{1}{\sqrt{2\pi}\sigma}\exp\left(-\frac{(t_i-x)^2}{2\sigma^2}\right)$$

측정치 잡음이 독립이라고 가정했으므로 확률 밀도를 모두 곱해서 우도 함수를 구할 수 있다.

$$P(D|x) = f(t_1, t_2, ..., t_Q|x) = f(t_1|x)f(t_2|x)...f(t_Q|x) = P(D|x)$$

$$= \frac{1}{(2\pi)^{Q/2}\sigma^Q}\exp\left(-\frac{\sum\limits_{i=1}^{Q}(t_i-x)^2}{2\sigma^2}\right) = \frac{1}{Z(\beta)}\exp(-\beta E_D)$$

여기서

$$\beta = \frac{1}{2\sigma^2}, \; E_D = \sum_{i=1}^{Q}(t_i-x)^2 = \sum_{i=1}^{Q}e_i^2, \; Z(\beta) = (\pi/\beta)^{Q/2}$$

우도를 최대화하려면 E_D를 최소화해야만 한다. 미분을 0으로 설정하면 다음과 같은 식을 구할 수 있다.

$$\frac{dE_D}{dx} = \frac{d}{dx} \sum_{i=1}^{Q} (t_i - x)^2 = -2 \sum_{i=1}^{Q} (t_i - x) = -2 \left[\left(\sum_{i=1}^{Q} t_i \right) - Qx \right] = 0$$

x에 대해 풀면 최대 우도 추정을 얻을 수 있다.

$$x^{ML} = \frac{1}{Q} \sum_{i=1}^{Q} t_i$$

(2) 최대 확률 추정을 구하려면 베이즈 규칙을 이용해 사후 밀도를 찾아야 한다.

$$P(x|D) = \frac{P(D|x)P(x)}{P(D)}$$

우도 함수 $P(D|x)$는 다음과 같음을 위에서 구했다.

$$P(D|x) = \frac{1}{Z(\beta)} \exp(-\beta E_D)$$

사전 밀도는 다음과 같다.

$$f(x) = \frac{1}{\sqrt{2\pi}\sigma_x} \exp\left(-\frac{x^2}{2\sigma_x^2} \right) = \frac{1}{Z_W(\alpha)} \exp(-\alpha E_W)$$

여기서

$$\alpha = \frac{1}{2\sigma_x^2}, \ Z_W(\alpha) = (\pi/\alpha)^{1/2}, \ E_W = x^2$$

따라서 사후 밀도는 다음과 같이 계산할 수 있다.

$$P(x|D) = f(x|t_1, t_2, ..., t_Q)$$
$$= \frac{f(t_1, t_2, ..., t_Q|x)f(x)}{f(t_1, t_2, ..., t_Q)}$$

$$= \frac{\frac{1}{Z_D(\beta)} \frac{1}{Z_W(\alpha)} \exp(-(\beta E_D + \alpha E_W))}{\text{정규화 계수}}$$

x에 대한 최대 확률값을 찾으려면 사후 밀도를 최대화해야 한다. 이것은 다음 식을 최소화하는 것과 같다.

$$\beta E_D + \alpha E_W = \beta \sum_{i=1}^{Q} (t_i - x)^2 + \alpha x^2$$

최소를 찾기 위해 x에 관해 미분한 식이 0이 되도록 한다.

$$\frac{d}{dx}(\beta E_D + \alpha E_W) = \frac{d}{dx}\left(\beta \sum_{i=1}^{Q} (t_i - x)^2 + \alpha x^2\right) = -2\beta \sum_{i=1}^{Q} (t_i - x) + 2\alpha x$$

$$= -2\beta \left[\left(\sum_{i=1}^{Q} t_i\right) - Qx\right] + 2\alpha x$$

$$= -2\left[\beta\left(\sum_{i=1}^{Q} t_i\right) - (\alpha + Q\beta)x\right] = 0$$

x^{MP}에 대해 풀면 다음 식을 얻을 수 있다.

$$x^{MP} = \frac{\beta\left(\displaystyle\sum_{i=1}^{Q} t_i\right)}{\alpha + Q\beta}$$

α가 0으로 가면(분산 σ_x^2이 무한대로 가면) x^{MP}가 x^{ML}에 근접한다. x의 사전 밀도의 분산이 커진다는 것은 x에 대한 사전 지식의 불확실성이 커진다는 뜻이다. 사전 불확실성이 크기 때문에 x를 추정하기 위해 데이터에 의존한다. 이에 따라 x의 추정은 최대 우도 추정이 된다.

그림 P13.3은 $\sigma_x^2 = 2$, $\sigma^2 = 1$, $Q = 1$, $t_1 = 1$의 경우에 대한 $P(D|x)$, $P(x)$, $P(x|D)$

를 보여준다. 여기서 측정치 $P(D|x)$의 분산이 x의 사전 밀도 $P(x)$의 분산보다 작기 때문에, x^{MP}는 0에서 발생하는 사전 밀도의 최대보다 $x^{ML} = t_1 = 1$에 더 가깝다.

이 잡음이 있는 신호 예제를 이용해 실험을 하려면, MATLAB® 신경망 데모 '신호 더하기 잡음 Signal Plus Noise' **nnd13spn**을 이용하라.

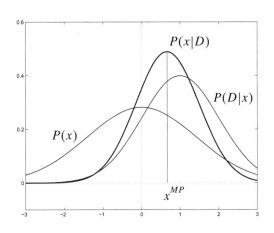

그림 P13.3 사전 밀도 함수와 사후 밀도 함수

P13.3 식 **(13.23)**을 유도하라.

α^{MP}와 β^{MP}를 풀기 위해 식 (13.17)에서 주어진 $P(D|\alpha, \beta, M)$의 로그를 α와 β에 대해 미분한 후 0으로 둘 것이다. 식 (13.17)에 로그를 취하고 식 (13.12), 식 (13.14), 식 (13.22)를 대입하면 다음과 같은 식을 얻을 수 있다.

$$\log P(D|\alpha, \beta, M) = \log(Z_F) - \log(Z_D(\beta)) - \log(Z_W(\alpha))$$
$$= \frac{n}{2}\log(2\pi) - \frac{1}{2}\log\det(\mathbf{H}^{MP}) - F(\mathbf{x}^{MP}) - \frac{N}{2}\log\left(\frac{\pi}{\beta}\right) - \frac{n}{2}\log\left(\frac{\pi}{\alpha}\right)$$
$$= -F(\mathbf{x}^{MP}) - \frac{1}{2}\log\det(\mathbf{H}^{MP}) + \frac{N}{2}\log(\beta) + \frac{n}{2}\log(\alpha) + \frac{n}{2}\log 2 - \frac{N}{2}\log\pi$$

이 식에서 두 번째 항을 고려해보자. 식 (13.4)에서 $\mathbf{H}$는 F의 헤시안이므로 $\mathbf{H} = \nabla^2 F$

$= \nabla^2(\beta E_D) + \nabla^2(\alpha E_W) = \beta \mathbf{B} + 2\alpha \mathbf{I}$와 같이 작성할 수 있다. 여기서 $\mathbf{B} = \nabla^2 E_D$이다. λ^h는 $\mathbf{H}$의 고윳값이고 λ^b는 $\beta \mathbf{B}$의 고윳값이라면, $\lambda^h = \lambda^b + 2\alpha$이다. 이제 앞의 식에서 두 번째 항을 α에 대해 미분한다. 행렬의 행렬식은 고윳값의 곱으로 나타낼 수 있기 때문에 다음과 같이 식을 간소화할 수 있다. 여기서 $\mathrm{tr}(\mathbf{H}^{-1})$는 헤시안 $\mathbf{H}$의 역행렬의 대각합이다.

$$
\begin{aligned}
\frac{\partial}{\partial \alpha} \frac{1}{2} \log \det \mathbf{H} &= \frac{1}{2 \det \mathbf{H}} \frac{\partial}{\partial \alpha} \left(\prod_{k=1}^{n} \lambda^h \right) \\
&= \frac{1}{2 \det \mathbf{H}} \frac{\partial}{\partial \alpha} \left(\prod_{i=1}^{n} (\lambda_i^b + 2\alpha) \right) \\
&= \frac{1}{2 \det \mathbf{H}} \left[\sum_{i=1}^{n} \left(\prod_{j \neq i} (\lambda_j^b + 2\alpha) \right) \frac{\partial}{\partial \alpha} (\lambda_i^b + 2\alpha) \right] \\
&= \frac{\sum_{i=1}^{n} \left(\prod_{j \neq i} (\lambda_j^b + 2\alpha) \right)}{\prod_{i=1}^{n} (\lambda_i^b + 2\alpha)} \\
&= \sum_{i=1}^{n} \frac{1}{\lambda_i^b + 2\alpha} = \mathrm{tr}(\mathbf{H}^{-1})
\end{aligned}
$$

다음은 β에 대해 같은 항을 미분한다. 먼저 유효 파라미터 수인 파라미터 γ를 정의하고 다음 단계에 사용할 수 있도록 확장해보자.

$$
\begin{aligned}
\gamma &\equiv n - 2\alpha \, \mathrm{tr}(\mathbf{H}^{-1}) \\
&= n - 2\alpha \sum_{i=1}^{N} \frac{1}{\lambda_i^b + 2\alpha} = \sum_{i=1}^{n} \left(1 - \frac{2\alpha}{\lambda_i^b + 2\alpha} \right) = \sum_{i=1}^{n} \left(\frac{\lambda_i^b}{\lambda_i^b + 2\alpha} \right) = \sum_{i=1}^{n} \frac{\lambda_i^b}{\lambda_i^h}
\end{aligned}
$$

이제 $\frac{1}{2} \log \det(\mathbf{H}^{MP})$를 β에 대해 미분하라.

$$\frac{\partial}{\partial\beta}\frac{1}{2}\log\det\mathbf{H} = \frac{1}{2\det\mathbf{H}}\frac{\partial}{\partial\beta}\left(\prod_{k=1}^{n}\lambda_k^h\right)$$

$$= \frac{1}{2\det\mathbf{H}}\frac{\partial}{\partial\beta}\left(\prod_{i=1}^{n}(\lambda_i^b + 2\alpha)\right)$$

$$= \frac{1}{2\det\mathbf{H}}\left[\sum_{i=1}^{n}\left(\prod_{j\neq i}(\lambda_j^b + 2\alpha)\right)\frac{\partial}{\partial\beta}(\lambda_i^b + 2\alpha)\right]$$

$$= \frac{1}{2}\frac{\sum_{i=1}^{n}\left(\prod_{j\neq i}(\lambda_j^b + 2\alpha)\left(\frac{\lambda_i^b}{\beta}\right)\right)}{\prod_{i=1}^{n}(\lambda_i^b + 2\alpha)}$$

$$= \frac{1}{2\beta}\sum_{i=1}^{n}\frac{\lambda_i^b}{\lambda_i^b + 2\alpha} = \frac{\gamma}{2\beta}$$

여기서 네 번째 단계는 λ_i^b가 $\beta\mathbf{B}$의 고윳값이므로 λ_i^b를 β에 대해 미분한 값은 $\mathbf{B}$의 고윳값인 λ_i^b/β라는 사실에서 유도된다.

이제 마침내 $\log P(D\,|\,\alpha,\ \beta,\ M)$의 모든 항을 미분하고 이들을 0으로 둘 준비가 됐다. α에 관한 미분은 다음과 같이 될 것이다.

$$\frac{\partial}{\partial\alpha}\log P(D\,|\,\alpha,\ \beta,\ M) = -\frac{\partial}{\partial\alpha}F(\mathbf{w}^{MP}) - \frac{\partial}{\partial\alpha}\frac{1}{2}\log\det(\mathbf{H}^{MP}) + \frac{\partial}{\partial\alpha}\frac{n}{2}\log\alpha$$

$$= -\frac{\partial}{\partial\alpha}(\alpha E_W(\mathbf{w}^{MP})) - \mathrm{tr}(\mathbf{H}^{MP})^{-1} + \frac{n}{2\alpha^{MP}}$$

$$= -E_W(\mathbf{w}^{MP}) - \mathrm{tr}(\mathbf{H}^{MP})^{-1} + \frac{n}{2\alpha^{MP}} = 0$$

항들을 재정렬하고 γ의 정의를 이용하면 다음 식을 얻을 수 있다.

$$E_W(\mathbf{w}^{\text{MP}}) = \frac{n}{2\alpha^{\text{MP}}} - \text{tr}(\mathbf{H}^{\text{MP}})^{-1}$$

$$2\alpha^{\text{MP}}E_W(\mathbf{w}^{\text{MP}}) = n - 2\alpha^{\text{MP}}\text{tr}(\mathbf{H}^{\text{MP}})^{-1} = \gamma$$

$$\alpha^{\text{MP}} = \frac{\gamma}{2E_W(\mathbf{w}^{\text{MP}})}$$

이제 β에 대해 같은 과정을 반복한다.

$$\frac{\partial}{\partial\beta}\log P(D|\alpha, \beta, M) = -\frac{\partial}{\partial\beta}F(\mathbf{w}^{\text{MP}}) - \frac{\partial}{\partial\beta}\frac{1}{2}\log\det(\mathbf{H}^{\text{MP}}) + \frac{\partial}{\partial\beta}\frac{N}{2}\log\beta$$

$$= -\frac{\partial}{\partial\beta}(\beta E_D(\mathbf{w}^{\text{MP}})) - \frac{\gamma}{2\beta^{\text{MP}}} + \frac{N}{2\beta^{\text{MP}}}$$

$$= -E_D(\mathbf{w}^{\text{MP}}) - \frac{\gamma}{2\beta^{\text{MP}}} + \frac{N}{2\beta^{\text{MP}}} = 0$$

항들을 재정렬하면 다음 식을 얻을 수 있다.

$$E_D(\mathbf{w}^{\text{MP}}) = \frac{N}{2\beta^{\text{MP}}} - \frac{\gamma}{2\beta^{\text{MP}}}$$

$$\beta^{\text{MP}} = \frac{N - \gamma}{2E_D(\mathbf{w}^{\text{MP}})}$$

P13.4 **훈련 데이터로 둘러싸인 영역에서 외삽을 할 수 있음을 보여라.**

그림 13.3의 함수를 살펴보자. 그 예제에서는 모든 훈련 데이터가 입력 공간의 오른쪽 아래에만 있었기 때문에 왼쪽 위 영역에서 외삽이 일어났다. 이제 그 입력 공간의 중심 영역에는 데이터를 없애고 바깥 주변에만 훈련 데이터를 제공해보자.

$$-1.5 < p_1 < 1.5 \qquad -1.5 < p_2 < 1.5$$

훈련 데이터는 그림 P13.4와 같이 분포되어 있다.

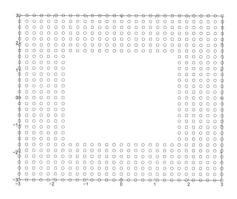

그림 P13.4 훈련 데이터 위치

훈련 결과는 그림 P13.5와 같이 나타난다. 신경망 근사는 훈련 데이터가 없는 영역에서는 그 영역이 훈련 데이터로 둘러싸여 있다 하더라도 실제 함수를 상당히 과대평가한다. 그리고 결과는 임의적이다. 만일 초기 랜덤 가중치 집합을 다른 것을 사용하면 신경망은 이 영역에서 실제 함수를 과소평가할 수도 있다. 상당히 넓은 영역에 훈련 데이터가 없기 때문에 외삽이 발생하게 된다. 특히 입력 공간이 고차원일 경우에는 언제 외삽이 발생하는지 알기가 매우 어렵다. 단순히 입력 변수의 개별 범위를 확인해서는 알 수 없다.

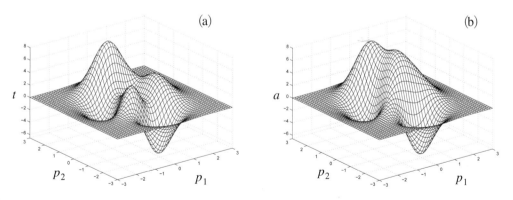

그림 P13.5 함수(a)와 신경망 근사(b)

P13.5 **571페이지에서 시작하는 예제를 고려하라. ρ = 1일 때 유효 파라미터 수를 구하라.**

유효 파라미터 수를 구하려면 식 (13.55)를 이용할 수 있다.

$$\gamma = \sum_{i=1}^{n} \frac{\beta\lambda_i}{\beta\lambda_i + 2\alpha}$$

초반에 고윳값이 $\lambda_1 = 1$, $\lambda_2 = 3$이 됨을 알았다. 정규화 파라미터는 다음과 같다.

$$\rho = \frac{\alpha}{\beta} = 1$$

다음과 같이 ρ에 관해 γ를 다시 작성할 수 있다.

$$\gamma = \sum_{i=1}^{n} \frac{\beta\lambda_i}{\beta\lambda_i + 2\alpha} = \sum_{i=1}^{n} \frac{\lambda_i}{\lambda_i + 2\frac{\alpha}{\beta}} = \sum_{i=1}^{n} \frac{\lambda_i}{\lambda_i + 2\rho}$$

고윳값을 대입하면 다음 결과를 구할 수 있다.

$$\gamma = \sum_{i=1}^{n} \frac{\lambda_i}{\lambda_i + 2\rho} = \frac{1}{1+2} + \frac{3}{3+2} = \frac{1}{3} + \frac{3}{5} = \frac{14}{15}$$

따라서 2개의 가용 파라미터 중 대략 하나를 사용한다. 네트워크는 2개의 파라미터 $w_{1,1}$과 $w_{1,2}$를 갖는다. 사용하는 파라미터는 이 중 하나가 아니라 둘의 조합이다. 그림 13.11에서와 같이 두 번째 고유벡터의 방향으로 이동한다.

$$\mathbf{v}_2 = \begin{bmatrix} 1 \\ 1 \end{bmatrix}$$

따라서 $w_{1,1}$과 $w_{1,2}$는 같은 양만큼 변화한다. 파라미터는 2개지만 실질적으로 하나만 사용한다. $\mathbf{v}_2$는 최대 고윳값을 갖는 고유벡터이기 때문에 제곱 오차를 최대로 줄이려면 그 방향으로 이동한다.

P13.6 다항식을 이용해 과적합을 설명하라. 다음 다항식을 데이터 집합 $\{p_1, t_1\}$, $\{p_2, t_2\}$, ..., $\{p_Q, t_Q\}$에 맞추는 것을 고려하라.

$$g_k(p) = x_0 + x_1 p + x_2 p^2 + \ldots + x_k p^k$$

단, 다음 제곱 오차 성능 지표를 최소화하도록 맞춰야 한다.

$$F(\mathbf{x}) = \sum_{q=1}^{Q} (t_q - g_k(p_q))^2$$

먼저, 행렬 형식으로 문제를 표현하려고 한다. 다음의 벡터를 정의하라.

$$\mathbf{t} = \begin{bmatrix} t_1 \\ t_2 \\ \vdots \\ t_Q \end{bmatrix} \quad \mathbf{G} = \begin{bmatrix} 1 & p_1 & \cdots & p_1^k \\ 1 & p_2 & \cdots & p_2^k \\ \vdots & \vdots & & \vdots \\ 1 & p_Q & \cdots & p_Q^k \end{bmatrix} \quad \mathbf{x} = \begin{bmatrix} x_0 \\ x_1 \\ \vdots \\ x_k \end{bmatrix}$$

다음과 같이 성능 지표를 작성할 수 있다.

$$F(\mathbf{x}) = [\mathbf{t} - \mathbf{Gx}]^T[\mathbf{t} - \mathbf{Gx}] = \mathbf{t}^T\mathbf{t} - 2\mathbf{x}^T\mathbf{G}^T t + \mathbf{x}^T\mathbf{G}^T\mathbf{Gx}$$

최소를 찾기 위해 그레이디언트를 취하고 이를 0으로 설정한다.

$$\nabla F(\mathbf{x}) = -2\mathbf{G}^T t + 2\mathbf{G}^T\mathbf{Gx} = 0$$

가중치에 대해 풀어서 최소 제곱 해(가우시안 잡음의 경우 최대 우도)를 얻는다.

$$[\mathbf{G}^T\mathbf{G}]\mathbf{x}^{ML} = \mathbf{G}^T t \qquad \Rightarrow \qquad \mathbf{x}^{ML} = [\mathbf{G}^T\mathbf{G}]^{-1}\mathbf{G}^T t$$

다항식 적합 연산을 보여주기 위해 간단한 선형 함수 $t = p$를 사용할 것이다. 데이터 집합을 생성하기 위해 다음과 같이 5개의 다른 점에서 함수를 샘플링하고 잡음을 추가할 것이다.

$$t_i = p_i + \varepsilon_i, \, p = \{-1, -0.5, 0, 0.5, 1\}$$

여기서 ε_i는 범위 $[-0.25, 0.25]$에서 균등 분포를 갖는다. 다음 코드는 데이터를 생성하고 4차 다항식에 적합시키는 방법을 보여준다. 2차 다항식과 4차 다항식에 맞춘 결과는 그림 P13.6에 있다. 4차 다항식은 5개의 파라미터를 갖기 때문에 잡음이 있는 5개의 데이터 점을 정확하게 맞출 수는 있지만, 실제 함수를 정확하게 근사하지는 못한다.

```
p = -1:.5:1;
t = p + 0.5*(rand(size(p))-0.5);
Q = length(p);
ord = 4;

G = ones(Q,1);
for i=1:ord,
    G = [G (p').^i];
end

x = (G'*G)\G'*t'; % Could also use x = G\t';
```

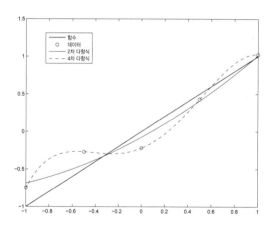

그림 P13.6 직선에 대한 다항식 근사

맺음말

이 장은 다층 신경망이 일반화를 잘하기 위한 훈련 알고리즘을 개발하는 데 초점을 뒀다. 일반화를 잘하는 네트워크는 훈련 데이터에 대해서와 마찬가지로 새로운 데이터에 대해서도 수행을 잘할 것이다.

일반화를 잘하는 네트워크를 생성하는 기본 방법은 데이터를 표현할 수 있는 가장 단순한 네트워크를 찾는 것이다. 단순한 네트워크란 가중치와 편향 수가 적은 네트워크다.

이 장에서 제시했던 두 가지 방법은 조기 종료와 정규화를 이용해 가중치를 개수를 줄이는 대신 가중치를 제한해서 단순한 네트워크를 생성한다. 가중치를 제한하는 것은 가중치 개수를 줄이는 것과 같다는 사실을 이 장에서 보였다.

18장에서는 실제 함수 근사 문제에서 베이지안 정규화로 과적합을 방지하는 사례 연구를 제시한다. 20장에서는 실제 패턴 인식 문제에서 조기 종료로 과적합을 방지하는 사례 연구를 제시한다.

참고 문헌

[AmMu97] S. Amari, N. Murata, K.-R. Muller, M. Finke, and H. H. Yang, "Asymptotic Statistical Theory of Overtraining and Cross-Validation," *IEEE Transactions on Neural Networks*, vol. 8, no. 5, 1997.

조기 종료 사용 시 검증 집합에 배치할 데이터 점 개수를 정하는 것이 중요하다. 이 논문은 검증 집합의 크기를 정하기 위한 이론적 근거를 제공한다.

[FoHa97] D. Foresee and M. Hagan, "Gauss-Newton Approximation to Bayesian Learning," *Proceedings of the 1997 International Joint Conference on Neural Networks*, vol. 3, pp. 1930–1935, 1997.

이 논문은 헤시안 행렬의 가우스-뉴턴 근사를 사용한 베이지안 정규화의 구현 방법을 설명한다.

[GoLa98] C. Goutte and J. Larsen, "Adaptive Regularization of Neural Networks Using Conjugate Gradient," *Proceedings of the IEEE International Conference on Acoustics, Speech and Signal Processing*, vol. 2, pp. 1201–1204, 1998.

정규화 사용 시 정규화 파라미터 설정 단계가 중요하다. 이 논문은 검증 집합 오차를 최소화하도록 정규화 파라미터를 설정하는 방법을 설명한다.

[MacK92] D. J. C. MacKay, "Bayesian Interpolation," *Neural Computation*, vol. 4, pp. 415–447, 1992.

베이지안 방법은 통계학에서 수년 동안 사용돼왔다. 이 논문은 신경망을 훈련시키기 위한 베이지안 프레임워크의 최초 개발을 제시한다. 맥케이는 이 논문에 이어 개선 방안을 제안하는 여러 논문을 썼다.

[Sarle95] W. S. Sarle, "Stopped training and other remedies for overfitting," In *Proceedings of the 27th Symposium on Interface*, 1995.

이 논문은 과적합 방지를 위해 검증 집합을 이용해서 조기 종료를 하는 방법을 다룬 초기 논문이다. 이 논문에는 조기 종료와 일반화를 개선하는 다른 방법들과 비교하는 시뮬레이션 결과가 설명되어 있다.

[SjLj94] J. Sjoberg and L. Ljung, "Overtraining, regularization and searching for minimum with application to neural networks," Linkoping University, Sweden, Tech. Rep. LiTH-ISY-R-1567, 1994.

이 보고서는 조기 종료와 정규화가 근사적으로 동일 과정임을 설명한다. 또한 훈련 반복 횟수는 정규화 파라미터에 반비례함을 보여준다.

[Tikh63] A. N. Tikhonov, "The solution of ill-posed problems and the regularization method," *Dokl. Acad. Nauk USSR*, vol. 151, no. 3, pp. 501–504, 1963.

정규화는 제곱 오차 성능 지표를 근사 함수의 복잡도에 대한 패널티로 확대한 방법이다. 이 논문은 정규화 개념을 소개했던 원 논문이다. 패널티에는 근사 함수의 미분이 포함되어 있다.

[WaVe94]　C. Wang, S. S. Venkatesh, and J. S. Judd, "Optimal Stopping and Effective Machine Complexity in Learning," *Advances in Neural Information Processing Systems*, J. D. Cowan, G. Tesauro, and J. Alspector, Eds., vol. 6, pp. 303–310, 1994.

이 논문은 훈련 과정에서 네트워크 유효 파라미터 수가 어떻게 변하는지, 훈련을 조기에 종료함으로써 네트워크의 일반화 능력이 얼마나 개선될 수 있는지를 설명한다.

연습문제

E13.1　(k차) 다항식을 데이터 집합 $\{p_1, t_1\}, \{p_2, t_2\}, \dots, \{p_Q, t_Q\}$에 맞추는 것을 고려하라.

$$g_k(p) = x_0 + x_1 p + x_2 p^2 + \dots + x_k p^k$$

다항식의 미분값에 패널티를 주는 성능 지표를 최소화하면 일반화가 개선된다는 것을 이야기했었다. 이 기법과 제곱 가중치를 이용한 정규화 간의 관계를 조사하라.

(1) 다음의 제곱 오차 성능 지표를 최소화하는 가중치 x_i의 최소 제곱 해(least squares solution)를 유도하라(문제 P13.6 참조).

$$F(\mathbf{x}) = \sum_{q=1}^{Q} (t_q - g_k(p_q))^2$$

(2) 제곱 가중치 패널티를 갖는 정규화된 최소 제곱 해를 유도하라.

$$F(\mathbf{x}) = \sum_{q=1}^{Q} (t_q - g_k(p_q))^2 + \rho \sum_{i=0}^{k} x_i^2$$

(3) 제곱 오차의 합 더하기 제곱 미분의 합을 최소화하는 가중치의 해를 유도하라.

$$F(\mathbf{x}) = \sum_{q=1}^{Q} (t_q - g_k(p_q))^2 + \rho \sum_{i=1}^{Q} \left[\frac{d}{dp} g_k(p_q) \right]^2$$

(4) 제곱 오차의 합 더하기 제곱 2차 미분의 합을 최소화하는 가중치의 해를 유도하라.

$$F(\mathbf{x}) = \sum_{q=1}^{Q} (t_q - g_k(p_q))^2 + \rho \sum_{i=1}^{Q} \left[\frac{d^2}{dp^2} g_k(p_q) \right]^2$$

E13.2 연습문제 E13.1의 (1)에서 (4)까지 구한 해를 구현하는 MATLAB 프로그램을 작성하라. 다음 데이터 점을 이용해 최고의 결과를 얻도록 값을 조정하라. 모든 경우에 $k = 8$을 사용하라. 각 경우에 대해 데이터 점의 잡음이 없는 함수($t = p$)와 다항식 근사를 그려라. 4개의 근사를 비교하라. 어떤 경우에 가장 좋은 결과를 만든다고 생각하는가? 어떤 경우에 비슷한 결과를 만드는가?

$$t_i = p_i + \varepsilon_i, \; p = \{-1, -0.5, 0, 0.5, 1\}$$

여기서 ε_i는 범위 $[-0.1, 0.1]$에서 균등 밀도를 갖는다(MATLAB의 rand 명령을 사용하라).

E13.3 (1차) 다항식 $g_1(p) = x_0 + x_1 p$를 다음 데이터 집합에 맞추는 것을 고려하라.

$$\left\{ p_1 = \begin{bmatrix} 1 \end{bmatrix}, t_1 = \begin{bmatrix} 4 \end{bmatrix} \right\}, \left\{ p_2 = \begin{bmatrix} 2 \end{bmatrix}, t_2 = \begin{bmatrix} 6 \end{bmatrix} \right\}$$

(1) 다음 제곱 오차의 합 성능 지표를 최소화하는 가중치 x_0와 x_1에 대한 최소 제곱 해를 찾아라.

$$F(\mathbf{x}) = \sum_{q=1}^{2} (t_q - g_1(p_q))^2$$

(2) 다음의 제곱 가중치 패널티가 사용될 때 가중치 x_0와 x_1에 대한 정규화된 최소 제곱 해를 구하라.

$$F(\mathbf{x}) = \sum_{q=1}^{2} (t_q - g_1(p_q))^2 + \sum_{i=0}^{1} x_i^2$$

E13.4 신경망과 다항식의 외삽 특성을 조사하라. 연습문제 E11.25에서 설명했던 $-2 \leq p \leq 2$ 범위에서 정현파에 적합시키는 문제를 고려하라. 이 구간에서 균등 간격으로 11개의 훈련 점을 선택하라.

(1) 이 범위에서 1–2–1 신경망을 적합시킨 후 $-4 \leq p \leq 4$ 범위에서 실제 사인 함수와 신경망 근사를 그려라.

(2) 범위 $-2 \leq p \leq 2$에서 (1–2–1 네트워크와 동일한 개수의 자유 파라미터를 갖는) 5차 다항식을 정현파에 적합시켜라. 범위 $-4 \leq p \leq 4$에서 실제 함수와 다항식 근사를 그려라.

(3) 신경망과 다항식의 외삽 특성을 논하라.

E13.5 다음의 밀도 함수에 따라 분포되는 확률 변수 t가 있다고 가정하라. 확률 변수의 Q개 독립 샘플을 취한다. x의 최대 우도 추정(x^{ML})을 구하라.

$$f(t|x) = \frac{t}{x^2}\exp\left(-\frac{t}{x}\right) \qquad t \geq 0$$

E13.6 연습문제 E13.5에서 주어진 확률 변수 t에 대해 x는 다음의 사전 밀도 함수를 갖는 확률 변수라고 가정하라. x의 최대 확률 추정(x^{MP})을 구하라.

$$f(x) = \exp(-x) \qquad x \geq 0$$

E13.7 다음의 사전 밀도 함수에 대해 연습문제 E13.6을 반복하라. 어떤 조건에서 $x^{MP} = x^{ML}$이 되겠는가?

$$f(x) = \frac{1}{\sqrt{2\pi}\sigma_x}\exp\left(-\frac{(x - \mu_x)^2}{2\sigma_x^2}\right)$$

E13.8 문제 P13.2의 신호 더하기 잡음 예제에서 다음 사전 밀도 함수에 대한 x^{MP}를 구하라.

(1) $f(x) = \exp(-x) \qquad x \geq 0$

(2) $f(x) = \frac{1}{2}\exp(-|x - \mu|)$

E13.9 다음 밀도 함수에 따라 분포하는 확률 변수 t가 있다고 가정하라. 확률 변수의 $Q = 2$개 독립 샘플을 취한다.

$$f(t|x) = \begin{pmatrix} \exp(-(t-x)) & t \geq x \\ 0 & t < x \end{pmatrix}$$

(1) 우도 함수 $f(t_1, t_2|x)$를 구하고 x와 비교해 그려라.

(2) 2개의 측정치 $t_1 = 1$과 $t_2 = 1$을 가정하라. x의 최대 우도 추정(x^{ML})을 구하라. 위의 확률 변수 t에 대해 x는 다음 사전 밀도 함수를 갖는 확률 변수다.

$$f(x) = \frac{1}{\sqrt{\pi/2}} \exp(-2x^2)$$

(3) 사후 밀도 $f(x|t_1, t_2)$를 그려라(분모를 계산할 필요는 없고 일반적인 모양만 찾아라. (2)에 서와 동일한 측정치를 가정하라).

(4) x의 최대 확률 추정(x^{MP})을 구하라.

E13.10 앞면의 확률이 뒷면의 확률과 같지 않은 공평하지 않은 동전이 있다. 앞면(x)의 확률을 추정하려고 한다.

(1) 동전을 10번 던졌을 때 앞면이 나올 확률이 x인 경우 앞면이 정확히 t개 나올 확률 은 다음과 같다. x의 최대 우도 추정(x^{ML})을 구하라(힌트: 최대를 찾기 전에 $p(t|x)$에 자 연 로그를 취하라). 결과가 합리적인지 설명하라.

$$p(t|x) = \binom{10}{t} x^t (1-x)^{(10-t)}, \quad \text{여기서} \quad \binom{10}{t} = \frac{10!}{t!(10-t)}$$

(2) 앞면이 나올 확률 x는 다음의 사전 밀도 함수를 갖는 확률 변수라고 가정하라. x의 최대 확률 추정(x^{MP})을 구하라(힌트: 최대를 찾기 전에 $p(t|x)p(x)$에 자연 로그를 취하라). x^{ML}이 x^{MP}와 왜 다른지 설명하라.

$$p(x) = 12x^2(1-x),\ 0 \leq x \leq 1$$

E13.11 레벨 I 베이지안 분석에서 사전 밀도가 0이 아닌 평균 μ_x를 갖는다고 가정하라(557페이지 참조). 새로운 성능 지표를 구하라.

E13.12 다음과 같은 입력과 목표를 갖는다고 가정하라.

$$\left\{ \mathbf{p}_1 = \begin{bmatrix} 2 \\ 1 \end{bmatrix}, t_1 = 1 \right\}, \left\{ \mathbf{p}_2 = \begin{bmatrix} -2 \\ -1 \end{bmatrix}, t_2 = 3 \right\}$$

이 훈련 집합에 대해 편향이 없는 단층 선형 네트워크를 훈련시키려고 한다. 각 입력 벡터가 같은 확률로 발생한다고 가정하라. 식 (13.34)의 정규화된 성능 지표를 이용해 네트워크를 훈련할 것이다.

(1) $\mathbf{x}^{MP}$와 $\rho = 1$일 때 유효 파라미터 수 γ를 구하라.

(2) $\mathbf{x}^{MP}$와 $\rho \rightarrow \infty$일 때 γ를 구하라. $\mathbf{x}^{MP}$와 $\mathbf{x}^{ML}$의 차이를 설명하라($\mathbf{x}^{MP}$와 $\mathbf{x}^{ML}$의 차이에 대한 일반적인 논의가 아닌 이 문제에 관련된 답변이어야 한다).

E13.13 다음과 같은 입력 패턴과 목표를 갖는다고 가정하라.

$$\left\{ \mathbf{p}_1 = \begin{bmatrix} 2 \\ 1 \end{bmatrix}, t_1 = 1 \right\}$$

이 패턴은 편향이 없는 단층 선형 네트워크를 훈련시키는 데 사용된다.

(1) 이 네트워크는 $\rho = \alpha/\beta = 1/2$로 설정된 정규화 파라미터를 갖는 정규화된 성능 지표를 이용해 훈련된다. 정규화된 성능 지표 식을 구하라.

(2) x^{MP}와 유효 파라미터 수 γ를 구하라.

(3) 정규화된 성능 지표의 등고선 그래프를 그려라.

(4) 네트워크를 훈련시키기 위해 최대 경사 하강법을 사용한다면 안정적인 최대 학습률을 구하라.

(5) 2개의 초기 가중치를 0으로 설정한다면 최대 경사 하강 알고리즘 궤적의 초기 방향을 구하라.

(6) 2개의 가중치가 모드 0으로 설정된 초기 조건에서 매우 작은 학습률을 갖는 최대

경사 하강 알고리즘에 대해, 완전한 근사 궤적을 ((3)의 등고선 그래프 위에) 그려라. 궤적을 그리기 위한 절차를 설명하라.

E13.14 편향이 없는 단층 선형 네트워크가 있다고 가정하라. 훈련 집합의 입력/목표 쌍은 다음과 같다.

$$\left\{ \mathbf{p}_1 = \begin{bmatrix} -1 \\ 1 \end{bmatrix}, t_1 = -2 \right\}, \left\{ \mathbf{p}_2 = \begin{bmatrix} 1 \\ 2 \end{bmatrix}, t_2 = 2 \right\}, \left\{ \mathbf{p}_3 = \begin{bmatrix} 2 \\ 1 \end{bmatrix}, t_3 = 4 \right\}$$

여기서 각 쌍은 같은 확률로 발생한다. 식 (13.34)의 정규화된 성능 지표를 최소화하려고 한다.

(1) $\rho = 1$에 대해 유효 파라미터 수 γ를 구하라.

(2) 초기 가중치를 0으로 시작했을 때, 평균 제곱 성능 지표 E_D에 대해 최대 경사 하강 알고리즘을 대략 얼마나 많이 반복해야 $\rho = 1$을 갖는 정규화된 성능 지표를 최소화하는 것과 동일한 결과를 생성할 수 있는가? 학습률 $\alpha = 0.01$을 가정하라.

E13.15 연습문제 E11.25를 반복하라. 단, 조기 종료와 뉴런 30개를 사용하도록 프로그램을 수정하라. 훈련 점 10개와 검증 점 5개를 선택하라. (MATLAB 함수 rand를 사용해) -0.1과 0.1 사이의 균등 분포를 갖는 잡음을 훈련 점과 검증 점에 추가하라. 잡음이 없는 함수의 균등 간격 점 20개로 구성된 훈련 집합에 대해 훈련된 네트워크의 평균 제곱 오차를 측정하라. 임의의 다른 10개의 훈련 데이터와 검증 데이터 집합을 시도하라. 조기 종료를 이용한 결과와 조기 종료를 이용하지 않은 결과를 비교하라.

E13.16 연습문제 E13.15를 반복하라. 단, 조기 종료 대신 정규화를 사용하라. 정규화된 성능 지표의 그레이디언트를 계산하기 위해 프로그램을 수정하라. 표준 역전파 알고리즘으로 계산된 제곱 오차의 표준 그레이디언트를 ρ배 제곱 가중치의 그레이디언트와 더하라. ρ를 세 가지 값으로 시도하라. 이 결과를 조기 종료 결과와 비교하라.

E13.17 연습문제 E10.4를 다시 고려하라.

(1) $\rho = 0, 1, \infty$에 대해 정규화된 성능 지표를 구하라. 각 경우에 등고선 그래프를 그

려라. 각 경우에 최적의 가중치 위치를 표시하라.

(2) $\rho = 0, 1, \infty$에 대해 유효 파라미터 수를 구하라.

(3) 초기 가중치를 0으로 시작했을 때, 평균 제곱 성능 지표에 대해 최대 경사 하강 알고리즘을 대략 얼마나 많이 반복해야 $\rho = 1$을 갖는 정규화된 성능 지표를 최소화하는 것과 동일한 결과를 생성할 수 있는가? 학습률 $\alpha = 0.01$을 가정하라.

(4) MATLAB M파일을 작성해 (1)에서 구한 평균 제곱 오차 성능 지표를 최소화하는 최대 경사 하강 알고리즘을 구현하라(성능 지표는 2차 함수다). 알고리즘의 초기 조건을 0으로 시작해서 학습률 $\alpha = 0.01$을 사용하라. (연습문제 E10.4에서 구한 등고선 그래프인) 평균 제곱 오차의 등고선 그래프에 궤적을 그려라. (3)에서 계산했던 반복에서의 가중치가 (1)의 $\rho = 1$인 정규화된 성능 지표를 최소화하기 위해 구했던 가중치와 거의 동일함을 검증하라.

14

동적 네트워크

신경망은 정적 유형과 동적 유형으로 분류할 수 있다. 바로 앞의 세 장에서 논의했던 다층 네트워크는 정적 네트워크static network다. 정적 네트워크는 피드포워드 연결을 통해 입력에서 직접 출력을 계산할 수 있다. 동적 네트워크dynamic network는 네트워크의 현재 입력뿐만 아니라 현재 또는 이전 입력, 출력, 네트워크 상태에 따라 출력이 달라진다. 예를 들어, 10장에서 논의했던 적응형 필터 네트워크는 이전 입력의 탭 지연선에서 출력을 계산하기 때문에 동적 네트워크다. 3장에서 논의했던 홉필드 네트워크도 동적 네트워크다. 홉필드 네트워크는 순환(피드백) 연결을 가지므로 현재 출력은 이전 출력의 함수다.

이 장에서는 동적 네트워크의 작동을 간략하게 소개하고 동적 네트워크의 훈련 방법을 설명할 것이다. 훈련은 (최대 경사 하강법과 컬레 그레이디언트 알고리즘에서처럼) 그레이디언트를 사용하거나 (가우스–뉴턴 알고리즘과 레벤버그–마쿼트 알고리즘에서처럼) 자코비안을 사용하는 최적화 알고리즘을 기반으로 한다. 10장, 11장, 12장에서는 정적 네트워크에 대해 이 알고리즘들을 설명했다. 정적 네트워크 훈련과 동적 네트워크 훈련의 차이점은 그레이디언트와 자코비안의 계산 방식에 있다. 이 장에서는 동적 네트워크의 그레이디언트 계산 방법을 제시할 것이다.

이론과 예제

동적 네트워크　　동적 네트워크dynamic network는 지연(또는 연속 시간 네트워크의 적분기)을 포함하는 네트워크로 연속적인 입력에 대해 작동한다(다시 말해, 입력 순서가 네트워크의 작동에 중요하다). 동적 네트워크는 10장의 적응형 필터처럼 순수하게 피드포워드 연결을 갖거나, 3장의
순환　　홉필드 네트워크처럼 일부 피드백(순환recurrent) 연결을 가질 수 있다. 동적 네트워크는 메모리를 갖는다. 어떤 시간에서도 동적 네트워크의 반응은 현재 입력뿐만 아니라 입력 열의 이력에 따라 달라진다.

동적 네트워크는 메모리를 갖기 때문에 순차 패턴이나 시간 가변성 패턴을 학습하도록 훈련할 수 있다. 11장의 정적 다층 퍼셉트론 네트워크처럼 함수를 근사하는 대신 동적 네트워크는 동적 시스템을 근사할 수 있다. 동적 네트워크는 동적 시스템의 제어, 금융 시장의 예측, 통신 시스템의 채널 등화channel equalization, 전력 시스템의 위상 검출, 정렬, 장애 탐지, 음성 인식, 자연어 문법 학습, 심지어 유전학의 단백질 구조 예측 같은 다양한 분야에서 응용된다.

동적 네트워크는 9장에서 12장까지 논의했던 표준 최적화 방법을 이용해 훈련시킬 수 있다. 하지만 이 최적화 방법에 필요한 그레이디언트와 자코비안은 표준 역전파 알고리즘으로는 계산할 수 없다. 이 장에서는 동적 네트워크의 그레이디언트를 계산하는 데 필요한 동적 역전파 알고리즘을 제시할 것이다.

동적 네트워크에서 그레이디언트와 자코비안을 계산하는 일반적인 두 가지 접근 방법이 있다(다양한 변형이 존재한다). 시간 펼침 역전파[BPTT, backpropagation-through-time][Werb90]와 실시간 순환 학습[RTRL, real-time recurrent learning][WiZi89]이다. BPTT 알고리즘은 모든 시점의 네트워크 반응을 계산한 후에 마지막 시점에서 시작해 시간의 역방향으로 실행하면서 그레이디언트를 계산한다. 이 알고리즘은 그레이디언트 계산에는 효율적이지만, 마지막 시간 단계에서 역방향으로 알고리즘을 실행하기 때문에 온라인 구현이 어렵다.

RTRL 알고리즘은 네트워크 반응과 동시에 그레이디언트를 계산한다. 첫 시점에서 시작해 시간의 순방향으로 실행하면서 그레이디언트를 계산하기 때문이다. RTRL은 BPTT보다 그레이디언트 계산에 더 많은 계산을 하지만, 온라인 구현을 위한 편리한 구조를 허용한다. 자코비안 계산의 경우 RTRL 알고리즘이 BPTT 알고리즘보다 일반적으로 더 효율적이다.

일반적인 BPTT 알고리즘과 RTRL 알고리즘을 좀 더 쉽게 설명하기 위해, 순환 연결을 가질 수 있는 네트워크를 위한 수정 표기법을 소개하려고 한다. 다음 절에서 수정 표기법을 소개한 후 나머지 부분에서는 동적 네트워크를 위한 일반적인 BPTT와 RTRL 알고리즘을 소개할 것이다.

계층화된 디지털 동적 네트워크

LDDN 이 절에서는 일반적인 동적 네트워크를 표현하기 위해 사용할 신경망 프레임워크를 소개하려고 한다. 이 프레임워크를 계층화된 디지털 동적 네트워크[LDDN, Layered Digital Dynamic Networks]라고 부른다. LDDN은 정적 다층 네트워크를 표현하기 위해 사용했던 표기법을 확장한 것이다. 이 새로운 표기법을 이용해 다층 순환(피드백) 연결과 탭 지연선을 갖는 네트워크를 편리하게 표현할 수 있다.

LDDN 표기법을 소개하기 위해 그림 14.1의 동적 네트워크 예제를 고려해보자.

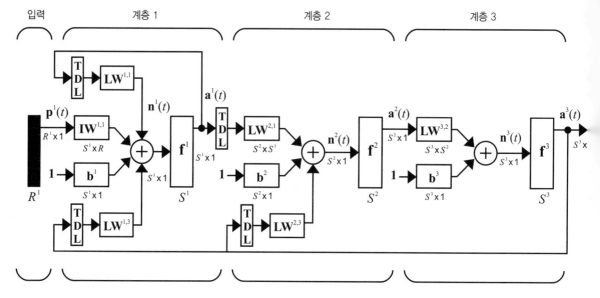

그림 14.1 동적 네트워크 예제

LDDN에서 계층 m의 네트 입력 $\mathbf{n}^m(t)$의 계산 식은 다음과 같다.

$$\mathbf{n}^m(t) = \sum_{l \in L_m^f} \sum_{d \in DL_{m,l}} \mathbf{LW}^{m,l}(d)\mathbf{a}^l(t-d)$$

$$+ \sum_{l \in I_m} \sum_{d \in DI_{m,l}} \mathbf{IW}^{m,l}(d)\mathbf{p}^l(t-d) + \mathbf{b}^m \qquad (14.1)$$

여기서 $\mathbf{p}^l(t)$는 시간 t에서 네트워크의 l번째 입력 벡터, $\mathbf{IW}^{m,l}$은 입력 l과 계층 m 사이

입력 가중치 의 입력 가중치$^{input\ weight}$, $\mathbf{LW}^{m,l}$은 계층 l과 계층 m 사이의 계층 가중치$^{layer\ weight}$, $\mathbf{b}^m$은 계

계층 가중치 층 m의 편향 벡터이고, $DL_{m,l}$은 계층 l과 계층 m 사이의 탭 지연선에 있는 모든 지연

집합, $DI_{m,l}$은 입력 l과 계층 m 사이의 탭 지연선에 있는 모든 지연 집합, I_m은 계층 m

에 연결된 입력 벡터의 인덱스 집합, L_m^f는 계층 m에 순방향으로^{forward} 직접 연결된 계층

의 인덱스 집합이다. 이때 계층 m의 출력은 다음과 같이 계산된다.

$$\mathbf{a}^m(t) = \mathbf{f}^m(\mathbf{n}^m(t)) \qquad (14.2)$$

이 식을 식 (11.6)의 정적 다층 네트워크와 비교해보라. LDDN 네트워크는 계층 m에 여러 계층이 연결될 수 있다. 이 연결 중 일부는 탭 지연선을 통한 순환일 수 있다. 또한 LDDN은 입력 벡터를 여러 개 가질 수 있으며, 네트워크의 어떤 계층에도 입력 벡터를 연결할 수 있다. 정적 다층 네트워크에서는 하나의 입력 벡터가 계층 1에만 연결된다고 가정했었다.

정적 다층 네트워크에서는 숫자 순서대로 계층들이 서로 연결된다. 다시 말해, 계층 1은 계층 2에 연결되고 계층 2는 계층 3에 연결되는 식이다. LDDN 프레임워크에서는 계층이 다른 어떤 계층에든 연결될 수 있으며, 심지어 자기 자신에게도 연결될 수 있다. 그러나 식 (14.1)을 사용하려면 특정 순서에 따라 계층 출력을 계산할 필요가 있다.

시뮬레이션 순서 정확한 네트워크 출력을 얻기 위해 계층 출력이 계산되는 순서를 **시뮬레이션 순서**^{simulation} order라고 한다(이 순서는 유일할 필요는 없고, 몇 가지 유효한 시뮬레이션 순서가 존재할 수 있다). 그레이디언트를 계산하기 위해 미분값을 역전파하려면 반대 순서로 진행해야만 하는

역전파 순서 데 이를 **역전파 순서**^{backpropagation order}라고 한다. 그림 14.1에서 표준 숫자 순서 1−2−3은 시뮬레이션 순서이고, 역전파 순서는 3−2−1이다.

다층 네트워크에서처럼 LDDN의 기본 단위는 계층이다. LDDN의 계층은 다섯 가지 구성요소로 이뤄져 있다.

1. (다른 계층 또는 외부 입력과 연결되어 있는) 계층으로 들어가는 가중치 행렬 집합

2. ($DL_{m,l}$ 또는 $DI_{m,l}$로 표시되는) 가중치 행렬 집합의 입력에 나타나는 탭 지연선(모든 가중치 행렬 집합 앞에는 TDL이 올 수 있다. 예를 들어, 그림 14.1의 계층 1은 가중치 $\mathbf{LW}^{1,3}(d)$와 해당 TDL을 포함한다.)

3. 편향 벡터

4. 합산 결합 지점

5. 전달 함수

LDDN의 출력은 가중치와 편향, 현재 네트워크의 입력뿐 아니라 이전 시점의 일부 계층 출력의 함수다. 그렇기 때문에 가중치와 편향에 대해 네트워크 출력의 그레이디언

트를 계산하는 것은 간단한 문제가 아니다. 가중치와 편향은 네트워크 출력에 두 종류의 영향을 미친다. 첫 번째는 직접적인 영향으로, 11장의 표준 역전파 알고리즘을 이용해 계산할 수 있다. 두 번째는 간접적인 영향으로, 네트워크의 일부 입력이 이전 출력인데 이 또한 가중치와 편향의 함수이기 때문에 발생한다. 다음 2개 절의 주요 개발 사항은 임의의 LDDN에 대한 일반적인 그레이디언트 계산에 관한 내용이다.

동적 네트워크 예제

동적 훈련을 소개하기 전에 동적 네트워크에서 볼 수 있는 반응의 종류에 대한 감을 잡아보자. 먼저 그림 14.2에 나타나는 피드포워드 동적 네트워크를 고려해보자.

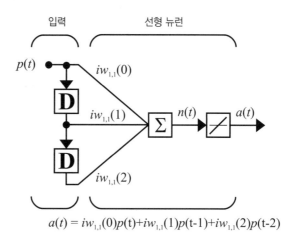

$$a(t) = iw_{1,1}(0)p(t)+iw_{1,1}(1)p(\text{t-1})+iw_{1,1}(2)p(\text{t-2})$$

그림 14.2 피드포워드 동적 네트워크 예제

이 네트워크는 ADALINE 필터이며 10장에서 논의했었다(그림 10.5 참조). 여기서는 ADALINE 필터를 LDDN 프레임워크로 표현하고 있다. 네트워크는 입력에 대한 TDL을 가지며 $DI_{1,1} = \{0, 1, 2\}$이다. 네트워크의 작동을 설명하기 위해 입력으로 구형파square wave를 적용하고 모든 가중치를 1/3로 설정할 것이다.

$$iw_{1,1}(0) = \frac{1}{3}, \; iw_{1,1}(1) = \frac{1}{3}, \; iw_{1,1}(2) = \frac{1}{3} \tag{14.3}$$

네트워크 반응은 다음 식에서 계산된다.

$$\mathbf{a}(t) = \mathbf{n}(t) = \sum_{d=0}^{2} \mathbf{IW}(d)\mathbf{p}(t-d)$$

$$= n_1(t) = iw_{1,1}(0)p(t) + iw_{1,1}(1)p(t-1) + iw_{1,1}(2)p(t-2) \qquad (14.4)$$

이 식에서는 입력도 1개이고 계층도 1개이기 때문에 가중치와 입력의 위첨자를 생략했다.

네트워크 반응은 그림 14.3에서 볼 수 있다. 열린 원은 구형파 입력 신호 $p(t)$를 나타내고, 검은색 원은 네트워크 반응 $a(t)$를 나타낸다. 이 동적 네트워크의 경우 임의의 시점에서 반응은 이전 세 입력값에 의해 결정된다. 입력이 일정하면 세 시간 단계 이후 **FIR** 에는 출력이 일정해질 것이다. 이런 종류의 선형 네트워크를 유한 임펄스 응답^{FIR, Finite} Impulse Response 필터라고 한다.

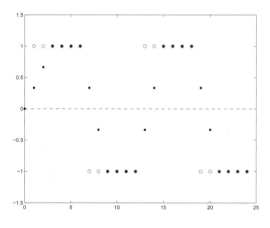

그림 14.3 ADALINE 필터 네트워크의 반응

동적 네트워크는 메모리를 갖는다. 임의의 시점에 네트워크 반응은 현재 입력뿐만 아니라 이전 입력 이력에 따라 달라진다. 네트워크에 순환 연결이 없다면 유한 개수의 이력만이 반응에 영향을 미친다. 다음 예제에서는 무한 메모리를 갖는 네트워크를 고

려할 것이다.

 유한 임펄스 응답 예제로 실험하려면, 신경망 설계 데모 '유한 임펄스 응답 네트워크Finite Impulse Response Network' **nnd14fir**을 이용하라.

 이제 순환 연결을 갖는 간단한 선형 동적 네트워크를 고려해보자. 그림 14.4의 네트워크는 순환 동적 네트워크다. 네트워크의 작동 식은 다음과 같다.

$$\mathbf{a}^1(t) = \mathbf{n}^1(t) = \mathbf{LW}^{1,1}(1)\mathbf{a}^1(t-1) + \mathbf{IW}^{1,1}(0)\mathbf{p}^1(t)$$
$$= lw_{1,1}(1)a(t-1) + iw_{1,1}p(t) \tag{14.5}$$

이 네트워크에서는 입력도 1개이고 계층도 1개이기 때문에 마지막 줄에서 위첨자를 생략했다. 네트워크의 작동을 설명하기 위해 가중치를 1/2로 설정할 것이다.

$$lw_{1,1}(1) = \frac{1}{2} \quad \text{그리고} \quad iw_{1,1} = \frac{1}{2} \tag{14.6}$$

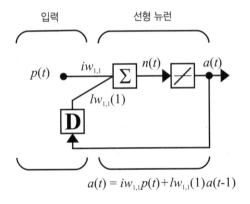

$$a(t) = iw_{1,1}p(t) + lw_{1,1}(1)a(t-1)$$

그림 14.4 순환 선형 뉴런

그림 14.5에는 구형파 입력에 대한 네트워크의 반응이 표시되어 있다. 네트워크는 입력의 변화에 기하급수적으로 반응한다. 그림 14.2의 FIR 필터 네트워크와는 달리, 임의의 시점에서 네트워크 반응은 네트워크 입력의 무한 이력의 함수가 된다.

610

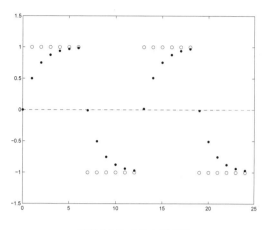

그림 14.5 순환 뉴런 반응

 무한 임펄스 응답 예제로 실험하려면, 신경망 데모 '무한 임펄스 응답 네트워크$^{\text{Infinite Impulse}}$ $^{\text{Response Network}}$' **nnd14iir**을 이용하라.

앞서 살펴본 두 예제의 동적 네트워크를 그림 11.4의 정적 2계층 퍼셉트론과 비교해 보라. 정적 네트워크는 $\sin(p)$와 같은 정적 함수를 근사하도록 훈련될 수 있으며, 출력은 현재 입력에서 직접 계산한다. 한편 동적 네트워크는 로봇 팔, 항공기, 생물학적 과정과 경제 시스템 같은 동적 시스템을 근사하도록 훈련될 수 있다. 동적 네트워크에서 현재 시스템의 출력은 이전 입력과 출력 이력에 따라 달라진다. 동적 시스템은 정적 시스템보다 복잡하기 때문에 훈련 과정도 정적 네트워크보다 더 어려울 것으로 예상할 수 있다.

다음 절에서는 동적 네트워크를 훈련할 때 그레이디언트 계산에 대해 논의할 것이다. 정적 네트워크의 경우에는 표준 역전파 알고리즘을 이용해 그레이디언트를 계산했다. 동적 네트워크의 경우 역전파 알고리즘이 바뀌어야 한다.

동적 학습 원리

동적 네트워크 훈련을 자세히 살펴보기 전에 먼저 간단한 예제를 살펴보자. 그림 14.4의 순환망으로 최대 경사 하강법을 이용해 네트워크를 훈련한다고 해보자. 첫 번째 단계로 성능 함수의 그레이디언트를 계산한다. 이 예제에서는 성능 지표로 제곱 오차의 합을 사용할 것이다.

$$F(\mathbf{x}) = \sum_{t=1}^{Q} e^2(t) = \sum_{t=1}^{Q} (t(t) - a(t))^2 \tag{14.7}$$

그레이디언트의 두 요소는 다음과 같다.

$$\frac{\partial F(\mathbf{x})}{\partial lw_{1,1}(1)} = \sum_{t=1}^{Q} \frac{\partial e^2(t)}{\partial lw_{1,1}(1)} = -2\sum_{t=1}^{Q} e(t)\frac{\partial a(t)}{\partial lw_{1,1}(1)} \tag{14.8}$$

$$\frac{\partial F(\mathbf{x})}{\partial iw_{1,1}} = \sum_{t=1}^{Q} \frac{\partial e^2(t)}{\partial iw_{1,1}} = -2\sum_{t=1}^{Q} e(t)\frac{\partial a(t)}{\partial iw_{1,1}} \tag{14.9}$$

이 식의 주요 항은 네트워크 출력을 가중치로 미분한 항이다.

$$\frac{\partial a(t)}{\partial lw_{1,1}(1)} \quad \text{그리고} \quad \frac{\partial a(t)}{\partial iw_{1,1}} \tag{14.10}$$

정적 네트워크라면 이 항들의 계산은 매우 쉬울 것이다. 이들은 각각 $a(t-1)$과 $p(t)$에 해당한다. 하지만 순환망에서 가중치는 네트워크 출력에 두 종류의 영향을 미친다. 첫 번째는 직접적인 영향으로, 정적 네트워크에서도 볼 수 있었던 것이다. 두 번째는 간접적인 영향으로, 네트워크 입력 중 하나가 이전 네트워크 출력이라는 사실에서 기인한다. 이 두 종류의 영향을 설명하기 위해 네트워크 출력의 미분값을 계산해보자.

네트워크의 작동 식은 다음과 같다.

$$a(t) = lw_{1,1}(1)a(t-1) + iw_{1,1}p(t) \tag{14.11}$$

식 (14.11)을 미분해서 식 (14.10)의 항들을 계산할 수 있다.

$$\frac{\partial a(t)}{\partial lw_{1,1}(1)} = a(t-1) + lw_{1,1}(1)\frac{\partial a(t-1)}{\partial lw_{1,1}(1)} \tag{14.12}$$

$$\frac{\partial a(t)}{\partial iw_{1,1}} = p(t) + lw_{1,1}(1)\frac{\partial a(t-1)}{\partial iw_{1,1}} \tag{14.13}$$

각 식에서 첫 번째 항은 네트워크 출력에 가중치가 미치는 직접적인 영향을 표현한다. 두 번째 항은 간접적인 영향을 표현한다. 정적 네트워크의 그레이디언트 계산과는 달리, 각 시점에서의 미분값은 이전 시점(또는 나중에 보게 될 미래 시점)에서의 미분값에 의존한다.

다음 그림은 동적 미분을 보여준다. 그림 14.6(a)에서는 전체 미분 $\partial a(t)/\partial iw_{1,1}$과 미분의 정적 부분을 볼 수 있다. 정적 부분만 고려한다면 가중치 변화의 영향이 과소평가될 것이다. 그림 14.6(b)에서는 (그림 14.5에서도 보여줬던) 네트워크의 원래 반응과 $iw_{1,1}$이 0.5에서 0.6으로 증가됐을 때 새로운 반응을 볼 수 있다. 그림 14.6의 두 파트를 비교함으로써 가중치 $iw_{1,1}$의 변화가 네트워크 반응에 미치는 영향을 미분이 어떻게 표현하는지 볼 수 있다.

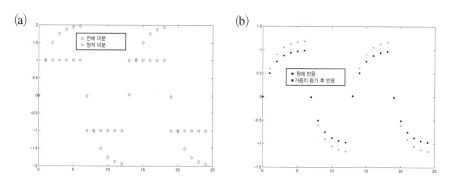

그림 14.6 그림 14.4의 $iw_{1,1}$에 대한 미분과 네트워크 반응

그림 14.7에서 가중치 $lw_{1,1}(1)$에 대해서도 비슷한 결과를 볼 수 있다. 이 예제에서 얻

은 핵심 아이디어는 다음과 같다. (1) 미분은 정적 요소와 동적 요소를 갖는다, (2) 동적 요소는 다른 시점에 의해 결정된다.

 동적 미분을 실험하려면, 신경망 설계 데모 '동적 미분$^{\text{Dynamic Derivatives}}$' **nnd14dynd**를 이용하라.

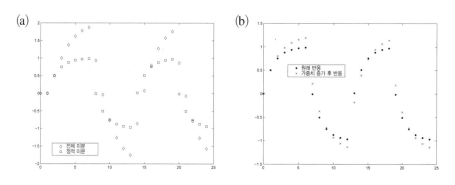

그림 14.7 그림 14.4에서 $lw_{1,1}(1)$에 대한 미분과 네트워크 반응

단일 뉴런 네트워크에 대해 조사했으므로, 그림 14.8의 좀 더 복잡한 동적 네트워크를 고려해보자. 이 네트워크는 네트워크 출력을 하나의 지연을 통해 네트워크 입력에 추가한 단일 피드백 루프를 갖는 정적 다층 네트워크로 구성된다. 이 그림에서 벡터 **x**는 모든 네트워크 파라미터(가중치와 편향)를 나타내고 벡터 **a**(t)는 시점 t에서 다층 네트워크 출력을 나타낸다. 이 네트워크는 동적 훈련의 주요 단계를 보여주는 데 유용하다.

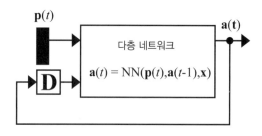

그림 14.8 단순한 동적 네트워크

표준 다층 네트워크와 같이 성능 지표 $F(\mathbf{x})$를 최소화하기 위해 네트워크의 가중치와 편향을 조정하려고 한다. 일반적으로 성능 지표는 평균 제곱 오차로 선택한다. 11장에서는 $F(\mathbf{x})$의 그레이디언트를 계산하기 위해 역전파 알고리즘을 유도했다. 그리고 12장의 최적화 방법 중 하나를 사용해 $F(\mathbf{x})$를 최소화한다. 동적 네트워크에서는 표준 역전파 알고리즘을 수정할 필요가 있다. 이 문제에 대한 두 가지 접근 방법이 있다. 두 방법 모두 연쇄 법칙을 사용하지만, 다른 방식으로 구현된다.

$$\frac{\partial F}{\partial \mathbf{x}} = \sum_{t=1}^{Q} \left[\frac{\partial \mathbf{a}(t)}{\partial \mathbf{x}^T} \right]^T \times \frac{\partial^e F}{\partial \mathbf{a}(t)} \tag{14.14}$$

또는

$$\frac{\partial F}{\partial \mathbf{x}} = \sum_{t=1}^{Q} \left[\frac{\partial^e \mathbf{a}(t)}{\partial \mathbf{x}^T} \right]^T \times \frac{\partial F}{\partial \mathbf{a}(t)} \tag{14.15}$$

여기서 위첨자 e는 시간을 통한 간접적인 영향을 고려하지 않는 명시적 미분을 나타낸다. 명시적 미분은 11장의 표준 역전파 알고리즘으로 구할 수 있다. 식 (14.14)와 식 (14.15)에 필요한 완전한 미분을 구하려면 다음과 같은 추가 식이 필요하다.

$$\frac{\partial \mathbf{a}(t)}{\partial \mathbf{x}^T} = \frac{\partial^e \mathbf{a}(t)}{\partial \mathbf{x}^T} + \frac{\partial^e \mathbf{a}(t)}{\partial \mathbf{a}^T(t-1)} \times \frac{\partial \mathbf{a}(t-1)}{\partial \mathbf{x}^T} \tag{14.16}$$

그리고

$$\frac{\partial F}{\partial \mathbf{a}(t)} = \frac{\partial^e F}{\partial \mathbf{a}(t)} + \frac{\partial^e \mathbf{a}(t+1)}{\partial \mathbf{a}^T(t)} \times \frac{\partial F}{\partial \mathbf{a}(t+1)} \tag{14.17}$$

RTRL 식 (14.14)와 식 (14.16)은 실시간 순환 학습RTRL, real-time recurrent learning 알고리즘을 구성한다. 주요 항이 다음 항이라는 점을 주목하라.

$$\frac{\partial \mathbf{a}(t)}{\partial \mathbf{x}^T} \tag{14.18}$$

이 항은 시간에 따라 순방향으로 전파돼야 한다. 식 (14.15)와 식 (14.17)은 시간 펼침 역전파$^{BPTT, backpropagation-through-time}$ 알고리즘을 구성한다. 여기서 주요 항은 다음 항이다.

$$\frac{\partial F}{\partial \mathbf{a}(t)} \tag{14.19}$$

이 항은 시간에 따라 역방향으로 전파돼야 한다.

일반적으로 RTRL 알고리즘은 그레이디언트를 계산하기 위해 BPTT 알고리즘보다 약간 더 많은 계산이 필요하다. 하지만 BPTT 알고리즘은 실시간에 맞게 구현하기가 어렵다. 왜냐하면 모든 시간 단계에 대해 출력을 계산한 후에 미분값을 초기 시점까지 역전파해야 하기 때문이다. RTRL 알고리즘은 각각의 시간 단계마다 미분을 계산하기 때문에 실시간 구현에 매우 적합하다(레벤버그-마쿼트 알고리즘에 필요한 자코비안 계산에는 RTRL 알고리즘이 BPTT 알고리즘보다 더 효율적이다. [DeHa07] 참조).

동적 역전파

이 절에서는 LDDN 프레임워크로 표현했던 동적 네트워크에 대한 일반적인 RTRL과 BPTT 알고리즘을 개발할 것이다. 이 개발에서는 식 (14.14)에서 식 (14.17)까지를 일반화한다.

예비적 정의

훈련 알고리즘을 간단히 설명하기 위해 LDDN의 일부 계층은 네트워크 출력으로, 다른 일부는 네트워크 입력으로 할당할 것이다. 계층이 입력 가중치 행렬을 갖거나 계층

입력 계층 가중치 행렬과 함께 지연을 포함하면 입력 계층$^{input layer}$이다. 반면 계층이 훈련 과정 동안 출력과 목표를 비교하거나, 행렬을 통해 자신과 연관된 지연을 갖는 입력 계층과 연

출력 계층 결되면 출력 계층$^{output layer}$이다.

예를 들어, 그림 14.1의 LDDN은 2개의 출력 계층(1과 3)과 2개의 입력 계층(1과 2)을

갖는다. 이 네트워크의 시뮬레이션 순서는 1-2-3이며, 역전파 순서는 3-2-1이다. 이후의 유도를 돕기 위해 모든 출력 계층의 집합을 U로 정의하고, 모든 입력 계층의 집합을 X로 정의할 것이다. 그림 14.1의 LDDN의 경우 $U = \{1, 3\}$이고 $X = \{1, 2\}$이다.

LDDN 네트워크를 시뮬레이션하기 위한 식은 식 (14.1)과 식 (14.2)이다. 각 시점마다 시뮬레이션 순서대로 m을 증가시키면서 순방향으로 계층을 따라 이 식을 반복한다. 이때 시간은 $t = 1$에서 $t = Q$까지 증가한다.

실시간 순환 학습

LDDN 네트워크에 대한 식 (14.14)와 식 (14.16)이 있을 때 이 하위 절에서는 RTRL 알고리즘을 일반화할 것이다. 이 개발은 여러 면에서 11장의 정적 다층 네트워크의 역전파 알고리즘 개발을 따를 것이다. 진행하기 전에 해당 내용을 빠르게 검토해도 좋을 것이다.

식 (14.14)

RTRL 알고리즘 개발의 첫 번째 단계는 식 (14.14)를 일반화하는 것이다. 일반적인 LDDN 네트워크의 경우 다음과 같이 연쇄 법칙을 사용해 그레이디언트 항을 계산할 수 있다.

$$\frac{\partial F}{\partial \mathbf{x}} = \sum_{t=1}^{Q} \sum_{u \in U} \left[\left[\frac{\partial \mathbf{a}^u(t)}{\partial \mathbf{x}^T} \right]^T \times \frac{\partial^e F}{\partial \mathbf{a}^u(t)} \right] \tag{14.20}$$

이 식의 경우 식 (14.14)와 비교하면 시점뿐 아니라 출력 계층별 합산 항이 존재한다. 하지만 성능 지표 $F(\mathbf{x})$가 특정 출력 $\mathbf{a}^u(t)$의 함수가 아니면 명시적 미분은 0이 될 것이다.

식 (14.16)

RTRL 알고리즘 개발의 두 번째 단계는 식 (14.16)을 일반화하는 것으로, 다음의 연쇄 법칙을 사용한다.

$$\frac{\partial \mathbf{a}^u(t)}{\partial \mathbf{x}^T} = \frac{\partial^e \mathbf{a}^u(t)}{\partial \mathbf{x}^T} + \sum_{u' \in U} \sum_{x \in X} \sum_{d \in DL_{x,u'}} \frac{\partial^e \mathbf{a}^u(t)}{\partial \mathbf{n}^x(t)^T} \times \frac{\partial^e \mathbf{n}^x(t)}{\partial \mathbf{a}^{u'}(t-d)^T} \times \frac{\partial \mathbf{a}^{u'}(t-d)}{\partial \mathbf{x}^T} \quad (14.21)$$

식 (14.16)에서는 시스템에 하나의 지연만 있었다. 이제 각 출력과 출력이 다른 계층에 입력되기 전에 지연되는 횟수도 고려해야 한다. 따라서 식 (14.21)에는 이를 고려한 3개의 합산이 표현되어 있다. 이 식은 t가 1에서 Q까지 변할 때 시간의 순방향으로 변경돼야 하며, 일반적으로 $t \le 0$인 경우에 다음 항은 0으로 설정한다.

$$\frac{\partial \mathbf{a}^u(t)}{\partial \mathbf{x}^T} \quad (14.22)$$

식 (14.21)을 구현하려면 다음 항을 계산해야 한다.

$$\frac{\partial^e \mathbf{a}^u(t)}{\partial \mathbf{n}^x(t)^T} \times \frac{\partial^e \mathbf{n}^x(t)}{\partial \mathbf{a}^{u'}(t-d)^T} \quad (14.23)$$

오른쪽 두 번째 항을 구하려면 다음 식을 사용한다.

$$n_k^x(t) = \sum_{l \in L_x^f} \sum_{d' \in DL_{x,l}} \left[\sum_{i=1}^{S^l} lw_{k,i}^{x,l}(d') a_i^l(t-d') \right]$$
$$+ \sum_{l \in I_x} \sum_{d' \in DI_{x,l}} \left[\sum_{i=1}^{R^l} iw_{k,i}^{x,l}(d') p_i^l(t-d') \right] + b_k^x \quad (14.24)$$

(식 (11.20)과 비교하라.) 이제 두 번째 항은 다음과 같이 작성할 수 있다.

$$\frac{\partial^e n_k^x(t)}{\partial a_j^{u'}(t-d)} = lw_{k,j}^{x,u'}(d) \quad (14.25)$$

618

이제 민감도 항을 정의해보자.

$$s_{k,i}^{u,m}(t) \equiv \frac{\partial^e a_k^u(t)}{\partial n_i^m(t)} \tag{14.26}$$

민감도 항으로 민감도 행렬을 구성해보자.

$$\mathbf{S}^{u,m}(t) = \frac{\partial^e \mathbf{a}^u(t)}{\partial \mathbf{n}^m(t)^T} = \begin{bmatrix} s_{1,1}^{u,m}(t) & s_{1,2}^{u,m}(t) & \cdots & s_{1,S_m}^{u,m}(t) \\ s_{2,1}^{u,m}(t) & s_{2,2}^{u,m}(t) & \cdots & s_{2,S_m}^{u,m}(t) \\ \vdots & \vdots & & \vdots \\ s_{S_u,1}^{u,m}(t) & s_{S_u,2}^{u,m}(t) & \cdots & s_{S_u,S_m}^{u,m}(t) \end{bmatrix} \tag{14.27}$$

식 (14.23)에 민감도를 적용하면 다음 식과 같이 된다.

$$\left[\frac{\partial^e \mathbf{a}^u(t)}{\partial \mathbf{n}^x(t)^T} \times \frac{\partial^e \mathbf{n}^x(t)}{\partial \mathbf{a}^{u'}(t-d)^T} \right]_{i,j} = \sum_{k=1}^{S^x} s_{i,k}^{u,x}(t) \times lw_{k,j}^{x,u'}(d) \tag{14.28}$$

이를 행렬 형식으로도 표현할 수 있다.

$$\frac{\partial^e \mathbf{a}^u(t)}{\partial \mathbf{n}^x(t)^T} \times \frac{\partial^e \mathbf{n}^x(t)}{\partial \mathbf{a}^{u'}(t-d)^T} = \mathbf{S}^{u,x}(t) \times \mathbf{LW}^{x,u'}(d) \tag{14.29}$$

식 (14.21)을 정리해보면 다음과 같다.

$$\frac{\partial \mathbf{a}^u(t)}{\partial \mathbf{x}^T} = \frac{\partial^e \mathbf{a}^u(t)}{\partial \mathbf{x}^T} + \sum_{u' \in U} \sum_{x \in X} \sum_{d \in DL_{x,u'}} \mathbf{S}^{u,x}(t) \times \mathbf{LW}^{x,u'}(d) \times \frac{\partial \mathbf{a}^{u'}(t-d)}{\partial \mathbf{x}^T} \tag{14.30}$$

식 (14.30)의 우변에서 많은 항이 0이거나 계산이 되지 않는다. 이들의 효율성을 활용하기 위해 몇 가지 지표 집합을 소개하겠다. 이들은 어떤 계층의 가중치와 민감도가 0이 아닌지를 말해주는 집합이다.

첫 번째 종류의 지시자indicator 집합은 명시된 입력 계층 x에 연결되어 있고 지연이 0이 아닌 출력 계층으로 구성되어 있다.

$$E_{LW}^{U}(x) = \{u \in U \ni \exists(\mathbf{LW}^{x,\,u}(d) \neq 0, d \neq 0)\} \tag{14.31}$$

여기서 $\ni$은 '그와 같은$^{\text{such that}}$'을, $\exists$는 '존재하는$^{\text{there exists}}$'을 의미한다.

두 번째 종류의 지시자 집합은 명시된 계층 u에 대해 민감도가 0이 아닌 입력 계층으로 구성되어 있다.

$$E_{S}^{X}(u) = \{x \in X \ni \exists(\mathbf{S}^{u,\,x} \neq 0)\} \tag{14.32}$$

($\mathbf{S}^{u,\,x}$가 0이 아닐 때 계층 x에서 출력 계층 u로 정적 연결이 있다.) 세 번째 종류의 지시자 집합은 명시된 계층 u와 함께 0이 아닌 민감도를 갖는 계층을 포함한다.

$$E_{S}(u) = \{x \ni \exists(\mathbf{S}^{u,\,x} \neq 0)\} \tag{14.33}$$

$E_{S}^{X}(u)$와 $E_{S}(u)$의 차이점은 $E_{S}^{X}(u)$는 입력 계층만 포함한다는 것이다. $E_{S}(u)$는 식 (14.30)을 단순화할 때는 필요하지 않지만, 식 (14.38)의 민감도 계산에 사용된다.

식 (14.31)과 식 (14.32)를 이용해 식 (14.30)의 합산 순서를 재정렬하면 0이 아닌 항에 대해서만 더할 수 있다.

$$\frac{\partial \mathbf{a}^{u}(t)}{\partial \mathbf{x}^{T}} = \frac{\partial^{e} \mathbf{a}^{u}(t)}{\partial \mathbf{x}^{T}}$$
$$+ \sum_{x \in E_{S}^{X}(u)} \mathbf{S}^{u,\,x}(t) \sum_{u' \in E_{LW}^{U}(x)} \sum_{d \in DL_{x,\,u'}} \mathbf{LW}^{x,\,u'}(d) \times \frac{\partial \mathbf{a}^{u'}(t-d)}{\partial \mathbf{x}^{T}} \tag{14.34}$$

식 (14.34)는 LDDN 네트워크에 대한 식 (14.16)을 일반화한 것이다. 이제 민감도 행렬 $\mathbf{S}^{u,\,m}(t)$와 명시적 미분 $\partial^{e}\mathbf{a}^{u}(t)/\partial w$를 계산하는 일이 남았다. 다음 두 하위 절에서 이들을 설명할 것이다.

민감도

민감도 행렬의 요소를 계산할 때 표준 정적 역전파 형태를 사용한다. 네트워크 출력에서 민감도는 다음과 같다.

$$s_{k,i}^{u,u}(t) = \frac{\partial^e a_k^u(t)}{\partial n_i^u(t)} = \begin{cases} \dot{f}^u(n_i^u(t)) & i = k \text{인 경우} \\ 0 & i \neq k \text{인 경우} \end{cases}, \, u \in U \qquad (14.35)$$

행렬 형식은 다음과 같다.

$$\mathbf{S}^{u,u}(t) = \dot{\mathbf{F}}^u(\mathbf{n}^u(t)) \qquad (14.36)$$

여기서 $\dot{\mathbf{F}}^u(\mathbf{n}^u(t))$는 다음과 같이 정의된다.

$$\dot{\mathbf{F}}^u(\mathbf{n}^u(t)) = \begin{bmatrix} \dot{f}^u(n_1^u(t)) & 0 & \dots & 0 \\ 0 & \dot{f}^u(n_2^u(t)) & \dots & 0 \\ \vdots & \vdots & & \vdots \\ 0 & 0 & \dots & \dot{f}^u(n_{S^u}^u(t)) \end{bmatrix} \qquad (14.37)$$

(또한 식 (11.34) 참조). 행렬 $\mathbf{S}^{u,m}(t)$는 다음 식을 이용해 각 네트워크 출력에서 네트워크로 역전파해 계산할 수 있다.

$$\mathbf{S}^{u,m}(t) = \left[\sum_{l \in E_S(u) \cap L_m^b} \mathbf{S}^{u,l}(t) \mathbf{L}\mathbf{W}^{l,m}(0) \right] \dot{\mathbf{F}}^m(\mathbf{n}^m(t)), \, u \in U \qquad (14.38)$$

여기서 m은 u에서 역전파순으로 감소하며, L_m^b는 계층 m에 역방향으로 연결되어 있고 (또는 계층 m에서 순방향으로 연결하고 있는) 연결에 지연을 포함하지 않는 계층의 인덱스 집합이다. 식 (14.38)에 있는 역전파 단계는 식 (11.45)의 역전파 단계와 근본적으로 같지만, 계층 사이에 임의의 연결을 허용하도록 일반화됐다.

명시적 미분

명시적 미분을 계산할 필요가 있다.

$$\frac{\partial^e \mathbf{a}^u(t)}{\partial \mathbf{x}^T} \tag{14.39}$$

미적분의 연쇄 법칙을 이용해 입력 가중치에 대한 식 (14.39)의 전개를 다음과 같이 유도할 수 있다.

$$\frac{\partial^e a_k^u(t)}{\partial iw_{i,j}^{m,l}(d)} = \frac{\partial^e a_k^u(t)}{\partial n_i^m(t)} \times \frac{\partial^e n_i^m(t)}{\partial iw_{i,j}^{m,l}(d)} = s_{k,i}^{u,m}(t) \times p_j^l(t-d) \tag{14.40}$$

벡터 형식으로 다음과 같이 작성할 수 있다.

$$\frac{\partial^e \mathbf{a}^u(t)}{\partial iw_{i,j}^{m,l}(d)} = \mathbf{s}_i^{u,m}(t) \times p_j^l(t-d) \tag{14.41}$$

행렬 형식은 다음과 같다.

$$\frac{\partial^e \mathbf{a}^u(t)}{\partial vec(\mathbf{IW}^{m,l}(d))^T} = [\mathbf{p}^l(t-d)]^T \otimes \mathbf{S}^{u,m}(t) \tag{14.42}$$

그리고 비슷한 방식으로 계층 가중치와 편향에 대해 미분을 유도할 수 있다.

$$\frac{\partial^e \mathbf{a}^u(t)}{\partial vec(\mathbf{LW}^{m,l}(d))^T} = [\mathbf{a}^l(t-d)]^T \otimes \mathbf{S}^{u,m}(t) \tag{14.43}$$

$$\frac{\partial^e \mathbf{a}^u(t)}{\partial (\mathbf{b}^m)^T} = \mathbf{S}^{u,m}(t) \tag{14.44}$$

여기서 *vec* 연산자는 행렬의 열을 다른 열 아래로 쌓아서 행렬을 벡터로 변환하며, $\mathbf{A} \otimes \mathbf{B}$는 $\mathbf{A}$와 $\mathbf{B}$의 크로네커 곱Kronecker product이다[MaNe99].

LDDN 네트워크에 대한 전체 RTRL 알고리즘은 다음의 의사코드로 요약된다.

Initialize:

$$\frac{\partial \mathbf{a}^u(t)}{\partial \mathbf{x}^T} = \mathbf{0}, t \leq 0, \text{ for all } u \in U,$$

For $t = 1$ to Q,

$U' = \varnothing$, $E_S(u) = \varnothing$ and $E_S^X(u) = \varnothing$ for all $u \in U$.

For m decremented through the BP order

For all $u \in U'$, if $E_S(u) \cap L_m^b \neq \varnothing$

$$\mathbf{S}^{u,m}(t) = \left[\sum_{l \in E_S(u) \cap L_m^b} \mathbf{S}^{u,l}(t) \mathbf{LW}^{l,m}(0) \right] \dot{\mathbf{F}}^m(\mathbf{n}^m(t))$$

add m to the set $E_S(u)$

if $m \in X$, add m to the set $E_S^X(u)$

EndFor u

If $m \in U$

$$\mathbf{S}^{m,m}(t) = \dot{\mathbf{F}}^m(\mathbf{n}^m(t))$$

add m to the sets U' and $E_S(m)$

if $m \in X$, add m to the set $E_S^X(m)$

EndIf m

EndFor m

For $u \in U$ incremented through the simulation order

For all weights and biases ($\mathbf{x}$ is a vector containing all weights and biases)

$$\frac{\partial^e \mathbf{a}^u(t)}{\partial vec(\mathbf{IW}^{m,l}(d))^T} = [\mathbf{p}^l(t-d)]^T \otimes \mathbf{S}^{u,m}(t)$$

$$\frac{\partial^e \mathbf{a}^u(t)}{\partial vec(\mathbf{LW}^{m,l}(d))^T} = [\mathbf{a}^l(t-d)]^T \otimes \mathbf{S}^{u,m}(t)$$

$$\frac{\partial^e \mathbf{a}^u(t)}{\partial (\mathbf{b}^m)^T} = \mathbf{S}^{u,m}(t)$$

EndFor weights and biases

$$\frac{\partial \mathbf{a}^u(t)}{\partial \mathbf{x}^T} = \frac{\partial^e \mathbf{a}^u(t)}{\partial \mathbf{x}^T} + \sum_{x \in E_S^X(u)} \mathbf{S}^{u,x}(t) \sum_{u' \in E_{LW}^U(x)} \sum_{d \in DL_{x,u'}} \mathbf{LW}^{x,u'}(d) \times \frac{\partial \mathbf{a}^{u'}(t-d)}{\partial \mathbf{x}^T}$$

EndFor u

EndFor t

Compute Gradients

$$\frac{\partial F}{\partial \mathbf{x}} = \sum_{t=1}^{Q} \sum_{u \in U} \left[\left[\frac{\partial \mathbf{a}^u(t)}{\partial \mathbf{x}^T} \right]^T \times \frac{\partial^e F}{\partial \mathbf{a}^u(t)} \right]$$

예제 RTRL 구현(FIR과 IIR)

RTRL 알고리즘을 설명하기 위해 그림 14.2의 피드포워드 동적 네트워크를 다시 고려해보자. 네트워크의 작동 식은 다음과 같다.

$$a(t) = n(t) = iw_{1,1}(0)p(t) + iw_{1,1}(1)p(t-1) + iw_{1,1}(2)p(t-2)$$

네트워크 구조는 다음과 같이 정의된다.

$$U = \{1\}, X = \{1\}, I_1 = \{1\}, DI_{1,1} = \{0, 1, 2\}, L_1^f = \varnothing, E_{LW}^U(1) = \varnothing$$

다음 표준 성능 함수를 3개의 시점에 대해 선택할 것이다.

$$F = \sum_{t=1}^{Q} (t(t) - a(t))^2 = \sum_{t=1}^{3} e^2(t) = e^2(1) + e^2(2) + e^2(3)$$

입력과 목표는 다음과 같다.

$$\{p(1), t(1)\}, \{p(2), t(2)\}, \{p(3), t(3)\}$$

RTRL 알고리즘을 다음과 같이 초기화해서 시작해보자.

$$U' = \varnothing, E_S(1) = \varnothing, E_S^X(1) = \varnothing$$

지연을 위한 초기 조건 $p(0)$, $p(-1)$도 제공한다.

첫 번째 시간 단계의 네트워크 반응을 계산해보자.

$$a(1) = n(1) = iw_{1,1}(0)p(1) + iw_{1,1}(1)p(0) + iw_{1,1}(2)p(-1)$$

RTRL 알고리즘은 시간에 따라 순방향으로 진행하기 때문에, 첫 번째 시간 단계의 미분을 바로 계산할 수 있다. 다음 절에서 시간의 역방향으로 진행하는 BPTT 알고리즘은 모든 시점에 대해 진행한 후에 미분을 계산할 수 있다는 사실을 알게 될 것이다.

앞의 의사코드에서 미분을 계산하는 첫 번째 단계에서는 전달 함수가 선형이기 때문에 다음과 같이 될 것이다.

$$\mathbf{S}^{1,1}(1) = \dot{\mathbf{F}}^1(\mathbf{n}^1(1)) = 1$$

그리고 다음 집합들도 변경한다.

$$E_S^X(1) = \{1\} \,, \, E_S(1) = \{1\}$$

그다음 단계에서는 식 (14.42)의 명시적 미분을 계산한다.

$$\frac{\partial^e \mathbf{a}^1(1)}{\partial vec(\mathbf{IW}^{1,1}(0))^T} = \frac{\partial^e a(1)}{\partial iw_{1,1}(0)} = [\mathbf{p}^1(1)]^T \otimes \mathbf{S}^{1,1}(t) = p(1)$$

$$\frac{\partial^e \mathbf{a}^1(1)}{\partial vec(\mathbf{IW}^{1,1}(1))^T} = \frac{\partial^e a(1)}{\partial iw_{1,1}(1)} = [\mathbf{p}^1(0)]^T \otimes \mathbf{S}^{1,1}(t) = p(0)$$

$$\frac{\partial^e \mathbf{a}^1(1)}{\partial vec(\mathbf{IW}^{1,1}(2))^T} = \frac{\partial^e a(1)}{\partial iw_{1,1}(2)} = [\mathbf{p}^1(-1)]^T \otimes \mathbf{S}^{1,1}(t) = p(-1)$$

그런 다음, 식 (14.34)를 이용해 전체 미분을 계산해야 하는데 이 경우 $E_{LW}^U(1) = \varnothing$ 이기 때문에 전체 미분은 명시적 미분과 동일하다.

위의 모든 단계가 시점별로 반복되고 나면, 마지막 단계에서는 식 (14.20)을 이용해 가중치에 대한 성능 지표의 미분을 계산한다.

$$\frac{\partial F}{\partial \mathbf{x}} = \sum_{t=1}^Q \sum_{u \in U} \left[\left[\frac{\partial \mathbf{a}^u(t)}{\partial \mathbf{x}^T} \right]^T \times \frac{\partial^e F}{\partial \mathbf{a}^u(t)} \right] = \sum_{t=1}^3 \left[\left[\frac{\partial \mathbf{a}^1(t)}{\partial \mathbf{x}^T} \right]^T \times \frac{\partial^e F}{\partial \mathbf{a}^1(t)} \right]$$

각 가중치별로 식을 분리해보면 다음과 같다.

$$\frac{\partial F}{\partial iw_{1,1}(0)} = p(1)(-2e(1)) + p(2)(-2e(2)) + p(3)(-2e(3))$$

$$\frac{\partial F}{\partial iw_{1,1}(1)} = p(0)(-2e(1)) + p(1)(-2e(2)) + p(2)(-2e(3))$$

$$\frac{\partial F}{\partial iw_{1,1}(2)} = p(-1)(-2e(1)) + p(0)(-2e(2)) + p(1)(-2e(3))$$

이 그레이디언트는 9~12장의 어떤 표준 최적화 알고리즘에든 사용할 수 있다. 최대 경사 하강법을 사용할 경우 이 결과는 LMS 알고리즘의 배치 형태임을 알아두자 (식 (10.33) 참조).

이제 순환 신경망을 사용한 예제를 살펴보자. 그림 14.4의 간단한 순환망을 다시 고려해보자. 네트워크의 작동 식은 식 (14.5)로부터 다음과 같이 정의된다.

$$a(t) = lw_{1,1}(1)a(t-1) + iw_{1,1}p(t)$$

네트워크 구조는 다음과 같이 정의된다.

$$U = \{1\}, X = \{1\}, I_1 = \{1\}, DI_{1,1} = \{0\}$$

$$DL_{1,1} = \{1\}, L_1^f = \{1\}, E_{LW}^U(1) = \{1\}$$

성능 함수는 이전 예제와 동일하게 선택할 것이다.

$$F = \sum_{t=1}^{Q} (t(t) - a(t))^2 = \sum_{t=1}^{3} e^2(t) = e^2(1) + e^2(2) + e^2(3)$$

입력과 목표는 다음과 같다.

$$\{p(1), t(1)\}, \{p(2), t(2)\}, \{p(3), t(3)\}$$

초기화를 해보자.

$$U' = \varnothing, E_S(1) = \varnothing, E_S^X(1) = \varnothing$$

또한 지연에 대한 초기 조건 $a(0)$과 초기 미분이 제공돼야 한다(초기 미분은 보통 0으로 설정된다).

$$\frac{\partial a(0)}{\partial iw_{1,1}}, \quad \frac{\partial a(0)}{\partial lw_{1,1}(1)}$$

그런 다음, 첫 번째 시간 단계의 네트워크 반응을 계산한다.

$$a(1) = lw_{1,1}(1)a(0) + iw_{1,1}p(1)$$

미분 계산은 전달 함수가 선형이기 때문에 다음과 같이 시작한다.

$$\mathbf{S}^{1,1}(1) = \dot{\mathbf{F}}^1(\mathbf{n}^1(1)) = 1$$

다음 집합도 변경한다.

$$E_S^X(1) = \{1\}, \; E_S(1) = \{1\}$$

다음 단계에서는 명시적 미분을 계산한다.

$$\frac{\partial^e \mathbf{a}^1(1)}{\partial vec(\mathbf{IW}^{1,1}(0))^T} = \frac{\partial^e a(1)}{\partial iw_{1,1}} = [\mathbf{p}^1(1)]^T \otimes \mathbf{S}^{1,1}(1) = p(1)$$

$$\frac{\partial^e \mathbf{a}^1(1)}{\partial vec(\mathbf{LW}^{1,1}(1))^T} = \frac{\partial^e a(1)}{\partial lw_{1,1}(1)} = [\mathbf{a}^1(0)]^T \otimes \mathbf{S}^{1,1}(1) = a(0)$$

다음 단계에서는 식 (14.34)를 이용해 전체 미분을 계산한다.

$$\frac{\partial \mathbf{a}^1(t)}{\partial \mathbf{x}^T} = \frac{\partial^e \mathbf{a}^1(t)}{\partial \mathbf{x}^T} + \mathbf{S}^{1,1}(t)\mathbf{LW}^{1,1}(1)\frac{\partial \mathbf{a}^1(t-1)}{\partial \mathbf{x}^T} \tag{14.45}$$

네트워크의 가중치별로 이 공식을 반복하면 다음의 결과를 얻게 된다.

$$\frac{\partial a(1)}{\partial iw_{1,1}} = p(1) + lw_{1,1}(1)\frac{\partial a(0)}{\partial iw_{1,1}} = p(1)$$

$$\frac{\partial a(1)}{\partial lw_{1,1}(1)} = a(0) + lw_{1,1}(1)\frac{\partial a(0)}{\partial lw_{1,1}(1)} = a(0)$$

앞 예제의 대응 식들과 달리 이 식들은 재귀적이다. 현재 시점의 미분은 이전 시점의 미분에 의존적이다(이 식의 우변에 있는 2개의 초기 미분은 보통 0으로 설정되지만, 다음 시간 단계에서는 0이 아니라는 점을 주목하라). 앞에서 언급했던 것처럼 순환망에서 가중치는 네트워크 출력에 두 종류의 다른 영향을 미친다. 첫 번째는 직접적인 영향으로, 식 (14.45)의 명시적 미분으로 표현된다. 두 번째는 간접적인 영향으로, 네트워크의 일부 입력이 이전 출력인데 이 또한 가중치의 함수이기 때문에 발생한다. 간접적인 영향은 식 (14.45)의 두 번째 항을 구성한다.

위의 모든 단계는 각 시점에 대해 반복된다.

$$\frac{\partial^e a(2)}{\partial iw_{1,1}} = p(2), \ \frac{\partial^e a(2)}{\partial lw_{1,1}(1)} = a(1)$$

$$\frac{\partial a(2)}{\partial iw_{1,1}} = p(2) + lw_{1,1}(1)\frac{\partial a(1)}{\partial iw_{1,1}} = p(2) + lw_{1,1}(1)p(1)$$

$$\frac{\partial a(2)}{\partial lw_{1,1}(1)} = a(1) + lw_{1,1}(1)\frac{\partial a(1)}{\partial lw_{1,1}(1)} = a(1) + lw_{1,1}(1)a(0)$$

$$\frac{\partial^e a(3)}{\partial iw_{1,1}} = p(3), \ \frac{\partial^e a(3)}{\partial lw_{1,1}(1)} = a(2)$$

$$\frac{\partial a(3)}{\partial iw_{1,1}} = p(3) + lw_{1,1}(1)\frac{\partial a(2)}{\partial iw_{1,1}} = p(3) + lw_{1,1}(1)p(2) + (lw_{1,1}(1))^2 p(1)$$

$$\frac{\partial a(3)}{\partial lw_{1,1}(1)} = a(2) + lw_{1,1}(1)\frac{\partial a(2)}{\partial lw_{1,1}(1)} = a(2) + lw_{1,1}(1)a(1) + (lw_{1,1}(1))^2 a(0)$$

마지막 단계는 식 (14.20)을 이용해 가중치에 대해 성능 지표의 미분을 계산하는 것이다.

$$\frac{\partial F}{\partial \mathbf{x}} = \sum_{t=1}^{Q} \sum_{u \in U} \left[\left[\frac{\partial \mathbf{a}^u(t)}{\partial \mathbf{x}^T}\right]^T \times \frac{\partial^e F}{\partial \mathbf{a}^u(t)} \right] = \sum_{t=1}^{3} \left[\left[\frac{\partial \mathbf{a}^1(t)}{\partial \mathbf{x}^T}\right]^T \times \frac{\partial^e F}{\partial \mathbf{a}^1(t)} \right]$$

이 식을 각 가중치에 대해 나누면 다음과 같은 결과를 얻는다.

$$\frac{\partial F}{\partial iw_{1,1}} = \frac{\partial a(1)}{\partial iw_{1,1}}(-2e(1)) + \frac{\partial a(2)}{\partial iw_{1,1}}(-2e(2)) + \frac{\partial a(3)}{\partial iw_{1,1}}(-2e(3))$$

$$= -2e(1)[p(1)] - 2e(2)[p(2) + lw_{1,1}(1)p(1)]$$

$$- 2e(3)[p(3) + lw_{1,1}(1)p(2) + (lw_{1,1}(1))^2 p(1)]$$

$$\frac{\partial F}{\partial lw_{1,1}(1)} = \frac{\partial a(1)}{\partial lw_{1,1}(1)}(-2e(1)) + \frac{\partial a(2)}{\partial lw_{1,1}(1)}(-2e(2)) + \frac{\partial a(3)}{\partial lw_{1,1}(1)}(-2e(3))$$

$$= -2e(1)[a(0)] - 2e(2)[a(1) + lw_{1,1}(1)a(0)]$$

$$- 2e(3)[a(2) + lw_{1,1}(1)a(1) + (lw_{1,1}(1))^2 a(0)]$$

위 식의 결과는 숫자이기 때문에 마지막 두 줄에서(그리고 이전 식의 일부에서도) 제시한 전개는 실제 필요하진 않다. 이들을 포함시킨 이유는 다음에 제시할 BPTT 알고리즘 과 비교하기 위해서다.

시간 펼침 역전파

이 절에서는 LDDN 네트워크를 위해 식 (14.15)와 식 (14.17)에 주어진 시간 펼침 역 전파BPTT, Backpropagation-Through-Time 알고리즘을 일반화할 것이다.

식 (14.15)

첫 번째 단계로 식 (14.15)를 일반화할 것이다. 다음과 같이 일반적인 LDDN 네트워 크에 대해 연쇄 법칙을 사용해 (계층 가중치에 대한) 그레이디언트 항을 계산할 수 있다.

$$\frac{\partial F}{\partial lw_{i,j}^{m,l}(d)} = \sum_{t=1}^{Q}\left[\sum_{u \in U}\sum_{k=1}^{S^u}\frac{\partial F}{\partial a_k^u(t)} \times \frac{\partial^e a_k^u(t)}{\partial n_i^m(t)}\right]\frac{\partial^e n_i^m(t)}{\partial lw_{i,j}^{m,l}(d)} \tag{14.46}$$

여기서 u는 출력 계층이고, U는 모든 출력 계층의 집합이며, S^u는 계층 u의 뉴런 수다. 식 (14.24)로부터 마지막 항은 다음과 같이 작성할 수 있다.

$$\frac{\partial^e n_i^m(t)}{\partial lw_{i,j}^{m,l}(d)} = a_j^l(t-d) \tag{14.47}$$

그리고 첫 번째 항과 두 번째 항을 다음과 같이 정의할 것이다.

$$d_i^m(t) = \sum_{u \in U} \sum_{k=1}^{S^u} \frac{\partial F}{\partial a_k^u(t)} \times \frac{\partial^e a_k^u(t)}{\partial n_i^m(t)} \tag{14.48}$$

따라서 계층 가중치에 대한 그레이디언트 항은 다음과 같이 작성될 수 있다.

$$\frac{\partial F}{\partial lw_{i,j}^{m,l}(d)} = \sum_{t=1}^{Q} d_i^m(t) a_j^l(t-d) \tag{14.49}$$

식 (14.26)에서 정의된 민감도 항을 사용해보자.

$$s_{k,i}^{u,m}(t) \equiv \frac{\partial^e a_k^u(t)}{\partial n_i^m(t)} \tag{14.50}$$

$d_i^m(t)$는 다음과 같이 작성될 수 있다.

$$d_i^m(t) = \sum_{u \in U} \sum_{k=1}^{S^u} \frac{\partial F}{\partial a_k^u(t)} \times s_{k,i}^{u,m}(t) \tag{14.51}$$

행렬 형식으로 표현하면 다음과 같다.

$$\mathbf{d}^m(t) = \sum_{u \in U} [\mathbf{S}^{u,m}(t)]^T \times \frac{\partial F}{\partial \mathbf{a}^u(t)} \tag{14.52}$$

여기서

$$\frac{\partial F}{\partial \mathbf{a}^u(t)} = \left[\frac{\partial F}{\partial a_1^u(t)} \ \frac{\partial F}{\partial a_2^u(t)} \ \cdots \ \frac{\partial F}{\partial a_{S_u}^u(t)} \right]^T \tag{14.53}$$

이제 그레이디언트는 행렬 형식으로 작성될 수 있다.

$$\frac{\partial F}{\partial \mathbf{LW}^{m,l}(d)} = \sum_{t=1}^{Q} \mathbf{d}^m(t) \times [\mathbf{a}^l(t-d)]^T \tag{14.54}$$

그리고 유사한 단계를 거쳐 편향과 입력 가중치에 대한 미분도 구할 수 있다.

$$\frac{\partial F}{\partial \mathbf{IW}^{m,l}(d)} = \sum_{t=1}^{Q} \mathbf{d}^m(t) \times [\mathbf{p}^l(t-d)]^T \tag{14.55}$$

$$\frac{\partial F}{\partial \mathbf{b}^m} = \sum_{t=1}^{Q} \mathbf{d}^m(t) \tag{14.56}$$

식 (14.54)에서 식 (14.56)까지는 LDDN 네트워크에 대한 식 (14.15)를 일반화한 것이다.

식 (14.17)

BPTT 알고리즘 개발의 다음 단계는 식 (14.17)을 일반화하는 것이다. 다시 다음의 연쇄 법칙을 사용한다.

$$\frac{\partial F}{\partial \mathbf{a}^u(t)} = \frac{\partial^e F}{\partial \mathbf{a}^u(t)}$$

$$+ \sum_{u' \in U} \sum_{x \in X} \sum_{d \in DL_{x,u}} \left[\frac{\partial^e \mathbf{a}^{u'}(t+d)}{\partial \mathbf{n}^x(t+d)^T} \times \frac{\partial^e \mathbf{n}^x(t+d)}{\partial \mathbf{a}^u(t)^T} \right]^T \times \frac{\partial F}{\partial \mathbf{a}^{u'}(t+d)} \tag{14.57}$$

(합산의 많은 항이 0이 되기 때문에 이 절의 후반에서는 좀 더 효율적인 표현을 제공할 것이다.) 식 (14.17)의 시스템에는 지연이 하나만 있었다. 이제 네트워크 출력이 네트워크 입력으로 어떻게 연결되는지와 네트워크 입력에 적용되기 전 지연 횟수를 고려해야 한다. 이를 고려해서 식 (14.57)에서 3개의 합산으로 표현했다. 이 식은 t가 Q에서 1까지 변하면서 시간의 역방향으로 변경이 일어난다. 일반적으로 다음 항은 $t > Q$일 때 0으로 설정돼야 한다.

$$\frac{\partial F}{\partial \mathbf{a}^{u'}(t)} \tag{14.58}$$

식 (14.57)의 오른쪽 괄호 안의 행렬을 고려해보면 식 (14.29)로부터 다음과 같이 식을 정의할 수 있다.

$$\frac{\partial^e \mathbf{a}^{u'}(t+d)}{\partial \mathbf{n}^x(t+d)^T} \times \frac{\partial^e \mathbf{n}^x(t+d)}{\partial \mathbf{a}^u(t)^T} = \mathbf{S}^{u',x}(t+d) \times \mathbf{LW}^{x,u}(d) \tag{14.59}$$

따라서 식 (14.57)은 다음과 같이 정리된다.

$$\frac{\partial F}{\partial \mathbf{a}^u(t)} = \frac{\partial^e F}{\partial \mathbf{a}^u(t)}$$
$$+ \sum_{u' \in U} \sum_{x \in X} \sum_{d \in DL_{x,u}} [\mathbf{S}^{u',x}(t+d) \times \mathbf{LW}^{x,u}(d)]^T \times \frac{\partial F}{\partial \mathbf{a}^{u'}(t+d)} \tag{14.60}$$

식 (14.60)의 오른쪽 합산에서 대부분의 항은 0이 되므로 계산되지 않을 것이다. 식 (14.60)의 좀 더 효율적인 구현을 제공하기 위해 다음의 지시자 집합을 정의한다.

$$E^X_{LW}(u) = \{x \in X \ni \exists (\mathbf{LW}^{x,u}(d) \neq 0, d \neq 0)\} \tag{14.61}$$

$$E^U_S(x) = \{u \in U \ni \exists (\mathbf{S}^{u,x} \neq 0)\} \tag{14.62}$$

첫 번째 집합은 출력 계층 u와 연결된 0이 아닌 지연을 갖는 모든 입력 집합을 포함한다. 두 번째 집합은 입력 계층 x와 0이 아닌 민감도를 갖는 출력 계층을 포함한다. 민감도 $\mathbf{S}^{u,x}$가 0이 아닐 때는 입력 계층 x에서 출력 계층 u까지 정적 연결이 존재한다.

이제 식 (14.60)의 합산 순서를 재정렬하고, 단지 기존 항들에 대해 합산한다.

$$\frac{\partial F}{\partial \mathbf{a}^u(t)} = \frac{\partial^e F}{\partial \mathbf{a}^u(t)}$$
$$+ \sum_{x \in E^X_{LW}(u)} \sum_{d \in DL_{x,u}} \mathbf{LW}^{x,u}(d)^T \sum_{u' \in E^U_S(x)} \mathbf{S}^{u',x}(t+d)^T \times \frac{\partial F}{\partial \mathbf{a}^{u'}(t+d)} \tag{14.63}$$

요약

전체 BPTT 알고리즘은 다음 의사코드로 요약된다.

Initialize:

$$\frac{\partial F}{\partial \mathbf{a}^u(t)} = \mathbf{0}, t > Q, \text{ for all } u \in U,$$

For $t = Q$ to 1,

$\quad U' = \varnothing$, $E_S(u) = \varnothing$, and $E_S^U(u) = \varnothing$ for all $u \in U$.

$\quad$ For m decremented through the BP order

$\qquad$ For all $u \in U'$, if $E_S(u) \cap L_m^b \neq \varnothing$

$$\mathbf{S}^{u,m}(t) = \left[\sum_{l \in E_S(u) \cap L_m^b} \mathbf{S}^{u,l}(t)\mathbf{LW}^{l,m}(0) \right]\dot{\mathbf{F}}^m(\mathbf{n}^m(t))$$

$\qquad$ add m to the set $E_S(u)$

$\qquad$ add u to the set $E_S^U(m)$

$\qquad$ EndFor u

$\qquad$ If $m \in U$

$$\mathbf{S}^{m,m}(t) = \dot{\mathbf{F}}^m(\mathbf{n}^m(t))$$

$\qquad$ add m to the sets U', $E_S(m)$ and $E_S^U(m)$

$\qquad$ EndIf m

$\quad$ EndFor m

$\quad$ For $u \in U$ decremented through the BP order

$$\frac{\partial F}{\partial \mathbf{a}^u(t)}, = \frac{\partial^e F}{\partial \mathbf{a}^u(t)} + \sum_{x \in E_{LW}^X(u)} \sum_{d \in DL_{x,u}} \mathbf{LW}^{x,u}(d)^T \sum_{u' \in E_S^U(x)} \mathbf{S}^{u',x}(t+d)^T \times \frac{\partial F}{\partial \mathbf{a}^{u'}(t+d)}$$

$\quad$ EndFor u

$\quad$ For all layers m

$$\mathbf{d}^m(t) = \sum_{u \in E_S^U(m)} [\mathbf{S}^{u,m}(t)]^T \times \frac{\partial F}{\partial \mathbf{a}^u(t)}$$

$\quad$ EndFor m

EndFor t

Compute Gradients

$$\frac{\partial F}{\partial \mathbf{LW}^{m,l}(d)} = \sum_{t=1}^Q \mathbf{d}^m(t) \times [\mathbf{a}^l(t-d)]^T$$

$$\frac{\partial F}{\partial \mathbf{IW}^{m,l}(d)} = \sum_{t=1}^Q \mathbf{d}^m(t) \times [\mathbf{p}^l(t-d)]^T$$

$$\frac{\partial F}{\partial \mathbf{b}^m} = \sum_{t=1}^Q \mathbf{d}^m(t)$$

예제 BPTT 구현(FIR과 IIR)

BPTT 알고리즘을 설명하기 위해 RTRL 알고리즘에 사용했던 것과 같은 예제 네트워크를 사용할 것이다. 먼저 그림 14.2의 피드포워드 동적 네트워크를 사용한다. 624페이지에서 네트워크 구조를 정의했다.

BPTT를 이용해 그레이디언트를 계산하기 전에 모든 시간 단계의 네트워크 반응을 계산해야 한다.

$$a(1) = n(1) = iw_{1,1}(0)p(1) + iw_{1,1}(1)p(0) + iw_{1,1}(2)p(-1)$$

$$a(2) = n(2) = iw_{1,1}(0)p(2) + iw_{1,1}(1)p(1) + iw_{1,1}(2)p(0)$$

$$a(3) = n(3) = iw_{1,1}(0)p(3) + iw_{1,1}(1)p(2) + iw_{1,1}(2)p(1)$$

BPTT 알고리즘을 다음과 같이 초기화해서 시작해보자.

$$U' = \varnothing, \; E_S(1) = \varnothing, \; E_S^U(1) = \varnothing$$

미분 계산의 첫 단계는 민감도 계산이 될 것이다. BPTT의 경우 마지막 시점($t = 3$)에서 시작하며, 전달 함수가 선형이기 때문에 다음과 같이 계산될 것이다.

$$\mathbf{S}^{1,1}(3) = \dot{\mathbf{F}}^1(\mathbf{n}^1(3)) = 1$$

다음의 집합도 변경한다.

$$E_S^U(1) = \{1\}, \; E_S(1) = \{1\}$$

다음 단계는 식 (14.63)을 이용해 미분을 계산하는 것이다.

$$\frac{\partial F}{\partial \mathbf{a}^1(3)} = \frac{\partial^e F}{\partial \mathbf{a}^1(3)} = -2e(3)$$

$t = 3$일 때 마지막 단계는 식 (14.52)이다.

$$\mathbf{d}^1(3) = [\mathbf{S}^{1,1}(3)]^T \times \frac{\partial F}{\partial \mathbf{a}^1(3)} = -2e(3)$$

$t = 2$와 $t = 1$일 때 이전 단계와 같이 계산하면 다음 결과를 얻는다.

$$\mathbf{d}^1(2) = [\mathbf{S}^{1,1}(2)]^T \times \frac{\partial F}{\partial \mathbf{a}^1(2)} = -2e(2)$$

$$\mathbf{d}^1(1) = [\mathbf{S}^{1,1}(1)]^T \times \frac{\partial F}{\partial \mathbf{a}^1(1)} = -2e(1)$$

이제 모든 시간 단계가 식 (14.55)에서 결합된다.

$$\frac{\partial F}{\partial \mathbf{IW}^{1,1}(0)} = \frac{\partial F}{\partial iw_{1,1}(0)} = \sum_{t=1}^{3} \mathbf{d}^1(t) \times [\mathbf{p}^1(t)]^T = \sum_{t=1}^{3} -2e(t) \times p(t)$$

$$\frac{\partial F}{\partial \mathbf{IW}^{1,1}(1)} = \frac{\partial F}{\partial iw_{1,1}(1)} = \sum_{t=1}^{3} \mathbf{d}^1(t) \times [\mathbf{p}^1(t-1)]^T = \sum_{t=1}^{3} -2e(t) \times p(t-1)$$

$$\frac{\partial F}{\partial \mathbf{IW}^{1,1}(2)} = \frac{\partial F}{\partial iw_{1,1}(2)} = \sum_{t=1}^{3} \mathbf{d}^1(t) \times [\mathbf{p}^1(t-2)]^T = \sum_{t=1}^{3} -2e(t) \times p(t-2)$$

이 결과는 625페이지의 RTRL 알고리즘 예제에서 얻었던 결과와 같음을 주목하라. RTRL과 BPTT는 항상 같은 그레이디언트를 생성한다. 유일한 차이점은 구현에 있다.

이제 이전 그림 14.4의 순환 신경망 예제를 사용해보자. 626페이지에서 이 네트워크의 구조를 정의했었다.

미분의 초기 조건이 제공돼야만 하는 RTRL 알고리즘과는 달리 BPTT 알고리즘은 미분에 대한 마지막 조건을 필요로 한다.

$$\frac{\partial a(4)}{\partial iw_{1,1}}, \quad \frac{\partial a(4)}{\partial lw_{1,1}(1)}$$

일반적으로 마지막 조건은 0으로 설정된다.

그런 다음 모든 시간 단계의 네트워크 반응을 계산한다.

$$a(1) = lw_{1,1}(1)a(0) + iw_{1,1}p(1)$$

$$a(2) = lw_{1,1}(1)a(1) + iw_{1,1}p(2)$$

$$a(3) = lw_{1,1}(1)a(2) + iw_{1,1}p(3)$$

미분 계산은 전달 함수가 선형이기 때문에 다음과 같이 시작한다.

$$\mathbf{S}^{1,1}(3) = \dot{\mathbf{F}}^1(\mathbf{n}^1(3)) = 1$$

다음 집합도 변경한다.

$$E_S^X(1) = \{1\}, \ E_S(1) = \{1\}$$

다음은 식 (14.63)을 이용해 미분을 계산한다.

$$\frac{\partial F}{\partial \mathbf{a}^1(t)} = \frac{\partial^e F}{\partial \mathbf{a}^1(t)} + \mathbf{LW}^{1,1}(1)^T \mathbf{S}^{1,1}(t+1)^T \times \frac{\partial F}{\partial \mathbf{a}^1(t+1)}$$

$t = 3$일 때 다음 결과를 구할 수 있다.

$$\frac{\partial F}{\partial \mathbf{a}^1(3)} = \frac{\partial^e F}{\partial \mathbf{a}^1(3)} + lw_{1,1}(1)\mathbf{S}^{1,1}(4)^T \times \overset{0}{\cancel{\frac{\partial F}{\partial \mathbf{a}^1(4)}}} = \frac{\partial^e F}{\partial \mathbf{a}^1(3)} = -2e(3)$$

그리고

$$\mathbf{d}^1(3) = [\mathbf{S}^{1,1}(3)]^T \times \frac{\partial F}{\partial \mathbf{a}^1(3)} = -2e(3)$$

$t = 2$에서는 다음의 결과를 얻는다.

$$\mathbf{S}^{1,1}(2) = \dot{\mathbf{F}}^{1}(\mathbf{n}^{1}(2)) = 1$$

$$\frac{\partial F}{\partial \mathbf{a}^{1}(2)} = \frac{\partial^{e} F}{\partial \mathbf{a}^{1}(2)} + lw_{1,1}(1)\mathbf{S}^{1,1}(3)^{T} \times \frac{\partial F}{\partial \mathbf{a}^{1}(3)}$$

$$= -2e(2) + lw_{1,1}(1)(-2e(3))$$

그리고

$$\mathbf{d}^{1}(2) = [\mathbf{S}^{1,1}(2)]^{T} \times \frac{\partial F}{\partial \mathbf{a}^{1}(2)} = -2e(2) + lw_{1,1}(1)(-2e(3))$$

마지막으로 $t = 1$일 때 다음의 결과를 얻는다.

$$\mathbf{S}^{1,1}(1) = \dot{\mathbf{F}}^{1}(\mathbf{n}^{1}(1)) = 1$$

$$\frac{\partial F}{\partial \mathbf{a}^{1}(1)} = \frac{\partial^{e} F}{\partial \mathbf{a}^{1}(1)} + lw_{1,1}(1)\mathbf{S}^{1,1}(2)^{T} \times \frac{\partial F}{\partial \mathbf{a}^{1}(2)}$$

$$= -2e(1) + lw_{1,1}(1)(-2e(2)) + (lw_{1,1}(1))^{2}(-2e(3))$$

그리고

$$\mathbf{d}^{1}(1) = [\mathbf{S}^{1,1}(1)]^{T} \times \frac{\partial F}{\partial \mathbf{a}^{1}(1)} = -2e(1) + lw_{1,1}(1)(-2e(2)) + (lw_{1,1}(1))^{2}(-2e(3))$$

이제 식 (14.54)와 식 (14.55)를 이용해 전체 그레이디언트를 계산할 수 있다.

$$\frac{\partial F}{\partial \mathbf{LW}^{1,1}(1)} = \frac{\partial F}{\partial lw_{1,1}(1)} = \sum_{t=1}^{3} \mathbf{d}^{1}(t) \times [\mathbf{a}^{1}(t-1)]^{T}$$

$$= a(0)[-2e(1) + lw_{1,1}(1)(-2e(2)) + (lw_{1,1}(1))^{2}(-2e(3))]$$
$$+ a(1)[-2e(2) + lw_{1,1}(1)(-2e(3))] + a(0)[-2e(3)]$$

$$\frac{\partial F}{\partial \mathbf{IW}^{1,1}(0)} = \frac{\partial F}{\partial iw_{1,1}} = \sum_{t=1}^{3} \mathbf{d}^{1}(t) \times [\mathbf{p}^{1}(t)]^{T}$$

$$= p(1)[-2e(1) + lw_{1,1}(1)(-2e(2)) + (lw_{1,1}(1))^2(-2e(3))]$$
$$+ p(2)[-2e(2) + lw_{1,1}(1)(-2e(3))] + p(3)[-2e(3)]$$

이 결과는 629페이지의 RTRL 알고리즘으로 얻은 결과와 같다.

동적 훈련에 대한 요약과 의견

RTRL과 BPTT 알고리즘은 동적 네트워크의 그레이디언트를 계산하기 위한 두 가지 대표적인 방법이다. 두 알고리즘은 그레이디언트를 정확히 계산하므로 최종 결과가 동일하다. RTRL 알고리즘은 첫 시점에서 시작해 순방향으로 계산을 수행하기 때문에 온라인(실시간) 구현에 적합하다. BPTT 알고리즘은 마지막 시점에서 시작해 시간의 역 방향으로 실행한다. 일반적으로 그레이디언트 계산을 할 때 BPTT 알고리즘은 RTRL 보다 계산량이 적지만 메모리 저장소가 더 많이 필요하다.

BPTT와 RTRL은 그레이디언트 외에 12장에서 설명했던 레벤버그-마쿼드에 필요한 자코비안 행렬을 계산할 때도 사용할 수 있다. 자코비안 계산의 경우 일반적으로 RTRL 알고리즘이 BPTT 알고리즘보다 더 효율적이다. 자세한 내용은 [DeHa07]을 참조하라.

그레이디언트나 자코비안이 계산되면 여러 표준 최적화 알고리즘을 사용해 네트워크를 훈련할 수 있다. 하지만 일반적으로 동적 네트워크의 훈련은 여러 가지 이유로 피드포워드 네트워크의 훈련보다 더 어렵다. 첫째, 순환망은 시간에 따라 펼쳐지는 피드포워드 네트워크로 생각할 수 있다. 예를 들어, 그림 14.4의 간단한 단층 순환망을 고려해보자. 네트워크를 다섯 시간 단계에서 훈련해야 한다면 각 시간 단계별로 하나의 계층을 갖도록 다섯 계층을 생성해 네트워크를 펼칠 수 있다. 시그모이드 전달 함수를 사용할 경우 어느 시점에서 네트워크 출력이 포화점 근처일 때 그레이디언트가 매우 작아질 수 있다.

동적 네트워크를 훈련할 때 발생할 수 있는 또 다른 문제는 오차 표면의 모양이다. 순환망의 오차 표면은 근사하려는 동적 시스템과 관계없는 가짜 계곡을 가질 수 있다는 사실이 입증됐다([PhHa13] 참조). 이 계곡이 생기는 근본적인 원인은 순환망이 불안 정성의 잠재력을 갖고 있다는 사실이다. 예를 들어, 그림 14.4의 네트워크는 $lw_{1,1}(1)$ 의 크기가 1보다 크면 불안정해질 것이다. 하지만 특정 입력 열의 경우 1보다 큰 특정 $lw_{1,1}(1)$ 값이나 $lw_{1,1}(1)$과 $iw_{1,1}$ 값의 특정 결합에 대해 네트워크 출력이 작아질 수 있다.

마지막으로, 동적 네트워크에 적합한 훈련 데이터를 얻는 것은 종종 어렵다. 왜냐하면 일부 계층의 입력이 탭 지연선에서 오기 때문이다. 이 말은 입력 벡터 요소를 샘플링할 때 시간 열은 일반적으로 시간과 상관되어 있기 때문에 입력 벡터 요소를 독립적으로 선택할 수 없음을 의미한다. 네트워크 반응이 현재 시간의 네트워크 입력에만 의존하는 정적 네트워크와 달리, 동적 네트워크 반응은 입력 열의 이력에 의존한다. 네트워크 훈련에 사용할 데이터는 모든 입력 범위와 시간에 따른 입력의 변화 측면에서 네트워크가 사용할 모든 상황을 대표해야만 한다.

동적 네트워크 훈련을 설명하기 위해 그림 14.4의 단순한 순환망을 다시 고려해보자. 단, 그림 14.9와 같이 비선형 시그모이드 함수를 사용한다.

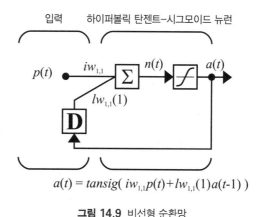

$$a(t) = tansig(\, iw_{1,1}p(t) + lw_{1,1}(1)a(t-1)\,)$$

그림 14.9 비선형 순환망

11장에서 함수를 근사하기 위해 정적 다층 네트워크를 사용할 수 있었다. 동적 네트워크는 동적 시스템을 근사하기 위해 사용할 수 있다. 함수는 한 벡터 공간(정의역)을 다른 벡터 공간(치역)으로 매핑한다. 동적 시스템은 하나의 시간 열 집합(입력 열 $p(t)$)을 또다른 시간 열 집합(출력 열 $a(t)$)으로 매핑한다. 예를 들어, 그림 14.9의 네트워크는 동적 시스템이다. 이 네트워크는 입력 열을 출력 열로 매핑한다.

분석을 간단히 하기 위해 최적 해를 알고 있는 문제를 네트워크에 제공할 것이다. 근사할 동적 시스템은 다음 가중치를 갖는다.

$$lw_{1,1}(1) = 0.5, \; iw_{1,1} = 0.5 \tag{14.64}$$

동적 네트워크를 훈련시키는 데 사용하는 입력 열은 모든 가능한 입력 열을 대표해야만 한다. 이 네트워크는 너무 간단하기 때문에 적절한 입력 열을 찾는 것이 어렵지 않지만, 실제 많은 네트워크에서는 매우 어렵다. 다양한 높이와 폭을 갖는 일련의 펄스로 구성된 (스카이라인 함수라고 하는) 입력 열의 표준 형태를 사용할 것이다. 그림 14.10에 입력과 목표 열이 있으며 흰색 점은 입력 열, 검은색 점은 목표 열을 나타낸다. 그림 14.9의 네트워크가 식 (14.64)의 가중치를 가질 때 입력 열을 적용해 목표를 생성해보자.

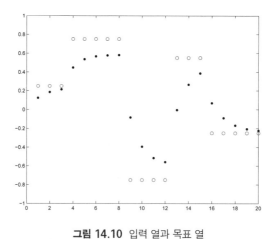

그림 14.10 입력 열과 목표 열

그림 14.11은 문제의 제곱 오차 성능 표면을 보여준다. 가중치 $lw_{1,1}(1)$의 크기가 1보다 커질 때 제곱 오차가 가파르게 증가하는 것을 주목하라. 훈련 열이 길어질수록 이와 같은 영향은 좀 더 두드러질 것이다. 또한 $lw_{1,1}(1)$이 1보다 큰 영역의 표면에서 좁은 계곡을 여러 개 볼 수 있다(이런 결과는 매우 흔하며 [PhHa13]에서 논의됐다. 계곡의 원인을 살펴보려면 연습문제 E14.18을 참조하라).

좁은 계곡은 훈련에 영향을 미칠 수 있다. 궤적이 가짜 계곡에 갇히거나 방향을 잘못 잡을 수 있기 때문이다. 그림 14.11의 왼쪽에 최대 경사 하강 경로가 있다. 이 경로는 등고선 그래프의 바닥 부근에 보이는 좁은 계곡 때문에 궤적의 시작 부분에서 방향을 잘못 잡았다.

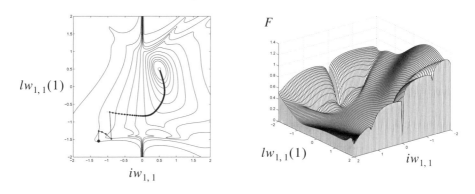

그림 14.11 성능 표면과 최대 경사 하강 궤적

 이 순환망 훈련을 실험하려면, 신경망 설계 데모 '순환망 훈련$^{Recurrent Network Training}$' **nnd14rnt** 를 이용하라.

결과 요약

Initialize:

실시간 순환 학습 그레이디언트

$$\frac{\partial \mathbf{a}^u(t)}{\partial \mathbf{x}^T} = \mathbf{0}, t \leq 0, \text{ for all } u \in U,$$

For $t = 1$ to Q,

$\quad U' = \varnothing$, $E_S(u) = \varnothing$ and $E_S^X(u) = \varnothing$ for all $u \in U$.

$\quad$ For m decremented through the BP order

$\quad\quad$ For all $u \in U'$, if $E_S(u) \cap L_m^b \neq \varnothing$

$$\mathbf{S}^{u,m}(t) = \left[\sum_{l \in E_S(u) \cap L_m^b} \mathbf{S}^{u,l}(t) \mathbf{LW}^{l,m}(0) \right] \dot{\mathbf{F}}^m(\mathbf{n}^m(t))$$

$\quad\quad$ add m to the set $E_S(u)$

$\quad\quad$ if $m \in X$, add m to the set $E_S^X(u)$

$\quad\quad$ EndFor u

$\quad\quad$ If $m \in U$

$$\mathbf{S}^{m,m}(t) = \dot{\mathbf{F}}^m(\mathbf{n}^m(t))$$

$\quad\quad\quad$ add m to the sets U' and $E_S(m)$

$\quad\quad\quad$ if $m \in X$, add m to the set $E_S^X(m)$

$\quad\quad$ EndIf m

$\quad$ EndFor m

$\quad$ For $u \in U$ incremented through the simulation order

$\quad\quad$ For all weights and biases ($\mathbf{x}$ is a vector containing all weights and biases)

$$\frac{\partial^e \mathbf{a}^u(t)}{\partial vec(\mathbf{IW}^{m,l}(d))^T} = \left[\mathbf{p}^l(t-d)\right]^T \otimes \mathbf{S}^{u,m}(t)$$

$$\frac{\partial^e \mathbf{a}^u(t)}{\partial vec(\mathbf{LW}^{m,l}(d))^T} = \left[\mathbf{a}^l(t-d)\right]^T \otimes \mathbf{S}^{u,m}(t)$$

$$\frac{\partial^e \mathbf{a}^u(t)}{\partial (\mathbf{b}^m)^T} = \mathbf{S}^{u,m}(t)$$

$\quad\quad$ EndFor weights and biases

$$\frac{\partial \mathbf{a}^u(t)}{\partial \mathbf{x}^T} = \frac{\partial^e \mathbf{a}^u(t)}{\partial \mathbf{x}^T} + \sum_{x \in E_S^X(u)} \mathbf{S}^{u,x}(t) \sum_{u' \in E_{LW}^U(x)} \sum_{d \in DL_{x,u'}} \mathbf{LW}^{x,u'}(d) \times \frac{\partial \mathbf{a}^{u'}(t-d)}{\partial \mathbf{x}^T}$$

$\quad$ EndFor u

EndFor t

Compute Gradients

$$\frac{\partial F}{\partial \mathbf{x}} = \sum_{t=1}^{Q} \sum_{u \in U} \left[\left[\frac{\partial \mathbf{a}^u(t)}{\partial \mathbf{x}^T} \right]^T \times \frac{\partial^e F}{\partial \mathbf{a}^u(t)} \right]$$

Initialize:

$$\frac{\partial F}{\partial \mathbf{a}^u(t)} = \mathbf{0}, t > Q, \text{ for all } u \in U,$$

For $t = Q$ to 1,

$\quad U' = \varnothing$, $E_S(u) = \varnothing$, and $E_S^U(u) = \varnothing$ for all $u \in U$.

For m decremented through the BP order

For all $u \in U'$, if $E_S(u) \cap L_m^b \neq \varnothing$

$$\mathbf{S}^{u,m}(t) = \left[\sum_{l \in E_S(u) \cap L_m^b} \mathbf{S}^{u,l}(t)\mathbf{LW}^{l,m}(0) \right] \dot{\mathbf{F}}^m(\mathbf{n}^m(t))$$

add m to the set $E_S(u)$

add u to the set $E_S^U(m)$

EndFor u

If $m \in U$

$\quad \mathbf{S}^{m,m}(t) = \dot{\mathbf{F}}^m(\mathbf{n}^m(t))$

add m to the sets U', $E_S(m)$ and $E_S^U(m)$

EndIf m

EndFor m

For $u \in U$ decremented through the BP order

$$\frac{\partial F}{\partial \mathbf{a}^u(t)} = \frac{\partial^e F}{\partial \mathbf{a}^u(t)} + \sum_{x \in E_{LW}^X(u)} \sum_{d \in DL_{x,u}} \mathbf{LW}^{x,u}(d)^T \sum_{u' \in E_S^U(x)} \mathbf{S}^{u',x}(t+d)^T \times \frac{\partial F}{\partial \mathbf{a}^{u'}(t+d)}$$

EndFor u

For all layers m

$$\mathbf{d}^m(t) = \sum_{u \in E_S^U(m)} [\mathbf{S}^{u,m}(t)]^T \times \frac{\partial F}{\partial \mathbf{a}^u(t)}$$

EndFor m

EndFor t

Compute Gradients

$$\frac{\partial F}{\partial \mathbf{LW}^{m,l}(d)} = \sum_{t=1}^{Q} \mathbf{d}^m(t) \times [\mathbf{a}^l(t-d)]^T$$

$$\frac{\partial F}{\partial \mathbf{IW}^{m,l}(d)} = \sum_{t=1}^{Q} \mathbf{d}^m(t) \times [\mathbf{p}^l(t-d)]^T$$

$$\frac{\partial F}{\partial \mathbf{b}^m} = \sum_{t=1}^{Q} \mathbf{d}^m(t)$$

정의/표기법

- $\mathbf{p}^l(t)$: 시간 t에서 네트워크의 l번째 입력 벡터input vector

- $\mathbf{n}^m(t)$: 계층 m의 네트 입력net input

- $\mathbf{f}^m(\ )$: 계층 m의 전달 함수transfer function

- $\mathbf{a}^m(t)$: 계층 m의 출력output

- $\mathbf{IW}^{m,l}$: 입력 l과 계층 m 사이의 입력 가중치input weight

- $\mathbf{LW}^{m,l}$: 계층 l과 계층 m 사이의 계층 가중치layer weight

- $\mathbf{b}^m$: 계층 m의 편향 벡터bias vector

- $DL_{m,l}$: 계층 l과 계층 m 사이의 탭 지연선에 있는 모든 지연 집합

- $DI_{m,l}$: 입력 l과 계층 m 사이의 탭 지연선에 있는 모든 지연 집합

- I_m: 계층 m에 연결된 입력 벡터의 인덱스 집합

- L_m^f: 계층 m에 순방향으로forward 직접 연결된 계층의 인덱스 집합

- L_m^b: 계층 m에 역방향으로 직접 연결되고(또는 계층 m이 순방향으로 연결하는) 연결에 지연을 포함하지 않는 계층의 인덱스 집합

- 계층이 입력 가중치 행렬을 갖거나 계층 가중치 행렬과 함께 지연을 포함하면 입력 계층input layer이다. 입력 계층 집합은 X이다.

- 계층이 훈련 과정 동안 출력과 목표를 비교하거나, 행렬을 통해 자신과 연관된 지연을 갖는 입력 계층과 연결되면 출력 계층output layer이다. 출력 계층 집합은 U이다.

- 민감도sensitivity는 $s_{k,i}^{u,m}(t) \equiv \dfrac{\partial^e a_k^u(t)}{\partial n_i^m(t)}$ 로 정의된다.

- $E_{LW}^U(x) = \{u \in U \ni \exists(\mathbf{LW}^{x,u}(d) \neq 0, d \neq 0)\}$

- $E_S^X(u) = \{x \in X \ni \exists(\mathbf{S}^{u,x} \neq 0)\}$

- $E_S(u) = \{x \ni \exists(\mathbf{S}^{u,x} \neq 0)\}$

- $E_{LW}^X(u) = \{x \in X \ni \exists(\mathbf{LW}^{x,u}(d) \neq 0, d \neq 0)\}$

- $E_S^U(x) = \{u \in U \ni \exists(\mathbf{S}^{u,x} \neq 0)\}$

문제 풀이

P14.1 문제를 시작하기 전에 동적 네트워크를 효율적으로 표현할 수 있는 표기법을 먼저 소개하자.

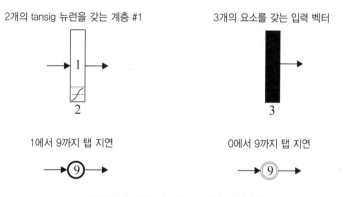

2개의 tansig 뉴런을 갖는 계층 #1

3개의 요소를 갖는 입력 벡터

1에서 9까지 탭 지연

0에서 9까지 탭 지연

그림 P14.1 동적 네트워크 도식을 위한 블록

이 표기법을 사용한 다음 네트워크를 고려하라.

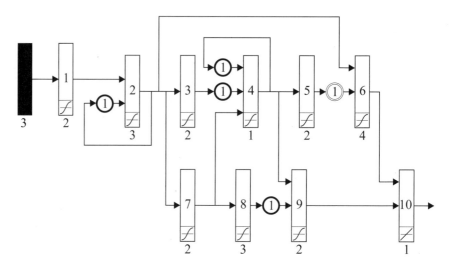

그림 P14.2 문제 P14.1의 동적 네트워크 예제

U, X, I_m, $DI_{m,1}$, $DL_{m,l}$, L_m^f, L_m^b, $E_{LW}^U(x)$, $E_{LW}^X(u)$를 표시해 네트워크 구조를 정의하라. 또한 시뮬레이션 순서를 선택하고 각 가중치 행렬의 차원을 표시하라.

입력 계층은 입력 가중치 행렬을 갖거나 계층 가중치 행렬과 함께 지연을 갖는다. 이에 따라 $X = \{1, 2, 4, 6, 9\}$이다. 출력 계층은 목표와 비교하거나 행렬을 통해 자신과 연관된 지연을 갖는 입력 계층과 연결된다. 계층 10만 목표와 비교된다고 가정하면 $U = \{2, 3, 4, 5, 8, 10\}$이다. 1개의 입력 벡터가 계층 1에만 연결되기 때문에 유일한 입력 집합은 $I_1 = \{1\}$이다. 동일한 이유로 입력 지연 집합은 $DI_{1,1} = \{0\}$이 될 것이다. 두 계층 사이 연결은 다음과 같이 정의된다.

$$L_1^f = \varnothing \,,\; L_2^f = \{1, 2\} \,,\; L_3^f = \{2\} \,,\; L_4^f = \{3, 4, 7\} \,,\; L_5^f = \{4\}$$

$$L_6^f = \{2, 5\} \,,\; L_7^f = \{2\} \,,\; L_8^f = \{7\} \,,\; L_9^f = \{4, 8\} \,,\; L_{10}^f = \{6, 9\}$$

$$L_1^b = \{2\} \,,\; L_2^b = \{3, 6, 7\} \,,\; L_3^b = \varnothing \,,\; L_4^b = \{5, 9\} \,,\; L_5^b = \varnothing$$

$$L_6^b = \{10\} \,,\; L_7^b = \{4, 8\} \,,\; L_8^b = \varnothing \,,\; L_9^b = \{10\} \,,\; L_{10}^b = \varnothing$$

다음의 계층 지연은 계층 연결과 연관되어 있다.

$$DL_{2,1} = \{0\}, DL_{2,2} = \{1\}, DL_{3,2} = \{0\}, DL_{4,3} = \{1\}, DL_{4,4} = \{1\}$$

$$DL_{4,7} = \{0\}, DL_{5,4} = \{0\}, DL_{6,2} = \{0\}, DL_{6,5} = \{0,1\}, DL_{7,2} = \{0\}$$

$$DL_{8,7} = \{0\}, DL_{9,4} = \{0\}, DL_{9,8} = \{1\}, DL_{10,6} = \{0\}, DL_{10,9} = \{0\}$$

입력 계층에 연결된 출력 계층은 다음과 같다.

$$E_{LW}^{U}(2) = \{2\}, E_{LW}^{U}(4) = \{3,4\}$$

$$E_{LW}^{U}(6) = \{5\}, E_{LW}^{U}(9) = \{8\}$$

출력 계층에 연결된 입력 계층은 다음과 같다.

$$E_{LW}^{X}(2) = \{2\}, E_{LW}^{X}(3) = \{4\}, E_{LW}^{X}(4) = \{4\}$$

$$E_{LW}^{X}(5) = \{6\}, E_{LW}^{X}(8) = \{9\}$$

시뮬레이션 순서는 {1, 2, 3, 7, 4, 5, 6, 8, 9, 10}으로 선택할 수 있다. 가중치 행렬의 차원은 다음과 같다.

$$\mathbf{IW}^{1,1}(0) \Rightarrow 2 \times 3, \mathbf{LW}^{2,1}(0) \Rightarrow 3 \times 2, \mathbf{LW}^{2,2}(1) \Rightarrow 3 \times 3, \mathbf{LW}^{3,2}(0) \Rightarrow 2 \times 3$$

$$\mathbf{LW}^{4,3}(1) \Rightarrow 1 \times 2, \mathbf{LW}^{4,4}(1) \Rightarrow 1 \times 1, \mathbf{LW}^{4,7}(0) \Rightarrow 1 \times 2, \mathbf{LW}^{5,4}(0) \Rightarrow 2 \times 1$$

$$\mathbf{LW}^{6,2}(0) \Rightarrow 4 \times 3, \mathbf{LW}^{6,5}(1) \Rightarrow 4 \times 2, \mathbf{LW}^{7,2}(0) \Rightarrow 2 \times 3, \mathbf{LW}^{8,7}(0) \Rightarrow 3 \times 2$$

$$\mathbf{LW}^{9,4}(0) \Rightarrow 2 \times 1, \mathbf{LW}^{9,8}(1) \Rightarrow 2 \times 3, \mathbf{LW}^{10,6}(0) \Rightarrow 1 \times 4, \mathbf{LW}^{10,9}(d) \Rightarrow 1 \times 2$$

P14.2 **문제 P14.1에 제시된 네트워크에 대한 BPTT 식을 작성하라.**

모든 시점의 네트워크 반응이 계산됐다고 가정하고, 모든 단계가 비슷하기 때문에 한 시간 단계의 과정만 설명할 것이다. 시뮬레이션 순서와 반대인 역전파 순서 {10, 9, 8, 6, 5, 4, 7, 3, 2, 1}에 따라 계층을 진행한다.

$$\mathbf{S}^{10,\,10}(t) = \dot{\mathbf{F}}^{10}(\mathbf{n}^{10}(t))$$

$$\frac{\partial F}{\partial \mathbf{a}^{10}(t)} = \frac{\partial^e F}{\partial \mathbf{a}^{10}(t)}$$

$$\mathbf{d}^{10}(t) = [\mathbf{S}^{10,\,10}(t)]^T \times \frac{\partial F}{\partial \mathbf{a}^{10}(t)}$$

$$\mathbf{S}^{10,\,9}(t) = \mathbf{S}^{10,\,10}(t)\mathbf{L}\mathbf{W}^{10,\,9}(0)\dot{\mathbf{F}}^9(\mathbf{n}^9(t))$$

$$\mathbf{d}^9(t) = [\mathbf{S}^{10,\,9}(t)]^T \times \frac{\partial F}{\partial \mathbf{a}^{10}(t)}$$

$$\mathbf{S}^{8,\,8}(t) = \dot{\mathbf{F}}^8(\mathbf{n}^8(t))$$

$$\frac{\partial F}{\partial \mathbf{a}^8(t)} = \frac{\partial^e F}{\partial \mathbf{a}^8(t)} + \mathbf{L}\mathbf{W}^{9,\,8}(1)^T \mathbf{S}^{10,\,9}(t+1)^T \times \frac{\partial F}{\partial \mathbf{a}^{10}(t+1)}$$

$$\mathbf{d}^8(t) = [\mathbf{S}^{8,\,8}(t)]^T \times \frac{\partial F}{\partial \mathbf{a}^8(t)}$$

$$\mathbf{S}^{10,\,6}(t) = \mathbf{S}^{10,\,10}(t)\mathbf{L}\mathbf{W}^{10,\,6}(0)\dot{\mathbf{F}}^6(\mathbf{n}^6(t))$$

$$\mathbf{d}^6(t) = [\mathbf{S}^{10,\,6}(t)]^T \times \frac{\partial F}{\partial \mathbf{a}^{10}(t)}$$

$$\mathbf{S}^{5,\,5}(t) = \dot{\mathbf{F}}^5(\mathbf{n}^5(t))$$

$$\frac{\partial F}{\partial \mathbf{a}^5(t)} = \frac{\partial^e F}{\partial \mathbf{a}^5(t)} + \mathbf{L}\mathbf{W}^{6,\,5}(1)^T \mathbf{S}^{10,\,6}(t+1)^T \times \frac{\partial F}{\partial \mathbf{a}^{10}(t+1)} + \mathbf{L}\mathbf{W}^{6,\,5}(0)^T \mathbf{S}^{10,\,6}(t)^T \times \frac{\partial F}{\partial \mathbf{a}^{10}(t)}$$

$$\mathbf{d}^5(t) = [\mathbf{S}^{5,\,5}(t)]^T \times \frac{\partial F}{\partial \mathbf{a}^5(t)}$$

$$\mathbf{S}^{10,\,4}(t) = \mathbf{S}^{10,\,9}(t)\mathbf{L}\mathbf{W}^{9,\,4}(0)\dot{\mathbf{F}}^4(\mathbf{n}^4(t))$$

$$\mathbf{S}^{5,\,4}(t) = \mathbf{S}^{5,\,5}(t)\mathbf{L}\mathbf{W}^{5,\,4}(0)\dot{\mathbf{F}}^4(\mathbf{n}^4(t))$$

$$\mathbf{S}^{4,4}(t) = \dot{\mathbf{F}}^4(\mathbf{n}^4(t))$$

$$\frac{\partial F}{\partial \mathbf{a}^4(t)} = \frac{\partial^e F}{\partial \mathbf{a}^4(t)} + \mathbf{L}\mathbf{W}^{4,4}(1)^T\left[\mathbf{S}^{4,4}(t+1)^T \times \frac{\partial F}{\partial \mathbf{a}^4(t+1)} + \mathbf{S}^{5,4}(t+1)^T \times \frac{\partial F}{\partial \mathbf{a}^5(t+1)} + \mathbf{S}^{10,4}(t+1)^T \times \frac{\partial F}{\partial \mathbf{a}^{10}(t+1)}\right]$$

$$\mathbf{d}^4(t) = [\mathbf{S}^{4,4}(t)]^T \times \frac{\partial F}{\partial \mathbf{a}^4(t)} + [\mathbf{S}^{5,4}(t)]^T \times \frac{\partial F}{\partial \mathbf{a}^5(t)} + [\mathbf{S}^{10,4}(t)]^T \times \frac{\partial F}{\partial \mathbf{a}^{10}(t)}$$

$$\mathbf{S}^{10,7}(t) = \mathbf{S}^{10,4}(t)\mathbf{L}\mathbf{W}^{4,7}(0)\dot{\mathbf{F}}^7(\mathbf{n}^7(t))$$

$$\mathbf{S}^{8,7}(t) = \mathbf{S}^{8,8}(t)\mathbf{L}\mathbf{W}^{8,7}(0)\dot{\mathbf{F}}^7(\mathbf{n}^7(t))$$

$$\mathbf{S}^{5,7}(t) = \mathbf{S}^{5,4}(t)\mathbf{L}\mathbf{W}^{4,7}(0)\dot{\mathbf{F}}^7(\mathbf{n}^7(t))$$

$$\mathbf{S}^{4,7}(t) = \mathbf{S}^{4,4}(t)\mathbf{L}\mathbf{W}^{4,7}(0)\dot{\mathbf{F}}^7(\mathbf{n}^7(t))$$

$$\mathbf{d}^7(t) = [\mathbf{S}^{10,7}(t)]^T \times \frac{\partial F}{\partial \mathbf{a}^{10}(t)} + [\mathbf{S}^{8,7}(t)]^T \times \frac{\partial F}{\partial \mathbf{a}^8(t)} + [\mathbf{S}^{5,7}(t)]^T \times \frac{\partial F}{\partial \mathbf{a}^5(t)} + [\mathbf{S}^{4,7}(t)]^T \times \frac{\partial F}{\partial \mathbf{a}^4(t)}$$

$$\mathbf{S}^{3,3}(t) = \dot{\mathbf{F}}^3(\mathbf{n}^3(t))$$

$$\frac{\partial F}{\partial \mathbf{a}^3(t)} = \frac{\partial^e F}{\partial \mathbf{a}^3(t)} + \mathbf{L}\mathbf{W}^{4,3}(1)^T\left[\mathbf{S}^{4,4}(t+1)^T \times \frac{\partial F}{\partial \mathbf{a}^4(t+1)} + \mathbf{S}^{5,4}(t+1)^T \times \frac{\partial F}{\partial \mathbf{a}^5(t+1)} + \mathbf{S}^{10,4}(t+1)^T \times \frac{\partial F}{\partial \mathbf{a}^{10}(t+1)}\right]$$

$$\mathbf{d}^3(t) = [\mathbf{S}^{3,3}(t)]^T \times \frac{\partial F}{\partial \mathbf{a}^3(t)}$$

$$\mathbf{S}^{10,2}(t) = \mathbf{S}^{10,6}(t)\mathbf{L}\mathbf{W}^{6,2}(0)\dot{\mathbf{F}}^2(\mathbf{n}^2(t)) + \mathbf{S}^{10,7}(t)\mathbf{L}\mathbf{W}^{7,2}(0)\dot{\mathbf{F}}^2(\mathbf{n}^2(t))$$

$$\mathbf{S}^{8,2}(t) = \mathbf{S}^{8,7}(t)\mathbf{L}\mathbf{W}^{7,2}(0)\dot{\mathbf{F}}^2(\mathbf{n}^2(t))$$

$$\mathbf{S}^{5,2}(t) = \mathbf{S}^{5,7}(t)\mathbf{L}\mathbf{W}^{7,2}(0)\dot{\mathbf{F}}^2(\mathbf{n}^2(t))$$

$$\mathbf{S}^{4,2}(t) = \mathbf{S}^{4,7}(t)\mathbf{L}\mathbf{W}^{7,2}(0)\dot{\mathbf{F}}^2(\mathbf{n}^2(t))$$

$$\mathbf{S}^{3,2}(t) = \mathbf{S}^{3,3}(t)\mathbf{L}\mathbf{W}^{3,2}(0)\dot{\mathbf{F}}^2(\mathbf{n}^2(t))$$

$$\mathbf{S}^{2,2}(t) = \dot{\mathbf{F}}^2(\mathbf{n}^2(t))$$

$$\frac{\partial F}{\partial \mathbf{a}^2(t)} = \frac{\partial^e F}{\partial \mathbf{a}^2(t)} + \mathbf{L}\mathbf{W}^{2,2}(1)^T \left[\mathbf{S}^{2,2}(t+1)^T \times \frac{\partial F}{\partial \mathbf{a}^2(t+1)} + \mathbf{S}^{3,2}(t+1)^T \times \frac{\partial F}{\partial \mathbf{a}^3(t+1)} \right.$$

$$+ \mathbf{S}^{4,2}(t+1)^T \times \frac{\partial F}{\partial \mathbf{a}^4(t+1)} + \mathbf{S}^{5,2}(t+1)^T \times \frac{\partial F}{\partial \mathbf{a}^5(t+1)}$$

$$\left. + \mathbf{S}^{8,2}(t+1)^T \times \frac{\partial F}{\partial \mathbf{a}^8(t+1)} + \mathbf{S}^{10,2}(t+1)^T \times \frac{\partial F}{\partial \mathbf{a}^{10}(t+1)} \right]$$

$$\mathbf{d}^2(t) = [\mathbf{S}^{10,2}(t)]^T \times \frac{\partial F}{\partial \mathbf{a}^{10}(t)} + [\mathbf{S}^{8,2}(t)]^T \times \frac{\partial F}{\partial \mathbf{a}^8(t)} + [\mathbf{S}^{5,2}(t)]^T \times \frac{\partial F}{\partial \mathbf{a}^5(t)}$$

$$+ [\mathbf{S}^{4,2}(t)]^T \times \frac{\partial F}{\partial \mathbf{a}^4(t)} + [\mathbf{S}^{3,2}(t)]^T \times \frac{\partial F}{\partial \mathbf{a}^3(t)} + [\mathbf{S}^{2,2}(t)]^T \times \frac{\partial F}{\partial \mathbf{a}^2(t)}$$

$$\mathbf{S}^{10,1}(t) = \mathbf{S}^{10,2}(t)\mathbf{L}\mathbf{W}^{2,1}(0)\dot{\mathbf{F}}^1(\mathbf{n}^1(t))$$

$$\mathbf{S}^{8,1}(t) = \mathbf{S}^{8,2}(t)\mathbf{L}\mathbf{W}^{2,1}(0)\dot{\mathbf{F}}^1(\mathbf{n}^1(t))$$

$$\mathbf{S}^{5,1}(t) = \mathbf{S}^{5,2}(t)\mathbf{L}\mathbf{W}^{2,1}(0)\dot{\mathbf{F}}^1(\mathbf{n}^1(t))$$

$$\mathbf{S}^{4,1}(t) = \mathbf{S}^{4,2}(t)\mathbf{L}\mathbf{W}^{2,1}(0)\dot{\mathbf{F}}^1(\mathbf{n}^1(t))$$

$$\mathbf{S}^{3,1}(t) = \mathbf{S}^{3,2}(t)\mathbf{L}\mathbf{W}^{2,1}(0)\dot{\mathbf{F}}^1(\mathbf{n}^1(t))$$

$$\mathbf{S}^{2,1}(t) = \mathbf{S}^{2,2}(t)\mathbf{L}\mathbf{W}^{2,1}(0)\dot{\mathbf{F}}^1(\mathbf{n}^1(t))$$

$$\mathbf{d}^1(t) = [\mathbf{S}^{10,1}(t)]^T \times \frac{\partial F}{\partial \mathbf{a}^{10}(t)} + [\mathbf{S}^{8,1}(t)]^T \times \frac{\partial F}{\partial \mathbf{a}^8(t)} + [\mathbf{S}^{5,1}(t)]^T \times \frac{\partial F}{\partial \mathbf{a}^5(t)}$$

$$+ [\mathbf{S}^{4,1}(t)]^T \times \frac{\partial F}{\partial \mathbf{a}^4(t)} + [\mathbf{S}^{3,1}(t)]^T \times \frac{\partial F}{\partial \mathbf{a}^3(t)} + [\mathbf{S}^{2,1}(t)]^T \times \frac{\partial F}{\partial \mathbf{a}^2(t)}$$

마지막 시점에서 처음 시점으로 모든 시점에 대해 이전 단계가 반복된 후에, 그레이디언트는 다음과 같이 계산될 수 있다.

$$\frac{\partial F}{\partial \mathbf{L}\mathbf{W}^{m,l}(d)} = \sum_{t=1}^{Q} \mathbf{d}^m(t) \times [\mathbf{a}^l(t-d)]^T$$

$$\frac{\partial F}{\partial \mathbf{IW}^{m, l}(d)} = \sum_{t=1}^{Q} \mathbf{d}^m(t) \times [\mathbf{p}^l(t-d)]^T$$

$$\frac{\partial F}{\partial \mathbf{b}^m} = \sum_{t=1}^{Q} \mathbf{d}^m(t)$$

P14.3 **문제 P14.1에서 제시된 네트워크에 대해 RTRL 식을 작성하라.**

이전 문제에서와 같이 각 단계가 비슷하기 때문에 한 시간 단계의 과정만 설명할 것이다. 역전파 순서에 따라 계층을 진행할 것이다. RTRL 알고리즘의 민감도 행렬 $\mathbf{S}^{u, m}(t)$는 BPTT 알고리즘과 같은 방식으로 계산하므로 문제 P14.2와 같은 단계를 반복하지 않을 것이다.

입력에 대한 명시적 미분 계산은 다음과 같다.

$$\frac{\partial^e \mathbf{a}^u(t)}{\partial vec(\mathbf{IW}^{1, 1}(0))^T} = [\mathbf{p}^1(t)]^T \otimes \mathbf{S}^{u, 1}(t)$$

계층 가중치와 편향에 대한 명시적 미분은 다음과 같다.

$$\frac{\partial^e \mathbf{a}^u(t)}{\partial vec(\mathbf{LW}^{m, l}(d))^T} = [\mathbf{a}^l(t-d)]^T \otimes \mathbf{S}^{u, m}(t)$$

$$\frac{\partial^e \mathbf{a}^u(t)}{\partial(\mathbf{b}^m)^T} = \mathbf{S}^{u, m}(t)$$

전체 미분에 대해서는 다음 결과를 얻는다.

$$\frac{\partial \mathbf{a}^2(t)}{\partial \mathbf{x}^T} = \frac{\partial^e \mathbf{a}^2(t)}{\partial \mathbf{x}^T} + \mathbf{S}^{2, 2}(t)\left[\mathbf{LW}^{2, 2}(1) \times \frac{\partial \mathbf{a}^2(t-1)}{\partial \mathbf{x}^T}\right]$$

$$\frac{\partial \mathbf{a}^3(t)}{\partial \mathbf{x}^T} = \frac{\partial^e \mathbf{a}^3(t)}{\partial \mathbf{x}^T} + \mathbf{S}^{3, 2}(t)\left[\mathbf{LW}^{2, 2}(1) \times \frac{\partial \mathbf{a}^2(t-1)}{\partial \mathbf{x}^T}\right]$$

$$\frac{\partial \mathbf{a}^4(t)}{\partial \mathbf{x}^T} = \frac{\partial^e \mathbf{a}^4(t)}{\partial \mathbf{x}^T} + \mathbf{S}^{4,4}(t)\left[\mathbf{LW}^{4,4}(1) \times \frac{\partial \mathbf{a}^4(t-1)}{\partial \mathbf{x}^T} + \mathbf{LW}^{4,3}(1) \times \frac{\partial \mathbf{a}^3(t-1)}{\partial \mathbf{x}^T}\right]$$

$$+ \mathbf{S}^{4,2}(t)\left[\mathbf{LW}^{2,2}(1) \times \frac{\partial \mathbf{a}^2(t-1)}{\partial \mathbf{x}^T}\right]$$

$$\frac{\partial \mathbf{a}^5(t)}{\partial \mathbf{x}^T} = \frac{\partial^e \mathbf{a}^5(t)}{\partial \mathbf{x}^T} + \mathbf{S}^{5,4}(t)\left[\mathbf{LW}^{4,4}(1) \times \frac{\partial \mathbf{a}^4(t-1)}{\partial \mathbf{x}^T} + \mathbf{LW}^{4,3}(1) \times \frac{\partial \mathbf{a}^3(t-1)}{\partial \mathbf{x}^T}\right]$$

$$+ \mathbf{S}^{5,2}(t)\left[\mathbf{LW}^{2,2}(1) \times \frac{\partial \mathbf{a}^2(t-1)}{\partial \mathbf{x}^T}\right]$$

$$\frac{\partial \mathbf{a}^8(t)}{\partial \mathbf{x}^T} = \frac{\partial^e \mathbf{a}^8(t)}{\partial \mathbf{x}^T} + \mathbf{S}^{8,2}(t)\left[\mathbf{LW}^{2,2}(1) \times \frac{\partial \mathbf{a}^2(t-1)}{\partial \mathbf{x}^T}\right]$$

$$\frac{\partial \mathbf{a}^{10}(t)}{\partial \mathbf{x}^T} = \frac{\partial^e \mathbf{a}^{10}(t)}{\partial \mathbf{x}^T} + \mathbf{S}^{10,9}(t)\left[\mathbf{LW}^{9,8}(1) \times \frac{\partial \mathbf{a}^8(t-1)}{\partial \mathbf{x}^T}\right]$$

$$+ \mathbf{S}^{10,6}(t)\left[\mathbf{LW}^{6,5}(0) \times \frac{\partial \mathbf{a}^5(t)}{\partial \mathbf{x}^T} + \mathbf{LW}^{6,5}(1) \times \frac{\partial \mathbf{a}^5(t-1)}{\partial \mathbf{x}^T}\right]$$

$$+ \mathbf{S}^{10,4}(t)\left[\mathbf{LW}^{4,4}(1) \times \frac{\partial \mathbf{a}^4(t-1)}{\partial \mathbf{x}^T} + \mathbf{LW}^{4,3}(1) \times \frac{\partial \mathbf{a}^3(t-1)}{\partial \mathbf{x}^T}\right] + \mathbf{S}^{10,2}(t)\left[\mathbf{LW}^{2,2}(1) \times \frac{\partial \mathbf{a}^2(t-1)}{\partial \mathbf{x}^T}\right]$$

위의 단계를 모든 시점에 대해 반복한 후, 다음 식과 같이 그레이디언트를 계산한다.

$$\frac{\partial F}{\partial \mathbf{x}^T} = \sum_{t=1}^{Q}\left[\left[\frac{\partial^e F}{\partial \mathbf{a}^2(t)}\right]^T \times \frac{\partial \mathbf{a}^2(t)}{\partial \mathbf{x}^T} + \left[\frac{\partial^e F}{\partial \mathbf{a}^3(t)}\right]^T \times \frac{\partial \mathbf{a}^3(t)}{\partial \mathbf{x}^T} + \left[\frac{\partial^e F}{\partial \mathbf{a}^4(t)}\right]^T \times \frac{\partial \mathbf{a}^4(t)}{\partial \mathbf{x}^T}\right.$$

$$\left. + \left[\frac{\partial^e F}{\partial \mathbf{a}^5(t)}\right]^T \times \frac{\partial \mathbf{a}^5(t)}{\partial \mathbf{x}^T} + \left[\frac{\partial^e F}{\partial \mathbf{a}^8(t)}\right]^T \times \frac{\partial \mathbf{a}^8(t)}{\partial \mathbf{x}^T} + \left[\frac{\partial^e F}{\partial \mathbf{a}^{10}(t)}\right]^T \times \frac{\partial \mathbf{a}^{10}(t)}{\partial \mathbf{x}^T}\right]$$

P14.4 이전 문제에서 다음 명시적 미분 항에 대한 세부적인 계산 내용을 보여라.

$$\frac{\partial^e \mathbf{a}^2(t)}{\partial vec(\mathbf{IW}^{1,1}(0))^T} = [\mathbf{p}^1(t)]^T \otimes \mathbf{S}^{2,1}(t)$$

먼저 이 식에서 개별 벡터와 행렬을 세부적으로 보여주자.

$$\mathbf{IW}^{1,1}(0) = \begin{bmatrix} iw_{1,1}^{1,1} & iw_{1,2}^{1,1} & iw_{1,3}^{1,1} \\ iw_{2,1}^{1,1} & iw_{2,2}^{1,1} & iw_{2,3}^{1,1} \end{bmatrix}$$

$$vec(\mathbf{IW}^{1,1}(0))^T = \begin{bmatrix} iw_{1,1}^{1,1} & iw_{2,1}^{1,1} & iw_{1,2}^{1,1} & iw_{2,2}^{1,1} & iw_{1,3}^{1,1} & iw_{2,3}^{1,1} \end{bmatrix}$$

$$\mathbf{p}^1(t) = \begin{bmatrix} p_1 \\ p_2 \\ p_3 \end{bmatrix} \quad \mathbf{S}^{2,1}(t) = \frac{\partial^e \mathbf{a}^2(t)}{\partial \mathbf{n}^1(t)^T} = \begin{bmatrix} s_{1,1}^{2,1} & s_{1,2}^{2,1} \\ s_{2,1}^{2,1} & s_{2,2}^{2,1} \\ s_{3,1}^{2,1} & s_{3,2}^{2,1} \end{bmatrix}$$

$$\frac{\partial^e \mathbf{a}^2(t)}{\partial vec(\mathbf{IW}^{1,1}(0))^T} = \begin{bmatrix} \dfrac{\partial a_1^2}{\partial iw_{1,1}^{1,1}} & \dfrac{\partial a_1^2}{\partial iw_{2,1}^{1,1}} & \dfrac{\partial a_1^2}{\partial iw_{1,2}^{1,1}} & \dfrac{\partial a_1^2}{\partial iw_{2,2}^{1,1}} & \dfrac{\partial a_1^2}{\partial iw_{1,3}^{1,1}} & \dfrac{\partial a_1^2}{\partial iw_{2,3}^{1,1}} \\[2mm] \dfrac{\partial a_2^2}{\partial iw_{1,1}^{1,1}} & \dfrac{\partial a_2^2}{\partial iw_{2,1}^{1,1}} & \dfrac{\partial a_2^2}{\partial iw_{1,2}^{1,1}} & \dfrac{\partial a_2^2}{\partial iw_{2,2}^{1,1}} & \dfrac{\partial a_2^2}{\partial iw_{1,3}^{1,1}} & \dfrac{\partial a_2^2}{\partial iw_{2,3}^{1,1}} \\[2mm] \dfrac{\partial a_3^2}{\partial iw_{1,1}^{1,1}} & \dfrac{\partial a_3^2}{\partial iw_{2,1}^{1,1}} & \dfrac{\partial a_3^2}{\partial iw_{1,2}^{1,1}} & \dfrac{\partial a_3^2}{\partial iw_{2,2}^{1,1}} & \dfrac{\partial a_3^2}{\partial iw_{1,3}^{1,1}} & \dfrac{\partial a_3^2}{\partial iw_{2,3}^{1,1}} \end{bmatrix}$$

크로네커 곱은 다음과 같이 정의된다.

$$\mathbf{A} \otimes \mathbf{B} = \begin{bmatrix} a_{1,1}\mathbf{B} & \dots & a_{1,m}\mathbf{B} \\ \vdots & & \vdots \\ a_{n,1}\mathbf{B} & \dots & a_{n,m}\mathbf{B} \end{bmatrix}$$

따라서

$$[\mathbf{p}^1(t)]^T \otimes \mathbf{S}^{2,1}(t) = \begin{bmatrix} p_1 s_{1,1}^{2,1} & p_1 s_{1,2}^{2,1} & p_2 s_{1,1}^{2,1} & p_2 s_{1,2}^{2,1} & p_3 s_{1,1}^{2,1} & p_3 s_{1,2}^{2,1} \\ p_1 s_{2,1}^{2,1} & p_1 s_{2,2}^{2,1} & p_2 s_{2,1}^{2,1} & p_2 s_{2,2}^{2,1} & p_3 s_{2,1}^{2,1} & p_3 s_{2,2}^{2,1} \\ p_1 s_{3,1}^{2,1} & p_1 s_{3,2}^{2,1} & p_2 s_{3,1}^{2,1} & p_2 s_{3,2}^{2,1} & p_3 s_{3,1}^{2,1} & p_3 s_{3,2}^{2,1} \end{bmatrix}$$

P14.5 그림 **P14.3**의 샘플 네트워크에 적용된 **BPTT**와 **RTRL** 알고리즘에 대한 계산 복잡도를 계층 1의 뉴런 수(S^1), 탭 지연선의 지연 수(D), 훈련 열의 길이(Q)의 함수로 구하라.

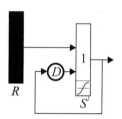

그림 P14.3 연습문제 E14.1의 샘플 네트워크

BPTT 그레이디언트 계산의 복잡도는 일반적으로 식 (14.54)로 결정된다. 이 네트워크의 가장 중요한 가중치는 $\mathbf{LW}^{1,1}(d)$일 것이다.

$$\frac{\partial F}{\partial \mathbf{LW}^{1,1}(d)} = \sum_{t=1}^{Q} \mathbf{d}^1(t) \times [\mathbf{a}^1(t-d)]^T$$

외적 계산은 $(S^1)^2$번 연산을 포함하며 Q 시간 단계와 D개 지연에 대해 수행돼야 하므로 BPTT 그레이디언트 계산은 $O[(S^1)^2 D Q]$이다.

일반적으로 RTRL 그레이디언트의 복잡도는 식 (14.34)를 기반으로 한다. 이 예제 네트워크에 대해 $u = 2$에 대한 식을 고려할 수 있다.

$$\frac{\partial \mathbf{a}^2(t)}{\partial \mathbf{x}^T} = \frac{\partial^e \mathbf{a}^2(t)}{\partial \mathbf{x}^T} + \mathbf{S}^{2,1}(t)\left[\sum_{d=1}^{D} \mathbf{LW}^{1,1}(d) \times \frac{\partial \mathbf{a}^1(t-d)}{\partial \mathbf{x}^T}\right]$$

합산 안쪽에 $S^1 \times S^1$ 행렬 곱하기 $S^1 \times \{(DS^1 + R)S^1 + 1\}$ 행렬인 행렬 곱셈을 갖는다. 이 곱셈은 $O[(S^1)^4 D]$가 될 것이다. 모든 d와 모든 t에 대해 수행돼야 하므로 RTRL 그레이디언트 계산은 $O[(S^1)^4 D^2 Q]$이다. 민감도 행렬의 곱셈은 복잡도의 차수를 바꾸지는 않는다.

맺음말

동적 네트워크는 12장에서 설명했던 정적 다층 네트워크의 최적화 방법과 동일한 방법을 사용해 훈련할 수 있다. 하지만 동적 네트워크의 그레이디언트 계산은 정적 네트워크의 그레이디언트 계산보다 더 복잡하다. 동적 네트워크의 그레이디언트 계산에 대한 두 가지 기본 접근 방법이 있다. 첫 번째 방법은 시간 펼침 역전파[BPTT]로, 마지막 시점에서 시작해 시간의 역방향으로 그레이디언트를 계산한다. 두 번째 방법은 실시간 순환 학습[RTRL]으로, 처음 시점에서 시작해 시간의 순방향으로 그레이디언트를 계산한다.

RTRL은 BPTT보다 그레이디언트를 계산하기 위해 더 많이 계산해야 하지만 실시간 구현에 편리한 구조를 제공한다. 또한 BPTT보다 보통 더 작은 저장소가 필요하다. 자코비안 계산의 경우 RTRL이 BPTT보다 더 효율적이다.

22장에서는 동적 네트워크를 사용해 예측 문제를 푸는 사례 연구를 제시한다.

참고 문헌

[DeHa07] O. De Jesús and M. Hagan, "Backpropagation Algorithms for a Broad Class of Dynamic Networks," *IEEE Transactions on Neural Networks*, vol. 18, no. 1, pp., 2007.

이 논문은 그레이디언트와 자코비안 계산을 위한 BPTT와 RTRL 알고리즘의 일반적인 개발을 제시한다. 다양한 네트워크 구조에서 두 알고리즘의 계산 복잡도를 비교하는 실험 결과를 제시하고 있다.

[MaNe99] J.R. Magnus and H. Neudecker, *Matrix Differential Calculus*, John Wiley & Sons, Ltd., Chichester, 1999.

이 교재는 행렬 이론과 행렬 미적분을 명확하고 완전하게 설명하고 있다.

[PhHa13] M. Phan and M. Hagan, "Error Surface of Recurrent Networks," *IEEE Transactions on*

Neural Networks and Learning Systems, Vol. 24, No. 11, pp. 1709−1721, October, 2013.

이 논문은 순환망의 오차 표면에 나타나는 가짜 계곡을 설명한다. 또한 순환망 훈련을 개선하기 위한 방법들을 설명한다.

[Werb90]   P. J. Werbos, "Backpropagation through time: What it is and how to do it," *Proceedings of the IEEE*, vol. 78, pp. 1550−1560, 1990.

시간 펼침 역전파 알고리즘은 순환 신경망의 그레이디언트 계산을 위한 두 가지 주요 방법 중 하나다. 이 논문은 시간 펼침 역전파의 일반적인 구조를 설명한다.

[WiZi89]   R. J. Williams and D. Zipser, "A learning algorithm for continually running fully recurrent neural networks," *Neural Computation*, vol. 1, pp. 270−280, 1989.

이 논문은 동적 네트워크의 그레이디언트를 계산하기 위한 실시간 순환 학습 알고리즘을 소개한다. 이 방법에서는 첫 시점에서 시작해 시간에 따라 순방향으로 그레이디언트를 계산한다. 이 알고리즘은 온라인 또는 실시간 구현에 적합하다.

연습문제

E14.1   그림 14.1의 네트워크를 문제 P14.1에서 소개했던 도식 형태로 만들어라.

E14.2   그림 14.4의 네트워크가 가중치 $iw_{1,1} = 2$, $lw_{1,1}(1) = 0.5$를 갖는다고 하자. $a(0) = 4$, $p(1) = 2$, $p(2) = 3$, $p(3) = 2$일 때 $a(1)$, $a(2)$, $a(3)$을 구하라.

E14.3   그림 P14.3의 네트워크가 $D = 2$, $S^1 = 1$, $R = 1$, $\mathbf{IW}^{1,1} = [1]$, $\mathbf{LW}^{1,1}(1) = [0.5]$, $\mathbf{LW}^{1,1}(2) = [0.2]$, $\mathbf{a}^1(0) = [2]$, $\mathbf{a}^1(-1) = [1]$을 갖는다고 하자. $\mathbf{p}^1(1) = [1]$, $\mathbf{p}^1(2) = [2]$, $\mathbf{p}^1(3) = [-1]$일 때 $\mathbf{a}^1(1)$, $\mathbf{a}^1(2)$, $\mathbf{a}^1(3)$을 구하라.

E14.4   그림 E14.1의 네트워크를 고려하라. U, X, I_m, $DI_{m,1}$, $DL_{m,l}$, L_m^f, L_m^b, $E_{LW}^U(x)$, $E_{LW}^X(u)$를 표시해서 네트워크 구조를 정의하라. 또한 시뮬레이션 순서를 정하고 가중치 행렬의 차원을 표시하라.

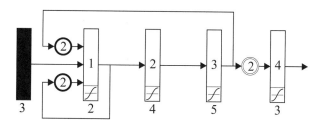

그림 E14.1 연습문제 E14.4의 동적 네트워크

E14.5 그림 E14.2의 네트워크에 대해 RTRL 식을 작성하라.

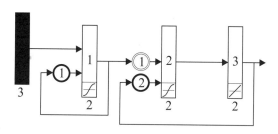

그림 E14.2 연습문제 E14.5의 동적 네트워크

E14.6 그림 E14.2의 네트워크에 대해 BPTT 식을 작성하라.

E14.7 그림 E14.3의 네트워크에 대해 작동 식을 작성하라. 모든 가중치가 0.5이고 편향은 0이라고 가정하라.

(1) 초기 네트워크 출력은 $a(0) = 0.5$이고 초기 네트워크 입력은 $p(1) = 1$이라고 가정하라. $a(1)$에 대해 풀어라.

(2) 이 네트워크를 시뮬레이션할 때 생기는 문제를 설명하라. 이 네트워크의 그레이디언트를 계산하기 위해 BPTT와 RTRL 알고리즘을 적용할 수 있겠는가? 순환망이 시뮬레이션되고 훈련될 수 있는지 알려면 어떤 테스트를 순환망에 적용해야 하는가?

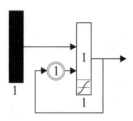

그림 E14.3 연습문제 E14.7의 동적 네트워크

E14.8   그림 E14.4의 네트워크를 고려하라.

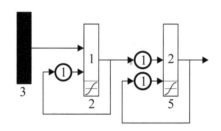

그림 E14.4 연습문제 E14.8의 동적 네트워크

(1) 네트워크 반응을 계산하기 위한 식을 작성하라.

(2) 네트워크에 대한 BPTT 식을 작성하라.

(3) 네트워크에 대한 RTRL 식을 작성하라.

E14.9   다음 네트워크에 대해 연습문제 E14.8을 반복하라.

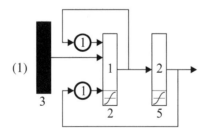

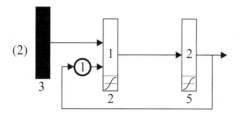

E14.10 그림 E14.5의 네트워크를 고려하라.

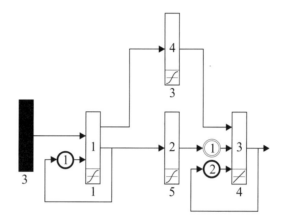

그림 E14.5 연습문제 E14.10의 순환망

(1) U, X, I_m, $DI_{m,\,1}$, $DL_{m,\,1}$, L_m^f, L_m^b, $E_{LW}^U(x)$, $E_{LW}^X(u)$를 표시해서 네트워크 구조를 정의하라.

(2) 시뮬레이션 순서를 선택하고 네트워크 반응을 정하는 데 필요한 식을 작성하라.

(3) 어떤(즉, 어떤 u와 어떤 x에 대해) $S^{u,\,x}(t)$가 계산돼야 하는가?

(4) $\partial F/\partial \mathbf{a}^3(t)$ 항을 위한 식 (14.34)를 구체적으로 작성하고 $\partial \mathbf{a}^3/\partial \mathbf{x}^T$ 항을 구체적으로 작성하라(정확히 어떤 항이 포함되는지 볼 수 있도록 합산을 전개하라).

E14.11 다음 네트워크에 대해 연습문제 E14.10을 반복하라. 단, (4)에서 $\mathbf{a}^3$을 표시된 계층으로 바꿔라.

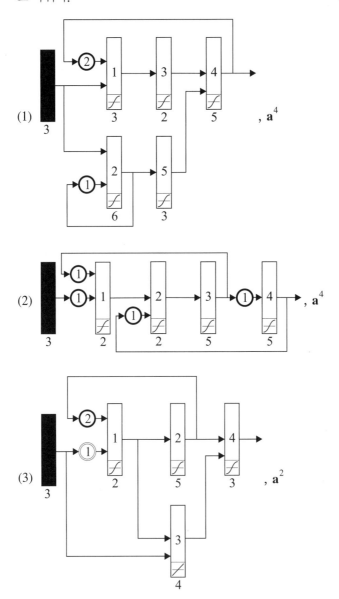

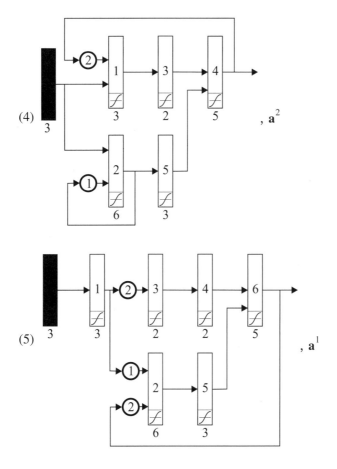

(4)

, $\mathbf{a}^2$

(5)

, $\mathbf{a}^1$

E14.12 RTRL 알고리즘의 장점 중 하나는 네트워크 반응과 동시에 그레이디언트를 계산할 수 있다는 것이다. 처음 시점에서 시작해 시간에 따라 순방향으로 실행하면서 그레이디언트를 계산하기 때문이다. 따라서 RTRL은 온라인 구현에 편리한 구조를 허용한다. RTRL 알고리즘을 구현하며 각 시간 단계마다 네트워크 가중치를 변경한다고 가정하라.

(1) 최대 경사 하강 알고리즘의 각 시간 단계에서 가중치가 변경될 때 그레이디언트 계산의 정확도를 논의하라.

(2) 그림 14.4의 네트워크에 대해 MATLAB으로 RTRL 알고리즘을 구현하라. 2개의 가중치가 0.5인 네트워크로 훈련 데이터를 생성하라. 그림 14.10과 동일한 입력 열을 사용하고 네트워크 반응 $a(t)$를 목표로 사용하라. 이 데이터 집합을 사용해 학습률 $\alpha = 0.1$인 최대 경사 하강 알고리즘으로 네트워크를 훈련시켜라. 초기 가중치를 0으로 설정하라. 각 시간 단계에서 가중치를 변경하라. 8번째 시간 단계가 끝나면 그레이디언트를 저장하라.

(3) (2)를 반복하되 가중치를 변경하지 마라. 8번째 시간 단계가 끝나면 그레이디언트를 계산하라. 이 그레이디언트와 (2)에서 얻은 것을 비교하라. 어떤 차이가 있는지 설명하라.

E14.13 그림 14.4의 순환망을 고려하라. $F(\mathbf{x})$가 처음 두 시점의 제곱 오차의 합이라고 가정하라.

(1) $a(0) = 0$이라고 하자. $p(1)$, $p(2)$와 네트워크의 가중치의 함수로 $a(1)$과 $a(2)$를 구하라.

(2) $p(1)$, $p(2)$, $t(1)$, $t(2)$와 네트워크 가중치의 명시적 함수로서 처음 두 시간 단계에 대한 제곱 오차의 합을 구하라.

(3) (2)를 이용해 $\dfrac{\partial F}{\partial lw_{1,1}(1)}$를 구하라.

(4) (3)의 결과를 629페이지의 RTRL과 637페이지의 BPTT로 구한 결과와 비교하라.

E14.14 연습문제 E14.5의 RTRL 알고리즘 유도 과정에서 다음 식을 생성해야만 한다.

$$\frac{\partial^e \mathbf{a}^3(t)}{\partial vec(\mathbf{LW}^{2,1}(1))^T} = \left[\mathbf{a}^1(t-1)\right]^T \otimes \mathbf{S}^{3,2}(t)$$

만일 다음과 같다면

$$\mathbf{a}^1(1) = \begin{bmatrix} 1 \\ -1 \end{bmatrix} \quad \text{그리고} \quad \mathbf{S}^{3,2}(2) = \begin{bmatrix} 2 & 3 \\ 4 & -5 \end{bmatrix}$$

$$\frac{\partial^e \mathbf{a}^3(2)}{\partial vec(\mathbf{LW}^{2,1}(1))^T} \text{를 찾고 } \frac{\partial^e a_1^3(2)}{\partial vec(lw_{1,2}^{2,1}(1))^T} \text{를 표시하라.}$$

E14.15 표준 LDDN 네트워크는 계층에 합산을 위한 결합 지점을 가지며, 이 지점에서 식 (14.1)에서와 같이 입력과 다른 계층, 편향의 기여를 합친다. 식 (14.1)을 여기서 다시 반복해보자.

$$\mathbf{n}^m(t) = \sum_{l \in L_m^f} \sum_{d \in DL_{m,l}} \mathbf{LW}^{m,l}(d)\mathbf{a}^l(t-d) + \sum_{l \in I_m} \sum_{d \in DI_{m,l}} \mathbf{IW}^{m,l}(d)\mathbf{p}^l(t-d) + \mathbf{b}^m$$

기여를 합산하는 대신 곱해서 네트 입력을 계산한다면 RTRL과 BPTT는 어떻게 바뀌는가?

E14.16 연습문제 E14.15에서 설명했듯이, 네트 입력에 대한 다른 계층의 기여는 다음과 같이 계층 행렬과 계층 출력의 곱으로 계산한다.

$$\mathbf{LW}^{m,l}(d)\mathbf{a}^l(t-d)$$

계층 행렬과 계층 출력을 곱하는 대신 가중치 행렬의 행과 계층의 출력 간의 거리를 다음 식과 같이 계산할 수 있다.

$$n_i = -\|{}_i\mathbf{w} - \mathbf{a}\|$$

RTRL과 BPTT 알고리즘이 어떻게 바뀌는가?

E14.17 그림 E14.6의 간단한 네트워크에 적용된 BPTT와 RTRL 알고리즘의 계산 복잡도를 계층 2의 뉴런 수(S^2), 탭 지연선의 지연 수(D), 훈련 열의 길이(Q)의 함수로서 구하고 비교하라.

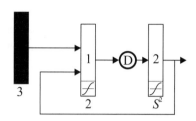

그림 E14.6 연습문제 E14.17의 순환망

E14.18 그림 14.4의 네트워크를 다시 고려하라. 네트워크의 입력 가중치를 $iw_{1,1} = 1$이라고 하고, 초기 네트워크 출력은 $a(0) = 0$이라고 가정하라.

(1) 시간 t에서 계층 가중치 $lw_{1,1}(1)$과 입력 열만 갖는 함수로 네트워크 출력을 작성하라(결과는 $lw_{1,1}(1)$의 다항식이 돼야 한다).

(2) $lw_{1,1}(1) = -1.4$와 다음 입력 열을 이용해 시간 $t = 8$에서 네트워크 출력을 구하라.

$$p(t) = \{3, 1, 1, 6, 3, 5, 1, 6\}$$

(3) $lw_{1,1}(1) = -1.4$를 사용하면 피드백 루프의 가중치 크기가 1보다 크기 때문에 네트워크는 불안정해질 것이다. 일반적으로 불안정한 네트워크의 경우 출력이 증가한다(이런 현상은 선형 네트워크에 적용된다). (2)에서 작은 $a(8)$ 값을 구했을 것이다. 이 결과를 설명할 수 있는가?(힌트: (1)에서 구한 다항식의 근을 MATLAB 명령 roots를 사용해 조사하라.) 이 결과가 640페이지에서 논의했던 오차 표면의 가짜 계곡과 어떻게 관련되는가?

15

경쟁 네트워크

목표

3장에서 소개했던 해밍^{Hamming} 네트워크는 신경망을 사용해 패턴을 인식하는 기술을 보여줬다. 프로토타입 패턴을 미리 알고 있어서 이를 가중치 행렬의 열의 형태로 네트워크에 통합했다.

15장에서는 구조와 작동 측면에서 해밍 네트워크와 매우 유사한 네트워크를 살펴볼 것이다. 하지만 해밍 네트워크와 달리 이들은 적응적으로 학습하는 연상 학습 규칙을 사용해 패턴을 분류한다. 이 장에서는 경쟁 네트워크$^{competitive\ network}$, 특징 맵$^{feature\ map}$, 학습 벡터 양자화$^{LVQ,\ learning\ vector\ quantization}$ 네트워크라는 세 가지 네트워크를 소개할 예정이다.

이론과 예제

해밍 네트워크는 경쟁 네트워크의 가장 단순한 예 중 하나다. 해밍 네트워크에서는 출력 계층의 뉴런들이 서로 경쟁해 승자를 결정한다. 승자는 어떤 프로토타입 패턴이 입력 패턴을 가장 잘 표현하는지를 나타내며, 경쟁은 출력 계층의 뉴런 사이에 부적 연결negative connection의 집합인 측면 억제lateral inhibition로 구현된다. 이 장에서는 연상 학습 규칙과 경쟁을 결합해 강력한 자기 조직 (비지도) 네트워크를 만드는 방법을 설명할 것이다.

1959년 초에 프랭크 로젠블랫Frank Rosenblatt은 퍼셉트론 기반의 비지도 네트워크인 간단한 '자발적' 분류기를 만들었다. 이 분류기는 입력 벡터를 2개의 클래스로 분류하며 클래스가 거의 동일한 구성원을 갖도록 학습했다.

1960년대 후반과 1970년대 초에 스티븐 그로스버그Stephen Grossberg는 효과적으로 측면 억제를 사용하는 여러 경쟁 네트워크를 소개했다. 그는 잡음 억제noise suppression, 대비 향상contrast-enhancement, 벡터 정규화vector normalization 같은 유용한 작용을 구했다.

1973년 크리스토프 폰 데어 말스부르크Christoph von der Malsburg는 인접 뉴런들이 비슷한 입력에 반응하는 것과 동일한 방식으로 네트워크가 입력을 분류하는 자기 조직 학습 규칙을 제안했다. 그의 네트워크 토폴로지는 어떤 점에서는 데이비드 허벨David Hubel과 토르튼 위젤Torten Wiesel이 앞서 고양이의 시각 피질에서 발견했던 구조를 모방했다. 그의 학습 규칙은 상당한 관심을 불러일으켰지만, 가중치를 정규화하기 위해 비지역적 계산을 사용했다. 이로 인해 생물학적 타당성이 떨어졌다.

그로스버그는 인스타 규칙instar rule을 재발견해 폰 데어 말스부르크의 연구를 확장했다 (인스타 규칙은 닐스 닐슨Nils Nilsson이 이전에 자신이 쓴 1965년 책 『Learning Machines』(McGraw-Hill)에서 소개했다). 그로스버그는 인스타 규칙이 가중치 재정규화의 필요성을 없앤다는 사실을 보였다. 정규화된 입력 벡터를 인식하도록 학습한 가중치 벡터는 자동으로 정규화되기 때문이다.

그로스버그와 폰 데어 말스부르크의 연구는 네트워크의 생물학적 타당성을 강조한다. 또 다른 영향력 있는 연구자인 튜보 코호넨$^{Teuvo\ Kohonen}$도 경쟁 네트워크를 강력하게 제안했다. 하지만 그는 경쟁 네트워크에 대한 공학적인 응용과 효율적인 수학 기술에 중점을 두었다. 1970년대에 그는 인스타 규칙의 단순화된 버전을 개발했고, 또한 폰 데어 말스부르크와 그로스버그의 연구에서 영감을 받아 경쟁 네트워크에 토폴로지를 통합하는 효율적인 방법을 발견했다.

이 장에서는 경쟁 네트워크를 위한 코호넨 프레임워크를 집중적으로 다룰 것이다. 코호넨의 모델은 경쟁 네트워크의 주요 특징을 보여주며, 그로스버그 네트워크보다 수학적으로 다루기가 더 쉽다. 따라서 경쟁 학습을 소개하기에 좋은 모델이다.

이 장에서는 먼저 단순한 경쟁 네트워크를 소개한 후, 네트워크 토폴로지가 통합된 자기 조직 특징 맵$^{self\text{-}organizing\ feature\ map}$을 제시하려고 한다. 마지막으로, 지도 학습 프레임워크에 경쟁이 통합된 학습 벡터 양자화$^{learning\ vector\ quantization}$를 살펴볼 것이다.

해밍 네트워크

이 장에서 살펴볼 경쟁 네트워크는 (그림 15.1에 보이는) 해밍 네트워크와 긴밀하게 연관되어 있기 때문에, 해밍 네트워크의 주요 개념을 먼저 검토하려고 한다.

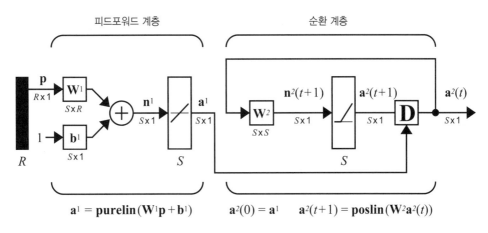

그림 15.1 해밍 네트워크

해밍 네트워크는 두 계층으로 이뤄져 있다. 첫 번째 계층(인스타 계층)은 입력 벡터와 프로토타입 벡터 사이에 상관 관계를 수행한다. 두 번째 계층은 입력 벡터에 가장 가까운 프로토타입 벡터를 결정하기 위한 경쟁을 수행한다.

계층 1

하나의 인스타는 하나의 패턴만을 인식할 수 있다. 여러 패턴을 분류하려면 여러 인스타를 사용해야 한다. 해밍 네트워크는 이런 방식으로 여러 패턴을 분류할 수 있다.

네트워크가 다음 프로토타입 벡터를 인식하게 하려 한다고 가정해보자.

$$\{\mathbf{p}_1, \mathbf{p}_2, \cdots, \mathbf{p}_Q\} \tag{15.1}$$

이때 계층 1의 가중치 행렬 $\mathbf{W}^1$과 편향 벡터 $\mathbf{b}^1$은 다음과 같이 될 것이다.

$$\mathbf{W}^1 = \begin{bmatrix} {}_1\mathbf{w}^T \\ {}_2\mathbf{w}^T \\ \vdots \\ {}_S\mathbf{w}^T \end{bmatrix} = \begin{bmatrix} \mathbf{p}_1^T \\ \mathbf{p}_2^T \\ \vdots \\ \mathbf{p}_Q^T \end{bmatrix}, \quad \mathbf{b}^1 = \begin{bmatrix} R \\ R \\ \vdots \\ R \end{bmatrix} \tag{15.2}$$

여기서 $\mathbf{W}^1$의 각 행은 인식할 프로토타입 벡터로 구성되고, $\mathbf{b}^1$의 각 요소는 입력 벡터의 길이(R)로 설정된다(뉴런 수 S는 인식할 프로토타입 벡터 수 Q와 같다).

따라서 첫 번째 계층의 출력은 다음과 같다.

$$\mathbf{a}^1 = \mathbf{W}^1\mathbf{p} + \mathbf{b}^1 = \begin{bmatrix} \mathbf{p}_1^T\mathbf{p} + R \\ \mathbf{p}_2^T\mathbf{p} + R \\ \vdots \\ \mathbf{p}_Q^T\mathbf{p} + R \end{bmatrix} \tag{15.3}$$

계층 1의 출력은 프로토타입 벡터와 입력의 내적 더하기 R과 같다. 3장(81페이지)에서 설명했듯이 이들의 내적은 프로토타입 패턴과 입력 벡터의 유사도를 나타낸다.

계층 2

인스타는 *hardlim* 전달 함수를 사용해 입력 벡터가 프로토타입 벡터와 충분히 가까운지 판단한다. 해밍 네트워크의 계층 2는 인스타가 여러 개로, 입력과 가장 가까운 프로토타입 벡터를 결정한다. 따라서 *hardlim* 전달 함수 대신 경쟁 계층을 사용해 가장 가까운 프로토타입을 선택할 것이다.

계층 2는 경쟁 계층이다. 이 계층의 뉴런은 피드포워드 계층의 출력을 이용해 초기화된다. 이때 피드포워드 계층의 출력은 프로토타입 패턴과 입력 벡터 간의 상관 관계를 나타낸다. 그런 다음 뉴런은 서로 경쟁해 승자를 결정한다. 경쟁 후에는 오직 한 뉴런만이 0이 아닌 출력을 가질 것이다. 승리한 뉴런은 어떤 범주의 입력이 네트워크에 제시됐는지를 나타낸다(프로토타입 벡터는 범주를 나타낸다).

첫 번째 계층의 출력 $\mathbf{a}^1$은 두 번째 계층을 초기화하는 데 사용된다.

$$\mathbf{a}^2(0) = \mathbf{a}^1 \tag{15.4}$$

그런 다음 두 번째 계층의 출력은 다음 순환 관계에 따라 변경된다.

$$\mathbf{a}^2(t+1) = \mathbf{poslin}(\mathbf{W}^2\mathbf{a}^2(t)) \tag{15.5}$$

두 번째 계층의 가중치 $\mathbf{W}^2$의 대각 요소는 1로 설정되며, 대각 외의 요소는 작은 음수로 설정된다.

$$w_{ij}^2 = \begin{cases} 1, & i=j \text{인 경우}, \\ -\varepsilon, & \text{그 외} \end{cases} \quad \text{여기서 } 0 < \varepsilon < \frac{1}{S-1} \tag{15.6}$$

측면 억제 이 행렬은 **측면 억제**^{lateral inhibition}하며, 각 뉴런의 출력은 다른 뉴런들을 억제한 효과를 갖게 된다. 이 효과를 설명하기 위해 $\mathbf{W}^2$를 가중치 1과 $-\varepsilon$으로 대체하고 식 (15.5)를 하나의 뉴런에 대해 작성해보자.

$$a_i^2(t+1) = poslin\left(a_i^2(t) - \varepsilon\sum_{j \neq i} a_j^2(t)\right) \tag{15.7}$$

반복할 때마다 각 뉴런의 출력은 (최소 출력이 0인) 다른 뉴런의 출력의 합에 비례해서 감소한다. 가장 큰 초기 조건을 갖는 뉴런의 출력은 다른 뉴런의 출력보다 천천히 감소해서 결국 그 뉴런만이 유일하게 양수 출력을 갖게 된다. 이 시점에서 네트워크는 안정 상태에 도달한다. 두 번째 계층에서 안정된 양수 출력을 갖는 뉴런의 인덱스는 입력과 가장 잘 일치하는 프로토타입 벡터의 인덱스다.

승자독식 이 경쟁은 오직 하나의 뉴런만이 0이 아닌 출력을 갖기 때문에 **승자독식 경쟁**winner-take-all competition이라고 한다.

 해밍 네트워크를 이용해 사과/오렌지 분류 문제를 실험하고 싶을 수 있다. 신경망 설계 데모 '해밍 분류Hamming Classification' **nnd3hamc**는 이전에 3장에서 소개했다.

경쟁 계층

경쟁 해밍 네트워크에서 두 번째 계층의 뉴런들은 **경쟁**competition 관계에 있다고 말한다. 왜냐하면 각 뉴런은 스스로 활성화되면서 다른 뉴런들은 모두 억제시키기 때문이다. 이 장의 설명을 간단히 하기 위해 순환 경쟁 계층의 작업을 수행하는 전달 함수를 정의해보자.

$$\mathbf{a} = \mathbf{compet}(\mathbf{n}) \tag{15.8}$$

이 함수는 네트 입력이 가장 큰 뉴런의 인덱스 i^*를 찾아서(무승부일 경우 인덱스가 가장 작은 뉴런을 선택해서) 뉴런의 출력을 1로 설정한다. 그 밖의 출력은 모두 0으로 설정한다.

$$a_i = \begin{cases} 1, i = i^* \\ 0, i \neq i^* \end{cases}, \quad \text{여기서 } n_{i^*} \geq n_i, \forall i, \quad \text{그리고 } i^* \leq i, \forall n_i = n_{i^*} \tag{15.9}$$

해밍 네트워크의 순환 계층을 첫 번째 계층의 경쟁 전달 함수로 대체해서 설명을 간소화하려고 한다. 경쟁 계층은 그림 15.2에서 볼 수 있다.

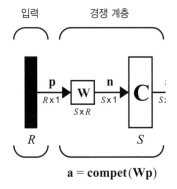

그림 15.2 경쟁 계층

해밍 네트워크와 같이 프로토타입 벡터는 $\mathbf{W}$의 행에 저장된다. (벡터는 정규화된 크기 L을 갖는다고 가정하고) 네트 입력 $\mathbf{n}$은 입력 벡터 $\mathbf{p}$와 각 프로토타입 $_i\mathbf{w}$ 사이의 거리를 계산한다. 각 뉴런 i의 네트 입력 n_i는 $\mathbf{p}$와 프로토타입 벡터 $_i\mathbf{w}$ 사이의 각도 θ_i에 비례한다.

$$\mathbf{n} = \mathbf{W}\mathbf{p} = \begin{bmatrix} _1\mathbf{w}^T \\ _2\mathbf{w}^T \\ \vdots \\ _S\mathbf{w}^T \end{bmatrix} \mathbf{p} = \begin{bmatrix} _1\mathbf{w}^T\mathbf{p} \\ _2\mathbf{w}^T\mathbf{p} \\ \vdots \\ _S\mathbf{w}^T\mathbf{p} \end{bmatrix} = \begin{bmatrix} L^2\cos\theta_1 \\ L^2\cos\theta_2 \\ \vdots \\ L^2\cos\theta_S \end{bmatrix} \tag{15.10}$$

경쟁 전달 함수는 자신의 가중치 벡터가 입력 벡터에 가장 가까운 방향을 가리키는 뉴런의 출력을 1로 할당한다.

$$\mathbf{a} = \mathbf{compet}(\mathbf{W}\mathbf{p}) \tag{15.11}$$

경쟁 네트워크와 사과/오렌지 분류 문제를 실험하려면, 신경망 설계 데모 '경쟁 분류Competitive Classification' **nnd14cc**를 이용한다.

경쟁 학습

이제 가중치 열에 원하는 프로토타입 벡터들을 설정해 경쟁 네트워크 분류기를 설계할 수 있다. 하지만 프로토타입 벡터를 알지 못해도 경쟁 네트워크의 가중치를 훈련할 수 있는 학습 규칙을 가지려고 한다. 그런 학습 규칙 중 하나가 인스타 규칙이다.

$$_i\mathbf{w}(q) = {}_i\mathbf{w}(q-1) + \alpha a_i(q)(\mathbf{p}(q) - {}_i\mathbf{w}(q-1)) \tag{15.12}$$

경쟁 네트워크에서 $\mathbf{a}$는 승리한 뉴런($i = i*$)인 경우에만 0이 아니다. 따라서 코호넨 규칙Kohonen rule을 이용해 같은 결과를 얻을 수 있다.

$$_i\mathbf{w}(q) = {}_i\mathbf{w}(q-1) + \alpha(\mathbf{p}(q) - {}_i\mathbf{w}(q-1))$$
$$= (1-\alpha){}_i\mathbf{w}(q-1) + \alpha\mathbf{p}(q) \tag{15.13}$$

그리고

$$_i\mathbf{w}(q) = {}_i\mathbf{w}(q-1) \qquad i \neq i* \tag{15.14}$$

따라서 입력 벡터와 가장 가까운(또는 입력 벡터와의 내적이 가장 큰) 가중치 행렬의 행은 입력 벡터 쪽으로 이동한다. 그림 15.3에 보이는 것처럼, 가중치 행렬의 행은 가중치 행렬의 이전 행과 입력 벡터 사이의 직선을 따라 이동한다.

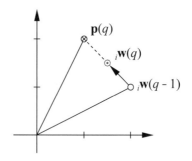

그림 15.3 코호넨 규칙의 그래프 표현

672

그림 15.4의 벡터 6개를 이용해서 경쟁 계층이 벡터를 분류하기 위해 어떻게 학습하는지 보여줄 것이다. 여기에 벡터 6개가 있다.

$$\mathbf{p}_1 = \begin{bmatrix} -0.1961 \\ 0.9806 \end{bmatrix}, \mathbf{p}_2 = \begin{bmatrix} 0.1961 \\ 0.9806 \end{bmatrix}, \mathbf{p}_3 = \begin{bmatrix} 0.9806 \\ 0.1961 \end{bmatrix} \tag{15.15}$$

$$\mathbf{p}_4 = \begin{bmatrix} 0.9806 \\ -0.1961 \end{bmatrix}, \mathbf{p}_5 = \begin{bmatrix} -0.5812 \\ -0.8137 \end{bmatrix}, \mathbf{p}_6 = \begin{bmatrix} -0.8137 \\ -0.5812 \end{bmatrix}$$

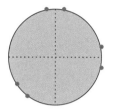

그림 15.4 입력 벡터 샘플

경쟁 네트워크에는 뉴런이 3개 있고 벡터를 세 클래스로 분류할 수 있다. 뉴런의 '랜덤하게' 선택된 정규화된 초기 가중치는 다음과 같다.

$$_1\mathbf{w} = \begin{bmatrix} 0.7071 \\ -0.7071 \end{bmatrix}, {}_2\mathbf{w} = \begin{bmatrix} 0.7071 \\ 0.7071 \end{bmatrix}, {}_3\mathbf{w} = \begin{bmatrix} -1.0000 \\ 0.0000 \end{bmatrix}, \mathbf{W} = \begin{bmatrix} {}_1\mathbf{w}^T \\ {}_2\mathbf{w}^T \\ {}_3\mathbf{w}^T \end{bmatrix} \tag{15.16}$$

다음 그림을 보면 데이터 벡터가 화살표로 표시된 가중치 벡터와 함께 그려져 있다. 벡터 $\mathbf{p}_2$를 네트워크에 제시해보자.

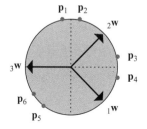

$$\mathbf{a} = \mathbf{compet}(\mathbf{Wp}_2) = \mathbf{compet}\left(\begin{bmatrix} 0.7071 & -0.7071 \\ 0.7071 & 0.7071 \\ -1.0000 & 0.0000 \end{bmatrix}\begin{bmatrix} 0.1961 \\ 0.9806 \end{bmatrix}\right)$$

$$= \mathbf{compet}\left(\begin{bmatrix} -0.5547 \\ 0.8321 \\ -0.1961 \end{bmatrix}\right) = \begin{bmatrix} 0 \\ 1 \\ 0 \end{bmatrix} \tag{15.17}$$

두 번째 뉴런의 가중치 벡터가 $\mathbf{p}_2$에 가장 가까우므로 두 번째 뉴런이 경쟁에서 승리하고($i^* = 2$) $\mathbf{a}$를 1로 출력한다. 이제 코호넨 학습 규칙을 학습률 $\alpha = 0.5$로 승리한 뉴런에 적용한다.

$$_2\mathbf{w}^{new} = {_2\mathbf{w}^{old}} + \alpha(\mathbf{p}_2 - {_2\mathbf{w}^{old}})$$

$$= \begin{bmatrix} 0.7071 \\ 0.7071 \end{bmatrix} + 0.5\left(\begin{bmatrix} 0.1961 \\ 0.9806 \end{bmatrix} - \begin{bmatrix} 0.7071 \\ 0.7071 \end{bmatrix}\right) = \begin{bmatrix} 0.4516 \\ 0.8438 \end{bmatrix} \tag{15.18}$$

다음 다이어그램에서 볼 수 있듯이 코호넨 규칙은 $_2\mathbf{w}$를 $\mathbf{p}_2$ 쪽으로 가까이 옮긴다. 계속 입력 벡터를 랜덤하게 선택해서 네트워크에 제시하면, 매번 제시된 입력 벡터에 가장 가까운 가중치 벡터는 입력 벡터 쪽으로 옮겨질 것이다. 결국 가중치 벡터들은 각기 다른 입력 벡터 클러스터를 가리키게 되며, 해당 클러스터의 프로토타입이 된다.

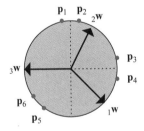

이 문제는 어떤 가중치 벡터가 어떤 클러스터를 가리키게 될지 예측할 수 있을 정도로 간단하다. 최종 가중치는 그림 15.5에 표시된 것처럼 보일 것이다.

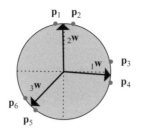

그림 15.5 최종 가중치

네트워크가 입력 벡터를 클러스터링하도록 학습하고 나면 그에 따라 새로운 벡터들도 분류하게 된다. 다음 다이어그램은 음영으로 각 뉴런이 반응할 영역을 표시한다. 경쟁 계층은 입력 벡터 **p**를 이 클래스들 중 하나에 할당하기 위해 **p**에 가장 가까운 가중치 벡터를 갖는 뉴런의 출력을 1로 만든다.

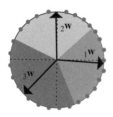

경쟁 학습을 실험하려면, 신경망 설계 데모 '경쟁 학습^{Competitive Learning} **nnd14c1**을 이용하라.

경쟁 계층의 문제점

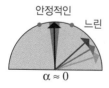

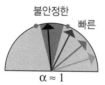

경쟁 계층으로 효율적인 적응형 분류기를 만들 수 있지만 몇 가지 문제점이 있다. 첫 번째 문제는 학습율을 어떻게 선택하는지에 따라 학습 속도와 최종 가중치 벡터의 안

정성 사이에 트레이드 오프가 발생한다는 점이다. 학습률이 0에 가까우면 학습이 느려지지만, 가중치 벡터가 클러스터의 중심에 도착하면 중심 근처에 머물러 있는다.

반대로 학습률이 1.0에 가까우면 학습이 빨라지지만, 가중치 벡터가 클러스터에 도착했을 때 클러스터에 다른 벡터가 제시되면 진동할 수 있다.

가끔씩 빠른 학습과 안정성 사이의 트레이드 오프는 장점으로 활용할 수 있다. 훈련 초기에는 학습이 빠르게 이뤄지도록 학습률을 크게 해서 훈련시키고, 훈련을 진행하면서 안정된 프로토타입 벡터를 얻도록 학습률을 감소시킬 수 있다. 하지만 네트워크가 새로운 입력 벡터에 계속해서 적응해야 한다면 이 기법은 작동하지 않을 것이다.

더 심각한 안정성 문제는 클러스터가 서로 인접해 있을 때 발생한다. 이 경우에 클러스터의 프로토타입을 형성하는 가중치 벡터가 다른 가중치 벡터의 영역을 '침범'해서 현재의 분류 체계를 망쳐놓을 수 있다.

그림 15.6의 네 다이어그램은 이 문제를 보여준다. 다이어그램 (a)에서 회색 원으로 표시된 두 입력 벡터가 여러 번 제시된다. 그 결과, 가운데 클러스터와 오른쪽 클러스터를 대표하는 가중치 벡터가 오른쪽으로 이동한다. 결국 오른쪽 클러스터의 벡터 중 하나가 가운데 가중치 벡터 쪽으로 다시 분류된다. 입력 벡터가 추가적으로 제시되면서 가운데 벡터는 자신의 일부 벡터를 '잃을' 때까지 오른쪽으로 이동한다. 잃은 벡터들은 왼쪽 가중치 벡터의 클래스로 편입된다.

(a)　　　　　　(b)　　　　　　(c)　　　　　　(d)

그림 15.6 불안정한 학습 예제

경쟁 학습의 세 번째 문제는 뉴런의 초기 가중치 벡터가 입력 벡터와 너무 멀리 떨어져 있으면 경쟁에서 승리할 수도 학습할 수도 없게 된다는 점이다. 결과적으로 유용하지 못한 '죽은' 뉴런dead neuron이 된다. 예를 들어, 다음 다이어그램에서 아래쪽을 가리키는 가중치 벡터는 입력 벡터가 제시되는 순서에 관계없이 학습하지 못할 것이다. 이 문제에 대한 한 가지 해결책은 뉴런의 네트 입력에 음수 편향을 더해서 뉴런이 승리할 때마다 편향을 줄여나가는 것이다. 따라서 뉴런이 자주 승리하면 경쟁에서 승리하기가 점점 더 어려워진다. 이 메커니즘을 '양심conscience'이라고도 한다(연습문제 E15.4 참조).

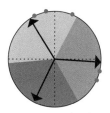

마지막으로 경쟁 계층은 항상 뉴런 수만큼의 클래스를 갖게 된다. 일부 응용에서는 특히 클러스터의 수가 미리 알려지지 않을 경우 이를 수용할 수 없다. 또한 경쟁 계층에서 각 클래스는 입력 공간의 볼록convex 영역으로 구성된다. 경쟁 계층은 비볼록nonconvex 영역으로 구성된 클래스나 연결되지 않은 영역들이 결합된 클래스를 만들 수는 없다.

이 절에서 논의한 일부 문제점들은 특징 맵과 LVQ 네트워크로 해결할 수 있으며, 이 장의 후반부에서 이들을 소개할 것이다.

생체 경쟁 계층

지금까지 뉴런을 계층 내부에서 물리적으로 구성하는 방법(네트워크 토폴로지)에 대해서는 언급하지 않았다. 생체 신경망에서 뉴런은 전형적으로 여러 2차원 계층에 배열되어 있으며, 측면 피드백을 통해 서로 조밀하게 연결되어 있다. 다음 다이어그램은 2차원 격자에 배열된 25개 뉴런의 한 계층을 보여준다.

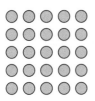

가끔씩 가중치는 연결된 뉴런 사이의 거리 함수로서 값이 변한다. 예를 들어, 해밍 네트워크의 계층 2의 가중치는 다음과 같이 할당된다.

$$w_{ij} = \begin{cases} 1, & i = j인\ 경우 \\ -\varepsilon, & i \neq j인\ 경우 \end{cases} \tag{15.19}$$

식 (15.20)은 식 (15.19)와 동일한 값을 할당하지만, 뉴런 간의 거리 d_{ij}에 대해 할당한다.

$$w_{ij} = \begin{cases} 1, & d_{ij} = 0인\ 경우 \\ -\varepsilon, & d_{ij} > 0인\ 경우 \end{cases} \tag{15.20}$$

식 (15.19) 또는 식 (15.20) 모두 다음 다이어그램과 같이 가중치를 할당한다. 뉴런 i는 뉴런 j로 가는 가중치 w_{ij}의 값으로 레이블이 된다.

뉴런 j

-e (-e) (-e) (-e) (-e)
-e (-e) (-e) (-e) (-e)
-e (-e) (+1) (-e) (-e)
-e (-e) (-e) (-e) (-e)
-e (-e) (-e) (-e) (-e)

중심흥분,
주변억제

이런 뉴런 간의 연결 패턴은 **중심흥분, 주변억제**on-center/off-surround라는 용어로 설명할 수 있다. 뉴런은 주변의 뉴런들을 억제하고 자신은 강화한다.

이런 연결 패턴은 생체 경쟁 계층을 근사한 것이다. 생체 뉴런은 자신뿐만 아니라 주변의 뉴런들도 강화한다. 일반적으로 뉴런 간의 거리가 멀어질수록 강화에서 억제로 부드럽게 전이가 일어난다.

그림 15.7의 왼쪽에서 이와 같은 전이를 볼 수 있다. 전이는 뉴런 간의 거리와 뉴런을 연결하는 가중치를 관련짓는 함수다. 가까운 뉴런들은 흥분성(강화된) 연결을 가지며, 거리가 멀어질수록 흥분의 크기는 감소한다. 특정 거리 이상이 되면 뉴런은 억제 연결을 가지며, 거리가 멀어질수록 억제는 증가한다. 이런 모양 때문에 이 함수를 멕시코 모자 함수Mexican-hat function라고 한다. 그림 15.7의 왼쪽에는 멕시코 모자(중심흥분, 주변억제) 함수의 2차원 그림이 있다. 각 뉴런 i가 뉴런 j로 가는 가중치 w_{ij}의 부호와 상대 강도를 보여주고 있다.

멕시코 모자 함수

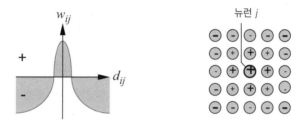

그림 15.7 생체 중심흥분, 주변억제 계층

생체 경쟁 시스템은 중심흥분, 주변억제 연결 패턴의 흥분과 억제 영역 사이에 점진적 전이를 가지며, 그 외에 해밍 네트워크의 승자독식 경쟁보다 약한 형태의 경쟁을 갖는다. 생체 네트워크는 일반적으로 하나의 활성 뉴런(승자) 대신 가장 활성화된 뉴런을 중심으로 하는 활성 '거품bubbles'을 갖는다. 활성 거품은 부분적인 중심흥분, 주변억제 연결 패턴 형태와 비선형 피드백 연결에 의해 발생한다.

자기 조직 특징 맵

SOFM

코호넨은 비선형 중심흥분, 주변억제 피드백 연결을 구현하지 않고 생체 시스템의 활성 거품을 모방하기 위해 다음과 같이 간단히 설계했다. 그의 자기 조직 특징 맵SOFM, self-organizing feature map 네트워크는 먼저 경쟁 계층과 동일한 절차를 이용해 승리 뉴런 i를 결정한다. 그런 다음 승리 뉴런의 이웃에 있는 뉴런의 가중치 벡터를 코호넨 규칙을 이용해 변경한다.

$$_i\mathbf{w}(q) = {}_i\mathbf{w}(q-1) + \alpha(\mathbf{p}(q) - {}_i\mathbf{w}(q-1))$$
$$= (1-\alpha)_i\mathbf{w}(q-1) + \alpha\mathbf{p}(q) \qquad i \in N_{i*}(d) \qquad (15.21)$$

이웃 여기서 이웃^{neighborhood} $N_{i*}(d)$는 승리 뉴런 $i*$의 반경 d 이내에 있는 모든 뉴런의 인덱스를 포함한다.

$$N_i(d) = \{j, d_{ij} \le d\} \qquad (15.22)$$

벡터 $\mathbf{p}$가 제시될 때 승리한 뉴런과 이웃의 가중치는 $\mathbf{p}$를 향해 이동할 것이다. 따라서 벡터를 여러 번 제시하면 인접한 뉴런들은 서로 유사한 벡터를 학습하게 된다.

이웃의 개념을 보여주기 위해 그림 15.8의 두 다이어그램을 고려해보자. 왼쪽 다이어그램은 뉴런 13 주변의 반경 $d = 1$인 2차원 이웃을 나타내며, 오른쪽 다이어그램은 반경 $d = 2$인 이웃을 나타낸다.

따라서 이 이웃들은 다음과 같이 정의될 것이다.

$$N_{13}(1) = \{8, 12, 13, 14, 18\} \qquad (15.23)$$

$$N_{13}(2) = \{3, 7, 8, 9, 11, 12, 13, 14, 15, 17, 18, 19, 23\} \qquad (15.24)$$

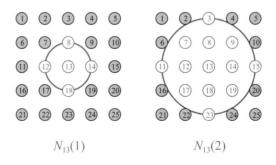

$$N_{13}(1) \qquad\qquad N_{13}(2)$$

그림 15.8 이웃

SOFM의 뉴런은 2차원 패턴으로 배열될 필요는 없다. 1차원 배열이나 심지어 3차원 이상의 배열을 사용해도 된다. 1차원 SOFM의 경우 뉴런은 반경 1 이내의 2개 이웃(또는 뉴런이 직선의 끝에 있다면 하나의 이웃)만을 가질 것이다. 거리를 다른 방식으로 정의하는 것도 가능하다. 예를 들어, 코호넨은 효율적인 구현을 위해 직사각형이나 육각형 이웃을 제안했다. 네트워크의 성능은 이웃의 정확한 모양에 민감하지는 않다.

이제 SOFM 네트워크의 성능을 보여주자. 그림 15.9는 특징 맵과 특징 맵 뉴런의 2차원 토폴로지를 보여준다.

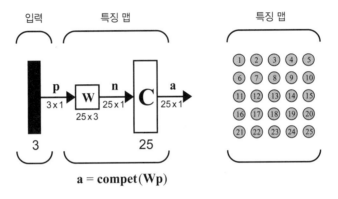

$$a = compet(Wp)$$

그림 15.9 자기 조직 특징 맵

다음 다이어그램은 특징 맵의 초기 가중치 벡터를 보여준다. 구에서 3요소 가중치 벡터를 점으로 표시했다(가중치는 정규화되어 있기 때문에 구의 표면에 위치할 것이다). 인접 뉴런의 점들이 선으로 연결되어 있기 때문에, 입력 공간에서 네트워크의 물리적 토폴로지가 어떻게 배치되어 있는지 확인할 수 있다.

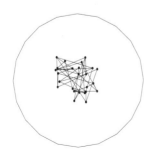

다음 다이어그램은 구 표면의 사각 영역을 보여준다. 이 영역의 벡터들을 랜덤하게 선택해서 특징 맵에 제시할 것이다.

벡터가 제시될 때마다 가장 가까운 가중치 벡터를 갖는 뉴런이 경쟁에서 승리한다. 승리한 뉴런과 이웃은 입력 벡터에 가깝게 가중치 벡터를 옮긴다. 이 예제에서는 반경 1의 이웃을 사용한다.

가중치 벡터는 두 가지 경향을 갖는다. 첫째, 더 많은 벡터가 제시될수록 가중치 벡터는 입력 공간에 퍼져나간다. 둘째, 이들은 인접한 뉴런의 가중치 벡터 쪽으로 이동한다. 이 두 가지 경향이 함께 작동해서 계층의 뉴런들이 입력 공간을 균등히 분류할 수 있도록 재배열된다.

그림 15.10의 다이어그램은 25개의 뉴런 가중치가 활성화된 입력 공간에서 퍼져나가면서 스스로 조직화를 하여 입력 공간의 토폴로지에 일치시키는 모습을 보여준다.

이 예제에서 입력 벡터는 입력 공간의 임의 지점에서 같은 확률로 만들어진다. 따라서 뉴런은 입력 공간을 대략 동일한 영역으로 분류한다.

그림 15.11은 입력 영역에 더 많은 예제를 제공하고 자기 조직화를 한 이후에 만들어진 특징 맵을 보여준다.

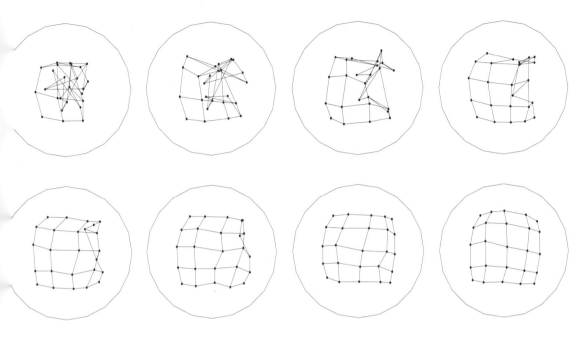

그림 15.10 자기 조직화(다이어그램별 250회 반복)

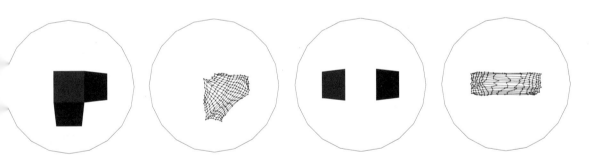

그림 15.11 특징 맵 훈련의 다른 예제

가끔씩 특징 맵이 입력 공간의 토폴로지에 잘 맞지 않을 수 있다. 보통 이런 현상은 네트워크의 두 부분이 입력 공간의 토폴로지에 각각은 맞지만 중간에 꼬임이 생길 때 발생한다. 그림 15.12에 이런 예가 그려져 있다.

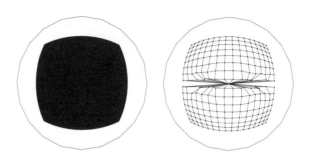

그림 15.12 꼬임을 갖는 특징 맵

네트워크의 양 끝에서 입력 공간의 두 영역을 안정적으로 분류하고 있기 때문에 중간에 생긴 꼬임은 제거되지 않을 것이다.

특징 맵 개선

지금까지 특징 맵 훈련을 위한 기본 알고리즘을 설명했다. 이제 자기 조직화 과정의 속도를 높이고 안정화하는 몇 가지 기법을 살펴보자.

특징 맵의 성능을 향상하는 방법 중 하나는 훈련을 하면서 이웃의 크기를 변화시키는 것이다. 초기에는 이웃의 크기 d를 크게 설정하고, 훈련이 진행되면서 승리한 뉴런만 남을 때까지 d를 점진적으로 줄인다. 이 경우 자기 조직화 속도가 향상되고 맵에 꼬임이 거의 발생하지 않는다.

학습률도 시간에 따라 변화시킬 수 있다. 초기 학습률을 1로 설정하면 제시된 벡터를 뉴런이 빠르게 학습할 수 있으며, 훈련이 진행되면서 학습률을 점진적으로 0으로 감소시키면 학습이 안정화된다(이 장 초반의 경쟁 계층에 이 기법을 적용했었다).

자기 조직을 가속화하는 또 다른 변형으로는 승리한 뉴런이 이웃 뉴런들보다 큰 학습률을 사용하는 방법이 있다.

마지막으로, 경쟁 계층과 특징 맵은 네트 입력에 대해 다른 식을 사용하기도 한다. 내적을 사용하는 대신 입력 벡터와 프로토타입 벡터 사이에 거리를 직접 계산할 수 있다.

거리를 사용할 때 장점은 입력 벡터를 정규화할 필요가 없다는 것이다. 네트 입력에 대한 대체 식은 다음 절에서 LVQ 네트워크를 설명할 때 소개된다.

21장은 SOFM을 이용한 클러스터링의 사례 연구로, SOFM 학습 규칙의 배치 버전과 SOFM의 개선사항을 설명한다.

 특징 맵을 실험하려면, 신경망 설계 데모 '1차원 특징 맵$^{\text{1-D Feature Maps}}$ **nnd14fm1**과 '2차원 특징 맵$^{\text{2-D Feature Maps}}$ **nnd14fm2**를 이용하라.

학습 벡터 양자화

이 장에서 소개할 마지막 네트워크는 그림 15.13에 보이는 학습 벡터 양자화$^{\text{LVQ, learning}}$ $^{\text{vector quantization}}$ 네트워크다. LVQ 네트워크는 하이브리드 네트워크로, 비지도 학습과 지도 학습을 모두 이용해 분류를 수행한다.

LVQ 네트워크의 첫 번째 계층에 있는 뉴런별로 하나의 클래스가 할당되며, 가끔씩 여러 뉴런에 같은 클래스가 할당되기도 한다. 각 클래스는 두 번째 계층에 있는 하나의 뉴런에 할당된다. 따라서 첫 번째 계층의 뉴런 수 S^1은 두 번째 계층의 뉴런 수 S^2와 최소 같거나 보통 더 크다.

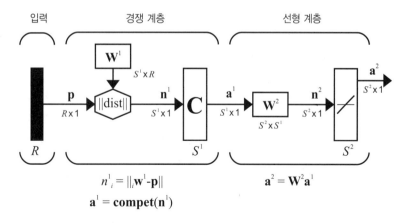

그림 15.13 LVQ 네트워크

경쟁 네트워크와 마찬가지로 LVQ 네트워크 첫 번째 계층의 뉴런은 하나의 프로토타입 벡터를 학습한다. 따라서 뉴런별로 입력 공간의 한 영역을 분류할 수 있다. 단, 내적을 사용해 입력과 가중치 벡터의 인접성을 계산하지 않고 거리를 직접 계산해서 LVQ 네트워크를 시뮬레이션한다. 거리를 직접 계산할 때의 장점은 벡터를 정규화할 필요가 없다는 것이다. 벡터를 정규화하면 내적을 사용하든 직접 거리를 계산하든 상관없이 네트워크의 반응은 동일하다.

LVQ 첫 번째 계층의 네트 입력은 다음과 같다.

$$n_i^1 = -\left\|_i\mathbf{w}^1 - \mathbf{p}\right\| \tag{15.25}$$

또는 벡터 형식으로 다음과 같다.

$$\mathbf{n}^1 = -\begin{bmatrix} \left\|_1\mathbf{w}^1 - \mathbf{p}\right\| \\ \left\|_2\mathbf{w}^1 - \mathbf{p}\right\| \\ \vdots \\ \left\|_{S^1}\mathbf{w}^1 - \mathbf{p}\right\| \end{bmatrix} \tag{15.26}$$

LVQ 첫 번째 계층의 출력은 다음과 같다.

$$\mathbf{a}^1 = \mathbf{compet}(\mathbf{n}^1) \tag{15.27}$$

따라서 입력 벡터에 가장 가까운 가중치 벡터를 갖는 뉴런은 1을 출력하고, 그 밖의 뉴런은 0을 출력한다.

지금까지의 LVQ 네트워크는 (최소한 정규화된 벡터에 대해서는) 정확히 경쟁 네트워크처럼 행동했다. 경쟁 네트워크에서는 출력이 0이 아닌 뉴런은 입력 벡터의 클래스를 나타내지만, LVQ 네트워크에서 승리한 뉴런은 클래스가 아닌 하위클래스subclass를 나타낸다. 따라서 클래스를 구성하는 뉴런(하위클래스)은 여러 개가 존재할 수 있다.

하위클래스

LVQ 네트워크의 두 번째 계층은 하위클래스를 하나의 클래스로 결합하는 데 사용된

686

다. 이것은 $\mathbf{W}^2$ 행렬로 실행된다. $\mathbf{W}^2$의 열은 하위클래스를 나타내며, 행은 클래스를 나타낸다. $\mathbf{W}^2$의 열은 1을 하나 가지며, 나머지 요소들은 모두 0이다. 1이 존재하는 행은 적절한 하위클래스가 속한 클래스를 나타낸다.

$$(w_{ki}^2 = 1) \Rightarrow \text{클래스 } k \text{는 하위클래스 } i \text{로 구성되어 있다.} \qquad (15.28)$$

하위클래스를 결합해 하나의 클래스로 만드는 과정은 LVQ 네트워크가 복잡한 클래스 경계를 생성할 수 있게 해준다. 표준 경쟁 네트워크는 볼록^{convex} 결정 영역만을 생성하는 한계를 갖고 있는데, LVQ 네트워크로 이 한계를 극복할 수 있다.

LVQ 학습

LVQ 네트워크의 학습은 경쟁 학습에 지도^{supervision}를 결합한다. 여타 지도 학습 알고리즘과 마찬가지로 이 방법은 적절한 네트워크 행동에 대한 예제 집합을 필요로 한다.

$$\{\mathbf{p}_1, \mathbf{t}_1\}, \{\mathbf{p}_2, \mathbf{t}_2\}, \dots, \{\mathbf{p}_Q, \mathbf{t}_Q\}$$

목표 벡터는 하나만 1이고 나머지는 0으로 구성되어 있다. 1이 나타나는 행은 입력 벡터가 속할 클래스를 나타낸다. 예를 들어, 특정 3요소 벡터를 네 클래스 중 두 번째 클래스로 분류하려면 다음과 같이 표현할 수 있다.

$$\left\{ \mathbf{p}_1 = \begin{bmatrix} \sqrt{1/2} \\ 0 \\ \sqrt{1/2} \end{bmatrix}, \mathbf{t}_1 = \begin{bmatrix} 0 \\ 1 \\ 0 \\ 0 \end{bmatrix} \right\} \qquad (15.29)$$

학습을 시작하기 전에 첫 번째 계층의 뉴런은 하나의 출력 뉴런에 배정되며, 이를 통해 행렬 $\mathbf{W}^2$가 정의된다. 일반적으로 출력 뉴런에 연결되는 은닉 뉴런 수는 같으므로, 각 클래스는 동일한 수의 볼록 영역으로 구성된다. $\mathbf{W}^2$의 모든 요소는 다음 경우를 제외하고 모두 0으로 설정된다.

$$\text{은닉 뉴런 } i \text{를 클래스 } k \text{로 배정해야 한다면 } w_{ki}^2 = 1 \text{로 설정하라.} \qquad (15.30)$$

$\mathbf{W}^2$는 한 번 정의되면 바뀌지 않으며, 은닉 가중치 $\mathbf{W}^1$은 코호넨 규칙의 변형을 이용해 훈련된다.

LVQ 학습 규칙은 다음과 같이 진행된다. 각 반복에서 입력 벡터 $\mathbf{p}$가 네트워크에 제시되면 각 프로토타입 벡터와 $\mathbf{p}$와의 거리가 계산된다. 은닉 뉴런들이 경쟁해서 뉴런 $i*$가 승리하면 $\mathbf{a}^1$의 $i*$번째 요소는 1이 된다. 그런 다음 $\mathbf{a}^1$과 $\mathbf{W}^2$를 곱해서 최종 출력 $\mathbf{a}^2$를 얻는다. $\mathbf{a}^2$ 역시 0이 아닌 $k*$를 하나만 갖게 되어, 이는 $\mathbf{p}$가 클래스 $k*$에 할당됐음을 의미하게 된다.

LVQ 네트워크의 은닉 계층을 개선하기 위해 코호넨 규칙이 두 가지 방식으로 사용된다. 첫째, $\mathbf{p}$를 정확하게 분류했다면 승자 은닉 뉴런의 가중치 $_{i*}\mathbf{W}^1$을 $\mathbf{p}$ 쪽으로 이동한다.

$$_{i*}\mathbf{w}^1(q) = {}_{i*}\mathbf{w}^1(q-1) + \alpha(\mathbf{p}(q) - {}_{i*}\mathbf{w}^1(q-1)), \quad a_{k*}^2 = t_{k*} = 1 \text{인 경우} \quad (15.31)$$

둘째, $\mathbf{p}$가 부정확하게 분류됐다면 틀린 은닉 뉴런이 경쟁에서 승리한 것이기 때문에 가중치 $_{i*}\mathbf{W}^1$을 $\mathbf{p}$에서 멀리 이동한다.

$$_{i*}\mathbf{w}^1(q) = {}_{i*}\mathbf{w}^1(q-1) - \alpha(\mathbf{p}(q) - {}_{i*}\mathbf{w}^1(q-1)), \quad a_{k*}^2 = 1 \neq t_{k*} = 0 \text{인 경우} \quad (15.32)$$

그 결과 각 은닉 뉴런은 자신이 나타내는 하위클래스의 클래스에 속하는 벡터 쪽으로 이동하며, 다른 클래스에 속하는 벡터에서 멀리 이동한다.

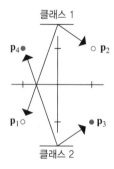

LVQ 훈련 예제를 자세히 살펴보자. 위의 그림에 그려진 것과 같은 다음의 분류 문제를 풀기 위해 LVQ 네트워크를 훈련시키려고 한다.

$$\text{클래스 1:} \left\{ \mathbf{p}_1 = \begin{bmatrix} -1 \\ -1 \end{bmatrix}, \mathbf{p}_2 = \begin{bmatrix} 1 \\ 1 \end{bmatrix} \right\}, \quad \text{클래스 2:} \left\{ \mathbf{p}_3 = \begin{bmatrix} 1 \\ -1 \end{bmatrix}, \mathbf{p}_4 = \begin{bmatrix} -1 \\ 1 \end{bmatrix} \right\} \quad (15.33)$$

입력별로 목표 벡터를 할당하면서 시작해보자.

$$\left\{ \mathbf{p}_1 = \begin{bmatrix} -1 \\ -1 \end{bmatrix}, \mathbf{t}_1 = \begin{bmatrix} 1 \\ 0 \end{bmatrix} \right\}, \left\{ \mathbf{p}_2 = \begin{bmatrix} 1 \\ 1 \end{bmatrix}, \mathbf{t}_2 = \begin{bmatrix} 1 \\ 0 \end{bmatrix} \right\} \quad (15.34)$$

$$\left\{ \mathbf{p}_3 = \begin{bmatrix} 1 \\ -1 \end{bmatrix}, \mathbf{t}_3 = \begin{bmatrix} 0 \\ 1 \end{bmatrix} \right\}, \left\{ \mathbf{p}_4 = \begin{bmatrix} -1 \\ 1 \end{bmatrix}, \mathbf{t}_4 = \begin{bmatrix} 0 \\ 1 \end{bmatrix} \right\} \quad (15.35)$$

두 클래스를 구성하는 하위클래스의 개수를 선택해야 한다. 클래스별로 2개의 하위클래스를 합집합으로 구성하면, 은닉 계층에는 4개의 뉴런이 생긴다. 출력 계층의 가중치 행렬은 다음과 같아진다.

$$\mathbf{W}^2 = \begin{bmatrix} 1 & 1 & 0 & 0 \\ 0 & 0 & 1 & 1 \end{bmatrix} \quad (15.36)$$

$\mathbf{W}^2$는 은닉 뉴런 1과 2를 출력 뉴런 1과 연결한다. 또한 은닉 뉴런 3과 4를 출력 뉴런 2와 연결한다. 각 클래스는 2개의 볼록 영역으로 구성된다.

$\mathbf{W}^1$의 행 벡터는 초기에는 랜덤값으로 설정되며, 위의 다이어그램에서 확인할 수 있다. 클래스 1을 정의하는 두 은닉 뉴런의 가중치는 흰색 원으로 표시되며, 클래스 2를 정의하는 두 은닉 뉴런의 가중치는 검은색 원으로 표시된다. 이들 가중치 값은 다

음과 같다.

$$_1\mathbf{w}^1 = \begin{bmatrix} -0.543 \\ 0.840 \end{bmatrix}, \; _2\mathbf{w}^1 = \begin{bmatrix} -0.969 \\ -0.249 \end{bmatrix}, \; _3\mathbf{w}^1 = \begin{bmatrix} 0.997 \\ 0.094 \end{bmatrix}, \; _4\mathbf{w}^1 = \begin{bmatrix} 0.456 \\ 0.954 \end{bmatrix} \quad (15.37)$$

훈련 과정의 각 반복에서 입력 벡터를 제시하고 반응을 구한 후 가중치를 조정한다. 먼저 $\mathbf{p}_3$를 제시하며 시작해보자.

$$\mathbf{a}^1 = \mathbf{compet}(\mathbf{n}^1) = \mathbf{compet}\left(\begin{bmatrix} -\|_1\mathbf{w}^1 - \mathbf{p}_3\| \\ -\|_2\mathbf{w}^1 - \mathbf{p}_3\| \\ -\|_3\mathbf{w}^1 - \mathbf{p}_3\| \\ -\|_4\mathbf{w}^1 - \mathbf{p}_3\| \end{bmatrix} \right) \quad (15.38)$$

$$= \mathbf{compet}\left(\begin{bmatrix} -\left\| \begin{bmatrix} -0.543 & 0.840 \end{bmatrix}^T - \begin{bmatrix} 1 & -1 \end{bmatrix}^T \right\| \\ -\left\| \begin{bmatrix} -0.969 & -0.249 \end{bmatrix}^T - \begin{bmatrix} 1 & -1 \end{bmatrix}^T \right\| \\ -\left\| \begin{bmatrix} 0.997 & 0.094 \end{bmatrix}^T - \begin{bmatrix} 1 & -1 \end{bmatrix}^T \right\| \\ -\left\| \begin{bmatrix} 0.456 & 0.954 \end{bmatrix}^T - \begin{bmatrix} 1 & -1 \end{bmatrix}^T \right\| \end{bmatrix} \right) = \mathbf{compet}\left(\begin{bmatrix} -2.40 \\ -2.11 \\ -1.09 \\ -2.03 \end{bmatrix} \right) = \begin{bmatrix} 0 \\ 0 \\ 1 \\ 0 \end{bmatrix}$$

세 번째 은닉 뉴런이 $\mathbf{p}_3$와 가장 가까운 가중치 벡터를 갖는다. 뉴런이 속하게 될 클래스를 결정하기 위해 $\mathbf{a}^1$과 $\mathbf{W}^2$를 곱한다.

$$\mathbf{a}^2 = \mathbf{W}^2\mathbf{a}^1 = \begin{bmatrix} 1 & 1 & 0 & 0 \\ 0 & 0 & 1 & 1 \end{bmatrix} \begin{bmatrix} 0 \\ 0 \\ 1 \\ 0 \end{bmatrix} = \begin{bmatrix} 0 \\ 1 \end{bmatrix} \quad (15.39)$$

출력은 $\mathbf{p}_3$가 클래스 2에 속한다는 것을 나타낸다. 출력이 정확하므로 $_3\mathbf{w}^1$은 $\mathbf{p}_3$ 쪽으로 이동하도록 변경된다.

$$_3\mathbf{w}^1(1) = {}_3\mathbf{w}^1(0) + \alpha(\mathbf{p}_3 - {}_3\mathbf{w}^1(0)) \tag{15.40}$$

$$= \begin{bmatrix} 0.997 \\ 0.094 \end{bmatrix} + 0.5\left(\begin{bmatrix} 1 \\ -1 \end{bmatrix} - \begin{bmatrix} 0.997 \\ 0.094 \end{bmatrix}\right) = \begin{bmatrix} 0.998 \\ -0.453 \end{bmatrix}$$

그림 15.14의 왼쪽 다이어그램은 $_3\mathbf{w}^1$이 첫 번째 반복에서 변경된 이후에 가중치를 보여준다. 그림 15.14의 오른쪽 다이어그램은 알고리즘이 수렴한 이후의 가중치를 보여준다.

그림 15.14의 오른쪽 다이어그램은 입력 공간의 영역이 어떻게 분류될지를 나타낸다. 클래스 1로 분류될 영역은 회색(①)으로 표시되고 클래스 2로 분류될 영역은 파란색(②)으로 표시된다.

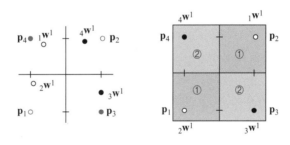

그림 15.14 첫 번째 반복 이후 및 여러 번의 반복 이후

LVQ 네트워크 개선(LVQ2)

앞에서 설명한 LVQ 네트워크는 여러 문제에 잘 작동하지만 몇 가지 한계점이 있다. 첫째, 경쟁 계층과 같이 LVQ 네트워크의 은닉 뉴런은 경쟁에서 항상 승리하지 못하는 초기 가중치를 가질 수 있다. 그 결과, 유용하지 않은 죽은 뉴런이 된다. 이 문제는 '양심' 메커니즘을 사용해 해결할 수 있으며, 앞서 경쟁 계층에서 논의했고 연습문제 E15.4에서도 제시되는 기법이다.

둘째, 초기 가중치 벡터의 배열 상태에 따라 뉴런의 가중치 벡터가 자신이 표현하는 영역에 갈 때 자신이 표현하지 않는 클래스 영역을 통과해야 할 수도 있다. 이 경우 통과해야 할 영역의 벡터들이 뉴런의 가중치를 밀어내기 때문에 통과하지 못할 수 있으며, 결국 가중치 벡터는 자신을 끌어당기는 영역을 적절히 분류하지 못할 수 있다. 이 문제는 다음의 코호넨 규칙의 변형을 적용해 해결할 수 있다.

만일 은닉 계층에서 승리한 뉴런이 현재 입력을 부정확하게 분류한다면, 가중치 벡터를 입력 벡터에서 멀리 이동시킨다. 하지만 입력 벡터를 정확히 분류하는 가장 인접한 뉴런의 가중치도 같이 조정할 수 있다. 이 두 번째 뉴런의 가중치는 입력 벡터 쪽으로 이동할 것이다.

네트워크가 입력 벡터를 정확히 분류하면 한 뉴런의 가중치만 입력 벡터 쪽으로 이동시킨다. 하지만 입력 벡터가 부정확하게 분류되면 두 뉴런의 가중치가 변경되며, 이 중 한 가중치 벡터는 입력 벡터에서 멀리 이동시키고 다른 하나는 입력 벡터 쪽으로 이동 LVQ2 시킨다. 이 알고리즘을 LVQ2라고 한다.

 LVQ 네트워크를 실험하려면, 신경망 설계 데모 'LVQ1 네트워크^{LVQ1 Networks'} **nnd141v1**과 'LVQ2 네트워크^{LVQ2 Networks'} **nnd141v2**를 이용하라.

692

결과 요약

경쟁 계층

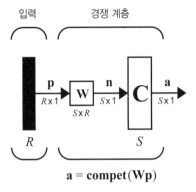

$$\mathbf{a} = \mathbf{compet}(\mathbf{Wp})$$

코호넨 규칙을 이용한 경쟁 학습

$$_{i*}\mathbf{w}(q) = {}_{i*}\mathbf{w}(q-1) + \alpha(\mathbf{p}(q) - {}_{i*}\mathbf{w}(q-1)) = (1-\alpha){}_{i*}\mathbf{w}(q-1) + \alpha\mathbf{p}(q)$$

$$_{i*}\mathbf{w}(q) = {}_{i*}\mathbf{w}(q-1) \qquad i \neq i*$$

여기서 $i*$는 승리한 뉴런이다.

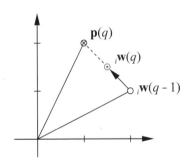

자기 조직 특징 맵

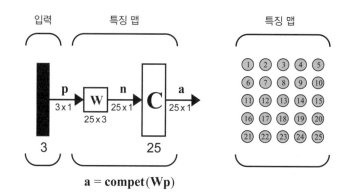

$$\mathbf{a} = \mathbf{compet}(\mathbf{Wp})$$

코호넨 규칙을 이용한 자기 조직

$$_i\mathbf{w}(q) = {_i}\mathbf{w}(q-1) + \alpha(\mathbf{p}(q) - {_i}\mathbf{w}(q-1))$$

$$= (1-\alpha)_i\mathbf{w}(q-1) + \alpha\mathbf{p}(q)$$

$$i \in N_{i*}(d)$$

$$N_i(d) = \{j, d_{ij} \le d\}$$

LVQ 네트워크

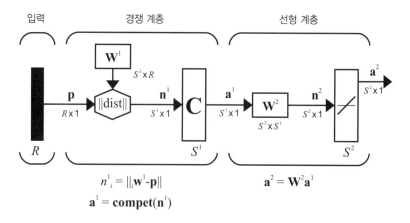

$$n^1_{\,i} = \|{_i}\mathbf{w}^1 \text{-} \mathbf{p}\|$$

$$\mathbf{a}^1 = \mathbf{compet}(\mathbf{n}^1)$$

$$\mathbf{a}^2 = \mathbf{W}^2\mathbf{a}^1$$

$(w^2_{ki} = 1) \Rightarrow$ 클래스 k는 하위클래스 i로 구성되어 있다.

694

코호넨 규칙을 이용한 LVQ 네트워크 학습

$$_{i*}\mathbf{w}^1(q) = {}_{i*}\mathbf{w}^1(q-1) + \alpha(\mathbf{p}(q) - {}_{i*}\mathbf{w}^1(q-1)), \text{ if } a^2_{k*} = t_{k*} = 1$$

$$_{i*}\mathbf{w}^1(q) = {}_{i*}\mathbf{w}^1(q-1) - \alpha(\mathbf{p}(q) - {}_{i*}\mathbf{w}^1(q-1)), \text{ if } a^2_{k*} = 1 \neq t_{k*} = 0$$

문제 풀이

P15.1 그림 **P15.1**에는 정규화된 벡터 클러스터가 여러 개 있다.

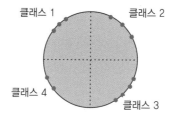

그림 P15.1 문제 P15.1의 입력 벡터 클러스터

다이어그램에 표시된 클래스별로 벡터를 분류하도록 그림 **P15.2** 경쟁 네트워크의 가중치를 설계하라. 단, 뉴런은 최소로 사용하라.

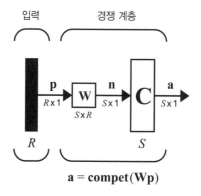

$$\mathbf{a} = \mathbf{compet}(\mathbf{Wp})$$

그림 P15.2 문제 P15.1의 경쟁 네트워크

선택한 가중치와 클래스 영역을 분리하는 결정 경계를 표시하도록 다이어그램을 다시 그려라.

정의해야 할 클래스가 4개이므로 경쟁 계층에는 4개의 뉴런이 필요하다. 각 뉴런의 가중치는 뉴런이 표현할 클래스의 프로토타입 벡터다. 따라서 각 뉴런의 프로토타입 벡터를 선택할 때 클러스터의 중심에 나타나도록 선택한다.

클래스 1, 2, 3은 45°의 배수에 중심이 맞춰져 있다. 이럴 때 다음의 세 가중치 벡터는 (경쟁 계층에 필요하므로) 정규화되고 적합한 방향을 가리킨다.

$$_1\mathbf{w} = \begin{bmatrix} -1/\sqrt{2} \\ 1/\sqrt{2} \end{bmatrix}, \quad _2\mathbf{w} = \begin{bmatrix} 1/\sqrt{2} \\ 1/\sqrt{2} \end{bmatrix}, \quad _3\mathbf{w} = \begin{bmatrix} 1/\sqrt{2} \\ -1/\sqrt{2} \end{bmatrix}$$

네 번째 클러스터의 중심은 세로축이 가로축보다 두 배 정도 떨어져 있다. 생성된 정규화된 가중치 벡터는 다음과 같다.

$$_4\mathbf{w} = \begin{bmatrix} -2/\sqrt{5} \\ -1/\sqrt{5} \end{bmatrix}$$

경쟁 계층의 가중치 행렬 $\mathbf{W}$는 전치된 프로토타입 벡터들의 행렬이다.

$$W = \begin{bmatrix} _1\mathbf{w}^T \\ _2\mathbf{w}^T \\ _3\mathbf{w}^T \\ _4\mathbf{w}^T \end{bmatrix} = \begin{bmatrix} -1/\sqrt{2} & 1/\sqrt{2} \\ 1/\sqrt{2} & 1/\sqrt{2} \\ 1/\sqrt{2} & -1/\sqrt{2} \\ -2/\sqrt{5} & -1/\sqrt{5} \end{bmatrix}$$

가중치 벡터를 화살표로 그리고 원을 인접 가중치 벡터 사이에서 이등분하여 클래스 영역을 구하면 그림 P15.3과 같이 된다.

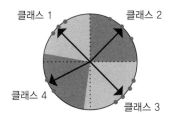

그림 P15.3 문제 P15.1의 최종 분류

P15.2 그림 **P15.4**는 3뉴런 경쟁 계층의 세 입력 벡터와 세 초기 가중치 벡터를 표시한다. 다음은 입력 벡터의 값이다.

$$\mathbf{p}_1 = \begin{bmatrix} -1 \\ 0 \end{bmatrix}, \ \mathbf{p}_2 = \begin{bmatrix} 0 \\ 1 \end{bmatrix}, \ \mathbf{p}_3 = \begin{bmatrix} 1/\sqrt{2} \\ 1/\sqrt{2} \end{bmatrix}$$

초기 가중치 벡터 **3개**의 값은 다음과 같다.

$$_1\mathbf{w} = \begin{bmatrix} 0 \\ -1 \end{bmatrix}, \ _2\mathbf{w} = \begin{bmatrix} -2/\sqrt{5} \\ 1/\sqrt{5} \end{bmatrix}, \ _3\mathbf{w} = \begin{bmatrix} -1/\sqrt{5} \\ 2/\sqrt{5} \end{bmatrix}$$

다음의 입력 열에 대해 코호넨 규칙과 학습률 **0.5**를 사용해 경쟁 계층을 훈련한 후 얻은 가중치를 계산하라.

$$\mathbf{p}_1, \ \mathbf{p}_2, \ \mathbf{p}_3, \ \mathbf{p}_1, \ \mathbf{p}_2, \ \mathbf{p}_3$$

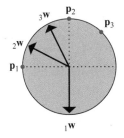

그림 P15.4 문제 P15.2의 입력 벡터와 초기 가중치

먼저 가중치 벡터를 가중치 행렬 $\mathbf{W}$로 결합한다.

$$\mathbf{W} = \begin{bmatrix} 0 & -1 \\ -2/\sqrt{5} & 1/\sqrt{5} \\ -1/\sqrt{5} & 2/\sqrt{5} \end{bmatrix}$$

그런 다음 첫 번째 벡터 $\mathbf{p}_1$을 제시한다.

$$\mathbf{a} = \mathbf{compet}(\mathbf{Wp}_1) = \mathbf{compet}\left(\begin{bmatrix} 0 & -1 \\ -2/\sqrt{5} & 1/\sqrt{5} \\ -1/\sqrt{5} & 2/\sqrt{5} \end{bmatrix} \begin{bmatrix} -1 \\ 0 \end{bmatrix} \right) = \mathbf{compet}\left(\begin{bmatrix} 0 \\ 0.894 \\ 0.447 \end{bmatrix} \right) = \begin{bmatrix} 0 \\ 1 \\ 0 \end{bmatrix}$$

${}_2\mathbf{w}$가 $\mathbf{p}_1$에 가장 가깝기 때문에 두 번째 뉴런이 반응했다. 따라서 코호넨 규칙을 이용해 ${}_2\mathbf{w}$를 변경해보자.

$$ {}_2\mathbf{w}^{new} = {}_2\mathbf{w}^{old} + \alpha(\mathbf{p}_1 - {}_2\mathbf{w}^{old}) = \begin{bmatrix} -2/\sqrt{5} \\ 1/\sqrt{5} \end{bmatrix} + 0.5\left(\begin{bmatrix} -1 \\ 0 \end{bmatrix} - \begin{bmatrix} -2/\sqrt{5} \\ 1/\sqrt{5} \end{bmatrix} \right) = \begin{bmatrix} -0.947 \\ 0.224 \end{bmatrix}$$

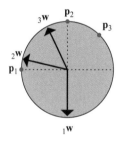

위의 다이어그램은 새로운 ${}_2\mathbf{w}$가 $\mathbf{p}_1$에 가까이 이동한 모습을 보여준다. 이제 이 과정을 $\mathbf{p}_2$에 대해 반복할 것이다.

$$\mathbf{a} = \mathbf{compet}(\mathbf{Wp}_2) = \mathbf{compet}\left(\begin{bmatrix} 0 & -1 \\ -0.947 & 0.224 \\ -1/\sqrt{5} & 2/\sqrt{5} \end{bmatrix} \begin{bmatrix} 0 \\ 1 \end{bmatrix} \right) = \mathbf{compet}\left(\begin{bmatrix} -1 \\ 0.224 \\ 0.894 \end{bmatrix} \right) = \begin{bmatrix} 0 \\ 0 \\ 1 \end{bmatrix}$$

세 번째 뉴런이 승리했으므로 이 뉴런의 가중치를 $\mathbf{p}_2$에 가깝게 이동한다.

$$_3\mathbf{w}^{new} = {}_3\mathbf{w}^{old} + \alpha(\mathbf{p}_2 - {}_3\mathbf{w}^{old}) = \begin{bmatrix} -1/\sqrt{5} \\ 2/\sqrt{5} \end{bmatrix} + 0.5\left(\begin{bmatrix} 0 \\ 1 \end{bmatrix} - \begin{bmatrix} -1/\sqrt{5} \\ 2/\sqrt{5} \end{bmatrix}\right) = \begin{bmatrix} -0.224 \\ 0.947 \end{bmatrix}$$

이제 $\mathbf{p}_3$를 제시할 것이다.

$$\mathbf{a} = \text{compet}(\mathbf{Wp}_3) = \text{compet}\left(\begin{bmatrix} 0 & -1 \\ -0.947 & 0.224 \\ -0.224 & 0.947 \end{bmatrix} \begin{bmatrix} 1/\sqrt{2} \\ 1/\sqrt{2} \end{bmatrix}\right)$$

$$= \text{compet}\left(\begin{bmatrix} -0.707 \\ -0.512 \\ 0.512 \end{bmatrix}\right) = \begin{bmatrix} 0 \\ 0 \\ 1 \end{bmatrix}$$

세 번째 뉴런이 다시 승리한다.

$$_3\mathbf{w}^{new} = {}_3\mathbf{w}^{old} + \alpha(\mathbf{p}_2 - {}_3\mathbf{w}^{old}) = \begin{bmatrix} -0.224 \\ 0.947 \end{bmatrix} + 0.5\left(\begin{bmatrix} 1/\sqrt{2} \\ 1/\sqrt{2} \end{bmatrix} - \begin{bmatrix} -0.224 \\ 0.947 \end{bmatrix}\right) = \begin{bmatrix} 0.2417 \\ 0.8272 \end{bmatrix}$$

$\mathbf{p}_1$에서 $\mathbf{p}_3$까지 다시 제시한 후 뉴런 2는 다시 한번 승리하고 뉴런 3은 두 번 승리한다. 최종 가중치는 다음과 같다.

$$\mathbf{W} = \begin{bmatrix} 0 & -1 \\ -0.974 & 0.118 \\ 0.414 & 0.8103 \end{bmatrix}$$

최종 가중치는 다음 다이어그램에도 나타난다.

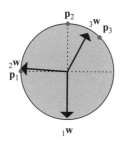

$_2\mathbf{w}$가 $\mathbf{p}_1$을 거의 학습했고 $_3\mathbf{w}$는 $\mathbf{p}_2$와 $\mathbf{p}_3$ 사이에 있음을 주목하라. 가중치 벡터 $_1\mathbf{w}$는 변경된 적이 없다. 첫 번째 뉴런은 경쟁에서 승리한 적이 없는 죽은 뉴런이다.

P15.3   그림 **P15.5**에 보이는 입력 벡터와 초기 가중치 구성을 고려하라. 학습률 $\alpha = 0.5$인 코호넨 규칙을 이용해 이 벡터들을 클러스터링하도록 경쟁 네트워크를 훈련시켜라. (표시된 순서대로) 모든 입력 벡터가 한 번 제시된 후 가중치의 위치를 그래프로 찾아라.

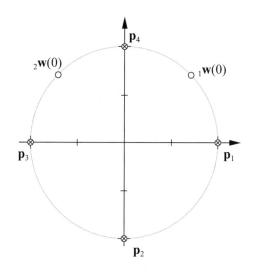

그림 P15.5 문제 P15.3의 입력 벡터와 초기 가중치

이 문제는 계산 없이 그래프로 풀 수 있다. 결과는 그림 P15.6에서 볼 수 있다.

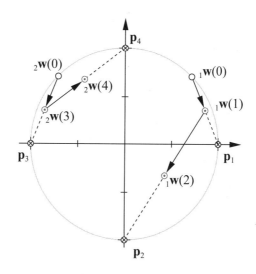

그림 P15.6 문제 P15.3의 해

먼저 입력 벡터 $\mathbf{p}_1$을 제시한다. 가중치 벡터 $_1\mathbf{w}$가 $\mathbf{p}_1$에 가장 가까우므로 뉴런 1이 경쟁에서 승리하며, $\alpha = 0.5$이므로 $_1\mathbf{w}$는 $\mathbf{p}_1$ 쪽으로 절반 정도 이동한다. 다음은 $\mathbf{p}_2$를 제시하며, 다시 뉴런 1이 경쟁에서 승리하고 $_1\mathbf{w}$는 $\mathbf{p}_2$ 쪽으로 절반 정도 이동한다. 처음 두 번 반복하는 동안 $_2\mathbf{w}$는 바뀌지 않는다.

세 번째 반복에서 $\mathbf{p}_3$를 제시한다. 이번에는 $_2\mathbf{w}$가 경쟁에서 승리하며 $\mathbf{p}_3$ 쪽으로 절반 정도 이동한다. 네 번째 반복에서 $\mathbf{p}_4$를 제시하며 뉴런 2가 다시 승리한다. 가중치 벡터 $_2\mathbf{w}$는 $\mathbf{p}_4$ 쪽으로 절반 정도 이동한다.

네트워크 훈련을 계속하면, 뉴런 1은 입력 벡터 $\mathbf{p}_1$과 $\mathbf{p}_2$를 분류하고, 뉴런 2는 입력 벡터 $\mathbf{p}_3$와 $\mathbf{p}_4$를 분류할 것이다. 입력 벡터가 다른 순서로 제시된다면 최종 분류는 달라지는가?

P15.4 지금까지는 뉴런이 2차원으로 배열된 특징 맵에 대해서만 이야기했다. 그림 **P15.7**의 특징 맵은 1차원으로 배열된 **9**개의 뉴런을 포함한다.

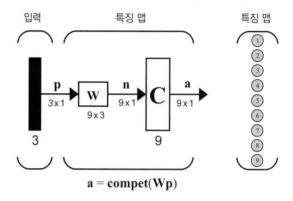

그림 P15.7 9뉴런 특징 맵

초기 가중치가 다음과 같을 때 인접 뉴런의 가중치 벡터를 연결하는 선으로 가중치 벡터 다이어그램을 그려라.

$$\mathbf{W} = \begin{bmatrix} 0.41 & 0.45 & 0.41 & 0 & 0 & 0 & -0.41 & -0.45 & -0.41 \\ 0.41 & 0 & -0.41 & 0.45 & 0 & -0.45 & 0.41 & 0 & -0.41 \\ 0.82 & 0.89 & 0.82 & 0.89 & 1 & 0.89 & 0.82 & 0.89 & 0.82 \end{bmatrix}^T$$

아래 벡터에 대해 학습률 0.1이고 반경 1인 이웃을 사용해 한 번 반복해서 특징 맵을 훈련시켜라. 새로운 가중치 행렬에 대해 다이어그램을 다시 그려라.

$$\mathbf{p} = \begin{bmatrix} 0.67 \\ 0.07 \\ 0.74 \end{bmatrix}$$

초기 가중치에 대한 특징 맵 다이어그램이 그림 P15.8에 있다.

702

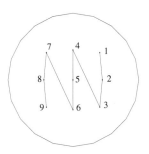

그림 P15.8 원래의 특징 맵

p를 네트워크에 제시해 네트워크를 변경하기 시작한다.

$$\mathbf{a} = \mathbf{compet}(\mathbf{Wp})$$

$$= \mathbf{compet}\left(\begin{bmatrix} 0.41 & 0.45 & 0.41 & 0 & 0 & 0 & -0.41 & -0.45 & -0.41 \\ 0.41 & 0 & -0.41 & 0.45 & 0 & -0.45 & 0.41 & 0 & -0.41 \\ 0.82 & 0.89 & 0.82 & 0.89 & 1 & 0.89 & 0.82 & 0.89 & 0.82 \end{bmatrix}^{T} \begin{bmatrix} 0.67 \\ 0.07 \\ 0.74 \end{bmatrix}\right)$$

$$= \mathbf{compet}\left(\begin{bmatrix} 0.91 & 0.96 & 0.85 & 0.70 & 0.74 & 0.63 & 0.36 & 0.36 & 0.3 \end{bmatrix}^{T}\right)$$

$$= \begin{bmatrix} 0 & 1 & 0 & 0 & 0 & 0 & 0 & 0 & 0 \end{bmatrix}^{T}$$

두 번째 뉴런이 경쟁에서 이겼다. 네트워크 다이어그램을 보면 두 번째 뉴런의 반경 1인 이웃에는 뉴런 1과 3이 포함된다. 코호넨 규칙을 이용해 이 뉴런들의 가중치를 변경하자.

$$_1\mathbf{w}(1) = {_1\mathbf{w}(0)} + \alpha(\mathbf{p} - {_1\mathbf{w}(0)}) = \begin{bmatrix} 0.41 \\ 0.41 \\ 0.82 \end{bmatrix} + 0.1\left(\begin{bmatrix} 0.67 \\ 0.07 \\ 0.74 \end{bmatrix} - \begin{bmatrix} 0.41 \\ 0.41 \\ 0.82 \end{bmatrix}\right) = \begin{bmatrix} 0.43 \\ 0.37 \\ 0.81 \end{bmatrix}$$

$$_2\mathbf{w}(1) = {_2\mathbf{w}(0)} + \alpha(\mathbf{p} - {_2\mathbf{w}(0)}) = \begin{bmatrix} 0.45 \\ 0 \\ 0.89 \end{bmatrix} + 0.1\left(\begin{bmatrix} 0.67 \\ 0.07 \\ 0.74 \end{bmatrix} - \begin{bmatrix} 0.45 \\ 0 \\ 0.89 \end{bmatrix}\right) = \begin{bmatrix} 0.47 \\ 0.01 \\ 0.88 \end{bmatrix}$$

$$_3\mathbf{w}(1) = {_3\mathbf{w}(0)} + \alpha(\mathbf{p} - {_3\mathbf{w}(0)}) = \begin{bmatrix} 0.41 \\ -0.41 \\ 0.82 \end{bmatrix} + 0.1\left(\begin{bmatrix} 0.67 \\ 0.07 \\ 0.74 \end{bmatrix} - \begin{bmatrix} 0.41 \\ -0.41 \\ 0.82 \end{bmatrix}\right) = \begin{bmatrix} 0.43 \\ -0.36 \\ 0.81 \end{bmatrix}$$

그림 P15.9는 가중치가 변경된 이후의 특징 맵을 보여준다.

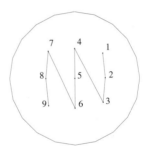

그림 P15.9 변경 후 특징 맵

P15.5 그림 **P15.10**의 **LVQ** 네트워크와 아래 가중치가 있을 때, 각 클래스를 구성하는 입력 공간의 영역을 그려라.

$$\mathbf{W}^1 = \begin{bmatrix} 0 & 0 \\ 1 & -1 \\ 1 & 1 \\ -1 & 1 \\ -1 & -1 \end{bmatrix}, \mathbf{W}^2 = \begin{bmatrix} 1 & 0 & 0 & 0 & 0 \\ 0 & 1 & 0 & 0 & 0 \\ 0 & 0 & 1 & 1 & 1 \end{bmatrix}$$

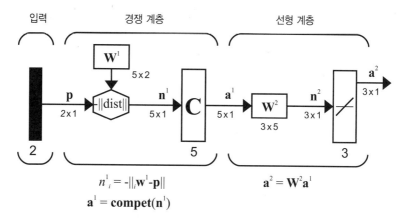

$$n^1_i = -\|_i\mathbf{w}^1 - \mathbf{p}\|$$
$$\mathbf{a}^1 = \mathbf{compet}(\mathbf{n}^1)$$

$$\mathbf{a}^2 = \mathbf{W}^2\mathbf{a}^1$$

그림 P15.10 문제 P15.5의 LVQ 네트워크

$\mathbf{W}^1$의 각 벡터 $_i\mathbf{w}$를 $\mathbf{W}^2$의 i번째 열에서 0이 아닌 요소의 행 인덱스 k로 표시함으로써 그림 P15.11의 다이어그램을 만든다. 여기서 행 인덱스 k는 클래스를 나타낸다.

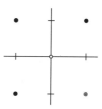

그림 P15.11 클래스로 표시된 프로토타입 벡터

각 클래스를 분리하는 결정 경계는 프로토타입 벡터 쌍 사이에 직선을 그려서 구할 수 있다. 이 직선은 프로토타입 벡터 쌍을 연결하는 가상의 직선에 직교하고, 각 벡터에서 등거리에 있다.

그림 P15.12의 각 볼록 영역은 가장 가까운 가중치 벡터에 따라 색이 정해진다.

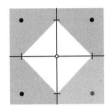

그림 P15.12 클래스 영역과 결정 경계

P15.6   그림 **P15.13**의 분류 문제를 풀기 위한 **LVQ** 네트워크를 설계하라. 다이어그램에 있는 벡터는 자신의 색깔에 따라 **3**개의 클래스 중 하나로 분류돼야 한다.

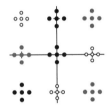

그림 P15.13 분류 문제

설계가 완료되면 각 클래스에 대한 영역을 보여주는 다이어그램을 그려라.

LVQ 네트워크는 내적을 사용하지 않고 벡터 간에 거리를 직접 계산하기 때문에 위와 같이 정규화하지 않은 벡터를 분류할 수 있다는 점을 유념하며 시작해보자.

색깔에 따라 클래스를 식별할 수 있다.

- 클래스 1에는 모든 흰색 점이 포함된다.

- 클래스 2에는 모든 검은색 점이 포함된다.

- 클래스 3에는 모든 회색 점이 포함된다.

이제 LVQ 네트워크의 차원을 선택해보자. 클래스가 3개라서 네트워크의 출력 계층에는 3개의 뉴런이 있어야 한다. 그리고 9개의 하위클래스(즉, 클러스터)가 있으므로 은 닉 계층에는 9개의 뉴런이 있어야 한다. 따라서 그림 P15.14의 네트워크가 제공된다.

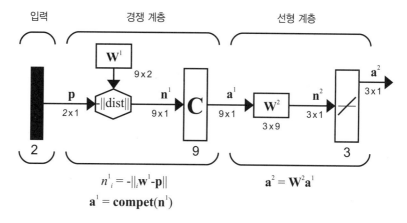

그림 P15.14 문제 P15.6의 LVQ 네트워크

이제 첫 번째 계층의 가중치 행렬 $\mathbf{W}^1$을 설계해보자. $\mathbf{W}^1$의 각 열은 클러스터별 프로토타입 벡터를 전치해 설정한다. 클러스터의 중심에서 프로토타입 벡터를 선택하면 다음과 같은 값을 얻을 수 있다.

$$\mathbf{W}^1 = \begin{bmatrix} -1 & 0 & 1 & -1 & 0 & 1 & -1 & 0 & 1 \\ 1 & 1 & 1 & 0 & 0 & 0 & -1 & -1 & -1 \end{bmatrix}^T$$

이제 첫 번째 계층의 각 뉴런은 다른 클러스터에 대해 반응할 것이다.

다음은 하위클래스가 적절한 클래스로 연결되도록 $\mathbf{W}^2$를 선택한다. 이를 위해 다음 규칙을 사용한다.

하위클래스 i를 클래스 k로 배정해야 한다면 $w^2_{ki} = 1$로 설정하라.

예를 들어, 첫 번째 하위클래스는 벡터 다이어그램에서 왼쪽 위 클러스터다. 이 클러스터의 벡터는 흰색이므로 첫 번째 클래스에 속한다. 따라서 $w^2_{1,1}$를 1로 설정해야 한다.

모든 9개의 하위클래스에 대해 이 규칙을 실행하면, 결국 다음과 같은 행렬이 된다.

$$\mathbf{W}^2 = \begin{bmatrix} 1 & 0 & 0 & 0 & 0 & 1 & 0 & 1 & 0 \\ 0 & 1 & 0 & 0 & 1 & 0 & 1 & 0 & 0 \\ 0 & 0 & 1 & 1 & 0 & 0 & 0 & 0 & 1 \end{bmatrix}$$

벡터 하나를 제시해 네트워크를 테스트해보자. $\mathbf{p} = \begin{bmatrix} 1 & 0 \end{bmatrix}^T$에 대한 첫 번째 계층의 출력은 다음과 같이 계산된다.

$$\mathbf{a}^1 = \text{compet}(\mathbf{n}^1) = \text{compet}\left(\begin{bmatrix} -\sqrt{5} \\ -\sqrt{2} \\ -1 \\ -2 \\ -1 \\ 0 \\ -\sqrt{5} \\ -\sqrt{2} \\ -1 \end{bmatrix} \right) = \begin{bmatrix} 0 \\ 0 \\ 0 \\ 0 \\ 0 \\ 1 \\ 0 \\ 0 \\ 0 \end{bmatrix}$$

네트워크는 제시된 벡터가 여섯 번째 하위클래스라고 말한다. 두 번째 계층은 무엇을 말하는지 확인해보자.

$$\mathbf{a}^2 = \mathbf{W}^2\mathbf{a}^1 = \begin{bmatrix} 1 & 0 & 0 & 0 & 0 & 1 & 0 & 1 & 0 \\ 0 & 1 & 0 & 0 & 1 & 0 & 1 & 0 & 0 \\ 0 & 0 & 1 & 1 & 0 & 0 & 0 & 0 & 1 \end{bmatrix} \begin{bmatrix} 0 \\ 0 \\ 0 \\ 0 \\ 0 \\ 1 \\ 0 \\ 0 \\ 0 \end{bmatrix} = \begin{bmatrix} 1 \\ 0 \\ 0 \end{bmatrix}$$

두 번째 계층은 벡터가 클래스 1이라고 올바르게 예측했다. 클래스 영역과 결정 경계의 다이어그램은 그림 P15.15에 있다.

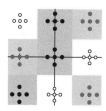

그림 P15.15 클래스 영역과 결정 경계

P15.7 경쟁 계층과 특징 맵의 경우 입력 벡터가 정규화돼야 한다. 하지만 데이터가 정규화되지 않았다면 어떻게 해야 하는가?

그런 데이터를 다루는 한 가지 방법은 네트워크에 데이터를 제공하기 전에 간단히 정규화하는 것이다. 이 방법은 중요할 수도 있는 벡터의 크기 정보를 잃어버린다는 단점이 있다.

또 다른 해결책은 **LVQ** 네트워크와 같이 네트 입력의 계산을 위해 내적 식 대신 거리 계산 식으로 바꾸는 것이다.

$$a = compet(Wp)$$

$$n_i = -\|_i\mathbf{w} - \mathbf{p}\| \quad 그리고 \quad a = compet(n)$$

이 방법은 크기 정보를 간직하며 작동된다.

세 번째 방법은 입력 벡터를 정규화하기 전에 상수 1을 추가하는 것이다. 추가된 요소의 변화로 벡터 크기 정보를 알 수 있다.

마지막 방법을 이용해 다음 벡터를 정규화하라.

$$\mathbf{p}_1 = \begin{bmatrix} 1 \\ 1 \end{bmatrix}, \mathbf{p}_2 = \begin{bmatrix} 0 \\ 1 \end{bmatrix}, \mathbf{p}_3 = \begin{bmatrix} 0 \\ 0 \end{bmatrix}$$

먼저 각 벡터에 추가 요소 1을 더하라.

$$\mathbf{p}'_1 = \begin{bmatrix} 1 \\ 1 \\ 1 \end{bmatrix}, \ \mathbf{p}'_2 = \begin{bmatrix} 0 \\ 1 \\ 1 \end{bmatrix}, \ \mathbf{p}'_3 = \begin{bmatrix} 0 \\ 0 \\ 1 \end{bmatrix}$$

그런 다음 벡터를 정규화한다.

$$\mathbf{p}''_1 = \begin{bmatrix} 1 \\ 1 \\ 1 \end{bmatrix} / \left\| \begin{bmatrix} 1 \\ 1 \\ 1 \end{bmatrix} \right\| = \begin{bmatrix} 1/\sqrt{3} \\ 1/\sqrt{3} \\ 1/\sqrt{3} \end{bmatrix}$$

$$\mathbf{p}''_2 = \begin{bmatrix} 0 \\ 1 \\ 1 \end{bmatrix} / \left\| \begin{bmatrix} 0 \\ 1 \\ 1 \end{bmatrix} \right\| = \begin{bmatrix} 0 \\ 1/\sqrt{2} \\ 1/\sqrt{2} \end{bmatrix}$$

$$\mathbf{p}''_3 = \begin{bmatrix} 0 \\ 0 \\ 1 \end{bmatrix} / \left\| \begin{bmatrix} 0 \\ 0 \\ 1 \end{bmatrix} \right\| = \begin{bmatrix} 0 \\ 0 \\ 1 \end{bmatrix}$$

이제 각 벡터의 세 번째 요소는 확장 벡터 크기의 역수이기 때문에 크기 정보를 갖는다.

맺음말

이 장에서는 연상 인스타 학습 규칙associative instar learning rule과 3장의 해밍 네트워크와 유사한 경쟁 네트워크를 합쳐서 강력한 자기 조직 네트워크를 만드는 방법을 설명했다. 경쟁과 인스타 규칙을 결합함으로써, 네트워크가 학습한 프로토타입 벡터가 입력 벡터의 특정 클래스를 나타내게 된다. 따라서 경쟁 네트워크는 입력 공간을 개별 클래스로 나누도록 학습한다. 각 클래스는 프로토타입 벡터(가중치 행렬의 행) 중 하나로 표현된다.

튜보 코호넨이 개발한 세 종류의 네트워크를 이 장에서 논의했다. 첫 번째는 표준 경쟁 계층이다. 작동이 단순하기 때문에 많은 문제에 실용적이다.

자기 조직 특징 맵은 경쟁 계층과 매우 비슷하지만 생체 중심흥분, 주변억제 네트워크를 좀 더 자세히 모델링한다. 그 결과, 네트워크는 입력 벡터를 분류하도록 학습할 뿐만 아니라 입력 공간의 토폴로지도 학습한다.

세 번째 네트워크는 LVQ 네트워크로 클러스터를 인식하기 위해 비지도 및 지도 학습을 모두 사용한다. LVQ 네트워크는 두 번째 계층을 이용해 여러 개의 볼록 영역을 임의의 모양을 가질 수 있는 클래스로 결합한다. LVQ 네트워크는 심지어 연결되지 않은 여러 영역들로 구성된 클래스를 인식하도록 훈련될 수도 있다.

17장에서는 경쟁 네트워크의 훈련에 유용한 팁을 제시하며, 21장에서는 실제 클러스터링 문제에 자기 조직 특징 맵을 이용하는 사례 연구를 제시한다.

참고 문헌

[FrSk91]   J. Freeman and D. Skapura, *Neural Networks: Algorithms, Applications, and Programming Techniques*, Reading, MA: Addison-Wesley, 1991.

이 책에는 네트워크 알고리즘 코드의 일부가 포함되어 있어서 네트워크의 세부사항을 명확하게 해준다.

[Koho87]   T. Kohonen, *Self-Organization and Associative Memory*, 2nd Ed., Berlin: Springer-Verlag, 1987.

코호넨은 코호넨 규칙과 이를 사용하는 몇 가지 네트워크를 소개한다. 이 책에서는 선형 연상 모델을 완벽히 분석하고 있으며, 다양한 확장과 예제를 제공한다.

[Hech90]   R. Hecht-Nielsen, *Neurocomputing*, Reading, MA: Addison-Wesley, 1990.

이 책에는 경쟁 학습의 역사와 수학에 대한 절들이 포함되어 있다.

[RuMc86] D. Rumelhart, J. McClelland et al., *Parallel Distributed Processing*, vol. 1, Cambridge, MA: MIT Press, 1986.

이 두 권의 세트 모두 신경망 분야의 고전이다. 첫 번째 책에는 경쟁 계층과 특징 추출을 위한 학습 방법이 설명되어 있다.

연습문제

E15.1 해밍 네트워크의 계층 2에 대한 가중치 행렬이 다음과 같다고 가정하라.

$$\mathbf{W}^2 = \begin{bmatrix} 1 & -\frac{3}{4} & -\frac{3}{4} \\ -\frac{3}{4} & 1 & -\frac{3}{4} \\ -\frac{3}{4} & -\frac{3}{4} & 1 \end{bmatrix}$$

이 행렬은 다음과 같이 식 (15.6)을 위배한다.

$$\varepsilon = \frac{3}{4} > \frac{1}{S-1} = \frac{1}{2}$$

계층 2를 올바르게 작동하지 않게 만드는 계층 1의 출력 예를 제공하라.

E15.2 그림 E15.1의 입력 벡터와 초기 가중치를 고려하라.

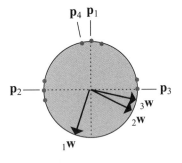

그림 E15.1 클러스터 데이터 벡터

(1) 3개의 벡터 클러스터가 자신만의 클래스를 갖도록 위의 데이터를 분류하는 경쟁 네트워크의 다이어그램을 그려라.

(2) 다음 순서대로 레이블된 벡터를 제시해 (표시된 초기 가중치를 이용해) 그래프를 그려서 네트워크를 훈련시켜라.

$$\mathbf{p}_1, \mathbf{p}_2, \mathbf{p}_3, \mathbf{p}_4$$

단, 경쟁 전달 함수는 여러 뉴런이 같은 네트 입력을 가질 경우 가장 작은 인덱스를 갖는 뉴런이 승리하도록 정한다. 코호넨 규칙은 그림 15.3에 그래프로 설명되어 있다.

(3) 그림 E15.1의 다이어그램에 최종 가중치 벡터와 클래스를 나타내는 영역 사이의 결정 경계를 표시해서 다시 그려라.

E15.3 다음 입력 패턴을 이용해 경쟁 네트워크를 훈련시켜라.

$$\mathbf{p}_1 = \begin{bmatrix} 1 \\ -1 \end{bmatrix}, \ \mathbf{p}_2 = \begin{bmatrix} 1 \\ 1 \end{bmatrix}, \ \mathbf{p}_3 = \begin{bmatrix} -1 \\ -1 \end{bmatrix}$$

(1) $\alpha = 0.5$인 코호넨 학습 규칙을 이용해 입력 패턴을 한 번 통과시켜 훈련시켜라(주어진 순서에 따라 각 입력을 한 번씩 제시하라). 결과를 그래프로 보여라. 초기 가중치 행렬은 다음과 같다고 가정하라.

$$\mathbf{W} = \begin{bmatrix} \sqrt{2} & 0 \\ 0 & \sqrt{2} \end{bmatrix}$$

(2) 입력 패턴을 한 번 통과시킨 후 패턴들은 어떻게 클러스터링됐는가(즉, 어떤 패턴들이 같은 클래스로 모였는가)? 입력 패턴이 다른 순서로 제시됐다면 결과가 바뀌겠는가? 설명하라.

(3) (1)을 $\alpha = 0.25$로 반복하라. 이 변화가 훈련에 어떻게 영향을 미치는가?

E15.4 이 장의 초반에서 경쟁 계층과 LVQ 네트워크를 괴롭히는 죽은 뉴런 문제의 해결 기법으로 '양심'이란 용어를 사용했다.

입력 벡터에서 너무 멀어서 경쟁에서 승리할 수 없는 뉴런들은, 뉴런이 승리할 때마다 더 큰 음수를 더하는 적응형 편향을 사용함으로써 기회를 얻을 수 있다. 그 결과, 자주 승리하는 뉴런은 다른 뉴런이 승리할 기회를 얻을 때까지 '죄책감[guilty]'을 느끼게 된다.

그림 E15.2는 편향을 갖는 경쟁 네트워크를 보여준다. 뉴런 i의 편향 b_i에 대한 대표적인 학습 규칙은 다음과 같다.

$$b_i^{new} = \begin{cases} 0.9 b_i^{old}, & i \neq i^*\text{인 경우} \\ b_i^{old} - 0.2, & i = i^*\text{인 경우} \end{cases}$$

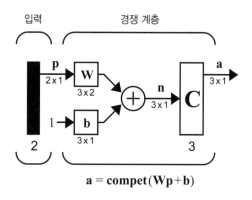

$$a = \text{compet}(Wp+b)$$

그림 E15.2 편향을 갖는 경쟁 계층

(1) 그림 E15.3의 벡터를 관찰하라. 어떤 순서로 벡터를 제시하면 $_1w$가 경쟁에서 승리해 벡터 중 하나에 가깝게 이동하겠는가?(주의: 적응형 편향이 사용되지 않는다고 가정하라.)

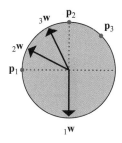

그림 E15.3 입력 벡터와 죽은 뉴런

(2) 다음과 같이 정의된 입력 벡터와 초기 가중치 및 편향이 있다면, (코호넨 규칙을 이용해) 가중치를 계산하고 (위의 편향 규칙을 이용해) 편향을 계산하라. 뉴런 1이 경쟁에서 승리할 때까지 아래 보이는 입력 열을 반복하라.

$$\mathbf{p}_1 = \begin{bmatrix} -1 \\ 0 \end{bmatrix}, \ \mathbf{p}_2 = \begin{bmatrix} 0 \\ 1 \end{bmatrix}, \ \mathbf{p}_3 = \begin{bmatrix} 1/\sqrt{2} \\ 1/\sqrt{2} \end{bmatrix}$$

$$_1\mathbf{w} = \begin{bmatrix} 0 \\ -1 \end{bmatrix}, \ _2\mathbf{w} = \begin{bmatrix} -2/\sqrt{5} \\ -1/\sqrt{5} \end{bmatrix}, \ _3\mathbf{w} = \begin{bmatrix} -1/\sqrt{5} \\ -2/\sqrt{5} \end{bmatrix}, \ b_1(0) = b_2(0) = b_3(0) = 0$$

입력 벡터 열: $\mathbf{p}_1, \ \mathbf{p}_2, \ \mathbf{p}_3, \ \mathbf{p}_1, \ \mathbf{p}_2, \ \mathbf{p}_3, \ \cdots$

(3) $_1\mathbf{w}$가 경쟁에서 승리하려면 입력을 몇 번 제시해야 하는가?

E15.5 LVQ 네트워크의 네트 입력 식은 내적을 사용하는 대신 입력과 가중치 벡터 사이의 거리를 직접 계산한다. 그 결과, LVQ 네트워크에는 정규화된 입력 벡터가 필요하지 않다. 이 기법은 경쟁 계층이 정규화되지 않은 벡터를 분류할 때도 사용될 수 있다. 그림 E15.4에는 그런 네트워크가 있다.

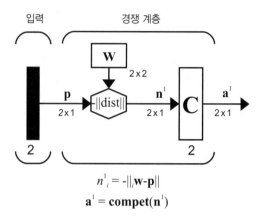

입력   경쟁 계층

$$n^1_i = -\|_i\mathbf{w}-\mathbf{p}\|$$
$$\mathbf{a}^1 = \mathbf{compet}(\mathbf{n}^1)$$

그림 E15.4 다른 네트 입력 표현식을 갖는 경쟁 계층

아래의 (정규화되지 않은) 벡터에 대해 학습률 α를 0.5로 해서 2뉴런 경쟁 계층을 훈련하기 위해 이 기술을 사용하라.

$$\mathbf{p}_1 = \begin{bmatrix} 1 \\ 1 \end{bmatrix}, \ \mathbf{p}_2 = \begin{bmatrix} -1 \\ 2 \end{bmatrix}, \ \mathbf{p}_3 = \begin{bmatrix} -2 \\ -2 \end{bmatrix}$$

다음 순서대로 벡터를 제시하라.

$$\mathbf{p}_1, \ \mathbf{p}_2, \ \mathbf{p}_3, \ \mathbf{p}_2, \ \mathbf{p}_3, \ \mathbf{p}_1$$

다음은 네트워크의 초기 가중치다.

$$_1\mathbf{w} = \begin{bmatrix} 0 \\ 1 \end{bmatrix}, \ _2\mathbf{w} = \begin{bmatrix} 1 \\ 0 \end{bmatrix}$$

E15.6 다음 입력과 초기 가중치에 대해 연습문제 E15.5를 반복하라. 각 단계의 가중치 이동을 그래프로 나타내라. 상당히 여러 번 반복해서 네트워크를 훈련한다면 최종 구성에서 세 벡터는 어떻게 클러스터링되는가?

$$\mathbf{p}_1 = \begin{bmatrix} 2 \\ 0 \end{bmatrix}, \ \mathbf{p}_2 = \begin{bmatrix} 0 \\ 1 \end{bmatrix}, \ \mathbf{p}_3 = \begin{bmatrix} 2 \\ 2 \end{bmatrix}$$

$$_1\mathbf{w} = \begin{bmatrix} 1 \\ 0 \end{bmatrix}, \; _2\mathbf{w} = \begin{bmatrix} -1 \\ 0 \end{bmatrix}$$

E15.7 경쟁 학습 문제가 있으며, 입력 벡터와 초기 가중치 행렬은 다음과 같다.

$$\mathbf{p}_1 = \begin{bmatrix} 0 \\ 1 \end{bmatrix}, \; \mathbf{p}_2 = \begin{bmatrix} 0 \\ 2 \end{bmatrix}, \; \mathbf{p}_3 = \begin{bmatrix} 1 \\ 1 \end{bmatrix}, \; \mathbf{p}_4 = \begin{bmatrix} 2 \\ 2 \end{bmatrix}$$

$$\mathbf{W} = \begin{bmatrix} 1 & -1 \\ -1 & 1 \end{bmatrix}$$

(1) 학습률 $\alpha = 0.5$인 코호넨 학습 규칙을 이용해 경쟁 네트워크를 훈련시켜라(표시된 순서대로 벡터를 한 번씩 제시하라). 내적 대신에 음수 거리를 사용하는 그림 E15.4의 수정된 경쟁 네트워크를 사용하라.

(2) 그림 15.3에서와 같이 (1)의 결과를 그래프로 표시하라(네 번의 반복을 모두 표시하라).

(3) 결국 가중치는 (거의) 어디로 수렴하는가? 설명하라. 최종 결정 경계를 대략적으로 그려라.

E15.8 거리를 직접 계산하는 그림 E15.4의 수정된 경쟁 네트워크가, 정규화된 입력 벡터의 내적을 사용하는 표준 경쟁 네트워크와 동일한 결과를 만든다는 것을 보여라.

E15.9 아래 정의된 입력 공간의 구간을 다섯 클래스로 나누는 분류기를 원한다.

$$0 \le p_1 \le 1$$

(1) MATLAB을 사용해 위에 표시된 구간에서 균등 분포를 갖는 랜덤값 100개를 생성하라.

(2) 분포가 더 이상 균등하지 않게 각 숫자를 제곱하라.

(3) MATLAB M파일을 작성해 경쟁 계층을 구현하라. M파일을 이용해 가중치가 매우 안정될 때까지 제곱값에 대해 5뉴런 경쟁 계층을 훈련시켜라.

(4) 경쟁 계층의 가중치가 어떻게 분포되는가? 가중치의 분포와 제곱 입력값의 분포 사이에 어떤 관계가 있는가?

E15.10 아래 정의된 사각형 영역을 대략 같은 크기의 클래스 16개로 나누는 분류기를 원한다.

$$0 \leq p_1 \leq 1 \, , \ 2 \leq p_2 \leq 3$$

(1) MATLAB을 이용해 위에 표시된 구간에서 벡터 200개를 랜덤하게 생성하라.

(2) MATLAB M파일을 작성해 코호넨 학습을 이용하는 경쟁 계층을 구현하라. LVQ 네트워크에서와 같이 벡터가 더 이상 정규화될 필요가 없도록, 입력과 가중치 벡터 사이의 거리를 직접 구해서 네트 입력을 계산하라. M파일을 이용해 벡터 200개를 분류하도록 경쟁 계층을 훈련시켜라. 다른 학습률로 시도해서 성능을 비교하라.

(3) MATLAB M파일을 작성해 4×4뉴런(2차원) 특징 맵을 구현하라. 이 특징 맵을 사용해 벡터 200개를 분류하라. 여러 학습률과 이웃 크기를 사용해 성능을 비교하라.

E15.11 (내적 대신 거리를 사용해 네트 입력을 계산하는) 다음의 1차원 특징 맵을 훈련시키려고 한다.

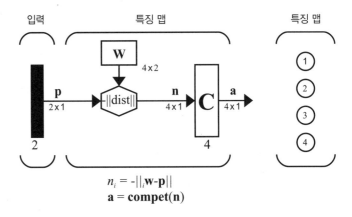

그림 E15.5 연습문제 E15.11의 특징 맵

초기 가중치 행렬은 $\mathbf{W}(0) = \begin{bmatrix} 2 & -1 & -1 & 1 \\ 2 & 1 & -2 & 0 \end{bmatrix}^T$ 이다.

(1) (1차원 특징 맵이라는 점을 제외하고 그림 15.10에서와 같이) 초기 가중치 벡터를 점으로 그리고 이웃 가중치 벡터를 선으로 연결하라.

(2) 다음 입력 벡터를 네트워크에 적용하라. 특징 맵 학습 규칙을 한 번 반복하라(그래프로 할 수 있다). 이웃 크기는 1이고 학습률 α는 0.5를 사용하라.

$$\mathbf{p}_1 = \begin{bmatrix} -2 & 0 \end{bmatrix}^T$$

(3) 새로운 가중치 벡터를 점으로 그리고, 이웃 가중치 벡터를 선으로 연결하라.

E15.12 내적 대신 거리를 사용해 네트 입력을 계산하는 다음 특징 맵을 고려하라.

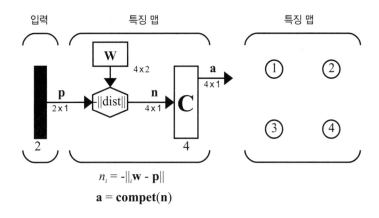

그림 E15.6 연습문제 E15.12의 2차원 특징 맵

초기 가중치 행렬은 다음과 같다.

$$\mathbf{W} = \begin{bmatrix} 0 & 1 & 1 & 0 \\ 0 & 0 & 1 & -1 \end{bmatrix}^T$$

(1) 그림 15.10에서와 같이 초기 가중치 벡터를 그리고, 이들의 토폴로지 연결을 표시하라.

(2) 입력 $\mathbf{p} = \begin{bmatrix} -1 & 1 \end{bmatrix}^T$를 적용하고 특징 맵 학습 규칙을 한 번 반복하라. 학습률 $\alpha = 0.5$와 이웃 반경 1을 사용하라.

(3) 첫 번째 반복 후에 가중치를 그리고, 이들의 토폴로지 연결을 표시하라.

E15.13 LVQ 네트워크가 다음 가중치를 갖는다.

$$\mathbf{W}^1 = \begin{bmatrix} 0 & 0 \\ 1 & 0 \\ -1 & 0 \\ 0 & 1 \\ 0 & -1 \end{bmatrix}, \ \mathbf{W}^2 = \begin{bmatrix} 1 & 0 & 0 & 0 & 0 \\ 0 & 1 & 1 & 0 & 0 \\ 0 & 0 & 0 & 1 & 1 \end{bmatrix}$$

(1) LVQ 네트워크는 몇 개의 클래스를 갖는가? 몇 개의 하위클래스를 갖는가?

(2) 첫 번째 계층의 가중치 벡터와 입력 공간을 하위클래스로 나누는 결정 경계를 표시하는 다이어그램을 그려라.

(3) 각 하위클래스 영역에 자신이 속하는 클래스를 나타내는 레이블을 붙여라.

E15.14 다음 벡터를 표시된 클래스에 따라 분류하는 LVQ 네트워크를 원한다.

$$\text{클래스 1:} \left\{ \begin{bmatrix} -1 \\ 1 \\ -1 \end{bmatrix}, \begin{bmatrix} 1 \\ -1 \\ -1 \end{bmatrix} \right\}, \ \text{클래스 2:} \left\{ \begin{bmatrix} -1 \\ -1 \\ 1 \end{bmatrix}, \begin{bmatrix} 1 \\ -1 \\ 1 \end{bmatrix}, \begin{bmatrix} 1 \\ 1 \\ 1 \end{bmatrix} \right\}, \ \text{클래스 3:} \left\{ \begin{bmatrix} -1 \\ -1 \\ -1 \end{bmatrix}, \begin{bmatrix} -1 \\ 1 \\ 1 \end{bmatrix} \right\}$$

(1) LVQ 네트워크는 계층별로 몇 개의 뉴런이 필요한가?

(2) 첫 번째 계층의 가중치를 정의하라.

(3) 두 번째 계층의 가중치를 정의하라.

(4) 각 클래스로부터 최소 하나의 벡터에 대해 네트워크를 테스트하라.

E15.15 다음 벡터를 표시된 클래스에 따라 분류하는 LVQ 네트워크를 원한다.

$$\text{클래스 1:} \left\{ \mathbf{p}_1 = \begin{bmatrix} 1 \\ 1 \end{bmatrix}, \mathbf{p}_2 = \begin{bmatrix} 0 \\ 2 \end{bmatrix} \right\}, \ \text{클래스 2:} \left\{ \mathbf{p}_3 = \begin{bmatrix} -1 \\ 1 \end{bmatrix}, \mathbf{p}_4 = \begin{bmatrix} 1 \\ 2 \end{bmatrix} \right\}$$

(1) 이 분류 문제를 퍼셉트론으로 풀 수 있는가? 자신의 답변을 설명하라.

(2) 클래스가 2개의 볼록 모양 하위클래스로 구성된다면, 위의 데이터를 분류할 수 있는 LVQ 네트워크에는 계층별로 몇 개의 뉴런이 있어야만 하는가?

(3) 그런 네트워크의 두 번째 계층의 가중치를 정의하라.

(4) 네트워크의 첫 번째 계층의 가중치를 모두 0으로 초기화하고, 다음 벡터 열에 대해 (학습률 0.5를 갖는) 코호넨 규칙으로 만들어진 가중치 변화를 계산하라.

$$\mathbf{p}_4, \mathbf{p}_2, \mathbf{p}_3, \mathbf{p}_1, \mathbf{p}_2$$

(5) 입력 벡터, 최종 가중치 벡터, 두 클래스 간의 결정 경계를 표시하는 다이어그램을 그려라.

E15.16 LVQ 네트워크가 다음 가중치와 훈련 데이터를 갖는다.

$$\mathbf{W}^1 = \begin{bmatrix} 1 & 0 \\ 0 & 1 \\ 0 & 0 \end{bmatrix}, \ \mathbf{W}^2 = \begin{bmatrix} 1 & 1 & 0 \\ 0 & 0 & 1 \end{bmatrix}$$

$$\left\{ \mathbf{p}_1 = \begin{bmatrix} -2 \\ 2 \end{bmatrix}, \mathbf{t}_1 = \begin{bmatrix} 1 \\ 0 \end{bmatrix} \right\}, \left\{ \mathbf{p}_2 = \begin{bmatrix} 2 \\ 0 \end{bmatrix}, \mathbf{t}_2 = \begin{bmatrix} 0 \\ 1 \end{bmatrix} \right\}, \left\{ \mathbf{p}_3 = \begin{bmatrix} 2 \\ -2 \end{bmatrix}, \mathbf{t}_3 = \begin{bmatrix} 1 \\ 0 \end{bmatrix} \right\}$$

$$\left\{ \mathbf{p}_4 = \begin{bmatrix} -2 \\ 0 \end{bmatrix}, \mathbf{t}_4 = \begin{bmatrix} 0 \\ 1 \end{bmatrix} \right\}$$

(1) (그림 15.14와 같이) 훈련 데이터 입력 벡터와 가중치 벡터를 그려라.

(2) 입력 벡터 열 $\mathbf{p}_1, \mathbf{p}_2, \mathbf{p}_3, \mathbf{p}_4$를 제시하면서 학습률 $\alpha = 0.5$를 갖는 LVQ 학습 규칙을 네 번 반복하라(각 입력에 대해 한 번씩 반복). (1)과는 별도의 다이어그램에서 그래프를 이용해 반복을 수행하라.

(3) (2)의 반복이 완료되면, 새로운 다이어그램에 하위클래스와 클래스를 구성하는 입력 공간의 영역을 그려라. 각 영역에 소속 클래스를 표시하는 레이블을 붙여라.

E15.17 LVQ 네트워크가 다음 가중치를 갖는다.

$$\mathbf{W}^1 = \begin{bmatrix} 0 & 1 & -1 & 0 & 0 & -1 & -1 \\ 0 & 0 & 0 & 1 & -1 & -1 & 1 \end{bmatrix}^T, \ \mathbf{W}^2 = \begin{bmatrix} 1 & 0 & 1 & 0 & 1 & 1 & 0 \\ 0 & 1 & 0 & 1 & 0 & 0 & 1 \end{bmatrix}$$

(1) LVQ 네트워크는 몇 개의 클래스를 갖는가? 몇 개의 하위클래스를 갖는가?

(2) 첫 번째 계층의 가중치 벡터와 입력 공간을 하위클래스로 나누는 결정 경계를 표시하는 다이어그램을 그려라.

(3) 각 하위클래스 영역에 소속 클래스를 나타내는 레이블을 붙여라.

(4) 클래스 1의 입력 $\mathbf{p} = \begin{bmatrix} 1 & 0.5 \end{bmatrix}^T$ 가 네트워크에 제시된다고 가정하라. 학습률 $\alpha = 0.5$인 LVQ 알고리즘을 한 번 반복하라.

E15.18 LVQ 네트워크가 다음 가중치를 갖는다.

$$\mathbf{W}^1 = \begin{bmatrix} 0 & 0 & 2 & 1 & 1 & -1 \\ 0 & 2 & 2 & 1 & -1 & -1 \end{bmatrix}^T, \quad \mathbf{W}^2 = \begin{bmatrix} 1 & 1 & 1 & 0 & 0 & 0 \\ 0 & 0 & 0 & 1 & 1 & 1 \end{bmatrix}$$

(1) LVQ 네트워크는 몇 개의 클래스를 갖는가? 몇 개의 하위클래스를 갖는가?

(2) 첫 번째 계층의 가중치 벡터와 입력 공간을 하위클래스로 나누는 결정 경계를 표시하는 다이어그램을 그려라.

(3) 각 하위클래스 영역에 소속 클래스를 나타내는 레이블을 붙여라.

(4) 다음의 입력/목표 쌍 $\mathbf{p} = \begin{bmatrix} -1 & -2 \end{bmatrix}^T$, $\mathbf{t} = \begin{bmatrix} 1 & 0 \end{bmatrix}^T$로 LVQ 알고리즘을 한 번 반복하라. 학습률 $\alpha = 0.5$를 사용하라.

16

방사형 기저 네트워크

목표

11장과 12장에서 살펴봤던 다층 네트워크는 함수 근사 및 패턴 인식을 위한 신경망 구조의 한 유형이다. 11장에서 봤던 것처럼 은닉 계층에 시그모이드 전달 함수와 출력 계층에 선형 전달 함수를 갖는 다층 네트워크는 보편적 함수 근사기universal function approximator다. 16장에서는 다른 유형의 보편적 근사 네트워크인 방사형 기저 함수 네트워크radial basis function network를 살펴볼 것이다. 이 네트워크는 다층 네트워크와 동일한 많은 응용에 사용될 수 있다.

이 장은 11장의 구조를 따른다. 방사형 기저 함수 네트워크의 보편적 근사 역량을 직관적인 방식으로 설명하고, 이 네트워크를 훈련시키기 위한 세 가지 기법을 설명할 것이다. 방사형 기저 함수 네트워크는 11장과 12장에서 살펴본 것과 동일한 그레이디언트 기반 알고리즘으로 훈련할 수 있으며, 역전파 형태로 계산한 미분값을 사용한다.

하지만 첫 번째 계층의 가중치가 두 번째 계층의 가중치와는 독립적으로 계산되는 두 단계 과정을 이용해 훈련할 수도 있다. 마지막으로, 점진적인 방식으로 한 번에 한 뉴런씩 구성할 수도 있다.

이론과 예제

방사형 기저 함수 네트워크는 11장의 다층 퍼셉트론 네트워크와 관련되어 있다. 방사형 기저 함수 네트워크도 보편적 근사기이며, 함수 근사 또는 패턴 인식에 사용될 수 있다. 이 장은 방사형 기저 함수 네트워크에 대한 설명과 네트워크의 함수 근사 및 패턴 인식 능력에 대한 실제 예제로 시작할 것이다.

방사형 기저 함수에 대한 원 연구는 1980년대에 파월Powell과 여러 사람들에 의해 수행됐다[Powe87]. 이 연구에서는 다차원 공간에서의 정확한 보간을 위해 방사형 기저 함수를 사용했다. 다시 말해, 방사형 기저 보간으로 생성된 함수는 훈련 집합의 모든 목표를 정확히 통과해야 한다. 정확한 보간을 위한 방사형 기저 함수의 사용은 중요한 응용 분야에서 지속되고 있으며, 활발한 연구 분야이기도 하다.

하지만 이 장에서는 목표를 위해 정확한 보간은 고려하지 않는다. 신경망은 주로 잡음 데이터에 사용되며, 13장에서 살펴봤듯이 훈련 데이터에 잡음이 있는 경우 정확한 보간은 과적합을 초래한다. 이 장의 관심은 방사형 기저 함수를 사용해서 제한되고 잡음이 있는 측정치를 기반으로 알지 못하는 함수unknown function를 강력하게 근사하는 데 있다. 방사형 기저 함수 신경망 모델은 부룸헤드Broomhead와 로우Lowe가 처음으로 개발했다[BrLo88]. 이 모델은 부드러운 보간 함수를 생성하며, 네트워크 반응이 목표 출력에 정확히 일치하게 만들기보다는 새로운 상황에서 일반화를 잘하는 네트워크를 만드는 데 중점을 둔다.

다음 절에서는 방사형 기저 함수 신경망의 역량을 보이고, 그다음 절에서는 훈련 방법을 설명할 것이다.

방사형 기저 네트워크

RBF 방사형 기저 네트워크는 2계층 네트워크다. 방사형 기저 함수^{RBF, radial basis function} 네트워크와 2계층 퍼셉트론 네트워크는 두 가지 주요 차이점이 있다. 첫째, RBF 네트워크의 계층 1에서는 가중치와 입력 사이에 내적 연산(행렬 곱)을 수행하는 대신 입력 벡터와 가중치 행렬의 행 사이의 거리를 계산한다(이 점은 그림 15.13의 LVQ 네트워크와 비슷하다). 둘째, 편향을 더하는 대신 편향을 곱한다. 따라서 첫 번째 계층에 있는 뉴런 i의 네트 입력은 다음과 같이 계산된다.

$$n_i^1 = \left\| \mathbf{p} -_i \mathbf{w}^1 \right\| b_i^1 \tag{16.1}$$

가중치 행렬의 각 행은 중심점(네트 입력값이 0이 되는 점)의 역할을 한다. 편향은 전달(기저) 함수에 확대 연산을 수행해 함수가 늘어나거나 줄어들게 만든다.

RBF 네트워크에 대한 대부분의 논문과 책은 편향이란 용어 대신 표준편차, 분산, 퍼짐 상수란 용어로 사용한다. 여기서는 이 책의 여타 네트워크와의 일관성을 위해 편향을 사용할 것이다. 이것은 단순히 표기법과 교수법의 문제로, 네트워크의 작동에는 영향을 미치지 않는다. 가우시안 전달 함수^{Gaussian transfer function}가 사용될 때 편향은 $b = 1/(\sigma\sqrt{2})$와 같이 표준편차와 관련되어 있다.

RBF 네트워크의 첫 번째 계층에서 사용하는 전달 함수는 다층 퍼셉트론^{MLP, multilayer perceptrons}의 은닉 계층에서 주로 사용하는 시그모이드 함수와는 다르다. 사용 가능한 다른 종류의 전달 함수들이 있지만([BrLo88] 참조), 설명의 명료성을 위해 신경망 커뮤니티에서 가장 많이 사용하는 함수인 가우시안 함수만을 고려할 것이다. 가우시안 함수는 다음과 같이 정의된다.

$$a = e^{-n^2} \tag{16.2}$$

그림 16.1에 가우시안 함수가 그려져 있다.

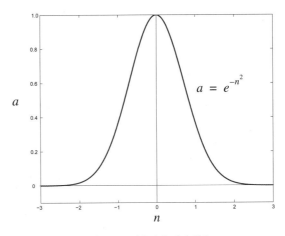

$$a = e^{-n^2}$$

그림 16.1 가우시안 기저 함수

지역 함수 이 함수의 주요 특성은 **지역적**local이라는 것이다. 지역적이란 중심점에서 양쪽 방향으로 아주 멀리 이동하면 출력이 0에 가까워진다는 것을 의미한다. 네트 입력이 무한대

전역 함수 로 갈수록 출력이 1에 가까워지는 **전역**global 시그모이드 함수와 대조적이다.

RBF 네트워크의 두 번째 계층은 표준 선형 계층이다.

$$\mathbf{a}^2 = \mathbf{W}^2\mathbf{a}^1 + \mathbf{b}^2 \tag{16.3}$$

그림 16.2는 전체 RBF 네트워크를 보여준다.

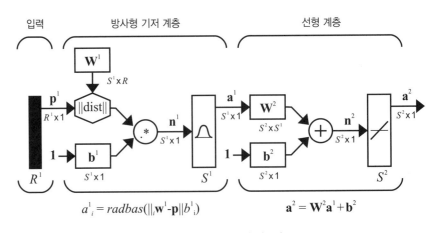

그림 16.2 방사형 기저 네트워크

함수 근사

이 RBF 네트워크는 MLP 네트워크와 마찬가지로 보편적 근사기로 입증됐다[PaSa93]. 네트워크의 역량을 설명하기 위해 은닉 계층에 2개의 뉴런과 하나의 출력 뉴런을 가지며, 다음의 디폴트 파라미터를 갖는 네트워크를 고려해보자.

$$w_{1,1}^1 = -1 \ , \ w_{2,1}^1 = 1 \ , \ b_1^1 = 2 \ , \ b_2^1 = 2$$

$$w_{1,1}^2 = 1 \ , \ w_{1,2}^2 = 1 \ , \ b^2 = 0$$

그림 16.3은 디폴트 파라미터를 갖는 네트워크의 반응을 보여주며, 입력 p가 $[-2, 2]$ 범위에서 변화할 때 네트워크 출력 a^2이 그려져 있다.

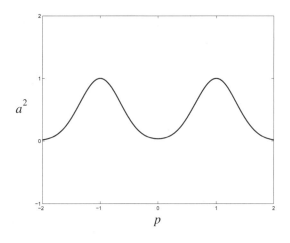

그림 16.3 디폴트 네트워크 반응

반응은 첫 번째 계층의 가우시안 뉴런(기저 함수)별로 하나씩 2개의 언덕으로 되어 있다. 다음 설명에서 보게 되겠지만, 네트워크 파라미터를 조정해 언덕의 모양과 위치를 바꿀 수 있다(이 예제를 진행하면서 이 샘플 RBF 네트워크의 반응과 그림 11.5의 샘플 MLP 네트워크의 반응을 비교해보면 좋을 것이다).

그림 16.4는 파라미터의 변경이 네트워크 반응에 미치는 영향을 보여준다. ①번 곡선

은 명목 반응이다. 그 밖의 곡선은 다음 범위에서 파라미터를 하나씩 변화시킬 때의 네트워크 반응을 나타낸다.

$$0 \leq w_{2,1}^1 \leq 2 \,,\ -1 \leq w_{1,1}^2 \leq 1 \,,\ 0.5 \leq b_2^1 \leq 8 \,,\ -1 \leq b^2 \leq 1 \qquad (16.4)$$

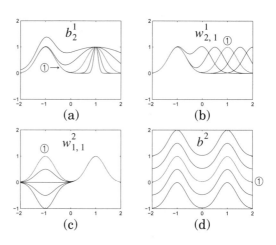

그림 16.4 파라미터 변경이 네트워크 반응에 미치는 영향

그림 16.4(a)는 첫 번째 계층의 네트워크 편향을 사용해 언덕의 너비를 어떻게 바꾸는지 보여준다(편향이 커질수록 언덕은 좁아진다). 그림 16.4(b)는 첫 번째 계층의 가중치가 언덕의 위치를 어떻게 결정하는지 보여준다. 첫 번째 계층의 가중치 위치가 언덕의 중심이 될 것이다. 다차원 입력의 경우 가중치 행렬의 각 행이 언덕의 중심이 될 것이다. 이런 이유로 첫 번째 가중치 행렬의 각 행은 해당 뉴런(기저 함수)의 **중심**center이라고 부른다.

중심

RBF 네트워크에서 첫 번째 계층의 가중치와 편향의 영향은 그림 11.6에 보이는 MLP 네트워크와는 많이 다르다. MLP 네트워크에서는 시그모이드 함수가 계단을 만든다. 가중치는 계단의 경사를 바꾸고 편향은 계단의 위치를 바꾼다.

그림 16.4(c)는 두 번째 계층의 가중치가 언덕의 높이를 확대하는 방법을 보여준다. 그림 16.4(d)에서와 같이 두 번째 계층의 편향은 전체 네트워크 반응을 위 또는 아래

로 이동시킨다. RBF 네트워크의 두 번째 계층은 그림 11.6의 MLP 네트워크에 사용된 선형 계층과 같은 종류로 계층 1 뉴런의 출력을 가중 합산하는 기능을 수행한다.

이 예제는 함수를 근사하는 RBF 네트워크의 유연성을 보여준다. MLP와 마찬가지로 RBF 네트워크의 첫 번째 계층에 뉴런이 충분하다면 관심 있는 어떤 함수든 근사할 수 있음이 분명해 보이며, 실제로 그렇다는 사실이 수학적으로 증명됐다[PaSa93]. MLP와 RBF 네트워크는 모두 보편적 근사기지만, 다른 방식으로 함수를 근사한다. RBF 네트워크의 경우 각 전달 함수는 입력 공간의 작은 영역에서만 활성화된다(반응이 지역적이다). 입력이 특정 중심에서 멀어지면 해당 뉴런의 출력은 0에 가까워질 것이다. 따라서 RBF 네트워크의 설계가 중요하다. 네트워크 입력 범위에 대해 중심이 적절히 분산돼야 하며, 편향은 모든 기저 함수가 의미 있는 방식으로 중첩되도록 선택돼야 한다(편향이 기저 함수의 너비를 바꾼다는 사실을 기억하라). 이러한 설계 고려사항은 이후의 절에서 좀 더 자세히 논의할 것이다.

RBF 네트워크의 반응을 실험하려면, MATLAB® 신경망 설계 데모 'RBF 네트워크 함수^{RBF} $^{Network\ Function}$ **nnd17nf**를 이용하라.

패턴 인식

패턴 분류를 위한 RBF 네트워크의 역량을 설명하기 위해 고전적인 배타적 논리합^{XOR,} $^{exclusive-or}$ 문제를 다시 고려해보자. XOR 게이트의 범주는 다음과 같다.

$$\text{범주 1: } \left\{ \mathbf{p}_2 = \begin{bmatrix} -1 \\ 1 \end{bmatrix}, \mathbf{p}_3 = \begin{bmatrix} 1 \\ -1 \end{bmatrix} \right\}, \quad \text{범주 2: } \left\{ \mathbf{p}_1 = \begin{bmatrix} -1 \\ -1 \end{bmatrix}, \mathbf{p}_4 = \begin{bmatrix} 1 \\ 1 \end{bmatrix} \right\}$$

다음 그림에 문제가 그려져 있다. 두 범주는 선형적으로 분리할 수 없기 때문에 단일 계층 네트워크로는 분류를 수행할 수 없다.

RBF 네트워크는 이 패턴을 분류할 수 있다. 실제 다양한 RBF 해가 존재한다. RBF 네트워크가 패턴 분류에 사용되는 방법을 간단히 보여주는 한 가지 해를 고려해보자. 아이디어는 입력이 패턴 $\mathbf{p}_2$ 또는 $\mathbf{p}_3$ 근처에 있을 때 네트워크가 0보다 큰 출력을 생성하게 하고 다른 모든 입력에 대해 0보다 작은 출력을 생성하게 하는 것이다(이 예제 네트워크의 설계에 사용할 방법은 복잡한 문제에는 적합하지 않지만, RBF 네트워크의 역량을 보여주는 데는 도움이 될 것이다).

문제 정의에서 네트워크가 2개의 입력과 하나의 출력을 가져야 한다는 점을 알고 있다. XOR 문제를 풀기 위해서는 첫 번째 계층에 2개의 뉴런(두 기저 함수)이면 충분하기 때문에, 2개의 뉴런만을 사용할 것이다. 앞에서 설명했듯이 첫 번째 계층의 가중치 행렬의 행은 두 기저 함수의 중심을 생성한다. 따라서 두 기저 함수의 중심을 패턴 $\mathbf{p}_2$ 및 $\mathbf{p}_3$와 같아지도록 선택한다. 기저 함수의 중심을 패턴에 맞춤으로써 패턴의 위치에서 최대 네트워크 출력을 생성할 수 있다. 첫 번째 계층의 가중치 행렬은 다음과 같다.

$$\mathbf{W}^1 = \begin{bmatrix} \mathbf{p}_2^T \\ \mathbf{p}_3^T \end{bmatrix} = \begin{bmatrix} -1 & 1 \\ 1 & -1 \end{bmatrix} \tag{16.5}$$

첫 번째 계층에서 편향의 선택은 기저 함수별로 원하는 너비에 따라 다르다. 이 문제의 경우 네트워크 함수가 $\mathbf{p}_2$와 $\mathbf{p}_3$에서 뚜렷이 다른 두 정상을 갖게 하려고 한다. 따라서 기저 함수가 너무 많이 겹치는 것은 원치 않는다. 기저 함수의 중심은 원점에서 각각 $\sqrt{2}$만큼 떨어져 있다. 이 거리에서 정상에서부터 크게 감소하는 기저 함수를 원한다. 편향에 1을 사용하면 그 거리에서 다음의 값으로 감소한다.

$$a = e^{-n^2} = e^{-(1 \cdot \sqrt{2})^2} = e^{-2} = 0.1353 \tag{16.6}$$

따라서 각 기저 함수는 중심에서 정상인 1을 가지며, 원점에서 0.1353으로 감소한다. 이렇게 했을 때 문제에 효과가 있으므로 첫 번째 계층의 편향 벡터는 다음과 같이 선택한다.

$$\mathbf{b}^1 = \begin{bmatrix} 1 \\ 1 \end{bmatrix} \tag{16.7}$$

원래 기저 함수는 0에서 1까지의 범위에서 반응한다(그림 16.1 참조). 입력이 $\mathbf{p}_2$, $\mathbf{p}_3$와 많이 다를 경우 출력이 음수가 되도록 두 번째 계층의 편향에 −1을 사용하고 정상에서 1이 유지되도록 두 번째 계층의 가중치를 2로 사용할 것이다. 따라서 두 번째 계층의 가중치와 편향은 다음과 같다.

$$\mathbf{W}^2 = \begin{bmatrix} 2 & 2 \end{bmatrix}, \; b^2 = \begin{bmatrix} -1 \end{bmatrix} \tag{16.8}$$

식 (16.5), (16.7), (16.8)의 네트워크 파라미터 값에 대한 네트워크 반응은 그림 16.5에서 볼 수 있다. 이 그림은 표면과 $a^2 = 0$인 평면이 교차하는 위치를 보여주는데, 여기서 결정이 일어난다. 교차하는 위치는 표면 아래에 나타나는 윤곽선으로도 표시된다. $a^2 = 0$에서 함수 윤곽선으로 거의 원 모양을 하고 있으며 $\mathbf{p}_2$와 $\mathbf{p}_3$ 벡터를 둘러싸고 있다. 이에 따라 입력 벡터가 $\mathbf{p}_2$와 $\mathbf{p}_3$ 벡터에 가까울 때만 네트워크 출력이 0보다 커진다.

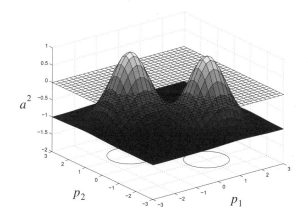

그림 16.5 2입력 RBF 함수 표면 예제

그림 16.6은 결정 경계를 좀 더 명확히 보여준다. 네트워크 입력이 회색 영역에 속할 때 네트워크 출력은 0보다 크며, 회색 영역 밖에 있을 때 0보다 작다.

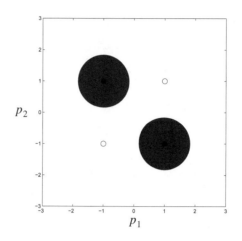

그림 16.6 RBF 결정 경계 예제

따라서 이 네트워크는 패턴을 정확하게 분류한다. 그림 11.2의 MLP 해와 달리 이 해는 입력 패턴을 가장 가까운 프로토타입 벡터로 할당하지 않을 수 있기 때문에 가장 좋은 해는 아니다. 단층 퍼셉트론에서 본 선형 결정 경계와 달리 RBF 네트워크의 결정 영역은 원임을 알 수 있다. MLP는 임의의 결정 영역을 생성하기 위해 선형 경계를 합칠 수 있다. RBF 네트워크는 임의의 결정 영역을 생성하기 위해 원형 경계를 합칠 수 있다. 이 문제의 경우 선형 경계가 좀 더 효율적이다. 물론 많은 뉴런이 사용되고 중심이 서로 가깝다면 RBF 경계는 더 이상 원이 아니고 MLP 경계는 더 이상 직선이 아니다. 하지만 RBF 네트워크와 원형 경계를 연관시키고 MLP 네트워크와 선형 경계를 연관시키면, 패턴 분류기로서 이들의 작동을 이해하는 데 도움이 될 수 있다.

 패턴 분류를 위해 RBF 네트워크로 실험하려면, MATLAB® 신경망 설계 데모 'RBF 패턴 분류RBF Pattern Classification' **nnd17pc**를 이용하라.

이제 함수 근사와 패턴 인식을 위한 RBF 네트워크의 능력을 확인했으므로, 다음 단계에서는 RBF 네트워크의 일반적인 훈련 알고리즘을 개발해보자.

전역과 지역

훈련 알고리즘을 논의하기 전에, MLP 네트워크에서 사용하는 전역 전달 함수와 RBF 네트워크가 사용하는 지역 전달 함수의 장단점에 대해 마지막으로 한마디 덧붙이려고 한다. MLP는 모든 전달 함수의 활동이 겹치기 때문에 분산된 표현을 생성한다. 특정 입력값에서 첫 번째 계층에 있는 많은 시그모이드 함수들이 중요한 출력을 갖는다. 각 점에서 적절한 반응을 생성하려면, 두 번째 계층에서 이들이 더해지거나 취소돼야 한다. RBF 네트워크에서 각 기저 함수는 작은 입력 범위에서만 활성화된다. 특정 입력에 대해 몇 개의 기저 함수만이 활성화될 것이다.

각 방법에는 장단점이 있다. 전역적 접근 방법의 경우 각 뉴런이 입력 공간의 넓은 부분에서 반응에 기여하기 때문에 은닉 계층에 적은 수의 뉴런을 사용하는 경향이 있다. 하지만 RBF 네트워크의 경우 정확한 근사를 제공하려면 기저 중심이 입력 공간의 범위에 골고루 퍼져 있어야만 한다. 이것은 다음 절에서 논의할 '차원의 저주' 문제를 초래한다. 또한 더 많은 뉴런과 더 많은 파라미터가 사용되면, 네트워크가 훈련 데이터에 과적합되고 새로운 상황에 일반화를 잘하지 못할 가능성이 커진다.

한편 지역적 접근 방법의 경우 일반적으로 훈련이 빠르다. 특히, 다음 절에서 살펴볼 두 단계 알고리즘을 사용하면 훈련이 아주 빨라진다. 또한 지역적 접근은 적응형 필터(10장 필터의 비선형 버전) 또는 적응형 제어기와 같이 사용되는 동안 네트워크가 계속 점진적으로 훈련되는 적응형 훈련에 매우 유용하다. 일정 기간 동안 훈련 데이터가 입력 공간의 특정 영역에서만 나타난다면, 전역 표현은 다른 영역의 표현을 희생하면서 해당 영역의 정확도를 향상하려고 한다. 지역적 표현의 경우 같은 정도로 문제가 되지는 않는다. 뉴런이 입력 공간의 작은 영역에서만 활성화되기 때문에 입력이 해당 영역 밖에 있다면 뉴런의 가중치는 조정되지 않을 것이다.

RBF 네트워크 훈련

그레이디언트 기반 알고리즘(최대 경사 하강법, 켤레 그레이디언트, 레벤버그-마쿼트 등)으로 주로 훈련되는 MLP 네트워크와 달리, RBF 네트워크는 다양한 방법으로 훈련될 수 있다.

RBF 네트워크도 그레이디언트 기반 알고리즘을 이용해 훈련할 수 있지만, 전달 함수의 지역적 특성과 첫 번째 계층의 가중치와 편향이 작동하는 방식 때문에 오차 표면에 만족스럽지 않은 지역 최소가 MLP 네트워크보다 더 많이 생기는 경향이 있다. 이런 이유로 그레이디언트 기반의 알고리즘으로 RBF 네트워크를 전체적으로 훈련시키는 것은 만족스럽지 않다. 하지만 초기에는 다른 방법을 사용해 네트워크를 훈련시키고 미세 조정을 위해 이 방법들을 사용할 수 있다. 이 장의 뒷부분에서 RBF 네트워크의 그레이디언트를 계산하는 역전파(11장) 식의 변형을 살펴볼 것이다.

가장 흔히 사용되는 RBF 훈련 알고리즘은 두 단계로 이뤄져 있으며 RBF 네트워크를 계층별로 별도로 다룬다. 이 알고리즘들은 주로 첫 번째 계층의 가중치와 편향을 선택하는 방식에 차이가 있다. 첫 번째 계층의 가중치와 편향이 선택되면, 두 번째 계층의 가중치는 선형 최소 제곱 알고리즘을 이용해 한 번에 계산할 수 있다. 선형 최소 제곱은 다음 절에서 논의할 것이다.

가장 간단한 두 단계 알고리즘은 입력 범위에 골고루 중심(첫 번째 계층의 가중치)을 격자 패턴으로 배열한 후에 기저 함수들이 어느 정도 겹치도록 상수 편향을 선택한다. 이 방법이 최적은 아니다. 가장 효율적인 근사는 근사할 함수가 가장 복잡한 입력 공간 영역에 기저 함수를 더 많이 배치한다. 또한 실제 입력 공간의 전체 범위가 사용되지 않는 경우가 많기 때문에 기저 함수가 낭비될 수 있다. RBF 네트워크의 한 가지 단점은 **차원의 저주**curse of dimensionality에 시달린다는 것이다. 특히, 격자에서 중심을 선택할 때 그럴 수 있다. 입력 공간의 차원이 증가할수록 필요한 기저 함수의 개수가 기하학적으로 늘어난다. 예를 들어, 입력 변수가 하나이고 입력 변수의 범위에서 균등 간격으로 기저 함수 10개의 격자를 지정한다고 가정하라. 이제 입력 변수를 2개로 늘려

차원의 저주

라. 두 입력 변수에 대해 동일한 격자 적용 범위를 유지하려면 10^2, 즉 100개의 기저 함수가 필요할 것이다.

중심을 선택하는 또 다른 방법은 훈련 집합에서 입력 벡터의 부분집합을 임의로 선택하는 것이다. 이렇게 하면 기저 중심이 네트워크에 유용한 영역에 배치된다. 하지만 선택이 임의적이기 때문에 이 방법도 최적은 아니다. 좀 더 효율적인 방법은 입력 공간을 클러스터링하는 15장의 코호넨 경쟁 계층이나 특징 맵 같은 방법을 사용하는 것이다. 이때 클러스터 중심은 기저 함수의 중심이 된다. 이 방법은 기저 함수가 중요한 활동을 하는 영역에 배치되도록 보장해준다. 이후의 절에서 이 방법에 대해 자세히 논의할 것이다.

마지막으로 살펴볼 RBF 훈련 방법은 직교 최소 제곱orthogonal least squares으로, 부분집합 선택subset selection이라고 하는 일반적인 선형 모델의 구축 방법을 기반으로 한다. 이 방법은 가능한 많은 수의 중심으로 시작한다(일반적으로 훈련 데이터의 모든 입력 벡터를 중심으로 시작한다). 각 단계에서 기저 함수의 중심을 선택해 첫 번째 계층의 가중치에 추가한다. 새로운 뉴런이 제곱 오차의 합을 줄이는 정도를 기준으로 선택을 하며, 몇 가지 조건이 충족될 때까지 뉴런을 계속 추가한다. 조건은 보통 네트워크의 일반화 역량이 최대화되도록 선정한다.

선형 최소 제곱

이 절에서는 RBF 네트워크에서 첫 번째 계층의 가중치와 편향이 정해져 있다고 가정할 것이다. 격자에 중심을 고정하거나 훈련 데이터 집합의 입력 벡터에서 임의로 중심을 선택해(또는 이후의 절에서 논의할 클러스터링 방법을 이용해) 가중치와 편향을 정할 수 있다. 중심을 임의로 선택할 때 다음 식을 이용해 편향을 계산한다[Lowe89].

$$b_i^1 = \frac{\sqrt{S^1}}{d_{max}} \tag{16.9}$$

여기서 d_{max}는 인접한 중심 간의 최대 거리다. 이 식은 기저 함수 사이에 적절한 수준의 중첩을 보장하도록 설계된 것이다. 이 방법에서 모든 편향은 같은 값을 갖는다. 편향별로 다른 값을 사용할 수도 있는데, 749페이지의 '클러스터링' 절에서 논의할 것이다.

첫 번째 계층의 파라미터 설정이 완료되면, 두 번째 계층의 가중치와 편향을 훈련시키는 것은 10장의 선형 네트워크를 훈련시키는 것과 같아진다. 예를 들어, 다음과 같은 훈련 점들이 있다고 가정해보자.

$$\{\mathbf{p}_1, \mathbf{t}_1\}, \{\mathbf{p}_2, \mathbf{t}_2\}, \dots, \{\mathbf{p}_Q, \mathbf{t}_Q\} \tag{16.10}$$

여기서 $\mathbf{p}_q$는 네트워크 입력이고, $\mathbf{t}_q$는 해당 목표 출력이다. 훈련 집합에서 각 $\mathbf{p}_q$에 대한 첫 번째 계층의 출력은 다음과 같이 계산될 수 있다.

$$n_{i,q}^1 = \left\| \mathbf{p}_q - {}_i\mathbf{w}^1 \right\| b_i^1 \tag{16.11}$$

$$\mathbf{a}_q^1 = \mathbf{radbas}(\mathbf{n}_q^1) \tag{16.12}$$

첫 번째 계층의 가중치와 편향이 조정되지 않기 때문에, 두 번째 계층의 훈련 데이터 집합은 다음과 같이 된다.

$$\{\mathbf{a}_1^1, \mathbf{t}_1\}, \{\mathbf{a}_2^1, \mathbf{t}_2\}, \dots, \{\mathbf{a}_Q^1, \mathbf{t}_Q\} \tag{16.13}$$

두 번째 계층의 반응은 선형이다.

$$\mathbf{a}^2 = \mathbf{W}^2\mathbf{a}^1 + \mathbf{b}^2 \tag{16.14}$$

훈련 집합에 대해 제곱 오차의 합 성능 지표를 최소화하도록 이 계층의 가중치와 편향을 선택하려고 한다.

$$F(\mathbf{x}) = \sum_{q=1}^{Q} (\mathbf{t}_q - \mathbf{a}_q^2)^T (\mathbf{t}_q - \mathbf{a}_q^2) \tag{16.15}$$

이 선형 최소 제곱 문제의 해는 식 (10.6)에서 시작하는 선형 네트워크의 유도와 동일하게 유도된다. 논의를 간단히 하기 위해 목표를 스칼라로 가정하고 편향을 포함한 조정할 모든 파라미터를 하나의 벡터로 묶는다.

$$\mathbf{x} = \begin{bmatrix} {}_1\mathbf{w}^2 \\ b^2 \end{bmatrix} \tag{16.16}$$

비슷하게 편향 입력 '1'을 입력 벡터에 포함시킨다.

$$\mathbf{z}_q = \begin{bmatrix} \mathbf{a}_q^1 \\ 1 \end{bmatrix} \tag{16.17}$$

일반적으로 네트워크 출력은 다음과 같은 형식으로 표현한다.

$$a_q^2 = ({}_1\mathbf{w}^2)^T \mathbf{a}_q^1 + b^2 \tag{16.18}$$

이제 다음과 같이 간단히 작성할 수 있다.

$$a_q = \mathbf{x}^T \mathbf{z}_q \tag{16.19}$$

이에 따라, 제곱 오차의 합에 대한 식을 편리하게 작성할 수 있다.

$$F(\mathbf{x}) = \sum_{q=1}^{Q} (e_q)^2 = \sum_{q=1}^{Q} (t_q - a_q)^2 = \sum_{q=1}^{Q} (t_q - \mathbf{x}^T \mathbf{z}_q)^2 \tag{16.20}$$

이 식을 행렬 형식으로 표현하면 다음 행렬로 정의한다.

$$\mathbf{t} = \begin{bmatrix} t_1 \\ t_2 \\ \vdots \\ t_Q \end{bmatrix}, \ \mathbf{U} = \begin{bmatrix} {}_1\mathbf{u}^T \\ {}_2\mathbf{u}^T \\ \vdots \\ {}_Q\mathbf{u}^T \end{bmatrix} = \begin{bmatrix} \mathbf{z}_1^T \\ \mathbf{z}_2^T \\ \vdots \\ \mathbf{z}_Q^T \end{bmatrix}, \ \mathbf{e} = \begin{bmatrix} e_1 \\ e_2 \\ \vdots \\ e_Q \end{bmatrix} \tag{16.21}$$

이제 오차는 다음과 같다.

$$e = t - Ux \qquad (16.22)$$

그리고 성능 지표는 다음과 같다.

$$F(x) = (t - Ux)^T (t - Ux) \qquad (16.23)$$

13장에서 논의했던 것처럼 과적합을 방지하기 위해 정규화를 사용하면 성능 지표는
다음 형태가 된다.

$$F(x) = (t - Ux)^T (t - Ux) + \rho \sum_{i=1}^{n} x_i^2 = (t - Ux)^T (t - Ux) + \rho x^T x \qquad (16.24)$$

여기서 $\rho = \alpha/\beta$는 식 (13.4)에 정의되어 있다. 이 식을 전개하면 다음 식과 같이 된다.

$$F(x) = (t - Ux)^T (t - Ux) + \rho x^T x = t^T t - 2t^T Ux + x^T U^T Ux + \rho x^T x$$
$$= t^T t - 2t^T Ux + x^T [U^T U + \rho I] x \qquad (16.25)$$

식 (16.25)를 자세히 살펴보고, 식 (8.35)와 아래 일반적인 2차 함수의 형태를 비교해
보자.

$$F(x) = c + d^T x + \frac{1}{2} x^T A x \qquad (16.26)$$

이 성능 함수는 2차 함수다.

$$c = t^T t, \ d = -2U^T t, \ A = 2[U^T U + \rho I] \qquad (16.27)$$

8장에서 2차 함수의 특성이 헤시안 행렬 A에 따라 달라진다는 사실을 알았다. 예를 들
어, 헤시안의 고윳값이 모두 양수라면 함수는 유일한 전역 최소를 가질 것이다.

이 경우 헤시안 행렬은 $2[U^T U + \rho I]$로, 양의 정부호positive definite이거나 양의 준정부호
positive semidefinite임을 보일 수 있다(연습문제 E16.4 참조). 양의 준정부호인 경우 행렬은 음
의 고윳값을 가질 수 없다. 두 가지 가능성이 남아 있다. 헤시안 행렬이 양의 고유벡터
만 갖는다면 성능 지표는 유일한 전역 최소를 가질 것이다(그림 8.7 참조). 헤시안 행렬
이 고윳값 0을 갖는다면 성능 지표는 약한 최소를 갖거나(그림 8.9 참조) 벡터 d에 따라

최소를 갖지 않는다(문제 P8.7 참조). 이 경우 $F(\mathbf{x})$는 제곱 합의 함수라 음수가 될 수 없기 때문에 최소를 가질 것이다.

이제 성능 지표의 임계점을 찾아보자. 8장의 2차 함수에 대한 논의를 통해, 그레이디언트가 다음과 같음을 알고 있다.

$$\nabla F(\mathbf{x}) = \nabla\left(c + \mathbf{d}^T\mathbf{x} + \frac{1}{2}\mathbf{x}^T\mathbf{A}\mathbf{x}\right) = \mathbf{d} + \mathbf{A}\mathbf{x} = -2\mathbf{U}^T\mathbf{t} + 2[\mathbf{U}^T\mathbf{U} + \rho\mathbf{I}]\mathbf{x} \quad (16.28)$$

$F(\mathbf{x})$의 임계점은 그레이디언트를 0으로 설정해 찾을 수 있다.

$$-2\mathbf{Z}^T\mathbf{t} + 2[\mathbf{U}^T\mathbf{U} + \rho\mathbf{I}]\mathbf{x} = 0 \quad \Rightarrow \quad [\mathbf{U}^T\mathbf{U} + \rho\mathbf{I}]\mathbf{x} = \mathbf{U}^T\mathbf{t} \quad (16.29)$$

따라서 최적의 가중치 $\mathbf{x}^*$는 다음 식에서 계산될 수 있다.

$$[\mathbf{U}^T\mathbf{U} + \rho\mathbf{I}]\mathbf{x}^* = \mathbf{U}^T\mathbf{t} \quad (16.30)$$

헤시안 행렬이 양의 정부호라면 강한 최소가 될 유일한 임계점이 존재할 것이다.

$$\mathbf{x}^* = [\mathbf{U}^T\mathbf{U} + \rho\mathbf{I}]^{-1}\mathbf{U}^T\mathbf{t} \quad (16.31)$$

이 방법을 간단한 문제로 설명해보자.

예제

최소 제곱 알고리즘을 설명하기 위해 네트워크를 선택하고 특정 문제를 적용해보자. 다음 함수를 근사하기 위해 첫 번째 계층에 3개의 뉴런을 갖는 RBF 네트워크를 사용할 것이다.

$$g(p) = 1 + \sin\left(\frac{\pi}{4}p\right), \quad -2 \le p \le 2 \quad (16.32)$$

훈련 집합을 얻기 위해 다음 6개의 p 값에서 함수를 계산해보자.

$$p = \{-2, -1.2, -0.4, 0.4, 1.2, 2\} \quad (16.33)$$

이에 따라 목표가 생성된다.

$$t = \{0, 0.19, 0.69, 1.3, 1.8, 2\} \tag{16.34}$$

입력 범위에서 균등 간격으로 기저 함수의 중심을 −2, 0, 2로 선택해보자. 편향은 점 사이 간격의 역수가 되도록 간단히 선택한다. 첫 번째 계층의 가중치와 편향이 다음과 같이 생성됐다.

$$\mathbf{W}^1 = \begin{bmatrix} -2 \\ 0 \\ 2 \end{bmatrix}, \ \mathbf{b}^1 = \begin{bmatrix} 0.5 \\ 0.5 \\ 0.5 \end{bmatrix} \tag{16.35}$$

다음 단계는 첫 번째 계층의 출력을 다음 식을 이용해 계산한다.

$$n_{i,q}^1 = \left\| \mathbf{p}_q - {}_i\mathbf{w}^1 \right\| b_i^1 \tag{16.36}$$

$$\mathbf{a}_q^1 = \mathbf{radbas}(\mathbf{n}_q^1) \tag{16.37}$$

이에 따라 $\mathbf{a}^1$ 벡터들이 생성된다.

$$\mathbf{a}^1 = \left\{ \begin{bmatrix} 1 \\ 0.368 \\ 0.018 \end{bmatrix}, \begin{bmatrix} 0.852 \\ 0.698 \\ 0.077 \end{bmatrix}, \begin{bmatrix} 0.527 \\ 0.961 \\ 0.237 \end{bmatrix}, \begin{bmatrix} 0.237 \\ 0.961 \\ 0.527 \end{bmatrix}, \begin{bmatrix} 0.077 \\ 0.698 \\ 0.852 \end{bmatrix}, \begin{bmatrix} 0.018 \\ 0.368 \\ 1 \end{bmatrix} \right\} \tag{16.38}$$

식 (16.17)과 식 (16.21)을 이용해 $\mathbf{U}$와 $\mathbf{t}$ 행렬을 생성해보자.

$$\mathbf{U}^T = \begin{bmatrix} 1 & 0.852 & 0.527 & 0.237 & 0.077 & 0.018 \\ 0.368 & 0.698 & 0.961 & 0.961 & 0.698 & 0.368 \\ 0.018 & 0.077 & 0.237 & 0.527 & 0.852 & 1 \\ 1 & 1 & 1 & 1 & 1 & 1 \end{bmatrix} \tag{16.39}$$

$$\mathbf{t}^T = \begin{bmatrix} 0 & 0.19 & 0.69 & 1.3 & 1.8 & 2 \end{bmatrix} \tag{16.40}$$

다음 단계는 식 (16.30)을 이용해 두 번째 계층의 가중치와 편향을 구한다. 단, 정규화 파라미터는 0으로 설정했다.

$$\mathbf{x}* = [\mathbf{U}^T\mathbf{U} + \rho\mathbf{I}]^{-1}\mathbf{U}^T\mathbf{t}$$

$$= \begin{bmatrix} 2.07 & 1.76 & 0.42 & 2.71 \\ 1.76 & 3.09 & 1.76 & 4.05 \\ 0.42 & 1.76 & 2.07 & 2.71 \\ 2.71 & 4.05 & 2.71 & 6 \end{bmatrix}^{-1} \begin{bmatrix} 1.01 \\ 4.05 \\ 4.41 \\ 6 \end{bmatrix} = \begin{bmatrix} -1.03 \\ 0 \\ 1.03 \\ 1 \end{bmatrix} \tag{16.41}$$

따라서 두 번째 계층의 가중치와 편향은 다음과 같다.

$$\mathbf{W}^2 = \begin{bmatrix} -1.03 & 0 & 1.03 \end{bmatrix}, \mathbf{b}^2 = \begin{bmatrix} 1 \end{bmatrix} \tag{16.42}$$

그림 16.7은 이 RBF 네트워크의 작동을 보여준다. 검은색 선(①)은 RBF 근사를 나타내고 원은 6개의 데이터 점을 나타낸다. 상단 축에서 점선은 두 번째 계층의 (상수 편향 항을 포함한) 가중치로 확대된 기저 함수들을 나타낸다. 점선을 모두 합치면 검은색 선이 된다. 하단의 작은 축에서는 확대되지 않은 기저 함수(첫 번째 계층의 출력)를 볼 수 있다.

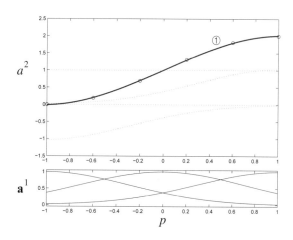

그림 16.7 RBF 사인(sine) 근사

RBF 네트워크 설계 과정은 중심의 위치와 편향의 선택에 민감하다. 예를 들어, 6개의 기저 함수와 6개의 데이터 점을 선택하고 첫 번째 계층의 편향을 0.5 대신 8로 선택한다면 네트워크 반응은 그림 16.8과 같을 것이다. 기저 함수의 퍼짐은 편향의 역수에 따라 감소한다. 이와 같이 편향이 크면 부드러운 근사를 제공하기 위한 기저 함수가 충분히 중첩되지 않을 수 있다. 기저 함수의 지역적 특성 때문에 각 데이터 점들은 정확히 일치하지만 훈련 데이터 점들 사이에 실제 함수의 근사는 정확하지 않다.

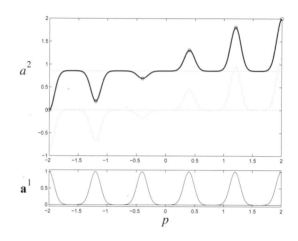

그림 16.8 너무 큰 편향을 갖는 RBF 반응

 선형 최소 제곱 적합을 실험하려면, MATLAB® 신경망 설계 데모 'RBF 선형 최소 제곱^{RBF} $_{Linear\ Least\ Squares}$' **nnd17 lls**를 이용하라.

직교 최소 제곱

앞 절에서는 첫 번째 계층의 가중치와 편향이 정해졌다고 가정했다(예를 들어, 중심을 격자에 고정하거나 훈련 집합의 입력 벡터에서 임의로 선택할 수 있다). 이 절에서는 중심을 선택하는 다른 방법을 살펴볼 것이다. 먼저 수많은 잠재적인 중심이 존재한다고 가정한다. 훈련 집합의 입력 벡터 전체 집합, 격자 패턴으로 선택한 벡터들, 그 외의 방법으로 선택한 벡터들이 포함될 수 있다. 네트워크 성능이 만족스러울 때까지 잠재적인 중심의 집합에서 벡터를 하나씩 선택해서 뉴런을 하나씩 추가하면서 네트워크를 구축

할 것이다.

부분집합 선택 이 방법의 기본 아이디어는 통계에서 나왔으며, 이 방법을 **부분집합 선택**subset selection 이라고 한다[Mill90]. 부분집합 선택의 일반적인 목표는 목표 종속 변수를 가장 효율 적으로 예측할 수 있는 적절한 독립 변수의 부분집합을 선택하는 것이다. 예를 들어, 10개의 독립 변수가 있고 이를 이용해 목표 종속 변수를 예측한다고 가정해보자. 가 능한 한 가장 단순한 예측 변수를 원하므로 예측을 위해 독립 변수를 최소로 사용하 려고 한다. 10개의 독립 변수 중 어떤 부분집합을 사용해야 할까? 완전 탐색exhaustive search이라고 하는 최적의 접근 방법은 모든 조합의 부분집합에 대해 시도한 후 만족스 러운 성능을 제공하는 가장 작은 부분집합을 구한다('만족스러운 성능'의 의미는 나중에 정 의할 것이다).

하지만 이 전략은 실용적이지 않다. 원래 집합에 Q개의 변수가 있을 때 각기 다른 부 분집합의 수는 다음 식으로 구한다.

$$\sum_{q=1}^{Q} \frac{Q!}{q!(Q-q)!} \tag{16.43}$$

만일 $Q = 10$이면 이 숫자는 1023이다. 만일 $Q = 20$이면 숫자는 100만 이상이다. 따 라서 완전 탐색보다 저렴한 전략이 있어야 한다. 몇 가지 차선책이 있는데, 이들은 최 **전진 선택** 적의 부분집합을 찾도록 보장하지는 않지만 계산양이 상당히 적다. 한 가지 방법은 전 진 선택forward selection으로, 비어 있는 모델로 시작해 독립 변수를 하나씩 추가해나가는 방식이다. 각 단계에서 제곱 오차를 가장 크게 감소시키는 독립 변수를 추가하며 성 **후진 제거** 능이 적절해지면 변수를 더 이상 추가하지 않는다. 또 다른 방법은 **후진 제거**backward elimination로, 모델을 선택된 모든 독립 변수로 시작해 제곱 오차를 가장 적게 증가시키 는 변수를 하나씩 제거해나가는 방식이다. 이 과정은 성능이 부적합할 때까지 계속된 다. 전진 선택과 후진 제거를 결합해서 각 반복마다 변수를 더하고 삭제하는 방법들도 있다.

RBF 중심을 선택하기 위해 어떤 표준 부분집합 선택 방법이든 사용될 수 있다. 설명을 하기 위해 직교 최소 제곱orthogonal least squares이라고 하는 전진 선택 방법을 고려할 것이다[ChCo91]. 이 방법의 주요 특징은 RBF 네트워크에 잠재적인 중심을 추가했을 때 발생하는 오차 감소를 효율적으로 계산한다는 것이다.

직교 최소 제곱 알고리즘을 개발하기 위해 식 (16.22)에서 시작해보자. 여기서는 식 (16.22)를 약간 다른 형태로 작성했다.

$$\mathbf{t} = \mathbf{U}\mathbf{x} + \mathbf{e} \tag{16.44}$$

행렬 $\mathbf{U}$의 행과 열을 독립적으로 식별하기 위해 다음과 같이 표준 표기법을 사용할 것이다.

$$\mathbf{U} = \begin{bmatrix} {}_1\mathbf{u}^T \\ {}_2\mathbf{u}^T \\ \vdots \\ {}_Q\mathbf{u}^T \end{bmatrix} = \begin{bmatrix} \mathbf{z}_1^T \\ \mathbf{z}_2^T \\ \vdots \\ \mathbf{z}_Q^T \end{bmatrix} = \begin{bmatrix} \mathbf{u}_1 & \mathbf{u}_2 & \dots & \mathbf{u}_n \end{bmatrix} \tag{16.45}$$

여기서 행렬 $\mathbf{U}$의 각 행은 훈련 데이터의 입력 벡터별 RBF 네트워크 계층 1의 출력을 나타낸다. 행렬 $\mathbf{U}$의 열은 계층 1의 각 뉴런(기저 함수)과 편향 항에 대한 열($n = S^1 + 1$)로 구성된다. OLS 알고리즘의 경우 훈련 데이터 집합의 모든 입력 벡터를 기저 함수의 잠재적인 중심으로 선택할 수 있다. 이 경우 n은 $Q + 1$이 되는데, 편향 항을 위한 상수 '1'이 $\mathbf{z}$에 포함되기 때문이다(식 (16.17) 참조).

회귀 행렬 식 (16.44)는 표준 선형 회귀 모델 형식이다. 행렬 $\mathbf{U}$는 회귀 행렬regression matrix이라고 하며, $\mathbf{U}$의 열은 회귀 벡터regressor vector라고 한다.

OLS의 목표는 사용할 $\mathbf{U}$의 열의 개수(뉴런 또는 기저 함수의 개수)를 결정하는 것이다. 첫 번째 단계는 각 잠재 열이 제곱 오차를 감소시키는 양을 계산하는 것이다. 보통 열들이 서로 상관되어 있고 개별 열이 오차를 감소시키는 양을 알기가 어렵다는 문제가 있다. 이런 이유로 먼저 열을 직교화할 필요가 있다. 열을 직교화하면 행렬 $\mathbf{U}$를 분해할 수 있다.

$$U = MR \tag{16.46}$$

여기서 **R**은 대각이 1인 상삼각 행렬upper triangular matrix이다.

$$R = \begin{bmatrix} 1 & r_{1,2} & r_{1,3} & \cdots & r_{1,n} \\ 0 & 1 & r_{2,3} & \cdots & r_{2,n} \\ \vdots & \vdots & \vdots & \cdots & \vdots \\ 0 & 0 & 0 & \cdots & r_{n-1,n} \\ 0 & 0 & 0 & \cdots & 1 \end{bmatrix} \tag{16.47}$$

M은 직교 열 m_i로 이뤄진 행렬로, 다음과 같은 속성을 갖는다.

$$M^T M = V = \begin{bmatrix} v_{1,1} & 0 & \cdots & 0 \\ 0 & v_{2,2} & \cdots & 0 \\ \vdots & \vdots & & \vdots \\ 0 & 0 & \cdots & v_{n,n} \end{bmatrix} = \begin{bmatrix} m_1^T m_1 & 0 & \cdots & 0 \\ 0 & m_2^T m_2 & \cdots & 0 \\ \vdots & \vdots & & \vdots \\ 0 & 0 & \cdots & m_n^T m_n \end{bmatrix} \tag{16.48}$$

이제 식 (16.44)는 다음과 같이 작성될 수 있다.

$$t = MRx + e = Mh + e \tag{16.49}$$

여기서

$$h = Rx \tag{16.50}$$

식 (16.49)의 최소 제곱 해는 다음과 같다.

$$h^* = [M^T M]^{-1} M^T t = [V]^{-1} M^T t \tag{16.51}$$

그리고 **V**는 대각행렬이기 때문에 **h***의 요소는 다음과 같이 계산될 수 있다.

$$h_i^* = \frac{m_i^T t}{v_{i,i}} = \frac{m_i^T t}{m_i^T m_i} \tag{16.52}$$

식 (16.50)을 이용하면 **h***에서 **x***를 구할 수 있다. **R**이 상삼각 행렬이기 때문에 식 (16.50)은 역대입법으로 풀 수 있다. 따라서 역행렬을 구할 필요는 없다.

직교 벡터 $\mathbf{m}_i$를 구하는 방법은 여러 가지가 있지만, 여기서는 식 (5.20)의 그람−슈미트 직교화 방법을 사용할 것이다. **U**의 원래 열로 시작해보자.

$$\mathbf{m}_1 = \mathbf{u}_1 \tag{16.53}$$

$$\mathbf{m}_k = \mathbf{u}_k - \sum_{i=1}^{k-1} r_{i,k}\mathbf{m}_i \tag{16.54}$$

여기서

$$r_{i,k} = \frac{\mathbf{m}_i^T\mathbf{u}_k}{\mathbf{m}_i^T\mathbf{m}_i}, \; i = 1, \ldots, k-1 \tag{16.55}$$

이제 **U**의 열들을 직교화함으로써 기저 벡터의 제곱 오차에 대한 기여도가 얼마나 효율적으로 계산되는지 살펴보자. 식 (16.49)에 따라 목표의 전체 제곱의 합은 다음과 같다.

$$\mathbf{t}^T\mathbf{t} = [\mathbf{Mh} + \mathbf{e}]^T[\mathbf{Mh} + \mathbf{e}] = \mathbf{h}^T\mathbf{M}^T\mathbf{Mh} + \mathbf{e}^T\mathbf{Mh} + \mathbf{h}^T\mathbf{M}^T\mathbf{e} + \mathbf{e}^T\mathbf{e} \tag{16.56}$$

여기서 두 번째 항을 고려해보자.

$$\mathbf{e}^T\mathbf{Mh} = [\mathbf{t} - \mathbf{Mh}]^T\mathbf{Mh} = \mathbf{t}^T\mathbf{Mh} - \mathbf{h}^T\mathbf{M}^T\mathbf{Mh} \tag{16.57}$$

식 (16.51)의 최적 **h***를 대입하면 다음 결과를 구할 수 있다.

$$\mathbf{e}^T\mathbf{Mh}^* = \mathbf{t}^T\mathbf{Mh}^* - \mathbf{t}^T\mathbf{MV}^{-1}\mathbf{M}^T\mathbf{Mh}^* = \mathbf{t}^T\mathbf{Mh}^* - \mathbf{t}^T\mathbf{Mh}^* = 0 \tag{16.58}$$

따라서 식 (16.56)의 전체 제곱 값의 합은 다음과 같이 정리된다.

$$\mathbf{t}^T\mathbf{t} = \mathbf{h}^T\mathbf{M}^T\mathbf{Mh} + \mathbf{e}^T\mathbf{e} = \mathbf{h}^T\mathbf{Vh} + \mathbf{e}^T\mathbf{e} = \sum_{i=1}^{n} h_i^2\mathbf{m}_i^T\mathbf{m}_i + \mathbf{e}^T\mathbf{e} \tag{16.59}$$

제곱 값의 합에 대해 식 (16.59)의 우변 첫 번째 항은 회귀 변수로 설명되는 기여도이며, 두 번째 항은 회귀 변수로 설명되지 않은 나머지 값이다. 따라서 회귀 변수(기저 함수) i는 다음 양만큼 제곱 값의 합에 기여한다.

$$h_i^2 \mathbf{m}_i^T \mathbf{m}_i \tag{16.60}$$

또한 이 값은 기저 함수를 네트워크에 추가할 때 제곱 오차의 감소량을 나타낸다. 각 반복에서 추가할 기저 함수를 정할 때는 이 값을 전체 제곱 값으로 정규화해서 사용한다.

$$o_i = \frac{h_i^2 \mathbf{m}_i^T \mathbf{m}_i}{\mathbf{t}^T \mathbf{t}} \tag{16.61}$$

이 숫자는 0과 1 사이에 있다.

이제 중심을 선택하기 위해 전체 아이디어를 알고리즘으로 합쳐보자.

OLS 알고리즘

알고리즘을 시작하기 위해 회귀 행렬 $\mathbf{U}$에 포함된 모든 잠재 기저 함수로 출발하자(식 (16.45) 아래에서 설명했듯이, 훈련 집합의 모든 입력 벡터를 잠재 기저 함수의 중심으로 고려한다면 $\mathbf{U}$ 행렬은 $Q \times Q + 1$이 될 것이다). 기저 함수가 없는 네트워크로 시작하기 때문에 $\mathbf{U}$ 행렬은 잠재적인 기저 함수만을 표현한다.

OLS 알고리즘의 첫 번째 단계는 $i = 1, \ldots, Q$에 대해 다음 세 가지 단계로 구성된다.

$$\mathbf{m}_1^{(i)} = \mathbf{u}_i \tag{16.62}$$

$$h_1^{(i)} = \frac{\mathbf{m}_1^{(i)^T} \mathbf{t}}{\mathbf{m}_1^{(i)^T} \mathbf{m}_1^{(i)}} \tag{16.63}$$

$$o_1^{(i)} = \frac{(h_1^{(i)})^2 \mathbf{m}_1^{(i)^T} \mathbf{m}_1^{(i)}}{\mathbf{t}^T \mathbf{t}} \tag{16.64}$$

그런 다음, 오차를 가장 많이 감소시키는 기저 함수를 선택한다.

$$o_1 = o_1^{(i_1)} = max\{o_1^{(i)}\} \tag{16.65}$$

$$\mathbf{m}_1 = \mathbf{m}_1^{(i_1)} = \mathbf{u}_{i_1} \tag{16.66}$$

알고리즘의 나머지 반복은 반복 k에 대해 다음 단계들을 진행한다.

$i = 1, ..., Q$, $i \neq i_1$, ..., $i \neq i_{k-1}$인 경우

$$r_{j,k}^{(i)} = \frac{\mathbf{m}_j^T \mathbf{u}_i}{\mathbf{m}_j^T \mathbf{m}_j}, \, j = 1, ..., k-1 \tag{16.67}$$

$$\mathbf{m}_k^{(i)} = \mathbf{u}_i - \sum_{j=1}^{k-1} r_{j,k}^{(i)} \mathbf{m}_j \tag{16.68}$$

$$h_k^{(i)} = \frac{\mathbf{m}_k^{(i)T} \mathbf{t}}{\mathbf{m}_k^{(i)T} \mathbf{m}_k^{(i)}} \tag{16.69}$$

$$o_k^{(i)} = \frac{\left(h_k^{(i)}\right)^2 \mathbf{m}_k^{(i)T} \mathbf{m}_k^{(i)}}{\mathbf{t}^T \mathbf{t}} \tag{16.70}$$

$$o_k = o_k^{(i_k)} = max\{o_k^{(i)}\} \tag{16.71}$$

$$r_{j,k} = r_{j,k}^{(i_k)}, \, j = 1, ..., k-1 \tag{16.72}$$

$$\mathbf{m}_k = \mathbf{m}_k^{(i_k)} \tag{16.73}$$

종료 조건이 만족될 때까지 계속 반복된다. 종료 조건 중 한 가지 선택은 다음과 같다.

$$1 - \sum_{j=1}^{k} o_j < \delta \tag{16.74}$$

여기서 δ는 작은 숫자다. 단, δ가 너무 작게 선택되면 네트워크가 너무 복잡해져서 과적합될 수 있다. 대안으로 일반화^{generalization}를 다룬 장에서 설명했던 것처럼 검증 집합을 사용해 검증 집합의 오차가 증가할 때 종료할 수 있다.

알고리즘의 수렴 후에는 원래 가중치 **x**는 식 (16.50)을 이용해 변환된 가중치 **h**로 계산할 수 있다. 이 방법은 역대입법으로 다음 결과를 생성한다.

$$x_n = h_n, \; x_k = h_k - \sum_{j=k+1}^{n} r_{k,j} x_j \qquad (16.75)$$

여기서 n은 두 번째 계층의 가중치와 편향(조정 가능한 파라미터)의 최종 개수다.

직교 최소 제곱 학습으로 실험하려면, MATLAB® 신경망 설계 데모 'RBF 직교 최소 제곱^{RBF} Orthogonal Least Squares' **nnd17ols**를 이용하라.

클러스터링

RBF 네트워크에서 첫 번째 계층의 가중치와 편향을 선택하는 또 다른 방법이 있다 [MoDa89]. 이 방법은 15장에서 설명했던 경쟁 네트워크를 사용한다. 코호넨의 경쟁 계층(그림 15.2 참조)과 자기 조직 특징 맵(그림 15.9 참조)은 훈련 집합의 입력 벡터를 클러스터링한다. 훈련이 끝나면 경쟁 네트워크의 행들은 프로토타입 또는 클러스터 중심이 된다. 경쟁 네트워크는 RBF 네트워크에서 첫 번째 계층의 중심을 구하고 편향을 선택하는 방법을 제공한다.

훈련 집합에서 입력 벡터를 가져와서 클러스터링을 수행하고 여기서 구한 프로토타입(클러스터 중심)을 RBF 네트워크의 중심으로 사용한다. 또한 개별 클러스터의 분산을 계산해서 해당 뉴런에 사용할 편향의 계산에 사용한다.

다음 훈련 집합을 다시 고려하라.

$$\{\mathbf{p}_1, \mathbf{t}_1\}, \{\mathbf{p}_2, \mathbf{t}_2\}, \dots, \{\mathbf{p}_Q, \mathbf{t}_Q\} \qquad (16.76)$$

훈련 집합의 입력 벡터를 클러스터링하려고 한다.

$$\{\mathbf{p}_1, \mathbf{p}_2, \cdots, \mathbf{p}_Q\} \tag{16.77}$$

이 벡터들을 클러스터링하기 위해 식 (15.13)의 코호넨 학습 규칙으로 RBF 네트워크 첫 번째 계층의 가중치를 훈련할 것이다. 여기에 식 (15.13)을 다시 반복했다.

$$_{i*}\mathbf{w}^1(q) = {}_{i*}\mathbf{w}^1(q-1) + \alpha(\mathbf{p}(q) - {}_{i*}\mathbf{w}^1(q-1)) \tag{16.78}$$

여기서 $\mathbf{p}(q)$는 훈련 집합의 입력 벡터이고, $_{i*}\mathbf{w}^1(q-1)$은 $\mathbf{p}(q)$와 가장 가까운 가중치 벡터다(자기 조직 특징 맵이나 [MoDa89]에서 제안하는 k평균 클러스터링 같은 클러스터링 알고리즘도 사용할 수 있다). 식 (16.78)은 가중치가 수렴될 때까지 반복되며, 최종 수렴된 가중치는 훈련 집합의 입력 벡터 클러스터 중심을 나타낸다. 따라서 기저 함수는 입력 벡터가 존재할 가능성이 가장 높은 영역에 배치된다.

클러스터링 방법은 첫 번째 계층의 가중치 선택 외에도 편향의 결정 방법을 제공한다. 각 뉴런(기저 함수)별로 가중치 벡터(중심)에 가장 가까운 n_c개의 입력 벡터를 찾아서 중심과 이웃 간의 평균 거리를 계산한다.

$$dist_i = \frac{1}{n_c}\left(\sum_{j=1}^{n_c}\left\|\mathbf{p}_j^i - {}_i\mathbf{w}^1\right\|^2\right)^{\frac{1}{2}} \tag{16.79}$$

여기서 $\mathbf{p}_1^i$는 $_i\mathbf{w}^1$에 가장 가까운 입력 벡터이며, $\mathbf{p}_2^i$는 두 번째로 가까운 입력 벡터다. [MoDa89]에서는 이 거리를 이용해 첫 번째 계층의 편향을 다음 식처럼 설정할 것을 권장한다.

$$b_i^1 = \frac{1}{\sqrt{2}dist_i} \tag{16.80}$$

따라서 클러스터가 넓으면 해당 기저 함수도 넓을 것이다. 이 경우 첫 번째 계층의 편향이 뉴런마다 다르기 때문에, 같은 편향을 갖는 네트워크보다 기저 함수의 활용 면에서 좀 더 효율적인 네트워크를 제공할 것이다.

첫 번째 계층의 가중치와 편향을 정한 후 두 번째 계층의 가중치와 편향을 구할 때는 선형 최소 제곱을 사용한다.

RBF 네트워크에서 첫 번째 계층을 설계할 때 클러스터링 방법의 경우 잠재적인 단점이 있다. 이 방법은 입력 벡터의 분포만을 고려하고 목표는 고려하지 않는다. 근사하려는 함수가 입력 개수가 적은 영역이 더 복잡한 경우 클러스터링 방법은 중심을 적절히 분산하지 않는다. 한편, 사람들은 네트워크가 가장 많이 사용될 영역에 훈련 데이터를 배치해 그곳의 함수를 가장 정확히 근사하길 원한다.

비선형 최적화

RBF 네트워크의 훈련에 MLP 네트워크와 같이 비선형 최적화 기법을 사용할 수 있다. 이 방법들은 네트워크의 모든 가중치와 편향을 동시에 조정한다. RBF 네트워크의 오차 표면에는 만족스럽지 않은 지역 최소가 많기 때문에, 보통 이 방법들은 RBF 네트워크를 전체적으로 훈련할 때는 사용하지 않는다. 하지만 앞 절에서 제시했던 두 단계 방법으로 초기 훈련을 한 후에 네트워크 파라미터를 세부 조정할 때는 비선형 최적화를 사용할 수 있다.

비선형 최적화 방법은 이미 11장과 12장에서 광범위하게 다뤘기 때문에 여기서 다시 제시하지는 않을 것이다. 대신 MLP 네트워크의 그레이디언트 계산을 위한 기본 역전파 알고리즘을 RBF 네트워크에 맞춰 어떻게 수정할지 간단히 설명할 것이다.

RBF 네트워크의 그레이디언트 유도는 식 (11.9)부터 시작하는 MLP 네트워크의 그레이디언트 개발과 동일한 패턴을 따른다. 여기서는 두 유도에서 다른 한 단계만을 논의할 것이다. 이 차이는 식 (11.20)에서 발생한다. RBF 네트워크에서 두 번째 계층의 네트 입력은 MLP 네트워크와 같은 형태지만, 첫 번째 계층의 네트 입력은 식 (16.1) 또는 다음과 같이 다른 형식을 갖는다.

$$n_i^1 = \left\| \mathbf{p} - {}_i\mathbf{w}^1 \right\| b_i^1 = b_i^1 \sqrt{\sum_{j=1}^{s^1} (p_j - w_{i,j}^1)^2} \tag{16.81}$$

가중치와 편향에 대해 이 함수를 미분하면 다음 결과를 얻는다.

$$\frac{\partial n_i^1}{\partial w_{i,j}^1} = b_i^1 \frac{1/2}{\sqrt{\sum_{j=1}^{s^1} (p_j - w_{i,j}^1)^2}} 2(p_j - w_{i,j}^1)(-1) = \frac{b_i^1(w_{i,j}^1 - p_j)}{\left\| \mathbf{p} - {}_i\mathbf{w}^1 \right\|} \tag{16.82}$$

$$\frac{\partial n_i^1}{\partial b_i^1} = \left\| \mathbf{p} - {}_i\mathbf{w}^1 \right\| \tag{16.83}$$

이에 따라 RBF 네트워크의 계층 1에 대해 수정된 그레이디언트 식이 정의됐다(식 (11.23) 및 식 (11.24)와 비교하라).

$$\frac{\partial \hat{F}}{\partial w_{i,j}^1} = s_i^1 \frac{b_i^1(w_{i,j}^1 - p_j)}{\left\| \mathbf{p} - {}_i\mathbf{w}^1 \right\|} \tag{16.84}$$

$$\frac{\partial \hat{F}}{\partial b_i^1} = s_i^1 \left\| \mathbf{p} - {}_i\mathbf{w}^1 \right\| \tag{16.85}$$

따라서 식 (11.44)에서 식 (11.47)까지 MLP 네트워크의 그레이디언트 하강 역전파 알고리즘의 요약을 살펴보면, RBF 네트워크와의 유일한 차이점은 $m = 1$일 때 식 (11.46)과 식 (11.47)이 식 (16.84)와 식 (16.85)로 대체된 것뿐이다. $m = 2$일 때 식은 동일하게 남아 있다.

 비선형 최적화 학습으로 실험하려면, MATLAB® 신경망 설계 데모 'RBF 비선형 최적화RBF Nonlinear Optimization' **nnd17no**를 이용하라.

그 밖의 훈련 기법

이 장에서는 RBF 네트워크에 대해 제안된 다양한 훈련 기법을 피상적으로 다뤘다. 주요 개념을 제시했지만 실제 많은 변형이 있다. 예를 들어, OLS 알고리즘은 다중 출력과 정규화된 성능 지표를 다루도록 확장됐다[ChCo92][ChCh96]. 또한 OLS 알고리즘은 첫 번째 계층의 편향과 정규화 파라미터를 선택하기 위해 유전 알고리즘과 결합되어 사용돼왔다[ChCo99]. 중심의 위치를 최적화하기 위해 많은 사람이 [Bish91]부터 시작해 기대치 최대화 알고리즘expectation maximization algorithm을 제안해왔다. [OrHa00]에서는 중심을 선택하기 위해 회귀 트리 방법을 사용했다. 또한 클러스터링의 사용에서 많은 변형이 있었으며, 초기화를 위한 클러스터링과 세부 조정을 위한 비선형 최적화의 결합 방식에도 많은 변형이 있었다. RBF 네트워크의 구조는 다양한 훈련 방법에 잘 적응한다.

결과 요약

방사형 기저 네트워크

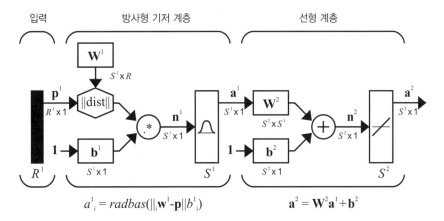

RBF 네트워크 훈련

선형 최소 제곱

$$\mathbf{x} = \begin{bmatrix} {}_1\mathbf{w}^2 \\ b^2 \end{bmatrix}, \ \mathbf{z}_q = \begin{bmatrix} \mathbf{a}_q^1 \\ 1 \end{bmatrix}$$

$$\mathbf{t} = \begin{bmatrix} t_1 \\ t_2 \\ \vdots \\ t_Q \end{bmatrix}, \ \mathbf{U} = \begin{bmatrix} {}_1\mathbf{u}^T \\ {}_2\mathbf{u}^T \\ \vdots \\ {}_Q\mathbf{u}^T \end{bmatrix} = \begin{bmatrix} \mathbf{z}_1^T \\ \mathbf{z}_2^T \\ \vdots \\ \mathbf{z}_Q^T \end{bmatrix}, \ \mathbf{e} = \begin{bmatrix} e_1 \\ e_2 \\ \vdots \\ e_Q \end{bmatrix}$$

$$F(\mathbf{x}) = (\mathbf{t} - \mathbf{U}\mathbf{x})^T(\mathbf{t} - \mathbf{U}\mathbf{x}) + \rho\mathbf{x}^T\mathbf{x}$$

$$[\mathbf{U}^T\mathbf{U} + \rho\mathbf{I}]\mathbf{x}^* = \mathbf{U}^T\mathbf{t}$$

직교 최소 제곱

1단계

$$\mathbf{m}_1^{(i)} = \mathbf{u}_i$$

$$h_1^{(i)} = \frac{\mathbf{m}_1^{(i)T}\mathbf{t}}{\mathbf{m}_1^{(i)T}\mathbf{m}_1^{(i)}}$$

$$o_1^{(i)} = \frac{(h_1^{(i)})^2 \mathbf{m}_1^{(i)T}\mathbf{m}_1^{(i)}}{\mathbf{t}^T\mathbf{t}}$$

$$o_1 = o_1^{(i_1)} = max\{o_1^{(i)}\}$$

$$\mathbf{m}_1 = \mathbf{m}_1^{(i_1)} = \mathbf{u}_{i_1}$$

754

*k*단계

$i = 1, ..., Q$, $i \neq i_1$, ..., $i \neq i_{k-1}$인 경우

$$r_{j,k}^{(i)} = \frac{\mathbf{m}_j^T \mathbf{u}_k}{\mathbf{m}_j^T \mathbf{m}_j}, \, j = 1, ..., k$$

$$\mathbf{m}_k^{(i)} = \mathbf{u}_i - \sum_{j=1}^{k-1} r_{j,k}^{(i)} \mathbf{m}_j$$

$$h_k^{(i)} = \frac{\mathbf{m}_k^{(i)T} \mathbf{t}}{\mathbf{m}_k^{(i)T} \mathbf{m}_k^{(i)}}$$

$$o_k^{(i)} = \frac{\left(h_k^{(i)}\right)^2 \mathbf{m}_k^{(i)T} \mathbf{m}_k^{(i)}}{\mathbf{t}^T \mathbf{t}}$$

$$o_k = o_k^{(i_k)} = max\{o_k^{(i)}\}$$

$$\mathbf{m}_k = \mathbf{m}_k^{(i_k)}$$

클러스터링

가중치 훈련

$$_{i*}\mathbf{w}^1(q) = {}_{i*}\mathbf{w}^1(q-1) + \alpha(\mathbf{p}(q) - {}_{i*}\mathbf{w}^1(q-1))$$

편향 선택

$$dist_i = \frac{1}{n_c}\left(\sum_{j=1}^{n_c} \left\| \mathbf{p}_j^i - {}_i\mathbf{w}^1 \right\|^2\right)^{\frac{1}{2}}$$

$$b_i^1 = \frac{1}{\sqrt{2}dist_i}$$

비선형 최적화

표준 역전파 식 (11.46)과 식 (11.47)을 다음 식으로 대체한다.

$$\frac{\partial \hat{F}}{\partial w_{i,j}^1} = s_i^1 \frac{b_i^1 (w_{i,j}^1 - p_j)}{\left\| \mathbf{p} - {}_i\mathbf{w}^1 \right\|}$$

$$\frac{\partial \hat{F}}{\partial b_i^1} = s_i^1 \left\| \mathbf{p} - {}_i\mathbf{w}^1 \right\|$$

문제 풀이

P16.1   다음 함수를 근사하기 위해 **OLS** 알고리즘을 사용하라.

$$g(p) = \cos(\pi p), \quad -1 \le p \le 1$$

훈련 집합을 얻기 위해 **5**개의 p 값으로 함수를 계산한다.

$$p = \{-1, -0.5, 0, 0.5, 1\}$$

계산된 목표는 다음과 같다.

$$t = \{-1, 0, 1, 0, -1\}$$

OLS 알고리즘을 **1**회 반복하라. 훈련 집합의 입력이 잠재적인 중심이고 편향은 모두 1이라고 가정하라.

먼저, 첫 번째 계층의 출력을 계산한다.

$$n_{i,q}^1 = \left\| \mathbf{p}_q - {}_i\mathbf{w}^1 \right\| b_i^1$$

$$\mathbf{a}_q^1 = \mathbf{radbas}(\mathbf{n}_q^1)$$

$$\mathbf{a}^1 = \left\{ \begin{bmatrix} 1.000 \\ 0.779 \\ 0.368 \\ 0.105 \\ 0.018 \end{bmatrix}, \begin{bmatrix} 0.779 \\ 1.000 \\ 0.779 \\ 0.368 \\ 0.105 \end{bmatrix}, \begin{bmatrix} 0.368 \\ 0.779 \\ 1.000 \\ 0.779 \\ 0.368 \end{bmatrix}, \begin{bmatrix} 0.105 \\ 0.368 \\ 0.779 \\ 1.000 \\ 0.779 \end{bmatrix}, \begin{bmatrix} 0.018 \\ 0.105 \\ 0.368 \\ 0.779 \\ 1.000 \end{bmatrix} \right\}$$

$\mathbf{U}$와 $\mathbf{t}$ 행렬을 생성하기 위해 식 (16.17)과 식 (16.21)을 사용할 수 있다.

$$\mathbf{U}^T = \begin{bmatrix} 1.000 & 0.779 & 0.368 & 0.105 & 0.018 \\ 0.779 & 1.000 & 0.779 & 0.368 & 0.105 \\ 0.368 & 0.779 & 1.000 & 0.779 & 0.368 \\ 0.105 & 0.368 & 0.779 & 1.000 & 0.779 \\ 0.018 & 0.105 & 0.368 & 0.779 & 1.000 \\ 1.000 & 1.000 & 1.000 & 1.000 & 1.000 \end{bmatrix}$$

$$\mathbf{t}^T = \begin{bmatrix} -1 & 0 & 1 & 0 & -1 \end{bmatrix}$$

이제 알고리즘을 한 단계 수행하라.

$$\mathbf{m}_1^{(i)} = \mathbf{u}_i$$

$$\mathbf{m}_1^{(1)} = \begin{bmatrix} 1.000 \\ 0.779 \\ 0.368 \\ 0.105 \\ 0.018 \end{bmatrix}, \mathbf{m}_1^{(2)} = \begin{bmatrix} 0.779 \\ 1.000 \\ 0.779 \\ 0.368 \\ 0.105 \end{bmatrix}, \mathbf{m}_1^{(3)} = \begin{bmatrix} 0.368 \\ 0.779 \\ 1.000 \\ 0.779 \\ 0.368 \end{bmatrix}, \mathbf{m}_1^{(4)} = \begin{bmatrix} 0.105 \\ 0.368 \\ 0.779 \\ 1.000 \\ 0.779 \end{bmatrix}$$

$$\mathbf{m}_1^{(5)} = \begin{bmatrix} 0.018 \\ 0.105 \\ 0.368 \\ 0.779 \\ 1.000 \end{bmatrix}, \mathbf{m}_1^{(6)} = \begin{bmatrix} 1.000 \\ 1.000 \\ 1.000 \\ 1.000 \\ 1.000 \end{bmatrix}$$

$$h_1^{(i)} = \frac{\mathbf{m}_1^{(i)T}\mathbf{t}}{\mathbf{m}_1^{(i)T}\mathbf{m}_1^{(i)}}$$

$$h_1^{(1)} = -0.371 \,, \ h_1^{(2)} = -0.045 \,, \ h_1^{(3)} = 0.106 \,, \ h_1^{(4)} = -0.045 \,, \ h_1^{(5)} = -0.371$$
$$h_1^{(6)} = -0.200$$

$$o_1^{(i)} = \frac{\left(h_1^{(i)}\right)^2 \mathbf{m}_1^{(i)T} \mathbf{m}_1^{(i)}}{\mathbf{t}^T \mathbf{t}}$$

$$o_1^{(1)} = 0.0804 \,, \ o_1^{(2)} = 0.0016 \,, \ o_1^{(3)} = 0.0094 \,, \ o_1^{(4)} = 0.0016 \,, \ o_1^{(5)} = 0.0804$$
$$o_1^{(6)} = 0.0667$$

첫 번째와 다섯 번째 중심이 0.0804만큼 오차를 감소시킨다는 것을 알 수 있다. 즉, 첫 번째 계층의 뉴런이 하나일 때, 첫 번째와 다섯 번째 중심을 사용하면 오차가 8.04% 감소한다는 뜻이다. 이 중 첫 번째 중심의 인덱스가 가장 작기 때문에 첫 번째 중심을 선택한다.

이 시점에서 종료한다면 첫 번째 중심이 은닉 계층에 추가된다. 식 (16.75)를 이용해 $w_{1,1}^2 = x_1 = h_1 = h_1^{(1)} = -0.371$을 구한다. 또한 첫 번째 반복에서 편향의 중심인 $\mathbf{m}_1^{(6)}$이 선택되지 않았기 때문에 $b_2 = 0$이다. 은닉 계층에 뉴런이 계속 추가되면 첫 번째 계층의 가중치도 변한다. 식 (16.75)에서 이것을 알 수 있다. 식 (16.75)는 h_k를 모두 구한 후에 x_k를 구할 때 사용된다. 오직 x_n과 h_n만 정확히 동일하다.

알고리즘을 진행하면 첫 번째 열이 $\mathbf{U}$에서 제거된다. 그런 다음 식 (16.54)를 이용해 $\mathbf{U}$에 남은 모든 열을 첫 반복에서 선택한 $\mathbf{m}_1$에 대해 직교화할 것이다. 흥미롭게도 두 번째 반복의 오차 감소가 첫 번째 반복보다 훨씬 크다. 감소는 0.0804, 0.3526, 0.5074, 0.0448, 0.0147, 0이 되고 1, 2, 5, 3, 4, 6 순서에 따라 중심이 선택된다. 이후 반복에서 오차 감소량이 더 높아지는 이유는 기저 함수를 조합해서 최고 근사를 만들기 때문이다. 이런 이유로 전진 선택은 완전 탐색으로 구할 수 있는 최적의 조합을 생성하지 못한다. 또한 편향은 마지막에 선택되므로 오차를 감소시키지 않는다는 점을 유의하자.

P16.2 그림 P16.1은 분류 문제를 보여준다. 여기서 클래스 I 벡터는 어두운 원으로 클래스 II 벡터는 밝은 원으로 표시된다. 이들 범주는 선형적으로 분리할 수 없다. 이들을 올바

르게 분류하도록 방사형 기저 함수 네트워크를 설계하라.

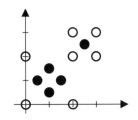

그림 P16.1 문제 P16.2의 분류 문제

문제 정의에서 네트워크는 2개의 입력을 가져야 하며 두 클래스를 구별하기 위해 하나의 출력을 사용해야 한다는 것을 안다. 클래스 I 벡터에는 양의 출력을, 클래스 II 벡터에는 음의 출력을 선택할 것이다. 클래스 I 영역은 단순한 2개의 하위영역으로 구성되어 있으며 2개의 뉴런으로 충분히 분류를 수행할 수 있어 보인다. 첫 번째 계층의 가중치 행렬의 행은 두 기저 함수의 중심이 되며, 각 중심이 하위영역의 중앙에 놓이도록 선택할 것이다. 기저 함수의 중심을 각 하위영역에 맞추어 그곳에서 네트워크 출력이 최대가 되도록 한다. 첫 번째 계층의 가중치 행렬은 다음과 같다.

$$\mathbf{W}^1 = \begin{bmatrix} 1 & 1 \\ 2.5 & 2.5 \end{bmatrix}$$

첫 번째 계층에서 편향의 선택은 각 기저 함수에 대해 원하는 너비에 따라 달라진다. 이 문제의 경우 첫 번째 기저 함수는 두 번째보다 넓어야 한다. 따라서 첫 번째 편향은 두 번째 편향보다 작을 것이다. 첫 번째 기저 함수로 형성된 경계는 대략 1의 반경을 가져야 하는 반면, 두 번째 기저 함수의 경계는 대략 1/2의 반경을 가지면 된다. 이 거리에서 정상으로부터 크게 감소하는 기저 함수를 원한다. 첫 번째 뉴런에 대해 편향 1을 사용하고 두 번째 뉴런에 대해 편향 2를 사용하면, 중심의 반경 1 이내에서 다음과 같은 감소를 얻게 된다.

$$a = e^{-n^2} = e^{-(1 \cdot 1)^2} = e^{-1} = 0.3679 \, , \, a = e^{-n^2} = e^{-(2 \cdot 0.5)^2} = e^{-1} = 0.3679$$

문제에 대해 이 값이 작동하기 때문에, 첫 번째 계층의 편향 벡터는 다음과 같이 선택한다.

$$\mathbf{b}^1 = \begin{bmatrix} 1 \\ 2 \end{bmatrix}$$

원래 기저 함수는 0에서 1까지 범위에서 반응한다(그림 16.1 참조). 결정 경계 밖에 있는 입력에 대해 출력이 음수가 되도록 두 번째 계층의 편향에 −1을 사용하고, 정상에서 1이 유지되도록 두 번째 계층의 가중치를 2로 사용할 것이다. 따라서 두 번째 계층의 가중치와 편향은 다음과 같이 된다.

$$\mathbf{W}^2 = \begin{bmatrix} 2 & 2 \end{bmatrix}, \ b^2 = \begin{bmatrix} -1 \end{bmatrix}$$

이 네트워크 파라미터에 대한 네트워크 반응은 그림 P16.2의 오른쪽에서 볼 수 있다. 또한 이 그림은 표면과 $a^2 = 0$인 평면과 교차하는 위치를 보여주는데, 여기서 결정이 일어난다. 교차하는 위치는 표면 아래에 나타나는 윤곽선으로도 표시된다. 이것은 $a^2 = 0$에서의 함수 윤곽선이다. 그림 P16.2의 왼쪽에 이러한 결정 경계가 좀 더 명확히 그려져 있다.

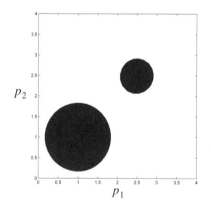 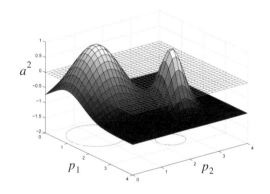

그림 P16.2 문제 P16.2의 결정 영역

P16.3 **RBF 네트워크의 은닉 계층에 입력이 하나이고 뉴런이 하나일 때 초기 가중치와 편향**

은 다음과 같다.

$$w^1(0) = 0 , b^1(0) = 1 , w^2(0) = -2 , b^2(0) = 1$$

입력/목표 쌍은 다음과 같다.

$$\{p = -1, t = 1\}$$

α = 1로 최대 경사 하강 역전파를 한 번 반복하라.

첫 번째 단계는 네트워크로 입력을 전파하는 것이다.

$$n^1 = \|p - w^1\|b^1 = 1\sqrt{(-1-0)^2} = 1$$

$$a^1 = radbas(n^1) = e^{-(n^1)^2} = e^{-1} = 0.3679$$

$$n^2 = w^2 a^1 + b^2 = (-2)(0.3679) + 1 = 0.2642$$

$$a^2 = purelin(n^2) = n^2 = 0.2642$$

$$e = (t - a^2) = (1 - (0.2642)) = 0.7358$$

다음은 식 (11.44)와 식 (11.45)를 이용해 민감도를 역전파한다.

$$\mathbf{s}^2 = -2\dot{\mathbf{F}}^2(\mathbf{n}^2)(\mathbf{t} - \mathbf{a}) = -2[1](e) = -2[1]0.7358 = -1.4716$$

$$\mathbf{s}^1 = \dot{\mathbf{F}}^1(\mathbf{n}^1)(\mathbf{W}^2)^T\mathbf{s}^2 = [-2n^1 e^{-(n^1)^2}]w^2\mathbf{s}^2 = [-2 \times 1 \times e^{-1}](-2)(-1.4716) = -2.1655$$

마지막으로, 가중치와 편향을 변경한다. 계층 2의 경우 식 (11.46)과 식 (11.47)을 사용하고 계층 1의 경우 식 (16.84)와 식 (16.85)를 사용한다.

$$w^2(1) = w^2(0) - \alpha s^2(a^1)^T = (-2) - 1(-1.4716)(0.3679) = -1.4586$$

$$w^1(1) = w^1(0) - \alpha s^1\left(\frac{b^1(w^1 - p)}{\|p - w^1\|}\right) = (0) - 1(-2.1655)\left(\frac{1(0 - (-1))}{\|-1 - 0\|}\right) = 2.1655$$

$$b^2(1) = b^2(0) - \alpha s^2 = 1 - 1(-1.4716) = 2.4716$$

$$b^1(1) = b^1(0) - \alpha s^1\|p - w^1\| = 1 - 1(-2.1655)\|-1 - 0\| = 3.1655$$

맺음말

방사형 기저 함수 네트워크는 함수 근사와 패턴 인식 문제에 대해 다층 퍼셉트론 네트워크의 대안이 될 수 있다. 이 장에서는 RBF 네트워크의 작동을 보여주고, 몇 가지 RBF 네트워크의 훈련 기법을 설명했다. MLP 훈련과 달리 RBF 훈련은 보통 두 단계로 구성된다. 첫 번째 단계에서는 첫 번째 계층의 가중치와 편향을 찾는다. 두 번째 단계에서는 보통 선형 최소 제곱을 사용해 두 번째 계층의 가중치와 편향을 계산한다.

참고 문헌

[Bish91]   C. M. Bishop, "Improving the generalization properties of radial basis function neural networks," *Neural Computation*, Vol. 3, No. 4, pp. 579−588, 1991.

방사형 기저 네트워크의 클러스터 중심을 최적화하기 위해 기대치 최대화 알고리즘을 최초로 적용한 내용을 발표했다.

[BrLo88]   D.S. Broomhead and D. Lowe, "Multivariable function interpolation and adaptive networks," *Complex Systems*, vol.2, pp. 321−355, 1988.

이 독창적인 논문은 신경망의 맥락에서 방사형 기저 함수를 최초로 사용한 내용을 설명하고 있다.

[ChCo91]   S. Chen, C.F.N. Cowan, and P.M. Grant, "Orthogonal least squares learning algorithm for radial basis function networks," *IEEE Transactions on Neural Networks*, Vol. 2, No. 2, pp. 302−309, 1991.

방사형 기저 함수 네트워크의 중심을 선택하기 위해 부분집합 선택 기법을 처음으로 사용한 내용을 설명한다.

[ChCo92]   S. Chen, P. M. Grant, and C. F. N. Cowan, "Orthogonal least squares algorithm for training multioutput radial basis function networks," *Proceedings of the Institute of Electrical Engineers*, Vol. 139, Pt. F, No. 6, pp. 378−384, 1992.

이 논문은 직교 최소 제곱 알고리즘을 다중 출력에 대해 확장했다.

[ChCh96]   S. Chen, E. S. Chng, and K. Alkadhimi, "Regularised orthogonal least squares algorithm for constructing radial basis function networks," *International Journal of Control*, Vol. 64, No. 5, pp. 829–837, 1996.

이 논문은 정규화된 성능 지표를 다루기 위해 직교 최소 제곱 알고리즘을 변형했다.

[ChCo99]   S. Chen, C.F.N. Cowan, and P.M. Grant, "Combined Genetic Algorithm Optimization and Regularized Orthogonal Least Squares Learning for Radial Basis Function Networks," *IEEE Transactions on Neural Networks*, Vol. 10, No. 5, pp. 302–309, 1999.

유전 알고리즘과 직교 최소 제곱 알고리즘을 결합해 정규화 파라미터와 기저 함수의 퍼짐을 계산하면서 중심을 선택하고 방사형 기저 네트워크의 두 번째 계층의 최적 가중치를 구한다.

[Lowe89]   D. Lowe, "Adaptive radial basis function nonlinearities, and the problem of generalization," *Proceedings of the First IEE International Conference on Artificial Neural Networks*, pp. 171–175, 1989.

이 논문은 RBF 네트워크의 기저 함수의 중심과 너비를 포함한 모든 파라미터를 훈련시키기 위한 그레이디언트 기반 알고리즘의 사용에 대해 설명한다. 또한 중심이 훈련 데이터 집합에서 임의로 선택될 경우 기저 함수의 너비 설정 식을 제공한다.

[Mill90]   A.J. Miller, *Subset Selection in Regression*. Chapman and Hall, N.Y., 1990.

이 책은 일반적인 부분집합의 선택 문제를 완전하고 명확하게 설명한다. 종속 변수를 가장 효율적으로 예측하기 위해 큰 독립 입력 변수 집합에서 적절한 부분집합을 선택하는 내용을 포함한다.

[MoDa89]   J. Moody and C.J. Darken, "Fast Learning in Networks of Locally-Tuned Processing Units," *Neural Computation*, Vol. 1, pp. 281–294, 1989.

방사형 기저 함수의 중심과 분산을 구하기 위해 클러스터링을 사용하는 내용을 처음으로 발표했다.

[OrHa00]   M. J. Orr, J. Hallam, A. Murray, and T. Leonard, "Assessing rbf networks using delve," IJNS, 2000.

이 논문은 다양한 방사형 기저 함수 네트워크의 훈련 방법을 비교하고 있다. 이 방법에는 정규화를 이용한 전진 선택과 회귀 트리도 포함된다.

[PaSa93]　J. Park and I.W. Sandberg, "Universal approximation using radial-basis-function networks," *Neural Computation*, vol. 5, pp. 305–316, 1993.

이 논문은 방사형 기저 함수 네트워크의 보편적 근사 역량을 증명한다.

[Powe87]　M.J.D. Powell, "Radial basis functions for multivariable interpolation: a review," *Algorithms for Approximation*, pp. 143–167, Oxford, 1987.

이 논문은 방사형 기저 함수에 대한 최초 연구의 최종 조사를 제공한다. 방사형 기저 함수의 원래 용도는 정확한 다변수 보간이다.

연습문제

E16.1　그림 E16.1에 그려진 분류를 수행하는 RBF 네트워크를 설계하라. 이 네트워크는 입력 벡터가 회색 영역에 있으면 양의 출력을 생성하고, 영역 외에 있으면 음의 출력을 생성한다.

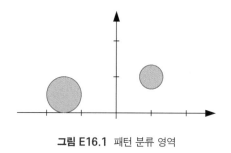

그림 E16.1 패턴 분류 영역

E16.2　RBF 네트워크의 반응이 그림 E16.2의 원으로 표시되는 점을 통과하도록 은닉 계층에 2개의 뉴런을 갖고 하나의 출력 뉴런을 갖도록 구성한 후 이들의 가중치와 편향을 선택하라.

자신의 결과를 확인하려면, MATLAB® 신경망 설계 데모 'RBF 네트워크 함수[RBF Network Function]' **nnd17nf**를 이용하라.

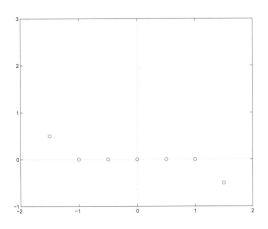

그림 E16.2 함수 근사 연습문제

E16.3 (은닉 계층에 2개의 뉴런과 하나의 출력 뉴런을 갖는) 1-2-1 RBF 네트워크를 고려하라. 첫 번째 계층의 가중치와 편향은 다음과 같다.

$$\mathbf{W}^1 = \begin{bmatrix} -1 \\ 1 \end{bmatrix}, \ \mathbf{b}^1 = \begin{bmatrix} 0.5 \\ 0.5 \end{bmatrix}$$

두 번째 계층의 편향이 0으로 고정되어 있다고 가정하라($b^2 = 0$). 훈련 집합은 다음과 같은 입력/목표 쌍을 갖는다.

$$\{p_1 = 1, t_1 = -1\}, \{p_2 = 0, t_2 = 0\}, \{p_3 = -1, t_3 = 1\}$$

(1) 정규화 파라미터는 $\rho = 0$이라고 가정하고, 선형 최소 제곱을 사용해 두 번째 계층의 가중치를 구하라.

(2) 제곱 오차의 합에 대한 등고선 그래프를 그려라. 제곱 오차의 합이 2차 함수임을 기억하라(8장 참조).

(3) MATLAB® M파일을 작성해 (1)과 (2)의 답변을 확인하라.

(4) ρ = 4를 사용해 (1)에서 (3)까지를 반복하라. 정규화된 제곱 오차를 그려라.

E16.4 식 (16.25)에 있는 RBF 네트워크의 성능 지표에 대한 헤시안 행렬은 다음과 같다.

$$2[\mathbf{U}^T\mathbf{U} + \rho\mathbf{I}]$$

이 행렬이 ρ ≥ 0인 경우 최소한 양의 준정부호임을 보이고, ρ > 0인 경우 양의 정부호임을 보여라.

E16.5 첫 번째 계층의 가중치와 편향이 고정된 RBF 네트워크를 고려하라. 10장의 LMS 알고리즘이 두 번째 계층의 가중치와 편향을 학습하기 위해 어떻게 수정될 수 있는지 보여라.

E16.6 RBF 네트워크 첫 번째 계층의 가우시안 전달 함수가 선형 전달 함수로 대체된다고 가정하라.

(1) 문제 P11.8에서 각 계층에서 선형 전달 함수를 갖는 다층 퍼셉트론은 단층 퍼셉트론과 대등함을 보였다. RBF 네트워크의 각 계층에서 선형 전달 함수를 사용한다면 단층 네트워크와 대등한가? 설명하라.

(2) 첫 번째 계층에 선형 전달 함수를 갖는 RBF 네트워크의 작동을 설명하기 위해 그림 16.4와 동일한 예제를 작성하라. MATLAB®을 이용해 그림을 그려라. 첫 번째 계층의 전달 함수가 선형이라면 RBF 네트워크가 보편적 근사기라고 생각하는가? 답변을 설명하라.

E16.7 그림 16.2와 같은 방사형 기저 네트워크를 고려하라. 단, 두 번째 계층에 편향이 없다고 가정하라. 첫 번째 계층에는 2개의 뉴런(2개의 기저 함수)이 있다. 첫 번째 계층의 가중치(중심)와 편향은 고정되어 있으며, 3개의 입력과 목표가 있다. 첫 번째 계층의 출력과 목표는 다음과 같다.

$$\mathbf{a}^1 = \left\{ \begin{bmatrix} 2 \\ 1 \end{bmatrix}, \begin{bmatrix} 1 \\ 2 \end{bmatrix}, \begin{bmatrix} 0 \\ 1 \end{bmatrix} \right\}, \ t = \{0, 1, 2\}$$

(1) 선형 최소 제곱을 이용해 네트워크의 두 번째 계층의 가중치를 구하라.

(2) 이제 첫 번째 계층의 기저 함수의 중심이 유일한 잠재 중심이라고 가정하라. 잠재 중심을 선택하기 위해 직교 최소 제곱을 사용한다면 어떤 중심이 먼저 선택되고, 이 중심에 대응되는 두 번째 계층의 가중치는 무엇인가? 그리고 이것이 제곱 오차를 얼마나 감소시키는가? 모든 계산을 명확히 순서대로 보여라.

(3) (1)에서 계산했던 가중치 2개와 (2)에서 계산했던 가중치 1개 사이에 관계가 있는가? 설명하라.

E16.8 다음 데이터에 대해 연습문제 E16.7을 반복하라.

(1) $\mathbf{a}^1 = \left\{ \begin{bmatrix} 1 \\ 2 \end{bmatrix}, \begin{bmatrix} 2 \\ 1 \end{bmatrix}, \begin{bmatrix} -1 \\ 1 \end{bmatrix} \right\}, t = \{1, 2, -1\}$

(2) $\mathbf{a}^1 = \left\{ \begin{bmatrix} 2 \\ 1 \end{bmatrix}, \begin{bmatrix} 1 \\ 1 \end{bmatrix}, \begin{bmatrix} 0 \\ 1 \end{bmatrix} \right\}, t = \{3, 1, 2\}$

E16.9 그림 E16.3의 방사형 기저 네트워크의 변형을 고려하라. 훈련 집합의 입력과 출력은 $\{p_1 = -1, t_1 = -1\}, \{p_2 = 1, t_2 = 1\}$이다.

(1) 가중치 행렬 $\mathbf{W}^2$에 대해 선형 최소 제곱 해를 구하라.

(2) (1)에서 구한 가중치 행렬 $\mathbf{W}^2$에 대해 입력이 -2에서 2까지 변화할 때 네트워크 반응을 그려라.

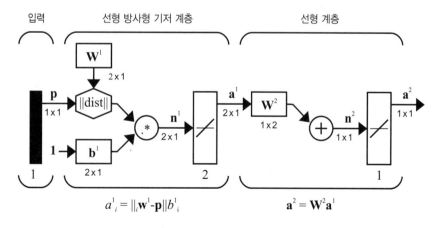

그림 E16.3 연습문제 E16.9의 방사형 기저 네트워크

E16.10 MATLAB® 프로그램을 작성해 첫 번째 계층에 고정된 가중치와 편향을 갖는 $1-S^1-1$ RBF 네트워크에 대한 선형 최소 제곱 알고리즘을 구현하라. 다음 함수를 근사하도록 네트워크를 훈련시켜라.

$$g(p) = 1 + \sin\left(\frac{\pi}{8}p\right), \quad -2 \le p \le 2$$

(1) $-2 \le p \le 2$ 구간에서 훈련 점 10개를 임의로 선택하라.

(2) $-2 \le p \le 2$ 구간에서 균등 간격으로 네 기저 함수의 중심을 선택하라. 그런 다음 식 (16.9)를 이용해 편향을 설정하라. 마지막으로, 선형 최소 제곱을 이용해 두 번째 계층의 가중치와 편향을 구하라. 단, 정규화는 없다고 가정한다. $-2 \le p \le 2$ 에서 네트워크 반응을 그린 후 동일한 그래프에 훈련 점들을 표시하라. 훈련 집합에 대해 제곱 오차의 합을 계산하라.

(3) (2)에서 편향을 두 배로 만들고 반복하라.

(4) (2)에서 편향을 반으로 줄이고 반복하라.

(5) 모든 경우에 대해 최종 제곱 오차의 합을 비교하고 결과를 설명하라.

E16.11 연습문제 E16.10에 설명된 함수와 은닉 계층에 10개의 뉴런을 갖는 RBF 네트워크를 사용하라.

(1) 정규화 파라미터 $\rho = 0.2$를 이용해 연습문제 E16.10(2)를 반복하라. RBF 네트워크 반응의 변화에 대해 설명하라.

(2) $[-0.1, 0.1]$ 범위에서 균등한 랜덤 잡음을 훈련 목표에 추가하라. 연습문제 E16.10(2)를 정규화 없이 반복하고 정규화 파라미터 $\rho = 0.2, 2, 20$을 사용해 반복하라. 어떤 경우에 가장 좋은 결과를 생성하는가? 설명하라.

E16.12 MATLAB® 프로그램을 작성해 직교 최소 제곱 알고리즘을 구현하라. 직교 최소 제곱 알고리즘을 이용해 연습문제 E16.10을 반복하라. 훈련 데이터에서 임의의 입력 10개를 잠재 중심으로 사용하고, 식 (16.9)를 이용해 편향을 설정하라. 선택한 중심을 처음 4개만 사용하라. 최종 제곱 오차의 합과 E16.10(2)의 결과를 비교하라.

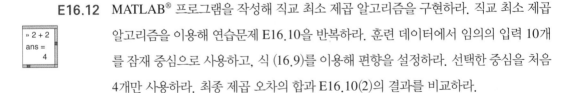

E16.13 MATLAB® 프로그램을 작성해 $1-S^1-1$ 네트워크에 대해 최대 경사 하강 알고리즘을 구현하라. 다음 함수를 근사하도록 네트워크를 훈련시켜라.

$$g(p) = 1 + \sin\left(\frac{\pi}{8}p\right), \quad -2 \le p \le 2$$

연습문제 E11.25에서 작성했던 프로그램을 약간 수정해서 사용할 수 있을 것이다.

(1) $-2 \le p \le 2$ 구간에서 10개의 데이터 점을 임의로 선택하라.

(2) 모든 파라미터(두 계층의 가중치와 편향)를 작은 임의의 숫자로 초기화한 후 네트워크가 수렴하도록 훈련시켜라(학습률 α를 실험해서 안정된 값을 정하라). $-2 \le p \le 2$에서 네트워크 반응을 그린 후 같은 그래프에 훈련 점을 표시하라. 훈련 집합에 대해 제곱 오차의 합을 계산하라. 중심을 2개, 4개, 8개 사용하라. 다른 초기 가중치 집합을 시도하라.

(3) (2)를 반복하라. 단, 다른 방법을 사용해 파라미터를 초기화하라. 다음과 같이 파라미터를 설정해서 시작하라. 먼저 기저 함수의 중심을 $-2 \le p \le 2$ 구간에서 균등한 간격으로 선택하고, 식 (16.9)를 이용해 편향을 설정하라. 그리고 선형 최소 제곱을 이용해 두 번째 계층의 가중치와 편향을 구하라. 초기 가중치와 편향에 대해 제곱 오차를 계산하라. 초기 조건에서 시작해 모든 파라미터를 최대 경사 하강법으로 훈련시켜라.

(4) 모든 경우에 대해 최종 제곱 오차의 합을 비교하고 결과를 설명하라.

E16.14 방사형 기저 함수의 계층(RBF 네트워크의 계층 1)이 다층 네트워크의 두 번째나 세 번째 계층에 사용된다고 가정하라. 이 변화를 수용하려면 식 (11.35)의 역전파 식을 어떻게 수정해야 하는가?(가중치 변경 식은 식 (11.23)과 식 (11.24)에서 식 (16.84)와 식 (16.85)로 바뀐다.)

E16.15 입력 공간을 클러스터링하기 위해 특징 맵을 훈련했던 연습문제 E15.10을 다시 고려하라.

$$0 \le p_1 \le 1, \ 2 \le p_2 \le 3$$

이 입력 공간에서 RBF 네트워크로 다음 함수를 근사한다고 가정하라.

$$t = \sin(2\pi p_1)\cos(2\pi p_2)$$

(1) MATLAB을 사용해 위에 표시된 영역에서 입력 벡터 200개를 임의로 생성하라.

(2) MATLAB M파일을 작성해 4×4뉴런(2차원) 특징 맵을 구현하라. 벡터 정규화가 필요 없도록 LVQ 네트워크와 같이 입력과 가중치 벡터 사이의 거리를 직접 구해서 네트 입력을 계산하라. 특징 맵을 사용해 입력 벡터를 클러스터링하라.

(3) RBF 네트워크 첫 번째 계층의 가중치 행렬에 (2)에서 훈련된 특징 맵 가중치 행렬을 사용하라. 식 (16.79)를 사용해 클러스터와 중심 간에 평균 거리를 구하고, 식 (16.80)을 이용해 RBF 네트워크의 첫 번째 계층의 뉴런별 편향을 설정하라.

(4) (1)의 200개 입력 벡터별로 함수에 대한 목표 반응을 계산하라. 만들어진 입력/목표 쌍을 사용해 RBF 네트워크 두 번째 계층의 가중치와 편향을 설정하라.

(5) 2×2 특징 맵을 이용해 (2)에서 (4)까지 반복하라. 결과를 비교하라.

17

실용적인 훈련 이슈

목표

지금까지는 기본적인 이해를 중심으로 여러 신경망 구조와 훈련 규칙에 초점을 두었다. 이 장에서는 다양한 네트워크에 적용할 수 있는 실용적인 훈련 팁을 설명할 것이다. 여기서 제시된 기법들의 유도 과정을 제공하지는 않지만, 이들의 유용성은 이미 잘 알려져 있다.

이 장은 3개 절로 구성되어 있다. 첫 번째 절에서는 데이터 수집과 전처리, 네트워크 구조 선정 같은 네트워크 훈련 전에 수행해야 할 작업들을 설명한다. 두 번째 절에서는 네트워크 훈련 자체를 다룬다. 마지막 절에서는 사후 훈련 분석을 고려한다.

이론과 예제

지금까지 다양한 신경망 구조와 학습 규칙에 대해 논의했다. 특히 각 네트워크의 기본 개념에 중점을 두었다. 이 장에서는 신경망 훈련의 실용적 측면을 집중적으로 살펴볼 것이다. 이론적 측면과 실용적 측면은 서로 배타적이진 않다. 네트워크 기본에 관한 깊은 지식과 신경망 사용에 관한 실용적 경험이 합쳐진다면 신경망 기술을 최대로 활용할 수 있을 것이다.

그림 17.1은 신경망의 훈련 과정을 보여준다. 신경망 훈련 과정은 훈련을 좀 더 효율적으로 하기 위해 데이터를 수집하고 전처리를 하면서 시작하는 반복적인 과정이다. 또한 이 단계에서 데이터는 훈련/검증/테스트 집합으로 분리돼야 한다(13장 참조). 데이터가 선택된 후에는 적절한 네트워크 종류(다층, 경쟁, 동적 등)와 구조(계층 수, 뉴런 수)를 선택한다. 그리고 네트워크와 해결해야 할 문제에 적합한 훈련 알고리즘을 선택한다. 네트워크가 훈련된 후에는 네트워크의 성능을 분석한다. 분석을 통해 데이터, 네트워크 구조, 훈련 알고리즘의 문제점을 발견할 수 있다. 네트워크 성능이 만족될 때까지 전체 과정을 반복한다.

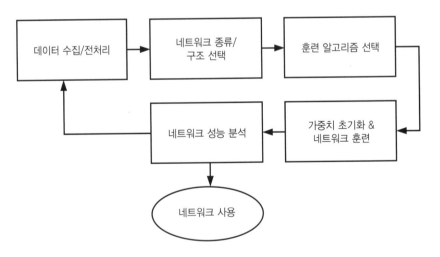

그림 17.1 신경망 훈련 과정 흐름도

이 장의 나머지에서는 훈련 과정을 부분별로 자세히 논의할 것이다. 내용을 사전 훈련 단계, 네트워크 훈련, 사후 훈련 분석 이렇게 3개의 주요 절로 나누었다.

훈련의 세부사항을 살펴보기 전에 예비적인 조언을 하려고 한다. 신경망 훈련 과정을 시작하기 전에 먼저 문제 해결에 신경망이 반드시 필요한지, 아니면 단순한 선형 기법이 적합한지를 판단해야 한다. 예를 들어, 적합 문제에 표준 선형 회귀가 만족스러운 결과를 낸다면 신경망을 사용할 필요는 없다. 신경망 기법은 좀 더 강력하지만 어려운 훈련 요구사항을 감수해야 한다. 따라서 선형 방법이 효과적이라면 이를 우선적으로 선택해야 한다.

사전 훈련 단계

네트워크를 훈련시키기 전에 수행해야 할 몇 가지 단계가 있다. 이들을 데이터 선택, 데이터 전처리, 네트워크 구조의 선택이라는 세 가지 범주로 묶을 수 있다.

데이터 선택

일반적으로 사전지식을 신경망에 반영하기는 어렵기 때문에 네트워크 성능은 훈련 데이터의 품질에 의존할 수밖에 없다. 신경망은 데이터에 의존하는 기술이므로 훈련 데이터는 네트워크가 사용할 입력 공간의 전체 영역을 포괄해야만 한다. 13장에서 살펴봤던 것처럼 네트워크가 제공된 데이터 범위를 골고루 정확히 보간하게(일반화를 잘하게) 할 때 사용할 수 있는 방법들이 있다. 하지만 네트워크 입력이 훈련 집합의 범위 밖에 있을 때는 네트워크 성능을 보장할 수 없다. 여타 비선형 '블랙 박스' 방법과 마찬가지로 신경망은 외삽을 잘하지 못한다.

훈련 데이터가 입력 공간을 적절히 샘플링하도록 만들기는 늘 쉽지 않다. 입력 벡터의 차원이 작고 입력 벡터의 요소가 독립적인 단순한 문제의 경우 격자를 이용해 입력 공간을 샘플링할 수 있다. 하지만 이런 조건이 자주 만족되지는 않는다. 대부분의 문제에서는 입력 공간의 차원이 크기 때문에 격자 샘플링을 사용하기가 어렵다. 또한 입력 변수가 종속적인 경우도 흔하다. 예를 들어, 그림 17.2를 살펴보자. 회색 영역은 두 입력이 변하는 범위를 표시한다. 각 변수가 −1에서 1까지의 범위에 있더라도 두 변수가 전체 범위에 걸쳐 변하는(그림 17.2의 점으로 표시된 것 같은) 격자를 만들 필요는 없다. 회색 영역이 네트워크가 사용할 곳이기 때문에 네트워크는 함수를 그 영역에만 적합시키면 된다. 네트워크를 사용 범위 밖까지 적합시키는 것은 특히 입력 차원이 클 경우 비효율적이다.

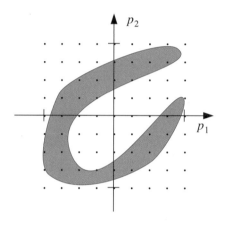

그림 17.2 종속 입력 변수의 입력 범위

입력 공간의 활성 영역을 정확히 정의하는 것은 불가능할 수 있다. 하지만 보통 모델링하려는 시스템이 표준 작동을 하는 동안 데이터를 수집할 수 있다. 경우에 따라서는 데이터를 수집하는 동안 실험의 설계를 완전히 통제할 수 있다. 이 경우 사용하려는 네트워크의 모든 조건을 시스템이 포함하도록 실험이 설정돼야 한다.

훈련 데이터가 입력 공간을 적절히 샘플링했다는 것을 어떻게 확신할 수 있는가? 훈련 전에는 확신하기 어려우며 데이터 수집 과정을 통제할 수도 없고 가용한 데이터가 무엇이든 그냥 사용해야 하는 경우가 많다. 이 주제는 792페이지의 '사후 훈련 분석' 절에서 다시 다룰 것이다. 훈련된 네트워크를 분석함으로써 훈련 데이터가 충분했는지 여부를 종종 알 수 있다. 또한 네트워크가 훈련 데이터 범위 밖에서 사용될 때를 알려주는 기법을 사용할 수 있다. 이 기법으로 네트워크 성능이 향상되지는 않지만, 신뢰할 수 없는 상황에서 네트워크가 사용되는 것을 방지할 수는 있다.

데이터 수집 후에는 보통 데이터를 훈련 집합, 검증 집합, 테스트 집합으로 나눈다. 13장에서 논의했듯이, 훈련 집합은 일반적으로 전체 데이터 집합의 약 70%로 구성하며 검증 집합과 테스트 집합은 약 15%씩 구성한다. 이들 집합이 전체 데이터 집합을 대표하도록 구성하는 것이 중요하다. 검증 집합과 테스트 집합은 훈련 집합과 같은 입력 공간 영역을 커버해야 한다. 데이터를 나누는 가장 간단한 방법은 전체 데이터 집합에서 집합별로 데이터를 랜덤하게 선택하는 것이다. 일반적으로 이 방법은 좋은 결과를 만들지만, 데이터 집합 사이에 주요 차이점을 확인하려면 분할을 검토하는 것이 제일 좋다. 또한 사후 훈련 분석으로 데이터 분할의 문제점을 진단할 수 있다. 나중에 사후 훈련 분석에 대해 좀 더 이야기할 것이다.

마지막으로 물어봐야 할 데이터 선택에 관한 질문은 "데이터가 충분한가?"이다. 이 질문은 대답하기가 어려우며, 네트워크를 훈련시키기 전에는 특히 어렵다. 데이터의 필요량은 근사하려는 기저 함수의 복잡도(또는 구현하려는 결정 경계의 복잡도)에 따라 다르다. 근사할 함수가 아주 복잡하고 변곡점이 많다면 많은 양의 데이터가 필요하다. 함수가 아주 부드럽다면(데이터에 잡음이 많지 않다면) 데이터 요구사항은 크게 줄어든다. 데이터 집합의 크기는 신경망의 뉴런 수와 밀접하게 관련되어 있다. 이 사항은 780페이지의 '네트워크 구조의 선택' 절에서 논의할 것이다. 물론 네트워크 훈련을 시작하기 전에는 기저 함수가 얼마나 복잡한지 모른다. 이런 이유로 전체 신경망 훈련 과정은 반복적일 수밖에 없다. 훈련이 완료되면 네트워크 성능을 분석해서 그 결과를 보고 데이터가 충분한지 여부를 가늠하게 된다.

데이터 전처리

데이터 전처리 단계의 목표는 네트워크 훈련을 용이하게 만드는 것이다. 데이터 전처리는 정규화, 비선형 변환, 특징 추출, 이산 입력/목표 코드화, 결측치 처리 같은 단계로 이뤄져 있다. 신경망 훈련 과정에서 관련된 정보를 쉽게 추출할 수 있도록 데이터를 사전에 처리해두자는 아이디어다.

예를 들어, 시그모이드 전달 함수는 주로 다층 네트워크의 은닉 계층에서 사용된다. 기본적으로 시그모이드 함수는 네트 입력이 3보다 커지면($\exp(-3) \cong 0.05$) 포화 상태가 된다. 훈련 과정의 초반에는 그레이디언트가 아주 작기 때문에 이런 일이 발생하지 않기를 바란다. 첫 번째 계층의 네트 입력은 입력을 가중치로 곱한 후 편향을 더한 결과다. 전달 함수가 포화되지 않게 하려면 입력이 아주 큰 경우 가중치는 작아야 한다. 표준적인 관행으로 입력을 네트워크에 적용하기 전에 정규화^{normalization}를 한다. 이 방식으로 네트워크 가중치를 작은 랜덤값으로 초기화해서 가중치와 입력의 곱이 작아지게 만든다. 또한 입력값을 정규화하면 가중치의 크기는 일관된 의미를 갖게 된다. 13장에서 설명했던 정규화^{regularization}를 사용할 경우 가중치의 크기는 특히 중요하다. 정규화^{regularization}는 작은 가중치만을 허용한다. 하지만 '작은'이란 말은 상대적이다. 입력값이 아주 작을 때 아주 큰 네트 입력을 만들려면 큰 가중치가 필요하다. 하지만 입력을 정규화^{normalization}한다면 '작은' 가중치의 의미는 명확해진다.[1]

정규화 정규화^{normalization}를 위한 두 가지 표준 방법이 있다. 첫 번째 방법은 데이터가 표준 범위(일반적으로 −1에서 1)에 속하도록 정규화하는 것이다. 이 방법에서는 다음 식을 사용한다.

$$\mathbf{p}^n \;=\; 2(\mathbf{p} - \mathbf{p}^{min}).\!/(\mathbf{p}^{max} - \mathbf{p}^{min}) - 1 \tag{17.1}$$

여기서 $\mathbf{p}^{min}$은 데이터 집합에서 입력 벡터의 요소별 최솟값으로 이뤄진 벡터이며, $\mathbf{p}^{max}$는 최댓값을 나타내고, $./$는 두 벡터의 요소별 나누기를 나타내며, $\mathbf{p}^n$은 정규화된 입력 벡터다.

다른 정규화 방법은 특정 평균과 분산(일반적으로 0과 1)을 갖도록 데이터를 조정하는 것

---

1 한국어로 'normalization'과 'regularization'을 모두 '정규화'라고 부르므로 영문명으로 이들을 구분했다. 이 책에서 두 용어가 함께 나오는 곳은 여기뿐이므로 여기서만 예외적으로 단어별로 구분하겠다. − 옮긴이

이다. 이 방법은 다음 변환 식으로 수행된다.

$$\mathbf{p}^n = (\mathbf{p} - \mathbf{p}^{mean})./\mathbf{p}^{std} \qquad (17.2)$$

여기서 $\mathbf{p}^{mean}$은 입력 벡터의 요소별 평균이며, $\mathbf{p}^{std}$는 입력 벡터의 요소별 표준편차로 이뤄진 벡터다.

일반적으로 정규화 단계는 데이터 집합의 입력 벡터와 목표 벡터에 모두 적용한다.

비선형 변환 선형 변환을 수반하는 정규화 외에 가끔씩 전처리 단계의 일부로 비선형 변환non-linear transformations을 수행하기도 한다. 정규화는 어떤 데이터 집합에도 적용할 수 있지만, 비선형 변환은 경우에 따라 다르다. 예를 들어, 대부분의 경제 변수는 로그 의존성을 보인다[BoJe94]. 이 경우 입력값을 신경망에 적용하기 전에 로그를 취하는 것이 적절할 수 있다. 또 다른 예제로 분자 동역학 시뮬레이션이 있다[RaMa05]. 여기서는 원자의 힘이 두 원자 사이의 거리 함수로 계산된다. 힘은 거리와 반비례 관계임을 알고 있기 때문에, 입력을 네트워크에 적용하기 전에 역수 변환을 수행할 수 있다. 이렇게 해서 사전지식을 신경망 훈련에 통합한다. 비선형 변환을 현명하게 선택하면 좀 더 효율적으로 네트워크를 훈련할 수 있다. 전처리를 통해 입력과 목표 간에 기저 변환을 할 때 신경망에 필요한 일부 작업을 제거할 수 있다.

특징 추출 또 다른 데이터 전처리 단계로 특징 추출feature extraction이 있다. 일반적으로 이 방법은 원시 입력 벡터의 차원이 매우 크고 입력 벡터의 구성요소가 중복되는 경우에 적용한다. 특징 추출의 아이디어는 입력 벡터에서 작은 특징 집합을 산출하고 이 특징을 신경망에 입력으로 사용함으로써 입력 공간의 차원을 줄이는 것이다. 예를 들어, 신경망은 심전도EKG, electrocardiogram 신호를 분석해 심장의 문제점을 식별하는 데 사용할 수 있다. EKG에는 높은 샘플링 속도로 수 분 동안 측정된 12개 내지는 15개의 신호(리드)가 포함되어 있다. 이 데이터를 신경망에 바로 적용하기에는 데이터양이 너무 많다. 대신 EKG 신호에서 특정 파형 사이에 평균 시간 간격, 특정 파동의 평균 진폭 같은 특정한 특징들을 추출할 것이다(20장 참조).

주성분 범용적인 특징 추출 방법도 있다. 이런 방법 중 하나가 **주성분 분석**PCA, principal component analysis으로, 입력 벡터를 변환해서 변환된 벡터 성분들이 서로 상관되지 않게 한다 [Joll02]. 변환된 벡터의 성분들은 첫 번째 성분이 가장 큰 분산을 갖고 두 번째 성분이 그다음 큰 분산을 갖는 식으로 정렬되어 있다. 일반적으로 변환된 벡터는 처음 몇 개의 요소만을 가지며, 원래 벡터가 갖고 있던 대부분의 분산을 설명할 수 있도록 선택한다. PCA 방법은 원래 성분이 서로 크게 상관되어 있다면 입력 벡터의 차원을 대폭 축소한다. PCA를 사용할 때의 단점은 입력 벡터의 성분 사이에 선형 관계만을 고려한다는 것이다. 선형 변환을 이용해 차원을 줄일 때, 일부 비선형 정보를 잃어버릴 수 있다. 신경망 사용의 주요 목적은 신경망의 비선형 매핑 역량의 힘을 얻는 것이기 때문에, 입력을 신경망에 적용하기 전에 주성분을 이용해 차원을 줄일 때는 주의해야 한다. 커널 kernel PCA라고 하는 PCA의 비선형 버전이 있다[ScSm99].

입력과 목표가 이산값을 가질 경우 또 다른 중요한 전처리 단계가 필요하다. 예를 들어, 패턴 인식 문제에서 목푯값은 유한 개수의 클래스 중 하나를 나타낸다. 이 경우 입 **목표 코드화** 력 또는 **목표 코드화**coding the inputs or targets 절차가 필요하다. 네 클래스를 갖는 패턴 인식 문제가 있다면 목표를 코드화하는 방법은 최소 세 가지가 있다. 첫째, 네 가지 스칼라 값을 갖는 스칼라 목표를 가질 수 있다(예: 1, 2, 3, 4). 둘째, 네 클래스를 이진 코드로 표시하는 2차원 목표를 가질 수 있다(예: (0,0), (0,1), (1,0), (1,1)). 셋째, 한 번에 한 뉴런만 활성화하는 4차원 목표를 가질 수 있다(예: (1,0,0,0), (0,1,0,0), (0,0,1,0), (0,0,0,1)). 경험적으로 세 번째 방법이 가장 좋은 결과를 내곤 한다(이산 입력은 이산 목표와 동일한 방식으로 코드화될 수 있다).

목푯값을 코드화할 때는 네트워크의 출력 계층에 사용할 전달 함수도 함께 고려해야 한다. 패턴 인식 문제의 경우 일반적으로 시그모이드 함수(로그 시그모이드 또는 탄젠트 시그모이드)를 사용한다. 최종 계층에는 일반적으로 탄젠트 시그모이드를 사용하며, 이 경우 함수의 점근선인 −1 또는 1을 목푯값으로 할당하는 것을 고려해볼 수 있다. 하지만 이 경우 훈련 알고리즘이 목푯값을 충족시키기 위해 시그모이드 함수를 포화시키려는 문제가 발생한다. 따라서 시그모이드 함수의 2차 미분이 최대인 지점에서 목푯값을 할당하는 것이 좋다([LeCu98] 참조). 탄젠트 시그모이드 함수의 경우 네트 입력이 −1과 1일 때 2차 미분이 최대가 되며, 출력값 −0.76과 +0.76에 해당한다.

소프트맥스 다층 패턴 인식 네트워크의 출력 계층에서 사용하는 또 다른 전달 함수는 소프트맥스 softmax 함수다. 이 전달 함수의 형태는 다음과 같다.

$$a_i = f(n_i) = \exp(n_i) \div \sum_{j=1}^{s} \exp(n_j) \tag{17.3}$$

소프트맥스 전달 함수의 출력은 각 클래스와 관련된 확률로 해석할 수 있다. 출력은 0과 1 사이에 있고, 출력의 합은 1이다. 소프트맥스 전달 함수의 예제 응용은 19장에 나와 있다.

누락 데이터 고려해야 할 또 다른 실질적인 이슈는 누락 데이터missing data다. 특히 경제 데이터를 다룰 때 일부 데이터가 누락되는 경우가 종종 있다. 예를 들어, 월 주기로 수집되는 경제 변수 20개로 이뤄진 입력 벡터를 생각해보자. 20개 변수 중 한두 개가 적절히 수집되지 않는 달이 생길 수 있다. 이 문제에 대한 가장 간단한 해결책은 일부 변수가 누락된 달의 데이터를 모두 버리는 것이다. 하지만 어떤 경우엔 가용 데이터양이 매우 제한되고 추가 데이터를 수집하는 데 비용이 많이 들 수 있다. 이런 경우라면 보유 데이터가 불완전하더라도 주어진 데이터를 최대한 활용해야 한다.

누락 데이터를 다루는 몇 가지 전략이 있다. 누락 데이터가 입력 변수에서 발생할 때는 누락값을 특정 입력 변수에 대한 평균값으로 대체하는 것이다. 동시에 입력 벡터에 플래그를 추가해서 입력 변수의 누락 데이터가 평균으로 대체됐음을 표시할 수 있다. 입력 변수의 데이터가 있으면 플래그를 1로, 누락됐으면 0으로 할당하는 식이다. 이를 통해 신경망에 누락 변수에 대한 정보를 제공한다. 누락 데이터가 있는 모든 입력 변수에 대한 플래그를 입력 벡터에 추가한다.

목표에서 누락 데이터가 발생하면 성능 지표에 누락된 목푯값의 오차가 포함되지 않게 할 수 있다. 목푯값이 알려져 있다면 성능 지표에 기여하지만, 누락됐다면 기여하지 못할 것이다.

네트워크 구조의 선택

네트워크 훈련 과정의 다음 단계는 네트워크 구조를 선택하는 것이다. 네트워크 구조의 기본 유형은 해결하려는 문제 유형에 따라 정해진다. 네트워크의 기본 구조를 선택하고 나면 사용할 뉴런 수, 계층 수, 네트워크 출력 수, 훈련에 사용할 성능 함수와 같은 세부사항을 정해야 한다.

기본 구조의 선택

네트워크 구조를 선택할 때 첫 번째 단계는 해결해야 할 문제를 정의하는 것이다. 이 장에서는 네 가지 문제 유형인 적합, 패턴 인식, 클러스터링, 예측으로 논의를 제한할 것이다.

적합 적합fitting은 함수 근사 또는 회귀라고도 한다. 적합 문제의 경우 신경망은 입력 집합과 목표 집합을 매핑한다. 예를 들어 부동산업자는 세율, 지역 학교의 학생/교사 비율, 범죄율 같은 입력 변수로부터 주택 가격을 추정하려고 한다. 자동차 엔지니어는 연료 소비 및 속도 측정치를 기반으로 엔진 배출 수준을 추정하려고 한다. 의사는 신체 측정치를 기반으로 환자의 신체 체지방 정도를 예측하려고 한다. 적합 문제의 경우 목표 변수는 연속값을 갖는다(적합 문제에 대한 신경망 훈련 예제는 18장을 참고하라).

적합 문제에 대한 표준 신경망 구조는 은닉 계층에 탄젠트 시그모이드 뉴런과 출력 계층에 선형 뉴런을 갖는 다층 퍼셉트론이다. 입력을 정규화하는 것과 같은 이유로 은닉 계층에서는 일반적으로 로그 시그모이드 전달 함수보다 탄젠트 시그모이드 전달 함수를 더 선호한다. 로그 시그모이드 전달 함수는 항상 양의 출력을 생성하는 반면, 탄젠트 시그모이드 전달 함수는 0 가까이에 중심을 둔 (다음 계층의 입력이 되는) 출력을 생성한다. 대부분의 적합 문제는 단일 은닉 계층이면 충분하다. 단일 은닉 계층을 이용한 결과가 만족스럽지 않다면 가끔씩 두 계층이 사용되기도 한다. 아주 어려운 문제의 경우 계층이 많은 깊은 네트워크가 사용되지만, 2개 이상의 은닉 계층을 사용하는 것은 표준 적합 문제에서는 흔하지 않다. 적합 문제의 경우 목표 출력이 연속 변수이기 때문에 출력 계층에서 선형 전달 함수가 사용된다. 11장에서 봤듯이, 은닉 계층에 시그모이드 전달 함수를 갖고 출력 계층에 선형 전달 함수를 갖는 2계층 네트워크는 보편적 근사기universal approximator다.

방사형 기저 네트워크도 적합 문제에 사용될 수 있다. 방사형 기저 네트워크의 경우 가우시안 전달 함수가 은닉 계층에서 가장 많이 사용되며, 출력 계층에는 선형 전달 함수가 사용된다.

패턴 인식 패턴 인식pattern recognition은 패턴 분류라고도 한다. 패턴 인식 문제에서는 신경망을 이용해 주어진 입력을 목표 범주 집합으로 분류한다. 예를 들어, 와인 중개인은 와인의 화학적 분석을 기반으로 특정 와인이 출시된 포도원을 찾고자 한다. 의사는 세포 크기, 덩어리 두께, 체세포 분열의 균질성을 기반으로 종양을 양성 또는 음성으로 분류하려고 한다.

다층 퍼셉트론을 적합 문제 외에 패턴 인식에도 사용할 수 있다. 적합 네트워크와 패턴 인식 네트워크의 주요 차이점은 출력 계층에 사용되는 전달 함수다. 패턴 인식 문제의 경우 일반적으로 출력 계층에 시그모이드 함수를 사용한다. 방사형 기저 함수 네트워크도 패턴 인식에 사용할 수 있다.

패턴 인식 문제에 대한 신경망 훈련 예제는 20장을 참조하라.

클러스터링 신경망의 또 다른 용도로 클러스터링Clustering 또는 세그먼테이션segmentation이 있다. 클러스터링 문제의 경우 신경망으로 유사도를 이용해 데이터를 그룹화한다. 예를 들어, 기업은 구매 패턴에 따라 고객을 그룹화해서 시장을 세분화하길 원한다. 컴퓨터 과학자는 데이터를 연관된 부분집합으로 나누어서 데이터 마이닝을 수행하려고 한다. 생물학자는 관련된 표현 패턴으로 유전자를 그룹화하는 것과 같은 생물정보 분석을 수행하고자 한다.

15장에서 설명했던 모든 경쟁 네트워크는 클러스터링에 사용할 수 있다. 자기 조직 특징 맵^{SOFM}은 클러스터링에 가장 보편적으로 사용하는 네트워크다. SOFM의 주요 장점은 고차원 공간을 시각화할 수 있다는 것이다.

클러스터링 문제에 대한 신경망 훈련 예제는 21장을 참조하라.

예측 예측^{prediction}은 시계열 분석, 시스템 식별, 필터링 또는 동적 모델링의 범주에 속한다. 즉, 시계열의 미래 값을 예측하려는 것이다. 증권 거래자는 주식의 미래 가치를 예측하려고 한다. 제어 엔지니어는 공정 산출물인 화학 물질의 농도를 예측하려고 한다. 전력 시스템 엔지니어는 전력 그리드에서 정전을 예측하려고 한다.

14장에서 논의했던 것처럼 예측은 동적 신경망을 사용해야 한다. 네트워크의 세부 형태는 특정 응용에 따라 달라진다. 가장 간단한 비선형 예측 네트워크는 그림 17.3에 보이는 포커스드 시간 지연 신경망^{focused time-delay neural network}이다. 이 네트워크는 포커스드 네트워크라고 불리는 일반적인 동적 네트워크 부류 중 하나로, 정적 다층 피드포워드 네트워크의 입력 계층에서만 동적인 면이 나타난다. 이 네트워크는 정적 역전파 알고리즘을 이용해 훈련될 수 있다는 장점을 갖는다. 네트워크의 입력에 있는 탭 지연선이 지연된 입력값의 확장 벡터로 대체될 수 있기 때문이다.

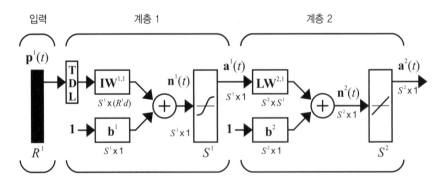

그림 17.3 포커스드 시간 지연 신경망

동적 모델링과 제어 문제의 경우 NARX^{Non-linear AutoRegressive model with eXogenous input} 네트워크가 유명하다. 이 네트워크는 그림 17.4에 있다. 예를 들어 입력 신호는 모터에 적용된 전력을 나타내고, 출력은 로봇 팔의 각 위치를 나타낸다. 포커스드 시간 지연 신경망과 같이, NARX 네트워크는 정적 역전파로 훈련시킬 수 있다. 2개의 탭 지연선은 지연된 입력과 목표의 확장 벡터로 대체될 수 있다. 훈련이 완료되면 네트워크의 출력과 목표를 맞춰야 하기 때문에 (훈련을 위해 동적 역전파를 해야 하는) 네트워크 출력을 피드백하는 대신 목푯값을 사용할 수 있다. 이 내용은 22장에서 좀 더 자세히 논의할 것이다.

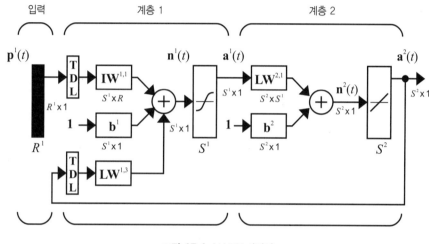

그림 17.4 NARX 신경망

예측에 사용될 수 있는 여러 유형의 동적 네트워크가 있지만, 포커스드 시간 지연 네트워크와 NARX 네트워크는 가장 간단한 유형이다.

예측 문제에 대해 신경망을 훈련시키는 예제는 22장을 참조하라.

구조 세부사항의 선택

기본 네트워크 구조가 선택되면 네트워크 구조의 세부사항을 결정해야 한다(예를 들어 계층 수, 뉴런 수 등). 어떤 경우에는 기본 구조의 선택에 따라 자동적으로 계층 수가 결정되기도 한다. 예를 들어, SOFM이 클러스터링에 사용되면 네트워크는 단일 계층을 가질 것이다. 적합 또는 패턴 인식에 사용될 수 있는 다층 네트워크의 경우 은닉 계층

수의 제한이 없기 때문에 문제에 따라 결정하지 않는다. 표준적인 방법에서는 하나의 은닉 계층을 갖는 네트워크로 시작한다. 2계층 네트워크의 성능이 만족스럽지 않다면 3계층 네트워크를 사용할 수 있다. 2개 이상의 은닉 계층을 사용하는 것은 흔하지 않다. 다층 은닉 계층을 사용하면 훈련이 어려워진다. 시그모이드 함수를 은닉 계층에 사용하면 각 계층이 스쿼싱squashing 연산을 수행하기 때문에 가중치에 대한 성능 함수의 미분값이 아주 작아지며, 작은 미분값은 최대 경사 하강 최적화의 수렴을 느리게 만든다. 하지만 아주 어려운 문제의 경우 여러 은닉 계층을 갖는 깊은 네트워크를 사용할 수 있다. 특히, 합리적인 시간 내에 깊은 다층 네트워크를 훈련시키려면 병렬 또는 GPU 연산이 필요하다.

각 계층의 뉴런 수도 결정해야 한다. 출력 계층의 뉴런 수는 목표 벡터의 크기와 같다. 은닉 계층의 뉴런 수는 근사하려는 함수 또는 구현하려는 결정 경계의 복잡도에 의해 결정된다. 안타깝게도 네트워크를 훈련해보기 전까지는 문제가 얼마나 복잡한지 일반적으로 알 수 없다. 표준적인 방법에서는 필요한 것보다 많은 뉴런으로 시작해서 과적합을 방지하기 위한 조기 종료나 베이지안 정규화를 사용한다. 이 기법은 13장에서 설명했다.

뉴런이 너무 많으면 네트워크가 데이터에 과적합될 수 있다는 것이 주요 단점이다. 조기 종료나 베이지안 정규화를 사용하면 과적합을 방지할 수 있다. 하지만 (예를 들어 마이크로컨트롤러, VLSI, FPGA상의 실시간 구현을 위해) 네트워크에 필요한 연산 시간이나 공간에 신경을 써야 하는 상황이 있다. 이런 경우에 데이터에 적합시킬 가장 간단한 네트워크를 찾기를 원한다. 베이지안 정규화를 사용하면 사용할 뉴런 수를 정하기 위해 파라미터의 유효 개수를 사용할 수 있다. 훈련 후에 파라미터 유효 개수가 네트워크의 전체 파라미터 수보다 훨씬 적으면 뉴런 수를 줄이고 네트워크를 다시 훈련시킨다. 네트워크의 뉴런이나 가중치를 없애기 위해 '가지치기pruning' 방법을 사용할 수도 있다.

최종 계층의 뉴런 수는 목표 벡터의 요소 개수와 같다. 하지만 목표가 여러 개인 경우 다중 출력 네트워크를 하나 갖거나, 단일 출력 네트워크를 여러 개 가질 수 있다. 예를 들어, 신경망은 혈액의 스펙트럼 분석을 기반으로 LDL, VLDL, HDL 콜레스테롤 수준을 추정하는 데 사용된다. 세 가지 콜레스테롤 수준을 한꺼번에 추정하기 위해 출력 계층에 3개의 뉴런을 갖는 신경망을 하나 가질 수도 있으며, 세 가지 요소 중 하나만을 추정하는 신경망을 3개 가질 수도 있다. 이론적으로 두 방법은 모두 작동하지만 실제 하나가 다른 것보다 더 잘 작동할 수 있다. 일반적으로는 하나의 다중 출력 네트워크로 시작한 다음 그 결과가 만족스럽지 않을 경우 여러 개의 단일 출력 네트워크를 사용한다.

또 다른 구조적인 선택은 입력 벡터의 크기다. 입력 벡터의 크기는 주로 훈련 데이터에 따라 간단히 결정할 수 있다. 하지만 훈련 데이터의 입력 벡터가 중복된다거나 적절하지 않은 요소를 가질 때가 있다. 잠재 입력 벡터의 차원이 매우 크다면, 중복과 적절하지 않은 요소를 제거하는 것이 유리할 때가 있다. 이 작업은 필요한 연산을 줄이고 훈련시키는 동안 과적합이 되지 않도록 도와줄 수 있다. 비선형 네트워크에 대한 **입력 선택** **입력 선택** input selection 과정은 매우 어려울 수 있으며 완벽한 해결책이 없다. 베이지안 정규화 방법 (식 (13.23))은 입력의 선택을 돕도록 수정될 수 있다. 각기 다른 가중치 집합에 대해 다른 α 파라미터를 갖게 한다. 예를 들어, 다층 네트워크의 첫 번째 계층에서 가중치 행렬의 열별로 자신의 파라미터를 갖게 한다. 입력 벡터의 특정 요소가 적절치 않으면 해당 파라미터는 커지고 가중치 행렬의 열의 요소를 모두 작게 만든다. 입력 벡터에서 그 요소는 제거될 것이다.

입력 벡터의 가지치기를 도와줄 수 있는 또 다른 기법은 훈련된 네트워크의 민감도 분석이다. 804페이지의 '민감도 분석' 절에서 이 기법을 살펴볼 것이다.

네트워크 훈련

데이터를 준비하고 네트워크 구조를 선택했다면 네트워크를 훈련시킬 준비가 된 것이다. 이 절에서는 훈련 과정의 일환으로 결정해야 할 사항들을 살펴볼 것이다. 가중치 초기화, 훈련 알고리즘, 성능 지표, 훈련 종료 조건에 대한 방법이 여기에 포함된다.

가중치 초기화

네트워크를 훈련시키기 전에 가중치와 편향을 초기화해야 한다. 네트워크의 종류에 따라 사용하는 방법이 달라진다. 다층 네트워크의 경우 가중치와 편향이 일반적으로 (예를 들어, 입력이 −1과 1 사이로 정규화된다면 −0.5와 0.5 사이에 균등하게 분포되는) 작은 랜덤 값으로 설정된다. 12장에서 살펴봤던 것처럼, 가중치와 편향을 0으로 설정하면 초기 조건이 성능 표면의 안장점에 위치할 수 있다. 초기 가중치를 크게 설정하면 시그모이드 전달 함수의 포화로 인해 초기 조건이 성능 표면의 평평한 부분에 위치할 수 있다.

2계층 네트워크의 초기 가중치와 편향을 설정하는 또 다른 방법이 있다. 이 방법은 위드로 Widrow와 구엔 Nguyen에 의해 소개됐다[WiNg90]. 아이디어는 첫 번째 계층에서 각 시그모이드 함수의 선형 영역이 입력 범위의 $1/S^1$을 커버하도록 가중치 크기를 설정하는 것이다. 이때 편향은 랜덤하게 설정되어 각 시그모이드 함수의 중심이 입력 공간에서 랜덤하게 위치하게 된다. 세부사항은 다음과 같다(네트워크 입력이 −1과 1 사이로 정규화된다고 가정한다).

$\mathbf{W}^1$의 행 i인 $_i\mathbf{w}^1$을 임의의 방향과 크기를 갖도록 설정하라.

$$\left\| _i\mathbf{w}^1 \right\| = 0.7(S^1)^{1/R}$$

b_i를 $-\left\| _i\mathbf{w}^1 \right\|$과 $\left\| _i\mathbf{w}^1 \right\|$ 사이에서 균등한 랜덤값으로 설정하라.

경쟁 네트워크의 경우에도 가중치를 작은 랜덤 숫자로 설정할 수 있다. 또 다른 방법은 훈련 집합에서 입력 벡터를 임의로 선택해 가중치 행렬의 초기 행으로 설정한다. 이런 방식으로 초기 가중치를 입력 벡터의 범위 안에 포함시켜서 15장에서 설명했던 죽은 뉴런을 가질 가능성을 낮춘다. SOM의 경우 죽은 뉴런은 문제가 되지 않는다. 훈련 초기 단계에서 모든 뉴런이 학습할 수 있도록 초기 이웃 크기를 충분히 크게 설정한다. 이에 따라 모든 가중치 벡터는 입력 공간의 적절한 영역으로 이동할 수 있다. 하지만 처음부터 가중치 행렬의 행이 활성 입력 영역에 배치된다면 훈련은 빠르게 수렴할 수 있다.

훈련 알고리즘의 선택

12장에서 설명했던 것처럼 다층 네트워크는 일반적으로 그레이디언트 또는 자코비안 기반의 알고리즘을 사용한다. 이 알고리즘은 배치 모드나 (점진적, 패턴, 확률적이라고도 하는) 순차 모드로 구현할 수 있다. 예를 들어, 최대 경사 하강법의 순차 형태는 (식 (11.13) 참조) 입력을 네트워크에 제시할 때마다 가중치를 변경한다. 배치 모드에서는(486페이지 참조) 모든 입력을 네트워크에 제시하고 입력별 그레이디언트를 합산해서 전체 그레이디언트를 계산한 후에 가중치를 변경한다. 어떤 상황에서는 예를 들어 온라인 또는 적응형 작동이 필요할 때는 순차적 형태를 선호한다. 하지만 좀 더 효율적인 최적화 알고리즘(즉, 켤레 그레이디언트와 뉴턴법)은 기본적으로 배치 알고리즘이다.

함수 근사를 위한 최대 수백 개의 가중치와 편향을 갖는 다층 네트워크의 경우 레벤버그-마쿼트 알고리즘(식 (12.31) 참조)이 가장 빠른 훈련 방법이다. 가중치 개수가 천개 이상이 되면 레벤버그-마쿼트 알고리즘은 켤레 그레이디언트 알고리즘만큼 효율적이지 않다. 주요 원인은 역행렬 계산이 가중치 개수에 대해 기하학적으로 늘어나기 때문이다. 큰 네트워크의 경우 [Moll93]의 확대된 켤레 그레이디언트 알고리즘Scaled Conjugate Gradient algorithm이 매우 효율적이다. 이 방법은 패턴 인식 문제의 경우에도 매력적이다. 최종 계층의 시그모이드 전달 함수가 선형 영역 외에서 잘 작동하는 패턴 인식의 경우에도 레벤버그-마쿼트 알고리즘은 잘 작동하지 않는다.

순차 모드에서 구현될 수 있는 알고리즘 중 가장 빠른 것은 확장된 칼만 필터Kalman filter 알고리즘이다. 이 알고리즘은 가우스-뉴턴 알고리즘의 순차적 구현과 밀접하게 관련되어 있다. 가우스-뉴턴 배치 버전과는 달리 근사 헤시안 행렬의 역행렬이 필요 없다. 분리되고 확장된 칼만 필터decoupled extended Kalman filter의 구현은 이런 종류의 알고리즘 중 가장 효율적인 것으로 나타난다[PuFe97].

종료 조건

대부분의 신경망 응용에서 훈련 오차는 0으로 수렴하지 않는다. 4장에서 보여줬듯이, 선형적으로 분리 가능한 문제를 가정하면 퍼셉트론 네트워크의 경우 오차는 0에 도달할 수 있다. 하지만 다층 네트워크의 경우 이런 일은 발생하지 않을 것이다. 이런 이유로 훈련 종료 시점을 결정하기 위한 다른 조건을 가질 필요가 있다.

오차가 정해진 한계에 도달하면 훈련을 종료할 수 있다. 하지만 보통 수용 가능한 오차 수준이 무엇인지 알기가 어렵다. 가장 간단한 조건은 고정된 횟수만큼 반복한 후에 훈련을 중단하는 것이다. 필요한 반복 횟수를 알기가 어렵기 때문에 최대 반복 횟수는 일반적으로 상당히 높게 설정된다. 최대 반복 횟수에 도달한 후에도 가중치가 수렴되지 않는다면, 훈련을 재시작하면서 처음 실행의 최종 가중치를 재시작을 위한 초기 조건으로 이용한다(792페이지의 '사후 훈련 분석' 절에서 네트워크 수렴 여부를 확인하는 방법에 대해 자세히 이야기할 것이다).

또 다른 종료 조건은 성능 지표의 그레이디언트 놈^{norm}이다. 놈이 충분히 작은 임계치에 도달하면 훈련을 종료할 수 있다. 성능 지표의 최소에서 그레이디언트는 0이 돼야 하기 때문에, 알고리즘이 최소에 근접할 때 이 조건으로 알고리즘을 종료시킬 수 있다. 안타깝게도 12장에서 봤던 것처럼 다층 네트워크의 성능 표면에서 평평한 영역은 여러 군데 존재하며, 여기서 그레이디언트 놈은 매우 작을 것이다. 따라서 훈련이 조기에 종료되지 않도록 최소 놈의 임계치를 매우 작은 값으로 설정해야 한다(예를 들어, 정규화된 목표를 사용한 평균 제곱 오차 성능 지표의 경우 10^{-6}).

반복할 때마다 성능 지표의 감소가 작아지면 훈련이 종료될 수도 있다. 그레이디언트 놈과 마찬가지로 이 조건은 훈련을 너무 빨리 중단시킬 수 있다. 다층 네트워크를 훈련시키는 동안 여러 번의 반복에서 성능이 거의 변하지 않다가 갑자기 떨어질 수 있다. 훈련이 완료되면 그림 17.5에서와 같이 수렴을 검증하기 위해 로그-로그 스케일에 대한 훈련 성능 곡선을 보는 것이 유용하다.

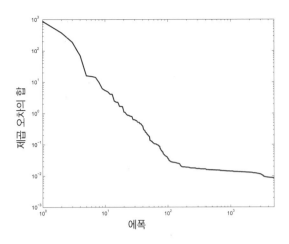

그림 17.5 대표적인 훈련 성능 곡선

13장에서 설명했던 것처럼 과적합을 방지하기 위해 조기 중단을 사용할 경우, 지정 횟수만큼 반복하는 동안 검증 집합의 성능이 증가할 때 훈련은 종료될 것이다. 과적합 방지 외에도 이 종료 절차는 상당한 양의 계산을 줄일 수 있다. 대부분의 실제 문제에서 다른 종료 기준에 도달하기 전에 검증 오차는 증가한다.

그림 17.1에 그려진 것처럼 신경망 훈련은 반복적인 과정이다. 훈련 알고리즘이 수렴된 이후라도 사후 훈련 분석을 한 결과 네트워크를 수정하거나 재훈련해야 할 수 있다. 또한 각 잠재 네트워크가 전역 최소에 도달하려면 훈련을 여러 번 실행해야 한다.

앞의 종료 기준은 그레이디언트 기반의 훈련에 주로 적용된다. SOFM과 같이 경쟁 네트워크를 훈련할 때는 수렴을 모니터링하는 명시적인 성능 지표나 그레이디언트가 없다. 훈련은 최대 반복 횟수에 도달할 때만 종료된다. SOFM의 경우 학습률과 이웃 크기는 시간이 지나면서 감소한다. 대표적으로 이웃 크기는 훈련이 완료될 때 0으로 감소되므로 최대 반복 횟수는 훈련의 끝뿐만 아니라 이웃 크기와 학습률의 감소율을 결정한다. 따라서 최대 반복 횟수는 매우 중요한 파라미터다. 일반적으로 이 값은 네트워크 뉴런 수의 열 배 이상으로 선택한다. 이것은 대략적인 숫자이고, 훈련이 완료될 때 네트워크 성능이 만족스러운지를 판단하기 위해 네트워크를 분석해야 한다(이 내용은

792페이지의 '사후 훈련 분석' 절에서 논의할 것이다). 만족스러운 결과를 얻으려면 훈련 길이를 다르게 해서 네트워크를 여러 번 훈련할 필요가 있다.

성능 함수의 선택

다층 네트워크의 경우 표준 성능 지표는 평균 제곱 오차^{mean square error}다. 훈련 집합의 모든 입력이 발생할 가능성이 동일할 때 표준 성능 지표는 다음과 같이 작성될 수 있다.

$$F(\mathbf{x}) = \frac{1}{QS^M} \sum_{q=1}^{Q} (\mathbf{t}_q - \mathbf{a}_q)^T (\mathbf{t}_q - \mathbf{a}_q) \tag{17.4}$$

또는

$$F(\mathbf{x}) = \frac{1}{QS^M} \sum_{q=1}^{Q} \sum_{i=1}^{S^M} (t_{i,q} - a_{i,q})^2 \tag{17.5}$$

합산 밖에 있는 축척 계수는 최적 가중치의 위치에는 영향을 미치지 않는다. 따라서 제곱 오차의 합^{sum square error} 성능 지표는 평균 제곱 오차 성능 지표와 동일한 가중치를 생성한다. 하지만 크기가 다른 데이터 집합의 오차를 비교할 때는 그에 맞게 크기를 조절하는 것이 유용하다.

가장 일반적인 성능 지표는 평균 제곱 오차이지만 다른 방법들도 여러 가지 사용되고 있다. 예를 들어, 평균 절대 오차^{mean absolute error}를 사용할 수 있다. 이 방법은 오차 제곱 대신 오차 절댓값을 사용한다는 점을 제외하면 식 (17.5)와 유사하다. 이 성능 지표는 일반적으로 데이터 집합에 있는 한두 개 정도의 큰 오차에는 덜 민감하며, 따라서 이상치^{outlier}에 대해 평균 제곱 오차 알고리즘보다 좀 더 견고하다. 이 개념은 다음과 같이 절대 오차의 임의의 거듭제곱으로 확장될 수 있다.

$$F(\mathbf{x}) = \frac{1}{QS^M} \sum_{q=1}^{Q} \sum_{i=1}^{S^M} |t_{i,q} - a_{i,q}|^K \tag{17.6}$$

여기서 $K = 2$는 평균 제곱 오차에 해당하며, $K = 1$은 평균 절대 오차에 해당한다. 식 (17.6)의 일반적인 오차는 민코프스키Minkowski 오차라고 한다.

과적합을 예방하기 위해 정규화된regularized 성능 지표를 생성하기 위해 13장에서 봤던 것처럼 평균 제곱 성능 지표를 평균 제곱 가중치를 이용해 확장할 수 있다. 베이지안 정규화 알고리즘은 과적합을 방지하기 위한 훌륭한 훈련 방법이다. 이 방법은 정규화된 성능 지표를 사용하며, 정규화 파라미터를 선택하기 위해 베이지안 방법을 사용한다. 자세한 내용은 13장을 참조하라.

함수 근사의 경우 연속 목푯값을 갖기 때문에 평균 제곱 오차가 잘 작동하지만, 패턴 인식의 경우는 이산 목푯값을 갖기 때문에 다른 성능 지표를 사용하는 것이 더 적합하 **교차 엔트로피** 다. 분류를 위한 성능 지표에는 교차 엔트로피cross-entropy가 있으며[Bish95], 다음과 같은 식으로 정의된다.

$$F(\mathbf{x}) = -\sum_{q=1}^{Q} \sum_{i=1}^{S^M} t_{i,q} \ln \frac{a_{i,q}}{t_{i,q}} \tag{17.7}$$

목푯값은 0과 1로 가정하며, 입력 벡터가 속하는 두 클래스 중 하나를 식별한다. 교차 엔트로피 성능 지표를 사용할 때는 보통 신경망의 최종 계층에 소프트맥스 전달 함수를 사용한다.

11장에서 성능 지표의 선택에 관한 맺음말로서 훈련 그레이디언트의 계산을 위한 역전파 알고리즘은 미분 가능한 모든 성능 지표에 대해 잘 동작한다고 언급했었다. 성능 지표를 바꾸더라도 최종 계층에서 민감도의 초기화 부분만 수정하면 된다(식 (11.37) 참조).

복수 훈련 실행 및 네트워크 위원회

훈련을 한 번만 실행할 경우 성능 표면의 지역 최소로 갈 수 있기 때문에 최적의 성능을 내기는 어렵다. 몇 가지 초기 조건으로 훈련을 여러 번 반복해서 최고의 성능을 내는 네트워크를 선택하는 것이 가장 좋다. 훈련을 5~10번 정도 반복하면 거의 항상 전역 최소에 도달할 수 있다[HaBo07].

훈련을 여러 번 실행하고 훈련된 모든 네트워크를 활용하는 방법도 있다. 이 방법을 네트워크 위원회committee of networks라고 부른다[PeCo93]. 훈련 세션별로 훈련 집합에서 검증 집합을 랜덤하게 선택하고 초기 가중치와 편향도 랜덤하게 선택한다. N개의 네트워크를 훈련시킨 다음 모든 네트워크를 사용해 결합 출력을 만든다. 함수 근사 네트워크의 경우 결합 출력은 간단한 각 네트워크 출력의 평균이다. 분류 네트워크의 경우 결합 출력은 투표 결과가 될 수 있다. 이때 다수 네트워크가 선택한 클래스가 위원회의 출력으로 선택된다. 위원회의 성능은 보통 개별 네트워크의 최고 수준보다 더 좋다. 또한 개별 네트워크의 출력을 변형해서 위원회 출력의 오차 막대error bar나 신뢰 수준confidence level을 제공하는 데 사용할 수 있다.

사후 훈련 분석

훈련된 신경망을 사용하기 전에 훈련이 성공적이었는지 확인하려면 분석이 필요하다. 사후 훈련 분석에는 여러 기법들이 있다. 몇 가지 일반적인 기법을 살펴볼 것이다. 응용에 따라 기법이 다르므로 적합, 패턴 인식, 클러스터링, 예측 영역별로 기법을 구성해보자.

적합

적합 문제에 훈련된 신경망을 분석하는 툴은 네트워크 출력과 목표 간에 회귀 분석을 하는 것이다. 다음 형태의 선형 함수를 적합시킨다.

$$a_q = mt_q + c + \varepsilon_q \tag{17.8}$$

여기서 m과 c는 선형 함수의 경사와 오프셋이며, t_q는 목푯값, a_q는 훈련된 네트워크 출력, ε_q는 회귀 잔차다.

회귀 항들은 다음 식으로 계산할 수 있다.

$$\hat{m} = \frac{\displaystyle\sum_{q=1}^{Q}(t_q - \dot{t})(a_q - \bar{a})}{\displaystyle\sum_{q=1}^{Q}(t_q - \dot{t})^2} \tag{17.9}$$

$$\hat{c} = \bar{a} - \hat{m}\dot{t} \tag{17.10}$$

여기서

$$\bar{a} = \frac{1}{Q}\sum_{q=1}^{Q}a_q, \quad \dot{t} = \frac{1}{Q}\sum_{q=1}^{Q}t_q \tag{17.11}$$

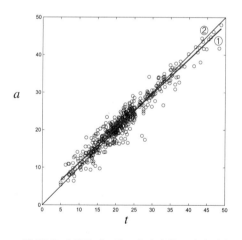

그림 17.6 훈련된 네트워크 출력과 목표 간의 회귀

그림 17.6은 회귀 분석의 예를 보여준다. ①번 선은 선형 회귀를 나타내고, ②번 선은 완벽한 일치 $a_q = t_q$를 나타내며, 원은 데이터 점을 나타낸다. 이 예제는 완벽히 일치하지는 않지만 대체로 잘 적합했음을 알 수 있다. 다음 단계는 회귀 선에서 멀리 있는 데이터 점을 조사하는 것이다. 예를 들어, $t = 27$과 $a = 17$ 근처에 이상치outliers로 보이는

이상치

점이 2개 있다. 이 점들을 조사해서 데이터에 문제가 있는지 확인해야 한다. 이 점들은 잘못된 데이터이거나 데이터에 이상은 없지만 다른 훈련 점에서 멀리 떨어진 것일 수 있다. 후자인 경우 해당 영역에서 데이터를 더 많이 수집해야 한다.

또한 회귀 계수를 계산하는 것 외에 R 값으로도 알려져 있는 t_q와 a_q 사이의 상관 계수 correlation coefficient도 자주 계산한다.

$$R = \frac{\sum_{q=1}^{Q} (t_q - \bar{t})(a_q - \bar{a})}{(Q-1)s_t s_a} \tag{17.12}$$

여기서

$$s_t = \sqrt{\frac{1}{Q-1} \sum_{q=1}^{Q} (t_q - \bar{t})^2}, \quad s_a = \sqrt{\frac{1}{Q-1} \sum_{q=1}^{Q} (a_q - \bar{a})^2} \tag{17.13}$$

일반적으로 R 값은 -1에서 1 사이에 존재하지만, 이번 신경망 응용의 경우 1에 가까울 것으로 예측된다. $R = 1$이면 모든 데이터 점이 정확히 회귀 선에 포함될 것이다. $R = 0$이면 데이터는 회귀 선 근처에 모여 있지 않고 랜덤하게 흩어져 있게 된다. 그림 17.6 데이터의 경우 $R = 0.965$이다. 데이터가 회귀 선에 정확하게 일치하지는 않지만 비교적 분산이 작다는 사실을 알 수 있다.

가끔씩 R 대신에 상관 계수의 제곱 R^2이 사용된다. R^2은 선형 회귀로 설명되는 데이터 집합에서 변동성 부분을 나타내며, 결정 계수coefficient of determination라고도 부른다. 그림 17.6 데이터의 경우 $R^2 = 0.931$이다.

R 또는 R^2의 값이 1보다 훨씬 작을 때 신경망은 기저 함수를 잘못 적합한 것이다. 산포도를 면밀히 분석하면 적합의 문제점을 쉽게 파악할 수 있다. 예를 들어, 목푯값이 크면 산포도가 더 퍼진다(그림 17.6은 그렇지 않다). 또한 소수의 데이터 점들이 큰 목푯값을 갖는다는 것을 알 수 있다. 이는 훈련 집합에 목푯값에 대한 데이터 점들이 더 많

이 필요함을 나타낸다.

데이터 집합은 훈련 집합, (조기 종료가 사용될 때) 검증 집합, 테스트 집합으로 분리된다. 회귀 분석은 전체 집합뿐만 아니라 개별 집합에도 수행돼야만 한다. 집합 사이에 차이가 있다면 과적합이나 외삽이 발생했음을 뜻한다. 예를 들어, 훈련 집합의 적합은 정확한데 검증과 테스트 결과가 좋지 않다면 훈련 집합이 과적합된 것이다(조기 종료를 사용할 때도 가끔씩 과적합이 발생한다). 이 경우 신경망의 크기를 줄이고 훈련을 다시 해야 한다. 훈련과 검증 결과는 모두 좋지만 테스트 결과가 좋지 않다면, (훈련과 검증 데이터 범위 밖에 있는 테스트 데이터에서) 외삽이 발생한 것이다. 이 경우, 훈련과 검증을 위한 데이터가 더 많이 제공돼야 한다. 3개의 데이터 집합에 대한 결과가 모두 좋지 않다면 네트워크의 뉴런 수를 늘려야 한다. 또는 네트워크의 계층 수를 늘릴 수도 있다. 하나의 은닉 계층으로 시작했는데 결과가 좋지 않다면, 두 번째 은닉 계층이 도움이 될 수 있다. 먼저 은닉 계층의 뉴런 수를 늘려본 다음 계층 수를 늘려라.

회귀/산포도 외에 이상치를 식별할 수 있는 또 다른 툴은 그림 17.7과 같은 오차 히스토그램이다. y축은 x축의 구간별 오차 개수다. 여기서 8보다 큰 오차가 2개 있음을 알 수 있다. 이들은 그림 17.6에서 이상치로 식별했던 것과 동일한 오차다.

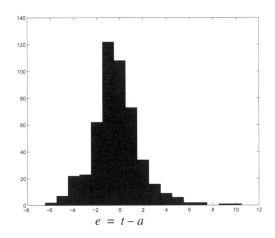

$$e = t - a$$

그림 17.7 네트워크 오차 히스토그램

패턴 인식

패턴 인식의 경우 이산 목푯값을 갖기 때문에 적합만큼 회귀 분석이 유용하지 않다.

혼돈 행렬 하지만 비슷한 툴인 **혼돈(오분류) 행렬**confusion (misclassification) matrix이 있다. 혼돈 행렬에서 열은 목표 클래스, 행은 출력 클래스를 나타낸다. 예를 들어, 그림 17.8은 214개의 데이터 점에 대한 혼동 행렬의 예를 보여준다. 클래스 1에 속하는 입력 벡터가 41개 있으며 클래스 1로 정확히 분류됐다. 클래스 2에 속하는 입력 벡터가 162개 있으며 클래스 2로 정확히 분류됐다. 정확히 분류된 입력은 혼돈 행렬의 대각 셀에 나타난다. 대각이 아닌 셀은 오분류된 입력을 보여준다. 왼쪽 아래 셀은 클래스 1의 입력 4개가

거짓부정 클래스 2로 오분류됐음을 나타낸다. 클래스 1이 긍정 출력이라면, 왼쪽 아래 셀은 거짓부정false negative을 나타내며 이를 타입 II 오류라고도 한다. 오른쪽 위의 셀은 클래스

거짓긍정 2에서 입력 1개가 클래스 1로 오분류됐음을 나타낸다. 이는 거짓긍정false positive 또는 타입 I 오류로 간주한다.

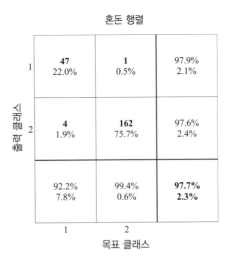

그림 17.8 혼돈 행렬 샘플

ROC 곡선 패턴 인식 네트워크를 분석하기 위한 또 다른 유용한 툴은 수신기 작동 특성 곡선^{Receiver} Operating Characteristic(ROC) curve이라고 한다. 이 곡선을 생성하려면 훈련된 네트워크의 출력을 가져와서 −1에서 +1까지의 임계치와 비교해야 한다(최종 계층에는 탄젠트 시그모이드 전달 함수가 있다고 가정한다). 임계치보다 큰 값을 생성하는 입력은 클래스 1에 속하는 것으로 간주하고 임계치보다 작은 값을 갖는 입력은 클래스 2에 속하는 것으로 간주한다. 각 임계치에 대해 데이터 집합의 참긍정^{true positive}과 거짓긍정^{false positive} 비율을 계산한다. 이들 숫자 쌍은 ROC 곡선 위의 한 점을 생성한다. 그림 17.9에 보이는 것처럼 임계치가 변화하면서 전체 곡선이 만들어진다.

ROC 곡선이 통과하는 이상적인 점은 거짓긍정은 없고 모두 참긍정인 (0, 1)이다. 좋지 못한 ROC 곡선은 어림짐작을 나타내며, 그림 17.9에서 점 (0.5, 0.5)를 통과하는 직선으로 표시된다.

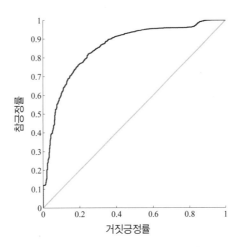

그림 17.9 ROC 곡선

클러스터링

SOM은 클러스터링에 가장 많이 사용되는 네트워크다. SOM의 성능 척도가 몇 가지

양자화 오차 있는데, 그중 하나가 양자화 오차^{quantization error}다. 이 값은 각 입력 벡터와 가장 가까운 프로토타입 벡터와의 평균 거리다. 양자화 오차는 맵의 해상도를 측정한다. 이 값은 뉴런을 많이 사용해 인위적으로 작게 만들 수 있다. 데이터 집합의 입력 벡터만큼 뉴런이 많이 있다면 양자화 오차는 0이 되며, 과적합된 것이다. 뉴런 수가 입력 벡터 수보다 현저히 작지 않다면 양자화 오차는 의미가 없다.

지형 오차 SOM의 또 다른 성능 척도는 지형 오차^{topographic error}다. 특징 맵 토폴로지에서 입력 벡터와 가장 가까운 프로토타입 벡터와 그다음 가까운 프로토타입 벡터가 서로 이웃이 아닌 입력 벡터들의 비율이다. 지형 오차는 토폴로지의 보존을 측정한다. 잘 훈련된 SOM의 경우 토폴로지에서 이웃인 프로토타입은 입력 공간에서도 이웃이어야 한다. 이 경우 지형 오차는 0일 것이다.

왜곡 척도 SOM의 성능은 왜곡 척도^{distortion measure}로도 평가될 수 있다.

$$E_d = \sum_{q=1}^{Q} \sum_{i=1}^{S} h_{ic_q} \|_i \mathbf{w} - \mathbf{p}_q\|^2 \tag{17.14}$$

여기서 h_{ij}는 이웃 함수이고, c_q는 입력 벡터 $\mathbf{p}_q$에 가장 가까운 프로토타입의 인덱스다.

$$c_q = \arg\min_j \{\|_j \mathbf{w} - \mathbf{p}_q\|\} \tag{17.15}$$

가장 간단한 이웃 함수의 경우, 프로토타입 i가 프로토타입 j의 미리 지정된 이웃 반경 내에 있다면 h_{ij}는 1이고 그렇지 않으면 0이다. 가우시안 함수와 같이 계속해서 감소하는 이웃 함수를 가질 수도 있다.

$$h_{ij} = \exp\left(\frac{-\|_i\mathbf{w} - _j\mathbf{w}\|^2}{2d^2}\right) \tag{17.16}$$

여기서 d는 이웃 반경이다.

예측

앞에서 설명했듯이, 신경망의 한 응용은 시계열의 미래 값을 예측하는 것이다. 예측 문제의 경우 그림 17.3의 포커스드 시간 지연 신경망 같은 동적 네트워크를 사용한다. 훈련된 예측 네트워크를 분석할 때 사용되는 두 가지 중요한 개념이 있다.

1. 예측 오차는 시간에 상관돼서는 안 된다.
2. 예측 오차는 입력 열에 상관돼서는 안 된다.

예측 오차가 시간과 상관되어 있다면 예측 오차를 예측할 수 있으므로 원래의 예측이 향상된다. 또한 예측 오차가 입력 열과 상관되어 있다면 이 상관 관계를 오차를 예측하는 데 사용할 수도 있다.

자기 상관 함수 예측 오차의 시간 상관 관계를 테스트하려면 표본 자기 상관 함수^{autocorrelation function}를 사용할 수 있다.

$$R_e(\tau) = \frac{1}{Q-\tau} \sum_{t=1}^{Q-\tau} e(t)e(t+\tau) \tag{17.17}$$

백색 소음 예측 오차가 상관되지 않는다면(백색 소음^{white noise}), $\tau = 0$일 때를 제외하고 $R_e(\tau)$가 0에 가까워야 한다. $R_e(\tau)$가 0에 가까운지 판단하려면 다음 범위를 사용해 대략 95%의 신뢰 구간을 설정할 수 있다[BoJe96].

$$-\frac{2R_e(0)}{\sqrt{Q}} < R_e(\tau) < \frac{2R_e(0)}{\sqrt{Q}} \tag{17.18}$$

$R_e(\tau)$가 $\tau \neq 0$에 대해 식 (17.18)을 만족한다면 $e(t)$는 백색이라고 말할 수 있다. 이 개념은 그림 17.10과 그림 17.11에서 보여준다. 그림 17.10은 적절히 훈련되지 않은 네트워크의 예측 오차에 대한 표본 자기 상관 함수를 보여준다. 자기 오차 함수가 식 (17.18)로 정의된 점선으로 표시된 경계에 완전히 속하지 않는다는 것을 알 수 있다. 그림 17.11은 네트워크가 성공적으로 훈련됐을 때의 자기 상관 함수를 보여준다. $\tau =$

0일 때를 제외하고 $R_e(\tau)$는 범위 안에 속한다.

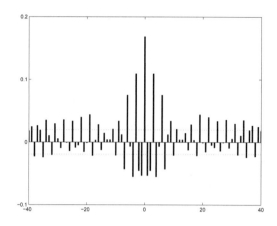

그림 17.10 부적절하게 훈련된 네트워크에 대한 $R_e(\tau)$

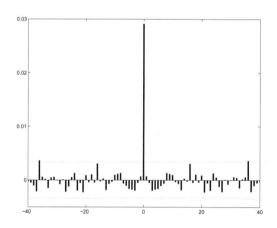

그림 17.11 성공적으로 훈련된 네트워크에 대한 $R_e(\tau)$

예측 오차의 상관 관계는 네트워크 탭 지연선의 길이를 증가시켜야 한다는 것을 시사
할 수 있다.

교차 상관 관계 예측 오차와 입력 열 사이의 상관 관계를 테스트하려면 표본 교차 상관 함수^{cross-correlation}

function를 사용할 수 있다.

$$R_{pe}(\tau) = \frac{1}{Q-\tau} \sum_{t=1}^{Q-\tau} p(t)e(t+\tau) \tag{17.19}$$

예측 오차와 입력 열 사이에 상관 관계가 없다면, $R_{pe}(\tau)$는 모든 입력에 대해 0에 가까울 것이다. $R_{pe}(\tau)$가 0에 가까운지 판단하려면, 다음 범위를 이용해 약 95%의 신뢰 구간을 설정할 수 있다[BoJe96].

$$-\frac{2\sqrt{R_e(0)}\sqrt{R_p(0)}}{\sqrt{Q}} < R_{pe}(\tau) < \frac{2\sqrt{R_e(0)}\sqrt{R_p(0)}}{\sqrt{Q}} \tag{17.20}$$

이 개념은 그림 17.12와 그림 17.13에 그려져 있다. 그림 17.12는 적절하게 훈련되지 않은 네트워크의 예측 오차에 대한 표본 교차 상관 함수를 보여준다. 식 (17.20)으로 정의된 점선으로 표시된 범위 안에 교차 상관 함수가 완전히 속하지 않는다는 것을 알 수 있다. 그림 17.13은 네트워크가 성공적으로 훈련됐을 때의 교차 상관 함수를 보여준다. $R_{pe}(\tau)$는 모든 입력에 대해 범위 내에 속한다.

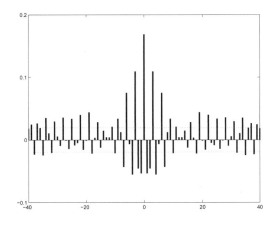

그림 17.12 부적절하게 훈련된 네트워크의 $R_{pe}(\tau)$

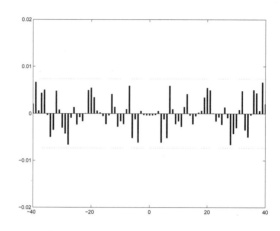

그림 17.13 성공적으로 훈련된 네트워크의 $R_{pe}(\tau)$

NARX 네트워크를 사용했을 때, 예측 오차와 입력 사이의 상관 관계는 입력과 피드백 경로에서 탭 지연선의 길이를 증가시켜야 한다는 것을 시사할 수 있다.

과적합과 외삽

13장에서 전체 데이터 집합은 훈련, 검증, 테스트 집합으로 나뉜다고 설명했다. 훈련 집합은 그레이디언트를 계산하고 가중치 변경을 결정하기 위해 사용한다. 검증 집합은 과적합이 일어나기 전에 훈련을 종료하기 위해 사용한다(베이지안 정규화가 사용된다면 검증 집합은 훈련 집합으로 합칠 수 있다). 테스트 집합은 미래의 네트워크 성능을 예측하기 위해 사용한다. 테스트 집합의 성능은 네트워크의 품질 척도다. 네트워크가 훈련된 후에 테스트 집합의 성능이 적절하지 않다면 일반적으로 네 가지 원인이 존재할 수 있다.

- 네트워크가 지역 최소에 도달했다.

- 네트워크가 데이터를 적합시키기에 충분한 뉴런을 갖고 있지 않다.

- 네트워크가 과적합 상태다.

- 네트워크에 외삽이 발생했다.

지역 최소 문제는 초기 가중치에 대한 랜덤 집합을 5~10개 정도 사용해 네트워크를 다시 훈련시키면 대부분 극복할 수 있다. 훈련 오차가 최소인 네트워크가 전역 최소를 가질 것이다. 다른 세 가지 문제는 훈련, 검증, 테스트 집합의 오차를 분석해 구별할 수 있다. 예를 들어, 검증 오차가 훈련 오차보다 많이 크다면 과적합이 발생했을 가능성이 있다. 조기 종료가 사용되더라도 훈련 속도가 너무 빠르면 과적합이 생길 수 있다. 이 경우 느린 훈련 알고리즘을 사용해 네트워크를 다시 훈련시킨다.

검증, 훈련, 테스트 오차가 모두 비슷하지만 매우 크다면, 네트워크가 데이터에 적합시키기에 충분히 강력하지 않을 가능성이 있다. 이 경우 은닉 계층의 뉴런 수를 늘리고 네트워크를 다시 훈련해야 한다. 베이지안 정규화를 사용할 경우 유효 파라미터 수가 전체 파라미터 수와 같아질 때 이런 상황이 나타난다. 네트워크가 충분히 크면 유효 파라미터 수는 전체 파라미터 수보다 작아야 한다.

검증 오차와 훈련 오차가 서로 비슷하지만 테스트 오차만 상당히 크다면 네트워크에 외삽이 발생한 것이다. 즉, 테스트 데이터가 훈련 및 검증 데이터의 범위 밖에 있을 경우다. 이때는 더 많은 데이터가 필요하다. 테스트 데이터를 훈련/검증 데이터와 합친 다음 새로운 테스트 데이터를 수집한다. 세 가지 데이터 집합의 결과가 모두 비슷해질 때까지 데이터를 계속 추가해야 한다.

훈련, 검증, 테스트 오차가 비슷하고 충분히 작다면 다층 네트워크를 사용할 수 있다. 하지만 여전히 외삽이 발생할 가능성에 대해서는 조심해야 한다. 다층 네트워크의 입력이 네트워크가 훈련된 데이터의 범위 밖에 있다면 외삽이 발생할 것이다. 훈련 데이터가 신경망이 미래에 사용할 모든 데이터를 포괄하도록 보장하기는 힘들다.

외삽을 탐지하기 위해 다층 네트워크 훈련 집합의 입력 벡터를 동료 경쟁 네트워크가 클러스터링하도록 훈련시키는 방법도 있다. 다층 네트워크에 입력을 적용할 때 동일한 입력을 동료 경쟁 네트워크에도 적용한다. 입력 벡터와 경쟁 네트워크의 가장 가까운 프로토타입 벡터와의 거리가 이 프로토타입 벡터와 자신이 속한 클러스터의 가장 먼 구성원과의 거리보다 크면 외삽을 의심할 수 있다. 이 기법을 **이상 행위 탐지**novelty

이상 행위 탐지

^{detection}라고 한다.

민감도 분석

다층 네트워크가 훈련되고 나면 입력 벡터의 요소별로 중요도를 평가하는 것이 유용할 때가 많다. 입력 벡터의 특정 요소가 중요하지 않은 것으로 판단되면 이 요소를 제거할 수 있다. 이렇게 하면 네트워크는 단순해지고, 계산량이 줄며, 과적합을 방지할 수 있다. 개별 입력의 중요도를 절대적으로 판단할 수 있는 한 가지 방법은 없지만, 이와 관련된 민감도 분석은 유용하다. 민감도 분석에서는 네트워크 반응을 입력 벡터의 각 요소에 대해 미분해서 미분값이 작다면 입력 벡터에서 제거한다.

다층 네트워크가 비선형이기 때문에 입력 요소에 대한 네트워크 출력의 미분값은 일정하지 않고 입력 벡터마다 달라질 것이다. 이런 이유로 민감도를 결정할 때 하나의 미분값을 사용하면 안 된다. 한 가지 방법은 전체 훈련 집합에 대해 미분 절댓값 또는 제곱 평균 제곱근_{RMS, Root Mean Square}을 평균한다. 또 다른 방법은 입력 벡터의 요소별로 제곱 오차 합의 미분을 계산하는 것이다. 이런 방법들은 입력 벡터의 요소별로 미분을 계산한다. 역전파 알고리즘을 간단히 변형하면 쉽게 계산할 수 있다(식 (11.44)부터 식 (11.47)까지 참조). 식 (11.32)는 다음과 같았다.

$$s_i^m \equiv \frac{\partial \hat{F}}{\partial n_i^m} \tag{17.21}$$

여기서 $\hat{F}$ 은 하나의 오차를 제곱한 값이다. 이 식을 연쇄 법칙을 이용해 입력 벡터의 요소별 미분으로 변환해보자.

$$\frac{\partial \hat{F}}{\partial p_j} = \sum_{i=1}^{s^1} \frac{\partial \hat{F}}{\partial n_i^1} \times \frac{\partial n_i^1}{\partial p_j} = \sum_{i=1}^{s^1} s_i^1 \times \frac{\partial n_i^1}{\partial p_j} \tag{17.22}$$

네트 입력은 다음과 같다.

$$n_i^1 = \sum_{j=1}^{R} w_{i,j}^1 p_j + b_i^1 \tag{17.23}$$

따라서 식 (17.22)는 다음과 같이 정리된다.

$$\frac{\partial \hat{F}}{\partial p_j} = \sum_{i=1}^{s^1} \frac{\partial \hat{F}}{\partial n_i^1} \times \frac{\partial n_i^1}{\partial p_j} = \sum_{i=1}^{s^1} s_i^1 \times w_{i,j}^1 \tag{17.24}$$

행렬 형식으로 다음과 같이 표시할 수 있다.

$$\frac{\partial \hat{F}}{\partial \mathbf{p}} = (\mathbf{W}^1)^T \mathbf{s}^1 \tag{17.25}$$

이 식은 단일 제곱 오차에 대한 미분이다. 제곱 오차의 합에 대한 미분은 단일 제곱 오차에 대한 개별 미분들을 더해서 구한다. 결과 벡터는 입력 벡터의 요소별 제곱 오차의 합의 미분값을 갖게 된다. 일부 미분값이 최대 미분값보다 훨씬 작다면 제거를 고려해 볼 수 있다. 잠재적으로 부적절한 입력을 제거한 다음, 네트워크를 다시 훈련시키고 원래 네트워크와 성능을 비교한다. 성능이 비슷하다면 단순해진 네트워크를 사용한다.

맺음말

이전 장에서는 여러 신경망 구조와 훈련 규칙에 초점을 두었지만, 이번 장에서는 신경망 훈련의 실용적인 측면을 살펴봤다. 신경망 훈련은 데이터 수집과 전처리, 네트워크 구조 선택, 네트워크 훈련과 사후 훈련 분석을 포함하는 반복적인 과정이다.

이어지는 5개의 장에서는 실제 사례 연구를 제시하고 이들의 실용적 측면을 보여줄 것이다. 사례 연구에서는 함수 적합, 확률 밀도 추정, 패턴 인식, 클러스터링 예측을 포함하는 다양한 응용을 다룬다.

참고 문헌

[Bish95] C.M. Bishop, *Neural Networks for Pattern Recognition*, Oxford University Press, 1995.

통계적 관점에서 신경망을 제시한 이 교재는 체계적인 명서다.

[BoJe94] G.E.P. Box, G.M. Jenkins, and G.C. Reinsel, *Time Series Analysis: Forecasting and Control*, 4th Edition, John Wiley & Sons, 2008.

이 책은 시계열 분석에 관한 고전으로, 이론적인 유도보다 실용적인 측면에 중점을 두고 있다.

[HaBo07] L. Hamm, B. W. Brorsen and M. T. Hagan, "Comparison of Stochastic Global Optimization Methods to Estimate Neural Network Weights," *Neural Processing Letters*, Vol. 26, No. 3, December 2007.

이 논문은 최대 경사 하강법이나 켤레 그레이디언트 같은 지역 최적화 방법을 여러 번 반복해서 전역 최적화 방법에 필적하면서 계산량이 적은 결과를 만드는 기법을 보여준다.

[HeOh97] B. Hedén, H. Öhlin, R. Rittner, L. Edenbrandt, "Acute Myocardial Infarction Detected in the 12-Lead ECG by Artificial Neural Networks," *Circulation*, vol. 96, pp. 1798–1802, 1997.

이 논문은 심전도를 이용해 심근 경색을 탐지할 때 신경망의 활용법을 설명한다.

[Joll02] I.T. Jolliffe, *Principal Component Analysis*, Springer Series in Statistics, 2nd ed., Springer, NY, 2002.

주성분 분석에 관한 가장 유명한 책이다.

[LeCu98] Y. LeCun, L. Bottou, G. B. Orr, K. R. Mueller, "Efficient BackProp," *Lecture Notes in Comp. Sci.*, vol. 1524, 1998.

이 논문은 다층 네트워크의 훈련을 개선하기 위한 실용적인 팁을 제시한다.

[Moll93] M. Moller, "A scaled conjugate gradient algorithm for fast supervised learning," *Neural Networks*, vol. 6, pp. 525–533, 1993.

이 논문에서 제시된 확장된 컬레 그레이디언트 알고리즘은 최소 메모리 요구사항을 갖고 빠르게 수렴한다.

[NgWi90] D. Nguyen and B. Widrow, "Improving the learning speed of 2-layer neural networks by choosing initial values of the adaptive weights," *Proceedings of the IJCNN*, vol. 3, pp. 21-26, July 1990.

이 논문은 역전파 알고리즘의 초기 가중치와 편향의 설정 방법을 제안한다. 시그모이드 전달 함수의 모양과 입력 변수의 범위를 이용해 가중치 크기를 정하고, 편향을 이용해 시그모이드 중심을 작동 영역에 맞춘다. 이에 따라 역전파의 수렴이 크게 향상될 수 있다.

[PeCo93] M. P. Perrone and L. N. Cooper, "When networks disagree: Ensemble methods for hybrid neural networks," in *Neural Networks for Speech and Image Processing*, R. J. Mammone, Ed., Chapman-Hall, pp. 126-142, 1993.

이 논문은 네트워크 위원회의 출력을 결합해 개별 네트워크보다 더 정확한 결과를 만드는 방법에 대해 설명한다.

[PuFe97] G.V. Puskorius and L.A. Feldkamp, "Extensions and enhancements of decoupled extended Kalman filter training," *Proceedings of the 1997 International Conference on Neural Networks*, vol. 3, pp. 1879-1883, 1997.

이 논문에서 제시한 확장된 칼만 필터 알고리즘은 신경망 훈련을 위한 빠른 순차 알고리즘 중의 하나다.

[RaMa05] L.M. Raff, M. Malshe, M. Hagan, D.I. Doughan, M.G. Rockley, and R. Komanduri, "*Ab initio* potential-energy surfaces for complex, multi-channel systems using modified novelty sampling and feedforward neural networks," *The Journal of Chemical Physics*, vol. 122, 2005.

이 논문은 분자 상호작용을 모델링할 때 신경망 사용법에 관해 설명한다.

[ScSm99] B. Schölkopf, A. Smola, K. R. Muller, "Kernel Principal Component Analysis," in B. Schölkopf, C. J. C. Burges, A. J. Smola (Eds.), *Advances in Kernel Methods-Support Vector Learning*, MIT Press Cambridge, MA, USA, pp. 327-352, 1999.

이 논문은 커널 방법을 이용하는 주성분 분석의 비선형 버전을 소개한다.

18

사례 연구 1: 함수 근사

목표

18장에서는 신경망에 관한 다섯 사례 연구 중 첫 번째 사례연구를 소개한다. 신경망은 매우 다양한 응용에 활용될 수 있기 때문에 모든 응용에 관한 사례 연구를 제공하는 것은 사실상 불가능하다. 이 책에서는 5개 주요 응용 영역에 국한해 사례연구를 제시할 것이다. 함수 근사(비선형 회귀), 확률 밀도 함수 추정, 패턴 인식(패턴 분류), 군집화, 예측(시계열 분석, 시스템 식별, 동적 모델링)이 이에 해당한다. 각 사례 연구에서는 신경망 설계 및 훈련 과정을 단계별로 진행할 것이다.

이 장에서는 함수 근사 문제를 다룬다. 함수 근사 문제의 경우 여러 종속 변수(반응 변수)와 하나 이상의 독립 변수(설명 변수)로 훈련 집합이 구성된다. 신경망은 설명 변수와 반응 변수 간의 매핑을 생성하기 위해 학습한다. 이 장에서 논의할 시스템은 스마트 센서다. 스마트 센서는 신경망과 하나 이상의 표준 센서로 구성되며 하나의 파라미터를 통해 보정된 측정치를 생성한다. 이 장에서는 2개의 태양 전지에서 나오는 전압을 이용해 1차원 물체 위치 추정치를 생성하는 스마트 위치 센서를 고려할 것이다.

이론과 예제

이 장에서는 함수 근사를 위한 신경망 사용의 사례 연구를 제시한다. 함수 근사는 일련의 입력 변수와 해당 출력 변수 집합 사이에 매핑을 정의하는 것으로 이뤄진다. 예를 들어 세율, 지역 학교의 학생/교사 비율, 범죄율 같은 지역 특성을 기반으로 집값을 추정할 수 있다. 또 다른 예제로, 정유 공장에서 반응 장치의 온도와 압력 측정치를 기반으로 가솔린 제품의 옥탄가를 추정할 수 있다[FoGi07]. 이 장에서 제시할 사례 연구에서는 스마트 위치 센서 시스템을 고려할 것이다.

스마트 센서 시스템

그림 18.1은 스마트 위치 센서 시스템에서 센서의 배치를 보여준다. 광원과 2개의 태양 전지 사이에 물체가 매달려 있다. 태양 전지에 물체의 그림자가 생기면 이로 인해 태양 전지의 전압이 내려간다.

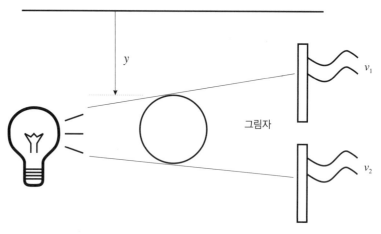

그림 18.1 위치 센서 배열

물체 위치 y가 증가하면 먼저 전압 v_1이 감소하고 그 후 전압 v_2가 감소하며, 다시 v_1이 증가하고 마지막으로 v_2가 증가한다. 그림 18.2에 v_1과 v_2가 그려져 있다. 목표는 두 전압 측정치로 물체의 위치를 알아내는 것이다. 이것은 비선형적 관계이므로 매핑을 학습하려면 다층 네트워크가 필요하다. 이 문제는 함수의 역함수를 학습하는 대표적인 유형의 함수 근사 문제다. 순방향 함수는 y에서 v_1과 v_2로 매핑한다. 지금은 v_1과 v_2에서 y로의 매핑을 학습하고자 한다.

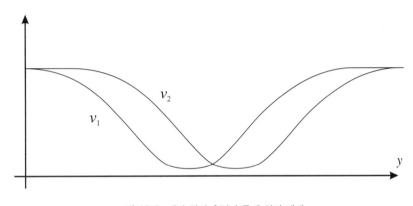

그림 18.2 태양 전지 출력과 물체 위치 예제

데이터 수집과 전처리

이 과정의 데이터 수집은 객체의 여러 보정 위치에서 두 태양 전지의 전압을 측정해서 한다. 이 실험에 사용한 물체는 탁구공이다. 그림 18.3에 데이터가 표시되어 있다. 총 67개의 측정치가 있다. 원은 보정 위치에서 전압 측정치를 나타낸다. 위치 단위는 인치inch이며, 전압 단위는 볼트volt다. 0볼트에서 나타나는 평평한 곡선 부분은 공의 그림자가 센서를 완전히 덮었을 때 생긴다. 그림자가 두 전지를 동시에 덮을 정도로 크면 태양 전지의 전압으로 공의 위치를 복구하기 어렵다.

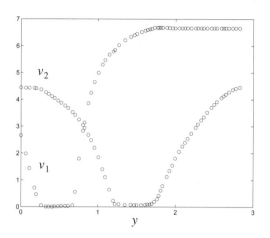

그림 18.3 태양 전지에서 수집된 데이터

다음 단계는 데이터를 훈련 집합, 검증 집합, 테스트 집합으로 나누는 것이다. 이 경우엔 베이지안 정규화 훈련 기법을 사용하기 때문에 검증 집합이 필요 없다. 테스트 목적으로 데이터의 15%를 확보한다. 데이터를 분리하기 위해 물체의 위치에 따라 순서대로 데이터를 정렬한 후, 6번째 또는 7번째 간격으로 테스트 점을 선택한다. 그 결과 테스트 점은 10개다. 테스트 점은 네트워크를 훈련할 때는 절대 사용하면 안 되며, 네트워크를 완전히 훈련시킨 후에 네트워크 미래 성능 지표로 사용한다.

네트워크 훈련을 위한 입력 벡터는 태양 전지의 전압으로 이뤄진다.

$$\mathbf{p} = \begin{bmatrix} v_1 \\ v_2 \end{bmatrix} \tag{18.1}$$

그리고 목표는 공의 위치다.

$$t = y \tag{18.2}$$

식 (17.1)을 이용해 데이터의 크기를 정규화해서 입력과 목표는 모두 [−1, 1] 범위에 있다. 그림 18.4에서 조정된 데이터를 볼 수 있다.

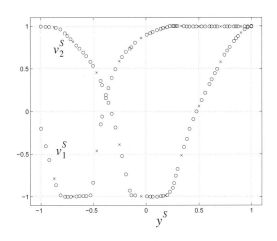

그림 18.4 크기가 조정된 데이터

네트워크 구조 선택

태양 전지의 전압과 공의 위치 사이의 매핑은 비선형적이기 때문에, 매핑을 학습하기 위해 다층 네트워크 구조를 사용할 것이다. 식 (18.1)에 정의된 입력 벡터는 2개의 요소로 구성되어 있다. 식 (18.2)의 네트워크 목표는 공의 위치다.

그림 18.5에서 네트워크 구조를 보여준다. 은닉 계층에는 탄젠트 시그모이드 전달 함수를 사용하고 선형 출력 계층을 사용한다. 이 구조는 함수 근사를 위한 표준 네트워크다. 11장에서 설명했듯이, 이 네트워크는 보편적 근사기universal approximator라는 것이 입증됐다. 은닉 계층을 2개 사용하는 경우도 있지만, 보통 하나로 먼저 시도한다. 은닉 계층의 뉴런 수 S^1은 근사해야 할 함수에 따라 달라지며, 일반적으로 훈련 전에는 알기 어렵다. 은닉 계층의 뉴런 수에 대해서는 다음 절에서 좀 더 이야기할 것이다.

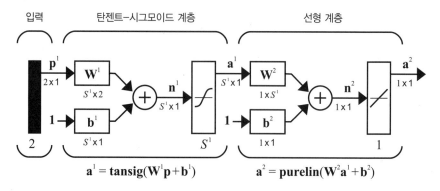

그림 18.5 네트워크 구조

네트워크 훈련

훈련을 시작하기 전에 17장에서 설명했던 위드로^{Widrow}와 구엔^{Nguyen}의 방법으로 네트워크 가중치를 초기화한다. 그런 다음 베이지안 정규화를 사용해 네트워크를 훈련한다. 13장에서 설명했던 베이지안 정규화는 함수 근사를 위한 다층 네트워크의 훈련에 매우 효율적인 알고리즘이다. 이 알고리즘은 네트워크가 일반화를 잘하도록 검증 집합 없이 네트워크를 훈련시키기 위해 설계됐다. 따라서 검증 집합을 훈련 집합에 더할 수 있기 때문에, 조기 종료를 사용했을 때보다 성능이 더 좋을 때가 많다(다음 장에서는 검증 집합을 사용해 조기 종료를 활용하는 예제를 제공할 것이다).

그림 18.6은 베이지안 정규화를 이용해 알고리즘을 훈련시키는 동안의 제곱 오차의 합 vs. 반복 횟수를 보여준다. 이 경우 은닉 계층에 10개의 뉴런을 갖는 네트워크를 사용했다. 네트워크를 100번 반복해 훈련했으며, 최종 반복에서는 성능이 거의 변하지 않았다.

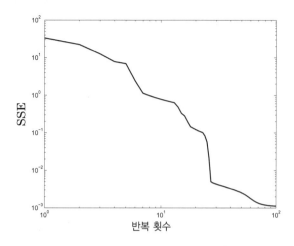

그림 18.6 제곱 오차의 합 vs. 반복 횟수($S^1 = 10$)

훈련을 100번 반복한 후에 수렴했지만 지역 최소에 빠지지 않았음을 확신하고 싶다. 그러기 위해 다른 초기 가중치와 편향을 이용해 네트워크를 여러 번 다시 훈련시키려고 한다(17장에서 설명했던 구엔-위드로 초기화 방법을 이용한다). 표 18.1은 다섯 번 훈련을 실행한 결과 최종 검증 SSE를 보여준다. 실행 2, 4, 5의 경우 오차가 조금 작긴 하지만 모든 오차가 비슷함을 알 수 있다. 이 다섯 경우의 어떤 가중치라도 만족스러운 네트워크를 생성할 것이다. 다음 절에서 이 내용을 좀 더 자세히 살펴볼 것이다.

표 18.1 다섯 가지 초기 조건에 대한 최종 훈련 SSE

1.121e-003	8.313e-004	1.068e-003	8.672e-004	8.271e-004

13장에서 베이지안 정규화 알고리즘은 네트워크가 사용하는 유효 파라미터 수를 나타내는 γ를 계산했었다. 그림 18.7에서 훈련 중 γ가 어떻게 변하는지 볼 수 있다. 결국 이 값은 17.4로 수렴한다. 이 2-10-1 네트워크에는 총 41개의 파라미터가 있으므로, 약 40%의 가중치와 편향만을 사용하고 있다. 위에서 논의했던 다섯 번의 훈련 실행에서 γ는 각각 17에서 20 사이의 값으로 수렴한다. 네트워크 반응을 계산하는 데 필요한

연산량을 우려한다면, 더 작은 네트워크를 사용할 수 있음을 나타낸다.

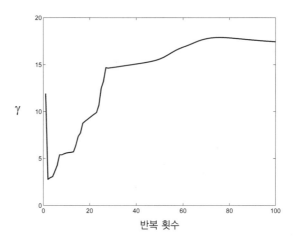

그림 18.7 유효 파라미터 수($S^1 = 10$)

더 작은 네트워크가 만족스러울지 확인하려면 은닉 뉴런 수를 다르게 해서 네트워크를 여러 개 훈련한다. 유효 파라미터 수가 약 20개이기 때문에 5개 은닉 뉴런(21개 가중치와 편향)을 갖는 네트워크가 적절한 적합을 제공할 것으로 예상한다. 실험을 통해 표 18.2의 결과가 만들어졌다. 모든 네트워크 성능이 거의 같음을 알 수 있다. 단, $S^1 = 3$인 네트워크는 전체 파라미터 수가 13개밖에 되지 않기 때문에 예외로 한다.

표 18.2 다섯 가지 은닉 계층 크기에 대한 최종 훈련 SSE

$S^1 = 3$	$S^1 = 5$	$S^1 = 8$	$(S^1 = 10)$	$S^1 = 20$
4.406e-003	9.227e-004	8.088e-004	8.672e-004	8.096e-004

베이지안 정규화 방법을 이용하면 임의 크기의 네트워크를 훈련시키더라도 필요한 개수의 파라미터만 효과적으로 사용할 수 있다. (예를 들어, 실시간 응용의 경우) 네트워크 출력 계산에 필요한 시간이 우려된다면, $S^1 = 5$를 갖는 네트워크를 사용하고 싶을 것이다. 그렇지 않으면 $S^1 = 10$을 갖는 원래 네트워크는 만족스럽다. 최적의 뉴런 수를

찾기 위해 많은 시간을 소비할 필요는 없다. 훈련 알고리즘이 과적합되지 않도록 보장해줄 것이다.

검증

네트워크 검증에 네트워크 출력 vs. 목표의 산포도는 중요한 툴이다. 그림 18.8에는 정규화된 단위의 산포도가 그려져 있다. 잘 훈련된 네트워크일수록 산포도의 점들이 45° 출력 = 목표 직선에 가까이 있을 것이다. 이 경우 우수한 적합을 보이고 있다. 왼쪽 그림은 훈련 데이터를, 오른쪽 그림은 테스트 데이터를 보여준다. 테스트 데이터의 적합이 훈련 데이터의 적합만큼 좋기 때문에, 네트워크가 과적합되지 않았음을 확신할 수 있다.

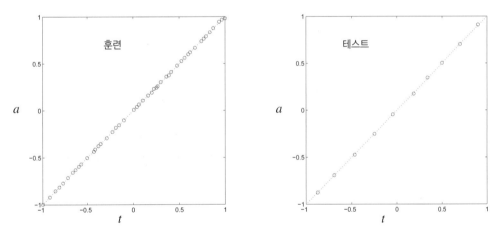

그림 18.8 네트워크 출력 vs. 목표 산포도(훈련 및 테스트 집합)

또 다른 유용한 그래프로 그림 18.9와 같은 네트워크 오차 히스토그램이 있다. 히스토그램은 네트워크 정확도를 이해할 수 있게 해준다. 이 히스토그램의 경우 네트워크 출력을 다시 인치 단위로 변환했다. 목표를 전처리한 함수의 역함수를 네트워크 출력에 적용해 수행한다. 목표에 대한 식 (17.1)의 역함수는 다음과 같다.

$$\mathbf{a} = (\mathbf{a}^n + 1).*\frac{(\mathbf{t}^{max} - \mathbf{t}^{min})}{2} + \mathbf{t}^{min} \tag{18.3}$$

여기서 $\mathbf{a}^n$은 정규화된 목표에 매칭되도록 훈련된 네트워크의 원래 출력이며, .*는 두 벡터의 요소별 곱셈을 나타낸다. 인치로 된 오차를 생성하려면 원래 목표에서 식 (18.3)의 후처리 연산을 해서 구한 정규화되지 않은 출력을 뺀다. 그림 18.9는 훈련 집합과 테스트 집합 모두에 대한 오차의 분포를 보여준다. 거의 모든 오차가 100분의 1 인치 내에 있음을 알 수 있다. 이 값은 원래 측정치의 정확도 범위 내에 있기 때문에 더 이상의 개선은 기대하기 어렵다.

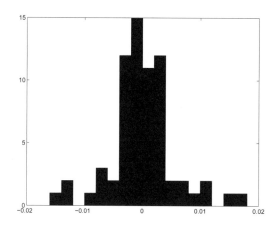

그림 18.9 위치 오차 히스토그램(인치 단위)

네트워크 입력이 2개만 있기 때문에 훈련된 네트워크의 반응을 그림 18.10과 같이 그릴 수 있다(이 그림은 원래 볼트 단위 입력에서 원래 인치 단위 출력으로 네트워크 반응을 보여준다). 원은 공이 이동할 때 볼트 단위로 측정된 경로를 나타낸다. 베이지안 정규화 훈련은 네트워크 반응이 매우 비선형적이더라도 부드러운 반응을 생성한다는 점을 주목하라.

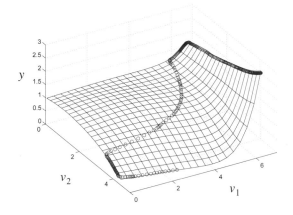

그림 18.10 네트워크 반응(원래 단위)

그림 18.10을 보면 훈련 데이터가 원에만 존재한다는 사실을 알 수 있다. 다른 영역은 네트워크가 사용하지 않기 때문에 그곳의 반응은 스마트 센서 시스템의 작동에 중요하지 않다. 네트워크가 다시 훈련되더라도 원 근처의 반응은 항상 같다. 하지만 원에서 멀리 떨어진 반응은 모양이 많이 달라질 수 있다. 이 개념은 여러 신경망 응용에 있어 매우 중요하다. 네트워크가 정상적으로 작동할 때 입력 공간의 아주 일부에만 접근한다. 네트워크는 자신이 사용할 영역의 기저 함수를 맞추기만 하면 된다. 따라서 입력의 차원이 커지더라도 데이터 집합의 크기는 적당해질 수 있다. 물론 이 경우에 훈련 데이터가 잠재적인 네트워크 작동 영역의 전반에 걸쳐 있어야 하는 것이 중요하다.

데이터 집합

이 사례 연구와 연관된 데이터 파일은 2개다.

- ball_p.txt: 원래 데이터 집합의 입력 벡터를 포함한다.
- ball_t.txt: 원래 데이터 집합의 목표 벡터를 포함한다.

이 파일들은 부록 C에 설명되어 있는 데모 소프트웨어에서 찾을 수 있다.

맺음말

이 장에서는 함수를 근사하기 위해 다층 신경망을 사용하는 과정을 보여줬다. 이 사례 연구는 '소프트 센서soft sensor' 또는 '스마트 센서smart sensor'라고 하는 대표적인 신경망 응용의 부류다. 아이디어는 신경망을 사용해 여러 원시 센서의 출력을 관심 있는 주요 변수의 보정된 측정치로 결합하는 것이다.

은닉 계층에는 시그모이드 전달 함수를, 출력 계층에는 선형 전달 함수를 갖는 다층 네트워크는 이런 종류의 응용에 매우 적합하며, 베이지안 정규화는 이런 상황에서 사용할 수 있는 우수한 훈련 알고리즘이다.

다음 장에서는 또 다른 신경망 응용인 확률 추정에 관해 살펴볼 것이다. 확률 추정의 응용에서도 다층 신경망을 사용하지만, 출력 계층의 전달 함수는 변경할 것이다.

참고 문헌

[FoGi07] L. Fortuna, P. Giannone, S. Graziani, M. G. Xibilia, "Virtual Instruments Based on Stacked Neural Networks to Improve Product Quality Monitoring in a Refinery," *IEEE Transactions on Instrumentation and Measurement*, vol. 56, no. 1, pp. 95−101, 2007.

이 논문은 정유 공장에서 신경망을 소프트 센서로 사용하는 방법을 설명한다. 가솔린 제품의 옥탄가를 추정하기 위해 반응 장치의 온도와 압력 측정치를 사용한다.

19

사례 연구 2: 확률 추정

목표

19장에서는 신경망에 관한 다섯 사례 연구 중 두 번째 연구를 소개한다. 이전 장에서는 신경망을 사용해 함수를 근사하는 과정을 보여줬다. 이 장에서는 확률 함수를 추정하기 위해 신경망을 사용한다.

확률 추정은 함수 근사의 특별한 경우다. 함수 근사의 경우 신경망은 여러 입력 변수를 여러 반응 변수로 매핑한다. 하지만 확률 추정의 경우 반응 변수는 확률에 해당한다. 확률은 (항상 양수이고 합이 1이어야 하는) 특별한 성질을 갖기 때문에, 신경망도 이런 조건을 보장해야 한다.

이 장의 사례 연구는 다이아몬드의 화학 기상 증착법CVD, chemical vapor deposition 시스템을 대상으로 한다. CVD는 탄소 이합체carbon dimer를 다이아몬드 표면을 향해 분사한다(탄소 이합체란 탄소 원자가 결합된 쌍을 말한다). 분사한 탄소 이합체의 특성에 따라 반응별로 발생 확률을 구하려고 한다. 입력 변수는 병진 에너지[translational energy]1와 입사각[incidence angle] 같은 성질로 이뤄지며, 반응 변수는 화학 흡착과 분산 같은 잠재적인 반응의 확률로 구성된다.

이론과 예제

이 장에서는 확률 추정을 위한 신경망 사용에 관한 사례 연구를 제시한다. 확률 추정이란 여러 입력 변수를 기반으로 특정 사건의 확률을 결정하는 것이다. 예를 들어, 임상 검사를 기반으로 특정 질병을 앓고 있는 환자와 관련된 확률을 알고 싶어 할 수 있다. 또 다른 예제로 시장 상황을 기반으로 금융 상품의 가격이 상승할 확률을 알아내는 것이 있다.

CVD 이번 확률 추정 사례 연구의 경우 화학 과정의 반응 속도를 평가하기 위해 신경망을 훈련할 것이다. 다이아몬드의 화학 기상 증착법[CVD, chemical vapor deposition]은 합성 다이아몬드를 만드는 방법으로, 기체 상태의 탄소 원자를 결정체 형태의 기판 위에 정착하게 만든다. 이 과정을 연구하기 위해, 과학자들은 다이아몬드의 생성 속도를 결정하는 반응 속도에 관심을 갖는다. 이 사례 연구에서는 탄소 이합체(탄소 원자 결합 쌍)가 결정체로 된 다이아몬드 기판과 상호작용할 때의 반응 속도를 계산하기 위해 신경망을 훈련하고자 한다.

먼저 CVD 과정과 시뮬레이션 데이터 수집 방법에 관한 설명으로 시작한다. 그런 다음 반응 확률을 학습하기 위한 신경망 훈련 방법을 보일 것이다. 이 방법에 관한 자세한 내용은 [AgSa05]에 설명되어 있다.

---

1 기체 분자가 어떤 속도로 공간을 운동할 때 어느 정도의 운동 에너지를 갖고 있는데, 이것을 병진 에너지라고 한다.
  - 옮긴이

CVD 과정

CVD 과정에서는 탄소 이합체를 다이아몬드 기판을 향해 분사한다. 이 연구의 목적을 위해 이합체가 다음 세 가지 방식 중 하나로 기판에 반응한다고 가정할 것이다. 화학 흡착chemisorption(이합체의 원자가 기판에 결합된다), 분산scattering(원자가 기판에서 산란한다), 탈착desorption(원자가 일정 시간 동안 기판에 결합됐다가 다시 방출된다). 아주 작은 확률로 발생하는 다른 종류의 반응도 있지만 여기서는 무시하기로 한다(전체 설명은 [AgSa05]를 참조하라). 아래에 설명할 탄소 이합체의 다양한 특성을 기반으로 반응별 확률을 추정하기 위해 신경망을 훈련할 것이다.

상호작용을 정의하기 위한 표기법은 그림 19.1에서 확인할 수 있다. 검은색 원은 탄소 이합체를 나타내고, 방향 선은 초기 속도 벡터의 방향을 나타낸다. 검은색 별은 다이아몬드 기판의 중심 탄소 원자의 위치를 나타낸다. 각도 θ는 입사각을 나타낸다. 즉, 탄소 이합체의 초기 속도 벡터와 표면에 수직선(z축 방향) 사이의 각도다. 충돌 파라미터 b는 중심 원자의 위치와 (그림 19.1에서 축의 원점으로 표시된) 초기 속도 벡터와 다이아몬드 표면의 교차점 간 거리로 정의된다. 각도 φ는 x축과 원점에서 중심 원자까지의 직선 사이의 각도를 나타낸다.

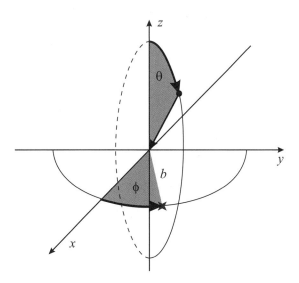

그림 19.1 탄소 이합체와 다이아몬드 기판의 상호작용

데이터 수집과 전처리

신경망을 훈련시키기 위한 데이터는 분자 동역학$^{\text{MD, molecular dynamics}}$ 시뮬레이션으로 얻을 수 있다. MD는 물리법칙을 이용해 물질에 힘을 주었을 때 개별 원자에 미치는 힘을 계산하기 위해 물질의 원자 및 분자의 움직임을 시뮬레이션한다[RaMa05]. 이 사례 연구의 경우 CVD 시스템을 모델링하기 위해 총 324개의 원자를 사용한다. 이 중에서 다이아몬드 기판의 원자 282개는 다이아몬드 표면 상층의 수소 원자 40개, C_2 이합체의 원자 2개와 함께 결정체 면을 모델링하는 데 사용된다. 그림 19.1에서 (x, y) 평면은 다이아몬드 기판의 위치를 나타낸다. 기판의 상층에서 중심 원자와 경계 원자를 제외한 탄소 원자들은 수소 원자로 덮여 있다. 모든 반응은 중심 원자 근처에서 발생할 것이다. 이 연구를 통해 화학 흡착, 분산, 탈착 확률의 b, θ, ϕ, C_2 이합체의 회전 속도(v_{rot}), 병진 속도(v_{trans})에 대해 종속성을 알아내려고 한다. 초기 C_2 진동 에너지는 영점 에너지로 설정되고, 격자의 온도는 600K에서 일정하게 유지된다[RaMa05].

이 문제는 알려지지 않은 참 기저 반응 확률에 접근할 수 없다는 점에서 흥미로운 함수 근사 문제다. 몬테카를로$^{\text{Monte Carlo}}$ 시뮬레이션으로 이들 확률을 추정할 수 있다. 앞으로 다룰 다양한 확률을 쉽게 추적할 수 있도록 몇 가지 표기법을 정의해보자. 먼저 참 기저 반응 확률을 $P_X(\mathbf{p})$로 표시할 것이다. X는 반응 과정을 나타내며, $\mathbf{p}$는 다음과 같이 C_2 이합체를 특징짓는 벡터다.

$$\mathbf{p} = \begin{bmatrix} \theta \\ \phi \\ b \\ v_{\text{trans}} \\ v_{\text{rot}} \end{bmatrix} \tag{19.1}$$

반응 과정은 화학 흡착($X = C$), 분산($X = S$), 탈착($X = D$)이 될 수 있다. 신경망으로 추정한 확률은 $P_X^{NN}(\mathbf{p})$로 표시한다. 몬테카를로 시뮬레이션으로 추정한 확률은 $P_X^{MC}(\mathbf{p})$로 표시한다.

몬테카를로 추정은 다음 식으로 얻는다.

$$P_X^{MC}(\mathbf{p}) = \frac{N_X}{N_T} \tag{19.2}$$

여기서 N_X는 반응 X를 만드는 MD 궤적 수이며, N_T는 계산된 전체 궤적 수다. 궤적의 결과는 입력 변수의 개수에 따라 달라진다. 입력 변수에는 $\mathbf{p}$에 포함된 파라미터와 함께 C_2 이합체의 초기 방향, C_2 회전 평면을 정의하는 각도, 초기 C_2 진동 에너지와 위상, 시스템의 온도, 다이아몬드 표면의 진동 위상을 정의하는 모든 변수를 포함한다. 여기서는 반응 확률에 대한 $\mathbf{p}$의 영향에만 관심이 있기 때문에, 초기 C_2 진동 에너지는 영점 에너지로 설정하고 격자의 온도는 600K에서 일정하게 유지하는 것만 제외하면, 그 밖의 변수는 각 MD 시뮬레이션별로 랜덤하게 설정한다. 참 기저 확률 $P_X(\mathbf{p})$를 추정하기 위해 식 (19.2)는 궤적에 대해 평균을 취한다(여기서 용어를 확실히 해두자면, 몬테카를로란 용어는 각 궤적마다 변수를 조정해가며 실행한 시뮬레이션 집합을 의미한다. 여기서 특정 궤적에 대한 시뮬레이션을 MD 시뮬레이션이라고 하는데, 계산을 수행하는 데 분자 동역학^{molecular} ^{dynamics}의 원리가 사용되기 때문이다).

MD 시뮬레이션은 반응 확률을 추정하기 위해 화학자들이 표준적으로 사용하는 방법이다. 예를 들어 확률에 대한 ϕ의 영향을 알고 싶다면 측정하려는 ϕ 값별로 일련의 몬테카를로 시뮬레이션을 수행한다. 이 작업은 매우 시간 소모적일 수 있다. 반응 확률을 정교하게 구하려면 몬테카를로 시행 횟수를 상당히 크게 해야 한다. 이 사례 연구의 목적은 $\mathbf{p}$에 포함된 파라미터들의 함수로서 신경망을 훈련해 참 반응 확률을 학습시키려는 것이다.

신경망을 훈련시키려면 목표 출력 집합이 필요하다. 기저 확률 $P_X(\mathbf{p})$를 알 수 없으므로 여기서는 몬테카를로 시뮬레이션에서 구한 추정치 $P_X^{MC}(\mathbf{p})$를 사용한다. 이 몬테카를로 확률은 참 확률에 잡음이 있는 버전으로 생각할 수 있다. 신경망에서 $P_X(\mathbf{p})$ 추정을 과적합 없이 정확히 추정하려면 이 잡음이 있는 추정치를 보간할 필요가 있다. 이는 13장에서 설명했던 일반화 방법의 좋은 응용 예시다.

데이터 집합은 2000개의 입력/목표 쌍 $\{\mathbf{p}, P_X^{MC}(\mathbf{p})\}$로 구성된다. 2000개의 데이터 중 훈련에 1,400개(70%)를, 검증에 300개(15%)를, 테스트에 나머지 300개를 랜덤하게 선정한다. 궤적별로 각 변수에 대해 물리적으로 적합한 분포를 사용해 $\mathbf{p}$를 임의로 생성한다[RaMa05]. 각 $P_X^{MC}(\mathbf{p})$를 구하기 위해 총 $N_T = 50$개의 궤적을 실행한다. 즉, 전체 데이터 집합을 만들기 위해 2000×50개의 궤적을 실행한다.

원래 입력 단위는 ϕ와 θ는 각도(라디안radians), b는 옹스트롬angstroms, v_{trans}는 피코초당 옹스트롬angstroms per picosecond, v_{rot}는 피코초당 각도radians per picosecond다. 훈련을 위해 입력을 네트워크에 제시하기 전에, 식 (17.1)을 이용해 크기를 정규화해서 입력 벡터의 각 요소가 −1에서 1 사이에 있도록 한다. 목푯값은 확률값이므로 0에서 1 사이의 값을 갖는다. 다음 절에서는 최종 계층에 식 (17.3)의 소프트맥스softmax 전달 함수를 사용하는 네트워크 구조를 설명할 예정이다. 이 전달 함수는 0부터 1 사이의 값을 출력하므로 크기 조정 없이 원래 목푯값을 사용해도 상관없다.

네트워크 구조 선택

이번 응용을 위해 다층 네트워크를 사용할 것이다. 식 (19.1)에서 정의된 입력 벡터는 다섯 요소로 구성된다. 네트워크의 목표는 다음과 같이 세 요소로 된 벡터이거나, 각각 $P_X^{MC}(\mathbf{p})$를 목표로 갖는 네트워크를 3개 사용해도 된다.

$$
\mathbf{t} = \begin{bmatrix} P_C^{MC}(\mathbf{p}) \\ P_S^{MC}(\mathbf{p}) \\ P_D^{MC}(\mathbf{p}) \end{bmatrix}
\tag{19.3}
$$

두 방법을 모두 테스트했는데 결과는 유사했다.

이 경우 출력 벡터에 세 요소를 가진 단일 네트워크를 사용하는 것이 더 유리하다. 3개의 목표는 확률이므로 0에서 1 사이의 값을 가지며, 합은 항상 1이 된다. 이는 식 (17.3)의 소프트맥스 전달 함수를 사용하기에 적합한 상황으로, 여기서 다시 반복해서 정리했다.

$$a_i = f(n_i) = \exp(n_i) \div \sum_{j=1}^{S} \exp(n_j) \qquad (19.4)$$

소프트맥스 전달 함수는 뉴런 출력 a_i가 모든 네트 입력 n_j에 영향을 받는다는 점에서 이전에 사용했던 전달 함수와는 다르다(그 밖의 전달 함수에서 네트 입력 n_i는 오직 뉴런 출력 a_i에만 영향을 준다). 이 점이 네트워크 훈련에 심각한 어려움을 유발하지는 않는다. 여전히 식 (11.44)와 식 (11.45)의 역전파 알고리즘을 사용해 경사^{gradient}를 구할 수 있지만 전달 함수의 미분은 더 이상 대각 행렬이 아니다. 소프트맥스 함수의 미분은 다음과 같은 형태를 갖는다.

$$\dot{\mathbf{F}}^m(\mathbf{n}^m) = \begin{bmatrix} a_1^m\left(\sum_{i=1}^{S_m} a_i^m - a_1^m\right) & -a_1^m a_2^m & \cdots & -a_1^m a_{S_m}^m \\ -a_2^m a_1^m & a_2^m\left(\sum_{i=1}^{S_m} a_i^m - a_2^m\right) & \cdots & -a_2^m a_{S_m}^m \\ \vdots & \vdots & & \vdots \\ -a_{S_m}^m a_1^m & -a_{S_m}^m a_2^m & \cdots & a_{S_m}^m\left(\sum_{i=1}^{S_m} a_i^m - a_{S_m}^m\right) \end{bmatrix} \qquad (19.5)$$

전체 네트워크 구조는 그림 19.2에 있다. 식 (19.1)의 입력 벡터는 다섯 요소가 있다. 출력 벡터는 세 요소를 갖는데, 식 (19.3)의 목표 벡터와 같다. 은닉 계층의 전달 함수는 하이퍼볼릭 탄젠트 시그모이드이고, 출력 계층에는 소프트맥스 전달 함수가 사용된다. 은닉 계층의 뉴런 수 S^1은 여전히 미정이다. 이는 뉴런 개수가 근사하려는 함수의 복잡도에 달려 있는데, 현재로서는 함수의 복잡도를 알 수가 없기 때문이다. 일반적으로 은닉 계층의 크기는 훈련 과정의 일부로 결정돼야 한다. S^1은 네트워크가 훈련 데이터에 정확히 적합되도록 선택해야 하지만 과적합은 피해야 한다. 뉴런 수의 선택에서 관해서는 다음 절에서 살펴보기로 하자.

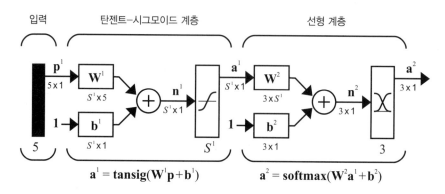

그림 19.2 네트워크 구조

네트워크 훈련

여기서는 크기를 보정한 켤레 경사 알고리즘[Mill93]을 사용해 네트워크를 훈련했다. 12장에서 살펴본 것처럼 다른 여러 켤레 경사 알고리즘이나 레벤버그-마쿼트 알고리즘을 사용했더라도 잘 작동했을 것이다. 이 문제의 목푯값에는 상당한 양의 잡음이 있으므로 최종 적합에서 아주 정교한 값을 기대하기는 힘들다. 여기서는 13장에서 설명했던 것처럼 조기 종료를 사용해 과적합을 방지할 것이다. 이를 위해 25번 반복하는 동안 검증 집합의 오차가 더 이상 개선되지 않으면 훈련을 멈춘다. 전형적인 훈련 세션은 그림 19.3과 같으며, 여기서 그래프는 훈련과 검증의 MSE 값을 보여준다. 69번 반복에서 검증 성능의 최소에 도달했다. 이 알고리즘은 25번 더 반복해서 94번까지 반복됐다. 25번 반복하는 동안 검증 오차가 더 이상 줄어들지 않으면 69번 반복에서의 가중치가 최종 훈련값으로 저장된다.

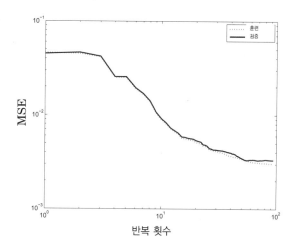

그림 19.3 훈련 및 검증 평균 제곱 오차($S^1 = 10$)

그림 19.3에 나타난 결과는 은닉 계층에 10개의 뉴런이 있는 네트워크를 보여준다(S^1 = 10). 이제 이 뉴런 개수가 합리적인지 확인해볼 필요가 있다. 확인을 위한 지표 중 하나는 훈련과 검증 성능을 서로 비교해보는 것이다. 표 19.1은 훈련된 네트워크의 훈련과 검증 평균 제곱근 오차RMSE 값을 보여준다. 훈련과 검증 오차가 거의 같음을 알 수 있다. 검증 데이터는 임의로 선택됐고 훈련 집합과는 독립적으로 선택됐다. 양쪽 집합에서 오차가 거의 동일하므로 네트워크 적합은 입력 범위에 대해 양호하며 과적합은 발생하지 않았다.

표 19.1 S^1 = 10인 경우 훈련 및 검증 RMSE 비교

	훈련 RMSE	검증 RMSE
$P_C(\mathbf{p})$	0.0496	0.0439
$P_S(\mathbf{p})$	0.0634	0.0659
$P_D(\mathbf{p})$	0.0586	0.0604

오차가 최소화가 됐는지 적합이 적절한지 확인하는 것 또한 매우 중요하다. 다음 절에서 더 자세히 설명하겠지만, 여기서는 은닉 뉴런 개수를 바꿔가면서 적합을 테스트한

다. 표 19.2는 은닉 뉴런이 2개인 네트워크의 적합 결과를 보여준다. 이번에도 훈련과 검증 오차가 일치하므로 과적합이 발생하지 않았음을 알 수 있지만, 오차는 $S^1 = 10$ 에 비해 더 커졌다.

표 19.2 S^1 = 2인 경우 훈련 및 검증 RMSE 비교

	훈련 RMSE	검증 RMSE
$P_C(\mathbf{p})$	0.0634	0.0627
$P_S(\mathbf{p})$	0.0669	0.0704
$P_D(\mathbf{p})$	0.0617	0.0618

표 19.3은 S^1 = 20에 대한 결과를 보여준다. 검증 오차가 훈련 오차보다 조금 높으므로 과적합이 발생했을지도 모른다. 중요한 점은 S^1 = 20이라고 해서 S^1 = 10일 때보다 훈련이나 검증 오차가 훨씬 작지 않다는 점이다. 따라서 문제를 해결하기 위해 은닉 계층의 뉴런 수는 10개 정도면 충분하다. 다음 절에서 이 부분에 대해 좀 더 자세히 살펴본다.

표 19.3 S^1 = 20인 경우 훈련과 검증 RMSE 비교

	훈련 RMSE	검증 RMSE
$P_C(\mathbf{p})$	0.0432	0.0444
$P_S(\mathbf{p})$	0.0603	0.0643
$P_D(\mathbf{p})$	0.0569	0.0595

훈련 과정의 일부로서 필요한 단계가 또 하나 있다. 지역 최소에 빠지지 않았음을 검토하려고 한다. 이런 이유로 초기 가중치와 편향을 조정해가며 네트워크를 여러 번 훈련할 것이다(여기서는 17장에서 설명한 구엔-위드로$^{Nguyen-Widrow}$ 초기화 기법을 사용한다). 표 19.4는 다섯 번의 훈련 과정에 대한 최종 검증 MSE 값을 보여준다. 모든 오차가 비슷하므로 각 실행에서 전역 최소에 도달했음을 알 수 있다. 만일 어느 한 오차가 다른 오차보다 훨씬 낮다면 가장 낮은 오차를 얻은 가중치를 사용할 것이다.

표 19.4 각기 다른 5개의 초기 조건에 따른 MSE의 최종 검증

| 3.074e-003 | 2.953e-003 | 3.031e-003 | 3.105e-003 | 3.050e-003 |

이제 10개의 뉴런을 가진 은닉 계층은 과적합 없이 적절한 반응을 생성한다고 결론을 내릴 수 있다. 다음 단계는 네트워크의 성능을 분석하는 것이다. 분석 결과에 따라 네트워크 구조를 조정하거나 훈련 데이터를 조정해 네트워크를 다시 훈련할 수 있다.

검증

네트워크 검증을 위한 주요 도구 중 하나는 그림 19.4와 같이 네트워크 출력과 목표 간의 산포도를 그려보는 것이다. 여기서는 목표와 네트워크 출력 사이에 강한 선형 관계가 있음을 볼 수 있지만 그 분산이 상당히 크다는 사실을 알 수 있다. 아주 잘 훈련된 네트워크라면 산포도의 점들이 출력 = 목표 직선에 정확히 일치할 것으로 예상한다. 이 산포도의 분산이 이렇게 큰 이유가 무엇일까? 그 이유는 네트워크의 목표가 네트워크 $P_X(\mathbf{p})$의 참 반응 확률이 아니라 몬테카를로 추정값인 $P_X^{MC}(\mathbf{p})$여서 잡음이 많이 들어 있기 때문이다.

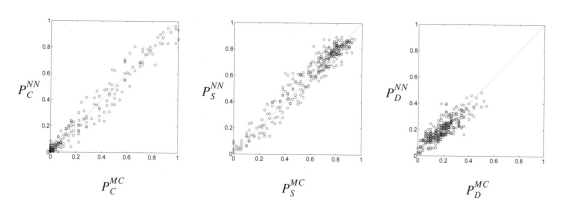

그림 19.4 네트워크 출력 vs. 목표의 산포도($N_T = 50$)

P_X^{MC}와 P_X 사이의 관계는 95% 이상 다음과 같을 것으로 기대할 수 있다.

$$P_X - 2\Delta \leq P_X^{MC} \leq P_X + 2\Delta \tag{19.6}$$

여기서

$$\Delta = \sqrt{\frac{P_X\{1 - P_X\}}{N_T}} \tag{19.7}$$

이 관계는 $N_T = 50$에 대해 그림 19.5에 잘 나타나 있다.

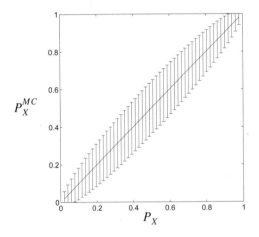

그림 19.5 $N_T = 50$에서 P_X^{MC}의 기대 통계 분포

그림 19.4와 그림 19.5를 비교해보면 데이터의 퍼짐은 P_X^{MC}에 대한 통계적 분산으로 해석할 수 있다. 이 관측치를 더 검증하기 위해 추가 훈련 데이터를 생성해 몬테카를로 시행을 500회 해서 $P_X^{MC}(\mathbf{p})$(즉, $N_T = 500$)를 얻었다. 여기서는 $N_T = 50$ 크기의 원시 데이터 집합으로 훈련한 네트워크에 새로운 훈련 데이터를 적용했다. 결과 산포도는 그림 19.6과 같이 나타난다. 네트워크를 바꾸지 않았음에도 불구하고 퍼짐이 그림 19.4에 비해 눈에 띄게 줄었음을 알 수 있다. 이는 신경망이 통계적 분산인 $P_X^{MC}(\mathbf{p})$에 적합된 것이 아니라 참 확률인 $P_X(\mathbf{p})$에 적합된 것임을 알 수 있다.

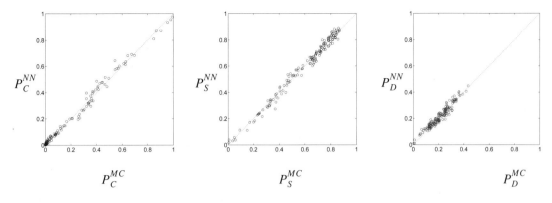

그림 19.6 네트워크 출력 vs. 목표의 산포도($N_T = 500$)

신경망이 훈련되고 나면 반응 확률에 대한 입력 파라미터의 영향은 간단히 조사할 수 있다. 그림 19.7에서 신경망에 의해 결정된 반응 확률에 대한 임팩트 파라미터 b의 영향을 확인할 수 있다. 임팩트 파라미터 값이 증가할수록 화학 흡착 확률은 감소하지만 산포와 탈착 확률은 증가한다(이 연구에서 θ 값은 5.4라디안으로 하고, ϕ는 0.3라디안, v_{rot}는 펨토초당 0.004라디안, v_{trans}는 펨토초당 0.004 옹스트롬으로 설정했다).

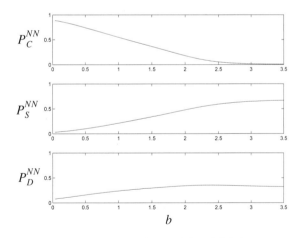

그림 19.7 반응 확률 vs. 임팩트 파라미터

표준 기법을 사용하면 그림 19.7 같은 연구는 수천 번의 시뮬레이션이 필요하다. 훈련된 네트워크는 **p**의 파라미터와 반응 확률 간의 관계를 잘 포착해낸다. 따라서 단순히 다양한 입력 집합에 대해 네트워크 반응을 계산해보면 임의의 연구과제를 수행해볼 수 있다. 네트워크는 참 기저 함수를 포착하기 위해 잡음이 있는 데이터 집합들을 부드럽게 보간했다는 점을 주목하자. 조기 종료 기법을 사용하면 네트워크가 데이터의 잡음에 과적합되지 않게 할 수 있다.

데이터 집합

이 사례 연구와 관련된 데이터 파일은 다음 4개다.

- cvd_p.txt: 원 데이터 집합의 입력 벡터를 갖고 있다.

- cvd_t.txt: 원 데이터 집합의 목표 벡터를 갖고 있다.

- cvd_p500.txt: $N_T = 500$ 테스트 집합에 대한 입력 벡터를 갖고 있다.

- cvd_t500.txt: $N_T = 500$ 테스트 집합에 대한 목표 벡터를 갖고 있다.

이 파일들은 부록 C에 설명되어 있는 데모 소프트웨어에서 찾을 수 있다.

맺음말

이 장에서는 화학 기상 증착법에서 확률 추정을 위한 신경망 사용을 설명했다. 몬테카를로 시뮬레이션으로 반응 확률을 추정해 신경망의 목표로 사용했다. 네트워크는 몬테카를로 추정치의 오차에 과적합되지 않고 참 기저 확률 함수를 잘 포착했다. 독립적인 검증 집합의 오차가 증가하면 네트워크 훈련을 멈추는 조기 종료 방법을 사용해 이와 같은 결과를 얻을 수 있었다.

다음 장에서는 패턴 인식 문제에 신경망을 적용할 것이다. 패턴 인식 응용에서도 다층 신경망을 사용한다.

참고 문헌

[AgSa05]   P.M. Agrawal, A.N.A. Samadh, L.M. Raff, M. Hagan, S. T. Bukkapatnam, and R. Komanduri, "Prediction of molecular-dynamics simulation results using feedforward neural networks: Reaction of a C2 dimer with an activated diamond (100) surface," *The Journal of Chemical Physics* 123, 224711, 2005.

   이 논문은 다이아몬드의 화학 기상 증착법의 반응 확률을 예측하기 위한 신경망 훈련을 자세히 설명한다.

[Mill93]   M.F. Miller, "A scaled conjugate gradient algorithm for fast supervised learning," *Neural Networks*, vol. 6, pp. 525–533, 1993.

   확대된 켤레 경사 알고리즘은 매 반복에서 최소의 메모리와 연산을 요구하는 빠른 배치 신경망 훈련 알고리즘이다.

[RaMa05]   L.M. Raff, M. Malshe, M. Hagan, D.I. Doughan, M.G. Rockley, and R. Komanduri, "*Ab initio* potential-energy surfaces for complex, multi-channel systems using modified novelty sampling and feedforward neural networks," *The Journal of Chemical Physics*, 122, 084104, 2005.

   이 논문은 신경망이 분자 동역학 시뮬레이션에 어떻게 사용되는지 설명해준다.

20

사례 연구 3: 패턴 인식

목표

20장에서는 패턴 인식을 위한 신경망 적용에 관한 사례 연구를 제시한다. 패턴 인식 문제에서는 신경망을 사용해 입력을 목표 범주로 분류한다. 예를 들어 화학 성분 분석을 통해 특정 와인 병이 제작된 포도원을 맞추거나 세포 크기, 덩어리 크기, 유사 분열의 균일성을 기반으로 악성 종양과 양성 종양을 분류하는 것이 패턴 인식 문제에 속한다.

이 장에서는 다층 신경망을 사용해 심전도 그래프로부터 심장 질환을 인식하는 과정을 보게 될 것이다. 패턴 인식 과정의 각 단계를 보일 것이며, 단계는 데이터 수집, 특징 추출, 네트워크 구조 선택, 네트워크 훈련과 검증으로 이뤄진다.

이론과 예제

패턴 인식(패턴 분류) 문제에서는 네트워크 입력을 대응되는 부류로 범주화한다. 패턴 인식 문제의 예는 다음과 같다.

- 손으로 쓴 우편번호 인식

- 음성 인식

- 증상 리스트로부터 질병 인식

- 지문 인식

- 백혈구 분류

이 장의 사례에서는 심전도 신호에서 심근경색(심장마비)의 존재를 나타내는 패턴을 찾는다.

심근경색 인식 설명

심전도$^{EKG, electrocardiogram}$는 일정 시간 동안 심장의 전기적 활동을 기록한 것이다. 일반적으로 심전도에는 동시에 기록된 여러 신호들이 배열되어 있다. 정밀 해석을 위한 표준 EKG는 12개의 리드로 이뤄지기도 하지만, EKG는 단일 신호(리드^{lead}라고도 함)로 이뤄진다. 12 리드 EKG는 10개의 전극을 몸에 부착해 측정한다. 10개의 전극에서 12 리드값을 계산하는 것은 아주 복잡하며, 사례 연구의 범위를 넘어선다. 좀 더 전반적으로 EKG에 관해 확인하고 싶다면 [Dubi00]을 참조하라.

의사들은 EKG를 세밀히 분석해 심장의 건강 상태를 진단할 수 있다. 신호의 모양은 여러 근육이 혈액을 공급하기 위해 수축하는 전기적 흐름의 경로를 나타낸다. 관상 동맥을 통한 혈액 흐름이 부족해져서 심장 근육의 일부가 손상되면(심근경색$^{MI, myocardial}$ ^{infarction}, 혹은 심장마비라 부른다) 전기 흐름이 달라진다. 숙련된 의사는 EKG 변화로부터 심장이 손상됐는지 여부와 심장의 어느 부분이 손상됐는지를 파악할 수 있다.

이 사례 연구의 경우 신경망을 15 리드 EKG에서 얻은 정보로 훈련해 심근경색을 찾아낸다.

데이터 수집과 전처리

이 사례 연구에 사용된 EKG 신호는 피지오넷^{PhysioNet} 데이터베이스[MoMa01]에서 얻은 것으로, 이 데이터는 건강한 환자와 심근경색이 있는 환자들의 QT 데이터 집합에서 추출했다. EKG는 15 리드로 구성되어 있으며, 리드는 I, II, III, aVR, aVL, aVF, V1, V2, V3, V4, V5, V6, VX, VY, VZ로 레이블되어 있다. 그림 20.1은 건강한 환자의 리드 I 신호를 보여준다.

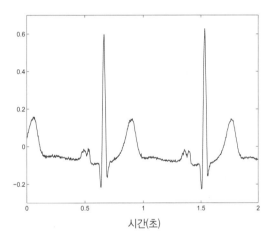

그림 20.1 EKG 신호 예시

데이터 집합에는 총 447개의 EKG 기록이 들어 있다. 이 중 79개는 건강한 환자의 기록이고, 나머지 368개는 심근경색 환자의 기록이다. 각 기록은 의사가 진단했지만 오류가 있을 수 있다. 이 점은 네트워크를 검증할 때 좀 더 자세히 살펴보자.

EKG는 15개 리드로 구성되고 1000Hz 간격으로 몇 분간 기록됐다. 데이터양이 너무 크기 때문에 전체 EKG를 신경망의 입력으로 사용하는 것은 불가능하다. 많은 패턴 인식 문제와 마찬가지로 여기서도 신경망을 사용해 패턴 인식 단계를 수행하기 전에 **특징 추출**feature extraction 단계를 거칠 필요가 있다. 특징 추출은 패턴 인식 단계를 단순화하고 안정적으로 수행하기 위해 고차원 입력 공간을 낮은 차원의 공간으로 매핑하는 과정이다.

차원 축소를 위한 여러 가지 보편적 기법이 존재한다. 그중에는 17장에서 설명한 PCA 같은 선형 기법도 있고, 다양체 학습manifold learning 같은 비선형 기법도 있다[TeSi00]. 이 사례 연구의 경우 저차원 특징 공간을 만드는 일반적인 기법을 사용하는 대신 의사들이 EKG에서 이상을 탐지하는 보편적인 방법을 사용해 특징을 추출할 것이다. 첫 번째 단계는 그림 20.2와 같이 전형적인 EKG 신호 주기를 고려하는 것이다.

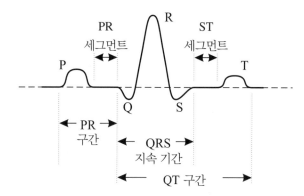

그림 20.2 심전도 신호의 프로토타입 주기

윌리엄 에인트호벤William Einthoven은 1900년대 초반에 최초로 EKG를 세밀히 측정해서 분석했다. 그는 그림 20.2의 전형적인 주기 곡선에 P, Q, R, S, T라고 기호를 붙였으며, 여러 심혈관 이상에 관한 심전도 특징을 설명했다. 이 발견으로 1924년에 노벨 의학상을 받은 그가 설명한 심전도 특징은 오늘날에도 여전히 사용되고 있다.

이 연구에서는 의사들이 표준적으로 사용하는 특징과 프로토타입 주기와 관련된 다른 특징을 사용했다[Raff06]. 여기서 사용할 특징 47개에 관한 설명은 다음과 같다(설명에서 말하는 '진폭amplitude' 리드는 VX, VY, VZ 리드 제곱 합의 제곱근을 의미한다).

신경망에 사용된 입력 특징들

1. 나이(year)

2. 성별(−1 = 여성, 1 = 남성)

3. 최대 심장 박동(beats/min)

4. 최소 심장 박동(beats/min)

5. 평균 박동 시간(sec)

6. 평균 심장 박동, rms 편차(beats/sec)

7. 심장 박동 분포의 최댓값 1/2 지점에서의 전체 너비

8. 최대 t 파를 가진 리드의 평균 qt 구간

9. 전체 리드에 대한 평균 qt 구간

10. 최대 t 파가 있는 리드에 대한 평균 수정 qt 구간

11. 전체 리드에 대한 평균 수정 qt 구간

12. 전체 리드에 대한 평균 qrs 구간

13. 최대 p 파가 있는 리드의 평균 pr 구간

14. 평균 최대 p 리드에서 pr 구간의 rms 편차

15. 모든 리드에 대한 평균 pr 구간

16. 모든 리드 평균에서 pr 구간의 rms 편차

17. 음의 p 파 최대 p 리드의 백분율

18. 모든 리드에 대한 음의 p 파의 평균 백분율

19. 임의의 t 파의 최대 진폭

20. qt 구간의 rms 편차

21. 수정된 qt 구간의 rms 편차

22. 평균 st 세그먼트 길이

23. st 세그먼트 길이의 rms 편차

24. 평균 심박수(beats/min)

25. 심박수 분포의 rms 편차(beats/min)

26. 모든 진폭의 박동에 대해 평균화된 rt 각도의 평균

27. 누락된 r 파(박동)의 수(beats)

28. 분석되지 않았거나 누락된 총 qt 구간 %

29. 분석되지 않았거나 누락된 총 pr 구간 %

30. 분석되지 않거나 누락된 전체 st 구간 %

31. t 파의 끝부분과 q 사이의 평균 최대 수

32. 모든 박동에 대한 rt 각도의 rms 편차

33. 진폭 리드의 평균 속도

34. 진폭 리드에서 qrs의 rms 편차

35. 진폭 리드에서 평균 st 구간

36. 진폭 리드에서 st 구간의 rms 편차

37. 진폭 리드와의 평균 qt 구간

38. 진폭 리드에서 qt 구간의 rms 편차

39. 진폭 리드에서 수정된 qt 구간의 평균 bazetts

40. 진폭 리드에서 보정된 qt 구간의 rms 편차

41. 진폭 리드에서 ave r-r 구간

42. 진폭 리드에서 r-r 구간의 rms 편차

43. qrs 복합체 아래의 평균 면적

44. s-t 파 종단 평균 면적

45. qrs 영역 vs. s-t 파 영역의 평균 비율

46. 진폭 신호의 모든 박동에 대해 평균화된 각 박동 내에서 rt 각도의 rms 편차

47. 진폭 신호에 대한 st 간격의 시작 분에서 st 높이

요약하면 데이터 집합에는 447개의 기록이 있다. 각 기록에는 47개의 입력 변수가 있고, 하나의 목표가 있다. 목표는 건강한 것으로 진단되면 1이고, 심근경색으로 진단되면 −1이다.

데이터 집합의 문제 중 하나는 건강 진단 데이터는 79개밖에 없는 반면 심근경색 데이터는 368개나 있다는 점이다. 모든 오차가 균등하게 가중된 제곱 오차 합을 성능 지표로 사용해 네트워크를 훈련할 경우 네트워크는 심근경색으로 편향될 것이다. 이상적으로 이 문제를 해결하려면 건강한 환자의 데이터를 더 많이 수집해야만 한다. 이 방법은 불가능하다고 가정하자. 결국 현재 데이터에서 조치를 취해야 한다. 한 가지 방법은 제곱 오차 합의 가중치를 사용하는 것이다. 심근경색 환자의 오차보다 건강한 환자의 오차에 더 높은 가중치를 준다면, 각 오차가 같다고 가정할 경우 전체적으로 건강한 사람과 심근경색 환자의 기여도는 같아질 것이다. 또 다른 간단한 방법은 데이터 집합

의 건강한 데이터를 중복해서 건강한 환자 기록의 개수가 심근경색 기록 개수와 같아지도록 만드는 방법이다. 이를 위해서는 추가적인 계산이 필요하지만, 이 예제의 경우는 데이터가 많지 않아 크게 문제되지는 않는다. 이 방법이 가장 간단하기 때문에 여기서는 이 방법을 사용할 것이다.

데이터가 수집되면 그다음에는 데이터를 훈련, 검증, 테스트 집합으로 나눈다. 이 경우는 15%는 검증, 15%는 테스트에 랜덤하게 할당한다. 검증과 테스트 집합에는 건강한 기록을 중복하지 않는다. 오직 훈련 집합에서만 중복한다.

데이터는 식 (17.1)로 정규화해서 입력이 [−1, 1] 사이에 있도록 한다. 신경망의 출력 계층에는 탄젠트−시그모이드 전달 함수를 사용하기 때문에, 목푯값은 −1과 1 대신 −0.76과 0.76 사이로 설정해 17장에서 설명했던 시그모이드 함수의 포화로 인한 훈련의 어려움을 방지한다.

네트워크 구조 선택

그림 20.3은 네트워크 구조를 보여준다. 두 계층에 탄젠트−시그모이드 전달 함수를 사용한다. 이는 패턴 인식을 위한 표준 네트워크다. 은닉 계층을 2개 사용하는 경우도 있지만 대부분 은닉 계층 하나로 먼저 테스트해본다. 은닉 계층 S^1의 뉴런 수는 패턴 인식 작업에 필요한 결정 경계의 복잡도에 달려 있다. 일반적으로 훈련 전에는 알 수 없는 것들이다. 은닉 계층에서는 10개의 뉴런으로 시작해 훈련 이후에 네트워크 성능을 테스트할 것이다.

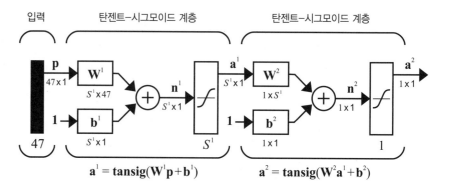

입력   탄젠트–시그모이드 계층   탄젠트–시그모이드 계층

$$\mathbf{a}^1 = \mathbf{tansig}(\mathbf{W}^1\mathbf{p}+\mathbf{b}^1) \qquad \mathbf{a}^2 = \mathbf{tansig}(\mathbf{W}^2\mathbf{a}^1+\mathbf{b}^2)$$

그림 20.3 네트워크 구조

네트워크 훈련

확장된 켤레 경사 알고리즘scaled conjugate gradient algorithm[Mill93]을 이용해 네트워크를 훈련한다. 이 알고리즘은 패턴 인식 문제에 매우 효율적이다. 네트워크 과적합을 피하기 위해 조기 종료를 사용한다.

그림 20.4는 반복 횟수 대비 평균 제곱 오차를 보여준다. 회색 선은 검증 오차를 나타내고, 검은색 선은 훈련 오차를 나타낸다. 은닉 계층에 10개의 뉴런이 있는 네트워크를 사용했다(S^1 = 10). 그림 20.4에서 원으로 표시된 것처럼 16번 반복에서 최소 검증 오차가 발생했으며, 이 지점에서 네트워크 파라미터가 저장됐다. 검증 오차 곡선은 매번 반복할 때마다 항상 감소하지는 않으며, 더 낮은 값에 도달하기 전에 상승할 수도 있다는 점을 유의하자. 40번 반복하는 동안 더 이상 검증 오차가 감소하지 않는다는 사실을 알았기 때문에 훈련을 마치게 된다.

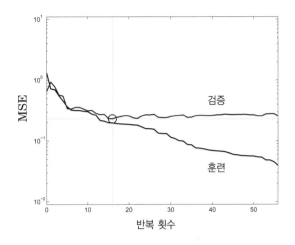

그림 20.4 제곱 오차 평균 vs. 반복 횟수($S^1 = 10$)

검증

앞 장에서 설명했던 것처럼 함수 근사에서 네트워크 검증을 위한 주요 툴로 네트워크 출력 vs. 목표의 산포도가 있다. 패턴 인식의 경우 네트워크 출력과 목푯값이 이산이므로 산포도는 실제 유용하지 않다. 산포도 대신 17장에서 설명했던 혼동 행렬을 사용할 것이다. 그림 20.5는 훈련 데이터에 대한 훈련된 네트워크의 혼동 행렬을 보여준다. 왼쪽 위 셀은 훈련 집합의 건강한 EKG 14개 중 13개가 정확히 분류됐음을 보여주지만 2,2 셀은 71개의 심근경색 EKG 중 66개가 정확히 분류됐음을 보여준다. 테스트 데이터의 92.9%가 정확히 분류됐다. 가장 큰 실수는 셀 1,2에서 볼 수 있듯이 심근경색 기록이 건강한 것으로 분류된 경우(5)다.

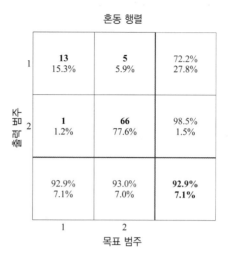

그림 20.5 테스트 데이터의 혼동 행렬(한 가지 데이터 분할)

패턴 인식에서 또 다른 유용한 검증 도구는 17장에서 살펴본 ROC 곡선이다. 그림 20.6은 테스트 데이터에 대한 ROC 곡선(①)을 보여준다. 이상적인 곡선은 0,0부터 0,1의 경로를 따르다가 1,1로 간다. 이 훈련 집합에 대한 곡선은 이상적인 경로에 가깝다.

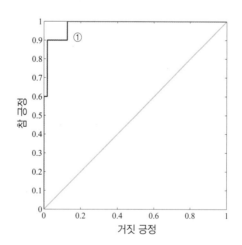

그림 20.6 ROC 곡선(테스트 집합)

그림 20.5와 그림 20.6에 나타난 결과는 데이터를 훈련/검증/테스트 집합으로 나눈 한 가지 분할을 보여준다. 데이터 집합이 매우 작기 때문에 특히 건강한 진단 집합의 경우 결과가 데이터 분할에 얼마나 민감할지 궁금할 수 있다. 민감도를 확인하기 위해 몬테카를로 시뮬레이션을 시행해본다. 데이터는 1,000번 다르게 분할됐다. 각 분할별로 각기 다른 초기 가중치를 사용해 신경망을 훈련했다. 1,000번 시행한 결과를 모두 평균한 다음 그림 20.7에 표시했다.

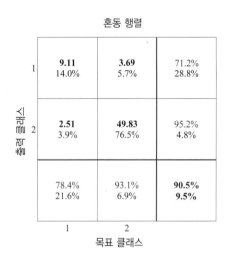

그림 20.7 1,000번의 몬테카를로 시행에 대한 평균 테스트 혼동 행렬

그림 20.7은 1,000개의 각기 다른 네트워크와 데이터 분할에 대한 평균 결과를 보여준다. 각 훈련 집합에 대해 (평균적으로) 약 12명의 건강한 환자가 있다. 이 중 9명 이상이 정확히 진단됐다. 각 훈련 집합에 약 54명의 아픈 환자가 있고 50명이 정확히 진단됐다. 평균 테스트 오류는 9.5%이다. 테스트 집합의 환자 데이터는 네트워크 훈련에 하나도 사용되지 않았으므로 이 수치는 네트워크가 새로운 환자에 대해 어떻게 예측할 것인가에 대한 보수적인 수치로 인식해야 한다.

몬테카를로 시뮬레이션에 대한 평균 테스트 결과는 원 테스트 결과와 유사하다. 그러나 평균 결과 외에 오차의 분포를 살펴보는 것도 유용하다. 그림 20.8은 백분율 오차의 히스토그램을 보여준다. 평균 백분율 오차는 9.5%이지만 오차 분포는 심각하게 퍼져 있다. 백분율 오차의 표준편차는 3.5이다.

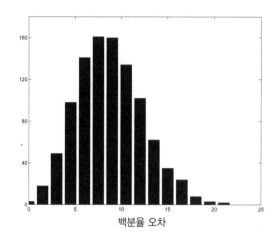

백분율 오차

그림 20.8 백분율 오차 히스토그램(몬테카를로 1,000번 시행)

몬테카를로 과정은 데이터를 검증하고 훈련할 때 유용하다. 예를 들어, 몬테카를로 시뮬레이션을 수행할 때마다 어떤 환자가 잘못 분류됐는지 확인할 수 있다. (분포와 상관없이) 지속적으로 잘못 분류되는 환자들은 주의 깊게 살펴야 한다. 이러한 경우는 두 영역에서 유용하다. 우선 데이터베이스를 정제할 수 있게 해준다. 임상의의 재평가 후에 특정 환자는 원래 데이터에서 잘못 분류된 것으로 확인할 수 있고 이를 바로잡을 수 있다. 두 번째는 환자가 원래 데이터에서 정확히 분류됐다는 사실을 리뷰를 통해 알게 되면 그 환자 데이터를 사용해 신경망의 분류 연산을 개선하는 데 활용할 수 있다. 이를 통해 EKG의 핵심 특성을 포착하는 새로운 특징을 알아내거나 비슷한 특징을 갖는 데이터를 더 많이 얻어서 신경망의 훈련을 강화할 수 있다.

신경망을 개선하기 위해 몬테카를로 프로세스를 사용한다. 몬테카를로 시행을 통해 구한 개별 네트워크들을 결합하면 좀 더 정교한 분류가 가능하다. 모든 네트워크에 동일한 입력을 적용하면 '투표' 과정을 통해 출력을 합칠 수 있다. 가장 많은 네트워크가 선택한 클래스로 결정한다.

데이터 집합

이 사례 연구와 연관된 데이터 파일은 2개다.

- ekg_p.txt: EKG 데이터 집합의 입력 벡터를 포함한다.
- ekg_t.txt: EKG 데이터 집합의 목표를 포함한다.

이 파일들은 부록 C에 설명되어 있는 데모 소프트웨어에서 찾을 수 있다.

맺음말

이 장에서는 다층 신경망을 패턴 인식에 사용하는 것을 보여줬다. 이 예제에서 패턴 인식 네트워크는 EKG 기록을 건강한 사람과 심근경색 진단을 분류하는 데 사용됐다.

대부분 패턴 인식 과제는 특징 추출 과정을 거쳐서 원래 데이터 집합의 차원을 축소한다. EKG 데이터에서 추출된 특징은 프로토타입 EKG 주기의 특징으로 구성된다.

몬테카를로 절차는 네트워크 검증의 일부로 사용된다. 데이터는 랜덤하게 여러 번 훈련/검증/테스트 집합으로 분할되고, 각 분할에 대해 임의의 초깃값을 사용해 신경망을 훈련한다. 각 네트워크의 성능을 분석해 미래의 기대 성능을 결정한다. 또한 데이터 분할과 상관없이 대부분의 네트워크에서 잘못 분류된 데이터를 분석해 데이터 집합을 정제하거나 패턴 인식의 성능 향상에 활용한다.

다음 장에서는 클러스터링 문제에 신경망을 적용한다. 이 응용에 자기 조직 특징 맵을 사용한다.

참고 문헌

[Dubi00]   D. Dubin, *Rapid Interpretation of EKG's*, Sixth Edition, Tampa, FL: COVER, 2000.

이 책은 EKG를 매우 명확한 용어로 설명하고 EKG를 해석할 수 있도록 단계별로 이끌어 준다.

[MoMa01]   G.B. Moody, R.G. Mark, and A.L. Goldberger, "PhysioNet: a Web-based resource for the study of physiologic signals," *IEEE Transactions on Engineering in Medicine and Biology*, vol. 20, no. 3, pp: 70−75, 2001.

이 논문은 생리적 신호가 저장된 방대한 데이터베이스인 피지오 넷PhysioNet에 대해 설명한다. 데이터베이스는 http://www.physionet.org/에서 찾을 수 있다.

[Raff06]   이 장에서 설명했던 데이터 집합의 특징은 오클라호마 주립대학교 화학과 교수인 라이오넬 라프Lionel Raff 박사가 설계하고 추출한 것이다.

[TeSi00]   J. B. Tenenbaum, V. de Silva, J. C. Langford, "A Global Geometric Framework for Nonlinear Dimensionality Reduction," *Science*, vol. 290, pp. 2319−2323, 2000.

데이터를 고차원 다양체에서 저차원 다양체로 매핑하는 다양체 학습manifold learning에는 여러 가지 방법이 있다. 이 논문은 아이소 맵Isomap이라는 기법을 소개한다.

21

사례 연구 4: 클러스터링

목표

21장에서는 클러스터링을 위한 신경망 사용에 대한 사례 연구를 제시한다. 클러스터링 문제에서는 신경망을 사용해 유사성에 따라 데이터를 그룹화한다. 예를 들어 구매 패턴에 따라 사람들을 그룹화하면 마켓 세분화를 할 수 있고, 데이터를 연관된 부분집합에 따라 분할하면 데이터 마이닝이 이뤄지며, 관련된 유전자 발현양상에 따라 유전자를 그룹화하면 생물정보학적 분석이 가능하다.

이 장에서는 삼림 문제에 클러스터링을 적용해 임상 식물 종류를 분석해본다. 여기서는 15장에서 설명한 자기 조직 특징 맵SOFM, self-organizing feature map을 이용해 클러스터링을 수행하고, SOFM과 함께 사용할 수 있는 다양한 시각화 툴을 설명할 것이다.

이론과 예제

이 장에서는 클러스터링을 위한 신경망 사용에 대한 사례 연구를 제시한다. 일반적으로 클러스터링 문제는 목표 집합이 존재하지 않으므로 클러스터링 네트워크는 비지도 훈련 알고리즘으로 훈련한다. 따라서 원하는 응답을 얻기 위해 네트워크를 훈련시키는 대신 숨은 패턴을 찾기 위해 데이터 집합을 분석한다. 클러스터링은 많은 응용 분야가 있다. 대규모 데이터 집합을 분석해 데이터의 부분집합 간 유사도를 찾아내는 데이터 마이닝에 광범위하게 사용된다. 도시 계획에 활용할 경우에는 시의회에서 시의 각 지역을 비슷한 주거 형태와 토지 용도에 따라 다른 용도에 할당하기 위해 사용한다. 이미지 압축에서는 부분 이미지들의 작은 프로토타입 집합을 구성해서 전체 이미지 집합을 표현하는 데 사용할 수 있다. 음성 인식에서는 화자 독립 인식 speaker-independent recognition 문제를 단순화하기 위해 화자를 유형별로 클러스터링한다. 마케터들은 클러스터링을 사용해 고객군을 그룹별로 구분한다. 또한 대규모 문헌 정보를 구조화해서 관련 항목으로 빠르게 검색할 수 있게 하는 데 이용되기도 한다.

이 응용에 사용되는 신경망은 15장에서 소개했던 자기 조직 특징 맵이다. 이 클러스터링 네트워크는 대규모 데이터 집합을 여러 차원으로 시각화할 수 있는 고유한 성질을 갖고 있다. 이 사례 연구에서는 시각화 기능에 집중할 것이다.

임상 식물 문제 정의

산림청의 주요 업무 중 하나는 정확한 자연 자원 목록 정보를 유지하는 것이다. 기록되는 주요 특성 중 하나는 야생 지역에서 발견되는 임상 식물 종류다. 일반적으로 이런 종류의 데이터는 현장 관찰을 하거나 원격 탐지 데이터에서 추정을 해야 하므로 수집 비용이 많이 든다. [BlDe99]는 더 쉽게 얻을 수 있는 독립 변수로부터 임상 식물 종류를 예측하는 방법을 설명한다. 이 장에서는 이 논문에 설명된 데이터를 이용해 클러스터링 분석을 수행할 것이다. 그리고 SOFM으로 데이터를 분석해서 독립 변수의 고차원 공간을 시각화하고 임상 식물 간의 관계를 식별하는 방법을 설명한다.

표 21.1에는 임상 식물 종류를 표시하는 독립 변수 10개가 있다([BlDe99]에는 12개의 변수가 사용됐지만 이 예제에서는 편의상 10개만 선정했다). 이 변수들은 임상 식물 종류보다 훨씬 더 쉽게 측정하거나 추정할 수 있다. SOFM을 사용해 영역을 임상 식물 종류로 나누는 것과 같은 방식으로 데이터를 클러스터링하기 위해 이 변수들을 사용할 수 있을지 확인해보자.

표 21.1 독립 변수 설명

변수 번호	설명	단위
1	고도	미터(meters)
2	방향	방위각(azimuth)
3	경사	각도(degrees)
4	가장 가까운 지표수까지의 수평 거리	미터
5	가장 가까운 지표수까지의 수직 거리	미터
6	가장 가까운 차도까지의 수평 거리	미터
7	하지 9시의 음영 기복 지수^{hillshade index}	0~255 인덱스
8	하지 12시의 음영 기복 지수	0~255 인덱스
9	하지 15시의 음영 기복 지수	0~255 인덱스
10	가장 가까운 들불 발화 지점까지의 수평 거리	미터

표 21.2에는 [BlDe99]의 관심 있는 임상 식물 종류가 있다. 이 예에서 사용하는 데이터 집합은 임상 식물 종류에 관한 정보를 갖고 있지만, 훈련에서는 사용하지 않고 SOM의 클러스터링 역량을 테스트할 때 사용할 것이다.

표 21.2 임상 식물 종류

레이블	이름
0	눈잣나무(Krummholz)
1	가문비나무(Spruce/Fir)
2	로지폴 소나무(Lodgepole Pine)
3	폰데로사 소나무(Ponderosa Pine)
4	미루나무/버드나무(Cottonwood/Willow)
5	사시나무(Aspen)
6	미국 소나무(Douglas-fir)

데이터 수집과 전처리

예제에서 사용하는 데이터는 원래 [HeBa99]에서 가져온 것이다. 데이터에는 30×30 미터 셀에서의 임상 식물 종류가 들어 있으며, 미국 산림청USFS, US Forest Service 지역 2의 자원 정보 시스템RIS, Resource Information System 데이터에서 얻은 것이다. 원래 데이터에는 581,012개의 관측치가 들어 있으며, 각 관측치는 12개의 독립 변수와 임상 식물 종류로 구성되어 있다. 여기서는 처음 20,000개의 관측치를 사용하고 표 21.1에 설명한 10개의 독립 변수만 사용한다. 임상 식물 종류는 표 21.2에 있다. 앞에서 언급했듯이, 임상 식물 종류는 훈련에 사용하지 않는다.

이전 3개 장에서 설명했던 것처럼 지도 학습에서는 데이터를 수집한 다음 훈련, 검증, 테스트 집합으로 나눈다. 비지도 학습에서는 훈련을 중단하기 위해 검증 집합을 사용할 필요가 없기 때문에 일반적으로 이런 방식으로 데이터를 분할하지 않는다. 경쟁 훈련은 대개 정해진 횟수만큼 반복한다. 이 예제에서는 전체 데이터를 훈련에 사용했다.

다음 단계는 데이터를 정규화하는 것이다. 식 (17.1)로 데이터 크기를 조정해 입력이 $[-1, 1]$ 사이에 오게 한다(SOFM의 경우 식 (17.2)를 사용해 데이터 크기를 조정하여 입력 변수가 평균 0, 분산 1을 갖게 할 수도 있다).

네트워크를 훈련하기 전에 입력 데이터를 살펴보면 도움이 된다. 이때 산포도를 사용하면 편리하다. 그림 21.1은 입력 변수 7, 8, 9의 산포도를 보여준다. 이 그림에서 대각선에 있는 도표는 세 변수의 히스토그램이고, 그 외의 도표는 산포도다(지면 관계상 이 그림에서는 세 변수만 표시했다).

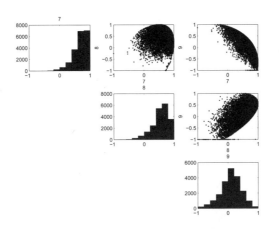

그림 21.1 7, 8, 9번 입력 변수에 대한 산포도

그림 21.1과 같은 산포도를 사용하면 관찰할 수 있는 것이 몇 가지 있다. 먼저 데이터가 전체 범위에 잘 퍼져 있는지 확인할 수 있다. 분산이 아주 작거나 없는 변수들은 분석에서 제거한다. 변수 간의 상관 관계도 살펴본다. 예를 들어, 산포도의 점들이 직선을 따라서 있으면 두 변수가 선형 상관 관계가 있음을 알 수 있다. 따라서 분석에 두 변수를 사용할 필요가 없다. 그림 21.1에서 변수 사이에 상관 관계는 있지만 선형 종속은 아님을 알 수 있다.

네트워크 구조 선택

이 예제에서는 클러스터링을 수행하기 위해 15장에서 설명했던 SOFM 네트워크를 사용한다. 상세한 구조는 어느 정도 데이터 점 수를 기반으로 선택되므로, 각 프로토타입 벡터와 연관된 적절한 분량의 데이터가 존재한다(가중치 행렬의 각 행은 프로토타입 벡터를 의미한다. 입력은 가장 가까운 프로토타입 벡터와 연관되어 있다). 데이터 집합이 커지면 급격하게는 아니지만 뉴런 수도 증가한다. 경험적으로 데이터 수의 제곱근에 비례해서 뉴런 수를 늘린다.

그림 21.2는 선정한 네트워크 구조를 보여준다. (표 21.1에 정의된) 10개의 입력 변수가 있고 150개의 뉴런을 사용한다. 특징 맵은 15×10으로 뉴런의 육각형 배열을 사용한다. 따라서 안쪽에 있는 뉴런은 6개의 이웃을 갖는다.

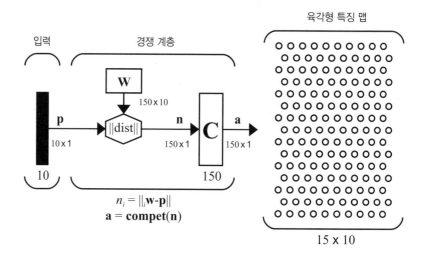

그림 21.2 SOM 네트워크 구조

네트워크를 훈련시키고 나면 결과를 분석해 네트워크 구조가 만족스러운지 판단한다. 실제 경우에는 몇 가지 다른 구조를 시도해보기도 한다. (보통 제곱 오차 합인) 명확한 성능 지표가 있는 지도 학습과는 다르게, SOFM 네트워크는 확실한 최고 성능의 기준은 없다. 주로 사람들이 얻으려는 것은 데이터 집합에 대한 직관이다. SOFM 네트워크의 최적의 구조와 훈련 체계를 선정하는 것은 예술에 가깝다. 이런 상황은 다음 절에서 훈련된 네트워크의 결과를 분석해보면 더욱 명확해질 것이다.

네트워크 훈련

훈련을 시작하기 전에 가중치 벡터($\mathbf{W}$의 행)는 선형 초기화^{linear initialization} 방법으로 초기화됐다[Koho95]. 먼저 입력 벡터의 공분산 행렬을 계산한다. 그런 다음 이 행렬의 고유벡터 중 가장 큰 고윳값을 갖는 고유벡터를 2개 고른다. $\mathbf{W}$의 행은 입력 벡터의 평균을 취하고 두 고유벡터의 선형 결합을 더해서 할당한다. 따라서 모든 초기 가중치 벡터는 두 고유벡터로 생성된 공간에 배치된다. 이런 초기화 과정은 순수한 랜덤 가중치 초기화에 비해 훨씬 수렴이 빨라진다(훈련 집합에서 입력 벡터를 임의로 선택해 초기 가중치 벡터로 사용할 수도 있다).

식 (15.21)의 SOFM 학습 규칙은 다음과 같다.

$$\begin{aligned} {}_i\mathbf{w}(q) &= {}_i\mathbf{w}(q-1) + \alpha(\mathbf{p}(q) - {}_i\mathbf{w}(q-1)) \\ &= (1-\alpha){}_i\mathbf{w}(q-1) + \alpha\mathbf{p}(q) \end{aligned} \qquad i \in N_{i*}(d) \qquad (21.1)$$

여기서 $i*$는 승리한 뉴런의 인덱스다. 그리고 다음 식은 이웃 뉴런을 정의한다.

$$N_i(d) = \{j, d_{ij} \le d\} \qquad (21.2)$$

이 예에서는 훈련 집합의 모든 입력을 네트워크에 제시한 후에 가중치를 갱신하도록 알고리즘을 배치 형식으로 사용할 것이다. 먼저 식 (21.1)의 순차적 형식을 다음과 같이 수정해서 배치 형식으로 만든다.

$$ {}_i\mathbf{w}(q) = {}_i\mathbf{w}(q-1) + h_{i*,i}(\mathbf{p}(q) - {}_i\mathbf{w}(q-1)) \qquad (21.3)$$

여기서 $h_{i*,i}$는 이웃 함수다. 식 (21.1)의 이웃 함수는 다음과 같다.

$$h_{i*,i} = \begin{cases} \alpha & i \in N_{i*}(d) \\ 0 & i \notin N_{i*}(d) \end{cases} \qquad (21.4)$$

이 이웃 함수의 정의를 사용해 식 (21.1)의 배치 버전을 다음과 같이 정의할 수 있다.

$$_i\mathbf{w}(k) = \frac{\sum\limits_{q=1}^{Q} h_{i*(q),\,i}\,\mathbf{p}(q)}{\sum\limits_{q=1}^{Q} h_{i*(q),\,i}} \tag{21.5}$$

여기서 k는 반복 횟수이고, $i*(q)$는 입력 $\mathbf{p}(q)$의 승리 뉴런이다. 배치 알고리즘의 경우 반복할 때마다 네트워크에 모든 입력을 제시하므로 반복 횟수와 입력 번호를 구분할 필요가 있다. 각 입력에 대해 하나의 반복만 있었던 식 (21.1)의 순차 알고리즘과 대조적이다. 또한 학습률은 식 (21.5)의 분모, 분자에 모두 나타나므로 배치 알고리즘에 영향을 주지는 못한다.

이웃 함수 식 (21.4)의 경우 배치 알고리즘은 승자의 이웃에 있는 입력 벡터들의 평균을 가중치로 할당하는 효과가 있다. 순차 알고리즘처럼 이웃 크기는 훈련 중에 줄어든다. 모든 가중치가 데이터가 있는 입력 공간 영역으로 이동할 때까지 훈련을 시작할 때는 이웃 크기를 크게 설정한다. 그런 다음 가중치 위치를 세밀하게 조정하기 위해 이웃의 크기를 줄인다.

배치 알고리즘의 각 반복에서 순차 알고리즘에 비해 훨씬 더 많은 계산량이 소요되지만 반복 횟수는 많이 줄어든다. 이 사례 연구에서는 배치 알고리즘을 두 번 반복했다. 첫 번째 반복에서는 이웃 크기를 4로, 두 번째 반복에서는 이웃 크기를 1로 줄였다.

검증

훈련된 SOM의 품질을 평가하기 위한 해상도resolution와 토폴로지 유지topology preservation (798페이지 참조)라는 두 가지 수치 척도를 고려할 것이다. SOM 해상도 척도 중 하나는 양자화 오차quantization error인데, 각 데이터 벡터와 승리 뉴런 사이의 평균 거리를 의미한다. 평균 거리가 너무 크면 임의의 프로토타입으로 적절히 표현되지 않는 입력 벡터가 많다는 뜻이다.

SOM 토폴로지 유지의 척도는 지형 오차^{topographic error}다. 이는 입력 벡터와 가장 가까운 (승리) 뉴런과 그다음 가까운 뉴런이 특징 맵 토폴로지에서 서로 인접하지 않은 경우의 모든 입력 벡터의 비율이다. 이 값이 작으면 토폴로지에서 서로 이웃인 뉴런은 입력 공간에서도 이웃이라는 뜻이다. 토폴로지 유지가 매우 중요하므로 나중에 설명할 시각화 툴은 데이터 집합에 대한 유효한 직관을 제공할 것이다.

여기 훈련된 SOM의 경우 최종 양자화 오차는 0.535이고 최종 지형 오차는 0.037이다. 이는 모든 입력 데이터 중 4% 이하가 승리 뉴런과 다음으로 가까운 뉴런이 서로 이웃해 근접해 있지 않다는 뜻이 된다. 훈련이 완료되면서 SOM은 올바른 토폴로지를 얻은 것처럼 보인다.

훈련된 SOM 네트워크를 측정할 수 있는 여러 시각화 도구가 있다. 그중 하나는 통합 거리 행렬인데, u행렬이라고도 부른다. u행렬은 특징 맵에서 이웃 뉴런 간의 거리를 보여준다. 특징 맵의 뉴런별로 하나의 셀을 가지며, 한 쌍의 뉴런 사이에 추가적인 셀을 갖는다. 뉴런 간의 셀은 해당 가중치 벡터의 거리에 따라 색깔이 다르게 표시된다. 뉴런 셀은 주변값의 평균으로 색깔이 표시된다. 그림 21.3은 이 예에서 훈련한 SOM의 u행렬을 보여준다.

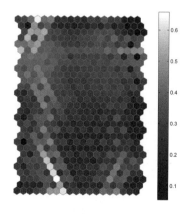

그림 21.3 훈련된 SOM의 u행렬

그림 21.3에서 연한 색 셀은 두 뉴런 간의 거리가 멀다는 것을 의미한다. 특징 맵의 왼쪽에 연한 색 띠가 형성된 셀을 볼 수 있다. 이로써 맵의 왼쪽 부분에 있는 뉴런과 연관된 클러스터는 중간이나 오른쪽에 비해 심하게 다르다는 사실을 알 수 있다. 데이터 집합에서 데이터 점마다 실제 임상 식물 종류를 알고 있다. 특징 맵의 셀에 클러스터 중심과 가장 가까운 입력 벡터의 임상 식물 종류의 레이블을 붙일 수 있다. 그림 21.4에 생성된 레이블 맵이 있다.

그림 21.4와 그림 21.3을 비교해보면 임상 식물 종류 2(표 21.2 참조)는 특징 맵의 왼쪽 가장자리와 연관된 것을 볼 수 있다. 맵을 가로질러 왼쪽에서 오른쪽으로 이동해보면, 종류 0과 1은 중간 부분에 코드화됐고 5, 3, 4, 6은 오른쪽 윗부분에 위치해 있음을 확인할 수 있다. SOM이 데이터를 임상 식물 종류에 따라 클러스터링하는 것을 학습했음을 알 수 있다.

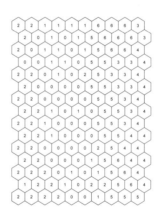

그림 21.4 레이블된 SOM

SOM이 클러스터링한 방식에 대한 더 많은 통찰을 얻으려면 '히트 히스토그램^{hit} histogram'을 그려보면 된다. 그래프에는 전체 데이터 집합에 대해 각 뉴런이 승리한 횟수를 세어본다. 데이터는 임상 식물 종류로 레이블되어 있으므로 각 종류가 어느 특징 맵에 속하는지도 알아볼 수 있다. 그림 21.5에서 해당 그래프를 볼 수 있다. 각 셀이 특정 회색 색조 단계로 그려진 육각 구조임을 알 수 있다. 육각 구조의 크기는 해당 뉴런이 몇 번이나 승리했는지를 나타낸다. 육각형의 회색 색조는 임상 식물 종류를 나타낸다. 가장 진한 육각형은 임상 식물 0을 나타내고, 가장 밝은 육각형은 임상 식물 6을 나타낸다. 맵의 다양한 영역이 일관된 색을 갖고 있음을 알 수 있다. 좌측은 중간 회색 단계를 갖고 있고, 이는 종류 2에 해당한다. 가장 어두운 단계는 왼쪽 가운데 영역에 있고, 종류 0과 1에 해당한다. 종류 5, 6에 해당하는 밝은 색은 오른쪽 중간에 있고 3, 4에 해당하는 중간 레벨은 오른쪽 끝에 위치해 있다.

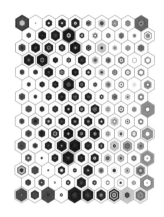

그림 21.5 훈련된 SOM의 히트 히스토그램

여전히 많은 문제에서 입력 벡터에 레이블을 붙일 수 없다. 여기서 중요한 점은 SOM의 경우 실제 식물 종류를 모르고도 데이터를 유사한 식물 종류로 클러스터링할 수 있었다는 것이다. 이는 SOM이 데이터를 유용하게 클러스터링할 수 있을 만큼 입력 벡터를 구성하는 10개의 변수가 식물 종류와 충분한 상관 관계를 갖고 있다는 뜻이다.

훈련된 SOM을 분석하는 또 다른 유용한 툴은 구성요소 평면component plane이다. 구성요소 평면은 SOM 가중치 행렬의 열을 나타낸다. 각 열은 입력 벡터의 하나의 요소에 해당한다. i열의 j번째 요소는 입력 i와 뉴런 j의 연결을 의미한다. 구성요소 평면에서는 각 가중치 요소가 연결된 뉴런의 위치에 있는 특징 맵 토폴로지의 셀로 표시된다. 셀의 회색 색조는 가중치 벡터 요소의 크기를 나타낸다.

그림 21.6에는 훈련된 SOM의 구성요소 평면(가중치 행렬 각 열마다 입력 벡터의 각 요소) 10개가 그려져 있다. 우선 주목할 부분은 각 열이 서로 구분된다는 것이다. 같은 패턴을 가진 열은 하나도 없다. 입력 변수 1, 4, 5, 6, 10은 종류 2와 나머지를 구분하는 데 주요 역할을 한다는 사실을 알 수 있다. 이들은 종류 2가 클러스터링되어 있는 특징 맵의 왼쪽 가장자리 경계에 나타나는 패턴을 보여준다. 표 21.1로 돌아가 보면 종류 2와 연결점을 알 수 있는 적절한 변수를 찾을 수 있다.

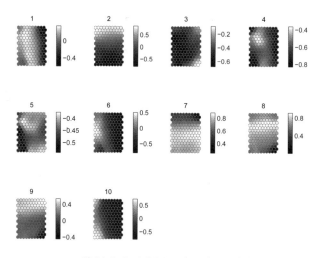

그림 21.6 훈련된 SOM의 구성요소 평면

데이터 집합

이 사례 연구와 연관된 데이터 파일은 2개다.

- cover_p.txt: 데이터 집합의 입력 벡터를 포함한다.
- cover_t.txt: 데이터 집합의 목표를 포함한다.

이 파일들은 부록 C에 설명되어 있는 데모 소프트웨어에서 찾을 수 있다.

맺음말

이 장에서는 클러스터링을 위한 SOM 네트워크의 사용에 대해 설명했다. 클러스터링은 데이터 집합의 입력 벡터들을 정렬해서 비슷한 벡터들끼리 같은 클러스터로 모은다. 이 사례 연구에서는 SOM을 사용해 삼림 데이터를 클러스터링했다. 아이디어는 비슷한 임상 식물 종류에 따라 지역을 클러스터링하는 것이다.

SOM 네트워크의 주요 장점 중 하나는 데이터 집합의 효율적인 클러스터링 외에도 다차원 데이터를 시각화할 수 있는 능력이다.

다음 장에서는 신경망을 예측 문제에 적용해볼 예정이다. 해당 응용에는 NARX^{Nonlinear Autoregressive model with eXogenous inputs} 네트워크를 사용한다.

참고 문헌

[BlDe99]   J. A. Blackard and D. J. Dean, "Comparative Accuracies of Artificial Neural Networks and Discriminant Analysis in Predicting Forest Cover Types from Cartographic Variables," Computers and Electronics in Agriculture, vol. 24, pp. 131-151, 1999.

이 연구는 지도 변수로부터 임상 식물 종류를 예측하는 데 있어 신경망과 판별 분석법을 비교했다. 이 연구는 북부 콜로라도의 프론트 산맥에 있는 루즈벨트 국립 산림원의 네 군데 야생 지역에서 평가했다.

[HeBa99]   S. Hettich and S. D. Bay, The UCI KDD Archive [http://kdd.ics.uci.edu], Irvine, CA: University of California, Department of Information and Computer Science, 1999.

이 데이터베이스는 광범위한 데이터 형식, 분석 과제, 응용 분야를 가진 대규모 데이터 집합의 온라인 저장소다. 이 데이터는 어바인에 있는 캘리포니아 대학교에서 관리하고 있다.

[Koho93]   T. Kohonen, "Things you haven't heard about the Self-Organizing Map," Proceedings of the International Conference on Neural Networks (ICNN), San Francisco, pp. 1147-1156, 1993.

이 논문은 SMO 학습 규칙의 배치 형태와 그 변형에 대해 설명하고 있다.

[Koho95]   T. Kohonen, Self-Organizing Map, 2nd ed., Springer-Verlag, Berlin, 1995.

이 책은 SOM의 이론과 실제 작동에 대해 자세히 설명한다. 또한 벡터 양자화 학습 알고리즘 Learning Vector Quantization algorithms을 다룬 별도의 장이 있다.

22

사례 연구 5: 예측

목표

22장에서는 예측을 위한 신경망 사용에 대한 사례 연구를 제시한다. 예측은 과거의 시계열 값을 사용해 미래의 값을 예측하는 일종의 동적 필터링dynamic filtering이라고 할 수 있다. 동적 필터링과 예측에는 10장과 14장에서 설명했던 동적 네트워크가 사용된다. 이전 사례 연구와는 달리 동적 네트워크의 입력은 시계열이다.

예측에 관한 응용은 아주 다양하다. 예를 들어 금융 분석가는 주식, 채권 또는 기타 금융 상품에 대한 미래 가격을 예측하고자 할 것이다. 공학자는 제트 엔진의 곧 발생할 고장을 예측하고 싶을 것이다. 예측 모델은 시스템 식별 또는 동적 모델링에도 사용된다. 여기서는 물리적 시스템의 동적 모델이 구축되며, 동적 모델은 제조 시스템, 화학 공정, 로보틱스, 항공 시스템 등 다양한 시스템의 분석, 시뮬레이션, 모니터링, 제어에 중요하다. 이 장에서는 자기 부상 시스템의 예측 모델 개발에 대해 설명한다.

이론과 예제

이 장에서는 예측을 위한 신경망 사용에 대한 사례 연구를 제시한다. 동적 시스템을 모델링하기 위해 예측 신경망을 사용하는데, 데이터에서 동적 모델링을 하는 것을 시스템 식별system identification이라고 한다. 시스템 식별은 경제, 항공, 생물학, 운송, 통신, 제조, 화학 공정 등 다양한 시스템에 적용할 수 있다. 이번 사례 연구에서는 단순한 자기 부상 시스템을 살펴볼 것이다. 자기 부상은 수년 동안 교통 시스템에 사용돼왔다. 이 단순한 자기 부상 시스템에서는 자석이 전자석 위에서 부상하도록 만들 것이다. 자기 부상 기차도 비슷한 원리로 작동한다.

자기 부상 시스템

자기 부상 시스템의 목표는 전자석 위에 떠 있는 자석의 위치를 제어하는 것이다. 단, 자석은 그림 22.1에 보이는 것처럼 수직 방향으로만 이동하도록 제약되어 있다.

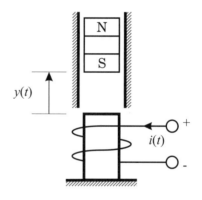

그림 22.1 자기 부상 시스템

이 시스템의 움직임을 나타내는 식은 다음과 같다.

$$\frac{d^2 y(t)}{dt^2} = -g + \frac{\alpha}{M}\frac{i^2(t)\,\mathrm{sgn}[i(t)]}{y(t)} - \frac{\beta}{M}\frac{dy(t)}{dt} \tag{22.1}$$

여기서 $y(t)$는 전자석 위의 자석의 거리이고, $i(t)$는 전자석의 전류, M은 자석의 질량, g는 중력 상수다. 파라미터 β는 자석이 어떤 물질 안에서 움직일 때 해당 물질에 의해 결정되는 점성 마찰 계수viscous friction coefficient이고, α는 전자석에 감은 코일의 회전 수와 자석의 크기로 결정되는 자기장 세기 상수field strength constant다. 예제에서 설정한 파라미터 값은 각각 $\beta = 12$, $\alpha = 15$, $g = 9.8$, $M = 3$이다.

이 사례 연구의 목표는 이전 자석의 위치와 입력 전류를 기반으로 다음 자석의 위치를 예측하는 동적 신경망 모델을 개발하는 것이다. 모델을 개발하면 전자석에 적용할 정확한 전류를 결정해서 자석을 원하는 위치로 움직이게 하는 제어기에 사용할 수 있다. 여기서 제어 디자인에 대해 더 자세히 알아보지는 않지만 [HaDe02]와 [NaMu97]을 통해 좀 더 자세한 내용을 얻을 수 있다.

데이터 수집과 전처리

이 사례 연구에서는 그림 22.1과 같은 자기 부상 시스템을 만들지는 않는다. 대신 식 (22.1)을 구현한 컴퓨터 시뮬레이션을 구축한다. 여기서는 Simulink®을 사용해 시뮬레이션을 구현했지만, 어떤 시뮬레이션 툴이든 사용할 수 있다. 시뮬레이션에서 전류는 −1~4암페어 사이에 존재하며, 데이터는 0.01초마다 수집된다.

정확한 모델을 개발하기 위해 시스템 입력과 출력이 시스템이 사용할 범위를 포괄하는지 확인해야 한다. 시스템 식별 문제에서는 대부분 임의의 진폭과 지속 시간을 갖는 일련의 파형으로 구성된 랜덤 입력을 적용하면서 훈련 데이터를 수집한다(이런 형태의 입력은 도시의 스카이라인을 닮은 파형 때문에 스카이라인 함수로 불리기도 한다). 정확한 식별을 생성하려면 파형의 지속 시간과 진폭을 주의 깊게 골라야 한다. 그림 22.2는 데이터 집합에서 입력 전류와 해당하는 자석의 위치를 보여준다. 모두 4,000개의 데이터가 수집됐다.

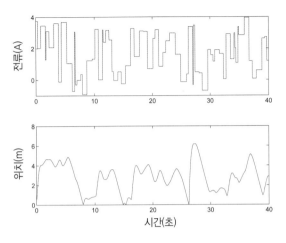

그림 22.2 자기 부상 데이터

스카이라인 형태의 입력 함수는 시스템의 일시적 상태와 안정 상태를 모두 탐색할 수 있다는 이점이 있다. 어떤 파형은 아주 길기 때문에 파형의 마지막에 시스템이 안정 상태에 들어간다. 너비가 짧은 파형은 시스템의 일시적 상태를 탐색해볼 수 있다.

안정 상태의 성능이 좋지 않다면 입력 파형의 지속 시간을 늘려보는 것이 도움이 된다. 안타깝게도 훈련 데이터 집합에 안정 상태의 데이터가 너무 많다면 훈련 데이터는 일반적인 시설의 작동을 잘 표현하지 못할 수 있다. 입력과 출력 신호가 제어하려는 영역을 적절히 포괄하지 못하기 때문이다. 따라서 일시적 성능이 좋지 않게 된다. 적절한 일시적 상태와 안정 상태의 성능을 발휘할 수 있도록 훈련 데이터를 잘 선택해야 한다. 이는 여러 범위의 진폭과 너비를 가진 파형을 입력으로 사용하면 가능하다.

데이터가 수집되면 다음 단계에서는 데이터를 훈련, 검증, 테스트 집합으로 분리한다. 여기서는 베이지안 정규화 훈련 기법을 사용할 것이므로 검증 집합이 필요 없다. 훈련 목적의 데이터만 15%를 따로 두었다. 입력이 시계열이면 훈련 데이터는 원래 데이터의 연속된 구간을 사용하는 것이 좋다. 테스트를 위해서는 마지막 15%의 데이터를 테스트 집합으로 설정한다.

식 (17.1)을 이용해 데이터의 크기를 조정했으므로 입력과 목푯값은 [−1, 1] 범위에 있다. 그림 22.3에는 크기 조정된 데이터가 그려져 있다.

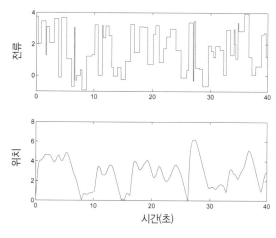

그림 22.3 크기가 조정된 데이터

네트워크 구조 선택

예측에 사용할 수 있는 동적 네트워크 구조는 여러 종류가 있는데, 유명한 것 중 하나가 바로 17장에서 설명한 NARX 네트워크다. NARX 네트워크는 재귀적 동적 네트워크로서 피드백 연결이 여러 정적 계층에 연결되어 있다. NARX 모델은 시계열 모델링에 많이 사용되고 있는 선형 ARX 모델에 기초하고 있다.

NARX를 정의하는 식은 다음과 같다.

$$y(t) = f(y(t-1), y(t-2), ..., y(t-n_y), u(t-1), u(t-2), ..., u(t-n_u)) \quad (22.2)$$

여기서 종속 출력 신호 $y(t)$의 다음 값은 출력 신호의 이전 값과 독립 입력 신호 $u(t)$의 이전 값에 대해 회귀된다(이 응용에서는 $y(t)$가 자석의 위치이고, $u(t)$는 전자석에 흘러 들어가는 전류다). 함수 $f(\ )$를 근사하기 위해 피드포워드 네트워크를 사용해서 NARX 모델을 구현할 수 있다. 그림 22.4에 결과 네트워크 다이어그램이 있다. 이 네트워크는 근사를 위해 2계층 피드포워드 네트워크를 사용했다. 네트워크 마지막 계층의 출력은 다음 자석 위치의 예측값이다. 네트워크 입력은 전자석으로 흘러 들어가는 전류다.

은닉 계층에는 탄젠트–시그모이드 전달 함수를 사용하고 선형 출력 계층을 사용한다. 표준 다층 네트워크와 마찬가지로 은닉 계층의 뉴런 수 S^1은 근사하려는 시스템의 복잡도에 달려 있다. 다음 절에서 뉴런 개수의 선택에 대해 알아보자.

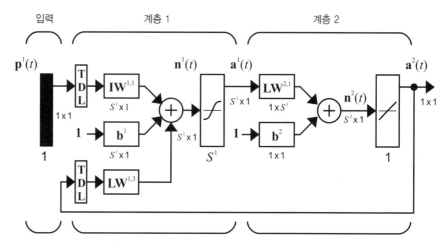

그림 22.4 NARX 네트워크 구조

네트워크 구조를 정의하려면 지연선^{TDL}의 길이를 설정해야 한다. 입력 TDL은 $u(t-1), \dots, u(t-n_u)$의 변수를 포함하며, 출력 TDL은 $y(t-1), \dots, y(t-n_y)$를 포함한다. TDL의 길이 n_u와 n_y를 정의해야 한다. 식 (22.1)에서 정의하는 미분 방정식은 2차이므로 $n_y = n_u = 2$로 시작한다. 나중에 다른 값도 살펴볼 것이다.

NARX 네트워크의 훈련을 설명하기 전에 훈련에 중요한 구성 설정을 살펴보자. NARX 네트워크의 출력은 모델링하려는 비선형 동적 시스템의 출력 추정치로 간주할 수 있다. 그림 22.5의 왼쪽에 보는 것처럼 표준 NARX 구조의 일부로서, 출력은 피드포워드 신경망의 입력으로 피드백된다. 네트워크를 훈련시키면서 참 출력을 알 수 있으므로 그림 22.5에서처럼 추정 출력을 피드백하는 대신 참 출력을 사용하는 직렬–병렬 구조series-parallel architecture([NaPa90] 참조)를 만들 수 있다. 이 방식에는 두 가지 이점이 있다. 첫째는 피드포워드 네트워크의 입력이 좀 더 정확하다는 점이다. 두 번째는 네트워크가 순수한 피드포워드 구조이기 때문에 훈련에 정적 역전파를 사용할 수 있다는 점이다.

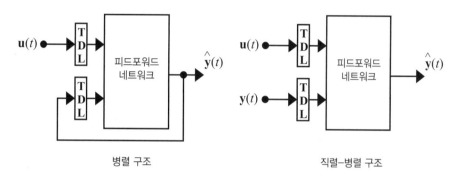

병렬 구조   직렬–병렬 구조

그림 22.5 병렬 및 직렬-병렬 형태

직렬–병렬 형태를 사용하면 표준 다층 네트워크를 사용해 NARX 모델을 구현할 수 있다. 이전 시스템의 입력과 출력으로 입력 벡터를 구성할 수 있다.

$$\mathbf{p} = \begin{bmatrix} u(t-1) \\ u(t-2) \\ y(t-1) \\ y(t-2) \end{bmatrix} \tag{22.3}$$

이제 목표는 다음 출력값이 된다.

$$\mathbf{t} = \begin{bmatrix} y(t) \end{bmatrix} \tag{22.4}$$

네트워크 훈련

위드로―구엔 기법Widrow/Nguyen method(786페이지 참조)을 사용해 가중치를 초기화한 다음 NARX 네트워크를 훈련시키기 위해 13장에서 설명했던 것처럼 베이지안 정규화 훈련 알고리즘을 사용했다. 18장에서 설명했듯이, 예측 문제는 함수 근사 문제와 비슷하기 때문에 두 응용에 베이지안 정규화를 효과적으로 사용할 수 있다.

데이터가 4,000개이고 (나중에 보겠지만) 네트워크의 가중치와 편향 개수가 100개 미만이므로 과적합이 될 가능성은 매우 낮다. 이 경우 베이지안 정규화(또는 조기 종료)는 필요하지 않지만, 효과적인 파라미터 개수를 알아낼 수 있으므로 가능하면 사용해보는 것이 좋다.

그림 22.6은 베이지안 정규화를 하는 동안 반복 횟수와 제곱 오차 합을 그래프로 그린 것이다. 이 경우 은닉 계층에 10개의 뉴런(S^1 = 10)을 사용했다. 네트워크는 1,000회에 걸쳐 훈련됐고 그 후 성능 변화는 크지 않았다. 여러 네트워크를 다른 초깃값을 사용해 훈련했고 최종 SSE가 네트워크별로 비슷하므로 지역 최소가 아니라고 확신할 수 있다.

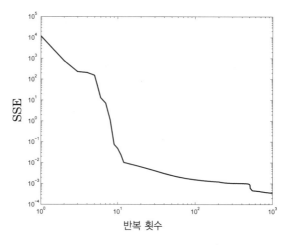

그림 22.6 제곱 오차 합 vs. 반복 횟수(S^1 = 10)

그림 22.7에서 훈련 중 유효 파라미터 수 γ의 변화를 볼 수 있다. 최종적으로는 39에 수렴했다. 이 4-10-1 네트워크는 총 파라미터 수가 61개이고, 2/3 이하의 가중치와 편차를 효과적으로 사용했다. 유효 파라미터 수가 전체 파라미터 수에 근접했다면 은닉 계층의 뉴런 수를 늘리고 네트워크를 다시 훈련했겠지만 여기서는 그러지 않았다.

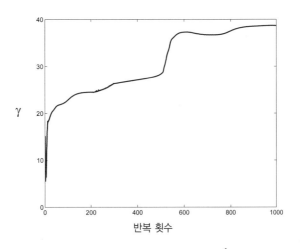

그림 22.7 매개변수에 따른 효율적 개수($S^1 = 10$)

이 응용에서 네트워크의 계산 시간은 그리 중요하지 않으므로 굳이 뉴런 수를 줄일 필요는 없다. 뉴런 수를 줄여야 할 유일한 이유는 과적합을 방지하기 위한 것이다. 과적합 방지 측면에서 유효 파라미터가 39개인 것은 전체 파라미터가 39개인 것과 동일하다. 이것이 베이지안 정규화 기법을 사용할 때의 장점이다. 이 방법은 네트워크에 충분한 수의 잠재 파라미터가 있다면 각 문제에 대해 항상 정확한 수의 파라미터를 선택할 수 있는 기법이다.

검증

앞 장에서 살펴본 것처럼 네트워크 검증을 위한 중요한 툴 중 하나는 그림 22.8과 같이 (정규화된 단위로) 네트워크 출력과 목푯값의 산포도를 그려보는 것이다. 왼쪽 그림은 훈련 데이터이고, 오른쪽 그림은 테스트 데이터를 나타낸다. 테스트 데이터의 적합은 훈련 데이터의 적합만큼 좋기 때문에 네트워크가 과적합되지 않았음을 확신할 수 있다.

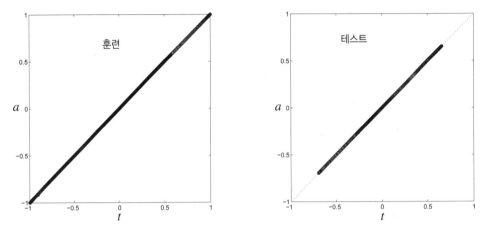

그림 22.8 네트워크 출력과 목푯값의 산포도(훈련 및 테스트 집합)

예측 문제에는 모델 검증을 위한 또 다른 도구들이 있다. 이 도구들은 정확한 예측 모델의 두 가지 기본 성질에 기초하고 있다. 첫 번째 성질은 이전 단계와 다음 단계의 예측 오차는 서로 상관되지 않아야 한다는 것이다.

$$e(t) = y(t) - \hat{y}(t) = y(t) - a^2(t) \tag{22.5}$$

두 번째 성질은 예측 오차는 입력 열 $u(t)$와 상관되지 않아야 한다는 것이다([BoJe86]).

예측 오차들이 서로 상관되어 있다면 이 상관 관계를 이용해 예측을 개선할 수 있다. 예를 들어 만일 연속 단계의 예측 오차가 양의 상관 관계를 갖는다면, 현재 시점의 예측 오차가 큰 양수일 경우 다음 시점의 예측 오차도 양수임을 말한다. 따라서 다음 예측을 낮춤으로써 다음 예측 오차를 줄일 수 있다.

입력 열과 예측 오차에 대해서도 동일한 논리가 성립한다. 정확한 예측 모델을 만들려면 입력과 예측 오차 사이에 상관 관계가 없어야 한다. 상관 관계가 존재한다면 이를 이용해 예측을 개선할 수 있다.

시계열의 상관 관계를 측정하려면 다음 식으로 추정할 수 있는 자기 상관 함수[auto-correlation function]를 사용한다.

$$R_e(\tau) = \frac{1}{Q-\tau} \sum_{t=1}^{Q-\tau} e(t)e(t+\tau) \tag{22.6}$$

그림 22.9에는 자기 부상 문제에 대한 훈련된 네트워크의 예측 오차의 자기 상관 함수가 (정규화된 단위로) 그려져 있다.

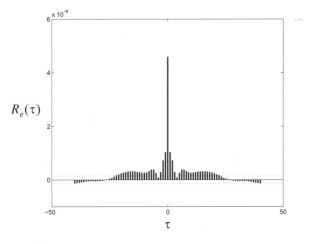

그림 22.9 $R_e(\tau)$ $(n_y = n_u = 2, S^1 = 10)$

(백색 잡음인) 상관되지 않은 예측 오차의 경우, 자기 상관 함수는 $\tau = 0$에서 임펄스[impulse]여야 하고 다른 모든 값에서는 0이어야 한다. 식 (22.6)은 실제 자기 상관 함수의 추정치이므로 $\tau \neq 0$에서의 값은 정확히 0일 수가 없다. 오차 열이 백색 잡음이라면 다음 식으로 정의된 $R_e(\tau)$의 신뢰 구간을 찾을 수 있다([BoJe86] 참조).

$$\pm 2 \frac{R_e(0)}{\sqrt{Q}} \tag{22.7}$$

그림 22.9의 점선은 신뢰 구간을 나타낸다. 예측 오차에 대한 추정된 자기 상관 함수는 많은 점에서 경계 밖에 있음을 확인할 수 있다. 이는 n_y와 n_u를 증가시킬 필요가 있음을 나타낸다.

입력 열 $u(t)$와 예측 오차 $e(t)$ 사이의 상관 관계를 측정하려면, 다음 식으로 추정할 수 이는 교차 상관 함수^{cross-correlation function}를 사용한다.

$$R_{ue}(\tau) = \frac{1}{Q-\tau} \sum_{t=1}^{Q-\tau} u(t)e(t+\tau) \tag{22.8}$$

자기 부상 문제에 대한 훈련된 네트워크의 교차 상관 관계 함수 $R_{ue}(\tau)$(정규화된 단위)는 그림 22.9에 나타나 있다.

추정된 자기 상관 함수와 마찬가지로 교차 상관 관계 함수가 0에 가까운지 확인하려면 다음 식으로 신뢰 구간을 정의할 수 있다.

$$\pm 2 \frac{\sqrt{R_e(0)}\sqrt{R_u(0)}}{\sqrt{Q}} \tag{22.9}$$

그림 22.10의 점선은 신뢰 구간을 나타낸다. 교차 상관 관계 함수가 신뢰 구간에 들어와 있으므로 문제가 나타나지 않았다.

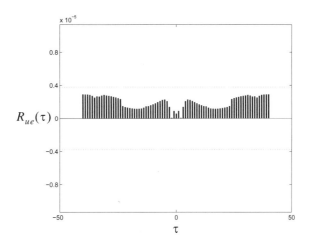

그림 22.10 $R_{ue}(\tau)\,(n_y = n_u = 2,\ S^1 = 10)$

그림 22.9에서 예측 오차의 자기 상관 함수가 오차에 상관 관계가 있음을 말해주므로, n_y와 n_u 값을 2에서 4로 높인 다음 예측 신경망을 다시 훈련했다. 그림 22.11에 결과 예측 자기 상관 함수가 표시되어 있다. 여기서 $\tau = 0$을 제외하고 $R_e(\tau)$는 신뢰 구간 내에 있으므로 올바르게 작동하고 있음을 가리킨다.

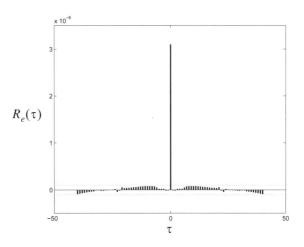

그림 22.11 $R_e(\tau)\,(n_y = n_u = 4,\ S^1 = 10)$

그림 22.12에는 지연 순서를 증가시켜 추정한 교차 상관 관계 함수가 있다. 모든 점이 0 신뢰 구간 내에 있다. 오차와 입력 사이에 뚜렷한 상관 관계가 없다.

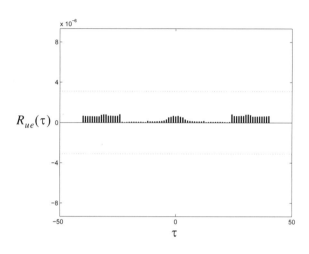

그림 22.12 $R_{ue}(\tau)(n_y = n_u = 4, S^1 = 10)$

$n_y = n_u = 4$로 설정하면 백색 예측 오차를 가지며, 예측 오차와 모델 입력 사이에 뚜렷한 상관 관계는 없다. 이제 정확한 예측 모델을 갖게 된 것으로 보인다.

그림 22.13에는 최종 예측 모델의 오차가 표시되어 있다. 오차가 아주 작음을 알 수 있다. 하지만 이 오차는 직렬-병렬 설정이기 때문에 한 단계 앞선 예측의 오차다. 좀 더 엄격히 테스트하려면 네트워크를 원래 병렬 형태로 재정렬해서 여러 단계에 걸쳐 반복적으로 예측을 수행해야 한다. 이제 병렬 연산을 살펴보자.

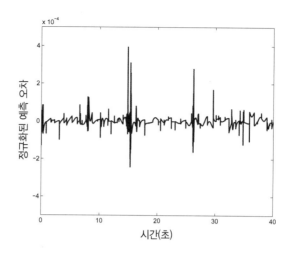

그림 22.13 예측 오차와 시간

그림 22.14는 반복된 예측을 그래프로 보여준다. 실선은 자석의 실제 위치를 나타내고, 점선은 NARX 신경망이 예측한 위치를 보여준다. 네트워크의 예측은 600번 이후의 예측에 대해서도 아주 정확해 보인다.

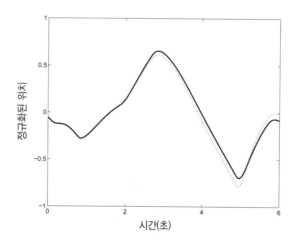

그림 22.14 자기 부상 NARX 네트워크의 반복된 예측

데이터 집합

이 사례 연구와 연관된 데이터 파일은 2개다.

- maglev_u.txt: 원시 데이터 집합의 입력 시퀀스가 있다.

- maglev_y.txt: 원시 데이터 집합의 출력 시퀀스가 있다.

이 파일들은 부록 C에 설명되어 있는 데모 소프트웨어에서 찾을 수 있다.

맺음말

이 장에서는 예측을 위한 다층 신경망 사용에 대한 사례 연구를 제시했다. 예측이란 미래의 시계열 값을 그 시계열 또는 잠재적인 다른 시계열의 과거 값으로 예측하는 것이다. 이 사례 연구에서는 자기 부상 시스템의 모델로 예측 네트워크를 사용했다. 이런 동적 시스템 모델링을 시스템 식별^{system identification}이라고도 한다.

NARX^{Nonlinear Autoregressive model with eXogenous inputs} 네트워크는 이 문제에 매우 적합하며, 베이지안 정규화는 이 상황에 사용하기에 매우 우수한 훈련 알고리즘이다.

참고 문헌

[BoJe94]   G. E. P. Box, G. M. Jenkins, and G. C. Reinsel, *Time Series Analysis: Forecasting and Control*, Fourth Edition, Wiley, 2008.

시계열과 예측 모델의 개발을 다룬 대표적인 교재다.

[HaDe02]   M. Hagan, H. Demuth, O. De Jesus, "An Introduction to the Use of Neural Networks in Control Systems," *International Journal of Robust and Nonlinear Control*, vol. 12, no. 11, pp. 959−985, 2002.

이 조사 논문은 제어 시스템에 사용되는 신경망의 실용적 측면에 대해 설명한다. 세 가지 신경망 제어기인 모델 예측 제어, NARMA-L2 제어, 모델 참조 제어에 관해 설명되어 있다.

[NaMu97]   Narendra, K.S.; Mukhopadhyay, S., "Adaptive control using neural networks and approximate models," *IEEE Transactions on Neural Networks*, vol. 8, no. 3, pp. 475–485, 1997.

이 논문은 NARMA-L2 모델과 제어기를 소개한다. NARMA-L2 모델이 훈련되고 나면, 이 모델은 식별된 시스템의 제어기로 쉽게 변환될 수 있다.

[NaPa90]   K. S. Narendra and K. Parthasarathy, "Identification and control of dynamical systems using neural networks," *IEEE Transactions on Neural Networks*, vol. 1, no. 1, pp. 4–27, 1990.

동적 시스템의 식별과 제어를 위한 신경망 사용에 관한 고전적 초기 논문이다.

부록 A
참고 문헌

[AgSa05] P.M. Agrawal, A.N.A. Samadh, L.M. Raff, M. Hagan, S. T. Bukkapatnam, and R. Komanduri, "Prediction of molecular-dynamics simulation results using feedforward neural networks: Reaction of a C2 dimer with an activated diamond (100) surface," *The Journal of Chemical Physics* 123, 224711, 2005. (Chapter 19)

[Albe72] A. Albert, *Regression and the Moore-Penrose Pseudoinverse*, New York: Academic Press, 1972. (Chapter 7)

[AmMu97] S. Amari, N. Murata, K.-R. Muller, M. Finke, and H. H. Yang, "Asymptotic Statistical Theory of Overtraining and Cross-Validation," *IEEE Transactions on Neural Networks*, vol. 8, no. 5, 1997. (Chapter 13)

[Ande72] J. A. Anderson, "A simple neural network generating an interactive memory," *Mathematical Biosciences*, vol. 14, pp. 197–220, 1972. (Chapter 1)

[AnRo88] J. A. Anderson and E. Rosenfeld, *Neurocomputing: Foundations of Research*, Cambridge, MA: MIT Press, 1989. (Chapter 1, 10)

[Barn92] E. Barnard, "Optimization for training neural nets," *IEEE Transactions on Neural Networks*, vol. 3, no. 2, pp. 232–240, 1992. (Chapter 12)

[BaSu83] A. R. Barto, R. S. Sutton and C. W. Anderson, "Neuronlike adaptive elements that can solve difficult learning control problems," *IEEE Transactions on Systems, Man, and Cybernetics*, vol. 13, pp. 834–846, 1983. (Chapter 4)

[Batt92] R. Battiti, "First and second order methods for learning: Between steepest descent and

Newton's method," *Neural Computation*, vol. 4, no. 2, pp. 141–166, 1992. (Chapter 9, 12)

[Bish91]   C. M. Bishop, "Improving the generalization properties of radial basis function neural networks," *Neural Computation*, vol. 3, no. 4, pp. 579–588, 1991. (Chapter 16)

[Bish95]   C.M. Bishop, *Neural Networks for Pattern Recognition*, Oxford University Press, 1995. (Chapter 17)

[BlDe99]   J. A. Blackard and D. J. Dean, "Comparative Accuracies of Artificial Neural Networks and Discriminant Analysis in Predicting Forest Cover Types from Cartographic Variables," *Computers and Electronics in Agriculture*, vol. 24, pp. 131–151, 1999. (Chapter 21)

[BoJe94]   G.E.P. Box, G.M. Jenkins, and G.C. Reinsel, *Time Series Analysis: Forecasting and Control*, 4th Edition, John Wiley & Sons, 2008. (Chapter 17, 22)

[BrLo88]   D.S. Broomhead and D. Lowe, "Multivariable function interpolation and adaptive networks," *Complex Systems*, vol. 2, pp. 321–355, 1988. (Chapter 16)

[Brog91]   W. L. Brogan, *Modern Control Theory*, 3rd Ed., Englewood Cliffs, NJ: Prentice-Hall, 1991. (Chapter 4, 5, 6, 8, 9)

[Char92]   C. Charalambous, "Conjugate gradient algorithm for efficient training of artificial neural networks," *IEEE Proceedings*, vol. 139, no. 3, pp. 301–310, 1992. (Chapter 12)

[ChCo91]   S. Chen, C.F.N. Cowan, and P.M. Grant, "Orthogonal least squares learning algorithm for radial basis function networks," *IEEE Transactions on Neural Networks*, vol. 2, no. 2, pp. 302–309, 1991. (Chapter 16)

[ChCo92]   S. Chen, P. M. Grant, and C. F. N. Cowan, "Orthogonal least squares algorithm for training multioutput radial basis function networks," *Proceedings of the Institute of Electrical Engineers*, vol. 139, Pt. F, no. 6, pp. 378–384, 1992. (Chapter 16)

[ChCh96]   S. Chen, E. S. Chng, and K. Alkadhimi, "Regularised orthogonal least squares algorithm for constructing radial basis function networks," *International Journal of Control*, vol. 64, no. 5, pp. 829–837, 1996. (Chapter 16)

[ChCo99]   S. Chen, C.F.N. Cowan, and P.M. Grant, "Combined Genetic Algorithm Optimization and Regularized Orthogonal Least Squares Learning for Radial Basis Function Networks," *IEEE Transactions on Neural Networks*, vol. 10, no. 5, pp. 302−309, 1999. (Chapter 16)

[DARP88]   DARPA *Neural Network Study*, Lexington, MA: MIT Lincoln Laboratory, 1988. (Chapter 1)

[DeHa07]   O. De Jesús and M. Hagan, "Backpropagation Algorithms for a Broad Class of Dynamic Networks," *IEEE Transactions on Neural Networks*, vol. 18, no. 1, pp., 2007. (Chapter 14)

[Dubi00]   D. Dubin, *Rapid Interpretation of EKG's*, Sixth Edition, Tampa, FL: COVER, 2000. (Chapter 20)

[Fahl89]   S. E. Fahlman, "Fast learning variations on back-propagation: An empirical study," in *Proceedings of the 1988 Connectionist Models Summer School*, D. Touretzky, G. Hinton and T. Sejnowski, eds., San Mateo, CA: Morgan Kaufmann, pp. 38−51, 1989. (Chapter 12)

[FoGi07]   L. Fortuna, P. Giannone, S. Graziani, M. G. Xibilia, "Virtual Instruments Based on Stacked Neural Networks to Improve Product Quality Monitoring in a Refinery," *IEEE Transactions on Instrumentation and Measurement*, vol. 56, no. 1, pp. 95−101, 2007. (Chapter 18)

[FoHa97]   D. Foresee and M. Hagan, "Gauss-Newton Approximation to Bayesian Learning," *Proceedings of the 1997 International Joint Conference on Neural Networks*, vol. 3, pp. 1930−1935, 1997. (Chapter 13)

[FrSk91]   J. Freeman and D. Skapura, *Neural Networks: Algorithms, Applications, and Programming Techniques*, Reading, MA: Addison-Wesley, 1991. (Chapter 15)

[Gill81]   P. E. Gill, W. Murray and M. H. Wright, *Practical Optimization*, New York: Academic Press, 1981. (Chapter 8, 9)

[GoLa98]   C. Goutte and J. Larsen, "Adaptive Regularization of Neural Networks Using Conjugate Gradient," *Proceedings of the IEEE International Conference on Acoustics, Speech and*

Signal Processing, vol. 2, pp. 1201−1204, 1998. (Chapter 13)

[Gros76]   S. Grossberg, "Adaptive pattern classification and universal recoding: I. Parallel development and coding of neural feature detectors," *Biological Cybernetics*, vol. 23, pp. 121−134, 1976. (Chapter 1)

[Gros80]   S. Grossberg, "How does the brain build a cognitive code?" *Psychological Review*, vol. 88, pp. 375−407, 1980. (Chapter 1)

[HaBo07]   L. Hamm, B. W. Brorsen and M. T. Hagan, "Comparison of Stochastic Global Optimization Methods to Estimate Neural Network Weights," *Neural Processing Letters*, vol. 26, no. 3, December 2007. (Chapter 17)

[HaDe02]   M. Hagan, H. Demuth, O. De Jesus, "An Introduction to the Use of Neural Networks in Control Systems," *International Journal of Robust and Nonlinear Control*, vol. 12, no. 11, pp. 959−985, 2002. (Chapter 22)

[HaMe94]   M. T. Hagan and M. Menhaj, "Training feedforward networks with the Marquardt algorithm," *IEEE Transactions on Neural Networks*, vol. 5, no. 6, pp. 989−993, 1994. (Chapter 12)

[HeBa99]   S. Hettich and S. D. Bay, *The UCI KDD Archive* [http://kdd.ics.uci.edu], Irvine, CA: University of California, Department of Information and Computer Science, 1999. (Chapter 21)

[Hebb 49]   D. O. Hebb, *The Organization of Behavior*, New York: Wiley, 1949. (Chapter 1, 7)

[Hech90]   R. Hecht-Nielsen, *Neurocomputing*, Reading, MA: Addison-Wesley, 1990. (Chapter 15)

[HeOh97]   B. Hedén, H. Öhlin, R. Rittner, L. Edenbrandt, "Acute Myocardial Infarction Detected in the 12-Lead ECG by Artificial Neural Networks," *Circulation*, vol. 96, pp. 1798−1802, 1997. (Chapter 17)

[Himm72]   D. M. Himmelblau, *Applied Nonlinear Programming*, New York: McGraw-Hill, 1972. (Chapter 8, 9)

[Hopf82]　J. J. Hopfield, "Neural networks and physical systems with emergent collective computational properties," *Proceedings of the National Academy of Sciences*, vol. 79, pp. 2554–2558, 1982. (Chapter 1)

[HoSt89]　K. M. Hornik, M. Stinchcombe and H. White, "Multilayer feedforward networks are universal approximators," *Neural Networks*, vol. 2, no. 5, pp. 359–366, 1989. (Chapter 11)

[Jaco88]　R. A. Jacobs, "Increased rates of convergence through learning rate adaptation," *Neural Networks*, vol. 1, no. 4, pp 295–308, 1988. (Chapter 12)

[Joll02]　I.T. Jolliffe, *Principal Component Analysis*, Springer Series in Statistics, 2nd ed., Springer, NY, 2002. (Chapter 17)

[Koho72]　T. Kohonen, "Correlation matrix memories," *IEEE Transactions on Computers*, vol. 21, pp. 353–359, 1972. (Chapter 1)

[Koho87]　T. Kohonen, *Self-Organization and Associative Memory*, 2nd Ed., Berlin: Springer-Verlag, 1987. (Chapter 15)

[Koho93]　T. Kohonen, "Things you haven't heard about the Self-Organizing Map," *Proceedings of the International Conference on Neural Networks* (ICNN), San Francisco, pp. 1147–1156, 1993. (Chapter 21)

[Koho95]　T. Kohonen, Self-Organizing Map, 2nd ed., Springer-Verlag, Berlin, 1995. (Chapter 21)

[LeCu85]　Y. Le Cun, "Une procedure d'apprentissage pour reseau a seuil assymetrique," *Cognitiva*, vol. 85, pp. 599–604, 1985. (Chapter 11)

[LeCu98]　Y. LeCun, L. Bottou, G. B. Orr, K.-R. Mueller, "Efficient BackProp," *Lecture Notes in Computer Science*, vol. 1524, 1998. (Chapter 17)

[Lowe89]　D. Lowe, "Adaptive radial basis function nonlinearities, and the problem of generalization," *Proceedings of the First IEE International Conference on Artificial Neural Networks*, pp. 171–175, 1989. (Chapter 16)

[MacK92]　D. J. C. MacKay, "Bayesian Interpolation," *Neural Computation*, vol. 4, pp. 415–447,

1992. (Chapter 13)

[MaNe99]   J.R. Magnu and H. Neudecker, *Matrix Differential Calculus*, John Wiley & Sons, Ltd., Chichester, 1999. (Chapter 14)

[MaGa00]   E. A. Maguire, D. G. Gadian, I. S. Johnsrude, C. D. Good, J. Ashburner, R. S. J. Frackowiak, and C. D. Frith, "Navigation-related structural change in the hippocampi of taxi drivers," Proceedings of the National Academy of Sciences, vol. 97, no. 8, pp. 4398−4403, 2000. (Chapter 1)

[McPi43]   W. McCulloch and W. Pitts, "A logical calculus of the ideas immanent in nervous activity," *Bulletin of Mathematical Biophysics*, vol. 5, pp. 115−133, 1943. (Chapter 1, 4)

[Mill90]   A.J. Miller, *Subset Selection in Regression*. Chapman and Hall, N.Y., 1990. (Chapter 16)

[Mill93]   M.F. Miller, "A scaled conjugate gradient algorithm for fast supervised learning," Neural Networks, vol. 6, pp. 525−533, 1993. (Chapter 19)

[MoDa89]   J. Moody and C.J. Darken, "Fast Learning in Networks of Locally-Tuned Processing Units," *Neural Computation*, vol. 1, pp. 281−294, 1989. (Chapter 16)

[Moll93]   M. Moller, "A scaled conjugate gradient algorithm for fast supervised learning," *Neural Networks*, vol. 6, pp. 525−533, 1993. (Chapter 17)

[MoMa01]   G.B. Moody, R.G. Mark, and A.L. Goldberger, "PhysioNet: a Web-based resource for the study of physiologic signals," *IEEE Transactions on Engineering in Medicine and Biology*, vol. 20, no. 3, pp: 70−75, 2001. (Chapter 20)

[MiPa69]   M. Minsky and S. Papert, *Perceptrons*, Cambridge, MA: MIT Press, 1969. (Chapter 1, 4)

[NaMu97]   Narendra, K.S.; Mukhopadhyay, S., "Adaptive control using neural networks and approximate models," *IEEE Transactions on Neural Networks*, vol. 8, no. 3, pp. 475−485, 1997. (Chapter 22)

[NaPa90]   K. S. Narendra and K. Parthasarathy, "Identification and control of dynamical systems using neural networks," *IEEE Transactions on Neural Networks*, vol. 1, no. 1, pp. 4−27, 1990. (Chapter 22)

[NgWi90] D. Nguyen and B. Widrow, "Improving the learning speed of 2-layer neural networks by choosing initial values of the adaptive weights," *Proceedings of the IJCNN*, vol. 3, pp. 21–26, July 1990. (Chapter 12, 17)

[OrHa00] M. J. Orr, J. Hallam, A. Murray, and T. Leonard, "Assessing rbf networks using delve," *IJNS*, 2000. (Chapter 16)

[Park85] D. B. Parker, "Learning-logic: Casting the cortex of the human brain in silicon," Technical Report TR-47, Center for Computational Research in Economics and Management Science, MIT, Cambridge, MA, 1985. (Chapter 11)

[PaSa93] J. Park and I.W. Sandberg, "Universal approximation using radial-basis-function networks," *Neural Computation*, vol. 5, pp. 305–316, 1993. (Chapter 16)

[PeCo93] M. P. Perrone and L. N. Cooper, "When networks disagree: Ensemble methods for hybrid neural networks," in *Neural Networks for Speech and Image Processing*, R. J. Mammone, Ed., Chapman-Hall, pp. 126–142, 1993. (Chapter 17)

[PhHa13] M. Phan and M. Hagan, "Error Surface of Recurrent Networks," *IEEE Transactions on Neural Networks and Learning Systems*, vol. 24, no. 11, pp. 1709–1721, October, 2013. (Chapter 14)

[Powe87] M.J.D. Powell, "Radial basis functions for multivariable interpolation: a review," *Algorithms for Approximation*, pp. 143–167, Oxford, 1987. (Chapter 16)

[PuFe97] G.V. Puskorius and L.A. Feldkamp, "Extensions and enhancements of decoupled extended Kalman filter training," *Proceedings of the 1997 International Conference on Neural Networks*, vol. 3, pp. 1879–1883, 1997. (Chapter 17)

[RaMa05] L.M. Raff, M. Malshe, M. Hagan, D.I. Doughan, M.G. Rockley, and R. Komanduri, "*Ab initio* potential-energy surfaces for complex, multi-channel systems using modified novelty sampling and feedforward neural networks," *The Journal of Chemical Physics*, vol. 122, 2005. (Chapter 17, 19)

[RiIr90] A. K. Rigler, J. M. Irvine and T. P. Vogl, "Rescaling of variables in back propagation learning," *Neural Networks*, vol. 3, no. 5, pp 561–573, 1990. (Chapter 12)

[Rose58] F. Rosenblatt, "The perceptron: A probabilistic model for information storage and organization in the brain," *Psychological Review*, vol. 65, pp. 386–408, 1958. (Chapter 1, 4)

[Rose61] F. Rosenblatt, *Principles of Neurodynamics*, Washington DC: Spartan Press, 1961. (Chapter 4)

[RuHi86] D. E. Rumelhart, G. E. Hinton and R. J. Williams, "Learning representations by back-propagating errors," *Nature*, vol. 323, pp. 533–536, 1986. (Chapter 11)

[RuMc86] D. E. Rumelhart and J. L. McClelland, eds., *Parallel Distributed Processing: Explorations in the Microstructure of Cognition*, vol. 1, Cambridge, MA: MIT Press, 1986. (Chapter 1, 11, 15)

[Sarle95] W. S. Sarle, "Stopped training and other remedies for overfitting," In *Proceedings of the 27th Symposium on Interface*, 1995. (Chapter 13)

[Scal85] L. E. Scales, *Introduction to Non-Linear Optimization*, New York: Springer-Verlag, 1985. (Chapter 8, 9, 12)

[ScSm99] B. Schölkopf, A. Smola, K.-R. Muller, "Kernel Principal Component Analysis," in B. Schölkopf, C. J. C. Burges, A. J. Smola (Eds.), *Advances in Kernel Methods-Support Vector Learning*, MIT Press Cambridge, MA, USA, pp. 327–352, 1999. (Chapter 17)

[Shan90] D. F. Shanno, "Recent advances in numerical techniques for large-scale optimization," in *Neural Networks for Control*, Miller, Sutton and Werbos, eds., Cambridge, MA: MIT Press, 1990. (Chapter 12)

[SjLj94] J. Sjoberg and L. Ljung, "Overtraining, regularization and searching for minimum with application to neural networks," Linkoping University, Sweden, Tech. Rep. LiTHISY-R-1567, 1994. (Chapter 13)

[StDo84] W. D. Stanley, G. R. Dougherty and R. Dougherty, *Digital Signal Processing*, Reston VA: Reston Publishing Co., 1984. (Chapter 10)

[Stra76] G. Strang, *Linear Algebra and Its Applications*, New York: Academic Press, 1980.

(Chapter 5, 6)

[TeSi00]   J. B. Tenenbaum, V. de Silva, J. C. Langford, "A Global Geometric Framework for Nonlinear Dimensionality Reduction," *Science*, vol. 290, pp. 2319–2323, 2000. (Chapter 20)

[Tikh63] A. N. Tikhonov, "The solution of ill-posed problems and the regularization method," *Dokl. Acad. Nauk USSR*, vol. 151, no. 3, pp. 501–504, 1963. (Chapter 13)

[Toll90]   T. Tollenaere, "SuperSAB : Fast adaptive back propagation with good scaling properties," *Neural Networks*, vol. 3, no. 5, pp. 561–573, 1990. (Chapter 12)

[VoMa88]   T. P. Vogl, J. K. Mangis, A. K. Zigler, W. T. Zink and D. L. Alkon, "Accelerating the convergence of the backpropagation method," *Biological Cybernetics*, vol. 59, pp. 256–264, Sept. 1988. (Chapter 12)

[WaVe94]   C. Wang, S. S. Venkatesh, and J. S. Judd, "Optimal Stopping and Effective Machine Complexity in Learning," *Advances in Neural Information Processing Systems*, J. D. Cowan, G. Tesauro, and J. Alspector, Eds., vol. 6, pp. 303–310, 1994. (Chapter 13)

[Werbo74] P. J. Werbos, "Beyond regression : New tools for prediction and analysis in the behavioral sciences," Ph.D. Thesis, Harvard University, Cambridge, MA, 1974. Also published as *The Roots of Backpropagation*, New York : John Wiley & Sons, 1994. (Chapter 11)

[Werb90]   P. J. Werbos, "Backpropagation through time : What it is and how to do it," *Proceedings of the IEEE*, vol. 78, pp. 1550–1560, 1990. (Chapter 14)

[WeTe84]   J. F. Werker and R. C. Tees, "Cross-language speech perception : Evidence for perceptual reorganization during the first year of life," Infant Behavior and Development, vol. 7, pp. 49–63, 1984. (Chapter 1)

[WhSo92]   D. White and D. Sofge, eds., *Handbook of Intelligent Control*, New York : Van Nostrand Reinhold, 1992. (Chapter 4)

[WiHo60]   B. Widrow, M. E. Hoff, "Adaptive switching circuits," *1960 IRE WESCON Convention Record*, New York : IRE Part 4, pp. 96–104, 1960. (Chapter 1, 10)

[WiSt 85] B. Widrow and S. D. Stearns, *Adaptive Signal Processing*, Englewood Cliffs, NJ: Prentice-Hall, 1985. (Chapter 10)

[WiWi 88] B. Widrow and R. Winter, "Neural nets for adaptive filtering and adaptive pattern recognition," *IEEE Computer Magazine*, March 1988, pp. 25–39. (Chapter 10)

[WiZi89] R. J. Williams and D. Zipser, "A learning algorithm for continually running fully recurrent neural networks," *Neural Computation*, vol. 1, pp. 270–280, 1989. (Chapter 14)

기본 개념

스칼라: 소문자 이탤릭 글자. 예: a, b, c

벡터: 소문자 굵은 글씨체 이탤릭이 아닌 글자. 예: $\mathbf{a}$, $\mathbf{b}$, $\mathbf{c}$

행렬: 대문자 굵은 글씨체 이탤릭이 아닌 글자. 예: $\mathbf{A}$, $\mathbf{B}$, $\mathbf{C}$

언어

벡터는 숫자 열을 의미한다.

행 벡터는 벡터(열)로 사용되는 행렬의 열을 의미한다.

일반 벡터와 변환(5장과 6장)

$$x = A(y)$$

가중치 행렬

스칼라 요소

$$w_{i,j}^{k}(t)$$

i: 행, j: 열, k: 계층, t: 시간 또는 반복 횟수

행렬

$\mathbf{W}^k(t)$

열 벡터

$\mathbf{w}_j^k(t)$

행 벡터

$_i\mathbf{w}^k(t)$

편향 벡터

스칼라 요소

$b_i^k(t)$

벡터

$\mathbf{b}^k(t)$

입력 벡터

스칼라 요소

$p_i(t)$

입력 벡터 열에서 입력 벡터

$\mathbf{p}(t)$

입력 벡터 집합에서 입력 벡터

$$\mathbf{p}_q$$

네트 입력 벡터

스칼라 요소

$$n_i^k(t) \quad 또는 \quad n_{i,\,q}^k$$

벡터

$$\mathbf{n}^k(t) \quad 또는 \quad \mathbf{n}_q^k$$

출력 벡터

스칼라 요소

$$a_i^k(t) \quad 또는 \quad a_{i,\,q}^k$$

벡터

$$\mathbf{a}^k(t) \quad 또는 \quad \mathbf{a}_q^k$$

전달 함수

스칼라 요소

$$a_i^k = f^k(n_i^k)$$

벡터

$$\mathbf{a}^k = \mathbf{f}^k(\mathbf{n}^k)$$

목표 벡터

스칼라 요소

$t_i(t)$ 또는 $t_{i,q}$

벡터

$\mathbf{t}(t)$ 또는 $\mathbf{t}_q$

프로토타입 입력/목표 벡터의 집합

$\{\mathbf{p}_1, \mathbf{t}_1\}, \{\mathbf{p}_2, \mathbf{t}_2\}, \dots, \{\mathbf{p}_Q, \mathbf{t}_Q\}$

오류 벡터

스칼라 요소

$e_i(t) = t_i(t) - a_i(t)$ 또는 $e_{i,q} = t_{i,q} - a_{i,q}$

벡터

$\mathbf{e}(t)$ 또는 $\mathbf{e}_q$

크기와 차원

계층 수, 계층별 뉴런 수

M, S^k

입력/목표 벡터 수, 입력 벡터 차원

Q, R

파라미터 벡터(가중치와 편향 포함)

벡터

$$\mathbf{x}$$

반복 k에서

$$\mathbf{x}(k) \ \text{또는} \ \mathbf{x}_k$$

놈

$$\|\mathbf{x}\|$$

성능 지표

$$F(\mathbf{x})$$

그레이디언트와 헤시안

$$\nabla F(\mathbf{x}_k) = \mathbf{g}_k \ \text{또는} \ \nabla^2 F(\mathbf{x}_k) = \mathbf{A}_k$$

파라미터 벡터 변경

$$\Delta \mathbf{x}_k = \mathbf{x}_{k+1} - \mathbf{x}_k$$

고윳값과 고유벡터

$$\lambda_i \ \text{그리고} \ \mathbf{z}_i$$

근사 성능 지표(한 시간 단계)

$$\hat{F}(\mathbf{x})$$

전달 함수 미분

스칼라

$$\dot{f}(n) = \frac{d}{dn}f(n)$$

행렬

$$\dot{\mathbf{F}}^m(\mathbf{n}^m) = \begin{bmatrix} \dot{f}^m(n_1^m) & 0 & \dots & 0 \\ 0 & \dot{f}^m(n_2^m) & \dots & 0 \\ \vdots & \vdots & & \vdots \\ 0 & 0 & \dots & \dot{f}^m(n_{S^m}^m) \end{bmatrix}$$

자코비안 행렬

$$\mathbf{J}(\mathbf{x})$$

근사 헤시안 행렬

$$\mathbf{H} = \mathbf{J}^T\mathbf{J}$$

민감도 벡터

스칼라 요소

$$s_i^m \equiv \frac{\partial \hat{F}}{\partial n_i^m}$$

벡터

$$\mathbf{s}^m \equiv \frac{\partial \hat{F}}{\partial \mathbf{n}^m}$$

마쿼트 민감도 벡터

스칼라 요소

$$\tilde{s}_{i,h}^m \equiv \frac{\partial v_h}{\partial n_{i,q}^m} = \frac{\partial e_{k,q}}{\partial n_{i,q}^m}$$

부분 행렬(단일 입력 벡터 $\mathbf{p}_q$)과 전체 행렬(모든 입력)

$$\tilde{\mathbf{S}}_q^m \quad 그리고 \quad \tilde{\mathbf{S}}^m = \begin{bmatrix} \tilde{\mathbf{S}}_1^m & \tilde{\mathbf{S}}_2^m & \dots & \tilde{\mathbf{S}}_Q^m \end{bmatrix}$$

동적 네트워크

민감도

$$s_{k,i}^{u,m}(t) \equiv \frac{\partial^e a_k^u(t)}{\partial n_i^m(t)}$$

가중치 행렬

$\mathbf{IW}^{m,l}(d)$: 입력 l과 계층 m 사이의 지연 d에 대한 입력 가중치input weight

$\mathbf{LW}^{m,l}(d)$: 계층 l과 계층 m 사이의 지연 d에 대한 계층 가중치layer weight

지표 집합

$DL_{m,l}$: 계층 l과 계층 m 사이의 탭 지연선에 있는 모든 지연 집합

$DI_{m,l}$: 입력 l과 계층 m 사이의 탭 지연선에 있는 모든 지연 집합

I_m : 계층 m에 연결된 입력 벡터의 인덱스 집합

L_m^f : 계층 m에 순방향으로forward 직접 연결된 계층의 인덱스 집합

L_m^b : 계층 m에 역방향으로 직접 연결되고(또는 계층 m이 순방향으로 연결하는) 연결에 지연을 포함하지 않는 계층의 인덱스 집합이다.

$$E_{LW}^U(x) = \{u \in U \ni \exists(\mathbf{LW}^{x,u}(d) \neq 0, d \neq 0)\}$$
$$E_S^X(u) = \{x \in X \ni \exists(\mathbf{S}^{u,x} \neq 0)\}$$
$$E_S(u) = \{x \ni \exists(\mathbf{S}^{u,x} \neq 0)\}$$
$$E_{LW}^X(u) = \{x \in X \ni \exists(\mathbf{LW}^{x,u}(d) \neq 0, d \neq 0)\}$$
$$E_S^U(x) = \{u \in U \ni \exists(\mathbf{S}^{u,x} \neq 0)\}$$

정의

입력 계층(X): 계층이 입력 가중치 행렬을 갖거나 계층 가중치 행렬과 함께 지연을 포함하면 입력 계층input layer이다.

출력 계층(U): 계층이 훈련 과정 동안 출력과 목표를 비교하거나, 행렬을 통해 자신과 연관된 지연을 갖는 입력 계층과 연결되면 출력 계층output layer이다.

역전파 및 변형의 파라미터

학습률 및 모멘텀

α 그리고 γ

학습률 증가, 감소 및 백분율 변화

η , ρ, ζ

켤레 기울기 방향 조정 파라미터

β_k

마쿼트 파라미터

μ 그리고 ϑ

일반화

정규화 파라미터

α , β 그리고 $\rho = \dfrac{\alpha}{\beta}$

유효 파라미터 수

γ

선택된 모델

M

제곱 오차의 합과 제곱 가중치 합

E_D, E_W

최대 우도 및 최대 확률 가중치

$\mathbf{x}^{ML}$, $\mathbf{x}^{MP}$

특징 맵 용어

뉴런 간의 거리

d_{ij}: 뉴런 i와 뉴런 j 간의 거리

이웃

$N_i(d) = \{j, d_{ij} \leq d\}$

부록 C
소프트웨어

소개

책에서는 수치 계산과 시각화를 위한 소프트웨어 패키지인 MATLAB을 사용했다. 이 책을 이용할 때 반드시 MATLAB을 사용해야 하는 것은 아니다. 어떤 프로그래밍 언어로든 컴퓨터 실습을 할 수 있으며, 신경망 설계 데모^{Neural Network Design Demonstration}가 도움이 되지만 이 책의 내용을 이해하기 위해 결정적으로 중요하지는 않다.

MATLAB은 행렬/벡터 표기와 그래프를 통해 신경망을 실험하기 위한 편리한 환경을 제공하기 때문에 광범위하게 사용된다. 이 책은 MATLAB을 두 가지 방법으로 활용한다. 첫째, MATLAB으로 실행할 수 있는 많은 예제를 포함한다. 신경망의 대다수 주요 특징은 연산 집약적이고 수기 계산을 할 수 없는 대규모의 문제일 경우에만 명확해진다는 것이다. MATLAB을 이용해 신경망 알고리즘을 빠르게 구현하고 대규모 문제에서도 편리하게 테스트할 수 있다. MATLAB을 사용할 수 없다면 실험을 위해 다른 언어를 사용해도 된다.

MATLAB을 활용하는 또 다른 방법은 신경망 설계 데모를 이용하는 것으로, 웹사이트 hagan.okstate.edu/nnd.html에서 내려받을 수 있다. 이 대화형 데모는 각 장의 중요한 개념을 보여준다. 왼쪽에 보이는 아이콘은 책에서 데모를 참조한다는 것을 나타낸다.

MATLAB 또는 MATALB 학생용 에디션 2010a 이후 버전이 MATLAB이라는 폴더 밑에 설치돼야 한다. 디렉토리나 폴더를 생성하고 MATLAB 설치를 완료하려면

MATLAB 문서의 설치 방법을 참고하라. 경로 설정에 관한 가이드라인을 잘 따라가 도록 주의하라.

컴퓨터에(또는 MATLAB 경로에 있는) MATLAB 디렉토리로 신경망 설계 데모 소프트웨 어를 로드한 후, MATLAB 프롬프트에서 **nnd**를 입력하면 소프트웨어가 호출된다. 모 든 데모는 마스터 메뉴에서 쉽게 접근할 수 있다.

데모 파일 개괄

데모 실행하기

MATLAB 프롬프트에서 데모 이름을 입력하면 바로 데모를 실행할 수 있다. **help nndesign**을 입력하면 MATLAB에서 선택 가능한 모든 데모의 리스트를 볼 수 있다.

다른 방법으로는 신경망 설계 스플래시 창(**nnd**)을 실행한 다음 Contents 버튼을 클릭하 는 것이다. 이렇게 하면 Contents 표를 볼 수 있다. 이 표에서 창 바닥의 버튼을 사용해 원하는 장을 선택하거나 팝업 창에서 개별 데모를 선택할 수 있다.

소리

많은 데모에서 소리를 사용한다. 대부분의 경우 소리를 통해 데모를 좀 더 쉽게 이해할 수 있다. 흥미를 위해 사용하는 경우도 있다. 소리를 끄고 싶다면 MATLAB에서 다음 명령어를 실행하면 모든 데모가 묵음 모드로 실행된다.

nnsound off

소리를 다시 켜려면 다음 명령어를 실행한다.

nnsound on

소리를 껐을 때 소리를 활용하는 데모가 더 빠르게 실행되곤 한다는 사실을 알 수 있다. 게다가 소리를 지원하지 않는 어떤 컴퓨터에서는 소리를 끄지 않으면 오류가 발생할 수도 있다.

데모 리스트

일반

nnd: 스플래시 화면

nndtoc: 목차

nnsound: 신경망 설계 데모 소리 켜고 *끄기*

2장, 뉴런 모델과 네트워크 구조

nnd2n1: 단일 입력 뉴런One-Input Neuron

nnd2n2: 2입력 뉴런Two-Input Neuron

3장, 신경망 예제

nnd3pc: 퍼셉트론 분류Perceptron Classification

nnd3hamc: 해밍 분류Hamming Classification

nnd3hopc: 홉필드 분류Hopfield Classification

4장, 퍼셉트론 학습 규칙

nnd4db: 결정 경계Decision Boundaries

nnd4pr: 퍼셉트론 규칙Perceptron Rule

5장, 신호 및 가중치 벡터 공간

nnd5gs: 그람−슈미트Gram-Schmidt

nnd5rb: 상호 기저Reciprocal Basis

6장, 신경망을 위한 선형 변환

nnd6lt: 선형 변환Linear Transformations

nnd6eg: 고유벡터 게임Eigenvector Game

7장, 지도 헵 학습

nnd7sh: 지도 헵Supervised Hebb

8장, 성능 표면과 최적점

nnd8ts1: 테일러 급수Taylor Series #1

nnd8ts2: 테일러 급수Taylor Series #2

nnd8dd: 방향 미분Directional Derivatives

nnd8qf: 2차 함수Quadratic Function

9장, 성능 최적화

nnd9sdq: 2차 함수에 대한 최대 경사 하강법Steepest Descent for a Quadratic

nnd9mc: 방법 비교Method Comparison

nnd9nm: 뉴턴법Newton's Method

nnd9sd: 최대 경사 하강Steepest Descent

10장, 위드로-호프 학습

nnd10nc: 적응 잡음 제거Adaptive Noise Cancellation

nnd10eeg: 뇌전도 잡음 제거Electroencephalogram Noise Cancellation

nnd10lc: 선형 패턴 분류Linear Pattern Classification

11장, 역전파

nnd11nf: 네트워크 함수Network Function

nnd11bc: 역전파 계산Backpropagation Calculation

nnd11fa: 함수 근사Function Approximation

nnd11gn: 일반화^{Generalization}

12장, 역전파 변형

nnd12sd1: 최대 경사 하강 역전파^{Steepest Descent Backpropagation} #1

nnd12sd2: 최대 경사 하강 역전파^{Steepest Descent Backpropagation} #2

nnd12mo: 모멘텀 역전파^{Momentum Backpropagation}

nnd12vl: 가변 학습률 전파^{Variable Learning Rate Backpropagation}

nnd12ls: 켤레 경사법 직선 탐색^{Conjugate Gradient Line Search}

nnd12cg: 켤레 경사법 역전파^{Conjugate Gradient Backpropagation}

nnd12ms: 마쿼트 단계^{Marquardt Step}

nnd12m: 마쿼트 역전파^{Marquardt Backpropagation}

13장, 일반화

nnd13es: 조기 종료^{Early Stopping}

nnd13reg: 정규화^{Regularization}

nnd13breg: 베이지언 정규화^{Bayesian regularization}

nnd13esr: 조기 종료/정규화^{Early Stopping/Regularization}

14장, 동적 네트워크

nnd14fir: 유한 임펄스 응답 네트워크^{Finite Impulse Response Network}

nnd14iir: 무한 임펄스 응답 네트워크^{Infinite Impulse Response Network}

nnd14dynd: 동적 미분^{Dynamic Derivatives}

nnd14rnt: 순환망 훈련^{Recurrent Network Training}

15장, 경쟁 네트워크

nnd14cc: 경쟁 분류^{Competitive Classification}

nnd14cl: 경쟁 학습^{Competitive Learning}

nnd11gn: 일반화 Generalization

12장, 역전파 변형

nnd12sd1: 최대 경사 하강 역전파 Steepest Descent Backpropagation #1

nnd12sd2: 최대 경사 하강 역전파 Steepest Descent Backpropagation #2

nnd12mo: 모멘텀 역전파 Momentum Backpropagation

nnd12vl: 가변 학습률 전파 Variable Learning Rate Backpropagation

nnd12ls: 켤레 경사법 직선 탐색 Conjugate Gradient Line Search

nnd12cg: 켤레 경사법 역전파 Conjugate Gradient Backpropagation

nnd12ms: 마쿼트 단계 Marquardt Step

nnd12m: 마쿼트 역전파 Marquardt Backpropagation

13장, 일반화

nnd13es: 조기 종료 Early Stopping

nnd13reg: 정규화 Regularization

nnd13breg: 베이지언 정규화 Bayesian regularization

nnd13esr: 조기 종료/정규화 Early Stopping/Regularization

14장, 동적 네트워크

nnd14fir: 유한 임펄스 응답 네트워크 Finite Impulse Response Network

nnd14iir: 무한 임펄스 응답 네트워크 Infinite Impulse Response Network

nnd14dynd: 동적 미분 Dynamic Derivatives

nnd14rnt: 순환망 훈련 Recurrent Network Training

15장, 경쟁 네트워크

nnd14cc: 경쟁 분류 Competitive Classification

nnd14cl: 경쟁 학습 Competitive Learning

nnd14fm1: 1차원 특징 맵$^{\text{1-D Feature Maps}}$

nnd14fm2: 2차원 특징 맵$^{\text{2-D Feature Maps}}$

nnd14lv1: LVQ1 네트워크$^{\text{LVQ1 Networks}}$

nnd14lv2: LVQ2 네트워크$^{\text{LVQ2 Networks}}$

16장, 방사형 기저 네트워크

nnd17nf: RBF 네트워크 함수$^{\text{RBF Network Function}}$

nnd17pc: RBF 패턴 분류$^{\text{RBF Pattern Classification}}$

nnd17lls: RBF 선형 최소 제곱$^{\text{RBF Linear Least Squares}}$

nnd17ols: RBF 직교 최소 제곱$^{\text{RBF Orthogonal Least Squares}}$

nnd17no: RBF 비선형 최적화$^{\text{RBF Nonlinear Optimization}}$

| 찾아보기 |

에이콘출판의 기틀을 마련하신 故 정완재 선생님 (1935-2004)

신경망 설계 2/e

주요 신경망 이론과 응용 사례

발 행 | 2018년 9월 28일

지은이 | 마틴 헤이건 · 하워드 데무스 · 마크 허드슨 빌 · 올랜도 헤수스
옮긴이 | 윤 성 진

펴낸이 | 권 성 준
편집장 | 황 영 주
편 집 | 이 지 은
디자인 | 박 주 란

에이콘출판주식회사
서울특별시 양천구 국회대로 287 (목동)
전화 02-2653-7600, 팩스 02-2653-0433
www.acornpub.co.kr / editor@acornpub.co.kr

한국어판 ⓒ 에이콘출판주식회사, 2018, Printed in Korea.
ISBN 979-11-6175-212-9
http://www.acornpub.co.kr/book/neural-network-design-2e

이 도서의 국립중앙도서관 출판시도서목록(CIP)은 서지정보유통지원시스템 홈페이지(http://seoji.nl.go.kr)와
국가자료공동목록시스템(http://www.nl.go.kr/kolisnet)에서 이용하실 수 있습니다.(CIP제어번호: CIP2018030380)